中等职业教育课程改革国家规划新教材配套教材

U0785517

Gonglu Shigong Zuzhi Yu Gaiyusuan

公路施工组织与概预算

邓人庆　张丽华　编著

人民交通出版社
China Communications Press

内 容 提 要

本书是中等职业教育课程改革国家规划新教材配套教材。主要内容包括:公路建设相关知识,公路施工组织设计,公路工程计量,公路工程定额,公路基本建设概算、预算总论,公路基本建设概算、预算各项费用的计算,公路工程概算、预算的编制,共7个单元。

本书可作为全国中等职业学校、技工学校公路与桥梁及相关专业的教学用书,也可作为行业从业人员培训教材或参考用书。

图书在版编目(CIP)数据

公路施工组织与概预算 / 邓人庆、张丽华编著. —北京:人民交通出版社,2011.5

ISBN 978-7-114-08755-4

Ⅰ.①公… Ⅱ.①邓… ②张… Ⅲ.①道路工程-工程施工-施工组织②道路工程-概算编制③道路工程-预算编制 Ⅳ.①U415

中国版本图书馆CIP数据核字(2010)第216116号

中等职业教育课程改革国家规划新教材配套教材

书　　名: **公路施工组织与概预算**
著 作 者: 邓人庆　张丽华
责任编辑: 卢　珊
出版发行: 人民交通出版社股份有限公司
地　　址: (100011) 北京市朝阳区安定门外外馆斜街3号
网　　址: http://www.ccpress.com.cn
销售电话: (010) 59757973
总 经 销: 人民交通出版社股份有限公司发行部
经　　销: 各地新华书店
印　　刷: 北京市密东印刷有限公司
开　　本: 787×1092　1/16
印　　张: 17.25
字　　数: 366千
版　　次: 2011年5月　第1版
印　　次: 2017年1月　第3次印刷
书　　号: ISBN 978-7-114-08755-4
印　　数: 5001-7000册
定　　价: 36.00元
(有印刷、装订质量问题的图书由本社负责调换)

出版说明

为贯彻《国务院关于大力发展职业教育的决定》(国发〔2005〕35号)文件精神,落实《教育部关于进一步深化中等职业教育教学改革的若干意见》(教职成〔2008〕8号)文关于"加强中等职业教育教材建设,保证教学资源基本质量"的要求,人民交通出版社约请全国部分交通职业院校、交通技工学校资深一线教师,对2003年出版的公路与桥梁专业中等职业教育国家规划教材配套教材进行了修订,新教材共9种:

《土木工程力学基础学习指导》
《土木工程识图(道路桥梁类)》
《土木工程识图习题集(道路桥梁类)》
《公路施工组织与概预算》
《公路工程现场检测技术》
《公路勘测设计》
《公路施工机电基础》
《公路工程CAD》
《工程测量实训指导书》

新教材紧紧围绕中等职业教育的培养目标,遵循职业教育教学规律,从满足经济社会发展对高素质劳动者和技能型人才的需要出发,在课程结构、教学内容、教学方法等方面进行了新的探索与改革创新。新教材编写充分考虑了职业院校学生的认知特点,文字简洁明了,通俗易懂,版式生动活泼,图文并茂。此外,每单元后附有复习题,部分章节附有实例。

人民交通出版社
2011年3月

前　言

公路施工组织与概预算是道路与桥梁专业和公路工程管理专业的必修课，也是公路工程设计、施工、管理人员必须具备的基本技能。

本书以最新标准为依据，从基本原理出发，系统地阐述了现代公路施工组织的理论和方法；阐述了公路工程概预算的编制原理和编制程序，并分别通过两个工程案例，完整地、系统地展示了《公路实施性施工组织设计》和《公路工程施工图预算》两种文件的编制内容和编制方法。

本书按照中等职业教育的要求编写，力求通俗易懂，注重实用性，以必须、够用为原则。与以往教材相比，具有以下特点：

(1)理论联系实际，针对性强。在保证知识结构完整的前提下，本书针对中等职业教育学生的工作特点，注重技能训练，突出实用性。书中各单元既相互联系，又可独立使用，并且各单元都有相应的“工程实例”，使学习内容与工作内容紧密结合。

(2)注重培养学习兴趣。为了便于理解，提高学习积极性，书中各单元都穿插有“想一想”或“知识链接”等。

(3)有利于教学或自学。为了更好地掌握学习重点，本书在讲述各单元之前都有“学习目标”、“学习指南”和“教学建议”等提示，每单元结束后都有相应的“单元小结”、“自我检测”等，以便学生预习和复习。同时本书还配备有相应的 PPT 课件，以供教师、学生参考之用。

全书由交通运输部管理干部学院邓人庆、张丽华编写，古芳爱、邓仁顺录入、校核。

由于作者水平有限，不妥之处，敬请读者批评指教，以便再版时修改。

编著者

2011 年 3 月

目　录

单元 1

公路建设相关知识

学习目标

1. 了解公路建设的内容及特点。
2. 掌握公路基本建设的内容及程序。
3. 了解公路施工组织与概算、预算的内容与任务。

学习指南

公路建设内容是由基本建设、大中修、小修保养三方面组成的。其中建设规模最大、投资最多、涉及面最广的是公路基本建设。本单元将重点讲述公路基本建设的概念及相关内容。学习流程如下。

公路基本建设的概念 ⟶ 公路基本建设项目组成 ⟶ 公路基本建设程序

教学建议

本单元的学习重点是公路基本建设的内容与程序，其中公路基本建设项目的划分应结合工程实例进行学习和理解。

1.1 公路建设的内容及特点

公路运输是我国经济建设重要的基础设施。改革开放以来,我国公路建设,特别是高等级公路建设突飞猛进,在我国现代化建设中发挥了巨大的作用,产生了巨大的经济效益和社会效益,为人们的物质和文化生活带来了极大便利。

一 公路建设的内容

公路是裸露于自然界供各种车辆或行人通行的基础设施。公路建设的内容按其任务与分工的不同,主要有以下三个方面。

1 基本建设

公路基本建设是指新建、扩建、改建、重建的工程,其中新建和改建是最主要的形式。公路基本建设具有以下显著特点。

(1)建设内容属于固定资产扩大再生产,需要投入大量的人力、物力和巨额资金。

(2)管理方式是由国家或交通主管部门统一规划管理,并严格执行公路基本建设程序。

2 大、中修

大、中修是指对现有公路进行较大的更新或技术改造工作。公路由于受到材料、结构、设备等方面的制约,如沥青材料老化、局部改线等,需要进行较大规模的维修、改造等工作。公路大、中修的具有以下特点。

(1)建设内容属于固定资产简单再生产或部分扩大再生产,即仍维持原有公路的建设规模和技术等级。

(2)管理方式是由养护部门先提出申请计划,经上级主管部门批准后,再进行管理和安排。

3 小修、保养

小修、保养是指对现有公路进行经常性的维修、保养工作。由于公路是无遮盖而裸露于大自然的构造物,除了承受频繁的车辆荷载作用外,还要承受各种自然因素的综合作用。因此，为了保证公路工程构造物的正常使用，就必须对现有的公路构造物进行定期或不定期的维修保养。公路小修、保养具有以下特点。

（1）建设内容属于固定资产简单再生产，即对原有公路进行维修保养。

（2）管理方式是由养护部门自行安排和管理。

综上所述，公路建设内容是由基本建设、大中修、小修保养三方面组成的，其中建设规模最大、涉及面最广、耗资最多的是公路基本建设。因此，国家对公路基本建设的管理非常严格，并有明确的法定程序。本书将结合国家的这些相关规定讲述公路基本建设的施工组织与概算、预算。

二 公路建设的特点

公路是呈线形分布的人工构造物，里程长，结构复杂，与其他工业产品相比具有以下特点。

1 施工流动性大

公路工程的产品都是固定性的构筑物，各类工作人员及各种机械和材料都要按一定的顺序进场施工，任务完成之后，再按一定的顺序转移到另一个工地。这种施工的流动性会增大资源调配的难度。

2 施工周期长

公路工程建设规模大，施工工序复杂，需要较长时间地占用各种资源，直至整个施工结束。

3 施工管理工作量大

公路工程因技术等级及工程所处的地理环境不同，公路的组成结构也千差万别，复杂多样。不仅每个工程要单独设计、单独施工，同时还需多部门通力合作才能完成。因此，施工管理的工作量很大。

4 受自然因素影响大

公路工程施工大部分是露天作业，受气候、河流、山地等自然因素影响很大，这些都会给工程施工造成很大难度，同时也增大了使用阶段的维护费用。

想一想

1. 公路的建设内容有哪些？什么是公路基本建设？

2. 公路建设有什么特点？为什么要了解这些特点？

1.2 公路基本建设

一 公路基本建设的内容

公路基本建设是公路建设内容中投资最大、管理最复杂的建设。公路基本建设内容主要是由以下三大部分组成的。

1 建筑安装工程

建筑安装工程主要是路基、路面、桥梁、隧道、防护工程等工程构造物的建设，以及沿线设施所需的各种机械、设备、仪器的安装和测试等工作。

2 设备、工具、器具的购置

为满足公路的营运、管理及养护所必须购置的设备、工具和器具，如通信、照明、养护设备等。

3 其他基本建设工作

主要有勘察、设计及与之有关的调查和技术研究工作，如征用土地、青苗补偿和安置补助等。

二 公路基本建设相关单位

参与公路基本建设的单位和管理部门很多，其中主要相关单位如下。

1 建设单位(业主)

建设单位是负责执行国家基本建设计划的基层单位，在行政上具有独立的组织形式，在经济上能够独立核算，并有独立的总体设计和基本建设计划，是工程项目的投资者或出资人。

建设单位的工作主要是：提供设计所需的基础资料；编制年度基本建设计划和财务计划；在建设银行开设账户，有计划地运用资金；办理土地征用等有关手续；组织招标、投标，签订施工、监理合同；对项目的全过程实施监督管理，对国家负有一定的政治经济责任。

2 设计单位

设计单位的主要职责是受业主委托，按照一定的设计要求对建设项目进行勘察、设计，并负责编制设计文件。

3 施工单位

施工单位的主要职责是通过投标承揽施工任务，具体组织施工、结算工程价款、办理工程交工手续等。

4 监理单位

监理单位的主要职责是受业主委托，对建设项目进行质量控制、进度控制、费用控制及合同管理等，并负责协调业主与施工单位之间的关系。

5 政府主管与质量监督机构

政府主管部门是审批建设项目规划、立项、设计、施工及竣工验收的组织机构。由政府主管部门派出的工程质量监督站，代表政府对工程质量实行强制性的检查与监督。建设、设计、施工、监理等单位都应接受质量监督部门的监督。

6 建设银行

建设银行是进行财政监督的国家专业银行，其主要职能是管理基本建设资金的预算、支出和财务，办理基本建设资金的拨款、结算等。

三 公路基本建设项目组成

公路工程构造物是一个不可分割的整体，但就其实物形态来说，都是由许多部分组成的。在设计、施工中，为了便于施工管理，国家建设主管部门对建设项目的组成和划分作了统一规定，即按其内在的逻辑关系依次划分为：基本建设项目→单项工程→单位工程→分部工程→分项工程。现分述如下。

1 基本建设项目

基本建设项目是指有一个设计任务书，并按一个总体设计进行施工，经济上独立核算，行政上有独立组织形式的基本建设工程。如一所学校、一条铁路、一条公路等。一个基本建设项目可以由一个或若干个单项工程组成。

2 单项工程

单项工程是指有独立的设计文件,竣工后可独立发挥生产能力和效益的工程。如一所学校的教学楼、图书馆,一条公路的独立大桥、隧道工程等。但值得注意的是,如果整个路线尚未修通,那么已建好的桥梁、隧道并不能发挥交通功能,因此,也就不能构成一个单项工程。一个单项工程是由一个或若干个单位工程组成的。

3 单位工程

单位工程是指有独立的施工条件,但不能独立发挥生产能力或效益的工程。如一条公路的路线工程、桥涵工程等。一个单位工程是由若干个分部工程组成的。

4 分部工程

分部工程是指按结构部位划分的工程。如路线工程中的路基工程、路面工程等。一个分部工程是由一个或若干个分项工程组成的。

5 分项工程

分项工程是指按不同的施工方法、不同的材料划分的工程。如路基工程按材料不同有土方路基、石方路基等。

现以 107 国道为例介绍公路基本建设项目的组成,如图 1-1 所示。

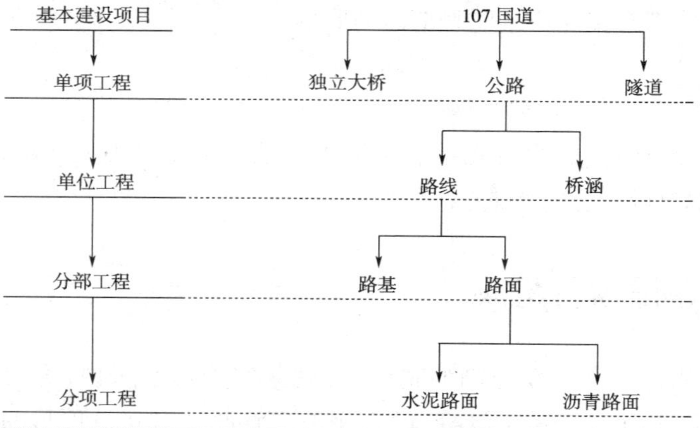

图 1-1 基本建设项目组成及示例图

四 公路基本建设程序

基本建设程序是指基本建设项目在整个建设过程中各项工作的先后顺序。这个程序是由基本建设进程的客观规律决定的。根据交通部 2000 年第 8 号令,公路基本建设按如下程序进行。

(1)根据规划,进行预可行性研究,编制项目建议书。

(2)根据批准的项目建议书,进行工程可行性研究,编制可行性研究报告。

(3)根据批准的可行性研究报告,编制初步设计文件。

(4)根据批准的初步设计文件,编制施工图设计文件。

(5)根据批准的施工图设计文件,编制项目招标文件。

(6)根据批准的项目招标文件及资格预审结果和公路建设计划,组织项目招标、投标。

(7)根据国家有关规定,进行征地拆迁等施工前准备工作,编制项目开工报告。

(8)根据批准的项目开工报告,组织项目实施。

(9)项目完工后,编制施工图表和工程决算,办理项目验收。

(10)竣工验收合格后,组织项目后评价。

公路基本建设程序如图 1-2 所示。所有新建及改建的大、中型项目都必须严格按照上述程序进行。对于小型项目,可根据具体情况适当合并或删去某些程序。

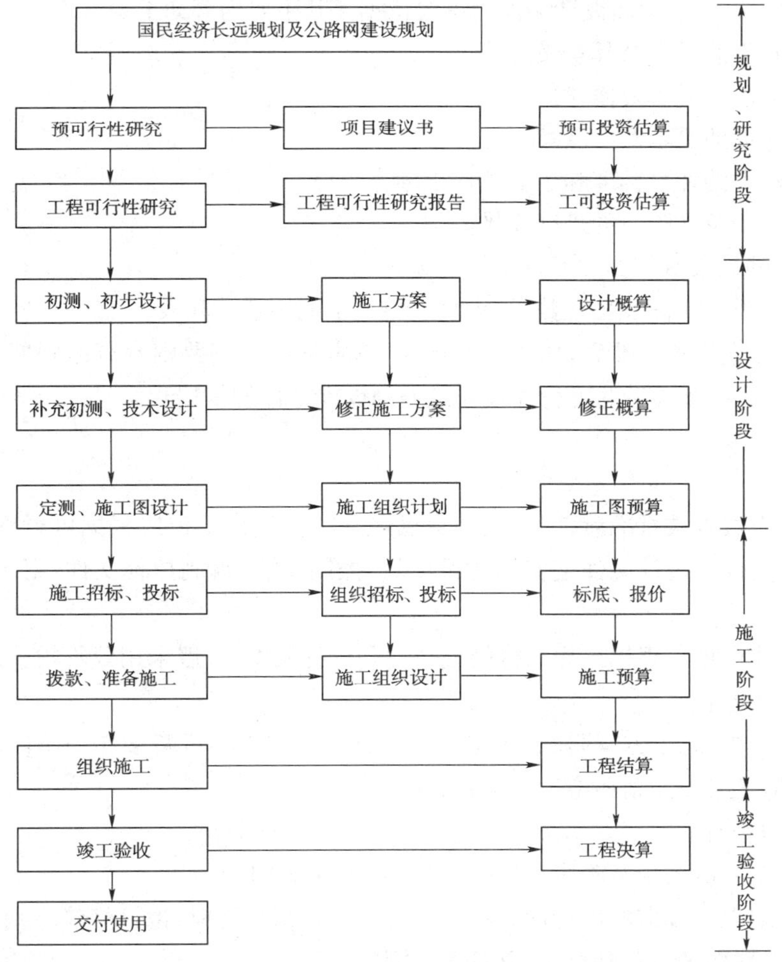

图 1-2 公路工程基本建设程序

下面讲述公路基本建设程序中各阶段的主要内容。

1 预可行性研究，编制项目建议书

预可行性研究是根据国民经济发展规划、路网规划和公路建设五年计划，通过踏勘和调查研究，提出项目的建设规模、技术标准，并进行简要的经济效益分析，编制项目建议书。项目建议书的内容主要有项目的建设规模、技术标准、资源配置、建设条件、投资估算及资金筹措等有关内容。项目建议书是国家选择建设项目和有计划地进行可行性研究的依据。

2 工程可行性研究，编制可行性研究报告

工程可行性研究是以批准的预可行性研究的项目建议书为依据，在评价预测和必要的勘察工作基础上，对项目建设必要性、技术可行性、经济合理性等各方面进行综合性的论证，并编制可行性研究报告。

可行性研究报告是编制设计文件的重要依据。其主要内容如下。

(1)项目建设的依据及其意义。

(2)项目的建设规模及修建性质。

(3)项目建设的要求及特点。

(4)项目建设的评价标准和主要技术指标。

(5)设计阶段及各阶段的进度安排。

(6)建设期限、投资估算和筹资措施。

(7)项目建设示意图及工程数量、钢材、木材、水泥用料估算表。

可行性研究报告被批准后，如对建设规模、技术标准等重要内容有原则变更时，必须再报原审批机关审批，批准后的可行性报告是编制设计文件的依据。

3 设计文件

可行性研究报告被批准后，即建设项目已经立项。设计单位应根据可行性研究报告的要求编制设计文件。设计文件是安排建设项目、控制投资、编制招标文件、组织施工和竣工验收的依据。

公路基本建设项目根据工程结构的复杂性和难易程度，一般采用分阶段设计。

(1)一阶段设计。

对于技术简单、施工方案明确、修建任务紧急的小型工程可直接作一阶段设计，即施工图设计，编制施工组织计划和施工图预算。

(2)两阶段设计。

对于一般工程应采用两阶段设计，即初步设计→施工图设计。

初步设计应根据批准的可行性研究报告的要求和初测资料，拟订修建原则，制订设计方案，计算主要工程数量，编制设计概算及图表资料。

施工图设计是在批准的初步设计文件的基础上，对项目的设计方案、技术措施等作进一

步的补充测定，使设计更加具体和深化，并最终确定工程数量，编制施工组织计划和施工图预算文件。

(3)三阶段设计。

对于技术复杂的工程应采用三阶段设计，即初步设计→技术设计→施工图设计。

初步设计是根据批准的可行性报告，拟订修建原则，制订设计方案，计算主要工程数量，编制初步设计文件和工程概算。

技术设计是根据批准的初步设计，对重大、复杂的技术问题作进一步的勘探和论证，解决初步设计中尚未解决的问题，落实技术方案，计算工程数量，提出修正的施工方案，编制修正概算。

施工图设计是根据批准的技术设计文件，对建设项目作更深入细致的设计，并提交施工组织计划，编制施工图预算。施工图设计是最全面、最详尽的设计，也是工程项目的最终设计。

4 列入国家年度基本建设计划

建设项目的初步设计和概算上报批准后，才能列入国家基本建设年度计划，国家实行高度集中的统一管理，由国家发展和改革委员会负责综合平衡的工作。年度计划是年度工作的指令性文件，设计单位应根据国家发改委颁发的年度基本建设控制数字，按批准的基本建设项目可行性研究报告和设计文件，编制本单位的年度基本建设计划。计划报经批准后，再编制物资、劳动、财务计划，这些计划分别经过授权机关审查平衡后，作为安排生产、物资分配、劳动力调配和财政拨款的依据。

年度计划经批准后，建设单位应根据工程具体情况对在该年度内应完成的建设规模、工程量、工作量等作出具体计划安排，并通过招标或其他方式落实施工单位。

5 施工准备工作

为了保证施工的顺利进行，在施工准备阶段，建设单位、设计单位和施工单位应分别做好如下准备工作。

建设单位：组织基建管理机构，办理登记及拆迁；做好施工沿线有关单位或部门的协调工作，抓紧配套工程项目的落实，组织分工范围内的技术资料、材料、设备的供应。

设计单位：应向施工单位进行技术交底，提供完整详细的设计资料。

施工单位：应组织人员、机具陆续进场；修筑便道；建立临时生产基地和生活基地及通信线路；做好各种物资的采购、加工、运输、储备和施工图纸的接收工作；编制实施性施工组织设计和施工预算，提出开工报告，并按投资隶属关系报请交通运输或省、市、自治区基建部门核备。

6 组织施工

施工单位应严格按照设计要求和施工规范合理组织施工。积极推广应用新工艺、新技术，努力缩短工期，降低造价。地下工程和隐蔽工程应在验收合格后，再进行下一道工序，并做好原始记录，建好施工档案。

为了加强施工管理，按建设部的规定应实行建设监理制度，即建设单位应委托具有相应资质的监理单位，对基建项目的质量、进度、费用等进行全方位的监控，以确保工程质量。

7 竣工验收，交付使用

竣工验收是基本建设全过程的最后一个程序，也是一项十分严肃和细致的工作。在正式验收之前，施工单位应首先搞好竣工验收工作，发现有不合设计要求或达不到验收标准之处，要及时修正，同时整理好各种原始记录，并分类整理成册，然后编制竣工说明书、竣工图表和竣工决算。

竣工验收应按照《关于基本建设项目竣工验收暂行规定》的要求，对全部基本建设工程的质量、数量、期限、建设规模、技术标准、使用条件等进行全面的审查。对建设单位和施工单位编报的固定资产移交清单、隐蔽工程验收单和竣工决算等都应进行仔细检查。特别是竣工决算，它是反映整个基本建设工作所消耗的全部国家建设资金的综合性文件，也是通过货币指标对全部基本建设工作的全面总结。

基本建设项目竣工验收合格后，应立即移交给生产部门正式使用，并迅速办理固定资产交付使用的转账手续，加强固定资产的管理。竣工决算应上报财政部门批准核销。

由上述公路基本建设程序可知，一个公路基本建设项目是有生命周期的。项目建议书获得批准，可行性报告同意“立项”是该项目的生命起源，之后进入设计、施工阶段，竣工验收是该项目的终止。投入使用后的建设则不再是基本建设而是小修、保养或大、中修了。当大、中修仍不能满足公路运输要求时，则又开始新的基本建设。因此，公路建设就是基本建设→小修、保养→大、中修→基本建设这样一个不断循环的过程。

想一想

1. 公路基本建设的内容包括哪三个方面？
2. 什么是公路基本建设项目？什么是单项工程？
3. 简述公路基本建设程序。

1.3 本课程的学习内容与任务

如前所述，公路基本建设是公路建设内容中投资最大、管理最复杂的建设。本课程的学习内容主要有两大方面：一是公路基本建设施工组织的理论和方法；二是公路基本建设概算、预算的编制方法。通过学习，培养学生的施工组织能力和管理能力，从而具备以下技能。

(1)掌握公路施工组织设计的基本理论和方法。

(2)能够编制实施性施工组织设计文件。

(3)能正确计量工程数量，填写工程量清单。

(4)能正确查用公路工程定额，编制公路基本建设概算、预算文件。

本课程是一门实用性很强的课程，书中引用了大量的图表和工程实例。在学习本课程时要注重理论联系实际，通过习题和大作业的练习，消化吸收理论知识；通过填表训练，掌握公路基本建设概算、预算的编制方法。

想一想

1. 本课程的学习内容是什么？

2. 学完本课程应具备哪些技能？

单元小结

本单元主要介绍了公路基本建设的内容、相关单位、项目组成和基本建设程序，讲述了本课程的学习内容、任务和方法。其中公路基本建设是本课程学习的重点内容。

自我检测

一、问答题

1. 公路建设有哪些特点？

2. 公路基本建设的主要相关单位有哪些？

3. 什么是分部工程？什么是分项工程？

4. 为什么要学习本课程？

二、填空题：

1. 公路建设的内容有小修保养、____________和____________。

2. 公路基本建设是指____。

3. 公路基本建设的内容主要有____________、____________、____________。

4. 公路基本建设项目可划分为__________、__________、__________、__________。

5. 单位工程是指____。

单元 2

公路施工组织设计

学习目标

1. 了解公路施工组织设计的概念及内容。
2. 了解公路施工组织设计的编制原则及程序。
3. 掌握时间组织的基本作业方式及各自特点。
4. 能绘制施工进度图和施工平面图。
5. 能编制实施性施工组织设计。

学习指南

公路施工组织设计研究的内容很多，概括起来主要有四大方面：一是确定施工方法，制订施工方案；二是合理选择施工机械设备；三是科学合理地安排施工顺序，做好施工过程的时间组织；四是合理布设施工现场，做好施工过程的空间组织。将上述问题统筹考虑之后，形成一个纲领性的指导文件，即施工组织设计。本单元将从上述各方面阐述施工组织设计的主要内容和方法。学习流程如下。

公路施工组织设计的概念 → 公路施工组织设计的分类与内容 → 施工方法及施工机具的选择 → 施工过程的时间组织 → 施工过程的空间组织 → 实施性施工组织设计的文件组成与实例

教学建议

本单元的内容具有很强的实践性，教学中应紧密联系工程实际，通过参观施工现场等多种方式，提高学习积极性和认知能力；结合工程实际，编制实施性施工组织设计。

2.1 公路施工组织设计概述

一 公路施工组织设计的概念

读一读

当我们组织一项活动的时候，必须事先对这项活动的各个环节有一个总体的计划和安排。比如组织同学春游，在出发前我们必须要安排好春游的整个行程，如集合时间、地点、游览路线、食宿等，以此作为整个春游活动的行动计划。

公路建设项目也是由很多施工环节组成的，需要调配各种资源，协调各种关系。为了保证施工过程的连续性和均衡性，保证各阶段、各环节都能有条不紊地进行，在施工之前我们必须要有一个总体计划和安排，即施工组织设计。

施工组织设计是指从工程的全局出发，按照施工的客观规律和施工现场的实际情况，统筹考虑施工过程的人力、材料、机械、资金等诸多因素后，对整个工程作出的统筹计划和安排。它既是指导施工、编制施工作业的依据，也是施工组织管理的总纲领和总部署。有了施工组织设计就可以按事先设计好的程序组织生产活动，对施工过程中可能发生的各种情况做到心中有数，主动控制施工过程的各个环节。因此，施工组织设计对指导、管理施工的全过程具有十分重要的意义。

二 公路施工组织设计的分类与内容

按照公路基本建设程序的要求，在工程设计、施工的各个阶段都必须编制相应的施工组织设计。从深度和内容来看，编制施工组织设计是一个由浅到深，由粗到细的过程。它是各阶段施工组织设计文件的总称。根据设计、施工的阶段不同，施工组织设计分为“施工方案”、“修正施工方案”、“施工组织计划”、“指导性施工组织设计”和“实施性施工组织设计”，如图2-1所示。现将各阶段施工组织设计的内容分述如下。

- 施工组织设计
  - 按设计阶段分
    - 初步设计 ⟶ 编制“施工方案”
    - 技术设计 ⟶ 编制“修正施工方案”
    - 施工图设计 ⟶ 编制“施工组织计划”
  - 按施工阶段分
    - 投标阶段 ⟶ 编制“指导性施工组织设计”
    - 施工阶段 ⟶ 编制“实施性施工组织设计”
  - 按建设规模分
    - 施工组织总设计
    - 单位工程施工组织设计
    - 分部（分项）工程施工组织设计

图 2-1　施工组织设计的分类

1 施工方案

施工方案是在初步设计阶段由设计单位负责编制的施工组织文件。它是施工组织设计的技术基础,对后续各阶段的施工组织设计都有十分重要的指导意义。施工方案是根据初步设计资料,在综合分析人工、材料、机械、资金等诸多要素后,将施工方法、施工顺序、时间组织、空间组织等总体设想以文件的形式汇总而成的。施工方案主要由以下文件组成。

(1)施工方案说明。

(2)人工、主要材料及机具、设备安排表。

(3)工程概略进度图。

(4)临时工程一览表。

2 修正施工方案

修正施工方案是在技术设计阶段由设计单位负责编制的施工组织文件。它是根据初步设计的审查意见修改编制的。其编制深度和内容比施工方案更详细具体。

3 施工组织计划

施工组织计划是施工图设计阶段提交的文件,其内容比施工方案、修正施工方案更详细、更具体。施工组织计划主要由以下文件组成。

(1)说明。

(2)工程进度图。

(3)主要材料、施工机具、设备计划表。

(4)临时工程数量表。

(5)公路临时用地表。

(6)重点工程施工进度图及平面图。

4 指导性施工组织设计

指导性施工组织设计是施工单位用于工程投标所编制的施工组织设计。它是投标文件中的必备文件,是中标后承包合同的重要组成文件。

指导性施工组织设计的内容、文件组成，通常与设计阶段的施工组织计划相似，但为满足招标文件的要求，应增加如下内容：施工单位、施工项目组织管理框架、人员组成、分工及法人代表，质量自检体系、人员和试验设备配备清单，工程平面、高程和方位控制体系及程序安排方案，施工安全和环境保护措施。

5 实施性施工组织设计

实施性施工组织设计是施工单位在施工准备阶段，根据设计图纸、野外调查资料及本单位自身的施工条件而编制的施工组织设计。其内容虽与施工组织计划相似，但要求却是上述各阶段施工组织设计中内容最详细、最具体、最可行的施工组织设计。

综上所述，公路建设项目从设计到施工，从施工方案到实施性施工组织设计，各阶段的施工组织设计彼此既是独立的又是相互联系的。其中，前面的是后面的基础，后面的是前面的深入和细化。

三 公路施工组织设计的编制原则及程序

1 施工组织设计的编制原则

施工组织设计是对整个建设项目的总体部署和安排。在编制施工组织设计时应遵循以下基本原则。

(1)认真贯彻我国基本建设的方针政策。

(2)合理安排施工顺序。

(3)采用先进的施工技术和设备。

(4)应用科学方法，合理地安排冬、雨季施工。

(5)确保工程质量和安全。

2 施工组织设计的编制依据

(1)设计文件和合同文件。

(2)自然条件调查资料。

(3)各种定额及技术规范。

(4)施工时可能调用的资源。

(5)类型相似或相近项目的经验资料。

(6)其他资料。

3 施工组织设计的编制程序

编制施工组织设计要按照施工的客观规律，协调和处理好各种关系，用科学的方法进行编制，一般程序如下。

(1)分析研究资料。审查设计文件,了解工程概况,考察施工现场。

(2)计算工程数量。根据设计图纸及工程数量计算规则,分别计算各施工项目及大型临时工程的工程数量。

(3)确定施工方案。根据工程特点、工期要求和施工条件,选择先进、经济的施工方法。

(4)编制施工进度图。施工进度图是以图表的形式表示各施工项目的施工进度、工期和总工期。

(5)编制主要材料计划。根据工程数量编制主要材料的供应计划及运输计划。

(6)编制临时工程计划。确定临时供水、供电等临时设施的需要量,编制临时设施计划。

(7)布置施工平面图。

(8)编制说明。在完成上述工作后,应对所编制的施工组织设计作一个简明扼要的说明,以便读者能在很短时间内了解该施工组织设计的概况。

施工组织设计编制程序,如图 2-2 所示。

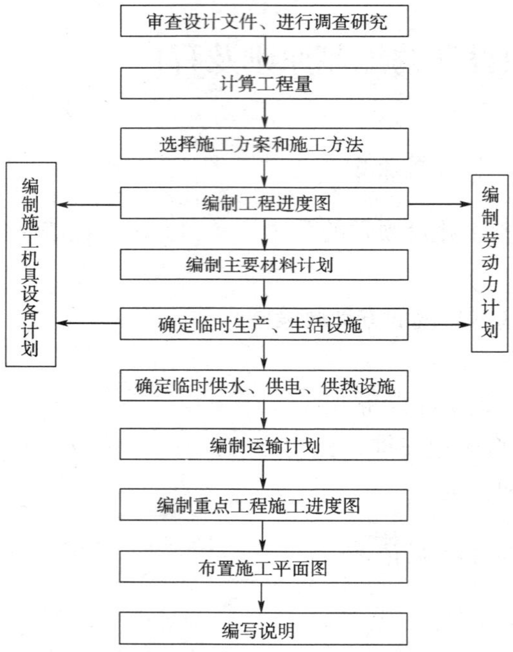

图 2-2　施工组织设计编制程序

想一想

1. 什么是施工组织设计？为什么要进行施工组织设计？

2. 按设计、施工阶段划分,施工组织设计有哪些分类？

2.2 施工方法及施工机具的选择

一 施工方法的选择

在公路工程中，对于同一项工程，可以有多种施工方法。如开挖基坑，可以人工开挖，也可以挖掘机开挖或卷扬机配抓斗开挖。施工方法不同，投入的人工、机械设备不同，工期、费用也不一样。因此，在进行施工组织时，首先应根据工程的特点、工期要求和施工条件，在各种施工方法中选择最适合本工程的施工方法，从而达到保证工程质量、降低成本、提高劳动效率的目的。

施工方法的确定主要考虑以下问题。

(1)工程特点。施工方法的选择与工程项目的建设规模、结构的复杂程度、施工工艺和技术要求等密切相关。对于高速公路、特大桥梁的施工，应优先选用先进的施工技术和施工方法。

(2)工期要求。在施工过程中，凡是对工期起决定性作用的分项工程(分部工程)，应优先选用先进的施工技术和施工方法。

(3)施工条件。施工方法的选择应考虑当地的气候、水文、地质等自然条件，考虑施工现场的工作面及人工、材料、机械设备的供应情况。应结合施工现场的实际情况选择适宜的施工方法。

(4)安全性和经济性。施工方法的选择首先应保证人工、机械的操作安全，然后考虑施工成本。对于非关键工期的项目，可采用一般的常规施工方法。

二 施工机具的选择

1 公路常用机械的类型

公路施工机械的种类较多，按机械的自重可分为特大型、大型、小型等。按作业对象可分为土、石方机械，路面工程机械，混凝土及灰浆机械，水平运输机械，起重及垂直运输机械等。下面介绍几种常用机械的作用和性能。

(1)推土机。是一种自行式短距离铲土运输机械,经济运距为50~100m,机械操作员为两名。其主要用途如下。

①集中推土。

②开挖河渠,填筑堤坎,平整场地,砍树挖根,堆集砂、砾石。

③局部碾压。

④为铲运机助铲或预松土。

⑤牵引各种拖式土方机械。

(2)铲运机。是一种循环作业式的铲土运输机械,适于中等距离运输,运距一般为100~200m,机械操作员为两名。其主要功能是在平坦的道路上转移大量的土方。

(3)单斗挖掘机。是一种刚性或柔性连续铲斗,具有很强的挖掘能力,能满足不同作业方式的要求。机械操作员为两名。其主要用途如下。

①挖掘土料。

②剥除采石的覆盖层。

③在料场进行装载作业。

(4)装载机。具有铲运、推土、起重等多种作业方式,经济运距 <150m。若需远距离运土,则应配合自卸汽车联合作业。

(5)平地机。是一种以铲土刮刀为主,进行土地平整和整形连续作业的筑路机械。其主要用途如下。

①整修路基、路面横断面。

②路基边坡刷坡作业。

③开挖边沟及路槽。

④平整场地。

⑤在路基上拌和路面材料、摊铺材料,整修、养护路基、路面。

⑥推土,疏松土壤,清除杂草、石块和积雪等。

(6)拖拉机。不仅在农业生产中发挥了巨大作用,而且在公路运输中也具其他运输机械所不具有的优势。其主要作用如下。

①牵引拖式土方机械,如松土机、平地机、铲运机、碾压机械等,进行土方施工作业。

②与各种悬挂装置组装成推土机、装载机、除荆机、拔根堆集机等工程机械。

③牵引挂车进行短距离的运输作业。

④进行局部碾压作业。

⑤作为临时动力站。

⑥与拖式起重机组合为装卸设备。

(7)压路机。是一种常用的压实机械,根据压实特点不同,主要有以下类型。

①静力压路机。靠自身静力作用,在被压实材料表面作往复滚动,以达到压实目的。

②振动压路机。以一定频率和振幅在被压实材料表面作往复滚动,靠自身静力和振动力的综合作用,以提高压实效果。

③夯实机械。靠自重从一定高度落下,以冲击方式达到压实目的。

④振动夯实机械。除冲击力外,还附加一个振动力同时作用于被压层。

⑤光轮压路机。线压力较小,压实深度较浅,一般用于整理性压实工作,不适于土坝、河堤、围堰的碾压。

⑥羊足碾压路机。具有很大的单位压力和挤压力,压实深度大而均匀,并能挤碎土块,适于黏性土的分层碾压,但不适于非黏性土或含水率较高的黏性土的碾压。

⑦轮胎式压路机。具有一定弹性,作用力主要取决于轮胎的内压力,碾压时与土体同时变形,接触面积与压实深度有着密切的关系,一般适于压实黏性土或非黏性土。

2 机械的选择与配型

施工机械种类、规格繁多,各种机械都有着自身独特的性能和作业范围。在施工过程中,同一种机械可能会有多种用途,同一施工内容也可能会用不同的机械,或需若干机械联合作业。为了获得最大的经济效果,在选择机械时应根据具体的施工条件,对施工机械进行合理地选择和组合,使其尽可能发挥最大的效能。

(1)选择施工机械的原则。

①保证工程质量要求。根据工程的技术要求,选择合适的施工机械是保证工程质量的重要因素之一。对于技术要求高的作业项目,应考虑采用性能优良或专用的机械,以保证工程质量和较高的生产率。

②安全性。在工程施工中,机械应具有可靠的安全性能,如行驶稳定、有翻车或落体保护装置、防尘隔音、危险施工项目可遥控作业等。此外,在保证施工人员、设备安全的同时,应注意保护自然环境。施工现场及其附近已有的其他建筑设施,不应因采用机械施工而受到破坏。

③经济性。工程量和施工进度是合理选择施工机械的重要依据。对于工程量大的工程应优先选用大型机械,虽然一次性投资较大,但分摊到较大的工程量当中,其工程成本却很小。此外,机械的先进性和可靠性也是影响经济效益的重要因素。如采用先进的机械设备,其优良的技术性能会极大降低其维修保养费用,同样也可获得较好的经济效益。

④适用性。所选用的施工机械必须满足施工的需要,应结合施工现场的自然条件、施工条件及进度要求选择适宜的机种和机型,既要满足施工要求,也要避免大机小用。

⑤组合性。在选择机械时,应考虑各种机械的匹配关系,选好相应的机型和数量。

(2)选择施工机械的方法。

在公路工程中,施工机械的选择与施工方法密切相关。因此,在选择施工机械时,首先应了解各施工机械的性能和适用范围,然后在保证工程质量和进度的条件下,先选定主要机械,再根据生产能力、工作参数和施工条件选择辅助机械,并考虑机械设备的安全性、经济性、适用性和组合性。对于中小型工程一般选用通用性能较好的机械,这样比较经济,而对于大型工程,则应根据工作内容和机械的性能选用相应的机械。下面介绍几种常用的选择方法。

①按作业内容选择。公路工程的作业内容不同,所选机械的类型也不相同。如路基施

工作业内容主要有土、石方挖掘，装载，运输，填筑，压实，整形等。每项作业内容都是由相应的施工机械完成的。表2-1列出了各项作业内容可选择的机械种类。

工程作业内容与施工机械的选择　　表2-1

工程类别	作业内容	选择的机械设备
准备工作	1. 清基(清除树丛、草皮、淤泥、黑土、岩基、冰雪等)和料场准备	伐木机、履带式拖拉机和推土机、挖掘机、装载机、水泵、高压水泵、松土器、大型平地机
	2. 松土、破冻土(厚度<0.2m)	
土方开挖	1. 底宽>2.5m的河渠、基坑、池塘、港口、码头、采土场等	推土机、铲土机、挖掘机、装载机、冲泥机、吸泥机、开挖机、清淤机
	2. 小型沟渠和基坑	
石方开挖	1. 砾石开采	挖掘机、推土机
	2. 岩石开采	移动式空气压缩机、凿岩机、挖掘机、推土机、爆破设备等
	3. 石料破碎	破碎机、筛分机
冻土开挖	河渠、基坑、池塘、港口、码头	推土机、冻土犁、冻土锯、冻土拍、冻土钻、冻土铲
土石填筑	1. 大中型堤坝、高质量路基、场地、台阶等	推土机、铲运机、羊足碾、压路机
	2. 小型堤坝、路基、梯田、台阶	夯板碾压机、洒水车、平地机、推土机、铲运机、大犁
运输	1. 机械设备调运	火车、轮船、载货汽车、汽车、起重机
	2. 土石运输	推土机、铲运机、装载机、汽车
整形	1. 削坡	平地机、大犁、推土机、铲运机、挖掘机
	2. 平整	平地机、推土机、铲运机、大犁

②按土质条件选择。土石是机械施工的主要对象，其性质状态直接影响施工机械作业的质量、工效和成本。因此，土质条件是选择机械的一个重要的依据。表2-2～表2-4分别给出了开挖硬土、软土的施工机械及压实机械。

硬土开挖和运输机械的选择　　表2-2

施工机械 土　质	推土机	铲运机	正铲挖掘机	反铲挖掘机	装载机	松土器	开沟机	平地机	自卸汽车	钻孔机	凿岩机
黏土和壤土	√	△	√	√	√	√	√	√	√		
砂　土	√	√	√	√	√	√	√	√	√		
砂砾石	√	×	√	√	√	×	△	△	√		
软岩和块岩	△	×	√	△	△	×	×	×	√	√	√
岩　石	×	×	×	×	△	×	×	×	√	√	√

注：√-适合使用；△-无适合的机械时使用；×-不适合使用。

软土开挖机械选择 表2-3

施工机械 / 水分状况	通用推土机	低比压推土机接地比压(kPa)			水陆两用挖掘机	挖泥船
		19.6～29.4	11.8～19.6	<11.8		
湿　地	△	√	√	√	√	×
轻沼泽地	×	√	√	√	√	×
重沼泽地	×	×	△	√	√	△
水下泥地	×	×	×	√	√	√

注：√-适合使用；△-无适合的机械时使用；×-不适合使用。

适合于相应土质的压实机械 表2-4

土质名称 / 机械名称	块石、圆石、砾石	砾石土	砂	砂质土	黏土、黏性土	混杂砂石的黏土、黏性土	非常软的黏土、黏性土	非常硬的黏性土	备　注
静力式压路机	△	√	√	√	△	△	×	×	用于路基、路面
自行式轮胎压路机	△	√	√	√	√	√	×	△	最经常使用
牵引式轮胎压路机	△	√	√	√	√	√	×	△	用于坡面，坡长5～6m效率高
振动式压路机	√	√	√	√	×	△	×	×	用于路基、基层
夯实机	√	√	√	√	×	△	×	×	用于狭窄地点的碾压作业
夯　锤	△	√	√	√	△	△	×	×	用于狭窄地点的碾压作业
推土机	√	√	√	√	△	△	×	√	用于推平作业
沼泽地区推土机	×	×	×	×	△	△	√	△	用于含水率高的土壤

注：√-适合使用；△-无适合的机械时使用；×-不适合使用。

③按运距选择。每种机械都有其对应的经济运距，对于铲土运输机械其经济运距如表2-5所示。

施工机械经济运距 表2-5

施工机械	履带推土机	履带装载机	轮胎式装载机	拖式装载机	自引式铲运机	轮式拖车	自卸汽车
经济运距(m)	<80	<100	<150	100～500	200～1 000	>2 000	>2 000
道路条件	土路不平	土路不平	土路不平	土路不平	土路不平	平坦路面	一般路面

④配套机械的选择。主要机械和配套机械的合理组合是发挥机械设备效能的重要因素，机械的合理组合主要是解决配套机械的机型和数量两方面的问题。表2-6～表2-8给出了不同机械的组合方式。

压实机械组合表 表2-6

碾压流程	型　号	台　数	轮宽(m)	碾压速度(km/h)
初压	2Y8/10 双轮压路机	2	1.25	3.6
复压	VL9/16 轮胎压路机	1	2	5.0
	3Y12/15 三轮压路机	2	2×0.53	4.5
终压	2Y8/10 双轮压路机	2	1.25	3.6

土、石方机械设备组合条件表 表 2-7

路基形式 / 修筑方法	路堤或路堑高(m)	土壤类别	运土距离(m)	工作段最小长度(m)	选择施工机械设备：主要机械	选择施工机械设备：辅助机械
从路基两侧取土坑取土填方(在平地上)	<1	Ⅰ~Ⅳ	<15	500	自动平地机	松土器(Ⅳ类土必要时使用)、推土机、轮胎压路机、羊足碾
从路基一侧或两侧取土填方			<30	不限制	推土机	松土器(Ⅳ类土必要时使用)、自动平地机、轮胎压路机、羊足碾
	1~2		<50	50	推土机、铲运机($6m^3$)	松土器、自动平地机、轮胎压路机、羊足碾
从路堑取土填筑路堤(移挖作填)	<3		<100	不限制	推土机	松土器、自动平地机、轮胎压路机、羊足碾
			100~500		铲运机(斗容量<$10m^3$)	推土机、松土器、轮胎压路机、羊足碾
			500~1 000	100		推土机、重型压路机、轮胎压路机、羊足碾
	>3	Ⅴ~Ⅵ	>1 000	在一个工作段内($5\ 000m^3$)	装载机、挖掘机配自卸汽车	推土机、自动平地机、轮胎压路机、羊足碾
			>500			空气压缩机、凿岩机、推土机
从专用借土坑取土填筑路堤(取土填方)	不限制	Ⅰ~Ⅳ	<500	50	铲运机($10m^3$)	推土机、轮胎压路机、羊足碾
			>500	100	铲运机($10m^3$)、装载机配自卸汽车	推土机、自动平地机、轮胎压路机、羊足碾
纵向运土的斜坡填方			<500	50	铲运机($6m^3$)、万能推土机	自动平地机、轮胎压路机、羊足碾
半填半挖(傍山)	山坡<20°		<30	100	万能推土机	铲运机($6m^3$)、轮胎压路机
	山坡>20°	Ⅴ~Ⅵ			挖掘机	万能推土机、空气压缩机、凿岩机
将土推往弃土堆(挖方)		Ⅰ~Ⅳ	<50		推土机	自动平地机、重型压路机

轨道式摊铺机施工机械的配套表 表 2-8

工 序	可考虑选用的机械	工 序	可考虑选用的机械
混凝土拌和	拌和机、装载机、称量设备	振 捣	振捣机、内部振动式振动机
混凝土运输	自卸汽车、搅拌车	接缝施工	钢筋(传力杆、拉杆)插入机、切缝机
卸 料	侧面卸料机、纵向卸料机	表面修整	修整机、纵向表面修整机、斜向表面修整机
摊 铺	刮板式均料机、箱式摊铺机、螺旋式摊铺机	修整粗糙面	拉毛机、压(刻)槽机

想一想

1. 选择施工方法时应考虑哪些问题?

2. 公路常用机械有哪些？其主要功能是什么？

3. 选择施工机械时应遵循哪些原则？

2.3 施工过程的时间组织

施工过程的时间组织和空间组织是施工组织设计研究的主要内容，下面先介绍施工过程的时间组织问题。

一 施工过程的组织原则

施工过程是指人工构造物的建造过程，它是由劳动过程和自然过程两方面组成的。劳动过程是指人工、机械的操作过程及材料的运输、加工制作过程；自然过程是指结构物强度自然增长的过程，如水泥混凝土的强度形成、养生等过程。施工过程的时间组织就是从时间上科学合理地安排施工进度，即根据各工程、各工序的特点和逻辑关系，安排其施工顺序和作业时间。为了使施工过程有条不紊地进行，施工过程的时间组织应遵循以下原则。

(1)连续性。是指在施工过程中各阶段、各工序在时间上是连续的，是紧密衔接的，不出现不合理的中断现象。连续性可以缩短工期，节约资源，降低成本。

(2)协调性。是指在施工的各阶段、各环节中，人工、材料、机械设备等资源的调配是协调的，各工序间的衔接也是相互协调的，没有发生脱节或比例失调现象。协调性可使资源充分利用，使施工协调进行。

(3)均衡性。是指划分施工任务的数量要均衡，不要出现时紧时松的现象。人工、材料、机械设备等各项资源的供应要均衡，不要都集中在同一时段上，造成人为的资源紧张。

(4)经济性。是指在保证质量的前提下，获得最大的经济效益。

二 施工进度图

施工进度图是施工过程时间组织的重要成果，是控制工程施工进度的重要依据，也是施工现场各项活动在时间上的具体安排。

1 施工进度图的类型

施工进度图主要有横道图、垂直图和网络图三种形式，如图 2-3 所示。下面主要介绍横道图的相关内容。

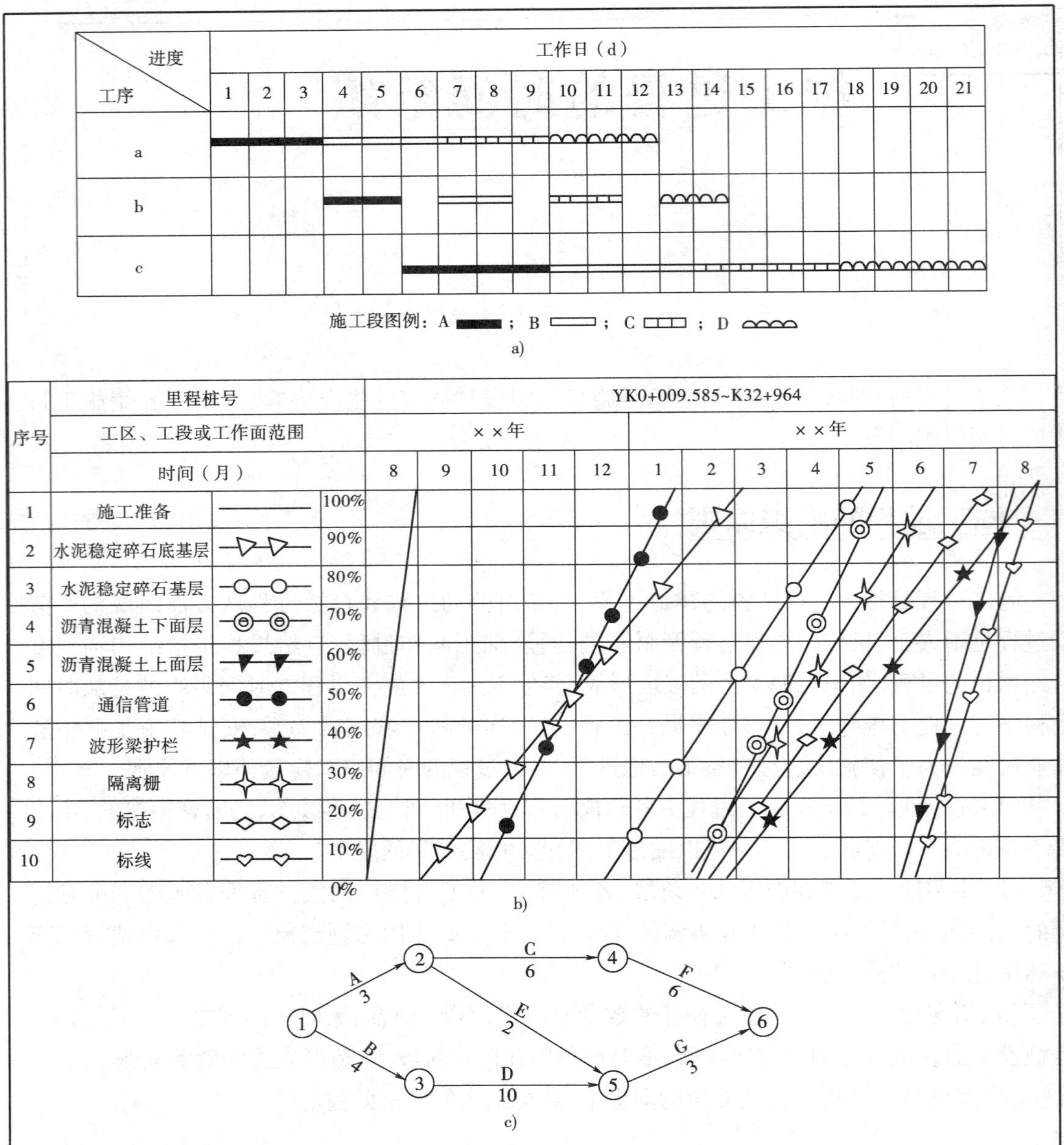

图 2-3 施工进度图的类型

a）施工进度横道图；b）施工进度垂直图；c）施工进度网络图

横道图是用横向水平线的长度和位置表达各施工段、工序和时间三者之间的关系的。它由左右两部分组成。左边主要表示施工工序的名称，由图 2-3a）可知该工程共有 a、b、c 三个工序；右边部分是各工序及施工段所需的工作日，其中横线条的上下位置表示其所对应的施工工序。同一工序中横线条上的不同图例分别表示不同的施工段，由图2-3a）可知该工程共有A、B、C、D四个施工段。横线条的两端分别表示该工序的开始时间和结束的时间，横线条长度表示该工序的持续时间，线条愈长，表示该工序所需的时间也愈多。

横道图的绘制方法简单、直观，比较适于集中性的工程（如桥梁、涵洞等）。

图2-3b）为施工进度垂直图，图2-3c）为施工进度网络图。

2 施工进度图的绘制步骤

（1）划分施工项目。

根据工程结构的特点和确定的施工顺序，先将整个工程划分成若干个施工项目，并列出工程项目一览表。施工项目的划分不宜过细，应注重突出主要施工项目，附属设施等小型项目可以合并列出，但决不能缺项漏项，否则将影响进度计划的准确性，失去指导、控制施工进度的作用。

（2）计算工程量。

施工项目划分好后，应根据设计图纸和工程数量计算规则，分别计算各施工项目的工程数量，并逐项填入表中。工程数量的计算单位应与相应的定额或合同文件中的计量单位一致。

（3）计算劳动量。

劳动量是工程量与时间定额的乘积，是根据现行的预算定额和劳动定额计算的。劳动量的计量单位是“工日”或“台班”。其计算公式如下。

$$P = \frac{Q}{S} \tag{2-1}$$

式中：P——劳动量（工日或台班）；

Q——工程量；

S——产量定额。

（4）确定施工期限。

根据各施工项目的工程特点和施工方法，确定各施工项目的施工期限，开、竣工时间及各项目之间的施工搭接时间。

（5）编制施工进度图。

在编制施工进度图时，应先保证重点工程，兼顾一般工程，同时考虑各种客观条件的制约，设计并绘制施工进度图的初始方案。然后按照连续、协调、均衡、经济的原则进行检查调整，优化施工进度计划，最终达到以最少的投入获得最大的经济效果的目的。

想一想

1. 施工进度图的类型有几种？

2. 在施工进度横道图中，工序和施工段是怎样表示的？

三 时间组织的基本作业方式

在讲述时间组织的基本作业方式之前，先了解一下施工段的概念。

1 施工段

公路是一种线形建筑物，里程长，结构复杂，施工环节多。在施工的过程中，为了便于管理，通常将一个建设项目人为地划分为若干段，这些段就称为施工段。划分施工段的目的是为了多开创一些工作面，使每个施工段都有独立的施工条件。如某工程有4个涵洞，则每一个涵洞就可视为一个施工段。为了保证施工过程的连续性和均衡性，在划分施工段时应注意以下几点。

(1)各施工段的结构物应保持完整，尽量与结构界限(如桥梁、涵洞、沉降缝等)一致。

(2)施工段的划分不能太零碎，每段应有足够的工作面，以便于人工、机械的操作。

(3)各施工段的工作任务、劳动量应均衡。

2 时间组织的基本作业方式

将施工段划分好后，各施工段的时间组织方式主要有以下几种。

(1)顺序作业法。是指依次完成各施工段任务的方法，即将一个施工段的各项工序全部结束之后，再去完成下一施工段的任务，这样依次进行，直至完成全部施工段的作业。其施工特点如下。

①工期长，不能充分利用各工作面争取时间。

②不利于专业化施工，所有工序都由一个施工队来完成。

③劳动力需求波动大。

④单位时间内投入的资源量较少，有利于资源供应，现场组织管理比较简单。

顺序作业法比较适于小型项目，且工期要求不严的工程。

(2)平行作业法。是指同时完成各施工段任务的方法，即各施工段同时开工，相同工序平行作业，同时完工的作业方法。其施工特点如下。

①工期短，能充分利用各工作面平行施工。

②不利于专业化施工，所有工序都由一个施工队来完成。

③资源均衡性差，劳动力常出现高峰和窝工，从而增加生活设施的支出。

④单位时间内投入的资源成倍增长，人力、材料、机械设备等资源投入集中，现场组织管理比较复杂。

平行作业法比较适于工期紧，资源供应有保障且有足够工作面的工程。

(3)流水作业法。是指各施工段的相同工序间隔一定时间，在不同的施工段上依次投入施工生产，不同的工序在各施工段上同时进行的一种作业方法。其施工特点如下。

①工期比较短，能尽可能地利用各工作面进行施工。

②有利于专业化施工。每个专业队只完成一道工序，并在各施工段流水作业，有利于提高工人操作水平，提高劳动效率。

③单位时间内投入的资源较均衡，专业施工队实行连续作业，相邻专业队搭接紧凑，有利于资源的供应和现场施工组织管理。

流水作业法的工期虽然比平行作业法的略长，但其劳动分布均衡，专业化水平较高，是一种比较理想的组织方法。

以上分别介绍了顺序作业法、平行作业法和流水作业法的时间组织特点，为了便于理解，下面通过工程实例用横道图的形式分别表示三种作业方式的组织情况。

【工程实例2-1】　某桥有4个桥墩，每个桥墩有扎钢筋、支模板、浇混凝土即A、B、C三道工序。已知A工序需3天，B工序需1天，C工序需1天。若将4个桥墩划分为4个施工段，则顺序作业法、平行作业法和流水作业法的施工进度如图2-4所示。

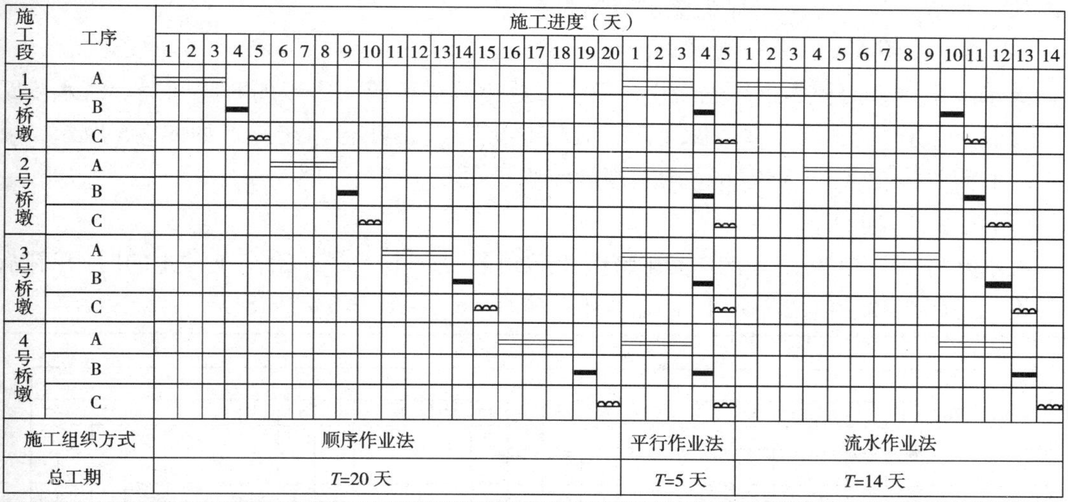

图2-4　施工进度横道图

施工工序图例：A ▭；B ▬；C ⌒⌒⌒

四 流水作业法原理

如前所述，用流水作业法组织施工，可以充分利用工作面，实现专业化施工，并使人工、材料、机械设备等资源和消耗量达到均衡，是一种比较理想的组织办法。下面将着重介绍流水作业法的施工组织原理。

1 流水作业法的主要参数

为了说明流水作业法在时间、空间上的组织情况，下面先介绍一下流水作业法的主要参数。

(1)施工段数 m。

如前所述，施工段是人为划分的，如桥梁工程可以把每个桥墩划分为一个施工段；路线工程可以把每个涵洞划分为一个施工段。将一个工程划分为若干个施工段的目的，是为了多开创一些工作面，这样才能使专业化的施工队伍在不同的施工段上进行流水作业。由图2-5 可知，共有 A、B、C、D 四个施工段。

（2）工序数 n。

在施工过程中，任何一项施工任务都是由若干个施工过程组成的。通常把一个施工过程称为一道工序。如水泥混凝土路面施工，是由模板制作→安装拉杆→浇筑混凝土三道工序组合而成。每道工序只有一个专业班组承担施工。因此，工序是指施工技术相同，且在劳动组织上不可分割的施工过程。由图 2-5 可知共有 a、b、c 三个工序。

（3）流水节拍 t。

流水节拍是指一个专业施工队在一个施工段上完成某一道工序所需要的时间。流水节拍愈大，说明完成某一道工序所需的时间愈长。如图 2-5 所示，a 工序的流水节拍为 3 天，b 工序的流水节拍为 2 天，c 工序的流水节拍为 4 天。

（4）流水步距 K。

流水步距是指两相邻工序先后进入第一个施工段进行流水施工的时间间隔。流水步距愈大，则总工期愈长，因此，在条件允许的情况下，应尽量减小流水步距。如图 2-5 所示，a、b 两工序的流水步距 $K_{ab}=6$ 天，b、c 两工序的流水步距 $K_{bc}=2$ 天。

（5）流水开展期 t_0。

流水开展期是指从第一个工序开始作业起到最后一个工序开始作业时止的时间间隔，即各流水步距之和。由图 2-5 可知，流水开展期 $t_0=K_{ab}+K_{bc}=6+2=8$ 天。

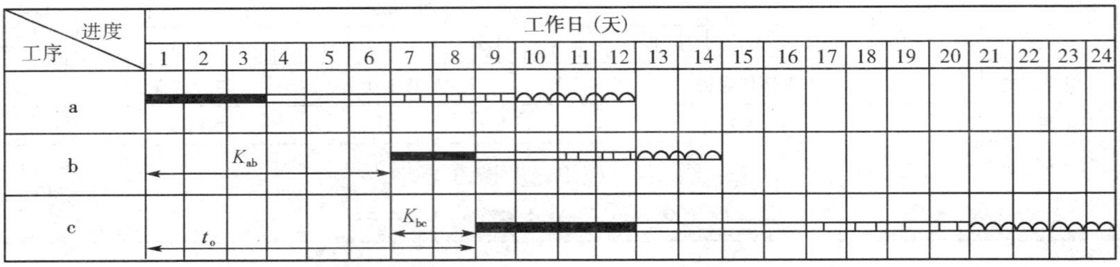

图 2-5　流水作业法施工进度图

施工段图例：1 ▬；2 ▭；3 ▭▭▭；4 ⌒⌒⌒

2 流水作业法的类型及总工期

根据结构物的复杂程度及所处的地理环境不同，流水作业法施工又分为两种，即有节拍流水作业和无节拍流水作业。有节拍流水作业是指相同工序的流水节拍在各施工段上都呈现一定的规律性，而无节拍流水作业则是指相同工序的流水节拍在各施工段上均不相等。在实际工作中，有节拍流水作业的情况很少，无节拍流水作业则更符合工程的实际情况。下面重点介绍无节拍流水作业的主要内容。

在组织无节拍流水作业时，主要解决两个问题：一是确定无节拍流水作业的施工顺序；

二是确定无节拍流水作业的最短施工总工期。

(1)确定无节拍流水作业的施工顺序。

当把一个完整的工程划分为若干个施工段后,如果各施工段的施工顺序不同,则无节拍流水作业的总工期也是不相同的。为了说明这个问题,先看下面的例子。

【工程实例2-2】 某工程有1、2、3、4四个施工段,a、b、c、d各工序的流水节拍如表2-9所示,试分别将各施工段按①1→2→3→4,②4→2→3→1两种不同的施工顺序绘制流水作业横道图,并确定施工总工期。

流水节拍表　　表2-9

作业时间(天) 施工段 / 工序	1	2	3	4
a	7	3	5	4
b	2	6	1	3
c	8	9	2	5
d	1	4	5	7

解:由表2-9可知,a、b、c、d四个工序在各施工段的流水作业属于无节拍流水。若各施工段按1→2→3→4顺序施工,则总工期$T=45$天,施工进度图如图2-6a)所示,而按4→2→3→1顺序施工,总工期$T=38$天,施工进度图如图2-6b)所示。

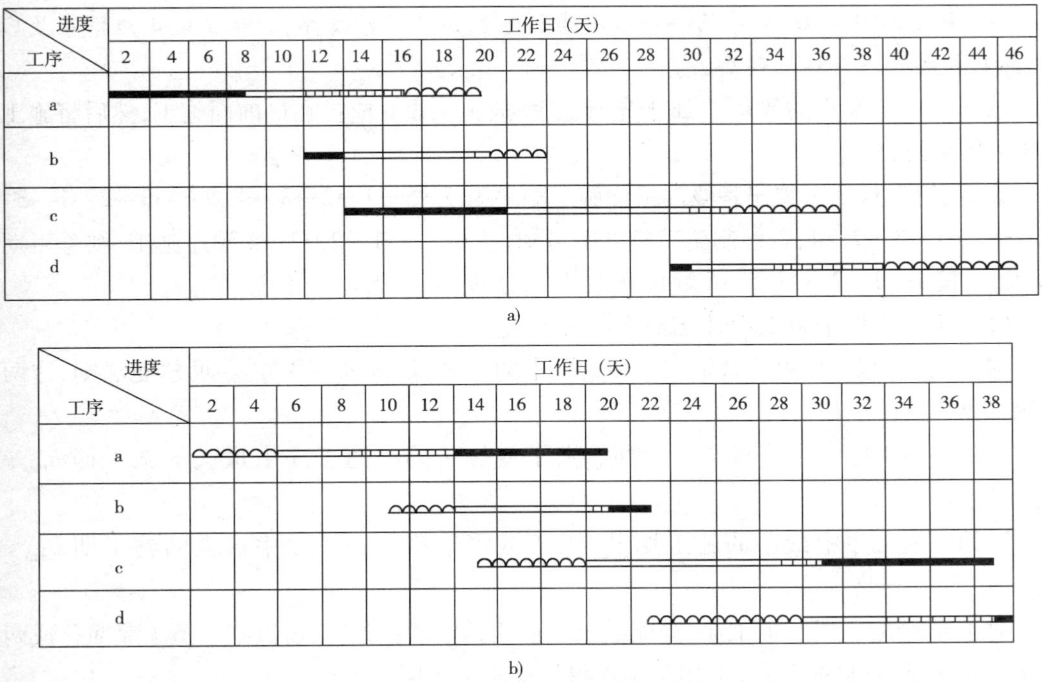

图2-6　无节拍流水施工进度图

a)1→2→3→4顺序施工进度图;b)4→2→3→1顺序施工进度图

施工段图例:1 ▬;2 ▭;3 ▤;4 ⌒

由此可见，对于同样的施工任务，若各施工段的施工顺序不同，则其总工期也是不一样的。因此，对于无节拍流水施工的时间组织，必须先确定最优施工顺序，这样便可以在不增加任何资源和额外投入的情况下，得到一个最短的施工工期，这是一个很有意义的问题。下面介绍几种常用的排序方法。

①两道工序多个施工段时，施工顺序的确定。

若某工程有 m 个施工段，但每个施工段的工序只有两个，则各施工段的排序问题可用约翰逊—贝尔曼法则来解决。这个法则的基本原则是：先行工序施工工期短的要排在前面施工，而后续工序施工工期短的要排在后面施工。具体做法是：先根据已知条件列出流水节拍表，然后在表中依次选出最小的数，而且每列只选一次，若数字属于先行工序，则从前面排，反之，则从后面排。

【工程实例 2-3】 某工程有 6 个施工段，每个施工段有 a、b 两道工序，如表 2-10 所示。试确定最优施工顺序。

流 水 节 拍 表 表 2-10

工序 \ 作业时间(天) \ 施工段	1	2	3	4	5	6
a	4	4	6	8	3	2
b	7	4	5	1	6	3

解：由表 2-10 可知，表中第一个最小的数是 1，属于后续工序，故施工段 4 应排在最后施工，然后将施工段 4 这一列画去。

表中第二个最小的数是 2，属于先行工序，故施工段 6 应排在最前面施工，然后将施工段 6 这一列画去。

余此类推，最后可得出各段的最优施工顺序为 6→5→1→2→3→4 或 6→5→2→1→3→4 或 6→5→1→3→2→4，若绘制施工进度图可知，按 6→5→1→2→3→4 顺序施工，则总工期为 28 天，而按 1→2→3→4→5→6 顺序施工，则总工期为 34 天。

②三道工序多个施工段时，施工顺序的确定。

对于这类问题，如果符合下列两种情况中的一种，仍可采用约翰逊-贝尔曼法则，这两种情况如下。

a. 第一道工序中最小的施工期 a_{min} 大于或等于第二道工序中最大的施工期 b_{max}，即 $a_{min} \geqslant b_{max}$。

b. 第三道工序中最小的施工期 c_{min} 大于或等于第二道工序中最大的施工期 b_{max}，即 $c_{min} \geqslant b_{max}$。

对于 m 个施工段三道工序，当能满足上述两条中的一条时，可以把三道工序简化成两道工序的方法进行排序。可按下述步骤求得最优施工次序。

第一步：将各个施工段中第一道工序 a 和第二道工序 b 的流水节拍依次相加，即a + b。

第二步：将各个施工段中第二道工序 b 和第三道工序 c 的流水节拍依次相加，即 b + c。

第三步：将上两步中得到的流水节拍表看作两道工序的流水节拍表。

第四步：按上述 m 个施工段两道工序时的排序方法，求出最优施工次序。

【工程实例 2-4】 某工程有1、2、3、4、5个施工段，a、b、c三道工序，各工序流水节拍如表2-11所示，试确定最优施工工序。

流 水 节 拍 表 表 2-11

施工段 / 作业时间(天) / 工序	1	2	3	4	5
a	3	2	8	10	5
b	5	2	3	3	4
c	5	6	7	9	7

解：由表2-11可知，c工序中最小的施工期 $c_{min}=5$，而b工序中最大的施工期 $b_{max}=5$，即 $c_{min}=b_{max}$，符合上述第二种情况，故将三道工序合并为两道工序，如表2-12所示。然后再按 m 个施工段两道工序的方法，用约翰逊-贝尔曼法则求得最佳施工顺序为2→1→5→4→3。若绘制施工进度图可知，其总工期为39天，而按1→2→3→4→5顺序施工，则总工期为42天。

流 水 节 拍 表 表 2-12

施工段 / 作业时间(天) / 工序	1	2	3	4	5
a + b	8	4	11	13	9
b + c	10	8	10	12	11

③多道工序多个施工段时，施工顺序的确定。

当工序多于三道时，求解最优施工顺序比较复杂，但仍可将施工顺序按一定方式进行组合。因为工序的划分是人为的、相对的，当将其适当合并为两道工序后，仍可按约翰逊-贝尔曼法则求出相对较优的施工顺序。

(2)确定无节拍流水作业的施工总工期。

在确定最佳施工顺序后，用潘特考夫斯基法确定无节拍流水作业的施工总工期。潘特考夫斯基法是先通过计算各相邻工序的最小流水步距，然后按连续作业的原则即式(2-2)计算施工总工期 T 的。

$$T=\sum K+t_n \tag{2-2}$$

式中：t_n——最后一个专业施工队的作业时间；

$\sum K$——各相邻工序之间的最小流水步距之和。

用潘特考夫斯基法计算的总工期虽不一定最短，但相同工序在各施工段的施工却是连续的。用该法求最小流水步距的步骤是：先分别将两相邻工序的每段作业时间逐项累加，得出两个数列，然后将后续工序的累加数列向后错一位对齐，再用先行工序的累加数列逐个减去，得到第三个数列（仅取正数），从中取最大数即为两相邻工序的最小流水步距。现通过下面的工程实例，介绍最小流水步距的计算方法。

【工程实例 2-5】 某工程有A、B、C、D四个施工段，每个施工段有a、b、c三道工序，其流水节拍如表 2-13 所示,试确定其流水步距及施工总工期。

流水节拍表 表 2-13

作业时间(天) 施工段 / 工序	A	B	C	D
a	3	3	3	3
b	2	2	2	2
c	4	4	4	4

解:(1)求各施工段作业时间 a、b 两工序的最小流水步距 K_{ab}。

将 a 工序的各施工段作业时间依次累计相加,得到数列 3　6　9　12

将 b 工序的各施工段作业时间依次累计相加,得到数列 2　4　6　8

将后续工序的数列向右错一位,进行两数列相减,即

a:	3	6	9	12	
−) b:		2	4	6	8
	3	4	5	**[6]**	−8

所得数列中的最大正数 6,即为 a、b 两工序的最小流水步距 $K_{ab}=6$。

(2)同理,求 b、c 两工序的最小流水步距 K_{bc}。

b:	2	4	6	8	
−) c:		4	8	12	16
	[2]	0	−2	−4	−16

所得数列中的最大正数 2,即为 b、c 两工序的最小流水步距 $K_{bc}=2$。

(3)确定总工期 T。

$$T=\sum K+t_n=6+2+4+4+4+4=24\text{ 天}$$

(4)施工进度图如图 2-7 所示。

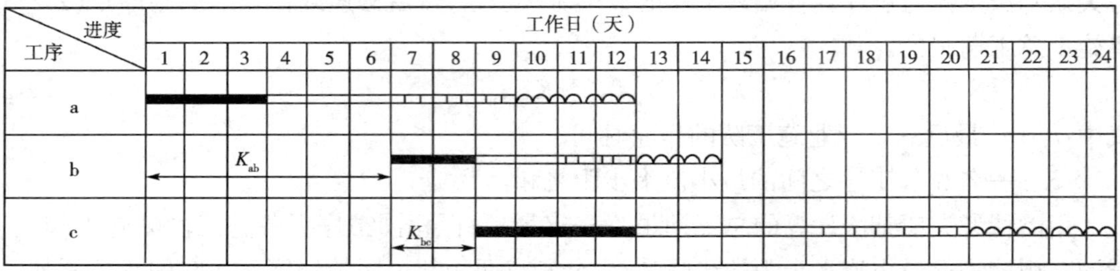

图 2-7　潘特考夫斯基法流水作业施工进度图

施工段图例:A ▬;B ▭;C ▭▭;D ⌒⌒⌒

【工程实例 2-6】　某工程有 1、2、3、4、5 五个施工段,a、b、c 三道工序,各工序的流水节拍如表 2-14 所示,试确定最优施工顺序及施工总工期。

流水节拍表 表2-14

施工段 / 作业时间(天) / 工序	1	2	3	4	5
a	3	2	8	10	5
b	5	2	3	3	4
c	5	6	7	9	7

解:(1)最优施工顺序为2→1→5→3→4,如表2-15所示。

流水节拍表 表2-15

施工段 / 作业时间(天) / 工序	1	2	3	4	5
a + b	8	4	11	13	9
b + c	10	8	10	12	11
最优顺序	2	1	5	3	4

(2)按最优施工顺序时流水节拍表(表2-16),计算各相邻工序的最小流水步距 K。

流水节拍表 表2-16

施工段 / 作业时间(天) / 工序	2	1	5	3	4
a	2	3	5	8	10
b	2	5	4	3	3
c	7	6	7	10	9

K_{ab}为:

a:	2	5	10	18	28	
-) b:		2	7	11	14	17
	2	3	3	7	[14]	-17

$K_{ab}=14$

K_{bc}为:

b:	2	7	11	14	17	
-) c:		7	13	20	30	39
	[2]	0	-2	-6	-13	-39

$K_{bc}=2$

(3)绘制施工进度图。按最优施工顺序2→1→5→3→4施工,其总工期 $\sum K+t_n=14+2+7+6+7+10+9=55$ 天,如图2-8所示。若按1→2→3→4→5顺序施工,则总工期 $T=59$ 天。

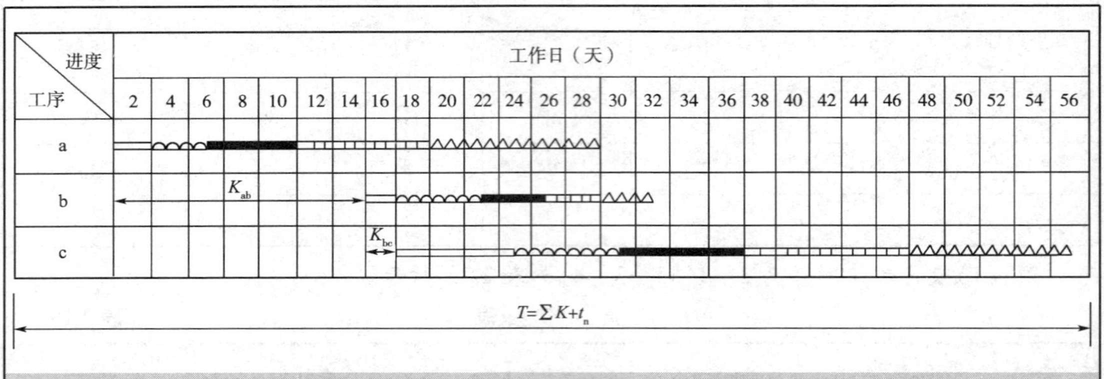

图2-8　2→1→5→3→4 顺序施工进度图

施工段图例：1；2；3；4；5

想一想

1. 流水作业法的参数主要有哪些？
2. 约翰逊-贝尔曼法则能解决什么问题？
3 如何用潘特考夫斯基法求最小流水步距？

2.4 施工过程的空间组织

施工过程的空间组织就是对施工过程所需的工艺流程、原材料堆放、场内运输、半成品生产、仓库、料场、生活设施等进行合理的规划和设计，并以施工平面图的形式加以表达。因此，施工平面图设计是施工过程空间组织的具体成果。

一 施工平面图的类型及主要内容

施工平面图按设计对象的不同，分为施工总平面图、重点工程及其他工程施工平面图。

具体内容如下。

1 施工总平面图

施工总平面图是以整个工程为对象而绘制的施工平面布置图,如图 2-9 所示。施工总平面图的主要内容如下。

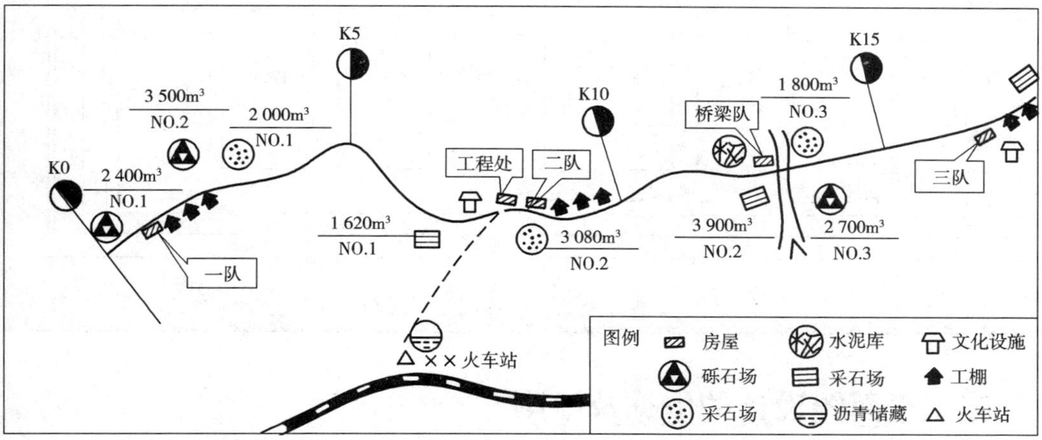

图 2-9　某道路施工平面图

(1)原有河流、居民点、交通路线(公路、铁路、大车道等)、车站、码头、通信、运输点等及工地附近与施工有关的建筑物。

(2)施工用地范围和工程主要项目,如沿线大中桥,隧道,渡口,交叉口,土、石方集中地等;道班房、加油站等运输管理服务建筑物。

(3)施工附属工厂、采料场、仓库、临时便道、便桥及大型机械设备停放场地。

(4)施工管理机构,如工程局、工程处、施工队及工程指挥系统的驻地。

(5)其他与施工有关的内容,如地质不良地段、国家测量标志、气象台、水文站等相关信息。

2 重点工程及其他工程施工平面图

重点工程及其他工程施工平面图是在施工总平面图的控制下设计的。其内容比施工总平面图更深入、更详细。

(1)重点工程施工平面图。一般来说,大桥、隧道、立交枢纽等都是重点工程,其施工场地布置图应在有等高线的地形图上按比例绘制。图上应详细绘出施工现场、辅助生产、生活区域等详细情况以及原有地物的情况。

(2)其他工程施工平面图。一般大型项目都是由若干单项工程及附属工程组成的,必要时也应绘制其施工平面图。如图 2-10 所示为某沥青拌和站平面布置图。

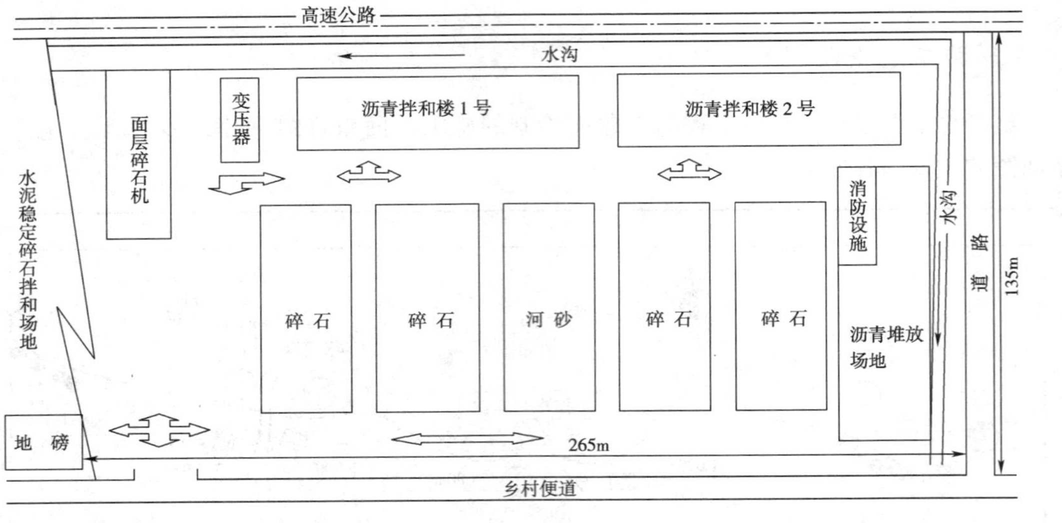

图2-10 某沥青拌和站平面图

二 施工平面图设计的依据及原则

1 施工平面图设计的依据

施工平面图设计的主要依据如下。

(1)路线平面缩图及工程项目用地范围。

(2)施工进度计划和主要施工方案。

(3)各种材料、半成品的供应计划和运输方案。

(4)各类临时设施的性质、形式、面积和尺寸。

(5)各加工车间、场地规划和设备数量。

(6)水源、电源资料。

(7)有关设计资料。

2 施工平面图设计的原则

施工平面图设计应遵循如下原则。

(1)在保证施工顺利的前提下,尽量少占农田并考虑洪水、风向等自然因素的影响。各种临时建筑及运输路线的布设均不能妨碍地面、地下建筑物的施工。

(2)施工场地的布置应与施工进度、施工方法、工艺流程和机械设备相适应。附属工程的内部布置应以生产工艺流程为依据,并有利于生产的连续性。

(3)材料运输应尽量减少二次搬运,缩短场内搬运的距离。材料加工场地应尽可能设在原料产地或运输汇集点(如车站、码头等)。

(4)应符合安保和消防要求,避免自然灾害(如洪水、泥石流、山崩等)的影响。

三 施工平面图的设计步骤

施工平面图的布置在很大程度上取决于施工现场的实际情况和具体条件,并与很多因素有关。设计时需要经多个方案的比选才能最后确定。施工平面图设计的主要步骤如下。

(1)收集整理相关图表资料,掌握施工现场自然情况,如地形、料场地点、原有道路、房屋等。

(2)首先确定起重、吊装、运输等机械的位置。因为它们将直接影响仓库、料场、半成品制备场的位置,影响水、电线路及道路的布设。

(3)确定沥青混凝土、水泥混凝土拌和站的位置,合理堆放各种材料及半成品。

(4)确定大量材料和施工机械设备的上路地点,尽量利用原有道路,以减少临时便道的修建。

(5)办公及生活用房屋应修建在安全地带,且方便生活,有利生产。

(6)布置水、电、通信线路及场内临时便道。

将上述设计内容按常规的图例符号,逐项绘制在平面图上,使设计成果一目了然。

想一想

1. 什么是施工过程的空间组织?

2. 施工过程的空间组织应遵循哪些原则?

2.5 实施性施工组织设计的文件组成与实例

如前所述,施工组织设计是对拟建设项目的总体计划和安排。在设计、施工的各个阶段都必须编制相应的施工组织设计文件,它是一个由浅到深,由粗到细的过程。因此,在各个阶段编制的施工组织设计文件中,施工阶段编制的实施性施工组织设计是最完整、最详细具体的施工组织设计。其文件内容主要有:编制说明、编制依据、工程概况、施工总体部署、施工进度计划、资源配置计划、施工平面图设计及各种保证措施等。现分述如下。

1 编制说明

编制说明是对所编施工组织设计文件的简略、概要的说明。主要介绍工程的性质、主要技术指标及编制范围等。其目的是使读者能快速了解施工组织设计的概貌,起到提纲挈领的作用。

2 编制依据

编制依据是指在编制施工组织设计时,所引用的文件资料和技术规范。一般包括以下内容。

(1)与业主签订的施工合同文件。

(2)工程招标文件。

(3)工程投标书。

(4)工程设计文件和设计图纸。

(5)国家和行业的有关标准和技术规范等。

3 工程概况

工程概况是对整个工程项目的总说明。主要介绍工程的地理位置、自然条件、结构设计概况、技术指标及主要工程数量等。

4 施工总体部署

施工总体部署是对整个工程项目所做的统筹规划和全面安排。其主要内容如下。

(1)施工管理机构的组建及施工任务的划分。

施工管理机构是具体指挥、管理全部施工活动的组织机构,由项目经理部及相关职能部门组成。在确立组织机构之后,应明确各部门的施工范围、施工任务及协作关系。

(2)确定施工顺序。

施工顺序是施工组织设计的重要内容之一,它不仅影响施工的连续性和均衡性,而且还影响施工的质量和总工期。因此,科学地安排施工顺序极为重要。施工顺序的确定,应首先结合工程的特点,在保证施工质量和生产安全的前提下,优先安排工程量大、结构复杂、施工难度大、工期长的主体工程,然后再将工程量小、施工难度不大的辅助工程穿插在主体工程的施工中进行。同时,施工顺序的确定还应与施工方法、施工机具的选择相匹配。

(3)确定施工方案。

施工方案是根据工程设计要求和施工现场的具体情况,对施工过程的总体设想和安排。施工方案的选择主要有施工方法的选择和施工机械的选择两大方面。详见本书“2.2 施工方法及施工机具的选择”。

5 施工进度计划

施工进度计划是在既定施工方案的基础上，根据规定工期和各种资源供应条件，按照合理的施工顺序和组织原则，统筹考虑全局后制订的。施工进度计划的主要编制依据如下。

（1）施工图纸及水文、地质、气象等技术经济资料。

（2）确定的施工方案、施工顺序、施工方法及安全措施等。

（3）施工工期及开、竣工日期。

（4）施工条件，劳动力、材料、机械、资金等资源的供应情况。

（5）劳动定额、机械台班定额等相关技术资料。

6 资源配置计划

资源配置计划，主要有劳动力需要量计划、主要材料及机械设备需要量计划等。

（1）劳动力需要量计划。

劳动力需要量计划是平衡、调配劳动力和衡量劳动力耗用指标的依据，也是规划布置生活设施的重要依据。其编制方法是将施工进度计划表内所列各施工项目每天（或旬、月）所需人工数量按工种进行汇总，如表2-17所示。

劳动力需要量计划 表2-17

序号	工种名称	总人数	需要时间						备注
			××月			××月			
			上旬	中旬	下旬	上旬	中旬	下旬	

（2）主要材料需要量计划。

材料需要量计划是备料、供料的依据，也是确定仓库、料场面积及组织运输的重要依据。其编制方法是将施工进度计划表中各施工项目的工程数量，按材料的名称、品种规格、数量及供应时间进行汇总，如表2-18所示。

主要材料需要量计划 表2-18

序号	材料名称	规格	需要量		供应时间	备注
			单位	数量		

（3）机械设备需要量计划。

机械设备需要量计划，主要确定施工所需的机械设备的类型、数量和进退场时间。其编制方法是将施工进度计划表中的施工项目，按每天（或旬）需要的机械设备类型、数量及使用起止时间进行汇总，如表2-19所示。

施工机械设备需要量计划 表2-19

序号	机械名称	类型、型号	需要量		货源	使用起止时间	备注
			单位	数量			

此外，还需编制临时设施计划和技术组织计划等相关计划。

7 施工平面图设计

施工平面图设计详见本书“2.4 施工过程的空间组织”，这里不再赘述。

8 制订各种保证措施

为了保证施工有条不紊地进行，制订保证措施是十分重要的。施工组织设计中的保证措施主要有质量、安全、文明施工和环境保护等保证措施。

(1)质量保证措施。

质量保证措施是为了确保达到合同和规范所规定的质量标准，而采取的一系列保证措施。其内容主要有质量目标的制订，质量管理体系及其运行机制的建立，管理机构的组织、管理职责和程序的确定，以及各施工环节具体措施的编制等。

(2)安全保证措施。

安全生产是国家的重要政策，也是企业管理的首要职责。安全保证措施就是以预防为主，着眼于事先控制，防患于未然。安全保证措施主要有：安全保证体系的建立、安全责任的落实与检查、优化安全技术组织措施的编制等。

(3)文明施工保证措施。

文明施工是指在施工现场管理中，按照现代化施工管理的客观要求，使施工现场保持良好的施工环境和施工顺序。文明施工措施主要有组织管理措施和现场管理措施等。

(4)环境保护措施。

环境保护是我国的一项基本国策。环境保护措施就是对施工现场的各种粉尘、废气、固体废弃物以及噪声等进行有效的控制。其内容主要有环保目标责任制的建立、环保综合治理措施的编制等。

以上分别介绍了施工组织设计文件组成及相关内容，下面通过某高速公路路面工程施工组织设计的实例，全面了解实施性施工组织设计文件的编制内容。

某高速公路实施性施工组织设计实例

一 编制说明

本项目为山岭重丘区高速公路，全长30.051km，四车道。施工任务主要有路槽顶面以上的底基层、基层、沥青混凝土面层、中央分隔带、交通安全设施及绿化、排水工程等。由于该工程地处山岭重丘区，山势连绵，地势复杂。为了优质、高效、安全地完成施工任务，本着“精心组织，精心施工”的原则，编制本施工组织设计。

二 编制依据

(1)高速公路路面工程招标文件(项目专用本、图纸)、标前会议及第1、2号补遗书等。

(2)业主提供的设计资料及现行的技术规范和验收标准。

(3)现场勘察资料及交通运输、材料供应等资料。

(4)本公司的施工技术和管理水平。

三 工程概况

1 地理地貌

本路线地处山岭重丘区，地势从北向南倾斜，山势连绵起伏，间有河谷阶地、溪水平地、滨海平地，岗坳交错频繁，地形地貌比较复杂。

2 水文气象

沿线气候属亚热带海洋性季风天气，具有四季分明，雨量充沛，温暖适宜，台风频繁，无霜期长等气候特征。年平均气温19.3℃，年平均降水量1 548mm，梅雨季节为5～6月，受台风影响最大风速在40m/s以上。沿线地下水基本受地质构造控制，松散堆积层孔隙水埋深较浅，连通性差，对路基有一定影响。沿线河流的地表水满足工程用水标准。

3 工程地质

路线所经地区位于东亚大陆，濒临太平洋地带的新华夏系第二隆起带之东翼沉降带。沿线基岩路段为硬质岩分布区，岩体完整性好，力学强度高，抗风化能力强，裂隙水量少，工程地质条件较好。沿线区域地质构造相对稳定，尚未发现大的滑坡、坍塌等不良现象，工程地质条件总体尚好。

本项目所在地的地震基本烈度为Ⅵ度。

4 结构设计及主要工程数量

本项目技术标准为高速公路；整体式路基宽度为22.5m，分离式路基宽度为11.25m；行车道4个，行车道宽度2×7m；设计速度60km/h。

(1)路面工程。

上面层:5cmAK-16A 抗滑表层。

下面层:7cmAC-25I 粗料式沥青混凝土。

封层:1cm 沥青预拌碎石下封层。

基层:20cm5% 水泥稳定碎石。

底基层:30cm3% 水泥稳定碎石。

垫层:15cm 或 10cm 天然砂砾或级配碎石。

硬路肩、路缘带及中央分隔带开口采用与主线行车道相同的路面结构方案,土路肩采用5cm 厚 C25 水泥混凝土现浇加固。

潮湿地段的底基层下加铺 15cm 的天然砂砾;岩石路段基层采用 20cm 5% 水泥稳定碎石,取消底基层。

桥面铺装采用 8cm 厚沥青混凝土,在沥青混凝土铺装层下涂上防水涂料。

(2)道路安全设施。

全线道路安全设施有:中央分隔带护栏、路侧波形梁护栏、隔离栅、桥梁防护网、道路标线、标志、防眩板、凸起路标和轮廓标等。

(3)绿化工程。

全线中央分隔带绿化工程。

(4)通信管道。

全线通信管道的埋设。

(5)主要工程数量。

本项目主要工程数量如表 2-20 所示。

主要工程数量表 表 2-20

项目名称	厚度	单位	数量
一、路面工程			
3% 水泥稳定碎石底基层	30cm	m^2	450 300
5% 水泥稳定碎石基层	20cm	m^2	635 100
下封层(单层沥青表处)	1cm	m^2	626 500
粗粒式沥青混凝土下面层	7cm	m^2	596 600
沥青混凝土抗滑表面层	5cm	m^2	587 100
二、桥面铺装			
沥青混凝土抗滑表面层	8cm	m^2	73 700
三、安全措施			
波形梁安全护栏		m	106 446
隔离栅		m	57 263
轮廓标		个	16 549
标志		个	
标线		m^2	30 357.3
凸起路标		个	9 363

续上表

项目名称	厚度	单位	数量
桥梁护网		m	240
防眩板		m	2 010
四、其他			
厚 5cm 水泥混凝土路肩加固		m^3	1 365
水泥混凝土路缘石		m^3	3 960
通信管道埋设		km	31.166

四 施工总体部署

1 施工管理机构的组建及施工任务的划分

(1)施工组织机构。

根据工程特点，本项目实施项目管理制。项目经理部由项目经理、党工委书记、项目副经理、项目总工程师和四部二室三个工区组成。组织机构如图 2-11 所示。项目经理代表本公司全权负责该工程的施工组织与管理。四部二室即工程部、计财部、物资部、设备部、综合办公室和中心试验室。项目经理部对下属工区、各队实行一级管理，承担现场指挥、技术指导和质量监控等职能。项目部主要人员名单(略)。

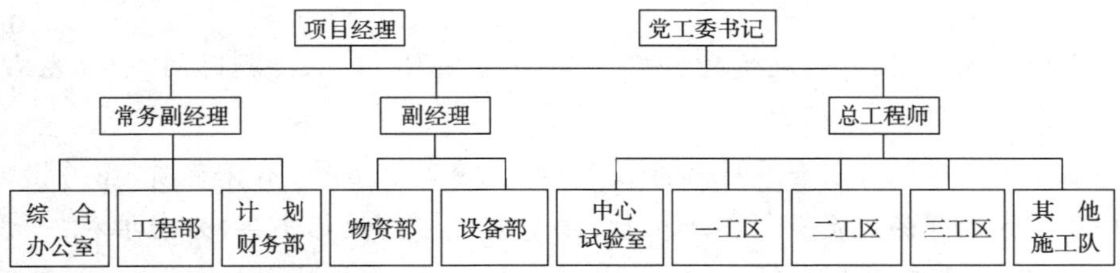

图 2-11 施工组织机构图

(2)任务划分。

一工区主要负责 K0 +009 ~ K12 +000 段底基层、基层施工，水泥拌和场设在 K5 +000 左侧弃土场处；二工区主要负责 K12 +000 ~ K30 +060 段底基层、基层施工，以及本项目的透层、下封层、黏层、沥青混凝土面层施工，拌和场设在 K20 +560 右侧；三工区负责全线的交通安全设施与通信管道施工，工区设在窝兰镇。其他施工队分别负责全线的水泥混凝土面板、排水盲沟及路缘石、回填土及绿化等工程施工。具体安排如下。

①底基层、基层。底基层、基层分两个作业区段，由路面一工区和路面二工区分别完成，以 K12 +000 为界，一工区负责 K0 +009 ~ K12 +000 段的底基层和基层施工，二工区负责 K12 +000 ~ K30 +060 段的底基层和基层铺筑任务。前期每个工区各配置水泥稳定碎石拌和机 1 台、装载机 4 台、摊铺机 2 台、压路机 3 台、自卸汽车 15 台、洒水车 4 台及施工管理与

技术等人员约54人。

②面层。成立面层施工作业队，归二工区管理，配备施工人员约45人、摊铺机2台、压路机5台、自卸汽车15台、沥青洒布车1台、石屑撒铺车1台、加水车1台、装载机5台。面层具备施工条件后，主要人员从基层施工队伍抽调。基层施工结束后，两施工工区人员可全部进行面层铺筑。

③交通工程及安全设施。成立第三工区，负责全线交通工程及安全设施施工，共需施工人员189人。分组与配置人员情况如下：波形板护栏5组，每组10人，各备打桩机3台、自卸车1台；隔离栅5组，每组10人，各备自卸汽车1台、搅拌机1台；标志2组，每组22人，配备自卸汽车2台、搅拌机2台、汽车吊1台；标线2组，每组10人，配备车载常温喷涂机1台、热熔釜3台、热熔画线机8台、底油机和抹削机各1台；凸起路标6人，配备汽车1台；轮廓标9人，配备自卸汽车1台。

④中央分隔带排水、土路肩硬化。成立相应的施工队，配备相应的施工人员75人、拌和机2台、水泥混凝土运输车2台、自卸汽车4台及相应的小型机具。

⑤绿化工程。成立绿化工程施工队，配备施工人员35人，负责草皮的铺植和灌木的栽植。其中：铺草皮20人，配备汽车2台、洒水车1台；植灌木15人，配备自卸汽车2台，洒水车1台及相应的小型机具。

2 施工顺序与施工方案（摘要）

先进行底基层、基层施工，具体安排与要求如下。

(1)选料。

①水泥使用32.5级普通硅酸盐水泥，初凝时间在3h以上，终凝时间在6h左右，并符合国家标准要求。

②碎石使用破碎机及联合破碎筛分设备加工，碎石应坚硬，不含杂质，各项指标应符合招标文件及技术规范的规定。材料进场后，按不同规格插设标志牌、分仓堆放，并设置分隔墙，以免不同规格碎石相互混淆。

③水使用洁净不含杂质的水源。

(2)混合料配合比设计。

①按规范要求进行原材料检验，确认各项指标都满足规范要求，并多次取样筛分，以其平均通过量为依据，进行反复推算。在得到满足规范要求的正式级配后，按水泥多种掺量分别配料，并根据不同的含水率进行重型击实试验，分别得出干密度与含水率曲线，从而得出最佳含水率和最大干密度，并做平行试验后取两次试验的平均值为最后结果。在25℃条件下保湿养生6天，浸水1天后，根据重型击实试验得出的最大干密度和最佳含水率进行无侧限抗压强度试验。根据水泥不同掺量所对应的抗压强值确定满足规范要求的设计配合比，最后通过内插法确定最佳水泥用量。

配合比设计中的水泥用量与细集料含量不宜过多，特别是基层，以减轻水泥稳定基层的收缩裂缝。

②生产配合比要求对施工中的水泥、含水率等检测项目的损失进行估算。实际施工时水泥使用剂量在原有配合比的基础上增加0.5%的水泥剂量,含水率根据天气情况适当调整,考虑混合料在拌和、施工中水分损失和气候影响,控制加水量在最佳含水率+1%~2%之间,以保证碾压时在最佳含水率范围内,从而满足工程施工损耗需要。施工中严格控制各规格料及厂拌混合料的级配,随时调整规格料的比例,确保混合料的级配与设计级配曲线接近,并在规范要求范围内。

③底基层、基层压实度及7天(25℃养生6天,浸水1天)无侧限抗压强度应符合图纸及如下要求。

基层:压实度>98%;抗压强度>4MPa。

底基层:压实度>97%;抗压强度>2MPa。

④进行水泥稳定混合料的延迟时间对强度影响的试验,以确定适当的延迟时间,并将延迟时间控制在2h以内。

⑤水泥稳定碎石供应点发生变化时,应重新进行配合比设计。

(3)施工方法。

水泥稳定碎石底基层、基层均采用厂拌法拌和,自卸汽车运输,摊铺机摊铺的方法施工。

(4)施工工艺流程。

施工工艺流程如图2-12所示,各施工环节必须报监理工程师认可后方可进行下一施工环节。

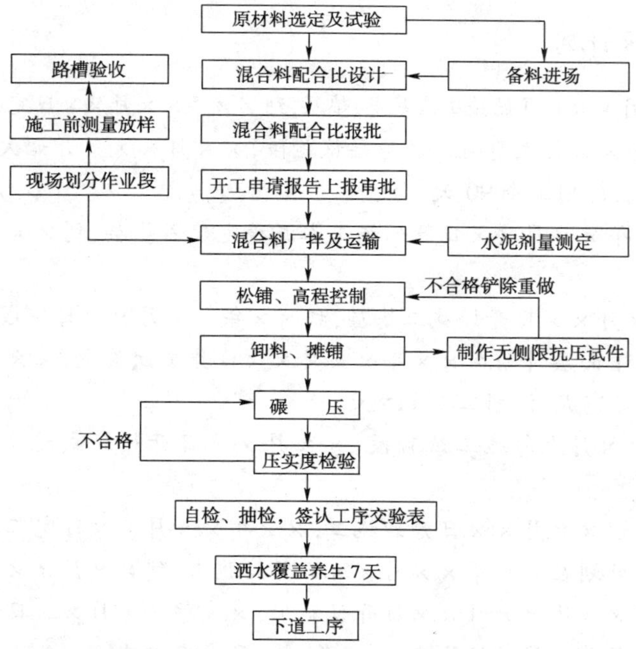

图2-12　水泥稳定碎石底基层、基层施工工艺流程图

五 施工总进度计划(摘要)

本项目采用分段施工,平行作业。施工进度以沥青面层连续施工为主,尽量避免机械使用高峰和施工作业高峰同时出现。具体安排如下。

1 施工能力

(1)底基层、基层施工分两个工区进行施工,计划以 K12 +000 为界。一工区工地由起点到 K12 +000,配置一套500 型拌和站,平均日产量3 200t,可摊铺单幅单层底基层850m,基层650m,月施工20 天可摊铺单幅单层底基层17km,基层13km。二工区施工从 K12 +000 到终点,配置一套600 型拌和机,平均日产量4 000t,可摊铺单层底基层1 000m,基层800m,月施工20 天可摊铺单幅单层底基层20km,基层16km,日施工垫层1 000m。

(2)成立面层施工作业队,归二工区管理,配置一套2000 型沥青拌和楼与一套3000 型沥青拌和楼,每日能够生产2 000t 混合料。沥青下面层因与下封层一起施工,计划日生产沥青混合料1 500t,摊铺单幅900m,月施工20 天摊铺单幅18km。上面层计划日生产混合料1 900t,摊铺单幅1.5km,月施工20 天摊铺单幅30km。

(3)每月计划施工20 天,根据工程量计算,底基层、垫层总计需要120 个施工工天,180 个日历日。基层需要84 个施工工天,126 个日历日。

(4)沥青下面层需要73 个施工工天,110 个日历日。上面层需要44 个施工工天,66 个日历日。

2 施工总进度计划

(1)一工区××月××日开始施工底基层、垫层,到××年××月××日完成,计划工期95 天。

二工区在××年××月底前施工底基层试验段,××月××日开始大规模施工,到××年××月××日完成,计划工期90 天。

(2)一工区××年××月××日开始施工水泥稳定碎石基层,到××年××月××日完成,计划工期70 天。

二工区计划××月××日开始施工基层,到××年××月××日完成,计划工期60 天。

(3)沥青混凝土下面层计划在××年××月××日施工试验段,××年××月上旬开始施工,到××月××日完成,计划工期115 天。

沥青上面层在××月上旬施工试验段,××月××日开始正式施工,××月××日完成,计划工期70 天。

(4)通信管道计划××月××日开始施工,××年××月××日完工。

(5)中央分隔带计划在××年××月××日开始施工,到××月××日完工。

(6)波形梁护栏××年××月××日开始施工,××年××月××日完工。

(7)隔离栅××年××月开始施工,××年××月底完工。

(8)标志工程××年××月开始施工,××年××月完工。

(9)标线在××年××月××日开始施工,××月××日完工。

(10)凸起路标在××年××月××日开始施工,××月××日完工。

(11)绿化工程计划××年××月××日开工,××月××日完工。

施工总进度计划横道图如图2-13所示。

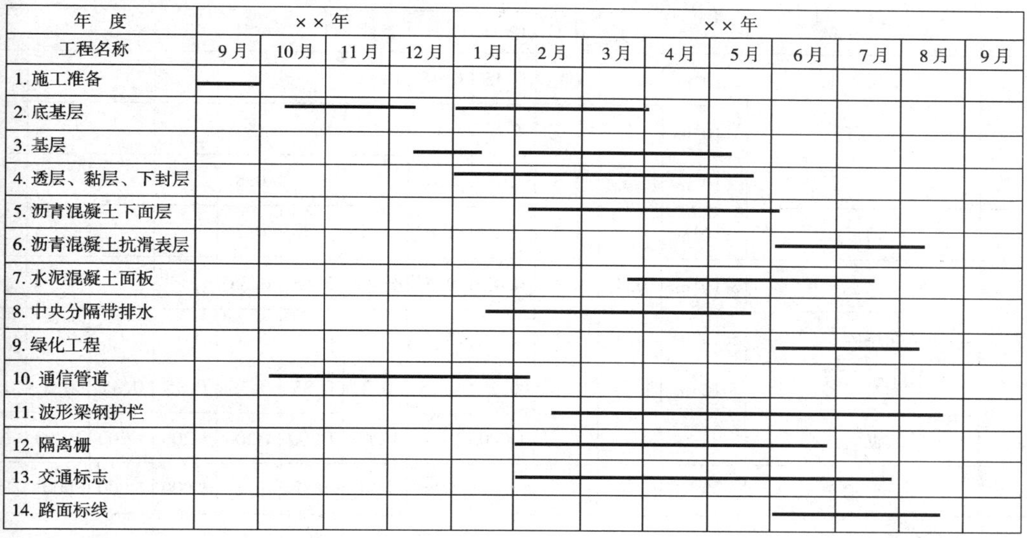

图2-13 施工总进度计划横道图

六 资源配置计划(摘要)

1 劳动力需要量计划

劳动力需求计划如图2-14所示。

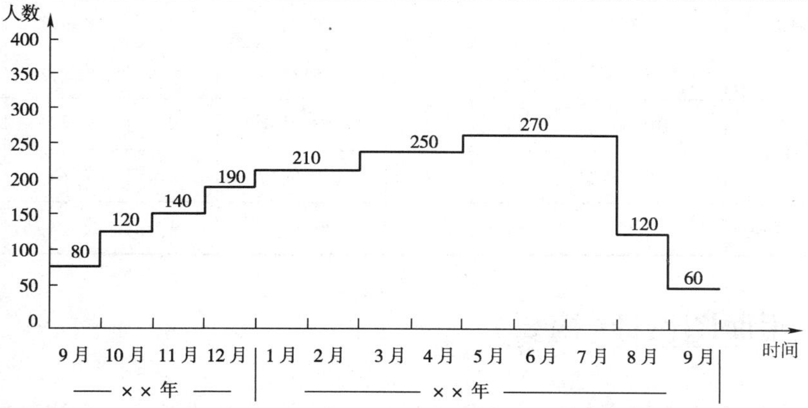

图2-14 劳动力需求计划图

2 主要材料需要量计划(摘要)

路面用主要材料计划如表2-21所示。

路面用主要材料计划表(摘要) 表2-21

序号	工程项目	单位	××年			××年							
			10月	11月	12月	1月	2月	3月	4月	5月	6月	7月	8月
1	垫层砂砾	$\times 10^4 m^3$	0.4	0.45	0.45	0.45	0.45						
2	底基层碎石	$\times 10^4 m^3$	2	2.5	2.5	3	3	0.6					
3	基层碎石	$\times 10^4 m^3$		2.5	2.5	2	2	4.5	0.8				
4	河砂	$\times 10^4 m^3$	1.5	1.5	1.5	1.6	1.6	1.6	0.7				
5	水泥	$\times 10^4 m^3$	0.4	0.4	0.45	0.5	0.45	0.45	0.35				
6	面层碎石	$\times 10^4 m^3$	0.5	0.5	1	1.2	1.2	1.2	1.2	1.2	1	1	
7	面层河砂	$\times 10^4 m^3$			0.2	0.25	0.3	0.35	0.35	0.35	0.35	0.3	0.1
8	沥青	t			1 000	1 000	1 200	1 200	1 200	1 200	1 200	1 200	700
9	矿粉	t				800	800	900	950	1 000	1 000	900	150
备注													

3 主要机械设备需要量计划

为了保证施工质量和进度，本项目投入的主要工程机械如表2-22所示。

主要机械设备一览表(摘要) 表2-22

序号	机械名称	类型、型号	需要量		货源	使用起止时间	备注
			单位	数量			
1	摊铺机	DF140CS	台	1	德国	××月～××月	9月进场
2		TITAN423	台	2	德国	××月～××月	11月进场
3		RP751W	台	3	徐州	××月～××月	已进场
4	双光轮压路机	DD110	台	2	美国英格索兰	××月～××月	11月进场
5		BW202AD-2	台	2	德国宝马	××月～××月	9月进场
6	振动压路机	CA25	台	4	徐州机械厂	××月～××月	11月进场

七 施工平面图设计(摘要)

水泥稳定碎石拌和站设在K6+000左侧弃土场处，计划占地$3.1\times 10^4 m^2$，设生活用房$600m^2$，办公及生产用房$200m^2$。水泥稳定碎石拌和厂平面图如图2-15所示。

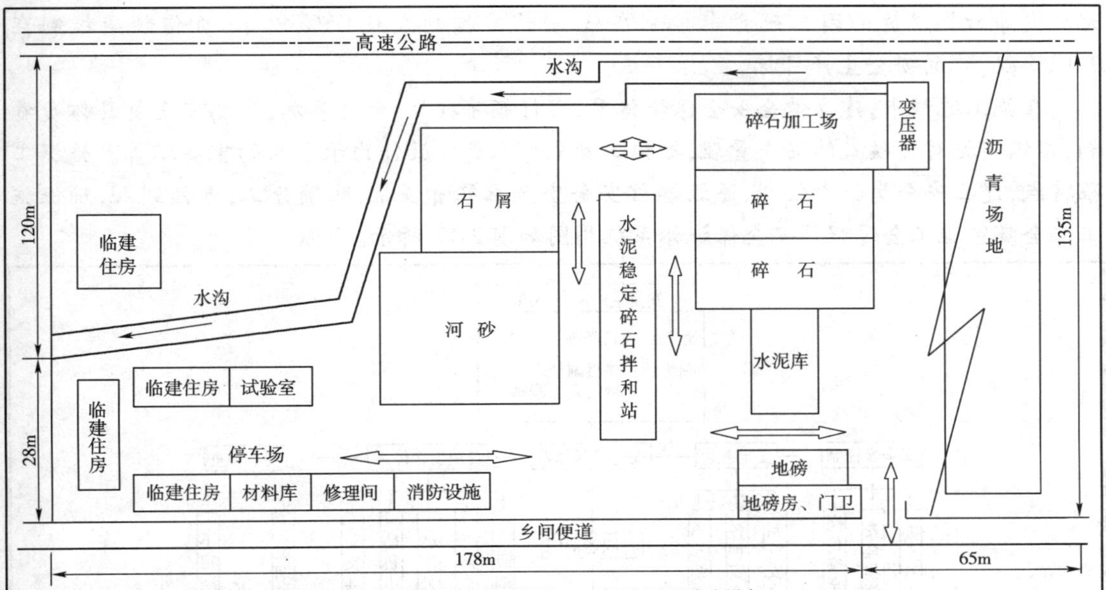

注：1. 全部场地用水泥稳定碎石硬化；2. 各种材料之间设置隔墙；3. 碎石机配置防尘设备。

图 2-15　水泥稳定碎石拌和厂平面图

八 各种保证措施(摘要)

1 质量保证措施

本公司将严格按国家、交通运输部颁发的施工规范、规程和质量标准施工，积极开展以“比质量、比进度、比安全、比文明”为主要内容的劳动竞赛活动，诚恳接受建设单位、质检站及监理工程师的检查。

本公司的质量目标：一次验交合格率100%，单位工程优良率达到行业先进水平，确保实现建设单位提出的创优规划。本项目工程质量目标：保证工程达到优良工程，单位工程优良率达到行业先进水平，力争国优工程。

质量管理机构如图 2-16 所示。

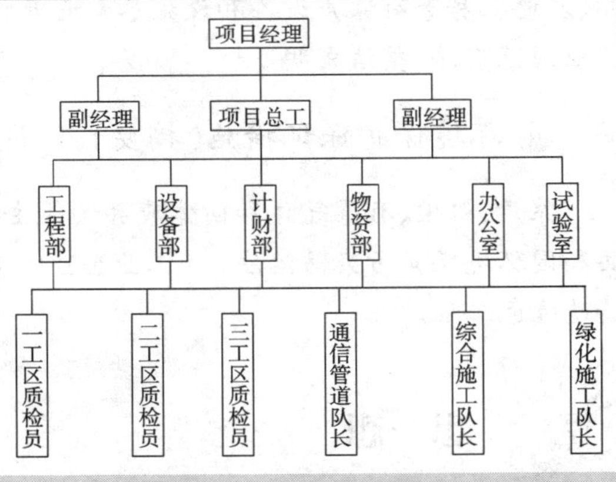

图 2-16　质量管理组织机构

2 安全施工保证措施(摘要)

本项目安全生产工作坚持“安全第一，预防为主”的方针，实行专管与群管相结合，加强预测和预控，做到安全生产，文明施工，实现“人员无重伤以上事故，无重大机械设备事故，无火灾事故”、“员工因工死亡率控制在0，重伤率控制在0.05%以下，负伤频率控制在0.12%以下”的安全生产目标。

在施工过程中，建立健全安全保证体系，实行领导挂帅，全员参加，专职安全员具体负责制，组织实施对该项目的安全管理，把施工安全和人员健康作为承包人的重要职责。根据工程特点，建立安全岗位责任制，逐级签订安全生产承包责任状，明确分工，责任到人，确保施工安全贯穿施工全过程。安全保证体系机构图如图2-17所示。

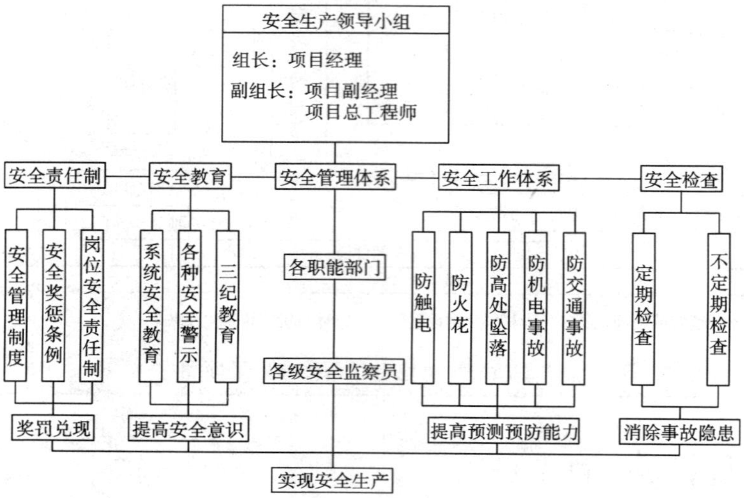

图2-17　安全保证体系结构图

3 文明施工保证措施(摘要)

加强文明施工教育，遵纪守法，上岗作业着装整齐，挂牌施工，防护到位，下岗休班遵守村规民约。加强机械、车辆和驾驶员的管理，做到遵章行车，安全礼让，不开带病车。拌和站、发电机房等有噪声设备和设施尽量避开村庄，以免影响周围群众的正常生活。做到施工作业规范有序，整洁文明。

4 环境保护保证措施(摘要)

噪声、粉尘、有毒气体和固体废弃物等主要污染物排放符合国家法律法规(如《中华人民共和国环境噪声污染防治法》、《工业企业噪声卫生标准》)和环保部门要求，做好水土保持，铸造绿色工程。

想一想

1. 实施性施工组织设计文件的主要内容有哪些？
2. 简述施工总体部署的主要内容。

单元小结

施工组织设计是对拟建项目的总体计划和安排。本单元介绍了施工组织设计的分类、研究内容及文件组成。在学习时应重点掌握以下内容。

1. 施工组织设计的核心内容主要有四个方面:①确定施工方案;②选择施工机具;③施工过程的时间组织;④施工过程的空间组织。应掌握这四方面的设计内容、设计原则和设计方法。

2. 无节拍流水作业最符合施工的实际情况。流水参数、约翰逊－贝尔曼法则、潘特考夫斯基法则是本单元学习的重点和难点。

3. 施工进度横道图比较直观、易懂,应掌握其绘制原理和方法。

4. 实施性施工组织设计是施工阶段编制的最全面、最具体的施工组织设计,应结合工程实例掌握实施性施工组织设计的编制内容和文件组成。

自我检测

一、问答题

1. 什么是施工组织设计?
2. 施工方案的确定与哪些因素有关?
3. 选择施工机具时应遵循哪些原则?
4. 时间组织的基本作业方式有几种?其各自特点如何?
5. 无节拍流水作业的最优施工顺序、最小流水步距、施工总工期是如何计算的?
6. 施工平面图设计的依据和原则是什么?
7. 实施性施工组织设计文件的主要内容有哪些?

二、填空题

1. 按设计、施工阶段分,施工组织设计可分为______________、______________、______________、______________、______________。

2. 公路施工组织设计研究的主要内容有______________、______________、______________、______________四个方面。

3. 施工过程是由______________、______________两方面组成的。

4. 施工过程的时间组织应遵循______________、______________、______________、______________原则。

5. 流水作业法的参数主要有______________、______________、______________、______________、______________。

6. 无节拍流水主要解决两个问题,一是______________;二是______________。

7. 施工进度图的类型主要有______________、______________、______________。

8. 施工平面图的类型主要有____________和____________两种。

三、判断题

1. 施工过程的组织主要有时间组织和空间组织两个方面。 ( )
2. 潘特考夫斯基法主要解决无节拍流水作业各施工段的施工顺序问题。 ( )
3. 施工段的划分不能太零碎，每段应有足够的工作面。 ( )
4 约翰逊—贝尔曼法则主要解决各相邻工序最小流水步距问题。 ( )
5. 施工过程的空间组织就是合理地设计施工现场的平面布置图。 ( )
6. 顺序作业法是指各施工段同时开工，不同工序依次投入施工的作业方式。 ( )
7. 流水节拍是指一个专业施工队在一个施工段上完成某一道工序所需的时间。( )
8. 流水作业法是指将一个施工段的各工序依次完成之后，再去做下一施工段的方法。 ( )

四、练习题

1. 某公路有三道涵洞，已知每道涵洞的 a 工序需 3 天，b 工序需 2 天，c 工序需 4 天，d 工序需 3 天，试用流水作业法绘制施工进度横道图并求总工期。

2. 某工程有 5 个施工段，3 道工序，其各工序流水节拍如表 2-23 所示，试求最优施工顺序及其所对应的总工期，并绘制施工进度横道图。

流 水 节 拍 表　　表 2-23

施工段 工 序	A	B	C	D	E
a	5	6	7	9	7
b	5	2	3	3	4
c	3	2	8	10	5

单 元 3

公路工程计量

学习目标

1. 了解公路工程计量的内容及规则。
2. 掌握公路工程结构物的计量方法。
3. 能够正确编写工程量清单。

学习指南

公路工程计量是指按合同文件规定的方法、范围、内容计算合格产品的数量。工程计量正确与否，将直接影响概算、预算的测算精度。本单元将重点讲述公路工程计量的依据、原则和程序，工程量清单的概念、内容和编写要点。学习流程如下。

工程计量依据、原则、程序 ⟶ 路基、路面、桥涵计量规则 ⟶ 工程量清单内容、编写要点

教学建议

本单元的教学内容具有较强的实践性，教学中应紧密联系工程实际讲述相关内容。

3.1 工程计量的依据、原则及程序

工程计量是按合同文件规定的方法、范围、内容计算合格产品的数量。在工程造价测算过程中,工程计量是非常重要的环节,因为工程造价的测算主要取决于两个因素:一是工程数量,二是单价。因此,工程计量准确与否,将直接影响工程造价的测算精度。

一 公路工程计量的依据

1 设计图纸及设计说明书

施工设计图纸和设计说明书是计算工程量的基础资料,它反映了工程实体的具体形状、尺寸和要求,是工程计量的重要依据。

2 公路工程定额

交通运输部颁发的《公路工程概算定额》(JTG/T B06-01—2007)和《公路工程预算定额》(JTG/T B06-02—2007)对工程计量的规则和方法等都有严格规定。在计量时必须按照定额中规定的计量单位、计量规则和方法进行,否则将会出现计算数据与单位不匹配的现象。

3 施工组织设计资料

工程计量的规则和方法是与施工方案、施工方法密切相关的,因此,施工组织设计是工程计量必不可少的技术资料。

4 合同文件及其他相关资料

合同文件、征地拆迁、青苗补偿等相关规定都是工程计量的重要依据。

二 工程计量的原则

1 原始数据必须与设计图纸一致

在工程计量时所采用的原始数据必须与设计图纸一致,不得随意改变设计图纸的数据。

2 计量规则必须与公路工程定额一致

公路工程概算、预算定额中工程计量的规则是公路行业工程计量的准则，在工程计量时所用的计量方法、计量单位等都必须与定额的规定一致。

3 计算数字要准确

工程计量的数字计算要准确，一般应精确到小数点后第三位，汇总时要求如下。

(1)立方米(m^3)、平方米(m^2)及米(m)以下取两位小数。

(2)吨(t)以下取三位小数。

(3)千克(kg)、件等取整数。

三 工程计量的程序

根据合同规定，监理工程师应及时对已完成且质量合格的工程细目进行计量。计量之前，承包人必须提交有关计量的文件资料，按以下步骤进行。

1 发出计量通知或计量申请

当工程达到计量要求时，监理工程师应向承包人发出计量通知，或承包人向监理工程师提出计量申请。无论哪一方提出计量要求，双方必须派出具有相关资质的人员到现场进行计量，若有一方不参加，则认为单方面所做的计量工作是正确的。

2 审查有关的计量资料

对承包人提交的工程质量检验表、中间交工证书、开工申请批复单、检验申请批复等相关资料，监理工程师都必须逐一进行检查，若发现问题或资料不全，则不予计量。

3 填写中间计量表

计量工作应由监理工程师和承包人双方委派具有相关资质的人员进行计量。计量结束后，双方必须清楚真实地填写中间计量表，并相互签字确认。

想一想

1. 什么是工程计量？
2. 工程计量的依据和原则是什么？
3. 工程计量应按什么程序进行？

3.2 路基、路面工程计量

一 路基横断面面积的计算

路基横断面面积是指路基横断面设计线(俗称戴帽)与路基横断面原地面线所围成的面积,如图 3-1 阴影部分所示。路基横断面面积是计算路基土、石方数量的依据。在路基横断面设计中,路基横断面图一般是绘在方格米厘纸上的,由于地面线是不规则折线,因此,横断面积的计算通常用如下两种方法。

1 几何图形法

几何图形法是将路基横断面图分解成若干个规则的几何图形,然后利用这些图形在方格米厘纸上的格子数量来分块计算其面积,之后再累加起来,即得路基横断面面积。

2 积距法

积距法是将路基横断面图分解成若干个等宽为 b 的几何图形,这些几何图形可视为若干个等高为 b 的梯形,每个梯形$\frac{b}{2}$处的连线即为每个等高梯形的腰,如图 3-2 中 f_1、f_2、f_3、…、f_i,则

$$每个小梯形面积 = b \times f_i$$

$$路基横断面面积 = \sum(b \times f_i) = b \times \sum f_i$$

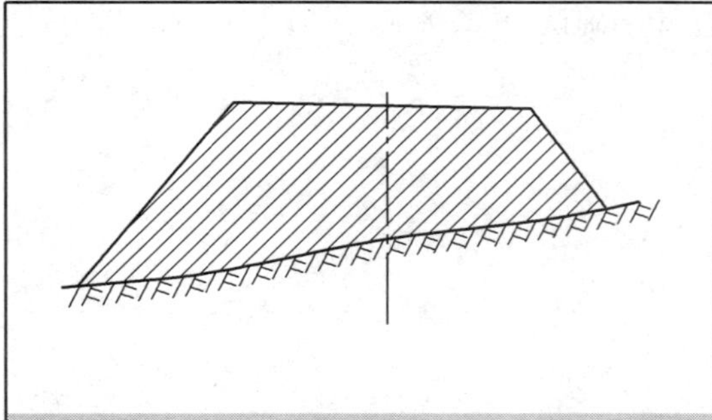

图 3-1　路基横断面

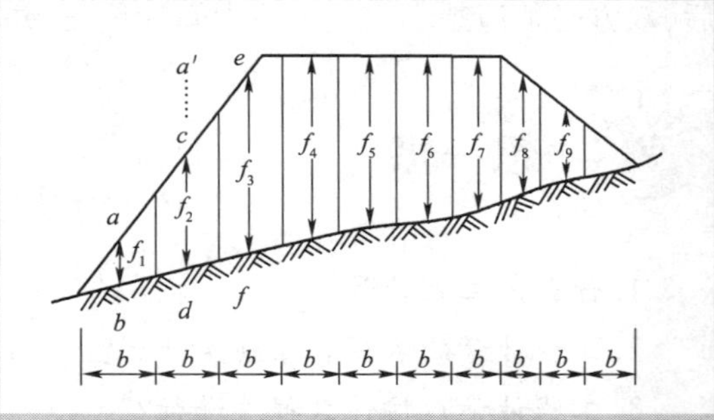

图 3-2　积距法求路基横断面面积

在确定 b 与 $\sum f_i$ 时，由于 b 取值愈小，横断面面积的计量愈准确，因此，对于地面线起伏较大的断面，b 值应尽量小些。

$\sum f_i$ 的计算常用卡规法，如图 3-2 所示。先将卡规的 A 脚对准 b 点，张开卡规，使 B 脚对准 a 点，然后保持两脚距离不变，将 A 脚对准 c 点，B 脚固定于 c 点 f_2 上方延长线的 a' 点上，继续张开 A 脚对准 d 点，这时 A、B 脚的距离即为 f_1+f_2。重复以上过程，待 AB 脚张大到最大距离时，将其卡在直尺上读数，并记录。累计横断面的所有记录值，即为 $\sum f_i$。

二 路基土、石方数量的计算

当各中桩的横断面面积求出来以后，即可按平均断面法来计算路基土、石方的工程数量。该法是假定相邻两横断面间为一棱柱体，如图 3-3 所示，其高是两桩号间的距离，其底为两横断面面积的平均值。这种方法虽然是近似法，但对于土、石方计量来说还是可以采用的，即两横断面间路基土、石方的体积按下式计算。

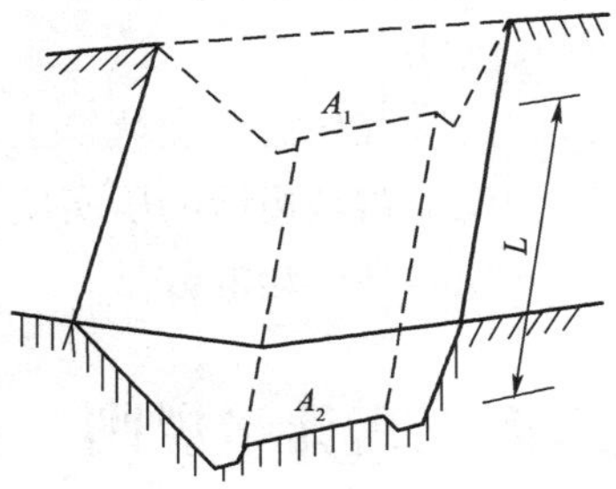

图 3-3 土、石方数量计算

$$V=\frac{A_1+A_2}{2}\times L \tag{3-1}$$

式中：A_1、A_2——两相邻横断面面积；

L——两相邻横断面里程桩号之差。

当按式(3-1)计算时，应注意以下问题。

(1)当两相邻横断面形状有较大变化时，为了提高土、石方的计量精度，应在两断面之间补测一横断面，分段计算其土、石方数量。

(2)填方面积与挖方面积应分开计算。

三 路基工程计量规则

1 路基土方与石方应分类计量

路基土、石方的挖、填工作对于不同类别的土壤及岩石，其施工的难易程度是不一样的，所需的费用也是不相同的。因此，不同类别的土壤、岩石应分类计量。按照《公路工程概算定额》(JTG/T B06-01—2007)和《公路工程预算定额》(JTG/T B06-02—2007)的规定，路基土壤、岩石共分为六类。其中，土壤分为松土、普通土、硬土三类；岩石分为软石、次坚石、坚石三类。土、石分类与十六级土、石分类对照表如表 3-1 所示。

土、石分类与十六级土、石分类对照表 表 3-1

土、石分类	松土	普通土	硬土	软石	次坚石	坚石
十六级分类	I ~ II	III	IV	V ~ VI	VII ~ IX	X ~ XVI

2 其他应计入路基填方中的工程数量

在计量路基填方工程数量时，以下工作内容不再单独列项，所发生的工程数量直接并入路基填方工程数量中。

(1)清除表土或零填方地段的基底压实、耕地填前夯(压)实后，回填至原地面高程所需的土、石方数量。

(2)因路基沉陷需增加填筑土、石方的数量。

(3)为保证路基边缘的压实度，须加宽填筑时所需的土、石方数量。

(4)开挖路基边沟的数量。

四 路面工程计量规则

路面工程按工程部位、材料类别、施工方法等划分项目，在工程计量时主要应注意以下问题。

1 路面实体的计量单位

对于低级、中级、次高级、高级四种类型路面以及路槽、路肩、垫层、基层等，除沥青混合料路面以 m^3 为计量单位外，其余均以 m^2 为计量单位。在路面、路肩厚度计量中，所有路面项目中的厚度均为压实厚度，培路肩厚度均为净培路肩的夯实厚度。沥青混合料路面压实体积按路面设计面积乘以压实厚度计算。

2 磨耗层、保护层的计量

根据设计要求，泥结碎石及级配碎、砾石面层都应加铺磨耗层及保护层。在编制预算时，应根据磨耗层、保护层所用的材料及厚度按实计量其工程数量。在编制概算时，则不另行计算磨耗层、保护层的工程数量，因这部分内容已综合在概算定额之中。

想一想

1. 路基土、石方数量是如何计算的？
2. 路基土、石方计量应遵循哪些规则？
3. 路面工程计量应遵循哪些原则？

3.3 桥涵、隧道工程计量

桥梁、隧道工程结构复杂,类型繁多,特别是近年来随着桥梁、隧道设计、施工技术的不断发展,新结构、新工艺、新材料的不断应用,桥梁、隧道工程的计价项目日益增多,工程计量的难度也随之增大。下面简述桥涵、隧道工程的计量规则。

一 桥涵实体结构物的工程计量

桥涵的主体工程如基础、墩、台及上部构造等,一般都具有较规则的几何形体,或者是由若干个简单的几何形体组成的。因此,桥涵的实体结构物可以根据几何图形的面积、体积计量其工程数量。值得注意的是,在计量现浇混凝土、预制混凝土、构件安装的工程量时,其实体结构物是指构筑物或预制构件的实际体积,即不包括其中空心部分的体积。在计量钢筋混凝土项目时,其工程量不扣除钢筋所占的体积。

二 桥梁基础工程计量规则

桥梁基础工程主要有挖基坑、围堰、筑岛、沉井及打桩等,工程量计量规则如下。

(1)基坑开挖工程量应按基坑容积计算。

(2)基坑挡土板的支挡面积应按坑内需支挡的实际侧面积计算。

(3)围堰、筑岛高度按平均施工水深加50cm计算,长度按围堰中心长度计算。套箱围堰的工程量为套箱金属结构的重量。

(4)沉井制作的工程量:重力式沉井为设计图纸井壁及隔墙混凝土数量;钢丝网水泥薄壁沉井为刃脚及骨架钢材的重量,但不包括铁丝网的重量;钢壳沉井的工程量为钢材的设计总重量。

(5)灌注桩成孔的工程量按设计图纸入土深度计算。孔深指护筒顶至柱底的深度。灌注桩混凝土的工程量为设计桩径的实体数量。

(6)人工挖孔的工程量按护筒外缘包围的面积乘以孔深计算。

(7)浇筑水下混凝土工程量按设计桩径横断面面积乘以设计桩长计算,不得将扩孔因素计入工程量。

三 桥梁上部构造计量规则

（1）预制构件的工程量为构件的实体积（不包括空心部分）。但预应力构件的工程量为构件预制体积与构件端头封锚混凝土的数量之和。

（2）安装的工程量为安装构件的体积。

（3）预应力钢绞线、预应力精轧螺纹粗钢筋及配锥形（弗氏）锚的预应力钢丝的工程量为锚固长度与工作长度的重量之和。

（4）涵洞拱盔支架、板涵支架定额单位的水平投影面积为涵洞长度乘以净跨径。

（5）桥梁拱盔定额单位的立面积是指起拱线以上的弓形侧面积，其工程量按式（3-2）计算。

$$F = K \times L^2 \tag{3-2}$$

式中：K——拱矢度，按表3-2中规定选用；

L——净跨径，m。

拱矢度 K 值表 表3-2

矢跨比 / 拱矢度	$\frac{1}{2}$	$\frac{1}{2.5}$	$\frac{1}{3}$	$\frac{1}{3.5}$	$\frac{1}{4}$	$\frac{1}{4.5}$	$\frac{1}{5}$	$\frac{1}{5.5}$	$\frac{1}{6}$	$\frac{1}{6.5}$	$\frac{1}{7}$	$\frac{1}{7.5}$	$\frac{1}{8}$	$\frac{1}{9}$	$\frac{1}{10}$
K	0.393	0.289	0.241	0.203	0.172	0.154	0.138	0.125	0.113	0.104	0.096	0.090	0.084	0.076	0.067

（6）大型预制构件平面底座适用于T形梁、I形梁等截面的箱梁，每根梁底座面积的工程量按式（3-3）计算。

$$底座面积 = (梁长 + 2.00\text{m}) \times (梁宽 + 1.00\text{m}) \tag{3-3}$$

【工程实例3-1】 某四孔净跨径为30m的混凝土拱桥，矢跨比为$\frac{1}{4}$，求拱盔立面积的工程数量。

解：由表3-2可知，净跨径30m时，$K = 0.172$，根据式（3-2）得立面积的工程数量为

$$F = 0.172 \times 30^2 = 154.8\text{m}^2$$

【工程实例3-2】 某预制场预制T形梁，已知梁长19.96m，梁肋底宽0.18m，翼板宽1.6m，求每根T形梁底座面积的工程数量。

解：由式（3-3）可知，每个底座面积的工程数量为

$$(19.96 + 2.00) \times (0.18 + 1.00) \approx 25.91\ \text{m}^2$$

四 隧道工程计量规则

隧道工程主要有开挖、支护、防排水、衬砌、装饰、照明、通风及消防设施、门洞、辅助坑道等项目。工程计量规则如下。

（1）隧道长度指隧道进出口（不含与隧道相连的明洞）洞门端墙墙面之间的距离，即两

端端墙面与路面的交线同路线中线交点间的距离。

(2)洞身开挖出渣工程量按设计断面数量(成洞断面加衬砌断面)计算,包含洞身及所有附属洞室的数量,因定额中已考虑了超挖因素,故不计超挖数量。

(3)现浇混凝土衬砌中浇筑、运输的工程数量,均按设计断面衬砌数量计算,包括洞身及所有附属洞室的衬砌数量。因定额中已综合考虑了超挖及预留变形需回填的混凝土数量,故不得将上述因素的工程数量计入计价工程量中。

(4)防水板、明洞防水层的工程数量按设计敷设面积计算。

(5)止水带(条)盲沟、透水管的工程数量,均按设计数量计算。

(6)洞内通风、风水管及照明、管线路的工程数量按隧道设计长度计算。

想一想

1. 桥涵实体结构物的工程量是如何计量的?
2. 桥梁上部构造的计量规则有哪些?
3. 隧道工程计量应遵循哪些规则?

3.4 工程量清单

工程量清单是招标、投标的产物,它详细说明了拟建项目的实物数量,是招标文件、合同文件最重要的组成部分。正确编制工程量清单对做好招标、投标工作具有十分重要的意义。

一 工程量清单的概念及作用

工程量清单,又叫工程数量清单,是业主在招标时根据设计图纸、计量规则对拟建项目的工程数量进行测算后得到的一套工程项目表,它反映了拟建项目的工作内容、预算数量及完成的价格。其作用如下。

1 计算标底和报价的依据

工程量清单是按照设计图纸的实物量、技术规范及计量规则计算出来的一种准确性较高的预算数量，是业主计算标底，承包商计算报价的重要依据。

2 选择中标单位的依据

工程量清单为所有的投标人提供了一个相同的计算基础，投标人为了中标就必须结合自己的实力拟订一个合理的报价，而报价的高低往往显示了投标人的管理水平和技术水平，成为业主选择承包人的重要依据。

3 办理中期支付的依据

工程量清单描述了工程项目的范围、内容、计量方式和方法，在工程实施期间对工程的计量与支付，必须以工程量清单为依据。因此，工程量清单必须清楚明了，工作内容必须不重不漏。

二 工程量清单的内容及编写要点

1 工程量清单的内容

工程量清单是由前言、工程细目、计日工明细表和清单汇总表四部分组成的。现分述如下。

（1）前言。

前言主要说明工程项目的工作范围、内容、计量依据和方式方法。当工程发生变更或费用索赔时，监理工程师将根据前言中的各种规定来确定单价。

（2）工程细目。

工程细目又称分项清单表，是招标工程中按章的顺序排列的各个项目表。为了便于行业管理，《公路工程国内招标文件范本》将工程细目统一按章、节、目的形式设置，由第100章~700章组成。如工程细目编号为101-1，即表示第100章，第1节，第1目。表3-3、表3-4分别摘录了第100章和第200章的节、目表，通过这两张表可以了解章、节、目的相互联系及具体内容。表中单价及合计栏一般由承包人填写，其余一般由业主填写。

清单　第100章　总　　则　　　　表3-3

细目号	细 目 名 称	单位	数量	单价	合价
101-1	保险费				
101-1-a	按合同条款规定，提供建筑工程一切险				
101-1-b	按合同条款规定，提供第三方责任险				
102-1	竣工文件				
102-2	施工环保费				
103-1	临时道路修建、养护与拆除（包括原道路的养护费）				
103-2	临时工程用地				
103-3	临时供电设施				

续上表

细目号	细 目 名 称	单位	数量	单价	合价
103-3-a	设施架设、拆除				
103-3-b	设施维修				
103-4	电信设施的提供、维修与拆除				
103-5	供水与排污设施				
104-1	承包人驻地建设				
清单 第100章合计 人民币____________元					

清单 第200章 路 基(摘录) 表3-4

细目号	细 目 名 称	单位	数量	单价	合价
202-1	清理与掘除				
202-1-a	清理现场	m^2			
202-1-b	砍伐树木	棵			
202-1-c	挖除树根	棵			
202-2	挖除旧路面				
202-2-a	水泥混凝土路面	m^2			
202-2-b	沥青混凝土路面	m^2			
202-2-c	碎石路面	m^2			
202-3	拆除结构物				
202-3-a	钢筋混凝土结构	m^3			
202-3-b	混凝土结构	m^3			
202-3-c	砖、石及其他砌体结构	m^3			
203-1	路基挖方				
203-1-a	开挖土方	m^3			
203-1-b	开挖石方	m^3			
203-1-c	挖除非适用材料(包括淤泥)	m^3			
203-2	改河、改渠、改路挖方				
203-2-a	开挖土方	m^3			
203-2-b	开挖石方	m^3			
203-2-c	……				
…	……				
清单 第200章合计 人民币____________元					

(3)计日工明细表。

计日工也称散工或点工。当工程实施过程中一些临时性或新增项目的数量在招标、投标阶段很难估计时,需事先定价,以避免开工后发生争议,故以计日工明细表的方式在工程量清单中予以明确。计日工明细表由总则、计日工劳务、计日工材料、计日工机械等方面的内容组成。其格式如表3-5所示。

计 日 工 明 细 表

表 3-5

合同段：　　　　　　　　　　　　　　　　　　　　　　　　　　货币单位：人民币元

细目号	项目名称	单位	数量	单价	合价
D101	人工				
D101-1	普通工	工日			
D101-2	焊工	工日			
D101-3	电工	工日			
D101-4	混凝土工	工日			
D101-5	钢筋工	工日			
D201	材料				
D201-1	水泥	t			
D201-2	钢筋	t			
D201-3	钢绞线	t			
D201-4	沥青	t			
D201-5	木材	m^3			
D201-6	砂	m^3			
…	……				
D301	施工机械				
D301-1	装载机	台班			
D301-1-a	$1.5m^3$ 以下	台班			
D301-1-b	……				
D301-2	推土机	台班			
…	……				
计日工小计（结转至第____页工程量清单汇总表）　人民币____________元					

目前国内招标项目工程量清单无计日工明细表，但在工程量清单相关章、节、目中列“暂定金额”，在转入工程量清单汇总表时，将各章、节、目中“暂定金额”汇总即可。

（4）工程量清单汇总表。

工程量清单汇总表通过将各章的工程细目表及计日工明细表进行汇总，加上一定比例的暂定金后得到该项目的总报价。其格式如表 3-6 所示。

工程量清单汇总表

表 3-6

合同段：

序号	章次	科 目 名 称	金额（元）
1	100	总则	
2	200	路基	
3	300	路面	
4	400	桥梁、涵洞	

续上表

序号	章次	科 目 名 称	金额(元)
5	500	隧道	
6	600	安全设施及预埋管线	
7	700	绿化及环境保护	
8		第100章~700章清单合计	
9		已包括在清单合计中的专项暂定金额小计	
10		清单合计减去专项暂定金额(8-9)=10	
11		计日工合计	
12		不可预见费(暂定金额)	
13		投标价(8+11+12)=13	

2 工程量清单的编写要点

如上所述,工程量清单是按章、节、目的逻辑关系设置的,在实际编写时,某合同段的工程量清单共有多少章,章下分多少节,节下有多少目,应视工程具体情况而定,编写时应着重注意以下几点。

(1)分类列项。

为了强化工程投标的竞争性,不同的情况应采用不同的报价。因此,在划分工程项目时,技术等级不同的项目应分开列项;性质相同,但部位或报价不同的项目也应分开列项,并且做到不重不漏。

(2)工程细目的划分大小要适度。

工程细目的划分可大可小。工程细目大,可减少计算工作量,但太大则难以发挥单价合同的优势,既不便于工程变更的处理,同时又会延长支付周期,影响承包人的资金周转。因此,工程细目的划分大小要适度,既要简单明了,高度概括,又要便于计量支付和合同管理。

(3)工程量的计算要细致准确。

计算工程量是一项非常严谨的技术工作,计量前应认真阅读技术规范的各种规定,仔细核查设计文件计量方法与技术规范的计量方法是否一致,如不一致应做技术处理。

(4)计日工清单或专项暂定金不可缺少。

计日工清单是用来处理一些附加的或小型的变更工程计价时使用的。清单中的计日工数量完全是由业主虚拟的,主要防止承包人在投标时对计日工的报价太高。计日工清单会使合同管理很方便。虽然国内招标项目取消了计日工,但同样性质的专项暂定金也是不可缺少的。

(5)应与技术规范一致。

工程量清单的编号、项目、单位等要求应与技术规范中的计量支付相统一,从而保证合同的严密性和前后一致性。

【工程实例3-3】 某工程合同号为A-D03的工程量清单如表3-7所示。

A-D03 合同段工程量清单 表 3-7

工程量清单 第200章 路 基

合同号:A-D03 单位货币:人民币元

细目号	细 目 名 称	单位	数量	单价	合价
202-1	清理与掘除				
202-1-1	清理草皮及表土	m^2	189 613	2.67	506 267
202-1-4	清表回填砂砾	m^3	59 061	83.95	4 958 171
202-2	挖除旧路面				
202-2-1	水泥混凝土路面	m^2	2 244	21.43	48 089
202-2-2	沥青混凝土路面	m^2	5 093	15.78	80 368
202-3	拆除结构物				
202-3-2	混凝土结构	m^3	1 647	367.10	604 614
202-3-4	砖、石及其他砌体结构	m^3	1 080	51.43	55 544
202-4	绿化苗木移植(专项暂定金)	总额			1 000 000
203-1	路基挖方				
203-1-1	挖土方	m^3	389 488	11.14	4 338 896
203-1-2	挖石方	m^3			
203-1-3	挖出非适用材料(包括淤泥)	m^3	308 223	13.02	4 013 063
203-2	改河、改渠、改路挖方				
203-2-1	开挖土方	m^3	594	11.14	6 617
204-1	路基填筑(包括填前压实)				
204-1-6	借砂砾填筑	m^3	908 281	83.95	76 250 190
204-2	改河、改路、改渠填筑				
204-2-1	土方填筑	m^3	11 093	4.74	52 581
204-3	结构物台背回填				
204-3-1	水泥稳定碎石	m^3	507.6	244.07	123 890
204-3-2	砂砾	m^3	16 230	121.64	1 974 217
205-1	特殊地基处理				
205-1-3	水泥搅拌桩	m	68 655	34.93	2 398 119
205-1-8	8% 灰土垫层	m^3	5 932	37.21	220 730
205-1-9	回填砂砾	m^3	284 504	100.59	28 618 257
205-1-10	ϕ42mm 花管压力注浆	m^3	13 185	499.75	6 589 204
205-1-11	22t 重型振动压力机碾压	m^2	46 931	2.27	106 533
205-2	软土地基处理垫层				
205-2-4	灰土垫层				
205-2-4.2	8% 石灰土垫层	m^3	3 871	37.21	144 040
205-3	黄土处理(隔水墙)				
205-3-2	素土隔水墙	m	2 997.97	55.33	165 878

续上表

细目号	细 目 名 称	单位	数量	单价	合价
205-4	冲击碾压				
205-4-4	冲击碾压25遍	m^2	203 826	20.56	4 190 663
205-6	路床处理				
205-6-1	石灰土回填				
205-6-1.2	8%石灰土垫层	m^3	40 937	37.21	1 523 266
205-6-1.3	5%石灰土垫层	m^3	68 229	28.33	1 932 928
205-6-2	砂砾回填	m^3	27 748	83.95	2 329 445
205-6-3	旧路床开挖	m^3	136 914	7.38	1 010 425
205-7	铺设土工织物				
205-7-2	土工格栅				
205-7-2.1	单向土工格栅	m^2	83 871	14.42	1 209 420
205-7-3	土工格室	m^2	35 343	53.16	1 878 834
207-1	边沟				
207-1-11	C20现浇混凝土边沟	m^3	2 816	573.00	1 613 568
207-6	蒸发池				
207-6-1	挖土方	m^3	6 813	15.34	104 511
207-6-2	M7.5浆砌片石	m^3	651.2	238.31	155 187
207-6-8	C20混凝土排水沟	m^3	62.4	558.65	34 860
207-6-5	砂砾过滤层	m^3	511	91.62	46 818
207-6-6	培土捻	m^3	125	23.97	2 996
208-3	混凝土护坡				
208-3-1	C20预制混凝土块护坡	m^3	187.13	771.84	144 434
208-3-3	C20现浇混凝土护坡	m^3	4 512.76	449.35	2 027 809
209-1	挡土墙				
209-1-1	M7.5浆砌片石挡土墙	m^3	11 851	227.97	2 701 672
209-1-5	C30混凝土挡墙	m^3	5 567	879.70	4 897 290
209-1-6	C15混凝土挡墙基础	m^3	772	781.36	603 210
清单 第200章合计 人民币157 662 604元					

想一想

1. 什么是工程量清单？它有什么作用？
2. 工程量清单是由哪几部分组成的？
3. 编写工程量清单时应注意哪些问题？

单元小结

本单元主要讲述了公路工程计量的依据、原则、程序和方法，讲述了工程量清单的作用、内容和编写要点。在学习时应重点掌握以下内容。

1. 公路工程计量的内容及规则。

2. 公路工程结构物的计量方法和程序。

3. 工程量清单的内容及编写要点。

自我检测

一、问答题

1. 工程计量应遵循哪些原则？

2. 工程量清单汇总表共有多少章？第300章的名称是什么？

3. 什么是“计日工”？它有什么作用？

二、填空题

1. 公路工程计量的依据主要有__________、__________、__________、__________。

2. 公路工程计量的程序是__________、__________、__________。

3. 工程量清单是由__________、__________、__________、__________四个方面组成的。

4. 计日工明细表主要由__________、__________、__________、__________等方面组成。

5. 工程量清单中的工程细目是按照__________形式设置的。

单 元 4

公路工程定额

学习目标

1. 了解公路工程定额的概念及分类。
2. 掌握公路工程定额的查用方法。
3. 能够正确地使用公路工程定额。

学习指南

首先应了解公路工程定额的特性及组成结构,在掌握公路工程定额查用方法的基础上,参照书中的实例,结合工程实际正确地使用公路工程定额。

教学建议

本单元的教学内容具有很强的实践性,教学中应紧密联系工程实际讲述相关内容。

4.1 公路工程定额组成结构及查用方法

知识链接

链接一:定额的概念及分类

定额,顾名思义“定”是指确定,“额”是指数额,即确定的数额。但这个数额不是随意确定的,而是在合理的施工组织和正常的施工条件下,通过科学的手段测定、编制而成的。因此,定额是指在正常的生产技术和组织条件下,为完成单位合格产品所规定的人工、材料、机械、资金等消耗量的标准。

定额的种类很多,根据使用对象和组织生产的目的不同,主要有以下三大类。

1 按主编单位及执行定额的范围分类

(1)全国统一定额。
(2)主管部门定额。
(3)地方定额。
(4)企业定额。

2 按专业分类

(1)建筑安装工程定额(亦称土建定额)。
(2)设备安装定额。
(3)给排水工程定额。
(4)公路工程定额。
(5)铁路工程定额。
(6)水力水电工程定额。
(7)水运工程定额。
(8)井港工程定额。
这些定额均由相应的主管部门颁发并仅限于该行业使用。

3 按生产因素和使用要求分类

(1)劳动消耗定额。

(2)材料消耗定额。

(3)机械台班使用定额。

(4)施工定额。

(5)预算定额。

(6)概算定额。

(7)估算定额。

公路工程定额按生产因素和定额的使用要求不同分类,如图 4-1 所示。

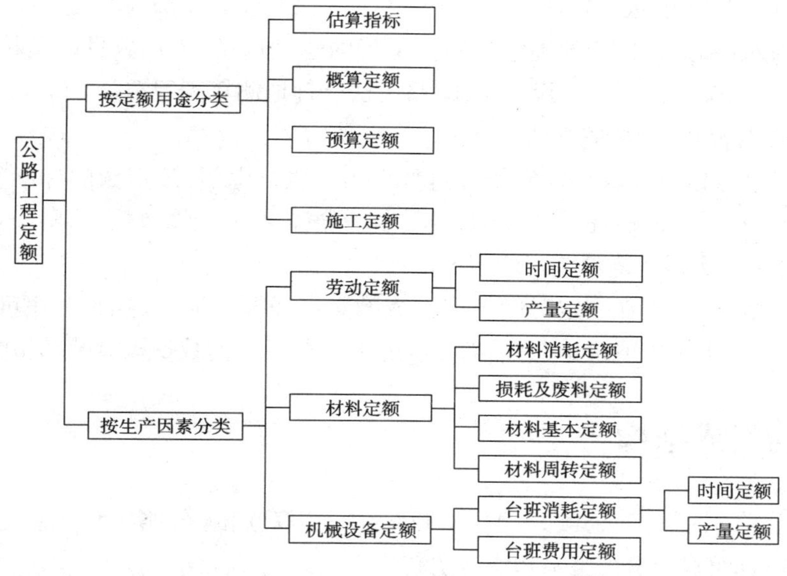

图 4-1 公路工程定额分类图

链接二:定额的特性

如前所述,定额是一个标准,是衡量经济效果的尺度,它具有明显的特性。

(1)科学性。

定额的科学性主要体现在两个方面:一是指定额的施工组织条件是正常的,施工技术是先进的;二是指定额是通过科学、严谨的方法测定、编制出来的,是人们生产实践的总结。

(2)法令性。

定额的法令性是指定额的严肃性,即凡经国家建设管理部门或授权机关颁发的定额,均不得擅自修改和滥用。

(3)群众性。

定额的群众性是指定额具有广泛的群众基础。群众既是测定定额的编制者，同时又是使用定额的执行者。定额水平是平均先进的，是广大群众通过努力能够达到的。

(4)相对稳定性。

定额的相对稳定性主要体现在两个方面：一是稳定性，即定额一经颁发必须持续、稳定使用几年的时间，期间不能轻易更新和修订；二是相对性，即定额不是一成不变的，它是有使用周期的，当定额执行一段时间以后，随着新技术、新工艺的不断涌现，原定额就会被淘汰，新定额就会取代旧的定额。因此，定额的稳定性是相对的。

公路工程定额(简称定额)是公路工程概算定额、预算定额和施工定额的总称。定额的作用主要体现在以下几个方面。

(1)确定工程造价的依据。

基本建设投资和工程造价的确定是根据工程的建设规模、工程数量以及相应定额中的各种资源消耗量来确定的。如果没有定额，将无法合理地测算工程造价。

(2)企业经营核算、考核成本的依据。

在施工过程中，定额起着重要的经济监督作用。执行定额，按定额的标准签发任务单，就可以在保证工程质量的前提下，控制工程成本，考核企业的经济效益。

(3)工资核算、实行经济承包责任制的依据。

定额明确规定了工人在一定时间内应完成的生产任务。根据定额，企业可以把具体的生产任务落实到每个工人或班组，然后按工人完成生产任务的数量核算劳动报酬。

一 定额的组成结构

现行的《公路工程概算定额》(JTG/T B06-01—2007)和《公路工程预算定额》(JTG/T B06-02—2007)其组成部分主要有以下几方面。

(1)定额的颁发文件。

定额具有法令性，新定额的使用必须要由政府主管部门颁发执行文件，宣布新定额的适用范围、执行日期及负责解释的部门等。

(2)总说明。

总说明综合阐述了定额的编制原则、指导思想、编制依据和适用范围，以及涉及定额使用方面的全面性的规定和解释，是各章说明的总纲，具有统管全局的作用。

(3)目录。

目录位于总说明之后，简明扼要地反映了定额的全部内容及相应的页号，对查用定额起索引作用。

(4)章、节说明。

《公路工程概算定额》(JTG/T B06-01—2007)由上、下两册组成。上册共4章，分别是路基工程、路面工程、隧道工程和涵洞工程。下册共3章，分别是桥梁工程、交通工程及沿线设施和临时工程。《公路工程预算定额》(JTG/T B06-02—2007)也是由上、下两册组成。上册共4章,分别是路基工程、路面工程、隧道工程和桥涵工程的第一节至第六节。下册由5章和4个附录组成。5章分别是桥涵工程第七节至第十一节、防护工程、交通工程及沿线设施、临时工程、材料采集及加工、材料运输。4个附录分别是路面材料计算基础数据;基本定额;材料的周转及摊销;定额基价、人工、材料单位质量、单价表。在概算、预算定额中,由于各章的工程结构内容繁多,因此,每章又由若干个节组成,并且在每章、每节的首页都有相应的章、节说明。

(5)定额表。

定额表是各类定额的主要组成部分,是定额各指标数额的具体体现。《公路工程概算定额》(JTG/T B06-01—2007)和《公路工程预算定额》(JTG/T B06-02—2007)的表格形式基本相同。其主要内容如下。

①表号及定额表名称。定额是由大量的定额表组成的,每张定额表都具有自己唯一的表号和表名。如《公路工程预算定额》(JTG/T B06-01—2007)第23页表,如表4-1所示。表上方"1-1-14"为表号,其含意是第1章第1节第14表。"人工开炸石方"是表的名称。

1-1-14 人工开炸石方 表4-1

工程内容 1)选炮位,打眼,清眼;2)装药,填塞;3)安全警戒;4)引爆及检查结果;5)排险;6)撬落,解小,撬移;7)清运,装、卸石方;8)空回。

单位:1 000m^3 天然密实方

顺序号	项 目	单位	代号	第一个20m开炸运			每增运10m	
				软石	次坚石	坚石	人工挑抬	手推车
				1	2	3	4	5
1	人工	工日	1	270.5	388.2	552.1	39.3	15.7
2	钢钎	kg	211	18.0	36.0	45.0	—	—
3	硝铵炸药	kg	841	132.5	180.0	228.3	—	—
4	导火线	m	842	338	503	635	—	—
5	普通雷管	个	845	268	385	461	—	—
6	煤	t	864	0.171	0.207	0.270	—	—
7	其他材料费	元	996	12.5	18.2	22.9	—	—
8	基价	元	1999	14 721	21 127	29 711	1 934	772

注:1. 孤石按坚石计算;

2. 当采用人工开炸、装车、机动翻斗车运输时,其开炸、装车所需的工料消耗按第一个20m开炸运定额减去50个工日计算;

3. 当采用人工开炸、装车、卸车,手扶拖拉机运输时,其开炸、装车、卸车所需的工料消耗按第一个20m开炸运定额计算。

②工程内容。位于定额表的左上方,主要说明本定额表所包括的主要操作内容。查定额时,必须将实际发生的操作内容与表中的工程内容相对照,若不一致时,应按照章、节说明中的规定进行调整。

③定额单位。位于定额表的右上方,如表4-1中"单位:1 000m^3 天然密实方"。定额单位是合格产品的计量单位,实际的工程数量应是定额单位的倍数。

④顺序号。是定额表中的第1项内容,如表4-1中"1、2、3…"。顺序号表征人工、材料、机械及费用的顺序,起简化说明的作用。

⑤项目。是定额表中第2项内容，如表4-1中“人工、钢钎、硝铵炸药……”。项目是定额表中工程所需的人工、材料、机具、费用的名称和规格。

⑥代号。当采用电算方法编制工程概算、预算时，可引用表中代号作为人工、材料、机械名称的识别符。

⑦工程细目。表征定额表所包括的具体工作内容，如表4-1中“软石”、“坚石”等。

⑧栏号。指工程细目的编号，如表4-1“第1个20m开炸运”中“软石”栏号为1，“次坚石”栏号为2。

⑨定额值。是定额表中各种资源消耗量的数值。其中括号内的数值表示基价中未包括其价值。

⑩基价。是按北京市2007年的预算价格计算的该工程细目的工程价格。

⑪注解。在某些定额表的下方列有注解，如表4-1中“注”。它是对定额表中内容的补充说明，使用时必须仔细阅读，以免发生错误。

二 定额的查用方法

公路工程是一个结构物很多的工程，与之对应的定额也是一个内容繁多的定额。因此，查用定额的工作不仅量大，而且要十分细致。为了能够正确地运用定额，首先要反复学习定额，熟练地掌握定额，在查用方法上应按如下步骤进行。

(1)确定定额种类。

公路工程定额按使用要求共分为估算指标、概算定额、预算定额、施工定额四大类。在查用定额时，应根据使用目的，确定所用定额的种类。如在初步设计阶段查用的定额应是概算定额。

(2)确定定额编号。

定额编号是每一工程细目所对应的唯一编号。在查用定额时，首先应确定工程细目编号，并将其填入概算、预算表格中。其目的一方面是便于快捷查找，核对所选用定额的准确性；另一方面是便于计算机识别和运算。定额编号的表达方式主要有以下三种。

①[页-表-栏]式。是指定额所在的[页号-表号-栏号]。例如《公路工程预算定额》(JTG/T B06-02—2007)第23页，第1章第1节第14表第1栏，即第一个20m人工开炸运软石(表4-1)，其定额编号为[23-1-1-14-1]。[页-表-栏]式的优点是复核、检查方便，但书写比较麻烦。

②[表-栏]式。是指定额所在的[表号-栏号]，省去了“页号”。如上例，其定额编号为[1-1-14-1]。[表-栏]式的优点是书写简单，但复核、检查不便。

③数码式。在用计算机软件编制概算、预算文件时，预算定额编号是用8位数码表示的，即章占1位，节占2位，表占2位，栏占3位。当节或表、栏不足2位或3位时，用“0”补齐。如上例，其定额编号为10114001。概算定额编号用7位数码表示，即章占1位，节占1位，表占2位，栏占3位。当表或栏不足2位或3位时，用“0”补齐。例如《公路工程概算定

额》(JTG/T B06-01—2007)第 107 页,第 2 章第 1 节第 1 表第 1 栏的定额,即[107-2-1-1-1]用数码表示时,则为 2101001。

(3)阅读说明。

在查到定额编号后,应详细阅读总说明和章、节说明,并核对定额表左上方的“工程内容”及表下方的“注”。目的如下。

①检查所选用的定额编号是否有误。如“浆砌块石护拱”与“浆砌块石护坡”,虽然都是“浆砌块石”工程,但前者为“桥涵工程”,预算定额编号为[442-4-5-3-2],后者为“防护工程”,预算定额编号为[741-5-1-10-3]。

②确定定额值。在确认定额编号无误后,根据上述各种“说明”、“工作内容”及“注”的要求,看定额值是否需要调整。若不需调整,则直接抄录;若需调整还应做下一步工作。

(4)定额抽换。

当设计内容或实际工作内容与定额表中规定的内容不完全相符时,应根据“说明”及“注”的规定调整定额值,即定额抽换。关于定额抽换的方法,详见本书“4.3 材料定额”。

想一想

1. 什么是定额? 它有哪些特性?

2 定额表是由哪几部分组成的?

3. 预算定额编号[75-1-3-14-3]是什么意思?

4.2 劳动定额

劳动力、材料和机械是施工生产的三大主要因素。劳动定额是反映人劳动强度的定额,是指在正常的生产技术和组织条件下,完成单位合格产品所规定的劳动消耗量的标准。

劳动定额有两种表现形式:时间定额和产量定额。

1 时间定额

时间定额是指在正常的生产技术和组织条件下,工人为生产单位合格产品所消耗的劳动时间。包括准备与结束的时间、基本生产时间、辅助生产时间、不可避免的中断时间以及工人必须休息的时间。时间定额以“工日”为单位。1个工日相当于1个工人工作8h的劳动量。其中潜水工作按6h计算，隧道工作按7h计算。时间定额计算如式(4-1)所示。

$$时间定额=\frac{耗用工时数量}{完成单位合格产品数量} \tag{4-1}$$

例如从《公路工程预算定额》(JTG/T B06-02—2007)[559-4-7-19-1](表4-2)中，可知预制10m³实体预应力连续梁合格产品所消耗的人工时间定额为25.7工日。

4-7-19 预制、顶推预应力连续梁 表4-2

工程内容 1)搭、拆预制台后工作平台及踏步；2)模板、钢筋、混凝土的全部操作(不包括混凝土的拌和及运输)；3)不锈钢滑道的加工及安装、拆除；4)安装、拆除顶推用的机具设备和操作悬臂支架；5)滑道底座及顶推机具基座的模板、钢筋、混凝土的全部操作；6)构件顶推、就位、起梁、校正及观测。

单位：10m³实体及1t钢筋

顺序号	项目	单位	代号	预制		顶推安装	不锈钢滑道
				混凝土	钢筋		
				10m³	1t	10m³	10m²
				1	2	3	4
1	人工	工日	1	25.7	9.3	12.2	82.5
2	预制构件	m³	—	—	—	(10.00)	—
3	C50水泥混凝土	m³	24	(10.10)	—	(0.05)	(2.94)
4	原木	m³	101	0.001	—	—	0.005
5	锯材	m³	102	0.046	—	0.005	0.460
6	光圆钢筋	t	111	—	0.189	0.001	0.118
7	带肋钢筋	t	112	0.010	0.836	0.006	0.472
8	型钢	t	182	0.015	—	0.007	0.448
9	钢板	t	183	0.027	—	0.021	0.943
10	钢管	t	191	0.001	—	—	—
11	电焊条	kg	231	1.0	3.7	1.0	16.5
12	螺栓	kg	240	—	—	6.7	—
13	钢模板	t	271	0.035	—	—	—
14	组合钢模板	t	272	0.007	—	—	0.009
15	门式钢支架	t	273	0.002	—	—	—
16	不锈钢滑板	kg	632	—	—	—	138.7
17	聚四氟乙烯滑板	kg	641	—	—	0.1	—
18	聚四氟乙烯滑块	块	642	—	—	1.11	—
19	铁件	kg	651	8.6	—	0.5	22.1
20	8~12号铁丝	kg	655	0.1	—	—	—

续上表

顺序号	项 目	单位	代号	预 制		顶推安装	不锈钢滑道
				混凝土	钢筋		
				$10m^3$	1t	$10m^3$	$10m^2$
				1	2	3	4
21	20~22号铁丝	kg	656	—	4.3	0.1	2.9
22	橡皮线	m	713	—	—	15.0	—
23	42.5级水泥	t	833	5.292	—	0.024	1.432
24	水	m^3	866	16	—	1	5
25	中(粗)砂	m^3	899	4.44	—	0.02	1.26
26	碎石(2cm)	m^3	951	7.58	—	—	—
27	碎石(4cm)	m^3	952	—	—	0.04	2.32
28	其他材料费	元	996	16.7	—	50.4	846.0
29	69t以内桥梁顶推设备	台班	1341	—	—	1.55	—
30	5t以内汽车式起重机	台班	1449	0.01	—	—	—
31	30kN以内单筒慢动卷扬机	台班	1499	1.32	—	0.01	0.77
32	50kN以内单筒慢动卷扬机	台班	1500	3.97	0.11	—	0.26
33	32kV·A以内交流电弧焊机	台班	1726	0.19	0.72	0.10	1.39
34	150kV·A以内交流对焊机	台班	1747	—	0.12	—	—
35	小型机具使用费	元	1998	26.5	21.9	7.1	34.5
36	基价	元	1999	4 966	4 105	1 358	20 350

2 产量定额

产量定额是指在正常的生产技术和组织条件下，工人在单位时间内完成合格产品的数量。其计算单位为产品数量/工日。例如 m^3/工日、km^2/工日等。产量定额计算如式(4-2)所示。

$$产量定额 = \frac{完成合格产品数量}{耗用时间数量} \tag{4-2}$$

如上例所示，完成每 $10m^3$ 实体预应力连续梁的时间定额为25.7工日，则每工日的产量定额为 $\frac{10}{25.7} \approx 0.39$ (m^3/工日)。由此可见，时间定额与产量定额是互为倒数的关系，如式(4-3)所示。

$$时间定额 = \frac{1}{产量定额} \tag{4-3}$$

想一想

1. 什么是劳动定额？
2. “工日”是什么意思？

4.3 材料定额

材料是指工程建设中使用的原材料、产品、半成品、构配件、燃料以及水、电等动力资源的统称。材料是构筑工程实体的物质基础,需求量大,种类繁多。材料消耗是否合理,直接关系到资源的有效利用和工程建设成本的高低。

概算、预算定额根据材料在工程中的使用特点和消耗类型,将材料定额分为材料损耗定额、材料消耗定额、材料基本定额和材料周转定额四种类型。

一 材料损耗定额

在施工过程中材料的损耗是不可避免的,材料损耗按其损耗特点可以分为两大类:一类是场外运输及操作损耗;另一类是场内运输及操作损耗。

1 场外运输及操作损耗

场外运输及操作损耗是指在施工现场以外发生的损耗,即材料由供应点至工地的运输途中发生的损耗。如砂、黏土等松散类材料,在运输途中都难免会发生损耗。在编制概算、预算时,这类损耗是在材料预算单价中考虑,《公路工程基本建设项目概算预算编制办法》(JTG B06—2007)规定了材料场外运输操作损耗定额,以%表示,如表4-3所示。

材料场外运输操作损耗率表(%) 表4-3

材料名称		场外运输(包括一次装卸)	每增加一次装卸
块状沥青		0.5	0.2
石屑、碎砾石、砂砾、工业废渣、煤		1.0	0.4
砖、瓦、桶装沥青、石灰、黏土		3.0	1.0
草皮		7.0	3.0
水泥(袋装、散装)		1.0	0.4
砂	一般地区	2.5	1.0
	多风地区	5.0	2.0

注:汽车运水泥,如运距超过500km时,增加损耗率:袋装0.5%。

2 场内运输及操作损耗

场内运输及操作损耗是指原材料、成品、半成品从现场堆放点或场内加工点到操作或安装地点，因场内场运输时发生的损耗及必要的工艺性损耗。这部分损耗是在材料消耗定额中考虑的，以% 表示，如原木的场内运输及操作损耗率为 5%。场内运输及操作损耗是在《公路工程预算定额》(JTG/T B06-02—2007) 附录四中体现的，详见本书附录五。

二 材料消耗定额

材料消耗定额是指在节约和合理使用材料的条件下，生产单位合格产品所必须消耗的一定品种规格的材料、半成品、配件和水、电、燃料等数量标准，包括材料的净用量和必要的工艺性损耗及废料数量。计算单位以材料的实物量单位表示，如 t、km、m^3 等。材料消耗定额按式(4-4)计算。

$$材料消耗定额 = (1 + 材料场内运输及操作损耗率) \times 完成单位产品的材料净消耗 \tag{4-4}$$

由此可知，材料消耗定额是由材料净消耗与材料场内运输及操作损耗两部分组成的。材料的消耗定额可直接在概算、预算定额表中查取。例如，查《公路工程预算定额》(JTG/T B06-02—2007) [519-4-7-4-1] (表 4-4)，可知每 $10m^3$ 圆管涵实体所需 C30 水泥混凝土材料消耗定额为 $10.1m^3$，其中 $10m^3$ 为材料的净用量，$0.1m^3$ 为材料的工艺性损耗用量。其场内运输及操作损耗率为

$$\frac{0.1}{10} \times 100\% = 1\%$$

4-7-4 预制圆管涵 表 4-4

工程内容 1) 搭拆临时脚手架、跳板；2) 模板制作、安拆、修理、涂脱模剂、堆放；3) 钢筋除锈、制作、焊接、绑扎；4) 混凝土浇筑、捣固及养生。

单位：$10m^3$ 实体及 1t 钢筋

顺序号	项目	单位	代号	混凝土		钢筋	
				管径(m)		普通钢筋	冷拔低碳钢丝
				1.0 以内	2.0 以内		
				$10m^3$		1t	
				1	2	3	4
1	人工	工日	1	72.9	54.6	9.3	10.3
2	C30 水泥混凝土	m^3	20	(10.10)	(10.10)	—	—
3	光圆钢筋	t	111	—	—	1.025	0.336
4	冷拔低碳钢丝	t	132	—	—	—	0.699
5	电焊条	kg	231	—	—	—	1.2
6	钢模板	t	271	0.118	0.074	—	—

续上表

顺序号	项目	单位	代号	混凝土		钢筋	
				管径(m)		普通钢筋	冷拔低碳钢丝
				1.0以内	2.0以内		
				$10m^3$		1t	
				1	2	3	4
7	20~22号铁丝	kg	656	—	—	5.8	5.6
8	32.5级水泥	t	832	4.101	4.101	—	—
9	水	m^3	866	16	16	—	—
10	中(粗)砂	m^3	899	4.65	4.65	—	—
11	碎石(2cm)	m^3	951	7.98	7.98	—	—
12	其他材料费	元	996	21.8	16.5	—	—
13	5t以内汽车式起重机	台班	1449	0.82	0.62	—	—
14	32kV·A以内交流电弧焊机	台班	1726	—	—	—	0.23
15	小型机具使用费	元	1998	5.4	5.5	4.8	4.5
16	基价	元	1999	6 670	5 425	3 882	5 621

根据《公路工程预算定额》(JTG/T B06-02—2007)附录二中"混凝土配合比表"(表4-5),可知C30水泥混凝土需32.5级水泥、中(粗)砂、碎石(2cm)的材料消耗定额分别为

32.5级水泥　$0.406\times(1+1\%)\times10\approx4.101t$

中(粗)砂　$0.46\times(1+1\%)\times10\approx4.65m^3$

碎石(2cm)　$0.79\times(1+1\%)\approx7.98\ m^3$

可见,上述定额值与[519-4-7-4-1]定额表中的数值是完全吻合的(见表4-4)。同理,该定额表中的材料的消耗定额还有钢模板0.118t、水16 m^3、其他材料费21.8元等。这些定额值都是由材料的净消耗与场内运输及操作损耗两部分组成的。

混凝土配合比表　表4-5

单位:$1m^3$ 混凝土

顺序号	项目	单位	普通混凝土														
			碎(砾)石最大粒径(mm)														
			20														
			混凝土强度等级														
			C10	C15	C20	C25	C30		C35		C40			C45		C55	
			水泥强度等级														
			52.5	32.5	32.5	32.5	32.5	42.5	32.5	42.5	32.5	42.5	52.5	42.5	52.5	42.5	52.5
			1	2	3	4	5	6	7	8	9	10	11	12	13	14	15
1	水泥	kg	238	286	315	368	406	388	450	405	488	443	399	482	439	524	479
2	中(粗)砂	m^3	0.51	0.51	0.49	0.48	0.46	0.48	0.45	0.47	0.43	0.45	0.47	0.45	0.45	0.44	0.42
3	碎(砾)石	m^3	0.85	0.82	0.82	0.8	0.79	0.79	0.78	0.79	0.78	0.79	0.79	0.77	0.79	0.75	0.79
4	片石	m^3	—	—	—	—	—	—	—	—	—	—	—	—	—	—	—

三 材料基本定额

1 基本定额的组成

基本定额是指在合理的条件下，为生产单位数量半成品、中间产品所规定的各种资源（人工、材料、机械、费用等）消耗量标准。该标准在《公路工程预算定额》（JTG/T B06-02—2007）附录二中查取。

基本定额的分类与组成如图4-2所示。

基本定额分类及组成
- （一）桥涵模板工作
  - 1. 定型钢模板工作
  - 2. 现浇组合钢模板工作
  - 3. 预制组合钢模板工作
  - 4. 预制木模板工作
  - 5. 预制木模钉铁皮和地模工作
  - 6. 现浇木模板工作
- （二）砂浆及混凝土材料消耗
  - 1. 砂浆配合比表
  - 2. 混凝土配合比表
  - 3. 砌筑工程石料及砂浆消耗
- （三）脚手架、踏步、井字架工料消耗
  - 1. 轻型上、下架材料消耗
  - 2. 门式钢支架材料消耗
  - 3. 钢管脚手架及井字架工料消耗
  - 4. 木脚手架及井字架工料消耗
  - 5. 踏步工料消耗
  - 6. 工作平台每 m^2 材料消耗
  - 7. 脚手架和轻型上、下架的配备

图4-2 基本定额的组成

2 基本定额的作用

（1）分析分项工程或半成品所需人工、材料、机械的消耗量。

【工程实例4-1】 求某T形梁预制木模板工作的预算定额。

解：预制T形梁木模板工作属于基本定额，在《公路工程预算定额》（JTG/T B06-02—2007）第1003页。定额表如表4-6所示。

由表4-6可知，预制T形梁木模板每 $10m^2$ 接触面积的预算定额值为

人工	2.73工日
锯材	$0.089m^3$
铁件	2.85kg
铁钉	0.98kg
其他材料费	2元
小型机具使用费	1.47元

预制木模板工作（“基本定额”摘要） 表4-6

工程内容 模板制作、安装、拆除、修理、涂脱模剂，材料50m以内搬运、堆放。

单位：$10m^2$ 模板接触面积

顺序号	项目	单位	基础、下部构造					上部构造						
								板			梁			
			薄壁浮运沉井	支撑梁	方桩立柱	墩台管节	护筒	矩形板连续板	空心板	微弯板	桁架梁	箱形梁	T形梁	I形梁
			1	2	3	4	5	6	7	8	9	10	11	12
1	人工	工日	5.43	2.71	1.64	2.31	2.39	1.86	2.56	2.04	4.42	4.99	2.73	2.73
2	原木	m^3	0.003	—	—	—	—	0.014	—	—	—	—	—	—
3	锯材	m^3	0.057	0.043	0.043	0.046	0.046	0.044	0.037	0.054	0.079	0.134	0.089	0.111
4	铁件	kg	0.1	1.6	1.6	1.04	1.04	0.92	1.57	4.38	—	1.26	2.85	3.79
5	铁钉	kg	0.71	0.61	0.61	0.65	0.65	0.65	0.49	1.47	1.18	0.65	0.98	0.47
6	8～12号铁丝	kg	—	—	—	—	—	—	—	—	—	—	—	—
7	其他材料费	元	2	2	2	2	2	2	2	2	2	2	2	2
8	小型机具使用费	元	1.27	0.48	0.45	1.34	1.19	0.31	0.53	0.82	1.88	1.81	1.47	1.47

当已知木模板的实际工程数量时，可依据这些定额值分析、测算人工、材料、机械的实际消耗量。

（2）定额抽换。

在工程中有些材料具有两重性，它们既是材料又是成品。如水泥混凝土和砂浆，其本身是由水泥、砂、石、水等多种基本原材料组合而成的。混凝土相对于水泥、砂、石来说是成品，但相对于路面、桥涵结构物来说又是材料。因此，通常将混凝土、砂浆一类材料称为半成品或中间产品。材料基本定额是指生产单位数量半成品或中间产品所规定的各种基本原材料（如水泥、砂、石）的消耗量标准。由于混凝土和砂浆都分别有各自不同的强度等级，而《公路工程预算定额》（JTG/T B06-02—2007）中，混凝土、砂浆的强度等级是按工程常规情况制定的，当混凝土、砂浆的实际设计强度等级与《公路工程预算定额》（JTG/T B06-02—2007）表中的强度等级不相符时，组成混凝土、砂浆的基本材料（如水泥、砂、石等）的消耗量应根据《公路工程预算定额》（JTG/T B06-02—2007）附录二的基本定额进行抽换。

【工程实例4-2】 某跨径为6m的小桥采用轻型墩台，混凝土设计强度等级为C25，试确定混凝土组成材料的预算定额。

解：由《公路工程预算定额》（JTG/T B06-02—2007）可知，该工程的定额表号为[457-4-6-2-3]，如表4-7所示。

4-6-2 墩、台身

表 4-7

工程内容 1)搭、拆脚手架及轻型上下架;2)组合钢模组拼拆及安装、拆除、修理、涂脱模剂、堆放;3)定型钢模安装、拆除、修理、涂脱模剂、堆放;4)提升钢模组拼拆及安装、提升、拆除、修理、涂脱模剂、堆放;5)钢筋除锈、制作、电焊、绑扎及骨架吊装入模;6)混凝土运输、浇筑、捣固及养生。

I. 实体式墩台 单位:$10m^3$ 实体及 1t 钢筋

顺序号	项目	单位	代号	混凝土							钢筋
				轻型墩台			实体式墩台				
				钢筋混凝土墩台	混凝土墩台 跨径(m)		梁板桥 高度(m)		拱桥		
					4 以内	8 以内	10 以内	20 以内	墩	台	
				$10m^3$							1t
				1	2	3	4	5	6	7	8
1	人工	工日	1	20.2	18.8	17.0	14.1	14.4	12.6	11.8	7.6
2	C15 片石混凝土	m^3	12	—	—	—	(10.20)	(10.20)	(10.20)	—	—
3	C15 水泥混凝土	m^3	17	—	—	—	—	—	—	(10.20)	—
4	C20 水泥混凝土	m^3	18	—	(10.20)	(10.20)	—	—	—	—	—
5	C25 水泥混凝土	m^3	19	(10.20)	—	—	—	—	—	—	—
6	原木	m^3	101	0.122	0.092	0.072	0.022	0.014	0.011	0.014	—
7	锯材	m^3	102	0.131	0.082	0.070	0.053	0.031	0.051	0.036	—
8	光圆钢筋	t	111	0.001	—	—	0.001	0.001	—	0.001	0.159
9	带肋钢筋	t	112	—	—	—	—	—	—	—	0.866
10	型钢	t	182	0.020	0.015	0.012	0.052	0.034	0.025	0.033	—
11	钢管	t	191	0.017	0.008	0.008	0.009	0.006	0.014	0.008	—
12	钢丝绳	t	221	0.001	—	—	—	—	—	—	—
13	电焊条	kg	231	—	—	—	—	—	—	—	3.5
14	组合钢模板	t	272	0.045	0.034	0.026	0.023	0.015	0.011	0.014	—
15	铁件	kg	651	26.0	19.5	15.3	46.0	29.7	22.1	29.0	—
16	铁钉	kg	653	0.5	0.2	0.2	0.1	0.1	0.3	0.1	—
17	8~12 号铁丝	kg	655	0.6	0.3	0.3	0.1	0.1	0.3	0.1	—
18	20~22 号铁丝	kg	656	—	—	—	—	—	—	—	2.6
19	32.5 级水泥	t	832	3.417	3.040	3.040	2.193	2.193	2.193	2.581	—
20	水	m^3	866	12	12	12	12	12	12	12	—
21	中(粗)砂	m^3	899	4.90	5.00	5.00	4.79	4.79	4.79	5.61	—
22	片石	m^3	931	—	—	—	2.19	2.19	2.19	—	—
23	碎石(4cm)	m^3	952	8.47	8.57	8.57	—	—	—	—	—
24	碎石(8cm)	m^3	954	—	—	—	7.24	7.24	7.24	8.47	—

续上表

顺序号	项目	单位	代号	混凝土							钢筋
				轻型墩台			实体式墩台				
				钢筋混凝土墩台	混凝土墩台 跨径(m)		梁板桥 高度(m)		拱桥		
					4 以内	8 以内	10 以内	20 以内	墩	台	
				10m³							1t
				1	2	3	4	5	6	7	8
25	其他材料费	元	996	86.2	65.1	51.4	55.2	36.5	30.3	36.3	—
26	12t 以内汽车式起重机	台班	1451	0.29	0.29	0.29	0.43	—	0.32	0.35	—
27	20t 以内汽车式起重机	台班	1453	—	—	—	—	0.48	—	—	—
28	50kN 以内单筒慢动卷扬机	台班	1500	—	—	—	—	—	—	—	0.33
29	32kV·A 以内交流电弧焊机	台班	1726	—	—	—	—	—	—	—	0.70
30	小型机具使用费	元	1998	9.3	8.9	8.4	7.6	7.5	6.9	7.1	18.1
31	基价	元	1999	4 024	3 551	3 334	3 162	3 117	2 724	2 898	4 001

由表 4-7 可知，定额表中混凝土的需要量为 10.2m³，但由于定额表中混凝土的强度等级为 C20，与实际设计的强度等级 C25 不相符，故应进行抽换。

由《公路工程预算定额》(JTG/T B06-02—2007)附录二(表 4-8)，查得每 1m³ C25 混凝土需 32.5 级水泥 335kg，中(粗)砂 0.48m³，碎石 0.83m³，故 10.2m³ 混凝土所需水泥、砂、石的预算定额值为

32.5 级水泥　　$0.335\times10.2=3.417\text{t}$

中(粗)砂　　$0.48\times10.2\approx4.90\ \text{m}^3$

碎石　　$0.83\times10.2\approx8.47\ \text{m}^3$

混凝土配合比表

表 4-8

单位：1m³ 混凝土

顺序号	项目	单位	普通混凝土														
			碎(砾)石最大粒径(mm)														
			20		40												
			混凝土强度等级														
			C55	C60	C10	C15	C20	C25	C30		C35		C40			C45	
			水泥强度等级														
			52.5	52.5	32.5	32.5	32.5	32.5	32.5	42.5	32.5	42.5	32.5	42.5	52.5	42.5	52.5
			16	17	18	19	20	21	22	23	24	25	26	27	28	29	30
1	水泥	kg	516	539	225	267	298	335	377	355	418	372	461	415	359	440	399
2	中(粗)砂	m³	0.42	0.41	0.51	0.5	0.49	0.48	0.46	0.46	0.45	0.46	0.43	0.44	0.46	0.44	0.44
3	碎(砾)石	m³	0.74	0.71	0.87	0.85	0.84	0.83	0.83	0.84	0.82	0.83	0.81	0.83	0.84	0.81	0.84
4	片石	m³	—	—	—	—	—	—	—	—	—	—	—	—	—	—	—

用上述定额值替代原定额[457-4-6-2-3](表 4-7)中相应的定额值，32.5级水泥 3.040t 改为 3.417t，中(粗)砂 5.00m³ 改为 4.90m³，碎石 8.57m³ 改为 8.47m³，即为定额抽换。

四 材料周转定额

在公路工程中使用的材料，按其使用的次数可以分为两类。一类是只能一次性使用的材料，如水泥、砂、石等；另一类是能够多次使用的材料，如模板、支架、拱盔等。这种能够多次使用的材料被称为周转性材料。材料周转定额就是为周转性材料制定的，它规定了各种周转性材料（模板、拱盔、支架等）在施工中合理使用的周转或摊销的次数。其分类与组成如图 4-3 所示。

材料周转定额
- 混凝土和钢筋混凝土构件、块件模板材料周转及摊销次数
  - 现浇混凝土的模板及支架、拱盔、隧道支撑
  - 预制混凝土构件的木模板
  - 组合钢模板材料的周转次数
  - 定型钢模板材料的周转次数
- 脚手架、踏步、井字架、金属门式吊架、吊盘等摊销次数
- 临时轨道铺设材料摊销
- 基础及打桩工程材料摊销次数
- 吊装设备材料摊销
- 预制构件和块件的堆放、运输材料的摊销次数

图 4-3 材料周转与摊销分类及组成

在应用材料周转定额时，应着重注意以下问题。

1 材料周转定额与定额用量

（1）材料周转定额。

材料周转定额规定了周转性材料在施工中合理使用的周转或摊销的次数。该次数是在《公路工程预算定额》（JTG/T B06-02—2007）附录三中查取的，如表 4-9 所示。由该表可知每种材料正常使用或摊销的次数。

预制混凝土构件的木模板 表 4-9

顺序号	材料名称	单位	工料机代号	沉井、桁架梁、桁架拱、箱形拱、薄壳拱、箱涵、板拱、双曲拱肋	箱形梁、T 形梁、I 形梁	矩形板、连续板、空心板、微弯板、方桩、墩台管节、管桩、护筒、立柱	圆管涵、拱波、预制块、护栏杆、栏杆、人行道、里程碑及其他小型构件
				1	2	3	4
1	木料	次数	—	10	12	17	25
2	螺栓、拉杆	次数	—	20	20	20	25
3	铁件	次数	651	10	10	10	12
4	铁钉	次数	653	5	5	5	5
5	8 ~ 12 号铁丝	次数	655	1	1	1	1

注：预制构件模板钉有铁皮者，木料周转次数应提高 50%。

（2）定额用量。

定额用量是指周转性材料每周转使用一次应承担的摊销数量。即

$$定额用量 = \frac{图纸一次使用量 \times (1 + 场内运输及操作损耗)}{周转次数(或摊销次数)} \tag{4-5}$$

由式(4-5)可知,定额用量不是周转性材料的实际使用量,而是每周转使用一次应分摊的消耗量。定额用量是在《公路工程预算定额》(JTG/T B06-02—2007)[页-表-栏]中查取的。例如《公路工程预算定额》(JTG/T B06-02—2007)[53-4-7-11-1],如表4-10所示,表中组合钢模板、铁件的定额用量分别为0.041t、14.7kg。

4-7-11 预制、安装连续梁 表4-10

工程内容 预制:1)地底模制作、修理、铺塑料薄膜;2)组合钢模组拼拆及安装、安拆、修理、涂脱模剂、堆放;3)钢筋除锈、制作、绑扎、焊接;4)混凝土浇筑、捣固、养生。

安装:1)构件整修;2)埋设及拆除地笼;3)扒杆、起重机、单导梁、拐脚门架、托架纵移过墩;4)构件吊装。

单位:10m³ 实体及1t钢筋

顺序号	项目	单位	代号	预制		安装		
				混凝土	钢筋	安装方法		
						木扒杆	起重机	单导梁
				10m³	1t	10m³		
				1	2	3	4	5
1	人工	工日	1	29.6	7.8	12.5	3.8	8.5
2	预制构件	m³	—	—	—	(10.00)	(10.00)	(10.00)
3	C25 水泥混凝土	m³	19	(0.31)	—	—	—	—
4	C30 水泥混凝土	m³	20	(10.10)	—	—	—	—
5	M10 水泥砂浆	m³	67	(0.21)	—	—	—	—
6	原木	m³	101	0.021	—	—	—	—
7	锯材	m³	102	0.084	—	—	—	—
8	光圆钢筋	t	111	—	0.206	—	—	—
9	带肋钢筋	t	112	—	0.819	—	—	—
10	型钢	t	182	0.034	—	—	—	—
11	电焊条	kg	231	—	3.9	—	—	—
12	组合钢模板	t	272	0.041	—	—	—	—
13	铁件	kg	651	14.7	—	—	—	—
14	20~22号铁丝	kg	656	—	3.2	—	—	—
15	32.5级水泥	t	832	4.014	—	—	—	—
16	水	m³	866	17	—	—	—	—
17	中(粗)砂	m³	899	5.13	—	—	—	—
18	碎石(4cm)	m³	952	8.64	—	—	—	—
19	其他材料费	元	996	75.5	—	—	—	—
20	20t以内汽车式起重机	台班	1453	—	—	—	0.54	—

续上表

顺序号	项　目	单位	代号	预制		安装		
				混凝土	钢筋	安装方法		
						木扒杆	起重机	单导梁
				$10m^3$	1t	$10m^3$		
				1	2	3	4	5
21	30kN 以内单筒慢动卷扬机	台班	1499	—	—	—	—	1.02
22	50kN 以内单筒慢动卷扬机	台班	1500	—	—	2.60	—	0.17
23	32kV·A 以内交流电弧焊机	台班	1726	—	0.69	—	—	—
24	小型机具使用费	元	1998	11.2	19.8	3.4	—	11.4
25	基价	元	1999	4 181	3 980	877	752	535

注:现浇企口混凝土及砂浆插缝采用桥面铺装定额计算。

2 定额抽换

定额抽换是指当周转性材料的实际周转次数达不到规定周转次数时,应按照《公路工程预算定额》(JTG/T B06-02—2007)总说明第八条的规定,对定额用量进行抽换,抽换时应注意如下问题。

(1)抽换原则。

《公路工程预算定额》(JTG/T B06-02—2007)总说明第八条规定:"本定额中周转性的材料、模板、支撑、脚手杆、脚手板和挡土板等的数量,已考虑了材料的正常周转次数并计入定额内。其中就地浇筑钢筋混凝土梁用的支架及拱圈用的拱盔、支架,如确因施工安排达不到规定的周转次数时,可根据具体情况进行换算并按规定计算回收,其余工程一般不予抽换。"

由此可见,不是所有达不到规定周转次数的材料都可以进行定额抽换,而只限于就地浇筑钢筋混凝土梁用的支架及拱圈用的拱盔、支架,确因施工安排达不到规定的周转次数时,方可进行定额抽换,并计算回收。这一原则必须坚持。

(2)抽换方法。

对于上述材料,当其实际周转次数达不到规定的周转次数时,定额表中周转材料的定额用量应予抽换,即按照实际的周转次数重新计算其实际定额用量。即

$$\text{实际定额用量} = \frac{\text{图纸一次使用量} \times (1 + \text{场内运输及操作损耗})}{\text{实际周转次数(或摊销次数)}} \tag{4-6}$$

对于同一工程,由于"图纸一次用量×(1+场外运输及操作损耗率)"是固定不变的,因此,由式(4-5)及式(4-6)得

$$\text{实际定额用量} = \frac{\text{周转定额}}{\text{实际周转次数}} \times \text{定额用量} \tag{4-7}$$

【工程实例4-3】　某3孔现浇钢筋混凝土梁用满堂式木支架一套,墩台高10m,试确定其实际周转次数的实际定额用量。

解:由《公路工程预算定额》(JTG/T B06-02—2007)[633-4-9-3-2](表4-11)中查得的每$10m^2$立面积周转性材料定额用量及《公路工程预算定额》(JTG/T B06-02—2007)附录三(表4-12)中的周转定额分别列入式(4-7)中,从而求得实际定额用量,如表4-13所示。

4-9-3 桥梁支架 表4-11

工程内容 木支架:1)支架制作、安装与拆除;2)桁构式包括踏步、工作台的制作、搭设与拆除,地锚埋设、拆除,缆风架设、拆除。

钢支架:1)地梁、轻型门式钢支架、钢管等安、拆;2)支架上帽梁的安装、拆除。

I.木支架 单位:$10m^2$立面积及1孔

顺序号	项目	单位	代号	满堂式($10m^2$)		桁构式(1孔)			
				墩台高度(m)					
				6以内	12以内	3以内	6以内	9以内	12以内
				1	2	3	4	5	6
1	人工	工日	1	8.4	12.0	46.7	65.3	95.3	121.8
2	原木	m^3	101	0.486	0.687	1.008	1.646	3.176	4.572
3	锯材	m^3	102	0.049	0.069	0.889	1.373	1.598	1.718
4	钢丝绳	t	221	—	—	0.010	0.015	0.015	0.020
5	铁件	kg	651	6.6	10.0	37.6	75.2	97.5	127.8
6	铁钉	kg	653	0.1	0.1	0.9	1.1	1.8	2.2
7	8~12号铁丝	kg	655	0.3	0.5	19.1	19.1	35.4	56.2
8	ϕ500mm以内木工圆锯机	台班	1710	0.12	0.17	0.32	0.55	0.88	1.15
9	小型机具使用费	元	1998	1.5	1.9	6.3	9.2	12.9	15.8
10	基价	元	1999	1 065	1 514	5 002	7 500	11 222	14 565

材料周转及摊销 表4-12

顺序号	材料名称	单位	工料机代号	空心墩及索塔钢模板	悬浇箱形梁钢模	悬浇箱形梁、T形梁、T形刚构、连续梁 木模板	其他混凝土的木模板及支架、拱盔、隧道开挖衬砌用木支撑等	水泥混凝土路面
				1	2	3	4	5
1	木料	次数	—	—	—	8	5	20
2	螺栓、拉杆	次数	—	12	12	12	8	20
3	铁件	次数	651	10	10	10	5	20
4	铁钉	次数	653	4	4	4	4	4
5	8~12号铁丝	次数	655	1	1	1	1	1
6	钢模	次数	271	100	80	—	—	—

注:模板钉有铁皮者,木料周转次数应提高50%。打入混凝土中不抽出的拉杆及预埋螺栓周转次数按1次计。

实际定额用量计算表 表4-13

材料名称	定额用量（表4-11）	周转定额（表4-12）	实际周转次数（例4-3已知）	实际定额用量
原木	$0.687m^3$	5次	3次	$0.687\times\frac{5}{3}\approx1.145m^3$
锯材	$0.069m^3$	5次	3次	$0.069\times\frac{5}{3}\approx0.115m^3$
铁件	10.0kg	5次	3次	$10.0\times\frac{5}{3}\approx16.67kg$
铁钉	0.1kg	4次	3次	$0.1\times\frac{4}{3}\approx0.133kg$

想一想

1. 材料定额有哪些分类？
2. 材料损耗定额有几种？分别在哪里查找？
3. 什么是定额抽换？在什么情况下要定额抽换？怎样抽换？

4.4 机械设备定额

公路机械设备定额分为两大类：一类是机械台班消耗定额；另一类是机械台班费用定额。

一 机械台班消耗定额

机械台班消耗定额是指在正常的生产条件下，某种机械完成单位合格产品所必需消耗机械台班的标准。其表达方式也有两种，即时间定额和产量定额。

1 时间定额

时间定额是指在正常的生产条件下，某种机械完成单位合格产品所必须消耗的台班数量。时间定额的单位是“台班”，1个台班相当于1台机械工作8h的劳动量。其中潜水设备每台班按 6h 计算,变压器和配电设备每台班按 24h 计算。

2 产量定额

产量定额是指在正常生产条件下,某种机械在一个台班时间内必须完成合格产品的数量标准。产量定额的单位有 m^3/台班、t/台班、m^2/台班等。因此,产量定额与时间定额也是互为倒数关系。即

$$产量定额 = \frac{1}{时间定额} \tag{4-8}$$

在编制概算、预算时,台班消耗定额常用的表达方式是时间定额,即台班。台班的消耗量可直接在概算、预算定额的[页-表-栏]中查取。

例如,查《公路工程预算定额》(JTG/T B06-02—2007)[140-2-2-8-3](表 4-14),可知每 1 000m^2压实厚度为 6cm 的沥青贯入式路面,需消耗 6 ~ 8t 光轮压路机 0.95 台班,8 ~ 10t 光轮压路机 1.45 台班,10 ~ 12t 光轮压路机 0.91 台班。

2-2-8 沥青贯入式路面 表 4-14

工程内容 1)清扫整理下承层; 2)安拆熬油设备; 3)熬油,运油; 4)沥青撒布车洒油; 5)铺撒主层骨料及嵌缝料; 6)整形,碾压,找补; 7)初期养护。

I. 面 层 单位:1 000m^2

顺序号	项目	单位	代号	石油沥青					乳化沥青	
				压实厚度(cm)						
				4	5	6	7	8	4	5
				1	2	3	4	5	6	7
1	人工	工日	1	15.3	16.7	17.7	19.3	20.9	7.1	7.2
2	石油沥青	t	851	4.893	5.665	6.283	7.21	8.137	—	—
3	乳化沥青	t	853	—	—	—	—	—	6.592	8.446
4	煤	t	864	0.95	1.1	1.22	1.4	1.58	—	—
5	砂	m^3	897	2.6	2.6	2.6	2.6	2.6	5.2	5.2
6	石屑	m^3	961	5.74	5.2	6.22	5.71	5.71	11.48	12.19
7	路面用碎石(1.5cm)	m^3	965	9.38	13.9	11.83	11.73	10.71	11.04	19.66
8	路面用碎石(2.5cm)	m^3	966	11.27	16.47	14.74	6.17	6.27	11.27	11.12
9	路面用碎石(3.5cm)	m^3	967	46.03	—	8.11	26.11	16.07	41.18	—
10	路面用碎石(5cm)	m^3	968	—	55.72	—	—	14.92	—	50.87
11	路面用碎石(6cm)	m^3	969	—	—	65.18	—	—	—	—
12	路面用碎石(7cm)	m^3	970	—	—	—	73.7	—	—	—
13	路面用碎石(8cm)	m^3	971	—	—	—	—	84.53	—	—
14	其他材料费	元	996	78.3	88.8	97.2	109.9	122.5	—	—
15	设备摊销费	元	997	60.7	70.2	77.9	89.4	100.9	—	—
16	6 ~ 8t 光轮压路机	台班	1075	0.95	0.95	0.95	0.95	0.95	0.95	0.95

续上表

顺序号	项　目	单位	代号	石油沥青					乳化沥青	
				压实厚度(cm)						
				4	5	6	7	8	4	5
				1	2	3	4	5	6	7
17	8～10t 光轮压路机	台班	1076	1.45	1.45	1.45	1.45	1.45	1.63	1.82
18	10～12t 光轮压路机	台班	1077	0.73	0.73	0.91	0.91	1.09	0.73	0.73
19	石屑撒布车	台班	1183	0.17	0.21	0.25	0.28	0.32	0.18	0.22
20	4 000L 以内沥青洒布车	台班	1193	0.39	0.46	0.51	0.58	0.66	0.53	0.68
21	小型机具使用费	元	1998	13.7	15.9	17.6	20.2	22.8	—	—
22	基价	元	1999	25 674	29 611	32 834	37 325	41 640	33 720	42 317

二 机械台班费用定额

《公路工程机械台班费用定额》(JTG/T B06-03—2007)已于 2008 年 1 月 1 日起由交通部颁布执行。该定额以一个台班为单位,规定其所消耗的工时、燃料、费用等数量标准。它是编制公路工程概算、预算的依据,也是经济核算和结算的依据。

《公路工程机械台班费用定额》(JTG/T B06-03—2007)将公路工程施工机械分为 11 大类,即土石方工程机械,路面工程机械,混凝土及灰浆机械,水平运输机械,起重及垂直运输机械,打桩、钻孔机械,泵类机械金属,木、石料加工机械,动力机械,工程船舶,其他机械。每一类机械按其型号、规格不同,又分为不同的子目,每一个子目对应一个代号,共 746 个子目。

1 机械台班费用定额的内容

机械台班费用定额如表 4-15 所示。其主要内容如下。

(1)序号。

机械名称的序号,起简化说明的作用。

(2)代号。

代号是计算机软件对各种施工机械的识别符,每一个子目对应一个代号。如表 4-15 中代号 1085,即为 6t 以内振动压路机。

(3)费用项目。

机械台班费用是由不变费用和可变费用两大部分组成的。

①不变费用。是指编制机械台班单价时应直接采用的费用(青海、新疆、西藏等边远地区除外)。不变费用由以下四项组成。

a. 折旧费。指机械设备在规定的使用期限内陆续收回其原值的费用。

b. 大修理费。指机械设备按规定的大修理间隔必须进行大修理,以恢复其正常功能所需的费用。

公路工程机械台班费用定额(摘要)

表 4-15

序号	代号	机械名称				主机型号	不变费用：折旧费	大修理费	经常修理费	安拆及辅助设施费	小计	可变费用：人工	汽油	柴油	重油	煤	电	水	木柴	养路费及车船使用税	定额基价
							元	元	元	元	元	工日	kg	kg	kg	kg	kW·h	m^3	kg	元	元
57	1068	拖拉机	履带式	功率(kW)	240 以内	NTA-85C	357.69	154.88	415.08	—	927.65	2	—	176.00	—	—	—	—	—	—	1888.45
58	1069		轮胎式		21 以内		14.67	8.74	18.44	—	41.85	1	—	15.40	—	—	—	—	—	—	166.5
59	1070				41 以内		26.01	15.50	32.71	—	74.22	1	—	29.33	—	—	—	—	—	—	267.14
60	1072	拖式羊足碾(含头)		机械自身质量(t)	3 以内	单筒	66.57	28.83	77.26	—	172.66	2	—	42.29	—	—	—	—	—	—	478.28
61	1073				6 以内	双筒	69.96	30.29	81.18	—	181.43	2	—	50.74	—	—	—	—	—	—	528.46
62	1075	光轮压路机			6 ~ 8	2Y-6/8	47.62	14.24	45.71	—	107.57	1	—	19.33	—	—	—	—	—	—	251.49
63	1076				8 ~ 10	2Y-8/10	52.03	15.55	49.92	—	117.50	1	—	23.20	—	—	—	—	—	—	280.38
64	1077				10 ~ 12	3Y-10/12	65.03	19.44	62.40	—	146.87	1	—	33.71	—	—	—	—	—	—	361.25
65	1078				12 ~ 15	3Y-12/15	72.75	21.75	69.82	—	164.32	1	—	40.46	—	—	—	—	—	—	411.77
66	1079				15 ~ 18	3Y-15/18	77.60	23.20	74.47	—	175.27	1	—	50.74	—	—	—	—	—	—	473.10
67	1080				18 ~ 21	3Y-18/21	85.10	25.44	81.66	—	192.20	1	—	59.20	—	—	—	—	—	—	531.48
68	1081				21 ~ 25	3Y-21/25	96.12	28.74	92.26	—	217.12	1	—	70.40	—	—	—	—	—	—	611.28
69	1083	手扶式振动碾			0.6	YZS06B	10.64	5.65	21.81	—	38.10	1	—	2.96	—	—	—	—	—	—	101.80
70	1085	振动压路机			6 以内	YZC5	66.30	25.98	80.02	—	172.30	2	—	24.27	—	—	—	—	—	—	389.62
71	1086				8 以内	YZ8	84.88	33.25	102.41	—	220.54	2	—	41.07	—	—	—	—	—	—	520.18
72	1087				10 以内	YZJ10B	91.18	35.72	110.02	—	236.92	2	—	59.20	—	—	—	—	—	—	625.40
73	1088				15 以内	CA25PD	121.25	47.50	146.30	—	315.05	2	—	73.60	—	—	—	—	—	—	774.09
74	1089				20 以内	YZ18A,YZJ19A	149.38	58.52	180.24	—	388.14	2	—	105.60	—	—	—	—	—	—	1 003.98
75	1092	拖式振动碾(含头)			15	YZT16(K)	252.20	104.00	291.20	0.74	648.14	2	—	130.40	—	—	—	—	—	—	1 385.50

c. 经常修理费。指机械设备除大修理以外的各级保养费，包括为保障机械正常运转所需替换设备、随机使用工具的摊销和维护费用，日常保养所需的润滑油脂、擦拭材料（布及棉纱等）费用和机械在规定年工作台班以外的维护、保养费用等。

d. 安装拆卸及辅助设施费。包括安置机械的基础、底座及固定锚桩等费用。

②可变费用。是指随当地物价水平而变化的费用。构成可变费用的资源主要有人工、燃料、水、电、养路费及车船使用税等。《公路工程机械台班费用定额》（JTG/T B06-03—2007）只给出了各种资源的消耗量，即数量指标。将这些数量指标乘以相应的单价，才能得到相应的费用。由于各地的物价水平不一样，因此，二者的乘积是变量，故称之为可变费用。

（4）定额基价。

定额基价是不变费用和可变费用的合计，仅供参考比较之用，不作为编制公路工程基本建设项目概算、预算的依据。定额基价中的不变费用直接采用定额值，可变费用中的人工费、动力燃料费的预算单价按表4-16计算。

可变费用预算价格表　　表4-16

项　目	工资（工日）	汽油（kg）	柴油（kg）	重油（kg）	煤（kg）	电（kW·h）	水（m^3）	木柴（kg）
预算价格（元）	49.20	5.20	4.90	2.80	0.265	0.55	0.5	0.49

2 机械台班费用定额的作用

（1）计算机械台班单价。

台班单价是编制概算、预算必不可少的依据。《公路工程机械台班费用定额》（JTG/T B06-03—2007）以一个台班为单位，规定了其不变费用及可变费用中各种资源的消耗量。根据这些并结合当地相应的物价，即可计算机械台班的单价。

【工程实例4-4】 已知人工56.00元/工日，柴油5.80元/kg，试计算6~8t光轮压路机的台班单价。

解：由表4-15可知，该机械的代号为1075，其中

不变费用 = 107.57元

可变费用如下。

①人工费 = 1 × 56.00 = 56.00元

②柴油费 = 19.33 × 5.80 ≈ 112.11元

台班单价 = 不变费用 + 可变费用 = 107.57 + (56.00 + 112.11) = 275.68元/台班

（2）分析台班消耗的人工、燃料等实物量。

在编制概算、预算时，除了计算费用之外，还要统计施工机械所消耗的人工、燃料等各种资源的实物消耗数量。《公路工程机械台班费用定额》（JTG/T B06-03—2007）为此提供了计算依据。

【工程实例4-5】 某工程需5t载货汽车15台班，问共需要多少人工？消耗多少汽油？

解：由表4-17可知，该机械的代号为1373，15台班的资源消耗量为

人工　1 × 15 = 15工日

汽油　43.10 × 15 = 646.5kg

公路工程机械台班费用定额(摘要)

表 4-17

序号	代号	机械名称			主机型号	不变费用					可变费用										定额基价
						折旧费	大修理费	经常修理费	安拆及辅助设施费	小计	人工	汽油	柴油	重油	煤	电	水	木柴	养路费及车船使用税		
						元					工日	kg				kW·h	m^3	kg	元		
260	1370	载货汽车	装载质量(t)	2 以内		23.42	4.61	25.86	—	53.89	1	20.08	—	—	—	—	—	—	—		203.51
261	1371	载货汽车	装载质量(t)	3 以内		24.96	4.92	27.60	—	57.48	1	25.96	—	—	—	—	—	—	—		241.67
262	1372	载货汽车	装载质量(t)	4 以内	CA10B	28.84	5.68	31.86	—	66.38	1	34.28	—	—	—	—	—	—	—		293.84
263	1373	载货汽车	装载质量(t)	5 以内		33.03	6.51	36.52	—	76.06	1	43.10	—	—	—	—	—	—	—		349.38
264	1374	载货汽车	装载质量(t)	6 以内	CA141K,CA1091K	39.69	7.82	43.87	—	91.38	1	—	39.24	—	—	—	—	—	—		332.86
265	1375	载货汽车	装载质量(t)	8 以内	JN150	63.79	12.56	70.46	—	146.81	1	—	44.95	—	—	—	—	—	—		416.27
266	1376	载货汽车	装载质量(t)	10 以内	JN161,JN162	77.09	15.18	85.16	—	177.43	1	—	50.29	—	—	—	—	—	—		473.05
267	1377	载货汽车	装载质量(t)	12 以内		122.59	24.14	135.43	—	282.16	1	—	27.14	—	—	—	—	—	—		611.35
268	1378	载货汽车	装载质量(t)	15 以内	SH161,Y815	144.77	28.51	159.94	—	333.22	1	—	61.72	—	—	—	—	—	—		684.85
269	1379	载货汽车	装载质量(t)	20 以内	CQ30290/38	172.57	33.99	190.68	—	397.24	1	—	81.14	—	—	—	—	—	—		844.03
270	1382	自卸汽车	装载质量(t)	3 以内		36.12	5.79	25.71	—	67.62	1	34.28	—	—	—	—	—	—	—		295.08
271	1383	自卸汽车	装载质量(t)	5 以内	CA340	55.29	8.86	39.34	—	103.49	1	41.63	—	—	—	—	—	—	—		369.17
272	1384	自卸汽车	装载质量(t)	6 以内	CA/CQ340X	73.96	11.85	52.61	—	138.42	1	—	44.00	—	—	—	—	—	—		403.22
273	1385	自卸汽车	装载质量(t)	8 以内	QD351	114.97	18.42	61.52	—	238.21	1	—	49.45	—	—	—	—	—	—		486.42
274	1386	自卸汽车	装载质量(t)	10 以内	QD361	140.52	22.51	75.18	—	238.21	1	—	55.32	—	—	—	—	—	—		558.48
275	1387	自卸汽车	装载质量(t)	12 以内	T138,SX360	160.39	25.70	85.84	—	271.93	1	—	61.60	—	—	—	—	—	—		622.97
276	1388	自卸汽车	装载质量(t)	15 以内	SH361,T815	178.84	28.65	95.69	—	303.18	1	—	67.89	—	—	—	—	—	—		685.04
277	1389	自卸汽车	装载质量(t)	8 以内		208.65	33.43	111.66	—	353.74	1	—	72.92	—	—	—	—	—	—		760.25

想一想

1. 什么是机械台班费用定额？它由哪两部分组成？

2. 机械台班费用定额的作用是什么？

3. 已知人工 52.00 元/工日，柴油 6.00 元/kg，根据表 4-17，计算 10t 以内自卸汽车的台班单价。

4.5 施工定额

公路工程的定额按使用阶段不同，分为估算指标、概算定额、预算定额和施工定额四种。施工定额是在施工阶段使用的定额。下面主要讲述施工定额的相关内容。

一 施工定额的概念与特性

1 施工定额的概念

施工定额是指在合理的劳动组织和正常的施工条件下，为完成单位合格产品生产所需消耗的人工、材料和机械台班的数量标准。它反映了企业的施工水平和管理水平，是直接用于施工管理的定额，是编制施工预算、实行内部经济核算的依据。

2 施工定额的特性

(1)施工定额属于企业性质的定额。

施工定额是企业内部管理的定额，与其他定额的性质不同，是企业为加强管理，控制成本，提高劳动生产率而使用的内部定额。

(2)企业有自行编制、颁发施工定额的权限。

施工定额可以根据企业的具体情况、市场需求和国家的政策、法规自行编制，并允许作为商业秘密进行保密。

(3)施工定额水平为平均先进水平。

平均先进水平是指在合理的生产技术和组织条件下,大多数人员经过努力可以完成定额,部分工人可以超额,是先进中的平均值。在估算指标、概算定额、预算定额和施工定额四种定额中,施工定额的水平是最高的。

二 施工定额的内容

施工定额一般由劳动定额、材料定额、机械台班消耗定额三部分组成。现行的公路工程定额是以章、节、文字说明的结构形式编排的，共有准备工作、路基工程、路面工程、隧道工程、基础工程、打桩工程等十八章组成。其内容包括文字说明、分节定额和附录三部分。

1 文字说明

文字说明有总说明、章说明和分节说明。主要说明定额的使用范围、工作内容、质量要求、术语解释等。

2 分节定额

分节定额包括分节说明、定额表和附注。定额表是最核心的内容,如表4-18所示。在施工定额的表中每格内有两个数,其中横线上面的是时间定额,横线下面的是产量定额。时间定额用于综合计算劳动量比较方便;产量定额则便于分配任务,工人容易理解和接受。如90kW以内平地机的劳动定额,其时间定额为1.29(工日/1 000 m^2),其产量定额为0.775(1 000m^2/工日)。

3-7 平地机拌和稳定土混合料 表4-18

工作内容 拌和,找平,人工跟机找补、修整边缘。

每1 000m^2 的劳动、机械定额

项　目	平地机功率(kW)	
	90以内	120以内
劳动定额	$\frac{1.29}{0.775}$	$\frac{1.076}{0.929}$
机械定额	$\frac{0.645}{1.55}$	$\frac{0.538}{1.86}$
编号	1	2

3 附录

附录主要包括名词解释、先进技术介绍等内容,是使用定额的参考及换算资料。

想一想

1. 什么是施工定额？它有哪些特性？
2. 施工定额是由哪几部分组成的？

4.6 公路工程定额的应用

公路工程是一种呈线形分布的带状构造物，不仅结构复杂，而且技术等级、施工方案、自然环境等也复杂多样，千差万别。因此，没有一种完全相同的建筑产品，也没有一个完全相同的工程造价。建筑产品的这种单件性和复杂性，使得人们必须寻找一个最小的计量单位，以此来分析、测算工程造价。定额就是这样一个合格产品的"单元体"，它规定了在正常生产组织和管理条件下，完成单位合格产品所必须消耗的各种资源的数量标准。因此，定额不仅是科学管理的重要依据，更是合理测算工程造价的重要依据。下面将重点讲述《公路工程概算定额》(JTG/T B06-01—2007)、《公路工程预算定额》(JTG/T B06-02—2007)在公路工程造价测算中的应用。

一 概算、预算定额在直接工程费中的应用

直接工程费是指施工过程中直接用于构成工程实体和有助于工程实体形成的各项费用，是建筑安装工程费中费用最大、计算工作量最大的一项费用。它由人工费、材料费、机械使用费三大部分组成，其各项费用的计算方法均可用一个通式计算，如式(4-9)所示，即

$$人工费(或材料费或机械使用费) = 定额 \times 工程数量 \times 单价 \tag{4-9}$$

式中"定额"是指概算、预算定额中的人工定额、材料定额、机械设备定额。由于定额是按照实物量法编制的，具有很强的针对性，即一个施工项目只对应一个定额。因此，正确地查用定额是正确计算直接工程费的基础。下面以示例的形式阐述查用定额应注意的问题。

1 准确确定定额编号

在概算、预算定额中，每一个工程细目对应唯一的定额编号，准确地确定定额编号是查

用定额的第一步。在查用定额时，首先应将实际的工程内容与定额表中的工程内容相对照，准确确定其所对应的定额编号。对于那些施工工艺、施工内容相似的工程，应特别仔细。

【工程实例 4-6】 试确定下列工程预算定额的编号：

(1)浆砌片石护拱；

(2)浆砌片石护脚。

解：上述两工程细目，虽然都是相同的浆砌片石工艺，但由于两者的工程类别不同，其定额编号也不相同。其中前者为桥涵工程，定额编号为[440-4-5-2-2]，如表 4-19 所示；后者为防护工程，定额编号为[750-5-1-16-2]，如表 4-20 所示。

4-5-2 浆砌片石 表 4-19

工程内容 1)选、修、洗石料；2)搭、拆脚手架、踏步或井字架；3)配、拌、运砂浆；4)砌筑；5)勾缝；6)养生。

单位：$10m^3$

顺序号	项目	单位	代号	基础、护底、截水墙	护拱	实体式墩		实体式台、墙	
						高度(m)			
						10 以内	20 以内	10 以内	20 以内
				1	2	3	4	5	6
1	人工	工日	1	9.5	8.5	16.9	18.6	13.2	14.1
2	M5 水泥砂浆	m^3	65	—	(3.50)	—	—	—	—
3	M7.5 水泥砂浆	m^3	66	(3.50)	—	(3.50)	(3.50)	(3.50)	(3.50)
4	M10 水泥砂浆	m^3	67	—	—	(0.12)	(0.09)	(0.05)	(0.02)
5	原木	m^3	101	—	—	0.011	0.010	0.003	0.003
6	锯材	m^3	102	—	—	0.049	0.009	0.016	0.003
7	钢管	t	191	—	—	0.011	0.010	0.004	0.003
8	铁钉	kg	653	—	—	0.3	0.1	0.1	—
9	8～12 号铁丝	kg	655	—	—	1.8	0.3	0.6	0.1
10	32.5 级水泥	t	832	0.931	0.763	0.970	0.959	0.945	0.938
11	水	m^3	866	4	4	9	8	8	7
12	中(粗)砂	m^3	899	3.82	3.92	3.95	3.91	3.86	3.84
13	片石	m^3	931	11.50	11.50	11.50	11.50	11.50	11.50
14	其他材料费	元	996	1.2	1.2	5.6	7.0	2.8	3.1
15	30kN 以内单筒慢动卷扬机	台班	1499	—	—	—	0.92	—	0.85
16	小型机具使用费	元	1998	7.0	7.0	7.2	7.2	7.0	7.0
17	基价	元	1999	1 396	1 299	1 940	2 028	1 640	1 728

5-1-16 石砌护脚 表4-20

工程内容 1)挖基础台阶;2)拌、运砂浆;3)砌筑、勾缝、养生;4)踏步安拆。

单位:10m³ 实体

顺序号	项目	单位	代号	干砌	浆砌
				1	2
1	人工	工日	1	9.0	11.8
2	M5 水泥砂浆	m³	65	—	(3.50)
3	M10 水泥砂浆	m³	67	—	(0.07)
4	原木	m³	101	0.001	0.001
5	锯材	m³	102	0.004	0.004
6	8~12 号铁丝	kg	655	0.2	0.2
7	32.5 级水泥	t	832	—	0.786
8	水	m³	866	—	7
9	中(粗)砂	m³	899	—	3.99
10	片石	m³	931	12.50	11.50
11	基价	元	1999	876	1474

【工程实例4-7】 试确定下列工程的预算定额编号:

(1)8t 以内自卸汽车运路基土 5km;

(2)8t 以内自卸汽车运土 5km;

(3)8t 以内自卸汽车运输沥青混合料 5km;

(4)8t 载货汽车运输预制构件 5km。

解:上述各问虽都是汽车运输,但由于运输对象不同,故各自的定额编号亦不相同。

(1)汽车运土已明确是运路基土,因此,该工程属于"路基工程"中的一项,其定额编号为$\left[15\text{-}1\text{-}1\text{-}11\begin{matrix}9\\10\end{matrix}\right]$。

(2)因没有明确汽车运土为何工程运土,因此,该土是当作材料来运输的,属于"材料运输"的中一项,其定额编号为$\left[981\text{-}9\text{-}1\text{-}6\begin{matrix}37\\38\end{matrix}\right]$。

(3)汽车运输沥青混合料属于"路面工程"中的一项,其定额编号为$\left[160\text{-}2\text{-}2\text{-}13\begin{matrix}9\\10\end{matrix}\right]$。

(4)由于运输对象是预制构件,故该工程属于"桥涵工程"中的一项,其定额编号为$\left[618\text{-}4\text{-}8\text{-}3\begin{matrix}5\\13\end{matrix}\right]$。

2 仔细阅读定额中的各种说明

《公路工程概算定额》(JTG/T B06-01—2007)和《公路工程预算定额》(JTG/T B06-02—

2007)有许多说明,除总说明,章、节说明外,在定额表的下方有时还有注解。这些说明及注解对定额值的采用都有相应的规定。因此,在查用前应全面、仔细地阅读、理解这些说明,并按规定对定额值做适当的调整。下面结合工程实例讲述《公路工程概算定额》(JTG/T B06-01—2007)、《公路工程预算定额》(JTG/T B06-02—2007)中章、节说明的有关规定。

(1)路基土、石方体积的有关规定。

在路基工程中,设计图纸给出的土、石方数量,是按照几何尺寸计算出来的。其中挖方按天然密实方计算,填方按压实方计算。由于天然土、石方的种类、存在形式及天然密度各不相同,设计要求的填方密实度也不相同,所以,天然密实方与压实方之间必然存在一定的差异。为了取得换算的一致性,《公路工程概算定额》(JTG/T B06-01—2007)、《公路工程预算定额》(JTG/T B06-02—2007)的章说明规定:除定额中另有说明者外,土方挖方按天然密实体积计算,填方按压实后的体积计算,石方爆破按天然密实体积计算。当以填方压实体积为工程量,采用以天然密实方为计量单位的定额时,所采用的定额应乘以如表 4-21 所示的系数。

天然密实方与压实方换算系数 表 4-21

土类 / 公路等级	土方			石方
	松土	普通土	硬土	
二级及二级以上等级公路	1.23	1.16	1.09	0.92
三、四级公路	1.11	1.05	1.0	0.84

在执行表 4-21 时,章说明还规定:推土机、铲运机施工土方的增运定额按普通土栏目的系数计算;人工挖运土方的增运定额和机械翻斗车、手扶拖拉机运输土方、自卸汽车运输土方定额在表 4-21 的基础上增加 0.03 的土方运输损耗,但弃方运输不用计算运输损耗。

另外,各类土、石方在进行路基土、石调配时,其定额计量单位、计价等是按如下规定进行的。

①挖方按土质分类分别套用相应的定额,定额单位为天然密实方。

②填方套用相应的压实定额,定额单位为压实方。

③本桩利用不参与费用的计算,其挖已在“挖方”内计算,其填已在“填方”内计算。

④远运利用只计算其调配运输费用,其挖已在“挖方”内计算,其填已在“填方”内计算。

⑤借方计算其挖、装、运的费用,其填已在“填方”内计算。

⑥弃方只计算其运输费用,其挖已在“挖方”内计算。

【工程实例 4-8】 某二级公路路基工程需借普通土 6 000m^3 实体,试根据《公路工程概算定额》(JTG/T B06-01—2007)确定 6t 自卸汽车运土 4km 所需的台班数量。

解:(1)确定天然密实方数量。

根据《公路工程概算定额》(JTG/T B06-01—2007)第一章第一节第一条规定,除应考虑表 4-21 系数外,还应增加 0.03 的土方运输损耗,故天然密实方的数量为

$$6\ 000 \times (1+1.16+0.03) = 7\ 140 m^3 \text{ 天然密实方}$$

(2)计算 6t 自卸汽车台班数量。

由《公路工程概算定额》(JTG/T B06-01—2007)$\left[15\text{-}1\text{-}1\text{-}11<\begin{matrix}5\\6\end{matrix}\right]$(表4-22)可知,6t自卸汽车运土4km所需的台班数为

$$(13.65+2.02\times6)\times\frac{7\ 140}{1\ 000}\approx184\text{ 台班}$$

1-1-8 自卸汽车运土、石方 表4-22

工程内容 1)等待装、运、卸;2)空回。

单位:1 000m^3 天然密实方

顺序号	项目	单位	代号	土方											
				自卸汽车装载质量(t)											
				3以内				6以内				8以内			
				第一个1km	每增运0.5km 平均运距(km)			第一个1km	每增运0.5km 平均运距(km)			第一个1km	每增运0.5km 平均运距(km)		
					5以内	10以内	15以内		5以内	10以内	15以内		5以内	10以内	15以内
				1	2	3	4	5	6	7	8	9	10	11	12
1	3t以内自卸汽车	台班	1382	19.47	2.93	2.66	2.54	—	—	—	—	—	—	—	—
2	6t以内自卸汽车	台班	1384	—	—	—	—	13.65	2.02	1.83	1.75	—	—	—	—
3	8t以内自卸汽车	台班	1385	—	—	—	—	—	—	—	—	10.18	1.41	1.28	1.22
4	10t以内自卸汽车	台班	1386	—	—	—	—	—	—	—	—	—	—	—	—
5	12t以内自卸汽车	台班	1387	—	—	—	—	—	—	—	—	—	—	—	—
6	15t以内自卸汽车	台班	1388	—	—	—	—	—	—	—	—	—	—	—	—
7	20t以内自卸汽车	台班	1390	—	—	—	—	—	—	—	—	—	—	—	—
8	基价	元	1999	5 745	865	785	750	5 504	815	738	706	4 952	686	623	593

(2)路面工程的有关规定。

《公路工程概算定额》(JTG/T B06-01—2007)和《公路工程预算定额》(JTG/T B06-02—2007)的第二章均为"路面工程",章说明对各类路基的压实厚度规定如下。

各类稳定土基层、级配碎石、级配砾石路面的压实厚度在15cm以内,填隙碎石一层的压实厚度在12cm内垫层、其他种类的基层和底基层的压实厚度在20cm以内,拖拉机、平地机和压路机台班按定额数计算。如超过上述压实厚度进行分层拌和、碾压时,拖拉机、平地机和压路机台班按定额数量加倍计算,每1 000m^2增加3工日。

【工程实例4-9】 某人工沿路拌和石灰煤渣稳定土基层厚20cm,筛拌法分层拌和,石灰:煤渣为18:82,试确定其预算定额值。

解:由《公路工程预算定额》(JTG/T B06-02—2007)可知,该项目的定额编号为$\left[99\text{-}2\text{-}1\text{-}5<\begin{matrix}1\\2\end{matrix}\right]$,如表4-23所示。

根据章、节说明规定,当厚度大于15cm,采用分层拌和时,拖拉机、平地机和压路机台班消耗按定额数量加倍计算,且每1 000m^2增加3个工日,故该定额值为

人工	96.8 + 5.8 × 5 + 3 = 128.8 工日
水	54 + 3 × 5 = 69m^3
生石灰	35.597 + 2.373 × 5 = 47.462t
煤渣	200.74 + 13.38 × 5 = 267.64m^3
6 ~ 8t 光轮压路机	0.27 × 2 = 0.54 台班
12 ~ 15t 光轮压路机	1.27 × 2 = 2.54 台班
基价	12 330 + 750 × 5 + 3 × 49.2 + 0.27 × 251.49 + 1.27 × 411.77 ≈ 16 818 元

2-1-5　路拌法石灰、煤渣稳定土基层　　表 4-23

工程内容　1)清扫整理下承层；2)消解石灰；3)铺料，铺灰，洒水，拌和；4)整形，碾压，找补；5)初期养护。

I. 人工沿路拌和　　单位：1 000m^2

顺序号	项目	单位	代号	筛拌法				翻拌法			
				石灰煤渣		石灰煤渣土		石灰煤渣		石灰煤渣土	
				石灰:煤渣　18:82		石灰:煤渣:土　15:30:55		石灰:煤渣　18:82		石灰:煤渣:土　15:30:55	
				压实厚度 15cm	每增减 1cm	压实厚度 15cm	每增减 1cm	压实厚度 15cm	每增减 1cm	压实厚度 15cm	每增减 1cm
				1	2	3	4	5	6	7	8
1	人工	工日	1	96.8	5.8	126.4	7.7	102.5	6.1	132.1	8.1
2	水	m^3	866	54	3	63	3	54	3	63	3
3	生石灰	t	891	35.597	2.373	34.299	2.287	35.597	2.373	34.299	2.287
4	土	m^3	895	—	—	102.41	6.83	—	—	102.41	6.83
5	煤渣	m^3	937	200.74	13.38	84.92	5.66	200.74	13.38	84.92	5.66
6	6 ~ 8t 光轮压路机	台班	1075	0.27	—	0.41	—	0.27	—	0.41	—
7	12 ~ 15t 光轮压路机	台班	1078	1.27	—	1.27	—	1.27	—	1.27	—
8	基价	元	1999	12 330	750	12 656	766	12 610	765	12 936	785

(3)桥涵工程的有关规定。

桥涵工程是概算、预算定额中内容最多，结构最复杂，施工方法也最多的工程，其章、节说明也很多，现结合工程实例说明如下。

【工程实例 4-10】　某拱桥宽 20m，净跨径为 40m，矢拱度为$\frac{1}{5}$。求制备 1 孔满堂式木拱盔的预算定额值。

解：根据《公路工程预算定额》(JTG/T B06-02—2007)第 628 页节说明第 1 条规定：桥梁拱盔、木支架及简单支架均有效宽度 8.5m 计，钢支架按有效宽度 12m 计，如实际宽度与定额不同时可按比例换算。故该工程木拱盔的立面积为

$$0.138 \times 40^2 = 220.8m^2$$

由《公路工程预算定额》(JTG/T B06-02—2007)可知，该工程定额表号为[631-4-9-2-3]，如表 4-24 所示。故该工程的预算定额值为

人工 $37.9\times\frac{20}{8.5}\approx89.2$ 工日

原木 $0.954\times\frac{20}{8.5}\approx2.245m^3$

锯材 $0.566\times\frac{20}{8.5}\approx1.332m^3$

铁件 $35\times\frac{20}{8.5}\approx82.4kg$

铁钉 $0.9\times\frac{20}{8.5}\approx2.1kg$

ϕ500mm 以内木工圆锯机 $0.83\times\frac{20}{8.5}\approx1.95$ 台班

小型机具使用费用 $18.4\times\frac{20}{8.5}\approx43.3$ 元

基价 $3\,933\times\frac{20}{8.5}\approx9\,254$ 元

4-9-2 桥 梁 拱 盔 表 4-24

工程内容 木拱盔：1）拱盔制作、安装与拆除；2）工作台的搭设与拆除；3）桁构式拱盔，包括扒杆移动、吊装、拆除，架设及拆除缆风，地锚埋设与拆除。

钢拱架：1）全套金属设备的安装、拆除；2）脚手架、工作台、铁梯等附属设备的制作、安装、拆除；3）混凝土枕块的预制、安装；4）安装设备用的扒杆移动。

单位：10m² 立面积及 10t 钢拱架

顺序号	项目	单位	代号	木拱盔							钢拱架
				满堂式			桁构式		拱上空腹拱盔及支架		
				跨径(m)							
				10 以内	20 以内	50 以内	20 以内	50 以内	2 以内	4 以内	
				10m²							10t
				1	2	3	4	5	6	7	8
1	人工	工日	1	94.5	50.4	37.9	53.4	38.9	17.3	10.8	50.4
2	原木	m³	101	1.115	0.471	0.954	0.975	0.554	1.185	0.588	—
3	锯材	m³	102	2.791	1.625	0.566	0.995	0.948	0.658	0.375	0.470
4	光圆钢筋	t	111	—	—	—	—	—	—	—	0.016
5	钢丝绳	t	221	—	—	—	0.006	0.003	—	—	—
6	铁件	kg	651	76.5	41.8	35.0	96.6	51.3	29.9	10.5	72.5
7	铁钉	kg	653	2.1	1.1	0.9	2.1	1.9	1.2	0.5	0.9
8	32.5 级水泥	t	832	—	—	—	—	—	—	—	0.143
9	石油沥青	t	851	—	—	—	—	—	—	—	0.001
10	水	m³	866	—	—	—	—	—	—	—	1
11	中(粗)砂	m³	899	—	—	—	—	—	—	—	0.34

续上表

顺序号	项 目	单位	代号	木拱盔							钢拱架
				满堂式			桁构式		拱上空腹拱盔及支架		
				跨径(m)							
				10 以内	20 以内	50 以内	20 以内	50 以内	2 以内	4 以内	
				$10m^2$							10t
				1	2	3	4	5	6	7	8
12	碎石(4cm)	m^3	952	—	—	—	—	—	—	—	0.32
13	设备摊销费	元	997	—	—	—	—	—	—	—	3 600.0
14	50kN 以内单筒慢动卷扬机	台班	1500	—	—	—	2.44	1.14	—	—	1.05
15	ϕ500mm 以内木工圆锯机	台班	1710	2.08	1.11	0.83	1.07	0.81	0.30	0.19	—
16	小型机具使用费	元	1998	45.9	24.5	18.4	27.3	19.6	6.6	4.2	7.5
17	基价	元	1999	10 206	5 493	3 933	5 881	4 259	3 234	1 763	7 292

由以上各工程实例可以看出定额是计算人工费、材料费、机械使用费的依据，是正确计算直接工程费的基础。在查用定额时必须准确确定定额编号，仔细阅读各种说明，因为这是一项非常仔细的工作，也是概算、预算编制人员应具备的基本技能。

二 预算定额在自采材料原价计算中的应用

在概算、预算中，材料的预算单价是由原价、运杂费、场外运输损耗率、采购保管率及包装品回收价值五部分组成的(详见本书单元5)。其中原价是购买材料时的第一手价格。由于供应渠道不同，材料原价可分为三种，即外购材料、地方性材料、自采材料。其中自采材料是指由料场开采加工的砂、石、黏土等材料。自采材料的原价亦称为料场价格。《公路工程预算定额》(JTG/T B06-02—2007)第八章“材料采集及加工”是专门用于计算自采材料原价的。按《公路工程基本建设项目概算预算编制办法》(JTG B06—2007)规定，自采材料原价除应按《公路工程预算定额》(JTG/T B06-02—2007)第八章计算开采单价外，还应加计辅助生产间接费和矿产资源税(如有)。其中辅助生产间接费按人工费的5%计。即

$$\text{自采材料原价} = \text{人工费} \times (1 + 5\%) + \text{材料费} + \text{机械使用费} \quad (4\text{-}10)$$

【工程实例 4-11】 某料场机械轧碎石(未筛分)，碎石规格为4cm，已知人工49.00元/工日，片石35.00元/m^3，400mm×250mm电动碎石机150元/台班，试求碎石的料场价格。

解：由《公路工程预算定额》(JTG/T B06-02—2007)可知，该定额编号为[964-8-1-9-5]，如表4-25所示，每$100m^3$堆方碎石(4cm)的定额值为

人工　　　　45 工日

片石　　　　114.90 m^3

250mm × 400mm 电动碎石机　　3.42 台班

碎石(4cm)料场价格 $=45\times49.00\times(1+5\%)+114.90\times35.00+3.42\times150$

$=6\ 849.75$ 元/100m^3 ≈68.50 元/m^3

8-1-9　机械轧碎石　　表 4-25

工程内容　1)取运片石;2)机械轧、筛分碎石;3)接运碎石;4)成品堆方。

单位:100m^3 堆方

顺序号	项目	单位	代号	未筛分								
				碎石机装料口径(mm × mm)								
				250 × 150				400 × 250				
				碎石规格(最大粒径 cm)								
				1.0	1.5	2.0	2.5	4.0	5.0	6.0	7.0	8.0
				1	2	3	4	5	6	7	8	9
1	人工	工日	1	52.3	49.7	48.3	45.9	45.0	42.5	41.7	41.2	40.9
2	片石	m^3	931	119.05	117.60	116.90	115.30	114.90	113.00	111.10	110.50	109.90
3	150mm × 250mm 电动颚式破碎机	台班	1756	7.91	7.01	6.49	4.80	—	—	—	—	—
4	250mm × 400mm 电动颚式破碎机	台班	1757	—	—	—	—	3.42	2.89	2.71	2.58	2.45
5	滚筒式筛分机	台班	1775	—	—	—	—	—	—	—	—	—
6	基价	元	1999	5 105	4 853	4 715	4 381	4 291	4 063	3 971	3 919	3 876

三 预算定额在材料运杂费计算中的应用

材料运杂费是指材料自供应地点至工地仓库的运杂费用,包括装卸费、运费,有时还应计囤存费及其他杂费(如过磅、标签、支撑加固等费用)。按照《公路工程基本建设项目概算预算编制办法》(JTG B06—2007)规定,对于施工单位自办运输,单程运距小于5km的汽车运输及人力场外运输,应按《公路工程预算定额》(JTG/T B06-02—2007)第九章“材料运输”计算运杂费,其中人力装卸和运输另按人工费的5%加计辅助生产间接费。即

人工运输运杂费 = 人工费 × (1 + 5%)　　(4-11)

机械运输运杂费 = 台班 × 单价

【工程实例4-12】　人工挑抬运石屑60m,已知人工48.00元/工日,求石屑的运杂费。

解:由《公路工程预算定额》(JTG/T B06-02—2007)可知,该定额编号为$\left[970\text{-}9\text{-}1\text{-}1\left\langle{}^{1}_{2}\right.\right]$,如表4-26所示,每100m^{3}预算定额值为

人工　$9.1+1.9\times6=20.5$ 工日

石屑的运杂费为

$20.5\times48.00\times(1+5\%)=1\ 033.2$ 元/100m^3 ≈10.33 元/m^3

9-1-1　人工挑抬运输　　表4-26

工程内容　1)装料;2)挑(抬)运;3)卸料;4)空回。

单位:$100m^3$ 及100t

顺序号	项目	单位	代号	土、砂、石屑		黏土		砂砾、碎(砾)石、碎(砾)石土		片石、大卵石		块石	
				$100m^3$									
				装卸	挑运10m	装卸	挑运10m	装卸	挑运10m	装卸	挑运10m	装卸	挑运10m
				1	2	3	4	5	6	7	8	9	10
1	人工	工日	1	9.1	1.9	11.2	1.8	13.1	2.0	15.8	2.5	18.2	3.4
2	基价	元	1999	448	93	551	89	645	98	777	123	895	167

顺序号	项目	单位	代号	料石、盖板石		原木		锯材		煤渣、矿渣		水泥、矿粉	
				$100m^3$								100t	
				装卸	挑运10m	装卸	挑运10m	装卸	挑运10m	装卸	挑运10m	装卸	挑运10m
				11	12	13	14	15	16	17	18	19	20
1	人工	工日	1	23.7	4.7	7.8	1.6	6.7	1.4	6.7	1.4	10.0	1.5
2	基价	元	1999	1 166	231	384	79	330	69	330	69	492	74

在《公路工程预算定额》(JTG/T B06-02—2007)第九章“材料运输”中,运输定额与装卸定额有时不在同一定额表中,如定额表号[9-1-3]~[9-1-6]为运输定额表,表号[9-1-7]~[9-1-10]为装卸定额表。故在计算运杂费时,应按相应定额表分别计算其运费和装卸费。

【工程实例4-13】　人工装卸手扶拖拉机运片石400m,已知人工48.00元/工日,手扶拖拉机130元/台班,求片石的运杂费。

解:由《公路工程预算定额》(JTG/T B06-02—2007)可知,运输片石的定额编号为$\left[975\text{-}9\text{-}1\text{-}4\begin{matrix}7\\8\end{matrix}\right]$,如表4-27所示,每运输$100m^3$片石需手扶拖拉机$5.36+0.37\times3=6.47$台班;装卸片石的定额编号为[988-9-1-8-4],如表4-28所示,每$100m^3$人工装卸需11.0工日。

片石的运杂费为

$$6.47\times130+11.0\times48.00\times(1+5\%)=1\ 395.50\text{元}/100\ m^3\approx13.96\text{元}/\ m^3$$

9-1-4　手扶拖拉机运输(配合人工装车)　　表4-27

工程内容　1)等待装料;2)运走;3)卸料;4)空回。

单位:$100m^3$ 及100t

顺序号	项　目	单位	代号	土、砂、石屑		黏土		砂砾、碎(砾)石、碎(砾)石土		片石、大卵石	
				$100m^3$							
				第一个100m	每增运100m	第一个100m	每增运100m	第一个100m	每增运100m	第一个100m	每增运100m
				1	2	3	4	5	6	7	8
1	手扶式拖拉机(带拖斗)	台班	1415	3.46	0.33	3.70	0.31	4.27	0.35	5.36	0.37
2	基价	元	1999	455	43	486	41	561	46	704	49

续上表

顺序号	项 目	单位	代号	块石		煤渣、矿渣		粉煤灰		生石灰	
				$100m^3$						100t	
				第一个100m	每增运100m	第一个100m	每增运100m	第一个100m	每增运100m	第一个100m	每增运100m
				9	10	11	12	13	14	15	16
1	手扶式拖拉机(带拖斗)	台班	1415	6.08	0.41	2.70	0.29	2.62	0.29	4.25	0.29
2	基价	元	1999	799	54	355	38	344	38	559	38

9-1-8 人工装卸手扶拖拉机 表4-28

工程内容 1)装车；2)卸车堆放。

单位：$100m^3$ 及 100t

顺序号	项 目	单位	代号	土、砂、石屑	黏土	砂砾、碎(砾)石、碎(砾)石土	片石、大卵石	块石	煤渣、矿渣	粉煤灰	生石灰
				$100m^3$							100t
				1	2	3	4	5	6	7	8
1	人工	工日	1	6.1	6.9	8.3	11.0	12.7	4.6	4.4	8.8
2	基价	元	1999	300	339	408	541	625	226	216	433

【工程实例4-14】 $1m^3$ 轮胎式装载机装生石灰，3t自卸汽车运4km，已知装载机400.00元/台班，3t自卸汽车295.00元/台班，求生石灰的运杂费。

解：由《公路工程预算定额》(JTG/T B06-02—2007)可知，运输生石灰的定额编号为[981-9-1-6$\left\langle\begin{matrix}15\\16\end{matrix}\right.$]，如表4-29所示，每运输100t生石灰需3t自卸汽车 $1.11+0.28\times3=1.95$ 台班；装卸生石灰的定额编号为[990-9-1-10-4]，如表4-30所示，每装卸100t生石灰需 $1m^3$ 装载机0.29台班。

生石灰的运杂费为

$$1.95\times295.00+0.29\times400.00=691.25\ 元/100t\approx6.91\ 元/t$$

9-1-6 自卸汽车运输(配合装载机装车) 表4-29

工程内容 1)等待装料；2)运走；3)卸料；4)空回。

I.3t以内自卸汽车 单位：100^3 及 100t

顺序号	项 目	单位	代号	土、砂、石屑		黏土		砂砾、碎(砾)石、碎(砾)石土		片石、大卵石	
				$100m^3$							
				第一个1km	每增运1km	第一个1km	每增运1km	第一个1km	每增运1km	第一个1km	每增运1km
				1	2	3	4	5	6	7	8
1	3t以内自卸汽车	台班	1382	1.33	0.38	1.26	0.36	1.45	0.41	1.56	0.41
2	基价	元	1999	392	112	372	106	428	121	460	121

续上表

顺序号	项目	单位	代号	块石		煤渣、矿渣		粉煤灰		生石灰		煤	
				$100m^3$						100t			
				第一个1km	每增运1km	第一个1km	每增运1km	第一个1km	每增运1km	第一个1km	每增运1km	第一个1km	每增运1km
				9	10	11	12	13	14	15	16	17	18
1	3t以内自卸汽车	台班	1382	1.71	0.45	1.03	0.28	1.09	0.29	1.11	0.28	1.05	0.28
2	基价	元	1999	505	133	304	83	322	86	328	83	310	83

9-1-10　装载机装汽车　　表4-30

工程内容　1)铲料；2)装车。

I. $1m^3$ 以内轮式装载机　　单位：$100m^3$ 及100t

顺序号	项目	单位	代号	土、砂、石屑、黏土、碎(砾)石、碎(砾)石土、煤渣、矿渣、粉煤灰	片石、大卵石	块石	生石灰	煤
				$100m^3$			100t	
				1	2	3	4	5
1	$1.0m^3$ 以内轮胎式装载机	台班	1048	0.26	0.31	0.38	0.29	0.26
2	基价	元	1999	105	125	153	117	105

单元小结

公路工程定额是控制成本、测算造价的重要依据。本单元主要介绍了公路工程定额的特性及组成结构，讲述了劳动定额、材料定额、机械台班定额、施工定额的概念及查用方法，并结合工程实例讲述了公路工程定额在直接工程费、材料料场单价、材料运杂费计算中的应用。

自我检测

一、问答题

1. 什么是定额？它有什么特性？
2. 概算定额编号2101001是什么意思？
3. 什么是定额抽换？在什么情况下需要抽换？如何抽换？
4. 机械台班消耗定额中的台班是什么意思？
5. 材料定额有几种？分别在哪里查找？
6. 什么是周转定额，应在哪里查找？

7. 什么是台班费用定额？它有什么用途？

8. 什么是可变费用？为什么可变？

9. 施工定额有什么特性？

10. 简述定额的查用方法。

二、填空题

1. 定额具有____________、____________、____________、____________特性。

2. 定额表是由____________、____________、____________、____________、____________、____________、____________、____________、____________、____________、____________11项组成的。

3. 定额编号[23-1-1-14-2]是指____________。

4. 机械台班定额分成____________和____________两类。

5. 台班费用定额是由____________和____________两部分组成的。

6. 不变费用是由____________、____________、____________、____________四部分组成的。

三、计算题

1. 已知人工56.00元/工日，柴油6.20元/kg，试根据本书表4-15，计算15t以内振动压路机的台班单价。

2. 某4孔跨径为10m的石拱桥，需满堂式木拱盔一套，试根据本书表4-12及表4-25确定木料、铁钉、铁件的实际定额用量。

3. 人工挑抬运料石60m，，已知人工60.00元/工日，试根据本书表4-27计算料石的运费和装卸费。

单元5

公路基本建设概算、预算总论

学习目标

1. 了解公路基本建设投资测算体系的内容。
2. 了解公路基本建设概算、预算甲、乙文件的内容。
3. 掌握公路基本建设概算、预算的项目组成及费用组成。

学习指南

公路基本建设投资测算是全过程的造价测算，即从立项、设计、施工到竣工验收的各个阶段都要进行相应的投资测算，并且是一个由粗到细，环环相扣的测算过程。本单元将主要讲述投资估算、概算、施工图预算、标底、报价、施工预算、工程结算、竣工决算的意义、作用及相互关系。学习时应重点掌握公路基本建设概算、预算的作用及文件组成；掌握公路基本建设项目表"项"、"目"、"节"的逻辑关系及序号的使用规则。学习流程如下。

公路基本建设投资测算体系的内容 → 公路基本建设概算、预算作用及文件组成 → 公路基本建设概算、预算的项目组成及费用组成

教学建议

本单元讲述投资测算体系的目的是为了让学生了解"多次计价"的必要性及概算、预算的重要性。教学中应结合工程实例，讲述公路基本建设项目表"项"、"目"、"节"的逻辑关系及序号的使用规则。

5.1 公路基本建设投资测算体系

一 公路基本建设投资测算体系

公路基本建设是需要投入大量资金才能完成的建筑产品。为了确保质量，降低工程造价，投资额的测算与控制自始至终贯穿于基本建设的全过程。即立项→设计→施工→竣工验收等各阶段，随着工作内容的不断深入，以及对投资测算精度和要求的不断提高，每一阶段都有相应的投资测算与之对应，因而形成了投资估算→概算→施工图预算→标底→报价→施工预算→工程结算→竣工决算8次测算，从而构成了一个能够完整地反映投资在数量上变化的投资额测算体系。下面分别讲述这8次测算的意义及作用。

1 投资估算

投资估算是拟建项目申请立项时（可行性研究阶段）对工程投资额进行的首次测算。对于任何一个大型的拟建项目，国家都要对可行性研究报告进行全面的评审，然后才能决定是否立项。在可行性报告中，除应考虑国家经济发展上的需要和技术上可行外，还应考虑经济上的合理性以及国家的经济实力。而投资估算则是国家投资决策的重要依据，是可行性研究报告的重要内容。因此，投资估算是论证拟建项目在经济上是否可行的重要依据，也是国家审批拟建项目是否立项的重要依据。

根据投资估算的作用及内容深度的不同，公路工程投资估算分为项目建议书投资估算和工程可行性研究投资估算两大类。由申请立项单位根据《公路基本建设工程投资估算编制办法》和《公路工程估算指标》编制而成。可行性研究报告被批准后，投资估算则是控制设计概算的依据，是国家对建设项目所下达的投资限额，也是资金筹措计划的重要依据。

2 概算

拟建项目批准立项后，即进入工程设计阶段，根据工程结构设计内容深浅程度的不同，概算又分为设计概算和修正概算两种。设计概算是指在初步设计阶段，由设计单位根据设计图纸、《公路工程概算定额》（JTG/T B06-01—2007）及各类其他费用定额等预先计算和确定工程投资额的经济文件。修正概算是在技术设计阶段,对初步设计成果作进一步修改、调整后,重新计算其工程投资额的经济文件。由于设计概算和修正概算除所处的设计阶段不同外,其采用的定额及《公路工程基本建设项目概算预算编制办法》(JTG B06—2007)均相同,故统称为概算。概算一经批准,则是国家确定和控制公路基本建设投资总额的依据,并是工程投资总额的封顶线,即在其随后各阶段的投资测算的数额都不能随意突破概算的数值。

3 施工图预算

公路基本建设工程无论采用几阶段设计,施工图设计都是设计阶段的最终设计,也是最详尽的设计。根据施工图设计提供的工程数量和施工方案,按照交通运输部颁布的《公路工程预算定额》(JTG/T B06-02—2007)和《公路工程基本建设项目概算预算编制办法》(JTG B06—2007)所编制的工程造价文件,即为施工图预算。随着基本建设程序的不断深入,工程项目的工作内容日益明晰,因此,施工图预算与前述的概算、估算相比,其计算精度更高,更接近工程的实际造价。因此,施工图预算是确定工程造价的依据,是签订建筑安装合同,编制工程标底的依据,也是评价施工单位技术水平、管理水平的依据。

4 标底

实行招标的工程项目,在招标前建设单位都要对发包工程的总投资额再进行一次测算,其测算值即为标底。标底是评标的基本尺度,即投标方的报价只有在不超过标底 10% 至不低于标底的 20% 范围内,才有可能中标,否则,将会失去中标的机会。因此,标底在招标工作中起着关键的作用。在实际工作中,标底一般以设计概算或施工图预算为基础,并以其中的建筑安装工程费为标底。

5 报价

报价是由投标单位根据招标文件及有关资料,测算招标工程所需各项费用的经济文件。报价是投标文件中最重要的组成部分,是投标工作的关键和核心,也是决定能否中标的重要依据。报价过高,中标率就会降低,相反,若报价太低,虽中标率大,但利润小。因此,能否正确计算工程造价,是施工企业在投标竞争中能否获胜的前提条件。中标单位的报价,将直接成为工程承包合同价的主要依据,并对整个施工过程起严格的制约作用。

6 施工预算

施工预算是指施工阶段,施工企业根据施工图纸、《公路工程施工定额》、施工组织设计等相关技术资料,结合施工单位自身管理的经验,再次核定工程成本的经济文件。主要用于施工企业内部进行经营成本的控制与核算。

7 工程结算

工程结算是指对陆续完工的工程(包括可行性研究、勘察设计等)进行的货币支付行为。

因此，项目的结算过程实质上就是组织基本建设活动，购买机具、材料，及时补偿劳务的投资过程，也是及时掌握项目经济活动的动态及其变化的过程。

8 竣工决算

竣工决算是指项目在竣工验收阶段，由建设单位编制的从项目申请立项到建成投入使用的全部实际成本的技术经济文件。是公路竣工验收，交付使用的重要依据。它全面反映了竣工项目从筹建到交付使用全过程各项资金的使用情况和设计概算的执行结果，是公路建设成果和财务情况的总结性文件。

由此可见，投资估算、概算、施工图预算、标底、报价、施工预算、工程结算、竣工决算都是以价值的形态贯穿于公路基本建设的全过程。这些由不同单位，从不同角度对同一工程项目进行的种种测算，环环相扣，紧密联系，成为缺一不可的有机整体。从某种意义上讲，它们既是基本建设投资活动的血液，也是联结项目建设活动各经济实体的纽带。

二 公路基本建设资金的来源

公路基本建设投资是指建设项目从前期的可行性研究等少量投资开始，到施工期间投入大量资金，直至项目竣工验收，交付使用为止的全部建设费用。由于公路基本建设是新建、改建、扩建、重建工程，需要投入大量的建设资金，因此，公路基本建设需要多渠道筹集建设资金，主要有以下几个方面。

1 国家投资

国家投资是指由国家预算直接安排的投资。国家通过财政预算投资拨款的方式，根据建设进度分期拨给建设单位费用。目前，国家投资主要用于西部扶贫地区的公路建设，其他地区均实行贷款制度。

2 自筹资金

自筹资金是在国家预算安排之外，由各地区、各部门、集体企业、城乡个人按国家规定筹集的建设资金，是我国公路基本建设资金来源的一项补充。自筹资金同样必须纳入国家计划，并控制在国家确定的自筹资金投资规模以内。地方和企业的自筹资金，应由建设银行统一管理。

3 银行贷款

银行贷款是以银行为主体，根据信贷自愿的原则所施行的一种有偿有息的投资方式。利用银行信贷资金贷款的项目，一般都要经过评估论证，银行按照择优发放的原则进行监督管理。银行贷款已成为建设项目资金来源的重要组成部分。

4 国外资金

在国家统一政策指导下，积极慎重地引进国外的先进技术和投资，是弥补我国公路建设资金不足的主要方式。目前我国可利用的主要外资来源如下。

(1)外国政府贷款。国外政府通过财政预算拨款的方式,直接向我政府提供贷款。这种贷款具有赞助性,即贷款利率低,年限长,但数额有限。

(2)国际金融组织贷款。如世界银行、亚洲开发银行、国际金融公司等国际货币金融基金组织提供的贷款。

(3)出口信贷。是西方国家为鼓励资本和商品输出而设置的专门信贷。其特点是利率低,期限一般为10~15年,但借方所借贷款只能用于购买出口信贷国设备。

(4)国外其他投资。如补偿贸易、对外加工装配、国际租赁和BOT投资方式等。

5 有价证券

有价证券主要指债券和股票。债券是借款单位为筹集资金而发行的一种信用凭证。我国债券主要有国债、地方政府债券、企业债券和金融债券等。有价证券也是公路建设资金来源的补充。

三 公路基本建设投资的管理与控制

公路基本建设项目从申请立项到竣工验收,在不同阶段,经不同单位多次测算之后,最终完成了该项目投资活动的全过程。由此可见,公路基本建设投资是一项非常复杂而严肃的工作。其管理与控制主要是从以下三个层面进行的。

1 国家宏观管理

国家通过制定基本建设计划和有关政策、法律,从宏观上对基本建设投资进行管理和控制。如项目申报程序、审批程序、基本建设程序等。要求每个建设项目必须严格执行这些程序。

2 建设单位具体管理

除国家宏观控制外,项目申报单位即建设单位应对项目的造价进行具体的控制与管理。如编制标底、组织施工招标,选择施工单位和监理单位,并对整个施工过程进行严格管理和控制。

3 施工单位实施性管理

公路基本建设项目是由施工单位具体实施的,为了加强经营管理,降低工程成本,施工前施工单位都要编制实施性施工预算,并将其与施工图预算进行对比,即"两算"互审。这样不仅可以防止多算、漏算,而且有利于企业内部经济核算,明确各自的经济责任,实行实施性管理。

想一想

1. 公路基本建设投资测算体系是由哪些测算组成的?
2. 公路基本建设项目为什么要"多次计价"?

5.2 公路工程概算、预算的作用及文件组成

一 概算、预算的作用

如前所述,公路基本建设从申请立项到竣工验收,经历了投资估算→概算→施工图预算→标底→报价→施工预算→工程结算→竣工决算8次测算过程,而在这多次测算之中,由于概算和施工图预算(简称概算、预算)的测算数额与实际造价十分接近,因而具有特别重要的意义和作用,主要表现在以下几个方面。

1 概算是编制基本建设计划,确定和控制投资额的依据

概算是设计单位在初步设计或技术设计的基础上,根据设计文件的具体内容和交通运输部颁布的《公路工程基本建设项目概算预算编制办法》(JTG B06—2007)、《公路工程概算定额》(JTG/T B06-01—2007)等规定编制的技术经济文件。尽管是在初步设计或技术设计阶段,但此时的工程结构设计及工程数量的计算比估算阶段已更明晰,更具体。即概算比估算的计算精确度要高。因此,国家在确定和控制公路基本建设投资总额时,是以概算作为投资封顶线的。年度基本建设计划也要以批准的初步设计概算为依据,否则不能列入国家年度基本建设计划。批准后的概算是国家控制项目投资的最高限额。

2 概算、预算是设计、施工方案择优的依据

同一工程建筑物可以有不同的设计方案和施工方法,在满足使用功能和技术要求的前

提下,其技术经济指标是方案评优的重要依据。因为每个方案的设计意图都会通过计算工程量和各项费用而全部反映到概算、预算文件中来。因此,通过对这些货币指标的比较,就可以从中选出既满足设计要求,又经济合理的最佳设计、施工方案。

3 概算、预算是编制标底、签订工程合同的依据

对于招投标工程,建设单位事先测算出建筑工程的实际造价,并把其作为标底,作为评标的尺度。因此,标底的编制质量是十分重要的。概算、预算都是设计单位在精心设计后,核定出的工程造价,尤其是施工图预算,其工程内容、工程数量的计算都已达到最精细的程度,在这种情况下,计算出的工程造价已十分接近工程的实际造价。因此,在计算标底时,通常以概算、预算作为依据,甚至直接把概算、预算作为标底,作为与施工单位签订施工合同的依据。

4 概算、预算是评价企业内部经营管理、经济核算的依据

公路基本建设概算、预算不仅可以确定工程造价,而且还可以反映工程建设的规模和经济活动的范围,分析工程结构的实物指标,如钢筋、水泥、木材等主要材料及人工、机械的消耗数量。依据施工图预算提供的有关数据,可以评价施工企业的技术水平和管理水平,同时也可以通过施工预算与施工图预算进行"两算"对比、互审,从而达到加强经营管理,降低工程成本的目的。

由此可见,概算、预算的编制对于设计、施工人员是十分重要的。因此,在整个测算体系中,本书将着重讲述公路基本建设概算、预算的编制原理和方法。

二 概算、预算的文件组成

概算、预算文件由封面、目录、编制说明及概算、预算计算表格组成。需分甲、乙两组文件分别装订成册,每册不宜过厚,以便使用和保管。送审文件要求字迹清楚,整齐完善,具体要求如下。

1 封面

概算、预算文件的幅面尺寸应采用297mm×420mm(横式),当按照机密文件立卷归档时,应采用210mm×297mm(立式)折叠归档。每册封面应列出建设项目的名称及里程全长、设计阶段、设计文件名称、册数(第××册,共××册)、设计单位等。

每册扉页的内容应包括路段或建设项目名称及里程全长、设计阶段、设计文件名称、主办单位、设计证书等级及编号、各级负责人姓名、参加测设人员(技术员以上)姓名、职务及工作项目或内容、设计文件编制年月。

送审文件封面颜色要求:初步设计概算为淡豆绿色,技术设计修正概算为粉红色,施工图预算为奶油白色或象牙白色。

概算、预算文件扉页的格式见本书附录一。

2 目录

概算、预算文件根据不同的需要分为甲、乙两组文件。甲组文件为各项费用计算表,乙组文件为建筑安装工程费各项基础数据计算表(只供审批使用),其中"建筑安装工程费计算数据表"(08-1表)和"分项工程概算、预算表"(08-2表)应根据审批部门或建设项目业主单位的要求全部提供或只提供一种。

概算、预算应按一个建设项目(如一条路线或一座独立大桥)进行编制,当一个建设项目需要分段或分部编制时,应根据需要分别编制,但必须汇总编制"总概算、预算表"。

概算、预算甲、乙组文件应分册装订,在报送乙组文件时,还应将其电子文档和编制补充定额的详细资料,随同概算、预算文件一并报送。甲、乙组文件的目录格式见本书附录一。

3 编制说明

概算、预算表计算完成后,应撰写编制说明,以便有关各方了解概算、预算的编制情况。文字叙述力求简明扼要,主要内容如下。

(1)编制依据及有关文号或协议、委托书等。

(2)工程概况及建设规模和范围。

(3)采用的定额、费用标准,人工、材料、机械台班单价的依据或来源,补充定额及有关规定。

(4)工程概算、预算总金额,人工及钢材、木材、水泥、沥青等主要材料的总数量,各设计方案的技术经济比较,以及编制中存在的问题或不能在表格中反映的事项。

4 计算表格

概算、预算文件中所有的数据计算都是通过计算表格进行的。一套完整的概算、预算表格共有15种(详见本书附录一),它们是一个有机的整体,相互联系、相互补充,共同反映工程费用。当各种表格计算结束后,应由编制、复核人员签名,并注明造价工程师的执业资格证的等级及编号。

5 上报份数

工程概算、预算文件是设计文件的组成部分,要随同设计文件报送主管部门或委托单位。上报份数为:两阶段(三阶段)初步设计10份,技术设计10份,施工图设计8份;一阶段施工图设计14份。如需增加份数可与设计单位协商解决。

想一想

1. 概算、预算的编制依据主要有哪些?

2. 概算、预算文件是由哪几部分组成的？

3. 甲、乙两组文件各有哪些内容？

5.3 公路工程概算、预算的项目组成及费用组成

一 概算、预算项目组成

公路工程是一个体形庞大的线形构造物，虽然具有多样性和单件性的特点，但就其实物形态而言，都是由许多部分组成的。为了更科学合理地计算和确定工程的造价，保证概算、预算的编制质量，《公路工程基本建设项目概算预算编制办法》（JTG B06—2007）对公路基本建设项目进行了科学地分析与分解，并对项目的划分、排列顺序及内容作出统一的规定。这样不仅使项目不重不漏，而且规范了公路工程造价文件的编制口径，同时还便于同类工程之间进行经济分析和比较。概算、预算项目表如表5-1所示。

概算、预算项目表 表5-1

项	目	节	细目	工程或费用名称	单位	备注
				第一部分 建筑安装工程费	公路公里	建设项目路线总长度（主线长度）
一				临时工程	公路公里	
	1			临时道路	km	新建便道与利用原有道路的总长
			1	临时便道的修建与维护	km	新建便道长度
			2	原有道路的维护与恢复	km	利用原有道路长度
				……		
	2			临时便桥	m/座	指汽车便桥
	3			临时轨道铺设	km	
	4			临时电力线路	km	
	5			临时电信线路	km	不包括广播线
	6			临时码头	座	按不同的形式划分节或细目
二				路基工程	km	扣除桥梁、隧道和互通立交的主线长度，独立桥梁或隧道为引道或接线长度
	1			场地清理	km	

续上表

项	目	节	细目	工程或费用名称	单位	备注
		1		清理与掘除	m^2	按清除内容的不同划分细目
			1	清除表土	m^3	
			2	伐树、挖根、除草	m^2	
				……		
		2		挖除旧路面	m^2	按不同的路面类型和厚度划分细目
			1	挖除水泥混凝土路面	m^2	
			2	挖除沥青混凝土路面	m^2	
			3	挖除碎(砾)石路面	m^2	
				……		
		3		拆除旧建筑物、构筑物	m^3	按不同的构筑材料划分细目
			1	拆除钢筋混凝土结构	m^3	
			2	拆除混凝土结构	m^3	
			3	拆除砖石及其他砌体	m^3	
				……		
	2			挖方	m^3	
		1		挖土方	m^3	按不同的地点划分细目
			1	挖路基土方	m^3	
			2	挖改路、改河、改渠土方	m^3	
				……		
		2		挖石方	m^3	按不同的地点划分细目
			1	挖路基石方	m^3	
			2	挖改路、改河、改渠石方	m^3	
				……		
		3		挖非适用材料	m^3	
		4		弃方运输	m^3	
	3			填方	m^3	
		1		路基填方	m^3	按不同的填筑材料划分细目
			1	换填土	m^3	
			2	利用土方填筑	m^3	
			3	借土方填筑	m^3	
			4	利用石方填筑	m^3	
			5	填砂路基	m^3	
			6	粉煤灰及填石路基	m^3	
				……		
		2		改路、改河、改渠填方	m^3	按不同的填筑材料划分细目
			1	利用土方填筑	m^3	
			2	借土方填筑	m^3	
			3	利用石方填筑	m^3	
				……		
		3		结构物台背回填	m^3	按不同的填筑材料划分细目
			1	填碎石	m^3	

续上表

项	目	节	细目	工程或费用名称	单位	备注
				……		
	4			特殊路基处理	km	指需要处理的软弱路基长度
		1		软土处理	km	按不同的处理方法划分细目
			1	抛石挤淤	m^3	
			2	砂、砂砾垫层	m^3	
			3	灰土垫层	m^3	
			4	预压与超载预压	m^2	
			5	袋装砂井	m	
			6	塑料排水板	m	
			7	粉喷桩与旋喷桩	m	
			8	碎石桩	m	
			9	砂桩	m	
			10	土工布	m^2	
			11	土工格栅	m^2	
			12	土工格室	m^2	
				……		
		2		滑坡处理	处	按不同的处理方式划分细目
			1	卸载土石方	m^3	
			2	抗滑桩	m^3	
			3	预应力锚索	m	
				……		
		3		岩溶洞回填	m^3	按不同的回填材料划分细目
			1	混凝土	m^3	
				……		
		4		膨胀土处理	km	按不同的处理方法划分细目
			1	改良土	m^3	
				……		
		5		黄土处理	m^3	按黄土的不同特性划分细目
			1	陷穴	m^3	
			2	湿陷性黄土	m^2	
				……		
		6		盐渍土处理	m^2	按不同的厚度划分细目
				……		
	5			排水工程	km	按不同的结构类型分节
		1		边沟	m^3/m	按不同的材料、尺寸划分细目
			1	现浇混凝土边沟	m^3/m	
			2	浆砌混凝土预制块边沟	m^3/m	
			3	浆砌片石边沟	m^3/m	
			4	浆砌块石边沟	m^3/m	
				……		
		2		排水沟	处	按不同的材料、尺寸划分细目

续上表

项	目	节	细目	工程或费用名称	单位	备注
			1	现浇混凝土排水沟	m^3/m	
			2	浆砌混凝土预制块排水沟	m^3/m	
			3	浆砌片石排水沟	m^3/m	
			4	浆砌块石排水沟	m^3/m	
				……		
		3		截水沟	m^3/m	按不同的材料、尺寸划分细目
			1	浆砌混凝土预制块截水沟	m^3/m	
			2	浆砌片石截水沟	m^3/m	
				……		
		4		急流槽	m^3/m	按不同的材料、尺寸划分细目
			1	现浇混凝土急流槽	m^3/m	
			2	浆砌片石急流槽	m^3/m	
				……		
		5		暗沟	m^3	按不同的材料、尺寸划分细目
				……		
		6		渗(盲)沟	m^3/m	按不同的材料、尺寸划分细目
				……		
		7		排水管	m	按不同的材料、尺寸划分细目
				……		
		8		集水井	m^3/个	按不同的材料、尺寸划分细目
				……		
		9		泄水槽	m^3/个	按不同的材料、尺寸划分细目
				……		
	6			防护与加固工程	km	按不同的结构类型分节
		1		坡面植物防护	m^2	按不同的材料划分细目
			1	播种草籽	m^2	
			2	铺(植)草皮	m^2	
			3	土工织物植草	m^2	
			4	植生袋植草	m^2	
			5	液压喷播植草	m^2	
			6	客土喷播植草	m^2	
			7	喷混植草	m^2	
				……		
		2		坡面圬工防护	m^3/m^2	按不同的材料和形式划分细目
			1	现浇混凝土护坡	m^3/m^2	
			2	预制块混凝土护坡	m^3/m^2	
			3	浆砌片石护坡	m^3/m^2	
			4	浆砌块石护坡	m^3/m^2	
			5	浆砌片石骨架护坡	m^3/m^2	
			6	浆砌片石护面墙	m^3/m^2	
			7	浆砌块石护面墙	m^3/m^2	

续上表

项	目	节	细 目	工程或费用名称	单 位	备 注
				……		
		3		坡面喷浆防护	m^2	按不同的材料划分细目
			1	抹面、捶面护坡	m^2	
			2	喷浆护坡	m^2	
			3	喷射混凝土护坡	m^3/m^2	
				……		
		4		坡面加固	m^2	按不同的材料划分细目
			1	预应力锚索	t/m	
			2	锚杆、锚钉	t/m	
			3	锚固板	m^3	
				……		
		5		挡土墙	m^3/m	按不同的材料和形式划分细目
			1	现浇混凝土挡土墙	m^3/m	
			2	锚杆挡土墙	m^3/m	
			3	锚碇板挡土墙	m^3/m	
			4	加筋土挡土墙	m^3/m	
			5	扶壁式、悬臂式挡土墙	m^3/m	
			6	桩板墙	m^3/m	
			7	浆砌片石挡土墙	m^3/m	
			8	浆砌块石挡土墙	m^3/m	
			9	浆砌护肩墙	m^3/m	
			10	浆砌(干砌)护脚	m^3/m	
				……		
		6		抗滑桩	m^3	按不同的规格划分细目
				……		
		7		冲刷防护	m^3	按不同的材料和形式划分细目
			1	浆砌片石河床铺砌	m^3	
			2	导流坝	m^3/处	
			3	驳岸	m^3/m	
			4	石笼	m^3/处	
				……		
		8		其他工程	km	根据具体情况划分细目
				……		
三				路面工程	km	
	1			路面垫层	m^2	按不同的材料分节
		1		碎石垫层	m^2	按不同的厚度划分细目
		2		砂砾垫层	m^2	按不同的厚度划分细目
				……		
	2			路面底基层	m^2	按不同的材料分节
		1		石灰稳定类底基层	m^2	按不同的厚度划分细目
		2		水泥稳定类底基层	m^2	按不同的厚度划分细目

续上表

项	目	节	细目	工程或费用名称	单位	备注
		3		石灰粉煤灰稳定类底基层	m^2	按不同的厚度划分细目
		4		级配碎(砾)石底基层	m^2	按不同的厚度划分细目
				……		
	3			路面基层	m^2	按不同的材料分节
		1		石灰稳定类基层	m^2	按不同的厚度划分细目
		2		水泥稳定类基层	m^2	按不同的厚度划分细目
		3		石灰粉煤灰稳定类基层	m^2	按不同的厚度划分细目
		4		级配碎(砾)石基层	m^2	按不同的厚度划分细目
		5		水泥混凝土基层	m^2	按不同的厚度划分细目
		6		沥青碎石混合料基层	m^2	按不同的厚度划分细目
				……		
	4			透层、黏层、封层	m^2	按不同的形式分节
		1		透层	m^2	
		2		黏层	m^2	
		3		封层	m^2	按不同的材料划分细目
			1	沥青表处封层	m^2	
			2	稀浆封层	m^2	
				……		
		4		单面烧毛纤维土工布	m^2	
		5		玻璃纤维格栅	m^2	
				……		
	5			沥青混凝土面层	m^2	指上面层面积
		1		粗粒式沥青混凝土面层	m^2	按不同的厚度划分细目
		2		中粒式沥青混凝土面层	m^2	按不同的厚度划分细目
		3		细粒式沥青混凝土面层	m^2	按不同的厚度划分细目
		4		改性沥青混凝土面层	m^2	按不同的厚度划分细目
		5		沥青玛蹄脂碎石混合料面层	m^2	按不同的厚度划分细目
				……		
	6			水泥混凝土面层	m^2	按不同的材料分节
		1		水泥混凝土面层	m^2	按不同的厚度划分细目
		2		连续配筋混凝土面层	m^2	按不同的厚度划分细目
		3		钢筋	t	
	7			其他面层	m^2	按不同的类型分节
		1		沥青表面处治面层	m^2	按不同的厚度划分细目
		2		沥青贯入式面层	m^2	按不同的厚度划分细目
		3		沥青上拌下贯式面层	m^2	按不同的厚度划分细目
		4		泥结碎石面层	m^2	按不同的厚度划分细目
		5		级配碎(砾)石面层	m^2	按不同的厚度划分细目
		6		天然砂砾面层	m^2	按不同的厚度划分细目
				……		
	8			路槽、路肩及中央分隔带	km	

续上表

项	目	节	细 目	工程或费用名称	单 位	备 注
		1		挖路槽	m^2	按不同的土质划分细目
			1	土质路槽	m^2	
			2	石质路槽	m^2	
		2		培路肩	m^2	按不同的厚度划分细目
		3		土路肩加固	m^2	按不同的加固方式划分细目
			1	现浇混凝土	m^2	
			2	铺砌混凝土预制块	m^2	
			3	浆砌片石	m^2	
				……		
		4		中央分隔带回填土	m^3	
		5		路缘石	m^3	按现浇和预制安装划分细目
				……		
	9			路面排水	km	按不同的类型分节
		1		拦水带	m	按不同的材料划分细目
			1	沥青混凝土	m	
			2	水泥混凝土	m	
		2		排水沟	m	按不同的类型划分细目
			1	路肩排水沟	m	
			2	中央分隔带排水沟	m	
				……		
		3		排水管	m	按不同的类型划分细目
			1	纵向排水管	m	
			2	横向排水管	m/道	
				……		
		4		集水井	m^3/个	按不同的规格划分细目
				……		
四				桥梁涵洞工程	km	指桥梁长度
	1			漫水工程	m/处	
		1		过水路面	m/处	
		2		混合式过水路面	m/处	
	2			涵洞工程	m/道	按不同的结构类型分节
		1		钢筋混凝土管涵	m/道	按管径和单、双孔划分细目
			1	1-ϕ1.0m 圆管涵	m/道	
			2	1-ϕ1.5m 圆管涵	m/道	
			3	倒虹吸管	m/道	
				……		
		2		盖板涵	m/道	按不同的材料和涵径划分细目
			1	2.0m×2.0m 石盖板涵	m/道	
			2	2.0m×2.0m 钢筋混凝土盖板涵	m/道	
				……		
		3		箱涵	m/道	按不同的涵径划分细目

续上表

项	目	节	细 目	工程或费用名称	单 位	备 注
			1	4.0m×4.0m 钢筋混凝土箱涵	m/道	
				……		
		4		拱涵	m/道	按不同的材料和涵径划分细目
			1	4.0m×4.0m 石拱涵	m/道	
			2	4.0m×4.0m 钢筋混凝土拱涵	m/道	
				……		
	3			小桥工程	m/座	按不同的结构类型分节
		1		石拱桥	m/座	按不同的跨径划分细目
		2		钢筋混凝土矩形板桥	m/座	按不同的跨径划分细目
		3		钢筋混凝土空心板桥	m/座	按不同的跨径划分细目
		4		钢筋混凝土 T 形梁桥	m/座	按不同的跨径划分细目
		5		预应力混凝土空心板桥	m/座	按不同的跨径划分细目
				……		
	4			中桥工程	m/座	按不同的结构类型或桥名分节
		1		钢筋混凝土空心板桥	m/座	按不同的跨径或工程部位划分细目
		2		钢筋混凝土 T 形梁桥	m/座	按不同的跨径或工程部位划分细目
		3		钢筋混凝土拱桥	m/座	按不同的跨径或工程部位划分细目
		4		预应力混凝土空心板桥	m/座	按不同的跨径或工程部位划分细目
				……		
	5			大桥工程	m/座	按桥名或不同的工程部位分节
		1		××大桥	m^2/m	按不同的工程部位划分细目
			1	天然基础	m^3	
			2	桩基础	m^3	
			3	沉井基础	m^3	
			4	桥台	m^3	
			5	桥墩	m^3	
			6	上部构造	m^3	注明上部构造跨径组成及结构形式
				……		
		2		……		
	6			××特大桥工程	m^2/m	按桥名分目,按不同的工程部位分节
		1		基础	m^3/座	按不同的形式划分细目
			1	天然基础	m^3	
			2	桩基础	m^3	
			3	沉井基础	m^3	
			4	承台	m^3	
				……		
		2		下部构造	m^3/座	按不同的形式划分细目
			1	桥台	m^3	
			2	桥墩	m^3	
			3	索塔	m^3	
				……		

续上表

项	目	节	细 目	工程或费用名称	单 位	备 注
		3		上部构造	m^3	按不同的形式划分细目,并注明其跨径组成
			1	预应力混凝土空心板	m^3	
			2	预应力混凝土 T 形梁	m^3	
			3	预应力混凝土连续梁	m^3	
			4	预应力混凝土连续刚构	m^3	
			5	钢管拱桥	m^3	
			6	钢箱梁	t	
			7	斜拉索	t	
			8	主缆	t	
			9	预应力钢材	t	
				……		
		4		桥梁支座	个	按不同规格划分细目
			1	矩形板式橡胶支座	dm^3	
			2	圆形板式橡胶支座	dm^3	
			3	矩形四氟板式橡胶支座	dm^3	
			4	圆形四氟板式橡胶支座	dm^3	
			5	盆式橡胶支座	个	
				……		
		5		桥梁伸缩缝	m	指伸缩缝长度,按不同规格划分细目
			1	橡胶伸缩装置	m	
			2	模数式伸缩装置	m	
			3	填充式伸缩装置	m	
				……		
		6		桥面铺装	m^3	按不同的材料划分细目
			1	沥青混凝土桥面铺装	m^3	
			2	水泥混凝土桥面铺装	m^3	
			3	水泥混凝土垫平层	m^3	
			4	防水层	m^2	
				……		
		7		人行道系	m	指桥梁长度,按不同的类型划分细目
			1	人行道及栏杆	m^3/m	
			2	桥梁钢防撞护栏	m	
			3	桥梁波形梁护栏	m	
			4	桥梁水泥混凝土防撞墙	m	
			5	桥梁防护网	m	
				……		
		8		其他工程	m	指桥梁长度,按不同类型划分细目
			1	看桥房及岗亭	座	
			2	砌筑工程	m^3	
			3	混凝土构件装饰	m^2	

续上表

项	目	节	细 目	工程或费用名称	单 位	备 注
				……		
五				交叉工程	处	按不同的交叉形式分目
	1			平面交叉道	处	按不同的类型分节
		1		公路与铁路平面交叉	处	
		2		公路与公路平面交叉	处	
		3		公路与大车道平面交叉	处	
				……		
	2			通道	m/处	按结构类型分节
		1		钢筋混凝土箱式通道	m/处	
		2		钢筋混凝土板式通道	m/处	
				……		
	3			人行天桥	m/处	
		1		钢结构人行天桥	m/处	
		2		钢筋混凝土结构人行天桥	m/处	
	4			渡槽	m/处	按结构类型分节
		1		钢筋混凝土渡槽	m/处	
		2		……		
	5			分离式立体交叉	处	按交叉名称分节
		1		××分离式立体交叉	处	按不同的工程内容划分细目
			1	路基土石方	m^3	
			2	路基排水防护	m^3	
			3	特殊路基处理	km	
			4	路面	m^2	
			5	涵洞及通道	m^3/m	
			6	桥梁	m^2/m	
				……		
		2		……		
	6			××互通式立体交叉	处	按互通名称分目(注明其类型),按不同的分部工程分节
		1		路基土石方	m^3/km	
			1	清理与掘除	m^2	
			2	挖土方	m^3	
			3	挖石方	m^3	
			4	挖非适用材料	m^3	
			5	弃方运输	m^3	
			6	换填土	m^3	
			7	利用土方填筑	m^3	
			8	借土方填筑	m^3	
			9	利用石方填筑	m^3	
			10	结构物台背回填	m^3	
		2		特殊路基处理	km	

续上表

项	目	节	细　目	工程或费用名称	单　位	备　注
			1	特殊路基垫层	m^3	
			2	预压与超载预压	m^2	
			3	袋装砂井	m	
			4	塑料排水板	m	
			5	粉喷桩与旋喷桩	m	
			6	碎石桩	m	
			7	砂桩	m	
			8	土工布	m^2	
			9	土工格栅	m^2	
			10	土工格室	m^2	
				……		
	6	3		排水工程	m^3	
			1	混凝土边沟、排水沟	m^3/m	
			2	砌石边沟、排水沟	m^3/m	
			3	现浇混凝土急流槽	m^3/m	
			4	浆砌片石急流槽	m^3/m	
			5	暗沟	m^3	
			6	渗(盲)沟	m^3/m	
			7	拦水带	m	
			8	排水管	m	
			9	集水井	m^3/个	
				……		
		4		防护工程	m^3	
			1	播种草籽	m^2	
			2	铺(植)草皮	m^2	
			3	土工织物植草	m^2	
			4	植生袋植草	m^2	
			5	液压喷播植草	m^2	
			6	客土喷播植草	m^2	
			7	喷混植草	m^2	
			8	现浇混凝土护坡	m^3/m^2	
			9	预制块混凝土护坡	m^3/m^2	
			10	浆砌片石护坡	m^3/m^2	
			11	浆砌块石护坡	m^3/m^2	
			12	浆砌片石骨架护坡	m^3/m^2	
			13	浆砌片石护面墙	m^3/m^2	
			14	浆砌块石护面墙	m^3/m^2	
			15	喷射混凝土护坡	m^3/m^2	
			16	现浇混凝土挡土墙	m^3/m	
			17	加筋土挡土墙	m^3/m	
			18	浆砌片石挡土墙	m^3/m	

续上表

项	目	节	细 目	工程或费用名称	单 位	备 注
			19	浆砌块石挡土墙	m^3/m	
				……		
		5		路面工程	m^2	
			1	碎石垫层	m^2	
			2	砂砾垫层	m^2	
			3	石灰稳定类底基层	m^2	
			4	水泥稳定类底基层	m^2	
			5	石灰粉煤灰稳定类底基层	m^2	
			6	级配碎(砾)石底基层	m^2	
			7	石灰稳定类基层	m^2	
			8	水泥稳定类基层	m^2	
			9	石灰粉煤灰稳定类基层	m^2	
			10	级配碎(砾)石基层	m^2	
			11	水泥混凝土基层	m^2	
			12	透层、黏层、封层	m^2	
			13	沥青混凝土面层	m^2	
			14	改性沥青混凝土面层	m^2	
			15	沥青玛蹄脂碎石混合料面层	m^2	
			16	水泥混凝土面层	m^2	
			17	中央分隔带回填土	m^3	
			18	路缘石	m^3	
				……		
	6	6		涵洞工程	m/道	
			1	钢筋混凝土管涵	m/道	
			2	倒虹吸管	m/道	
			3	盖板涵	m/道	
			4	箱涵	m/道	
			5	拱涵	m/道	
		7		桥梁工程	m^2/m	
			1	天然基础	m^3	
			2	桩基础	m^3	
			3	沉井基础	m^3	
			4	桥台	m^3	
			5	桥墩	m^3	
			6	上部构造	m^3	
				……		
		8		通道	m/处	
六				隧道工程	km/座	按隧道名称分目,并注明其形式
	1			××隧道	m	按明洞、洞门、洞身开挖、衬砌等分节
		1		洞门及明洞开挖	m^3	
			1	挖土方	m^3	

续上表

项	目	节	细目	工程或费用名称	单位	备注
			2	挖石方	m^3	
				……		
		2		洞门及明洞修筑	m^3	
			1	洞门建筑	m^3/座	
			2	明洞衬砌	m^3/m	
			3	遮光棚(板)	m^3/m	
			4	洞口坡面防护	m^3	
			5	明洞回填	m^3	
				……		
		3		洞身开挖	m^3/m	
			1	挖土石方	m^3	
			2	注浆小导管	m	
			3	管棚	m	
			4	锚杆	m	
			5	钢拱架(支撑)	t/榀	
			6	喷射混凝土	m^3	
			7	钢筋网	t	
				……		
		4		洞身衬砌	m^3	
			1	现浇混凝土	m^3	
			2	仰拱混凝土	m^3	
			3	管、沟混凝土	m^3	
				……		
		5		防水与排水	m^3	
			1	防水板	m^2	
			2	止水带、条	m	
			3	压浆	m^3	
			4	排水管	m	
				……		
		6		洞内路面	m^2	按不同的路面结构和厚度划分细目
			1	水泥混凝土路面	m^2	
			2	沥青混凝土路面	m^2	
				……		
		7		通风设施	m	按不同的设施划分细目
			1	通风机安装	台	
			2	风机启动柜洞门	个	
				……		
		8		消防设施	m	按不同的设施划分细目
			1	消防室洞门	个	
			2	通道防火闸门	个	
			3	蓄(集)水池	座	

续上表

项	目	节	细 目	工程或费用名称	单 位	备 注
			4	喷防火涂料	m^2	
				……		
		9		照明设施	m	按不同的设施划分细目
			1	照明灯具	m	
				……		
		10		供电设施	m	按不同的设施划分细目
		11		其他工程	m	按不同的内容划分细目
			1	卷帘门	个	
			2	检修门	个	
			3	洞身及洞门装饰	m^2	
				……		
	2			××隧道	m	
七				公路设施及预埋管线工程	公路公里	
	1			安全设施	公路公里	按不同的设施分节
		1		石砌护栏	m^3/m	
		2		钢筋混凝土防撞护栏	m^3/m	
		3		波形钢板护栏	m	按不同的形式划分细目
		4		隔离栅	km	按不同的材料划分细目
		5		防护网	km	
		6		公路标线	km	按不同的类型划分细目
		7		轮廓标	根	
		8		防眩板	m	
		9		钢筋混凝土护柱	根/m	
		10		里程碑、百米桩、公路界碑	块	
		11		各类标志牌	块	按不同的规格和材料划分细目
		12		……		
	2			服务设施	公路公里	按不同的设施分节
		1		服务区	处	按不同的内容划分细目
		2		停车区	处	按不同的内容划分细目
		3		公共汽车停靠站	处	按不同的内容划分细目
	3			管理、养护设施	公路公里	按不同的设施分节
		1		收费系统设施	处	按不同的内容划分细目
			1	设备安装	公路公里	
			2	收费亭	个	
			3	收费天棚	m^2	
			4	收费岛	个	
			5	通道	m/道	
			6	预埋管线	m	
			7	架设管线	m	
				……		

续上表

项	目	节	细 目	工程或费用名称	单 位	备 注
		2		通信系统设施	公路公里	按不同的内容划分细目
			1	设备安装	公路公里	
			2	管道工程	m	
			3	人(手)孔	个	
			4	紧急电话平台	个	
				……		
		3		监控系统设施	公路公里	按不同的内容划分细目
			1	设备安装	公路公里	
			2	光(电)缆敷设	km	
				……		
		4		供电、照明系统设施	公路公里	按不同的内容划分细目
			1	设备安装	公路公里	
				……		
		5		养护工区	处	按不同的内容划分细目
			1	区内道路	km	
				……		
	4			其他工程	公路公里	
			1	悬出路台	m/处	
			2	渡口码头	处	
			3	辅道工程	km	
			4	支线工程	km	
			5	公路交工前养护费	km	按附录一计算
八				绿化及环境保护工程	公路公里	
	1			撒播草种和铺植草皮	m^2	按不同的内容分节
		1		撒播草种	m^2	按不同的内容划分细目
		2		铺植草皮	m^2	按不同的内容划分细目
		3		绿地喷灌管道	m	按不同的内容划分细目
	2			种植乔、灌木	株	按不同的内容分节
		1		种植乔木	株	按不同的树种划分细目
			1	高山榕	株	
			2	美人蕉	株	
				……		
		2		种植灌木	株	按不同的树种划分细目
			1	夹竹桃	株	
			2	月季	株	
				……		
		3		种植攀缘植物	株	按不同的树种划分细目
			1	爬山虎	株	
			2	葛藤	株	
				……		

续上表

项	目	节	细 目	工程或费用名称	单 位	备 注
		4		种植竹类植物	株	按不同的内容划分细目
		5		种植棕榈类植物	株	按不同的内容划分细目
		6		栽植绿篱	m	
		7		栽植绿色带	m^2	
	3			声屏障	m	按不同的类型分节
		1		消声板声屏障	m	
		2		吸音砖声屏障	m^3	
		3		砖墙声屏障	m^3	
				……		
	4			污水处理	处	按不同的内容分节
	5			取、弃土场防护	m^3	按不同的内容分节
				……		
九				管理、养护及服务房屋	m^2	
	1			管理房屋	m^2	
		1		收费站	m^2	
		2		管理站	m^2	
		3		……		
	2			养护房屋	m^2	按房屋名称分节
		1		……		
	3			服务房屋	m^2	按房屋名称分节
		1		……		
				第二部分 设备及工具、器具购置费	公路公里	
一				设备购置费	公路公里	
	1			需安装的设备	公路公里	
		1		监控系统设备	公路公里	按不同设备分别计算
		2		通信系统设备	公路公里	按不同设备分别计算
		3		收费系统设备	公路公里	按不同设备分别计算
		4		供电照明系统设备	公路公里	按不同设备分别计算
	2			不需安装的设备	公路公里	
		1		监控系统设备	公路公里	按不同设备分别计算
		2		通信系统设备	公路公里	按不同设备分别计算
		3		收费系统设备	公路公里	按不同设备分别计算
		4		供电照明系统设备	公路公里	按不同设备分别计算
		5		养护设备	公路公里	按不同设备分别计算
二				工具、器具购置	公路公里	
三				办公及生活用家具购置	公路公里	
				第三部分 工程建设其他费用	公路公里	
一				土地征用及拆迁补偿费	公路公里	
二				建设项目管理费	公路公里	

续上表

项	目	节	细 目	工程或费用名称	单 位	备 注
	1			建设单位(业主)管理费	公路公里	
	2			工程质量监督费	公路公里	
	3			工程监理费	公路公里	
	4			工程定额测定费	公路公里	
	5			设计文件审查费	公路公里	
	6			竣(交)工验收试验检测费	公路公里	
三				研究试验费	公路公里	
四				建设项目前期工作费	公路公里	
五				专项评价(估)费	公路公里	
六				施工机构迁移费	公路公里	
七				供电贴费	公路公里	
八				联合试运转费	公路公里	
九				生产人员培训费	公路公里	
十				固定资产投资方向调节税	公路公里	
十一				建设期贷款利息	公路公里	
				第一、二、三部分费用合计	公路公里	
				预备费	元	
				1. 价差预备费	元	
				2. 基本预备费	元	预算实行包干时列系数包干费
				概算、预算总金额	元	
				其中:回收金额	元	
				公路基本造价	公路公里	

由项目表可知,公路工程基本建设费用是由建筑安装工程费,设备及工具、器具购置费和工程建设其他费用三大部分组成的。其中建筑安装是一个复杂庞大的综合体,其费用通常占工程总造价90%左右。因此,在一定意义上讲,编制公路工程概算、预算,主要是计算建筑安装工程费。公路工程招标、投标实质上也是对建筑安装工程进行招标、投标。因此,对第一部分,即建筑安装工程费用的测算精度将直接影响工程概算、预算的编制质量。

在编制概算、预算时,须严格按照项目表的序列及内容编制,不得随意划分。如果实际出现的费用项目与项目表里的内容不完全相符时,第一、二、三部分和"项"的序号应保留不变,"目"、"节"、"细目"的序号可随需要增减,并按项目表的顺序以实际出现的"目"、"节"、"细目"依次排列,去掉缺少的"目"、"节"、"细目"的序号。如"第二部分　设备及工具、器具购置费"在某项工程费用中不发生时,"第三部分　其他基本建设费用"仍为第三部分。同样,"建筑安装工程费"的第六项为"隧道工程",第七项为"公路设施及预埋管线工程",若实际工作中没有"隧道工程",其序号"六"仍应保留,"公路设施及预埋管线工程"的序号不能改为"六",而仍为第七项。但如"目"或"节"发生这种情况时,则可依次递补改变序号。如第二项"路基工程",若实际工程中没有"挖方"工程时,则"挖方"第2目的序号可以去掉,而将"填方"的第3目改为第2目。这些规定在编制时要特别注意。

二 概算、预算费用组成

为了便于行业管理,《公路工程基本建设项目概算预算编制办法》(JTG B06—2007)不仅规定了概算、预算的项目表,而且还对各项目的费用组成及内容也作了统一规定,如图5-1所示。

- 概算、预算总金额
  - 建筑安装工程费
    - 直接费
      - 直接工程费
        - 人工费
        - 材料费
        - 施工机械使用费
      - 其他工程费
        - 冬季施工增加费
        - 雨季施工增加费
        - 夜间施工增加费
        - 特殊地区施工增加费
        - 行车干扰工程施工增加费
        - 安全及文明施工措施费
        - 临时设施费
        - 施工资助费
        - 工地转移费
    - 间接费
      - 规费
        - 养老保险费
        - 失业保险费
        - 医疗保险费
        - 住房公积金
        - 工商保险费
      - 企业管理费
        - 基本费用
        - 主副食运费补贴
        - 职工探亲路费
        - 职工取暖补贴
        - 财务费用
    - 利润
    - 税金
  - 设备、工具、器具及家具购置费
    - 设备、工具、器具购置费
    - 办公及生活用家具购置费
  - 工程建设其他费用
    - 土地征用及拆迁补偿费
    - 建设项目管理费
    - 研究实验费
    - 前期工作费
    - 专项评价(估)费
    - 施工机构迁移费
    - 供电贴费
    - 联合试运转费
    - 生产人员培训费
    - 固定资产投资方向调节税
    - 建设期贷款利息
  - 预备费
    - 价差预备费
    - 基本预备费

图5-1 概算、预算费用组成

单元小结

本单元主要介绍了公路基本建设概算、预算的基础知识，通过讲述公路基本建设投资测算体系，明确了公路基本建设“多次计价”意义和相互关系。并介绍了公路基本建设概算、预算的文件组成、项目组成及费用组成。

自我检测

一、简答题

1. 简述公路基本建设投资测算体系及相互关系。

2. 公路基本建设概算、预算的文件是由哪几部分组成的？

3. 施工图预算与施工预算有什么区别？

4. 概算与施工图预算有什么不同？

5. 公路基本建设概算、预算项目表有什么用？

6. 概算、预算的总金额是由哪些费用组成的？

二、填空题

1. 公路基本建设投资测算体系是由__________、__________、__________、__________、__________、__________、__________组成的。

2. __________是国家控制项目投资的最高限额。

3. 标底的作用主要是____。

4. 公路基本建设资金的来源主要有__________、__________、__________、__________、__________。

5. 施工预算的作用主要是____。

6. 概算、预算文件是由__________、__________、__________和__________四部分组成的。

7. 概算、预算的编制依据主要有__________、__________、__________、__________。

8. 建筑安装工程费是由__________、__________、__________和__________费用组成的。

单元 6

公路基本建设概算、预算各项费用的计算

学习目标

1. 了解公路基本建设概算、预算各项费用的概念及内容。
2. 掌握公路基本建设概算、预算各项费用的计算方法。
3. 能结合工程实例计算相关费用。

学习指南

公路基本建设概算、预算总金额是由建筑安装工程费，设备、工具、器具及家具购置费，工程建设其他费用，预备费四大部分组成的，每一部分又由若干项费用组成。本单元将分别讲述公路基本建设概算、预算各项费用的概念、内容和计算方法。学习时应结合书中的工程实例，掌握人工、材料、机械台班等预算单价的计算方法及各项费用的计算规则和方法。学习流程如下。

各项费用的概念和计算方法 ⟶ 结合工程实际的相关费用计算

教学建议

在公路基本建设概算、预算总金额中，“建筑安装工程费”的内容最多，计算也最繁琐，特别是材料预算单价的计算，在教学中应尽量结合工程实例，重点讲述自采材料原价及“单位运杂费”的计算方法。通过直接工程费的计算，使学生进一步熟悉公路工程定额的应用，掌握各种费率的查用方法。

6.1 直接费

直接费是指直接使生产资料发生转移而形成预定使用功能所投入的费用。它是由直接工程费和其他工程费两大部分组成的。

一 直接工程费

直接工程费是指施工过程中直接构成工程实体和有助于工程实体形成的各项费用。由人工费、材料费和施工机械使用费三部分组成。

1 基本概念

(1)人工费。是指列入概算、预算定额的直接从事建筑安装工程施工的生产工人开支的各项费用。

(2)材料费。是指施工过程中耗用的构成工程实体的原材料、辅助材料、构(配)件、零件、半成品成品的用量和周转材料的摊销量,按工程所在地的材料预算价格计算的费用。

(3)施工机械使用费。是指列入概算、预算定额的施工机械台班数量,按相应的机械台班费用定额计算的施工机械使用费和小型机具使用费。

2 计算方法

在直接工程费中,人工费、材料费、施工机械使用费的计算方法均可用一个通式来表示,即

$$人工费(或材料费或施工机械使用费)=定额\times工程数量\times单价 \tag{6-1}$$

式中:定额——概算、预算定额中的人工、材料、机械设备的定额值;

工程数量——按定额规定计算的实际工程数量,这里的工程数量应是定额单位的倍数;

单价——指人工单价、材料预算单价、施工机械台班单价。

由式(6-1)可知,在直接工程费中,无论是人工费还是材料费、施工机械使用费,均

为定额、工程数量、单价三个数的乘积。由于定额的应用已在单元4中讲述，工程数量的计量方法已在单元3中讲述，故本单元主要讲述人工、材料、机械台班单价的计算方法。

3 单价计算方法

(1)人工单价。

人工单价是由基本工资、工资性补贴、生产工人辅助工资、职工福利费四部分组成的。具体内容如下。

①基本工资。是指发放给生产工人的基本工资、流动施工津贴和生产工人劳动保护费，以及为职工缴纳的养老、失业、医疗保险费和住房公积金等。其中生产工人劳动保护费是指按国家有关部门规定标准发放的劳动保护用品的购置费及修理费、徒工服装补贴、防暑降温费、在有碍身体健康环境中施工的保健费用等。

②工资性补贴。是指按规定标准发放的物价补贴，煤、燃气补贴，交通补贴，住房补贴，地区津贴等。

③生产工人辅助工资。是指生产工人年有效施工天数以外非作业天数的工资，包括开会和执行必要的社会义务时间的工资，女工哺乳时间的工资，病假在六个月以内的工资及产、婚、丧假期的工资。

④职工福利费。是指按国家规定标准计提的职工福利费(按14%计提)。

人工单价的单位是元/工日，计算方法有两种。一种是按当地规定，另一种是按式(6-2)计算。即

$$\text{人工单价(元/工日)} = [\text{基本工资(元/月)} + \text{地区生活补贴(元/月)} + \text{工资性津贴(元/月)}] \times (1+14\%) \times 12(\text{月}) \div 240(\text{工日}) \tag{6-2}$$

式中:基本工资——按不低于工程所在地政府主管部门发布的最低工资标准的1.2倍计算；

地区生活补贴——指国家规定的边远地区生活补贴、特区补贴；

工资性津贴——指物价补贴，煤、燃气补贴，交通费补贴等。

另外，值得注意的是人工单价无论以哪种方式确定，它仅作为编制概算、预算的依据，而不作为施工企业工人的实际工资。

【工程实例6-1】 某地区已知生产工人的基本工资为800.00元/月，副食、粮煤价格补贴50.00元/月，交通补贴30.00元/月，试确定人工单价。

解:由式(6-2)得

$$\text{人工单价} = (800.00+50.00+30.00) \times (1+14\%) \times 12 \div 240 = 50.16\ \text{元/工日}$$

(2)材料预算单价。

材料的预算单价是指材料由供应点运至工地后的单价。材料预算单价是由材料原价、运杂费、场外运输损耗、采购及保管费和包装品回收价值五部分组成的。材料预算单价的计算方法亦有两种。一种是按当地的合同价格计算，另一种是按式(6-3)计

算。即

$$材料预算单价=(材料原价+运杂费)\times(1+场外运输损耗率)\times(1+采购及保管费率)-包装品回收价值 \quad (6\text{-}3)$$

下面分别讲述式(6-3)中各项费用的计算方法。

①材料原价。材料的原价按以下规定计算：

a.外购材料。指国家或地方的工业产品。按工业产品出厂价格或供销部门的供应价格计算，并根据情况加计供销部门手续费和包装费。如供应情况、交货条件不明确时，可采用当地规定的价格计算。

b.地方性材料。包括外购的砂、石材料等。按实际调查价格或当地主管部门规定的预算价格计算。

c.自采材料。指自采的砂、石、黏土等材料。按定额中开采单价加辅助生产间接费和矿产资源税(如有)计算。具体计算方法详见本书单元4及【工程实例6-2】。

②运杂费。是指材料自供应地点至工地仓库(施工地点存放材料的地方)的运杂费用，包括装卸费、运费、囤存费及其他杂费(如过磅、标签、支撑加固、路桥通行等费用)。

在材料预算单价中，“运杂费”确切地说应是“材料单位运杂费”，是指每单位数量(如每t，每m^3)的材料从供应点运到工地所发生的全部运杂费用。材料单位运杂费按式(6-4)计算。即

$$材料单位运杂费=单位运费+单位装卸费+单位杂费 \quad (6\text{-}4)$$

下面分别介绍式(6-4)中各项费用的内容及计算方法。

a.单位运费。是指每单位材料自供应点运至工地仓库所发生的运输费用。

当通过铁路、水路和公路部门运输的材料时，按铁路、航运和当地交通部门的运价计算运费。当施工单位自办运输时，按如下三种情况计算。

第一种情况，单程运距15km以上时：

$$单位运费=运价率\times运距\times单位毛重 \quad (6\text{-}5)$$

式中：运价率——指每吨货物每运输1km所需的运费(元/t·km)，按当地运输部门规定采用；

运距——指材料从供应点运至工地仓库的距离。当一种材料有两个以上供应地点时，应根据不同的运距、运量、运价采用加权平均的方法计算运费；

单位毛重——单位毛重=单位重×毛重系数。其中单位重根据《公路工程预算定额》(JTG/T B06-02—2007)附录四(本书附录五)采用。毛重系数按表6-1确定。

第二种情况，单程运距5~15km时：单位运费仍按当地交通部门规定的统一运价计算运费，当工程所在地交通不便，社会运输力量缺乏时，如边远地区和某些山岭区，允许按当地交通部门规定的统一运价加50%计算运费。即

$$单位运费=1.5\times运价率\times运距\times单位毛重 \quad (6\text{-}6)$$

材料毛重系数及单位毛重表

表6-1

材料名称	单位	毛重系数	单位毛重
爆破材料	t	1.35	—
水泥、块状沥青	t	1.01	—
铁钉、铁件、焊条	t	1.10	—
液体沥青、液体燃料、水	t	桶装1.17,油罐车装1.00	—
木料	m^3	—	1.000t
草袋	个	—	0.004t

第三种情况,单程运距<5km时:单位运费按《公路工程预算定额》(JTG/T B06-02—2007)第九章"材料运输"定额计算,其中人力装卸和运输另按人工费的5%加计辅助生产间接费。其具体计算方法已在本书单元4中讲述,详见【工程实例6-2】。

b.单位装卸费。是指装卸每单位数量的材料所发生的费用。单位装卸费的计算方法有两种。一是按当地合同价计算,并应考虑毛重系数;二是按《公路工程预算定额》(JTG/T B06-02—2007)第九章"材料运输"定额计算,当采取人工装卸时应另按人工费的5%加计辅助生产间接费。详见本书单元4及【工程实例6-2】。

c.单位杂费。是指每单位数量的材料在运输途中所发生的囤存费、过磅费、支撑加固费等。单位杂费是按当地规定计算的。

③场外运输损耗。如本书单元4所述,材料损耗分为场外运输损耗、场内运输及操作损耗两种。场外运输损耗是指材料自供应点运至工地在正常运输途中发生的损耗。如松散材料,砂、石、散装水泥等,在运输时都易发生损耗。按照《公路工程基本建设项目概算预算编制办法》(JTG B06—2007)规定,应将这部分损耗以场外运输损耗率的方式计入材料预算单价之中。场外运输损耗率详见本书单元4表4-3。

④采购及保管费。是指材料供应部门(包括工地仓库以及各级材料管理部门)在组织采购、供应、保管材料过程中,所发生的费用以及材料在存储过程中发生的储存损耗。采购及保管费率按如下三种情况选用:

a.外购的构件、成品及半成品的采购及保管费率为1%。

b.除上述材料之外的所有材料,采购及保管费率为2.5%。

c.商品混凝土的采购保管费率为0%。

⑤包装品回收价值。在公路建筑材料中,包装品回收的情况很少,如有则应按规定计算回收。桶装沥青、汽油、柴油按每吨摊销一个旧汽油桶计算包装费,不计回收。

【工程实例6-2】 人工开采盖板石,人工装卸4t载货汽车运4km,已知人工50.00元/工日,载货汽车290.00元/台班,求盖板石预算单价。

解:(1)原价。盖板石为自采材料,其原价应查定额计算,《公路工程预算定额》(JTG/T B06-02—2007)编号为[962-8-1-7-3],如表6-2所示。查之可知,每100m^3需人工412.8

工日。

原价 $=412.8\times50.00\times(1+5\%)=21\ 672$ 元/100m^3 $=216.72$ 元/m^3

8-1-7 人工开采料石、盖板石 表 6-2

工程内容 1)清除风化层；2)画线；3)钻线；4)打槽子；5)打锲眼；6)宰石；7)钻边；8)清面；9)堆放。

单位:100m^3 实方

顺序号	项目	单位	代号	粗料石	细料石	盖板石
				1	2	3
1	人工	工日	1	699.6	864.0	412.8
2	基价	元	1999	34 420	42 509	20 310

(2)运杂费。

①运费。由于运距 <5km,运费应查定额计算,《公路工程预算定额》(JTG/T B06-02—2007)编号为 $\left[976\text{-}9\text{-}1\text{-}5\left\langle{}^{1}_{2}\right.\right]$(表 6-3),查之可知,每 100m^3 需 4t 载货汽车 $6.97+0.53\times3=8.56$ 台班。

运费 $=8.56\times290=2\ 482.4$ 元/100m^3 ≈24.82 元/m^3

9-1-5 载货汽车运输(配合人工装卸) 表 6-3

工程内容 1)等待装料；2)运走；3)卸料；4)空回。

1.4t 以内载货汽车 单位:100m^3 及 100t

顺序号	项目	单位	代号	料石、盖板石		木材		钢材	
				100m^3				100t	
				第一个 1km	每增运 1km	第一个 1km	每增运 1km	第一个 1km	每增运 1km
				1	2	3	4	5	6
1	4t 以内载货汽车	台班	1372	6.97	0.53	2.69	0.25	2.39	0.21
2	基价	元	1999	2 048	156	790	73	702	62

顺序号	项目	单位	代号	水泥、矿粉		爆破材料		沥青、油料	
				100t					
				第一个 1km	每增运 1km	第一个 1km	每增运 1km	第一个 1km	每增运 1km
				7	8	9	10	11	12
1	4t 以内载货汽车	台班	1372	2.87	0.21	3.35	0.21	4.12	0.21
2	基价	元	1999	843	62	984	62	1 211	62

②装卸费。查《公路工程预算定额》(JTG/T B06-02—2007)[989-9-1-9-1](表 6-4)可知,每 100m^3 需人工 33.5 工日。

装卸费 $=33.5\times50(1+5\%)=1\ 758.75$ 元/100m^3 ≈17.59 元/m^3

运杂费 = 运费 + 装卸费 $=24.82+17.59=42.41$ 元/m^3

9-1-9 人工装卸汽车 表6-4

工程内容 1)装车;2)捆绑;3)解绳;4)卸车堆放。

单位:$100m^3$ 及 100t

顺序号	项目	单位	代号	料石、盖板石	木材	钢材	水泥、矿粉	爆破材料	沥青、油料
				$100m^3$	100t				
				1	2	3	4	5	6
1	人工	工日	1	33.5	9.2	8.3	10.5	12.7	16.2
2	基价	元	1999	1 648	453	408	517	625	797

(3)场外运输损耗率为0%。

(4)采购保管率为2.5%。

盖板石预算单价 = (216.72 + 42.41) × (1 + 0%) × (1 + 2.5%) ≈ 265.61 元/m^3

【工程实例6-3】 已知砾石的料场价格为28.60元/m^3,用$1m^3$轮胎式装载机(406.50元/台班)装,汽车运输8km,运价率0.6元/t·km,允许另加50%计算运费,求砾石的预算单价。

解:(1)原价 = 28.60元/m^3。

(2)运杂费。

①运费 = 1.5 × 0.6 × 8 × 1.65 × 1 = 11.88元/m^3。

②装卸费。由《公路工程预算定额》(JTG/T B06-02—2007)[990-9-1-10-1](表6-5),可知每$100m^3$轮式装载机0.26台班。

装卸费 = 0.26 × 406.50 = 105.69元/$100m^3$ ≈ 1.06元/m^3

运杂费 = 运费 + 装卸费 = 11.88 + 1.06 = 12.94元/m^3

(3)场外运输损耗率为1%(表4-3)。

(4)采购保管率为2.5%。

砾石预算单价 = (28.60 + 12.94) × (1 + 1%) × (1 + 2.5%) ≈ 43.00元/m^3

9-1-10 装载机装汽车 表6-5

工程内容 1)铲料;2)装车。

I. $1m^3$以内轮式装载机 单位:$100m^3$ 及 100t

顺序号	项目	单位	代号	土、砂、石屑、黏土、碎(砾)石、碎(砾)石土、煤渣、矿渣、粉煤灰	片石、大卵石	块石	生石灰	煤
				$100m^3$				100t
				1	2	3	4	5
1	$1.0m^3$以内轮胎式装载机	台班	1048	0.26	0.31	0.38	0.29	0.26
2	基价	元	1999	105	125	153	117	105

(3)施工机械台班单价。

施工机械台班单价是根据交通运输部颁布的《公路工程机械台班费用定额》(JTG/T B06-03—2007)计算的,由不变费用和可变费用两部分组成。该费用的计算方法详见本书【工程实例4-4】。

在计算出人工、材料、施工机械台班单价后,即可根据分项工程的定额和工程数量计算直接工程费。

【工程实例 6-4】 北京某石灰稳定土基层，长 10km，宽 20m，厚 14cm，采用翻拌法人工沿路拌和，石灰剂量为 10%。已知人工 48.00 元/工日，水 1.20 元/m^3，生石灰 110.00 元/t，土 8.60 元/m^3，柴油 4.80 元/kg，求直接工程费。

解：由《公路工程预算定额》（JTG/T B06-02—2007）可知，该工程定额编号为 $\left[87\text{-}2\text{-}1\text{-}3\left\langle{}^{3}_{4}\right.\right]$，如表 6-6 所示。

2-1-3 路拌法石灰稳定土基层 表 6-6

工程内容 1）清扫整理下承层；2）消解石灰；3）铺料，铺灰，洒水，拌和；4）整形，碾压，找补；5）初期养护。

I. 人工沿路拌和 单位：1 000m^2

顺序号	项目	单位	代号	石灰土			
				筛拌法		翻拌法	
				石灰剂量 10%			
				压实厚度 15cm	每增减 1cm	压实厚度 15cm	每增减 1cm
				1	2	3	4
1	人工	工日	1	143.1	8.9	148.7	9.2
2	水	m^3	866	49	2	49	2
3	生石灰	t	891	24.046	1.603	24.046	1.603
4	土	m^3	895	195.80	13.05	195.80	13.05
5	6～8t 光轮压路机	台班	1075	0.27	—	0.27	—
6	12～15t 光轮压路机	台班	1078	1.27	—	1.27	—
7	基价	元	1999	11 747	712	12 023	726

（1）人工费。

工程数量 = 10 000 × 20 = 200 000m^2

$$人工费 = (148.7 - 9.2) \times \frac{200\ 000}{1\ 000} \times 48.00 = 1\ 339\ 200\ 元$$

（2）材料费。

水　　(49 − 2) × 200 × 1.2 = 11 280 元

生石灰　(24.046 − 1.603) × 200 × 110.00 = 493 746 元

土　　(195.80 − 13.05) × 200 × 8.60 = 314 330 元

材料费　11 280 + 493 746 + 314 330 = 819 356 元

（3）施工机械使用费。

此费用的计算参照《公路工程机械台班费用定额》（JTG/T B06-03—2007）（表 4-15），详解如下。

6～8t 光轮压路机：

- 台班单价 = 107.57 + 48.00 + 19.33 × 4.8 = 248.35 元/台班
- 机械使用费 = 0.27 × 200 × 248.35 ≈ 13 411 元

12~15t 光轮压路机：

台班单价 = 164.32 + 48.00 + 40.46 × 4.8 ≈ 406.53 元/台班

机械使用费 = 1.27 × 200 × 406.53 ≈ 103 259 元

施工机械使用费 = 13 411 + 103 259 ≈ 116 670 元

直接工程费 = 人工费 + 材料费 + 施工机械使用费 = 1 339 200 + 819 356 + 116 670
= 2 275 226 元

二 其他工程费

其他工程费是指直接工程费以外施工过程中发生的直接用于工程的费用。内容包括冬季施工增加费 、雨季施工增加费、夜间施工增加费、特殊地区施工增加费、行车干扰工程施工增加费、安全及文明施工措施费、临时设施费、施工辅助费、工地转移费九项。下面分别讲述各项费用的内容及计算方法。

1 冬季施工增加费

(1)费用内容。

冬季施工增加费是指按照公路工程施工及验收规范所规定的冬季施工要求，为保证工程质量和安全生产所需采取的防寒保温设施、工效降低和机械作业率降低以及技术操作过程的改变等所增加的有关费用。其内容如下。

①因冬季施工所需增加的一切人工、机械与材料的支出。

②施工机具所需修建的暖棚(包括拆、移)、增加油脂及其他保温设备费用。

③因施工组织设计确定，需增加的一切保温、加温及照明等有关支出。

④与冬季施工有关的其他各项费用，如清除工作地点的冰雪等费用。

全国冬季施工气温区划分见本书附录二。

(2)计算方法。

冬季施工增加费是按全年平均摊销的方法计算的，即不论是否在冬季施工，均按规定的取费标准计取冬季施工增加费。当一条路线穿过两个以上的气温区时，可分段计算或按各区的工程量比例求得全线的平均增加率。

冬季施工增加费以各类工程的直接工程费之和为基数，根据工程所在地的气温区按表6-7所示的费率计算。即

$$冬季施工增加费 = \sum 直接工程费 \times 费率 \qquad (6\text{-}7)$$

表6-7 中工程类别是按如下规定划分的。

①人工土方。是指人工施工的路基、改河等土方工程，以及人工施工的砍树、挖根、除草、平整场地、挖盖山土等工程项目，并适用于无路面的便道工程。

冬季施工增加费费率表(%) 表 6-7

气温区 / 工程类别	冬季期平均气温(℃)								准一区	准二区
	-1 以上		-1 ~ -4		-4 ~ -7	-7 ~ -10	-10 ~ -14	-14 以下		
	冬一区		冬二区		冬三区	冬四区	冬五区	冬六区		
	Ⅰ	Ⅱ	Ⅰ	Ⅱ						
人工土方	0.28	0.44	0.59	0.76	1.44	2.05	3.07	4.61	—	—
机械土方	0.43	0.67	0.93	1.17	2.21	3.14	4.71	7.07	—	—
汽车运输	0.08	0.12	0.17	0.21	0.40	0.56	0.84	1.27	—	—
人工石方	0.06	0.10	0.13	0.15	0.30	0.44	0.65	0.98	—	—
机械石方	0.08	0.13	0.18	0.21	0.42	0.61	0.91	1.37	—	—
高级路面	0.37	0.52	0.72	0.81	1.48	2.00	3.00	4.50	0.06	0.16
其他路面	0.11	0.20	0.29	0.37	0.62	0.80	1.20	1.80	—	—
构造物Ⅰ	0.34	0.49	0.66	0.75	1.36	1.84	2.76	4.14	0.06	0.15
构造物Ⅱ	0.42	0.60	0.81	0.92	1.67	2.27	3.40	5.10	0.08	0.19
构造物Ⅲ	0.83	1.18	1.60	1.81	3.29	4.46	6.69	10.03	0.15	0.37
技术复杂大桥	0.48	0.68	0.93	1.05	1.91	2.58	3.87	5.81	0.08	0.21
隧道	0.10	0.19	0.27	0.35	0.58	0.75	1.12	1.69	—	—
钢材及钢结构	0.02	0.05	0.07	0.09	0.15	0.19	0.29	0.43	—	—

②机械土方。是指机械施工的路基、改河等土方工程,以及机械施工的砍树、挖根、除草等工程项目。

③汽车运输。是指汽车、拖拉机、机动翻斗车等运送的路基、改河土(石)方、路面基层和面层混合料、水泥混凝土、预制构件、绿化苗木等。

④人工石方。是指人工施工的路基、改河等石方工程,以及人工施工的挖盖山石项目。

⑤机械石方。是指机械施工的路基、改河等石方工程。

⑥高级路面。是指沥青混凝土路面、厂拌沥青碎石路面和水泥混凝土路面的面层。

⑦其他路面。是指除高级路面以外的其他路面面层,各等级路面的基层、底基层、垫层、透层、黏层、封层,采用结合料稳定的路基和软土等特殊路基处理等工程,以及有路面的便道工程。

⑧构造物Ⅰ。是指无夜间施工的桥梁、涵洞、防护(包括绿化)及其他工程,交通工程及

沿线设施工程[设备安装及金属标志牌、防撞钢护栏、防眩板(网)、隔离栅、防护网除外]，以及临时工程中的便桥、电力电信线路、轨道铺设等工程项目。

⑨构造物Ⅱ。是指有夜间施工的桥梁工程。

⑩构造物Ⅲ。是指商品混凝土(包括沥青混凝土和水泥混凝土)的浇筑和外购构件及设备的安装工程。商品混凝土和外购构件及设备的费用不作为其他工程费和间接费的计算基数。

⑪技术复杂大桥。是指单孔跨径在120m以上(含120m)和基础水深在10m以上(含10m)的大桥主桥部分的基础、下部和上部工程。

⑫隧道。是指隧道工程的洞门及洞内土建工程。

⑬钢材及钢结构。是指钢桥及钢索吊桥的上部构造，钢沉井、钢围堰、钢套箱及钢护筒等基础工程，钢索塔，钢锚箱，钢筋及预应力钢材，模数式及橡胶板式伸缩缝，钢盆式橡胶支座，四氟板式橡胶支座，金属标志牌、防撞钢护栏、防眩板(网)、隔离栅、防护网等工程项目。

2 雨季施工增加费

(1)费用内容。

雨季施工增加费是指雨季期间施工为保证工程质量和安全生产所需采取的防雨、排水、防潮和防护措施所需增加的有关费用。其内容如下。

①因雨季施工所需增加的工、料、机费用的支出，包括工作效率的降低及易被雨水冲毁的工程所增加的工作内容等。

②路基土方工程的开挖和运输，因雨季施工而引起的黏附工具降低工效所增加的费用。

③因防止雨水必须采取的防护措施的费用，如挖临时排水沟，防止基坑坍塌所需的支撑、挡板等费用。

④材料因受潮、受湿的耗损费用。

⑤增加防雨、防潮设备的费用。

⑥其他有关雨季施工所需增加的费用，如因河水高涨致使工作困难而增加的费用等。

(2)计算方法。

雨季施工增加费是根据降雨量的大小，将全国划分为若干雨量区和雨季期，并根据各类工程的特点规定各雨量区和雨季期的取费标准，按全年平均摊销的方法计算的。即不论是否在雨季施工，均按规定的取费标准计取雨季施工增加费。

当一条路线通过不同的雨量区和雨季期时，应分别计算雨季施工增加费或按工程量比例求得平均增加率，计算全线雨季施工增加费。

雨季施工增加费以各类工程的直接工程费之和为基数，按工程所在地的雨量区、雨季期选用表6-8所示的费率计算。即

$$雨季施工增加费 = \sum 直接工程费 \times 费率 \qquad (6\text{-}8)$$

雨季施工增加费费率表(%) 表6-8

雨季期(月数)	1	1.5	2		2.5		3		3.5		4		4.5		5		6		7	8
工程类别 \ 雨量区	Ⅰ	Ⅰ	Ⅰ	Ⅱ	Ⅰ	Ⅱ	Ⅰ	Ⅱ	Ⅰ	Ⅱ	Ⅰ	Ⅱ	Ⅰ	Ⅱ	Ⅰ	Ⅱ	Ⅰ	Ⅱ	Ⅱ	Ⅱ
人工土方	0.04	0.05	0.07	0.11	0.09	0.13	0.11	0.15	0.13	0.17	0.15	0.20	0.17	0.23	0.19	0.26	0.21	0.31	0.36	0.42
机械土方	0.04	0.05	0.07	0.11	0.09	0.13	0.11	0.15	0.13	0.17	0.15	0.20	0.17	0.23	0.19	0.27	0.22	0.32	0.37	0.43
汽车运输	0.04	0.05	0.07	0.11	0.09	0.13	0.11	0.16	0.13	0.19	0.15	0.22	0.17	0.25	0.19	0.27	0.22	0.32	0.37	0.43
人工石方	0.02	0.03	0.05	0.07	0.06	0.09	0.07	0.11	0.08	0.13	0.09	0.15	0.10	0.17	0.12	0.19	0.15	0.23	0.27	0.32
机械石方	0.03	0.04	0.06	0.10	0.08	0.12	0.10	0.14	0.12	0.16	0.14	0.19	0.16	0.22	0.18	0.25	0.20	0.29	0.34	0.39
高级路面	0.03	0.04	0.06	0.10	0.08	0.13	0.10	0.15	0.12	0.17	0.14	0.19	0.16	0.22	0.18	0.25	0.20	0.29	0.34	0.39
其他路面	0.03	0.04	0.06	0.09	0.08	0.12	0.09	0.14	0.10	0.16	0.12	0.18	0.14	0.21	0.16	0.24	0.19	0.28	0.32	0.37
构造物Ⅰ	0.03	0.04	0.05	0.08	0.06	0.09	0.07	0.11	0.08	0.13	0.10	0.15	0.12	0.17	0.14	0.19	0.16	0.23	0.27	0.31
构造物Ⅱ	0.03	0.04	0.05	0.08	0.07	0.10	0.08	0.12	0.09	0.14	0.11	0.16	0.13	0.18	0.15	0.21	0.17	0.25	0.30	0.34
构造物Ⅲ	0.06	0.08	0.11	0.17	0.14	0.21	0.17	0.25	0.20	0.30	0.23	0.35	0.27	0.40	0.31	0.45	0.35	0.52	0.60	0.69
技术复杂大桥	0.03	0.05	0.07	0.10	0.08	0.12	0.10	0.14	0.12	0.16	0.14	0.19	0.16	0.22	0.18	0.25	0.20	0.29	0.34	0.39
隧道	—	—	—	—	—	—	—	—	—	—	—	—	—	—	—	—	—	—	—	—
钢材及钢结构	—	—	—	—	—	—	—	—	—	—	—	—	—	—	—	—	—	—	—	—

3 夜间施工增加费

(1)费用内容。

夜间施工增加费是指根据设计、施工的技术要求和合理的施工进度要求,必须在夜间连续施工而发生的工效降低、夜班津贴以及有关照明设施(包括所需照明设施的安拆、摊销、维修及油燃料、电)等增加的费用。

(2)计算方法。

夜间施工增加费以夜间施工工程项目(如桥梁工程项目包括上、下部构造全部工程)的直接工程费之和为基数,按表6-9所示的费率计算。即

$$夜间施工增加费 = \sum 夜间施工项目的直接工程费 \times 费率 \qquad (6\text{-}9)$$

夜间施工增加费费率表(%) 表6-9

工程类别	费率	工程类别	费率
构造物Ⅱ	0.35	技术复杂大桥	0.35
构造物Ⅲ	0.70	钢材及钢结构	0.35

注:设备安装工程及金属标志牌、防撞钢护栏、防眩板(网)、隔离栅、防护网等不计夜间施工增加费。

在编制概算、预算时,除了计算冬季、雨季、夜间的施工增加费外,还应计算因冬季、雨季、夜间施工而增加的人工数量。增加工数量是按表6-10所示的增工百分率计算的。具体计算方法如下。

冬雨季施工增工百分率(%) 表6-10

项目	雨季施工(雨量区)		冬季施工							
			冬一区		冬二区		冬三区	冬四区	冬五区	冬六区
	Ⅰ	Ⅱ	Ⅰ	Ⅱ	Ⅰ	Ⅱ				
路线	0.30	0.45	0.70	1.00	1.40	1.80	2.40	3.00	4.05	6.75
独立大中桥	0.30	0.45	0.30	0.40	0.50	0.60	0.80	1.00	1.50	2.25

①冬季施工增工数量。

冬季施工增工数量 = 概算、预算工日数之和 × 冬季施工增工百分率

②雨季施工增工数量。

雨季施工增工数量 = 概算、预算工日数之和 × 雨季施工增工百分率 × 雨季期的月数

③夜间施工增工数量。

夜间施工增工数量 = 概算、预算夜间施工的工日数 ×4%

值得注意的是,以上增工数量只统计其实物量(人工工日数量),其增工费用已在冬季、雨季、夜间施工增加费中计算了,统计增工数量的目的是为施工组织设计中的用工计划提供依据。

4 特殊地区施工增加费

特殊地区施工增加费包括高原地区施工增加费、风沙地区施工增加费和沿海地区施工增加费三项。

(1)高原地区施工增加费。

高原地区施工增加费是指在海拔高度1 500m以上地区施工,由于受气候、气压的影响,致使人工、机械效率降低而增加的费用。该费用以各类工程人工费和机械使用费之和为基数,按表6-11所示的费率计算。即

$$\text{高原地区施工增加费} = \sum(\text{人工费} + \text{机械使用费}) \times \text{费率} \quad (6\text{-}10)$$

当一条路线通过两个以上(含两个)不同的海拔高度分区时,应分别计算高原地区施工增加费或按工程量比例求得平均增加率,计算全线高原地区施工增加费。

高原地区施工增加费费率表(%) 表6-11

工程类别	海拔高度(m)							
	1 501 ~2 000	2 001 ~2 500	2 501 ~3 000	3 001 ~3 500	3 501 ~4 000	4 001 ~4 500	4 501 ~5 000	5 000 以上
人工土方	7.00	13.25	19.75	29.75	43.25	60.00	80.00	110.00
机械土方	6.56	12.60	18.66	25.60	36.05	49.08	64.72	83.80
汽车运输	6.50	12.50	18.50	25.00	35.00	47.50	62.50	80.00
人工石方	7.00	13.25	19.75	29.75	43.25	60.00	80.00	110.00
机械石方	6.71	12.82	19.03	27.01	38.50	52.80	69.92	92.72

续上表

工程类别	海拔高度(m)							
	1 501～2 000	2 001～2 500	2 501～3 000	3 001～3 500	3 501～4 000	4 001～4 500	4 501～5 000	5 000 以上
高级路面	6.58	12.61	18.69	25.72	36.26	49.41	65.17	84.58
其他路面	6.73	12.84	19.07	27.15	38.74	53.17	70.44	93.60
构造物Ⅰ	6.87	13.06	19.44	28.56	41.18	56.86	75.61	102.47
构造物Ⅱ	6.77	12.90	19.17	27.54	39.41	54.18	71.85	96.03
构造物Ⅲ	6.73	12.85	19.08	27.19	38.81	53.27	70.57	93.84
技术复杂大桥	6.70	12.81	19.01	26.94	38.37	52.61	69.65	92.27
隧道	6.76	12.90	19.16	27.50	39.35	54.09	71.72	95.81
钢材及钢结构	6.78	12.92	19.20	27.66	39.62	54.50	72.30	96.80

(2)风沙地区施工增加费。

风沙地区施工增加费是指在沙漠地区施工时,由于受风沙影响,按照施工及验收规范的要求,为保证工程质量和安全生产而增加的有关费用。内容包括防风、防沙及气候影响的措施费,材料费,人工、机械效率降低而增加的费用,以及积沙、风蚀的清理修复等费用。

风沙地区的划分,根据《公路自然区划标准》、《沙漠地区公路建设成套技术研究报告》的公路自然区划和沙漠公路区划,结合风沙地区的气候状况将风沙地区分为三区九类。全国风沙地区公路施工区划见本书附录四。

当一条路线穿过两个以上(含两个)不同风沙区时,按路线长度经过不同的风沙区加权计算项目全线风沙地区施工增加费。

风沙地区施工增加费以各类工程的人工费和机械使用费之和为基数,根据工程所在地的风沙区划及类别,按表6-12所示的费率计算。即

$$风沙地区施工增加费 = \sum(人工费 + 机械使用费) \times 费率 \quad (6\text{-}11)$$

风沙地区施工增加费费率表(%) 表6-12

风沙区划 / 工程类别	风沙一区			风沙二区			风沙三区		
	沙漠类型								
	固定	半固定	流动	固定	半固定	流动	固定	半固定	流动
人工土方	6.00	11.00	18.00	7.00	17.00	26.00	11.00	24.00	37.00
机械土方	4.00	7.00	12.00	5.00	11.00	17.00	7.00	15.00	24.00
汽车运输	4.00	8.00	13.00	5.00	12.00	18.00	8.00	17.00	26.00
人工石方	—	—	—	—	—	—	—	—	—
机械石方	—	—	—	—	—	—	—	—	—
高级路面	0.50	1.00	2.00	1.00	2.00	3.00	2.00	3.00	5.00
其他路面	2.00	4.00	7.00	3.00	7.00	10.00	4.00	10.00	15.00
构造物Ⅰ	4.00	7.00	12.00	5.00	11.00	17.00	7.00	16.00	24.00
构造物Ⅱ	—	—	—	—	—	—	—	—	—
构造物Ⅲ	—	—	—	—	—	—	—	—	—
技术复杂大桥	—	—	—	—	—	—	—	—	—
隧道	—	—	—	—	—	—	—	—	—
钢材及钢结构	1.00	2.00	4.00	1.00	3.00	5.00	2.00	5.00	7.00

(3)沿海地区工程施工增加费。

沿海地区工程施工增加费是指工程项目在沿海地区施工受海风、海浪和潮汐的影响，致使人工、机械效率降低等所需增加的费用。

沿海地区工程施工增加费以各类工程的直接工程费之和为基数，按表6-13所示的费率计算。即

$$沿海地区工程施工增加费 = \sum 直接工程费 \times 费率 \tag{6-12}$$

沿海地区工程施工增加费费率表(%) 表6-13

工程类别	费率	工程类别	费率
构造物Ⅱ	0.15	技术复杂大桥	0.15
构造物Ⅲ	0.15	钢材及钢结构	0.15

5 行车干扰工程施工增加费

(1)费用内容。

行车干扰工程施工增加费是指由于边施工边维持通车，受行车干扰的影响，致使人工、机械效率降低而增加的费用。

(2)计算方法。

该费用以受行车影响部分的工程项目的人工费和机械使用费之和为基数，按表6-14所示的费率计算。即

$$行车干扰工程施工增加费 = \sum(人工费 + 机械使用费) \times 费率 \tag{6-13}$$

行车干扰工程施工增加费费率表(%) 表6-14

工程类别	施工期间平均每昼夜双向行车次数(汽车、畜力车合计)							
	51~100	101~500	501~1 000	1 001~2 000	2 001~3 000	3 001~4 000	4 001~5 000	5 000以上
人工土方	1.64	2.46	3.28	4.10	4.76	5.29	5.86	6.44
机械土方	1.39	2.19	3.00	3.89	4.51	5.02	5.56	6.11
汽车运输	1.36	2.09	2.85	3.75	4.35	4.84	5.36	5.89
人工石方	1.66	2.40	3.33	4.06	4.71	5.24	5.81	6.37
机械石方	1.16	1.71	2.38	3.19	3.70	4.12	4.56	5.01
高级路面	1.24	1.87	2.50	3.11	3.61	4.01	4.45	4.88
其他路面	1.17	1.77	2.36	2.94	3.41	3.79	4.20	4.62
构造物Ⅰ	0.94	1.41	1.89	2.36	2.74	3.04	3.37	3.71
构造物Ⅱ	0.95	1.43	1.90	2.37	2.75	3.06	3.39	3.72
构造物Ⅲ	0.95	1.42	1.90	2.37	2.75	3.05	3.38	3.72
技术复杂大桥	—	—	—	—	—	—	—	—
隧道	—	—	—	—	—	—	—	—
钢材及钢结构	—	—	—	—	—	—	—	—

6 安全及文明施工措施费

(1)费用内容。

安全及文明施工措施费是指工程施工期间为满足安全生产、文明施工、职工健康生活所发生的费用。该费用不包括施工期间为保证交通安全而设置的临时安全设施和标志、标牌的费用,需要时应根据设计要求计算。

(2)计算方法。

安全及文明施工措施费以各类工程的直接工程费之和为基数,按表6-15所示的费率计算。即

$$安全及文明施工措施费 = \sum 直接工程费 \times 费率 \quad (6\text{-}14)$$

安全及文明施工措施费费率表(%) 表6-15

工程类别	费率	工程类别	费率
人工土方	0.59	构造物Ⅰ	0.72
机械土方	0.59	构造物Ⅱ	0.78
汽车运输	0.21	构造物Ⅲ	1.57
人工石方	0.59	技术复杂大桥	0.86
机械石方	0.59	隧道	0.73
高级路面	1.00	钢材及钢结构	0.53
其他路面	1.02		

注:设备安装工程按表中费率的50%计算。

7 临时设施费

(1)费用内容。

临时设施费是指施工企业为进行建筑安装工程施工所必需的生活和生产用的临时建筑物、构筑物和其他临时设施的费用等,但不包括概算、预算定额中临时工程。

临时设施包括:临时生活及居住房屋(包括职工家属房屋及探亲房屋)、文化福利及公用房屋(如广播室、文体活动室等)和生产、办公房屋(如仓库、加工厂、加工棚、发电站、变电站、停机棚等),工地范围内的各种临时的工作便道(包括汽车、畜力车、人力车道)、人行便道,工地临时用水、用电的水管支线和电线支线,临时构筑物(如水井、水塔等)以及其他小型临时设施。

临时设施费用内容包括:临时设施的搭设、维修、拆除、摊销费。

(2)计算方法。

①临时设施费计算。

临时设施费以各类工程的直接工程费之和为基数,按表6-16所示的费率计算。即

$$临时设施费 = \sum直接工程费 \times 费率 \tag{6-15}$$

临时设施费费率表(%) 表6-16

工程类别	费率	工程类别	费率
人工土方	1.57	构造物Ⅰ	2.65
机械土方	1.42	构造物Ⅱ	3.14
汽车运输	0.92	构造物Ⅲ	5.81
人工石方	1.60	技术复杂大桥	2.92
机械石方	1.97	隧道	2.57
高级路面	1.92	钢材及钢结构	2.48
其他路面	1.87		

②临时设施用工数量的计算。

在计算临时设施费的同时，还应计算临时设施的用工数量，这部分用工数量不再计价(其费用已计入临时设施费内)，只作为编制施工组织设计用工计划的依据。

用工指标按表6-17所示规定计算。

临时设施用工指标 表6-17

项目	路线(1km)					独立大中桥(100m² 桥面)
	公路等级					
	高速公路	一级公路	二级公路	三级公路	四级公路	
工日	2 340	1 160	340	160	100	60

8 施工辅助费

(1)费用内容。

施工辅助费包括生产工具用具使用费、检验试验费和工程定位复测、工程点交、场地清理等费用。

生产工具用具使用费是指施工所需不属于固定资产的生产工具、检验用具、试验用具及仪器、仪表等的购置、摊销和维修费，以及支付给生产工人自备工具的补贴费。

检验试验费是指施工企业对建筑材料、构件和建筑安装工程进行一般鉴定、检查所发生的费用，包括自设试验室进行试验所耗用的材料和化学药品的费用，以及技术革新和研究试验费，但不包括新结构、新材料的试验费和建设单位要求对具有出厂合格证明的材料进行检验，对构件进行破坏性试验及其他特殊要求检验的费用。

(2)计算方法。

施工辅助费以各类工程的直接工程费之和为基数，按表6-18所示的费率计算。即

$$施工辅助费 = \sum直接工程费 \times 费率 \tag{6-16}$$

施工辅助费费率表(%)

表 6-18

工程类别	费率	工程类别	费率
人工土方	0.89	构造物Ⅰ	1.30
机械土方	0.49	构造物Ⅱ	1.56
汽车运输	0.16	构造物Ⅲ	3.03
人工石方	0.85	技术复杂大桥	1.68
机械石方	0.46	隧道	1.23
高级路面	0.80	钢材及钢结构	0.56
其他路面	0.74		

9 工地转移费

(1)费用内容。

工地转移费是指施工企业根据建设任务的需要,由已竣工的工地或后方基地迁至新工地的搬迁费用。其内容如下。

①施工单位全体职工及随职工迁移的家属向新工地转移的车费、家具行李运费、途中住宿费、行程补助费、杂费及工资与工资附加费等。

②公物、工具、施工设备器材、施工机械的运杂费,以及外租机械的往返费及本工程内部各工地之间施工机械、设备、公物、工具的转移费等。

③非固定工人进退场及一条路线中各工地转移的费用。

工地转移距离在 50km 以内的工程不计取本项费用。

(2)计算方法。

工地转移费以各类工程的直接工程费之和为基数,按表 6-19 所示的费率计算。即

$$工地转移费 = \sum 直接工程费 \times 费率 \tag{6-17}$$

工地转移费费率表(%)

表 6-19

工程类别	工地转移距离(km)					
	50	100	300	500	1 000	每增加 100
人工土方	0.15	0.21	0.32	0.43	0.56	0.03
机械土方	0.50	0.67	1.05	1.37	1.82	0.08
汽车运输	0.31	0.40	0.62	0.82	1.07	0.05
人工石方	0.16	0.22	0.33	0.45	0.58	0.03
机械石方	0.36	0.43	0.74	0.97	1.28	0.06
高级路面	0.61	0.83	1.30	1.70	2.27	0.12
其他路面	0.56	0.75	1.18	1.54	2.06	0.10
构造物Ⅰ	0.56	0.75	1.18	1.54	2.06	0.11
构造物Ⅱ	0.66	0.89	1.40	1.83	2.45	0.13
构造物Ⅲ	1.31	1.77	2.77	3.62	4.85	0.25
技术复杂大桥	0.75	1.01	1.58	2.06	2.76	0.14
隧道	0.52	0.71	1.11	1.45	1.94	0.10
钢材及钢结构	0.72	0.97	1.51	1.97	2.64	0.13

综上所述，其他工程费共有九项费用，其计算方法都是以“基数×费率”的方式计算的。但值得注意的是，九项费用的计算基数并不相同，其中高原地区施工增加费、风沙地区施工增加费、行车干扰工程施工增加费的计算基数为“各类工程的人工费和机械使用费之和”，而冬季施工增加费、雨季施工增加费、夜间施工增加费、安全及文明施工措施费、临时设施费、施工辅助费、工地转移费、沿海地区工程施工增加费的计算基数是“各类工程的直接工程费之和”。

【工程实例6-5】 已知工地转移距离为100km，试根据【工程实例6-4】的已知条件及计算结果，计算该工程的其他工程费。

解：由本书附录二～附录四可知，北京地属冬二(I)，雨II(2)，工程类别为其他路面。依题意，该工程的夜间施工增加费、特殊地区施工增加费、行车干扰工程施工增加费均为零。其余费率如下。

冬季施工增加费费率	0.29%
雨季施工增加费费率	0.09%
安全及文明施工措施费费率	1.02%
临时措施费费率	1.87%
施工辅助费费率	0.74%
工地转移费费率	0.75%

其他工程费 $=2\ 275\ 226\times(0.29+0.09+1.02+1.87+0.74+0.75)\%\approx108\ 301$ 元

想一想

1. 什么是直接费？它由哪两部分组成？
2. 材料预算单价是由哪几部分组成的？如何计算？
3. 什么是其他工程费？它由哪些费用组成？如何计算？

6.2 间接费

间接费是指直接费以外，施工企业必须缴纳的费用和企业管理费用。由规费和企业管理费两项费用组成。

一 规费

1 费用内容

规费是指法律、法规、规章、规程规定施工企业必须缴纳的费用。其内容如下。

(1)养老保险费。是指施工企业按规定标准为职工缴纳的基本养老保险费。

(2)失业保险费。是指施工企业按规定标准为职工缴纳的失业保险费。

(3)医疗保险费。是指施工企业按规定标准为职工缴纳的基本医疗保险费和生育保险费。

(4)住房公积金。是指施工企业按规定标准为职工缴纳的住房公积金。

(5)工伤保险费。是指施工企业按规定标准为职工缴纳的工伤保险费。

2 计算方法

规费是以各类工程的人工费之和为基数,按国家或工程所在地法律、法规、规章、规程规定的标准计算。即

$$\text{规费}=\text{各类工程的人工费之和}\times\text{规定的标准} \tag{6-18}$$

二 企业管理费

1 费用内容

企业管理费由基本费用、主副食运费补贴、职工探亲路费、职工取暖补贴和财务费用五项组成。

(1)基本费用。

企业管理费基本费用是指施工企业组织施工生产和经营管理所需的费用。其内容如下。

①管理人员工资。是指管理人员的基本工资、工资性补贴、职工福利费、劳动保护费以及缴纳的养老、失业、医疗、生育、工伤保险费和住房公积金等。

②办公费。是指企业办公用的文具、纸张、账表、印刷、邮电、书报、会议、水、电、烧水和集体取暖(包括现场临时宿舍取暖)用煤(气)等费用。

③差旅交通费。是指职工因公出差和工作调动(包括随行家属的旅费)的差旅费、住宿补助费,市内交通费和误餐补助费,职工探亲路费,劳动力招募费,职工离退休、退职一次性路费,工伤人员就医路费,以及管理部门使用的交通工具的油料、燃料、养路费及牌照费。

④固定资产使用费。是指管理和试验部门及附属生产单位使用的属于固定资产的房屋、设备、仪器等的折旧、大修、维修或租赁费等。

⑤工具用具使用费。是指管理使用的不属于固定资产的生产工具、器具、家具、交通工具和检验、试验、测绘、消防用具等的购置、维修和摊销费。

⑥劳动保险费。是指企业支付离退休职工的易地安家补助费、职工退职金、六个月以上的病假人员工资、职工死亡丧葬补助费、抚恤费、按规定支付给离休干部的各项经费。

⑦工会经费。是指企业按职工工资总额计提的工会经费。

⑧职工教育经费。是指企业为职工学习先进技术和提高文化水平,按职工工资总额计提的费用。

⑨保险费。是指企业财产保险、管理用车辆等保险费用。

⑩工程保修费。是指工程竣工交付使用后,在规定保修期以内的修理费用。

⑪工程排污费。是指施工现场按规定缴纳的排污费用。

⑫税金。是指企业按规定缴纳的房产税、车船使用税、土地使用税、印花税等。

⑬其他。是指上述项目以外的其他必要的费用支出,包括技术转让费、技术开发费、业务招待费、绿化费、广告费、投标费、公证费、定额测定费、法律顾问费、审计费、咨询费等。

(2)主副食运费补贴。

主副食运费补贴是指施工企业在远离城镇及乡村的野外施工购买生活必需品所需增加的费用。

(3)职工探亲路费。

职工探亲路费是指按照有关规定施工企业职工在探亲期间发生的往返车船费、市内交通费和途中住宿费等费用。

(4)职工取暖补贴。

职工取暖补贴是指按规定发放给职工的冬季取暖费或在施工现场设置的临时取暖设施的费用。

(5)财务费用。

财务费用是指施工企业为筹集资金而发生的各项费用,包括企业经营期间发生的短期贷款利息净支出、汇兑净损失、调剂外汇手续费、金融机构手续费,以及企业筹集资金发生的其他财务费用。

2 计算方法

企业管理费以各类工程的直接费之和为基数,按表6-20～表6-24所示的各项费率计算。即

$$企业管理费=\sum 直接费\times 费率 \tag{6-19}$$

基本费用费率表(%) 表6-20

工程类别	费率	工程类别	费率
人工土方	3.36	构造物Ⅰ	4.44
机械土方	3.26	构造物Ⅱ	5.53
汽车运输	1.44	构造物Ⅲ	9.79

续上表

工程类别	费率	工程类别	费率
人工石方	3.45	技术复杂大桥	4.72
机械石方	3.28	隧道	4.22
高级路面	1.91	钢材及钢结构	2.42
其他路面	3.28		

主副食运费补贴费率表(%) 表6-21

工程类别	综合里程(km)											
	1	3	5	8	10	15	20	25	30	40	50	每增加10
人工土方	0.17	0.25	0.31	0.39	0.45	0.56	0.67	0.76	0.89	1.06	1.22	0.16
机械土方	0.13	0.19	0.24	0.30	0.35	0.43	0.52	0.59	0.69	0.81	0.95	0.13
汽车运输	0.14	0.20	0.25	0.32	0.37	0.45	0.55	0.62	0.73	0.86	1.00	0.14
人工石方	0.13	0.19	0.24	0.30	0.34	0.42	0.51	0.58	0.67	0.80	0.92	0.12
机械石方	0.12	0.18	0.22	0.28	0.33	0.41	0.49	0.55	0.65	0.76	0.89	0.12
高级路面	0.08	0.12	0.15	0.20	0.22	0.28	0.33	0.38	0.44	0.52	0.60	0.08
其他路面	0.09	0.12	0.15	0.20	0.22	0.28	0.33	0.38	0.44	0.52	0.61	0.09
构造物Ⅰ	0.13	0.18	0.23	0.28	0.32	0.40	0.49	0.55	0.65	0.76	0.89	0.12
构造物Ⅱ	0.14	0.20	0.25	0.30	0.35	0.43	0.52	0.60	0.70	0.83	0.96	0.13
构造物Ⅲ	0.25	0.36	0.45	0.55	0.64	0.79	0.96	1.09	1.28	1.51	1.76	0.24
技术复杂大桥	0.11	0.16	0.20	0.25	0.29	0.36	0.43	0.49	0.57	0.68	0.79	0.11
隧道	0.11	0.16	0.19	0.24	0.28	0.34	0.42	0.48	0.56	0.66	0.77	0.10
钢材及钢结构	0.11	0.16	0.20	0.26	0.30	0.37	0.44	0.50	0.59	0.69	0.80	0.11

注:1. 综合里程 = 粮食运距 ×0.06 + 燃料运距 ×0.09 + 蔬菜运距 ×0.15 + 水运距 ×0.70;

2. 粮食、燃料、蔬菜、水的运距均为全线平均运距;综合里程数在表列里程之间时,费率可内插;综合里程在1km以内的工程不计取本项费用。

职工探亲路费费率表(%) 表6-22

工程类别	费率	工程类别	费率
人工土方	0.10	构造物Ⅰ	0.29
机械土方	0.22	构造物Ⅱ	0.34
汽车运输	0.14	构造物Ⅲ	0.55
人工石方	0.10	技术复杂大桥	0.20
机械石方	0.22	隧道	0.27
高级路面	0.14	钢材及钢结构	0.16
其他路面	0.16		

职工取暖补贴费率表(%)　　表6-23

工程类别	气温区						
	准二区	冬一区	冬二区	冬三区	冬四区	冬五区	冬六区
人工土方	0.03	0.06	0.10	0.15	0.17	0.26	0.31
机械土方	0.06	0.13	0.22	0.33	0.44	0.55	0.66
汽车运输	0.06	0.12	0.21	0.31	0.41	0.51	0.62
人工石方	0.03	0.06	0.10	0.15	0.17	0.25	0.31
机械石方	0.05	0.11	0.17	0.26	0.35	0.44	0.53
高级路面	0.04	0.07	0.13	0.19	0.25	0.31	0.38
其他路面	0.04	0.07	0.12	0.18	0.24	0.30	0.36
构造物Ⅰ	0.06	0.12	0.19	0.28	0.36	0.46	0.56
构造物Ⅱ	0.06	0.13	0.20	0.30	0.41	0.51	0.62
构造物Ⅲ	0.11	0.23	0.37	0.56	0.74	0.93	1.13
技术复杂大桥	0.05	0.10	0.17	0.26	0.34	0.42	0.51
隧道	0.04	0.08	0.14	0.22	0.28	0.36	0.43
钢材及钢结构	0.04	0.07	0.12	0.19	0.25	0.31	0.37

财务费用费率表(%)　　表6-24

工程类别	费率	工程类别	费率
人工土方	0.23	构造物Ⅰ	0.37
机械土方	0.21	构造物Ⅱ	0.40
汽车运输	0.21	构造物Ⅲ	0.82
人工石方	0.22	技术复杂大桥	0.46
机械石方	0.20	隧道	0.39
高级路面	0.27	钢材及钢结构	0.48
其他路面	0.30		

【工程实例6-6】 已知主副食和蔬菜运距8km,煤运距20km,试根据【工程实例6-4】及【工程实例6-5】已知条件及计算结果,计算该工程的企业管理费用。

解:由【工程实例6-4】及【工程实例6-5】可知,该工程属冬二区,工程类别为其他路面,直接费为2 275 226 + 108 301 = 2 383 527元

(1)主副食综合里程 $=8\times0.06+20\times0.09+8\times0.15=3.48$km

$$内插费率=0.12\%+\frac{0.15\%-0.12\%}{5-3}\times0.48\approx0.13\%$$

(2)其他各项费率查取结果如下。

基本费用费率　　3.28%

主副食运费补贴费率　　0.13%

职工探亲路费费率　　0.16%

职工取暖补贴费率　　0.12%

财务费用费率　　0.3%

(3)计算企业管理费。

企业管理费 = 2 383 527 × (3.28 + 0.13 + 0.16 + 0.12 + 0.3)% ≈ 95 103 元

辅助生产间接费是指施工单位自行开采加工的砂、石等材料及施工单位自办运输的人工装卸和运输的间接费。

辅助生产间接费按人工费的5%计。该项费用并入材料预算单价内构成材料费，不直接出现在概算、预算中。详见【工程实例6-2】，这里不再赘述。

想一想

1. 什么是间接费？它由哪些费用组成？如何计算？
2. 企业管理费是由哪五项费用组成的？
3. 什么是规费？如何计算？

6.3 利润和税金

一 利润

1 费用内容

利润是指企业完成所承包工程应取得的盈利。该利润是计划利润，仅作为编制概算、预算的依据，而不是企业的实际获取的利润。

2 计算方法

利润按直接费与间接费之和扣除规费的7%计算。即

$$利润 = (直接费 + 间接费 - 规费) \times 7\% \tag{6-20}$$

二 税金

1 费用内容

税金是指按国家税法规定应计入建筑安装工程造价内的营业税、城市维护建设税及教育附加费等。

2 计算方法

税金是根据纳税人所在地不同,按综合税金计算的。即

$$综合税金额 = (直接费 + 间接费 + 利润) \times 综合税率 \tag{6-21}$$

式(6-20)中综合税率根据纳税地点是否在城区,按以下三种情况计算。

(1)纳税地点在市区的企业,综合税率为

$$\left(\frac{1}{1-3\%-3\%\times7\%-3\%\times3\%}-1\right)\times100\approx3.41\%$$

(2)纳税地点在县城、乡镇的企业,综合税率为

$$\left(\frac{1}{1-3\%-3\%\times5\%-3\%\times3\%}-1\right)\times100\approx3.35\%$$

(3)纳税地点不在市区、县城、乡镇的企业,综合税率为

$$\left(\frac{1}{1-3\%-3\%\times1\%-3\%\times3\%}-1\right)\times100\approx3.22\%$$

6.4 设备、工具、器具及家具购置费

一 设备购置费

1 费用内容

设备购置费是指为满足公路的营运、管理、养护需要,购置的达到固定资产标准的设备和虽低于固定资产标准,但属于设计明确列入设备清单的设备的费用。包括渡口设备,隧道照明、消防、通风的动力设备,高等级公路的收费、监控、通信、供电设备,养护用的机械、设备

和工具、器具等的购置费用。

2 计算方法

设备购置费应由设计单位列出计划购置清单(包括设备的规格、型号、数量),以设备原价加综合业务费和运杂费按式(6-22)计算。

$$设备购置费=设备原价+运杂费(运输费+装卸费+搬运费)+运输保险费+采购及保管费 \tag{6-22}$$

二 工器具购置费

1 费用内容

工器具购置费是指建设项目交付使用后,为满足初期正常营运必须购置的第一套不构成固定资产的设备、仪器、仪表、工卡模具、器具、工作台(框、架、柜)等的费用。该费用不包括构成固定资产的设备、工器具和备品、备件及已列入设备购置费中的专用工具和备品、备件。

2 计算方法

对于工器具的购置,应由设计单位列出计划购置的清单(包括规格、型号、数量),购置费的计算方法同设备购置费。

三 办公及生活用家具购置费

1 费用内容

办公和生活用家具购置费是指为保证新建、改建项目初期正常生产、使用和管理所必须购置的办公和生活用家具、用具的费用。范围包括:行政、生产部门的办公室、会议室、资料档案室、阅览室、单身宿舍及生活福利设施等家具、用具。

2 计算方法

办公和生活用家具购置费按表 6-25 所示的规定计算。

办公和生活用家具购置费标准表　　表 6-25

工程所在地	路线(元/公路公里)				有看桥房的独立大桥(元/座)	
	高速公路	一级公路	二级公路	三、四级公路	一般大桥	技术复杂大桥
内蒙古、黑龙江、青海、新疆、西藏	21 500	15 600	7 800	4 000	24 000	60 000
其他省、自治区、直辖市	17 500	14 600	5 800	2 900	19 800	49 000

注:改建工程按表列数 80% 计。

6.5 工程建设其他费用

工程建设其他费用是由土地征用及拆迁补偿费、建设项目管理费、研究试验费、前期工作费、专项评价(估)费、施工机构迁移费、供电贴费、联合试运转费、生产人员培训费、固定资产投资方向调节税、建设期贷款利息十一项费用组成。下面分别讲述各项费用的内容及计算方法。

一 土地征用及拆迁补偿费

土地征用及拆迁补偿费是指按照《中华人民共和国土地管理法》及《中华人民共和国土地管理法实施条例》、《中华人民共和国基本农田保护条例》等法律、法规的规定,为进行公路建设需征用土地所支付的土地征用及拆迁补偿费等费用。

1 费用内容

(1)土地补偿费。是指被征用土地地上、地下附着物及青苗补偿费,征用城市郊区的菜地等缴纳的菜地开发建设基金,租用土地费,耕地占用税,用地图编制费及勘界费,征地管理费等。

(2)征用耕地安置补助费。是指征用耕地需要安置农业人口的补助费。

(3)拆迁补偿费。是指被征用或占用土地上的房屋及附属构筑物、城市公用设施等拆除、迁建补偿费,拆迁管理费等。

(4)复耕费。是指临时占用的耕地、鱼塘等,待工程竣工后将其恢复到原有标准所发生的费用。

(5)耕地开垦费。是指公路建设项目占用耕地的,应由建设项目法人(业主)负责补充耕地所发生的费用;没有条件开垦或者开垦的耕地不符合要求的,按规定缴纳的耕地开垦费。

(6)森林植被恢复费。是指公路建设项目需要占用、征用或者临时占用林地的,经县级以上林业主管部门审核同意或批准,建设项目法人(业主)单位按照有关规定向县级以上林业主管部门预缴的森林植被恢复费。

2 计算方法

土地征用及拆迁补偿费应根据审批单位批准的建设工程用地和临时用地面积及其附着

物的情况，以及实际发生的费用项目，按国家有关规定及工程所在地的省（自治区、直辖市）人民政府颁发的有关规定和标准计算。

森林植被恢复费应根据审批单位批准的建设工程占用林地的类型及面积，按国家有关规定及工程所在地的省（自治区、直辖市）人民政府颁发的有关规定和标准计算。

二 建设项目管理费

建设项目管理费包括建设单位（业主）管理费、工程质量监督费、工程监理费、工程定额测定费、竣（交）工验收试验检测费。各项费用内容及计算方法如下。

1 建设单位（业主）管理费

（1）费用内容。

建设单位（业主）管理费是指建设单位（业主）为建设项目的立项、筹建、建设、竣（交）工验收、总结等工作所发生的费用，不包括应计入设备、材料预算价格的建设单位采购及保管设备、材料所需的费用。

费用内容包括：工作人员的工资、工资性补贴、施工现场津贴、社会保障费用（基本养老、基本医疗、失业、工伤保险）、住房公积金、职工福利费、工会经费、劳动保护费；办公费、会议费、差旅交通费、固定资产使用费（包括办公及生活房屋折旧、维修或租赁费，车辆折旧、维修、使用或租赁费，通信设备购置、使用费，测量、试验设备仪器折旧、维修或租赁费，其他设备折旧、维修或租赁费等）、零星固定资产购置费、招募生产工人费；技术图书资料费、职工教育经费、工程招标费（不含招标文件及标底或造价控制值编制费）；合同契约公证费、法律顾问费、咨询费；建设单位的临时设施费、完工清理费、竣（交）工验收费（含其他行业或部门要求的竣工验收费用）、各种税费（包括房产税、车船使用税、印花税等）；建设项目审计费、境内外融资费用（不含建设期贷款利息）、业务招待费、安全生产管理费和其他管理性开支。

由施工企业代建设单位（业主）办理“土地、青苗等补偿费”的工作人员所发生的费用，应在建设单位（业主）管理费项目中支付。当建设单位（业主）委托有资质的单位代理招标时，其代理费也应在建设单位（业主）管理费中支出。

（2）计算方法。

建设单位（业主）管理费以建筑安装工程费总额为基数，按表6-26所示的费率，以累进办法计算。即

$$建设单位管理费 = 建筑安装工程费 \times 费率 \quad (6\text{-}23)$$

建设单位管理费费率表 表6-26

第一部分 建筑安装工程费（万元）	费率（%）	算 例（万元）	
		建筑安装工程费	建设单位（业主）管理费
500 以下	3.48	500	500×3.48% =17.4
501～1 000	2.73	1 000	17.4+500×2.73% =31.05

续上表

第一部分 建筑安装工程费（万元）	费率（%）	算例（万元）	
		建筑安装工程费	建设单位（业主）管理费
1 001 ~ 5 000	2.18	5 000	31.05 + 4 000 × 2.18% = 118.25
5 001 ~ 10 000	1.84	10 000	118.25 + 5 000 × 1.84% = 210.25
10 001 ~ 30 000	1.52	30 000	210.25 + 20 000 × 1.52% = 514.25
30 001 ~ 50 000	1.27	50 000	514.25 + 20 000 × 1.27% = 768.25
50 001 ~ 100 000	0.94	100 000	768.25 + 50 000 × 0.94% = 1 238.25
100 001 ~ 150 000	0.76	150 000	1 238.25 + 50 000 × 0.76% = 1 618.25
150 001 ~ 200 000	0.59	200 000	1 618.25 + 50 000 × 0.59% = 1 913.25
200 001 ~ 300 000	0.43	300 000	1 913.25 + 100 000 × 0.43% = 2 343.25
300 000 以上	0.32	310 000	2 343.25 + 10 000 × 0.32% = 2 375.25

对于水深 > 15m、跨度 ≥ 400m 的斜拉桥和跨度 ≥ 800m 的悬索桥等独立特大型桥梁工程的建设单位（业主）管理费按表 6-26 中的费率乘以 1.0 ~ 1.2 的系数计算；海上工程［指由于风浪影响，工程施工期（不包括封冻期）全年月平均工作日少于 15 天的工程］的建设单位（业主）管理费按表 6-26 中的费率乘以 1.0 ~ 1.3 的系数计算。

2 工程质量监督费

（1）费用内容。

工程质量监督费是指根据国家有关部门规定，各级公路工程质量监督机构对工程建设质量和安全生产实施监督应收取的管理费用。

（2）计算方法。

工程质量监督费以建筑安装工程费总额为基数，按 0.15% 计算。即

$$\text{工程质量监督费} = \text{建筑安装工程费} \times 0.15\% \tag{6-24}$$

3 工程监理费

（1）费用内容。

工程监理费是指建设单位（业主）委托具有公路工程监理资格的单位，按施工监理规范进行全面的监督和管理所发生的费用。

费用内容包括：工作人员的基本工资、工资性津贴、社会保障费用（基本养老、基本医疗、失业、工伤保险）、住房公积金、职工福利费、工会经费、劳动保护费；办公费、会议费、差旅交通费、固定资产使用费（包括办公及生活房屋折旧、维修或租赁费，车辆折旧、维修、使用或租赁费，通信设备购置、使用费，测量、试验、检测设备仪器折旧、维修或租赁费，其他设备折旧、维修或租赁费等）、零星固定资产购置费、招募生产工人费；技术图书资料费、职工教育经费、投标费用；合同契约公证费、咨询费、业务招待费；财务费用、监理单位的临时设施费、各种税费和其他管理性开支。

(2)计算方法。

工程监理费以建筑安装工程费总额为基数,按表6-27所示的费率计算。即

$$工程监理费 = 建筑安装工程费 \times 费率 \tag{6-25}$$

工程监理费费率表

表6-27

工程类别	高速公路	一级及二级公路	三级及四级公路	桥梁及隧道
费率(%)	2.0	2.5	3.0	2.5

表6-27中的桥梁指水深大于15m、斜拉桥和悬索桥等独立特大型桥梁工程;隧道指水下隧道工程。

建设单位(业主)管理费和工程监理费均为实施建设项目管理的费用,执行时根据建设单位(业主)和施工监理单位所实际承担的工作内容和工作量,在保证监理费用的前提下,可统筹使用。

4 工程定额测定费

(1)费用内容。

工程定额测定费是指各级公路(交通)工程定额(造价管理)站为测定劳动定额、搜集定额资料、编制工程定额及定额管理所需要的工作经费。

(2)计算方法。

工程定额测定费以建筑安装工程费总额为基数,按0.12%计算。即

$$工程定额测定费 = 建筑安装工程费 \times 0.12\% \tag{6-26}$$

5 设计文件审查费

(1)费用内容。

设计文件审查费是指国家和省级交通主管部门在项目审批前,为保证勘察设计工作的质量,组织有关专家或委托有资质的单位,对设计单位提交的建设项目可行性研究报告和勘察设计文件以及对设计变更、调整概算进行审查所需要的相关费用。

(2)计算方法。

设计文件审查费以建筑安装工程费总额为基数,按0.1%计算。即

$$设计文件审查费 = 建筑安装工程费 \times 0.1\% \tag{6-27}$$

6 竣(交)工验收试验检测费

(1)费用内容。

竣(交)工验收试验检测费是指在公路建设项目交工验收和竣工验收前,由建设单位(业主)或工程质量监督机构委托有资质的公路工程质量检测单位,按照有关规定对建设项目的工程质量进行检测,并出具检测意见所需要的相关费用。

(2)计算方法。

竣(交)工验收试验检测费按表6-28所示的规定计算。

竣(交)工验收试验检测费标准表

表6-28

项目	路线(元/公路公里)				独立大桥(元/座)	
	高速公路	一级公路	二级公路	三、四级公路	一般大桥	技术复杂大桥
试验检测费	15 000	12 000	10 000	5 000	30 000	100 000

表6-28所示的竣(交)工验收试验检测费标准中,高速公路、一级公路是按四车道计算的,二级及以下等级公路是按双车道计算的,当每增加一条车道时,应按表6-28的费用增加10%。

三 研究试验费

1 费用内容

研究试验费是指为本建设项目提供或验证设计数据、资料进行必要的研究试验和按照设计规定在施工过程中必须进行试验、验证所需的费用,以及支付科技成果、先进技术的一次性技术转让费。该费用不包括以下内容。

(1)应由科技三项费用(即新产品试制费、中间试验费和重要科学研究补助费)开支的项目。

(2)应由施工辅助费开支的施工企业对建筑材料、构件和建筑物进行一般鉴定、检查所发生的费用及技术革新研究试验费。

(3)应由勘察设计费或建筑安装工程费用中开支的项目。

2 计算方法

按照设计提出的研究试验内容和要求进行编制,不需验证设计基础资料的不计本项费用。

四 前期工作费

1 费用内容

前期工作费是指委托勘察设计、咨询单位对建设项目进行可行性研究、工程勘察设计,设计、监理、施工招标文件及招标标底或造价控制值文件编制时,按规定应支付的费用。内容如下。

(1)编制项目建议书(或预可行性研究报告)、可行性研究报告、投资估算,以及相应的勘察、设计、专题研究等所需的费用。

(2)初步设计和施工图设计的勘察费(包括测量、水文调查、地质勘探等),设计费,概算、预算及调整概算编制费等。

(3)设计、监理、施工招标文件及招标标底(或造价控制值或清单预算)文件编制费等。

2 计算方法

依据委托合同计列,或按国家颁发的收费标准和有关规定进行编制。

五 专项评价(估)费

1 费用内容

专项评价(估)费是指依据国家法律、法规规定须进行评价(评估)、咨询,按规定应支付的费用。该费用包括环境影响评价费、水土保持评估费、地震安全性评价费、地质灾害危险性评价费、压覆重要矿床评估费、文物勘察费、通航论证费、行洪论证(评估)费、使用林地可行性研究报告编制费、用地预审报告编制费等费用。

2 计算方法

按国家颁发的收费标准和有关规定进行编制。

六 施工机构迁移费

1 费用内容

施工机构迁移费是指施工机构根据建设任务的需要,经有关部门决定成建制地(指工程处等)由原驻地迁移到另一地区所发生的一次性搬迁费用。该费用不包括以下内容。

(1)应由施工企业自行负担的,在规定距离范围内调动施工力量以及内部平衡施工力量所发生的迁移费用。

(2)由于违反基建程序,盲目调迁队伍所发生的迁移费。

(3)因中标而引起施工机构迁移所发生的迁移费。

费用内容包括职工及随同家属的差旅费,调迁期间的工资,施工机械、设备、工具、用具和周转性材料的搬运费。

2 计算方法

施工机构迁移费应经建设项目的主管部门同意按实计算。但计算施工机构迁移费后,如迁移地点即新工地地点(如独立大桥),则其他工程费内的工地转移费应不再计算;如施工机构迁移地点至新工地地点尚有部分距离,则工地转移费的距离,应以施工机构新地点为计算起点。

七 供电贴费

1 费用内容

供电贴费是指按照国家规定,建设项目应交付的供电工程贴费、施工临时用电贴费。

2 计算方法

按国家有关规定计列(目前停止征收)。

八 联合试运转费

1 费用内容

联合试运转费是指新建、改建、扩建工程项目,在竣工验收前按照设计规定的工程质量标准,进行动(静)载荷载试验所需的费用,或进行整套设备带负荷联合试运转期间所需的全部费用抵扣试车期间收入的差额。该费用不包括应由设备安装工程开支的调试费的费用。

费用内容包括联合试运转期间所需的材料、油燃料和动力的消耗,机械和检测设备使用费,工具用具和低值易耗品费,参加联合试运转人员工资及其他费用等。

2 计算方法

联合试运转费以建筑安装工程费总额为基数,独立特大型桥梁按0.075%计算,其他工程按0.05%计算。

九 生产人员培训费

1 费用内容

生产人员培训费是指新建、改建、扩建公路工程项目,为保证生产的正常运行,在工程竣工验收交付使用前对运营部门生产人员和管理人员进行培训所必需的费用。费用内容包括培训人员的工资、工资性补贴、职工福利费、差旅交通费、劳动保护费、培训及教学实习费等。

2 计算方法

生产人员培训费按设计定员和2 000元/人的标准计算。

十 固定资产投资方向调节税

1 费用内容

固定资产投资方向调节税是指为了贯彻国家产业政策,控制投资规模,引导投资方向，调整投资结构，加强重点建设，促进国民经济持续稳定协调发展，依照《中华人民共和国固定资产投资方向调节税暂行条例》规定，公路建设项目应缴纳的固定资产投资方向调节税。

2 计算方法

按国家有关规定计算（目前暂停征收）。

十一 建设期贷款利息

1 费用内容

建设期贷款利息是指建设项目中分年度使用国内贷款或国外贷款部分，在建设期内应归还的贷款利息。费用内容包括各种金融机构贷款、企业集资、建设债券和外汇贷款等利息。

2 计算方法

根据不同的资金来源，按需付息的分年度投资计算。计算公式如下。

建设期贷款利息 = Σ（上年末付息贷款本息累计 + 本年度付息贷款额 ÷2）× 年利率

即

$$S = \sum_{n=1}^{N}(F_{n-1} + b_n \div 2) \times i \tag{6-28}$$

式中：S——建设期贷款利息，元；

N——项目建设期，年；

n——施工年度；

F_{n-1}——建设期第($n-1$)年末需付息贷款本息累计，元；

b_n——建设期第 n 年度付息贷款额，元；

i——建设期贷款年利率，%。

想一想

1. 工程建设其他费用是由哪几部分组成的？
2. 建设项目管理费是由哪几部分组成的？如何计算？
3. 公路建设项目有哪些费用目前停止征收？
4. 施工机构迁移费与工地转移费有何区别？

6.6 预备费

预备费由价差预备费、基本预备费两部分组成。在公路工程建设期限内,凡需动用预备费时,属于公路交通部门投资的项目,需经建设单位提出,按建设项目隶属关系,报交通运输部或交通厅(局、委)基建主管部门核定批准;属于其他部门投资的建设项目,按其隶属关系报有关部门核定批准。

一 价差预备费

1 费用内容

价差预备费是指设计文件编制年至工程竣工年期间,第一部分费用的人工费、材料费、机械使用费、其他工程费、间接费等以及第二、三部分费用由于政策、价格变化可能发生上浮而预留的费用及外资贷款汇率变动部分的费用。

2 计算方法

价差预备费以概算、预算或修正概算第一部分“建筑安装工程费”总额为基数,按设计文件编制年始至建设项目工程竣工年的年数和年工程造价增长率计算。如式(6-29)所示。

$$\text{价差预备费} = P \times [(1+i)^{n-1} - 1] \tag{6-29}$$

式中:P——建筑安装工程费总额,元;

i——年工程造价增长率,%;

n——设计文件编制年至建设项目开工年+建设项目建设期限,年。

年工程造价增长率按有关部门公布的工程投资价格指数计算,或由设计单位会同建设单位根据该工程人工费、材料费、施工机械使用费、其他工程费、间接费以及第二、三部分费用可能发生的上浮等因素,以第一部分建安费为基数进行综合分析预测。设计文件编制至工程完工在一年以内的工程,不列此项费用。

二 基本预备费

基本预备费是指在初步设计和概算中难以预料的工程和费用。

1 费用内容

(1)在进行技术设计、施工图设计和施工过程中,在批准的初步设计和概算范围内所增加的工程费用。

(2)在设备订货时,由于规格、型号改变的价差;材料货源变更、运输距离或方式的改变以及因规格不同而代换使用等原因发生的价差。

(3)由于一般自然灾害所造成的损失和预防自然灾害所采取的措施费用。

(4)在项目主管部门组织竣(交)工验收时,验收委员会(或小组)为鉴定工程质量必须开挖和修复隐蔽工程的费用。

(5)投保的工程根据工程特点和保险合同发生的工程保险费用。

2 计算方法

该费用计算可用两种方法。

(1)不采用施工图预算加系数包干承包的工程以第一、二、三部分费用之和(扣除固定资产投资方向调节税和建设期贷款利息两项费用)为基数按下列费率计算。

①设计概算按5%计列。

②修正概算按4%计列。

③施工图预算按3%计列。

(2)采用施工图预算加系数包干承包的工程,其包干系数为施工图预算中直接费与间接费之和的3%。施工图预算包干费用由施工单位包干使用。即

$$基本预备费=(直接费+间接费)\times 3\% \tag{6-30}$$

该包干费用的内容如下。

①在施工过程中,设计单位对分部、分项工程修改设计而增加的费用,但不包括因水文地质条件变化造成的基础变更、结构变更、标准提高、工程规模改变而增加的费用。

②预算审定后,施工单位负责采购的材料由于货源变更、运输距离或方式的改变以及因规格不同而代换使用等原因发生的价差。

③由于一般自然灾害所造成的损失和预防自然灾害所采取措施的费用(如一般防台风、防洪的费用)等。

6.7 公路交工前养护费及绿化补助费

公路交工前养护费及绿化工程费是建筑安装工程费中的工程项目,该项费用是按照《公路工程基本建设项目概算预算编制办法》(JTG B06—2007)中的规定进行计算的。

一 公路交工前养护费

公路交工前养护费是指对路线工程陆续交工的路段,养护至交工初验时,以路面为主包括路基、构造物在内的养护费用。

1 养护费用计算

公路交工前养护费按路线总里程及平均养护月数,以下列指标计算。

(1)三、四级公路按60 工日/月 · km 计算。

(2)二级及以上公路按30 工日/月 · km 计算。

另按路面工程类别计算其他工程费和间接费。本项费用应在08 表立项计算,然后转入03 表计算其建筑安装费。

2 养护用工计算

公路交工前养护用工也需要在概算、预算中反映,但不再计入单价(因已按指标形式计算)。

公路交工前养护用工数量按上述指标标准,以路线总里程及平均养护月数之乘积计算。公路交工前养护用工数量应在02 表中单列分项计算。

二 绿化补助费

对于无绿化设计的二级以下等级的新建公路,应由施工单位负责在适宜的气候条件下完成绿化施工。绿化工程费是按路线总里程乘以下列绿化补助费指标计算的。

(1)平原微丘区为5 000 元/km。

(2)山岭重丘区为 1 000 元/km。

以上费用指标已包括其他工程费和间接费。

单元小结

本单元主要介绍了公路基本建设各项费用的内容及计算方法，其中直接费的内容比较多，计算方法也比较繁琐，在学习时应重点掌握各项费用的概念和内容，归纳、区别各项费用的计算方法，正确地查用费率，计算增工数量。

自我检测

一、问答题

1. 建筑安装工程费是由哪些费用组成的?

2. 什么是直接工程费? 如何计算?

3. 其他工程费是由哪些费用组成的? 如何计算?

4. 简述间接费的内容及计算方法。

5. 材料预算单价是由哪几部分组成的? 如何计算?

6. 什么是另计增工? 哪些费用需另计增工?

7. 工程建设其他费用是由哪些费用组成的? 如何计算?

8. 什么是基本预备费? 如何计算?

9. 简述概算、预算各项费用的计算程序和计算方法。

二、练习题

1. 机械轧碎石(4cm)，人工装卸手扶拖拉机运 800m，已知人工 55 元/工日，片石 36 元/工日，破碎机 150 元/台班，手扶拖拉机 135 元/台班，试根据本书表 4-26 ~ 表 4-29 计算碎石(4cm)的预算单价。

2. 上海某石灰煤渣稳定土基层宽 18m，长 12km，压实厚度为 14cm，采用人工沿路拌和法(筛拌法)施工，设计配合比为石灰:煤渣 = 18:82。已知人工 56.00 元/工日，水 1.10 元/t，生石灰 182.00 元/t，煤渣 28.60 元/m^3，6 ~ 8t 光轮压路机 250.60 元/台班，12 ~ 15t 光轮压路机 460.80 元/台班。试根据本书表 4-23 计算直接费。

单元7

公路工程概算、预算的编制

学习目标

1. 了解公路基本建设概算、预算的编制原则和依据。
2. 掌握公路基本建设概算、预算的编制程序和方法。
3. 能结合工程实例编制施工图预算。

学习指南

本单元主要讲述公路基本建设概算、预算的编制程序和方法。学习时应结合书中的工程实例，掌握概算、预算的编制程序，掌握列项的要求和各种表格的填写方法。学习流程如下。

概算、预算的编制原则和依据 → 概算、预算的编制程序和方法 → 公路工程施工图预算编制实例

教学建议

本单元通过工程实例完整展示了公路工程概算、预算的编制程序及各种表格的计算方法。讲授时应结合工程实例，讲述列项的要求、各种表格的填写顺序及表中数值相互利用、相互补充的逻辑关系。

7.1 公路工程概算、预算的编制原则及依据

公路工程概算、预算是反映公路建设项目全部费用的经济文件，是控制工程造价，招标、投标的依据，也是优化设计，促进施工企业搞好经济核算和管理的依据。因此，概算、预算的编制是工程造价管理工作的重要环节。提高概算、预算的编制质量，对加强公路基本建设管理具有十分重要的意义。

一 概算、预算的编制原则

1 严格执行党和国家的方针、政策及有关规定

概算、预算的编制必须严格执行党和国家的方针、政策及有关规定。现行的《公路工程基本建设项目概算预算编制办法》是(JTG B06—2007)，自2008年1月1日起施行。应用时要注意其适用范围，不可滥用。

2 编制人员应具备本专业的业务能力

公路工程概算、预算应由具备造价工程师任职资格的工程技术人员编制。编制前，应全面了解工程所在地的建设条件，掌握设计、施工情况，做好设计方案的经济比较，正确引用定额和取费标准，正确计算工资单价和材料、机械设备价格，把技术工作和经济工作结合起来，全面、有效地提高编制质量。

3 设计单位应对概算、预算的编制质量负责

概算、预算文件应由有相应资格的设计或工程(造价)咨询单位编制。概算、预算文件应达到的质量要求是：符合规定，结合实际，经济合理，提交及时，不重不漏，计算正确，字迹打印清晰，装订整齐完善。设计单位应配备和充实工程经济专业人员，切实做好概算、预算的

编制工作，并对概算、预算的编制质量负责。

4 概算、预算编制工作要符合市场经济规律

概算、预算应切实反映设计内容的实际，资金要打足，不留缺口，并且做到估算包住概算，概算包住预算，预算包住决算。

二 概算、预算的编制依据

1 建设项目立项依据及有关文号

在编制概算、预算时，首先要了解建设项目是否有可行性研究报告的批准文号，或初步设计概算的批准文号。因为只有立项的建设项目才是合法项目，才有必要编制概算、预算。

2 设计图纸和施工组织设计资料

设计图纸和施工组织设计资料是指导施工的指令性文件。图纸全面反映了工程项目的形式、内容、地质状况、结构尺寸和施工技术要求，是确定工程数量的主要依据。施工组织设计资料确定了工程项目的施工方案、施工期限和施工方法，是计算有关费用，套用相应定额的依据。

3《公路工程基本建设项目概算预算编制办法》(JTG B06—2007)与定额

《公路工程基本建设项目概算预算编制办法》(JTG B06—2007)是编制概算、预算的总则。各项费用的计算方法及各项费率的取用标准都必须执行《公路工程基本建设项目概算预算编制办法》(JTG B06—2007)的规定。《公路工程概算定额》(JTG/T B06-01—2007)、《公路工程预算定额》(JTG/T B06-02—2007)、《公路工程机械台班费用定额》(JTG/T B06-03—2007)是计算直接工程费用的依据。

4 合同、协议、委托书等有关文件

凡与编制概算、预算有关的文件和规定，以及在外业调查中签订的各种协议和合同都是编制概算、预算的重要依据。

7.2 概算、预算的编制程序与方法

一 概算、预算各项费用的计算程序

概算、预算的总金额是由以下四大部分组成的。

(1)建筑安装工程费。

(2)设备、工具、器具及家具购置费。

(3)工程建设其他费用。

(4)预备费。

在上述各项费用中,每项费用都有其具体的内容和计算方法,并按照一定的规则和程序进行。现将各项费用的计算程序和方法归纳如表7-1所示。

公路工程建设各项费用的计算程序及计算方式 表7-1

代号	项目	说明及计算式
(一)	直接工程费(即工、料、机费)	按编制年工程所在地的预算价格计算
(二)	其他工程费	(一)×其他工程费综合费率或各类工程人工费和机械费之和×其他工程费综合费率
(三)	直接费	(一)+(二)
(四)	间接费	各类工程人工费×规费综合费率+(三)×企业管理费综合费率
(五)	利润	[(三)+(四)-规费]×利润率
(六)	税金	[(三)+(四)+(五)]×综合税率
(七)	建筑安装工程费	(三)+(四)+(五)+(六)
(八)	设备、工具、器具购置费(包括备品备件)	Σ(设备、工具、器具购置数量×单价+运杂费)×(1+采购保管费率)
	办公及生活用家具购置费	按有关规定计算
(九)	工程建设其他费用	
	土地征用及拆迁补偿费	按有关规定计算
	建设单位(业主)管理费	(七)×费率
	工程质量监督费	(七)×费率
	工程监理费	(七)×费率
	工程定额测定费	(七)×费率
	设计文件审查费	(七)×费率

续上表

代号	项目	说明及计算式
	竣(交)工验收试验检测费	按有关规定计算
	研究试验费	按批准的计划编制
	前期工作费	按有关规定计算
	专项评价(估)费	按有关规定计算
	施工机构迁移费	按实计算
	供电贴费	按有关规定计算
	联合试运转费	(七)×费率
	生产人员培训费	按有关规定计算
	固定资产投资方向调节税	按有关规定计算
	建设期贷款利息	按实际贷款数及利率计算
(十)	预备费	包括价差预备费和基本预备费两项
	价差预备费	按规定的公式计算
	基本预备费	[(七)+(八)+(九)-固定资产投资方向调节税-建设期贷款利息]×费率
	预备费中施工图预算包干系数	[(三)+(四)]×费率
(十一)	建设项目总费用	(七)+(八)+(九)+(十)

二 概算、预算的编制步骤

概算、预算各项费用的计算都是按照一定的程序和方法进行的,在实际工作中,这些费用的计算及填表都是由计算机软件完成的。为了更好地掌握概算、预算的编制方法,本单元主要从编制原理出发,全面系统地介绍概算、预算的编制步骤(概算与预算的编制除采用的定额不同外,其编制方法基本相同)。

1 概算、预算编制步骤

(1)列项。

列项是根据工程设计的内容,按"概算、预算项目表"(表5-1)的要求,将一个复杂的建设项目分解成若干个分项工程,并以"项"、"目"、"节"、"细目"的顺序依次列出。当实际出现的工程费用与项目表的内容不完全相符时,"项"的序号保留不变,"目"、"节"、"细目"的序号可以根据需要增减,即按实际出现的"目"、"节"和"细目"依次排列。然后按定额项目表的要求,将分项后的每一工程与相应的定额表号一一对应。

列项是编制概算、预算的第一步,是一项非常重要的技术工作。编制人员不仅要掌握工程项目的全部设计内容,掌握施工工艺和方法,而且要熟悉《公路工程概算定额》(JTG/T B06-01—2007)、《公路工程预算定额》(JTG/T B06-02—2007),并且要有科学、严谨的工作态度,既不能漏列、重列,更不能巧立名目。为了防止出错,在列项时最好先列在草稿上,待复核无误后,再正式填入08表。

(2)初编08表。

概算、预算的所有计算过程都是通过表格的形式来完成的。一套概算、预算计算表格共有12种,如本书附录一所示。

08表是“分项工程概算、预算表”。概算、预算的总金额是以08表“分项工程概算、预算表”为基础,计算、汇总而来的。初编08表是指按照列项中“项”、“目”、“节”、“细目”的逻辑关系,将各项费用名称、定额表号、定额值等列入08表内。由于人工、材料、机械台班的单价及各种费率尚未知,故08表只能初编,尚不能计算。

(3)初编10表。

10表是“自采材料料场价格计算表”。根据初编08表中所发生的自采材料的规格名称、相应的定额表号及所消耗的各种资源的名称、定额值等填入相应栏内,由于外购材料的单价及机械台班的单价尚未知,故10表只能是初编,其料场价格要待07表中相应材料、机械台班预算单价转入后,方能计算。

(4)编制09表。

09表是“材料预算单价计算表”。根据08表中出现的各种材料,将其名称、来源及运输方式等填入相应的栏内。填表时应按照材料代号的顺序从小到大依次进行登记、计算材料的预算单价,并将其单价分别转入08表、10表、11表相应的材料预算单价栏中。

(5)编制11表。

11表是“机械台班单价计算表”。编制时应根据08表、10表中出现的机械名称,把《公路工程机械台班费用定额》(JTG/T B06-03—2007)的内容及09表中相应的材料预算单价填入相应栏内,并按代号的顺序从小到大依次登记、计算机械台班单价,并将其单价值分别转入08表、10表相应的机械台班单价栏中。

(6)编制07表。

07表是“人工、材料、机械台班单价汇总表”。将人工单价、09表中材料预算单价、11表中机械台班单价,按人工、材料、机械的代号顺序依次汇总于07表中。

(7)编制04表。

04表是“其他工程费及间接费综合费率计算表”。编制时,应根据工程所处的自然环境、施工条件等具体情况,按工程类别的顺序依次计算各项费率,并将其值转入08表相应费率栏内。

(8)编制05表。

05表是“设备、工具、器具购置费计算表”。编制时,应根据工程实际购买的设备、工具、器具计算各项费用。

(9)补编08表、10表。

在完成07表、04表的计算后,初编08表中的人、料、机单价及各项费率均为已知,这样08表的计算即可完成了。同理,将07表材料、机械台班单价转入10表,则10表的计算也可完成了。

(10)编制03表。

03表是“建筑安装工程费计算表”。编制时,应将08表中各分项工程的直接工程费、其他工程费及间接费等各项费用填入相应栏内，并在表中计算相应的建筑安装工程费，核算各分项工程的建筑安装工程费。

（11）编制06表。

06表是“工程建设其他费用及回收金额计算表”。将建设项目中所发生的其他费用，按照《公路工程基本建设项目概算预算编制办法》（JTG B06—2007）中的费用内容和外业调查资料（包括协议书、委托书、合同等）编入06表。此外，预备费及回收金额的计算也在该表进行。

（12）编制01表及01-1表。

01表是“总概算、预算表”。根据“概算、预算项目表”的格式，将工程项目中实际发生的费用，按“项”、“目”、“节”、“细目”顺序填入相应栏内。然后根据工程数量和概算、预算金额，计算技术经济指标及各项费用比重。

01-1表为“总概算、预算汇总表”。根据建设项目的要求，当分段或分部编制01表时，应将各分段（分部）01表汇总到01-1表中。

根据01或01-1表中提供的概算、预算总金额，各单位工程或分项工程的费用比值和各项技术经济指标，可以从经济角度对设计是否合理予以评价，并找出挖潜措施。

（13）编制12表。

12表为“辅助生产工、料、机械台班单位数量表”。将10表中所列的各自采材料规格名称及其他辅助生产项目列入“规格名称”栏内，将每生产单位合格产品所消耗的各种资源及定额值列入表中，供02表计算辅助生产工、料、机备用。

（14）编制02表及02-1表。

02表是“人工、主要材料、机械台班数量汇总表”。将工程项目中所消耗的人工、主要材料、机械台班等规格名称按代号的顺序列入“规格名称”栏内。然后以项为单位，分别统计各实物的消耗量及总数量。

02-1表为“总概算、预算人工、主要材料、机械台班数量汇总表”。当分段编制概算、预算时，应将各段的02表汇总到02-1表中。

至此，概算、预算的12种表格全部编制完毕。

（15）撰写编制说明。

在完成全部计算表格后，应撰写编制说明，阐述概算、预算的编制内容、编制依据和编制成果（工程总造价、各实物量消耗指标等）。对编制中存在的问题以及与概算、预算有关，但又不能在表格中说明的事项均应在“编制说明”中以文字的形式表述清楚。

（16）复核、印刷、装订、报批。

在全面复核，确认无误后，参编人员应签字并加盖资格印章，待设计单位各级负责人签字审批后，即可印刷，并按甲、乙组文件分别装订成册，上报待批。

综上所述，概算、预算的编制是一项非常细致的工作，各种计算表格环环相扣，相互利用，相互补充，并交叉进行。其计算过程及相互关系如图7-1所示。

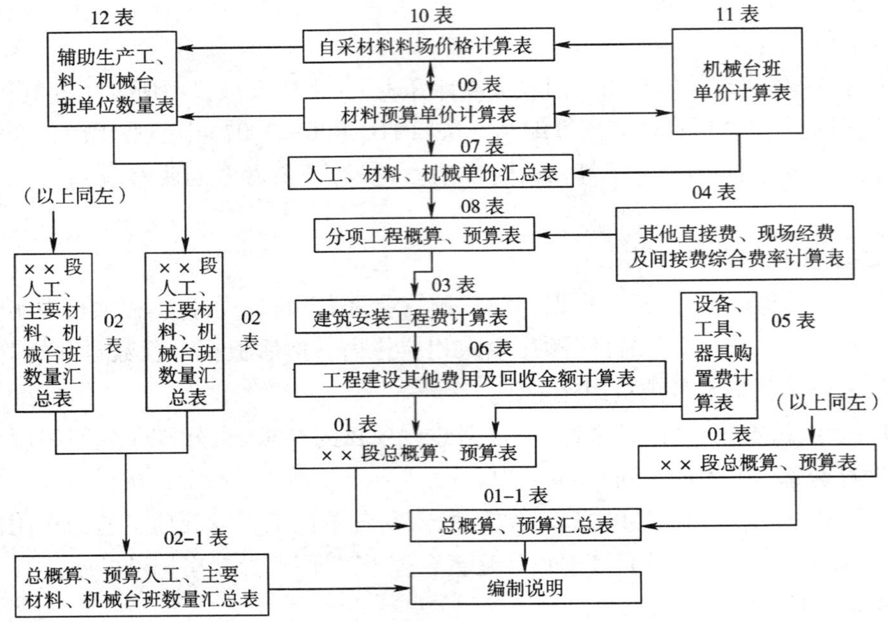

图 7-1　各种表格的计算顺序和相互关系

2 概算、预算编制要点

为提高概算、预算的编制质量，除掌握上述编制程序外，还必须注意如下问题。

(1)正确引用定额值。

在引用定额值时，必须瞻前顾后，注意章、节说明和表下注解。特别是在每次编制之前都要查询是否有新的定额或文件下达，切不可墨守成规。

(2)正确计算工程数量。

正确计算工程数量是编好概算、预算至关重要的环节。在设计文件中，设计人员提供的工程数量与《公路工程概算定额》(JTG/T B06-01—2007)、《公路工程预算定额》(JTG/T B06-02—2007)中的工程数量含义往往不尽相同。如路基填方的工程量，概算的填方量是指填方的设计断面方 + 预计的沉降方 + 表土清除和耕地填前压实后的回填量 + 路基填方两边加宽以保证路肩压实的增加方。而设计人员提供的填方数量通常只是“设计断面方”，而不包含后面三项。类似这种情况还有很多。因此，在计算工程数量时，概算、预算编制人员应与设计人员密切配合，使计算的工程数量与概算、预算定额中的工程数量含义一致。

(3)准确统计实物量。

在编制 02 表时，除分项统计实物消耗量外，还应统计汇总那些按费率或指标计算的增工、用料、用机的数量。如自办运输、人工装卸用工、公路交工前养护用工、冬雨夜增工、临时设施用工及辅助生产所需工、料、机数量等。为了统计汇总这些人工、材料、机械数量，应在02表的“分项”中列项，并要求12表单位数量的统计更全面具体。

(4)加强复核工作。

概算、预算的编制有环环相扣的特点，若一步算错，则步步连错。因此，在编制时应加强复核工作，每张计算表格应分别由“编制”、“复核”两人完成，并分步完成，在复核无误后再进行下一步。切勿单人自编自核。

想一想

1. 公路工程概算、预算的编制应遵循哪些原则？
2. 计算工程数量时应注意什么问题？
3. 简述公路工程概算、预算的编制步骤。

7.3 公路工程施工图预算编制实例

在实际工作中，公路工程概算、预算都是用计算机软件编制的。目前全国公路工程概算、预算编制软件较多，XJTW是设计院等造价主管部门上报预算专用软件，是严格按《公路工程基本建设项目概算预算编制办法》(JTG B06—2007)开发的。下面通过工程实例解析用同望WCOST工程造价软件编制施工图预算的全过程。

1 路线名称及地理位置

松—川公路地处平原微丘区，自然环境为冬二(Ⅰ)，雨Ⅱ(2)。

2 主要设计资料

(1)松—川公路为二级新建公路，长8.6km，路基宽12m，上铺石灰稳定土基层厚20cm(机械沿路拌和)；路面为水泥混凝土路面，宽9.0m，厚23cm；路肩为土路肩，宽1.50m。

(2)本路段以机械施工为主,工期一年(不计物价上涨费),工地转移距离100km,主副食综合里程15km。

(3)本路段共占用农田4.85亩,青苗补偿费按5 000元/亩计算。

(4)汽车临时便道4km,路基宽7.0m,无路面。

(5)临时输电线路(三线橡皮线)800m,支线600m。

(6)本路段里程碑10块,百米桩90块。

(7)本路段交工养护里程8.6km,平均养护月数为3个月。

(8)本路段需购置路政电脑管理设备3台,每台8 000元。

3 主要工程数量

主要工程涉及路基土方、防护工程、路面基层及路缘石和水泥混凝土路面,各工程数量如表7-2～表7-5所示。

路 基 土 方　　表7-2

<table>
<tr><th colspan="2">0.6m³以内挖掘机挖装土方天然密实方(m³)</th><th colspan="2">6t自卸汽车运土方</th><th colspan="2">机械碾压路基(15t振动压路机)实体积(m³)</th></tr>
<tr><th>松土</th><th>普通土</th><th>天然密实方(m³)</th><th>运距(km)</th><th>填方土路基</th><th>挖方路基</th></tr>
<tr><td>85 000</td><td>52 000</td><td>137 000</td><td>3</td><td>128 000</td><td>56 000</td></tr>
</table>

防 护 工 程　　表7-3

<table>
<tr><th colspan="5">挡土墙(m³)</th><th>人工草皮(m²)</th></tr>
<tr><th>挖基坑(m³实体)</th><th colspan="2">干砌数量</th><th colspan="2">浆砌数量</th><th rowspan="2">花格式</th></tr>
<tr><th>基坑深2m(干处)</th><th>块石基础</th><th>片石墙身</th><th>M5浆砌块石基础</th><th>M5浆砌片石墙身</th></tr>
<tr><td>3 075</td><td>1 200</td><td>1 600</td><td>850</td><td>1 200</td><td>63 000</td></tr>
</table>

路面基层及路缘石　　表7-4

<table>
<tr><th colspan="2">拖拉机带铧犁拌和石灰土基层(石灰含量10%)</th><th colspan="2">培 路 肩</th><th rowspan="2">路缘石(混凝土预制块)(m³)</th></tr>
<tr><th>压实厚度(cm)</th><th>工程数量(m²)</th><th>路肩厚度(cm)</th><th>工程数量(m³)</th></tr>
<tr><td>20</td><td>103 200</td><td>23</td><td>25 800</td><td>1 532</td></tr>
</table>

水泥混凝土路面　　表7-5

<table>
<tr><th colspan="2">厂拌混凝土汽车运输2km</th><th rowspan="2">混凝土路面钢筋(t)</th><th rowspan="2">混凝土拌和站安装、拆除60m³/h(座)</th></tr>
<tr><th>路面厚度(cm)</th><th>工程数量(m²)</th></tr>
<tr><td>23</td><td>77 400</td><td>16.5</td><td>1</td></tr>
</table>

4 主要材料供应价格、运距、运价率(表7-6)

材料供应价格、运距、运价率一览表　　表7-6

序号	规格名称	单位	供应价格(元)	起讫地点	运输方式及运距	运价(元/t·km)	备注
1	原木	m^3	1 120	三河—川级	汽车 25km		
2	锯材	m^3	1 350	三河—川级	汽车 25km		
3	光圆钢筋	t	3 300	三河—川级	汽车 25km		
4	带肋钢筋	t	3 400	三河—川级	汽车 25km		
5	型钢	t	3 700	三河—川级	汽车 25km		
6	钢板	t	4 450	三河—川级	汽车 25km		
7	空心钢钎	kg	7	三河—川级	汽车 25km		
8	合金钻头	个	26.53	三河—川级	汽车 25km		
9	电焊条	kg	4.9	三河—川级	汽车 25km		
10	组合钢模板	t	5 710	三河—川级	汽车 25km		
11	铁件	kg	4.4	三河—川级	汽车 25km		
12	铁钉	kg	6.97	三河—川级	汽车 25km		
13	8～12号铁丝	kg	6.1	三河—川级	汽车 25km		
14	20～22号铁丝	kg	6.4	三河—川级	汽车 25km	0.63	装卸费4元/t
15	橡皮线	m	6.8	三河—川级	汽车 25km		
16	皮线	m	5.4	三河—川级	汽车 25km		
17	油漆	kg	13.04	三河—川级	汽车 25km		
18	32.5级水泥	t	320	三河—川级	汽车 25km		
19	硝铵炸药	kg	6	三河—川级	汽车 25km		
20	导火线	m	0.8	三河—川级	汽车 25km		
21	普通雷管	个	0.7	三河—川级	汽车 25km		
22	石油沥青	t	3 800	三河—川级	汽车 25km		
23	重油	kg	2.8	三河—川级	汽车 25km		
24	汽油	kg	5.2	三河—川级	汽车 25km		
25	柴油	kg	4.9	三河—川级	汽车 25km		
26	煤	t	265	三河—川级	汽车 25km		
27	青(红)砖	千块	212	三河—川级	汽车 25km		
28	生石灰	t	105	三河—川级	汽车 25km		
29	土	m^3		砂场—工地	自办 0.6km		人工装卸手扶拖拉机运输
30	中(粗)砂	m^3		砂场—工地	自办 0.6km		
31	砂砾	m^3		砂场—工地	自办 0.6km		
32	黏土	m^3		砂场—工地	自办 0.6km		
33	片石	m^3		石场—工地	自办 2km		3t以内自卸汽车运输，$1m^3$以内轮胎式装载机装汽车
34	开采片石	m^3		石场	0		
35	碎石(2cm)	m^3		石场—工地	自办 2km		
36	碎石(4cm)	m^3		石场—工地	自办 2km		
37	碎石(8cm)	m^3		石场—工地	自办 2km		
38	块石	m^3		石场—工地	自办 2km		
39	草皮	m^2	1.97	工地		工地价	

5 工程项目明细表

根据工程设计资料，参照"路线工程概算、预算项目表"并结合《公路工程预算定额》(JTG/T B06-02—2007)相应表号，将工程分解，并按项、目、节、细目的顺序一一列出，以便于准确套用定额，输入工程量。工程项目明细表如表7-7所示。

工程项目明细表 表7-7

项	目	节	细目	工程或费用名称	单位	工程数量	预算定额表号、费率
				第一部分 建筑安装工程费	公路公里	8.6	
一				临时工程	公路公里	8.6	
	1			临时道路	km	8.6	
		1		临时便道的修建与维护	km	4	
			1	平原微丘区路基宽7m	km	4	7-1-1-1
	2			临时电力线路	km	1.4	
		1		支线输电线路	100m	6	7-1-5-3
			1	角铁横担干线三线橡皮线输电线路	100m	8	7-1-5-2
二				路基工程	km	8.6	
	1			挖方	m^3		
		1		挖土方	m^3		
			1	挖路基土方	m^3	137 000	
				$0.6m^3$以内挖掘机挖装松土	$1\ 000m^3$	85	1-1-9-1
				$0.6m^3$以内挖掘机挖装普通土	$1\ 000m^3$	52	1-1-9-2
		2		弃方运输	m^3	137 000	
			1	6t以内自卸汽车运输3km土方	$1\ 000m^3$	137	[1-1-11-5]+[1-1-11-6]
	2			填方	m^3		
		1		路基填方	m^3		
			1	利用土方填筑	m^3	184 000	
				二级公路15t以内振动压路机碾压土方	$1\ 000m^3$	128	1-1-18-9
				二级公路15t以内振动压路机	$1\ 000m^2$	56	1-1-18-31
	3			防护与加固工程	km		
		1		坡面植物防护	m^2		
			1	铺(植)草皮	m^2	63 000	
				花格式边坡高度10m以内	$1\ 000m^2$	63	5-1-1-4
		2		挡土墙	m^3/m		
			1	石砌挡土墙	m^3/m	4 850/300	
				土方干处基坑深3m以内	$1\ 000m^3$	3.08	4-1-1-1
				干砌块石基础	$10m^3$	120	5-1-15-2
				干砌片石墙身	$10m^3$	160	5-1-15-3
				浆砌块石基础	$10m^3$	85	5-1-15-6
				浆砌片石墙身	$10m^3$	120	5-1-15-7

续上表

项	目	节	细目	工程或费用名称	单位	工程数量	预算定额表号、费率
三				路面工程	km	8.6	
	1			路面基层	m^2		
		1		石灰稳定类基层	m^2	103 200	
			1	压实厚度20cm拖拉机带铧犁拌和石灰土石灰剂量10%	1 000m^2	103.2	[2-1-3-5]+[2-1-3-6]
	2			水泥混凝土面层	m^2		
三		1		水泥混凝土面层	m^2	77 400	
			1	普通混凝土摊铺机铺筑滑模式路面厚度23cm	1 000m^2	77.4	[2-2-17-5]+[2-2-17-6]
			2	6m^3搅拌运输车运混凝土2km	100m^3	178.02	[4-11-11-20]+[4-11-11-21]
		2		钢筋	t	16.5	
			1	钢筋	1t	16.5	2-2-17-15
		3		混凝土搅拌站安拆	座	1	
			1	混凝土搅拌站安拆(60m^3/h以内)	1座	1	4-11-11-8
	3			路槽、路肩及中央分隔带	km	8.6	
		1		培路肩	m^2	25 800	
			1	培路肩厚度23cm	1 000m^2	25.8	[2-3-3-5]+[2-3-3-6]
		2		路缘石	m^3	1 532	
			1	路缘石混凝土预制块预制、安砌	10m^3	153.2	2-3-4-4
七				公路设施及预埋管线工程	公路公里	8.6	
	1			安全设施	公路公里	8.6	
		1		里程碑、百米桩、公路界碑	块	100	
			1	里程碑	100块	0.1	6-1-11-1
			2	百米桩	100块	0.9	6-1-11-2
	2			其他工程	公路公里	8.6	
		1		公路交工前养护费	km	8.6	
				第二部分　设备及工具、器具购置费	公路公里	8.6	
一				设备购置费	公路公里	8.6	
	1			不需安装的设备	公路公里	8.6	
		1		路政管理设备	台	3	
三				办公及生活用家具购置	公路公里	8.6	
				第三部分　工程建设其他费用	公路公里	8.6	
一				土地征用及拆迁补偿费	公路公里	8.6	
	1			土地征用补偿费	亩	4.85	
二				建设项目管理费	公路公里	8.6	
	1			建设单位管理费	公路公里	8.6	
	2			工程质量监督费	公路公里	8.6	费率0.15%

续上表

项	目	节	细目	工程或费用名称	单位	工程数量	预算定额表号、费率
	3			工程监理费	公路公里	8.6	费率2.5%
	4			工程定额测定费	公路公里	8.6	费率0.12%
	5			设计文件审查费	公路公里	8.6	费率0.1%
	6			竣(交)工验收试验检测费	公路公里	8.6	
四				建设项目前期工作费	公路公里	8.6	费率1%
				第一、二、三部分费用合计	公路公里	8.6	
				预备费	元	0	
一				1. 价差预备费	元	0	
二				2. 基本预备费	元	0	费率3%
				预算总金额	元	0	
				其中:回收金额	元	0	
				公路基本造价	公路公里	8.6	

6 施工图预算计算表

根据设计资料,用同望 WCOST 公路工程造价软件编制施工图预算所生成的各表如表7-8~表7-20 所示。

总 预 算 表 表7-8a

建设项目名称:松—川二级公路

编制范围:K0+000~K8+600 第1页 共3页 01表

项	目	节	细目	工程或费用名称	单位	数量	预算金额(元)	技术经济指标	各项费用比例(%)
				第一部分 建筑安装工程费	公路公里	8.6	13 719 803	1 595 325.98	89.84
一				临时工程	公路公里	8.6	128 673	14 961.98	0.84
	1			临时道路	km		51 612		0.34
		1		临时便道的修建与维护	km	4	51 612	12 903	0.34
	2			临时电力线路	km	1.4	77 061	55 043.57	0.50
二				路基工程	km		3 848 194		25.20
	1			挖方	m^3		2 001 794		13.11
		1		挖土方	m^3		367 667		2.41
			1	挖路基土方	m^3	137 000	367 667	2.68	2.41
		2		汽车运土	m^3	137 000	1 634 127	11.93	10.70
	2			填方	m^3		622 336		4.08

编制:张丽华 复核:邓人庆

总 预 算 表

表 7-8b

建设项目名称:松—川二级公路

编制范围:K0 +000 ~ K8 +600

第2页 共3页 01表

项	目	节	细目	工程或费用名称	单 位	数 量	预算金额（元）	技术经济指标	各项费用比例(%)
		1		路基填方	m^3		622 336		4.08
			1	利用土方填筑	m^3	184 000	622 336	3.38	4.08
	3			防护与加固工程	km		1 224 064		8.02
	1			坡面植物防护	m^2		179 328		1.17
			1	铺(植)草皮	m^2	63 000	179 328	2.85	1.17
		2		挡土墙	m^3/m		1 044 736		6.84
			1	石砌挡土墙	m^3/m	4 850	1 044 736	215.41	8.84
三				路面工程	km		9 698 843		63.51
	1			路面基层	m^2		1 725 268		11.30
		1		石灰稳定类基层	m^2	103 200	1 725 268	16.72	11.30
	2			水泥混凝土面层	m^2		6 798 542		44.52
		1		水泥混凝土面层	m^2	77 400	6 521 533	84.26	47.70
		2		钢筋	t	16.5	79 595	4 823.94	0.52
		3		混凝土拌和站安拆	处	1	197 414	197 414	1.29
	3			路槽、路肩及中央分隔带	km		1 175 033		7.69
		1		培路肩	m^2	25 800	135 425	5.25	0.89
		2		路缘石	m^3	1 532	1 039 608	678.6	6.81
四				桥梁涵洞工程	km				
五				交叉工程	处				
六				隧道工程	km/座				
七				公路设施及预埋管线工程	公路公里	8.6	44 093	5 127.09	0.29
	1			安全设施	公路公里	8.6	1 957	227.56	0.01
		1		里程碑、百米桩、公路界碑	块	100	1 957	19.57	0.01
	2			其他工程	公路公里	8.6	42 136	4 899.53	0.28
		1		公路交工前养护费	km	8.6	42 136	4 899.53	0.28
八				绿化工程	公路公里	8.6			
				第二部分 设备及工具、器具购置费	公路公里	8.6	73 880	8 590.7	0.48

编制:张丽华　　　　复核:邓人庆

总 预 算 表

表 7-8c

建设项目名称:松—川二级公路

编制范围:K0 +000 ~ K8 +600

第 3 页　共 3 页　01 表

项	目	节	细目	工程或费用名称	单　位	数　量	预算金额（元）	技术经济指标	各项费用比例(%)
一				设备购置费	公路公里	8.6	24 000	2 790.7	0.16
	1			不需安装的设备	公路公里	8.6	24 000	2 790.7	0.16
		1		路政电脑管理设备	公路公里	8.6	24 000	2 790.7	0.16
三				办公及生活用家具购置	公路公里	8.6	49 880	5 800	0.33
				第三部分　工程建设其他费用	公路公里	8.6	1 032 799	120 092.91	6.76
一				土地征用及拆迁补偿费	公路公里	8.6	24 250	2 819.77	0.16
	1			土地、青苗等补偿	公路公里	8.6	24 250	2 819.77	0.16
二				建设项目管理费	公路公里	8.6	871 351	101 319.88	5.71
	1			建设单位(业主)管理费	公路公里	8.6	391 592	45 533.95	2.56
	2			工程质量监督费	公路公里	8.6	20 580	2 393.02	0.13
	3			工程监理费	公路公里	8.6	342 995	39 883.14	2.25
	4			工程定额测定费	公路公里	8.6	16 464	1 914.42	0.11
	5			设计文件审查费	公路公里	8.6	13 720	1 595.35	0.09
	6			竣(交)工验收试验检测费	公路公里	8.6	86 000	10 000	0.56
三				研究试验费	公路公里	8.6			
四				建设项目前期工作费	公路公里	8.6	137 198	15 953.26	0.90
五				专项评价(估)费	公路公里	8.6			
六				施工机构迁移费	公路公里	8.6			
七				供电贴费	公路公里	8.6			
八				联合试运转费	公路公里	8.6			
九				生产人员培训费	公路公里	8.6			
十				固定资产投资方向调节税	公路公里	8.6			
十一				建设期贷款利息	公路公里	8.6			
				第一、二、三部分费用合计	公路公里	8.6	14 826 482	1 724 009.53	97.09
				预留费用	元		444 794		2.91
				1. 价差预备费	元				
				2. 基本预备费	元		444 794		2.91
				概算、预算总金额	元		15 271 276		100
				公路工程基本造价	公路公里	8.6	15 271 276	1 775 729.77	100

编制:张丽华　　　　复核:邓人庆

人工、主要材料、机械台班数量汇总表

表7-9a

建设项目名称：松—川二级公路

编制范围：K0 +000 ~ K8 +600

第1页 共4页 02表

序号	规格名称	单位	总数量	分项统计								场外运输损耗	
				临时工程	路基工程	路面工程	公路设施及预埋管线工程			辅助生产	其他	%	数量
1	人工	工日	63 184	249	8 226	19 099	10			31 494	4 106		
2	机械工	工日	11 817	102	5 219	3 102				3 394			
3	原木	m^3	20	12	8								
4	锯材	m^3	4		4								
5	光圆钢筋	t	0			0	0						
6	带肋钢筋	t	17			17							
7	型钢	t	3			3							
8	钢板	t	0	0		0							
9	空心钢钎	kg	492							492			
10	合金钻头	个	741							741			
11	电焊条	kg	15			15							
12	组合钢模板	t	0			0	0						
13	铁件	kg	479	104		370	5						
14	铁钉	kg	28		28								
15	8 ~ 12 号铁丝	kg	730	53	676	1							
16	20 ~ 22 号铁丝	kg	84			84							
17	橡皮线	m	2 520	2 520									
18	皮线	m	1 920	1 920									
19	油漆	kg	7										

编制：张丽华　　复核：邓人庆

人工、主要材料、机械台班数量汇总表

表 7-9b

建设项目名称：松—川二级公路

编制范围：K0 +000 ~ K8 +600

第 2 页　共 4 页　02 表

序号	规格名称	单位	总数量	分项统计								场外运输损耗	
				临时工程	路基工程	路面工程	公路设施及预埋管线工程			辅助生产	其他	%	数量
20	32.5 级水泥	t	7 653		144	7 433						1	76
21	硝铵炸药	kg	4 851							4 851			
22	导火线	m	12 493							12 493			
23	普通雷管	个	10 174							10 174			
24	石油沥青	t	12			12						3	
25	重油	kg	0										
26	汽油	kg	14 843							14 843			
27	柴油	kg	306 154	2 901	195 421	63 834				43 998			
28	煤	t	2			2						1	0
29	电	kW·h	123 937			75 890	0			48 047			
30	水	m^3	7 022		1 435	5 584	3						
31	木柴	kg	0										
32	青(红)砖	千块	89			86						3	3
33	生石灰	t	3 408			3 309						3	99
34	土	m^3	27 748			26 940						3	808
35	中(粗)砂	m^3	10 275		736	9 287	1					3	251
36	砂砾	m^3	86			85						1	1
37	黏土	m^3	26		25							3	1
38	片石	m^3	3 380		3 380					0			

编制：张丽华　　　　复核：邓人庆

人工、主要材料、机械台班数量汇总表

表 7-9c

建设项目名称：松—川二级公路

编制范围：K0 +000 ~ K8 +600

第 3 页　共 4 页　02 表

序号	规格名称	单位	总数量	分项统计								场外运输损耗	
				临时工程	路基工程	路面工程	公路设施及预埋管线工程			辅助生产	其他	%	数量
39	开采片石	m^3	19 072							19 072			
40	碎石(2cm)	m^3	0				0					1	0
41	碎石(4cm)	m^3	16 585			16 421						1	164
42	碎石(8cm)	m^3	14		13		1					1	0
43	块石	m^3	2 272		2 272								
44	草皮	m^2	25 693		24 012							7	1 681
45	其他材料费	元	42 598	364	14 115	28 108	11						
46	设备摊销费	元	11 839	11 622		217							
47	75kW 以内履带式推土机	台班	132	42	90								
48	0.6m^3 以内履带式单斗挖土机	台班	420		420								
49	1.0m^3 以内轮胎式装载机	台班	69							69			
50	3.0m^3 以内轮胎式装载机	台班	81			81							
51	120kW 以内自行式平地机	台班	274		236	38							
52	75kW 以内履带式拖拉机	台班	22			22							
53	6 ~ 8t 光轮压路机	台班	208	4	176	28							
54	8 ~ 10t 光轮压路机	台班	7	3		4							
55	12 ~ 15t 光轮压路机	台班	142	11		131							
56	0.6t 以内手扶式振动碾	台班	163			163							
57	15t 以内振动压路机	台班	287		287								

编制：张丽华　　　　复核：邓人庆

表 7-9d

人工、主要材料、机械台班数量汇总表

建设项目名称：松—川二级公路

编制范围：K0 +000 ~ K8 +600

第 4 页　共 4 页　02 表

序号	规格名称	单位	总数量	分项统计								场外运输损耗	
				临时工程	路基工程	路面工程	公路设施及预埋管线工程			辅助生产	其他	%	数量
58	3.0 ~ 9.0m 滑模式水泥混凝土摊铺机	台班	33			33							
59	混凝土电动刻纹机	台班	690			690							
60	混凝土电动切缝机	台班	296			296							
61	250L 以内强制式混凝土搅拌机	台班	60			60							
62	$6m^3$ 内混凝土搅拌运输车	台班	512			512							
63	$60m^3/h$ 以内混凝土搅拌站	台班	59			59							
64	4t 以内载货汽车	台班	0				0						
65	3t 以内自卸汽车	台班	433							433			
66	6t 以内自卸汽车	台班	2 977		2 977								
67	40t 以内平板拖车组	台班	3			3							
68	6 000L 以内洒水汽车	台班	283			283							
69	手扶式拖拉机(带拖斗)	台班	1 945							1 945			
70	12t 以内汽车式起重机	台班	2			2							
71	30t 以内汽车式起重机	台班	5			5							
72	32kV · A 内交流电弧焊机	台班	3			3							
73	150mm × 250mm 电动颚式破碎机	台班	0							0			
74	250mm × 400mm 电动颚式破碎机	台班	564							564			
75	$9m^3/min$ 内机动空压机	台班	383							383			
76	小型机具使用费	元	16 083			477				16 083			

编制：张丽华　　　　复核：邓人庆

表 7-10

建筑安装工程费计算表

建设项目名称：松—川二级公路

编制范围：K0 + 000 ~ K8 + 600

第 1 页 共 1 页 03 表

序号	工程名称	单位	工程量	直接费(元)						间接费（元）	利润(元)费率 7%	税金(元)综合税率 3.41%	建筑安装工程费	
				直接工程费				其他工程费	合计				合计（元）	单价（元）
				人工费	材料费	机械使用费	合计							
1	临时便道的修建与维护	km	4	8 069		32 287	40 356	1 598	41 954	4 891	3 065	1 702	51 612	12 903
2	临时电力线路	km	1.4	4 201	56 541		60 742	3 742	64 484	5 266	4 770	2 541	77 061	55 043.57
3	挖路基土方	m^3	137 000	28 241		268 132	296 373	12 477	308 850	24 135	22 558	12 124	367 667	2.68
4	汽车运土	m^3	137 000			1 413 693	1 413 693	27 850	1 441 543	35 318	103 380	53 886	1 634 127	11.93
5	利用土方填筑	m^3	184 000	21 648		488 553	510 201	21 479	531 680	31 301	38 833	20 522	622 336	3.38
6	铺(植)草皮	m^2	63 000	63 542	60 793		124 335	7 659	131 994	31 656	9 765	5 913	179 328	2.85
7	石砌挡土墙	m^3/m	4 850	291 215	460 377		751 592	44 807	796 399	155 032	58 854	34 451	1 044 736	215.41
8	石灰稳定类基层	m^2	103 200	198 020	981 245	185 488	1 364 753	64 962	1 429 715	134 438	104 223	56 892	1 725 268	16.72
9	水泥混凝土面层	m^2	77 400	207 921	3 942 699	1 238 427	5 389 047	277 340	5 666 387	232 691	407 404	215 051	6 521 533	84.26
10	钢筋	t	16.5	4 871	59 802	183	64 856	3 483	68 339	3 717	4 914	2 625	79 595	4 823.94
11	混凝土拌和站安拆	处	1	70 823	50 008	15 767	136 598	8 414	145 012	35 164	10 728	6 510	197 414	197 414
12	培路肩	m^2	25 800	72 100		16 615	88 715	4 223	92 938	31 246	6 775	4 466	135 425	5.25
13	路缘石	m^3	1 532	385 917	342 296	7 373	735 586	35 014	770 600	178 551	56 175	34 282	1 039 608	678.6
14	里程碑、百米桩、公路界碑	块	100	536	808	63	1 407	87	1 494	288	110	65	1 957	19.57
15	公路交工前养护费	km	8.6				38 081		38 081		2 666	1 389	42 136	4 899.53
各项费用合计(元)				1 357 104	5 954 569	3 666 581	11 016 335	513 135	11 529 470	903 694	834 220	452 419	13 719 803	

编制：张丽华　　复核：邓人庆

表 7-11

其他工程费及间接费综合费率计算表

建设项目名称：松—川二级公路

编制范围：K0 +000 ~ K8 +600　　　　第 1 页　共 1 页　04 表

序号	工程类别	其他工程费费率(%)													间接费费率(%)											
															规费						企业管理费					
		冬季施工增加费	雨季施工增加费	夜间施工增加费	高原地区施工增加费	风沙地区施工增加费	沿海地区施工增加费	行车干扰工程施工增加费	安全及文明施工措施费	临时设施费	施工辅助费	工地转移费	综合费率		养老保险费	失业保险费	医疗保险费	住房公积金	工伤保险费	综合费率	基本费用	主副食运费补贴	职工探亲路费	职工取暖补贴	财务费用	综合费率
													Ⅰ	Ⅱ												
1	人工土方	0.59	0.11						0.59	1.57	0.89	0.21	3.96		20	1	10	6	1	38	3.36	0.56	0.1	0.1	0.23	4.35
2	机械土方	0.93	0.11						0.59	1.42	0.49	0.67	4.21		20	1	10	6	1	38	3.26	0.43	0.22	0.22	0.21	4.34
3	汽车运输	0.17	0.11						0.21	0.92	0.16	0.4	1.97		20	1	10	6	1	38	1.44	0.45	0.14	0.21	0.21	2.45
4	人工石方	0.13	0.07						0.59	1.6	0.85	0.22	3.46		20	1	10	6	1	38	3.45	0.42	0.1	0.1	0.22	4.29
5	机械石方	0.18	0.1						0.59	1.97	0.46	0.43	3.73		20	1	10	6	1	38	3.28	0.41	0.22	0.17	0.2	4.28
6	高级路面	0.72	0.1						1	1.92	0.8	0.83	5.37		20	1	10	6	1	38	1.91	0.28	0.14	0.13	0.27	2.73
7	其他路面	0.29	0.09						1.02	1.87	0.74	0.75	4.76		20	1	10	6	1	38	3.28	0.28	0.16	0.12	0.3	4.14
8	构造物Ⅰ	0.66	0.08						0.72	2.65	1.3	0.75	6.16		20	1	10	6	1	38	4.44	0.4	0.29	0.19	0.37	5.69
9	构造物Ⅱ	0.81	0.08						0.78	3.14	1.56	0.89	7.26		20	1	10	6	1	38	5.53	0.43	0.34	0.2	0.4	6.9
10	构造物Ⅲ	1.6	0.17						1.57	5.81	3.03	1.77	13.95		20	1	10	6	1	38	9.79	0.79	0.55	0.37	0.82	12.32
11	技术复杂大桥	0.93	0.1						0.86	2.92	1.68	1.01	7.5		20	1	10	6	1	38	4.72	0.36	0.2	0.17	0.46	5.91
12	隧道	0.27							0.73	2.57	1.23	0.71	5.51		20	1	10	6	1	38	4.22	0.34	0.27	0.14	0.39	5.36
13	钢材及钢结构	0.07							0.53	2.48	0.56	0.97	4.61		20	1	10	6	1	38	2.42	0.37	0.16	0.12	0.48	3.55

编制：张丽华　　　　复核：邓人庆

表7-12

设备、工具、器具购置费计算表

建设项目名称：松—川二级公路

编制范围：K0 +000 ~ K8 +600

第1页 共1页 05表

序号	设备、工具、器具规格名称	单位	数量	单价(元)	金额(元)	说明
一	设备购置费	公路公里	8.6		24 000	8.6
1	不需安装的设备					
(1)	路政电脑管理设备	台	3	8 000	24 000	
三	办公及生活用家具购置	公路公里			49 880	
(1)	办公及生活用家具购置	元/公里	8.6	5 800	49 880	

编制：张丽华　　　　复核：邓人庆

表 7-13

工程建设其他费用及回收金额等计算表

建设项目名称：松—川二级公路

编制范围：K0 + 000 ~ K8 + 600

第 1 页　共 1 页　06 表

序号	费用名称及回收金额项目	说明及计算式	金额(元)	备　注
	第三部分　工程建设其他费用			
一	土地青苗补偿费和安置补助费			
1	土地、青苗等补偿			
(1)	土地、青苗等补偿	4.85 × 5 000	24 250	4.85 × 5 000
二	建设项目管理费		871 351	
1	建设单位(业主)管理费	(累进办法建管费)	391 592	391 592
2	工程质量监督费	(建安费) × 0.15%	20 580	20 580 = 13 719 803 × 0.15 ÷ 100
3	工程监理费	(建安费) × 2.5%	342 995	342 995 = 13 719 803 × 2.5 ÷ 100
4	工程定额测定费	(建安费) × 0.12%	16 464	16 464 = 13 719 803 × 0.12 ÷ 100
5	设计文件审查费	(建安费) × 0.1%	13 720	13 720 = 13 719 803 × 0.1 ÷ 100
6	竣(交)工验收试验检测费	8.6 × 10 000	86 000	86 000 = 8.6 × 10 000
四	建设项目前期工作费		137 198	
(1)	勘察设计费	(建安费) × 1%	137 198	137 198 = 13 719 803 × 1 ÷ 100
	预备费			
	基本预备费	(第一、二、三部分费用之和) × 3%	444 794	444 794 = 14 826 482 × 3%

编制：张丽华　　　　复核：邓人庆

表 7-14a

人工、材料、机械台班单价汇总表

建设项目名称：松—川二级公路

编制范围：K0 +000 ~ K8 +600

第 1 页　共 3 页　07 表

序号	名　称	单位	代号	预算单价（元）	备　注	序号	名　称	单位	代号	预算单价（元）	备　注
1	人工	工日	1	49.20		15	8 ~ 12 号铁丝	kg	655	6.27	镀锌铁丝
2	机械工	工日	2	49.20		16	20 ~ 22 号铁丝	kg	656	6.58	镀锌铁丝
3	原木	m^3	101	1 168.24	混合规格	17	橡皮线	m	713	6.98	
4	锯材	m^3	102	1 403.99	中板 $\delta=19\sim35$mm，中方混合规格	18	皮线	m	714	5.55	
5	光圆钢筋	t	111	3 402.74	ϕ10mm ~ ϕ14mm	19	油漆	kg	732	13.39	
6	带肋钢筋	t	112	3 505.24	ϕ15mm ~ ϕ24mm，ϕ25mm 以上	20	32.5 级水泥	t	832	351.93	
7	型钢	t	182	3 812.74	工字钢，角钢	21	硝铵炸药	kg	841	6.18	1 号、2 号岩石硝铵炸药
8	钢板	t	183	4 581.49	A3，$\delta=5\sim40$mm	22	导火线	m	842	0.82	120s/m
9	空心钢钎	kg	212	7.2	优质碳素工具钢	23	普通雷管	个	845	0.72	8 号铜管
10	合金钻头	个	213	27.21	ϕ43mm	24	石油沥青	t	851	4 032.7	
11	电焊条	kg	231	5.04	结 422（502、506、507）ϕ3.2mm、ϕ4.0mm、ϕ5.0mm	25	重油	kg	861	2.89	
12	组合钢模板	t	272	5 787.05		26	汽油	kg	862	5.35	93 号
13	铁件	kg	651	4.53	软件	27	柴油	kg	863	5.04	0 号，-10 号，-20 号
14	铁钉	kg	653	7.16	混合规格	28	煤	t	864	294.79	

编制：张丽华　　　　复核：邓人庆

表 7-14b

人工、材料、机械台班单价汇总表

建设项目名称：松—川二级公路

编制范围：K0 +000 ~ K8 +600

第2页　共3页　07表

序号	名　称	单位	代号	预算单价（元）	备　注	序号	名　称	单位	代号	预算单价（元）	备　注
29	电	kW·h	865	0.96		43	块石	m^3	981	98.26	码方
30	水	m^3	866	0.51		44	草皮	m^2	995	1.97	
31	木柴	kg	867	0.5		45	其他材料费	元	996	1	
32	青(红)砖	千块	877	278.03	240mm×115mm×53mm	46	设备摊销费	元	997	1	
33	生石灰	t	891	131.7		47	75kW 以内履带式推土机	台班	1003	620.59	
34	土	m^3	895	20.24	路面用堆方	48	0.6m^3 以内履带式单斗挖土机	台班	1027	505.17	
35	中(粗)砂	m^3	899	38.76	混凝土、砂浆用堆方	49	1.0m^3 以内轮胎式装载机	台班	1048	411.85	
36	砂砾	m^3	902	26.05	堆方	50	3.0m^3 以内轮胎式装载机	台班	1051	926.72	
37	黏土	m^3	911	24.68	堆方	51	120kW 以内自行式平地机	台班	1057	926.94	
38	片石	m^3	931	40.04	码方	52	75kW 以内履带式拖拉机	台班	1063	533.15	
39	开采片石	m^3	932	31.1	码方	53	6～8t 光轮压路机	台班	1075	254.19	
40	碎石(2cm)	m^3	951	79.82	最大粒径 2cm 堆方	54	8～10t 光轮压路机	台班	1076	283.63	
41	碎石(4cm)	m^3	952	75.23	最大粒径 4cm 堆方	55	12～15t 光轮压路机	台班	1078	417.44	
42	碎石(8cm)	m^3	954	69.58	最大粒径 8cm 堆方	56	0.6t 以内手扶式振动碾	台班	1083	102.22	

编制：张丽华　　　　复核：邓人庆

人工、材料、机械台班单价汇总表

表 7-14c

建设项目名称：松—川二级公路

编制范围：K0 +000 ~ K8 +600

第 3 页　共 3 页　07 表

序号	名称	单位	代号	预算单价（元）	备注	序号	名称	单位	代号	预算单价（元）	备注
57	15t 以内振动压路机	台班	1088	784.39		68	6 000L 以内洒水汽车	台班	1405	563.38	
58	3.0 ~ 9.0m 滑模式水泥混凝土摊铺机	台班	1234	2 357.22		69	手扶拖拉机（带拖斗）	台班	1415	136.57	
59	混凝土电动刻纹机	台班	1243	214.14		70	12t 以内汽车式起重机	台班	1451	825.34	
60	混凝土电动切缝机	台班	1245	149.78		71	30t 以内汽车式起重机	台班	1455	1 596.11	
61	250L 以内强制式混凝土搅拌机	台班	1272	118.41		72	32kV · A 以内交流电弧焊机	台班	1726	104.56	
62	$6m^3$ 内混凝土搅拌运输车	台班	1307	1 327.44		73	150mm × 250mm 电动颚式破碎机	台班	1756	129.51	
63	$60m^3/h$ 以内混凝土搅拌站	台班	1327	2 222.02		74	250mm × 400mm 电动颚式破碎机	台班	1757	184.37	
64	4t 以内载货汽车	台班	1372	344.46		75	120kW 以内柴油发电机组	台班	1797	1 033.98	
65	3t 以内自卸汽车	台班	1382	339.31		76	$9m^3/min$ 内机动空压机	台班	1842	556.37	
66	6t 以内自卸汽车	台班	1384	474.87		77	小型机具使用费	元	1998	1	
67	40t 以内平板拖车组	台班	1395	1 372.39		78	电网电	kW · h	2678	0.68	

编制：张丽华　　　　复核：邓人庆

分项工程概算、预算表

表 7-15a

编制范围：K0 +000 ~ K8 +600

工程名称：临时便道的修建与维护

第 1 页　共 22 页　08-2 表

编号	工程项目			汽车便道									合计	
	工程细目			路基宽 7m（平原微丘区）										
	定额单位			1km										
	工程数量			4										
	定额表号			预算 7-1-1-1										
	工、料、机名称	单位	单价(元)	定额	数量	金额(元)	定额	数量	金额(元)	定额	数量	金额(元)	数量	金额(元)
1	人工	工日	49.20	41	164	8 069							164	8 069
1003	75kW 以内履带式推土机	台班	620.59	10.42	41.68	25 866							41.68	25 866
1075	6 ~ 8t 光轮压路机	台班	254.19	0.94	3.76	956							3.76	956
1076	8 ~ 10t 光轮压路机	台班	283.63	0.71	2.84	806							2.84	806
1078	12 ~ 15t 光轮压路机	台班	417.44	2.79	11.16	4 659							11.16	4 659
1999	定额基价	元	1	9 988	39 952	39 952							39 952	39 952
	直接工程费	元				40 356								40 356
	其他工程费 I	元			3.96%	1 598								1 598
	其他工程费 Ⅱ	元												
	间接费 规费	元			38%	3 066								3 066
	间接费 企业管理费	元			4.35%	1 825								1 825
	利润	元			7%	3 065								3 065
	税金	元			3.41%	1 702								1 702
	建筑安装工程费	元				51 612								51 612

编制：张丽华　　　　复核：邓人庆

分项工程概算、预算表

表 7-15b

编制范围：K0 +000 ~ K8 +600

工程名称：临时电力线路　　　　第 2 页　共 22 页　08-2 表

编号	工程项目			架设输电、电信线路			架设输电、电信线路						合计	
	工程细目			输电线路角铁横担干线（三线橡皮线）			输电线路支线							
	定额单位			100m			100m							
	工程数量			8			6							
	定额表号			预算 7-1-5-2			预算 7-1-5-3							
	工、料、机名称	单位	单价(元)	定额	数量	金额(元)	定额	数量	金额(元)	定额	数量	金额(元)	数量	金额(元)
1	人工	工日	49.20	7	56	2 755	4.9	29.4	1 446				85.4	4 202
101	原木	m^3	1 168.24	1.112	8.896	10 393	0.572	3.432	4 009				12.328	14 402
102	锯材	m^3	1 403.99				0.033	0.198	278				0.198	278
182	型钢	t	3 812.74	0.018	0.144	549							0.144	549
183	钢板	t	4 581.49	0.006	0.048	220	0.002	0.012	55				0.06	275
651	铁件	kg	4.53	11	88	399	2.7	16.2	73				104.2	472
655	8 ~ 12 号铁丝	kg	6.27	4	32	201	3.5	21	132				53	332
713	橡皮线	m	6.98	315	2 520	17 590							2 520	17 590
714	皮线	m	5.55				320	1 920	10 656				1 920	10 656
996	其他材料费	元	1	25.2	201.6	202	27	162	162				363.6	364
997	设备摊销费	元	1	1 452.8	11 622.4	11 622							11 622.4	11 622
1999	定额基价	元	1	5 376	43 008	43 008	2 723	16 338	16 338				59 346	59 346

编制：张丽华　　　　复核：邓人庆

分项工程概算、预算表

表 7-15c

编制范围：K0 +000 ~ K8 +600

工程名称：临时电力线路

第 3 页　共 22 页　08-2 表

编号	工程项目			架设输电、电信线路			架设输电、电信线路						合计	
	工程细目			输电线路角铁横担干线（三线橡皮线）			输电线路支线							
	定额单位			100m			100m							
	工程数量			8			6							
	定额表号			预算 7-1-5-2			预算 7-1-5-3							
	工、料、机名称	单位	单价(元)	定额	数量	金额(元)	定额	数量	金额(元)	定额	数量	金额(元)	数量	金额(元)
	直接工程费	元				43 931			16 811					60 742
	其他工程费 I	元			6.16%	2 706		6.16%	1 036					3 742
	其他工程费 Ⅱ	元												
	间接费 规费	元			38%	1 047		38%	549					1 596
	间接费 企业管理费	元			5.69%	2 654		5.69%	1 015					3 669
	利润	元			7%	3 450		7%	1 320					4 770
	税金	元			3.41%	1 834		3.41%	707					2 541
	建筑安装工程费	元				55 622			21 439					77 061

编制：张丽华　　　　复核：邓人庆

分项工程概算、预算表

表 7-15d

编制范围：K0 + 000 ~ K8 + 600

工程名称：挖路基土方

第 4 页　共 22 页　08-2 表

编号	工程项目			挖掘机挖装土、石方			挖掘机挖装土、石方						合计	
	工程细目			$0.6m^3$ 挖掘机挖装松土			$0.6m^3$ 挖掘机挖装松土							
	定额单位			$1\ 000m^3$			$1\ 000m^3$							
	工程数量			85			52							
	定额表号			预算 1-1-9-1			预算 1-1-9-2							
	工、料、机名称	单位	单价(元)	定额	数量	金额(元)	定额	数量	金额(元)	定额	数量	金额(元)	数量	金额(元)
1	人工	工日	49.2	4	340	16 728	4.5	234	11 513				574	28 241
1003	75kW 以内履带式推土机	台班	620.59	0.62	52.7	32 705	0.72	37.44	23 235				90.14	55 940
1027	$0.6m^3$ 以内履带式单斗挖土机	台班	505.17	2.88	244.8	123 666	3.37	175.24	88 526				420.04	212 192
1999	定额基价	元	1	2 017	171 445	171 445	2 348	122 096	122 096				293 541	293 541
	直接工程费	元				173 099			123 274					296 373
	其他工程费 Ⅰ	元			4.21%	7 287		4.21%	5 190					12 477
	其他工程费 Ⅱ	元												
	间接费 规费	元			38%	6 357		38%	4 375					10 732
	间接费 企业管理费	元			4.34%	7 829		4.34%	5 575					13 404
	利润	元			7%	13 175		7%	9 383					22 558
	税金	元			3.41%	7 084		3.41%	5 040					12 124
	建筑安装工程费	元				214 830			152 837					367 667

编制：张丽华　　　　复核：邓人庆

表 7-15e

分项工程概算、预算表

编制范围：K0 +000 ~ K8 +600

工程名称：汽车运土

第 5 页　共 22 页　08-2 表

编号	工程项目			自卸汽车运土、石方									合计	
	工程细目			6t 以内自卸汽车装运土方 3km										
	定额单位			1 000m³										
	工程数量			137										
	定额表号			预算 1-1-11-5 +6 ×4										
	工、料、机名称	单位	单价(元)	定额	数量	金额(元)	定额	数量	金额(元)	定额	数量	金额(元)	数量	金额(元)
1384	6t 以内自卸汽车	台班	474.87	21.73	2 977.01	1 413 693							2 977.01	1 413 693
1999	定额基价	元	1	8 762	1 200 394	1 200 394							1 200 394	1 200 394
	直接工程费	元				1 413 693								1 413 693
	其他工程费 Ⅰ	元			1.97%	27 850								27 850
	其他工程费 Ⅱ	元												
	间接费 规费	元			38%									
	间接费 企业管理费	元			2.45%	35 318								35 318
	利润	元			7%	103 380								103 380
	税金	元			3.41%	53 886								53 886
	建筑安装工程费	元				1 634 127								1 634 127

编制：张丽华　　　　复核：邓人庆

分项工程概算、预算表

表 7-15f

编制范围:K0+000~K8+600

工程名称: 利用土方填筑　　　　第6页　共22页　08-2表

编号	工程项目			机械碾压路基			机械碾压路基						合计	
	工程细目			15t以内振动压路机碾压土方,二级公路			15t以内振动压路机,二级公路(零填方及挖方路基)							
	定额单位			1 000m³			1 000m²							
	工程数量			128			56							
	定额表号			预算1-1-18-9			预算1-1-18-31							
	工、料、机名称	单位	单价(元)	定额	数量	金额(元)	定额	数量	金额(元)	定额	数量	金额(元)	数量	金额(元)
1	人工	工日	49.2	3	384	18 893	1	56	2 755				440	21 648
1057	120kW以内自行式平地机	台班	926.94	1.63	208.64	193 397	0.49	27.44	25 435				236.08	218 832
1075	6~8t光轮压路机	台班	254.19	1.24	158.72	40 345	0.31	17.36	4 413				176.08	44 758
1088	15t以内振动压路机	台班	784.39	1.65	211.2	165 663	1.35	75.6	59 300				286.8	224 963
1999	定额基价	元	1	3 218	411 904	411 904	1 618	90 608	90 608				502 512	502 512
	直接工程费	元				418 298			91 903					510 201
	其他工程费 Ⅰ	元			4.21%	17 610		4.21%	3 869					21 479
	其他工程费 Ⅱ	元												
	间接费 规费	元			38%	7 179		38%	1 047					8 226
	间接费 企业管理费	元			4.34%	18 918		4.34%	4 157					23 075
	利润	元			7%	31 838		7%	6 995					38 833
	税金	元			3.41%	16 840		3.41%	3 682					20 522
	建筑安装工程费	元				510 684			111 652					622 336

编制:张丽华　　　　复核:邓人庆

分项工程概算、预算表

表 7-15g

编制范围：K0 + 000 ~ K8 + 600

工程名称：铺(植)草皮　　　　第 7 页　共 22 页　08-2 表

编号	工程项目			人工铺草皮									合计	
	工程细目			花格式边坡高度 10m 以内										
	定额单位			1 000m²										
	工程数量			63										
	定额表号			预算 5-1-1-4										
	工、料、机名称	单位	单价(元)	定额	数量	金额(元)	定额	数量	金额(元)	定额	数量	金额(元)	数量	金额(元)
1	人工	工日	49.2	20.5	1 291.5	63 542							1 291.5	63 542
995	草皮	m²	1.97	381.15	24 012.45	47 305							24 012.45	47 305
996	其他材料费	元	1	214.1	13 488.3	13 488							13 488.3	13 488
1999	定额基价	元	1	1 909	120 267	120 267							120 267	120 267
	直接工程费	元				124 335								124 335
	其他工程费 I	元			6.16%	7 659								7 659
	其他工程费 Ⅱ	元												
	间接费 规费	元			38%	24 146								24 146
	间接费 企业管理费	元			5.69%	7 510								7 510
	利润	元			7%	9 765								9 765
	税金	元			3.41%	5 913								5 913
	建筑安装工程费	元				179 328								179 328

编制：张丽华　　　　复核：邓人庆

分项工程概算、预算表

表 7-15h

编制范围：K0 +000 ~ K8 +600

工程名称：石砌挡土墙　　　　第 8 页　共 22 页　08-2 表

编号	工程项目			人工开挖基坑土、石方			石砌挡土墙			石砌挡土墙			石砌挡土墙		
	工程细目			人工干处挖土方（基坑深 3m 以内）			干砌块石基础			干砌片石墙身			浆砌块石基础		
	定额单位			1 000m³			10m³			10m³			10m³		
	工程数量			3.075			120			160			85		
	定额表号			预算 4-1-1-1			预算 5-1-15-2			预算 5-1-15-3			预算 5-1-15-6		
	工、料、机名称	单位	单价(元)	定额	数量	金额(元)	定额	数量	金额(元)	定额	数量	金额(元)	定额	数量	金额(元)
1	人工	工日	49.2	448.3	1 378.522	67 823	6.7	804	39 557	9.6	1 536	75 571	8.1	688.5	33 874
101	原木	m³	1 168.24							0.025	4	4 673			
102	锯材	m³	1 403.99							0.015	2.4	3 370			
653	铁钉	kg	7.16							0.1	16	115			
655	8 ~ 12 号铁丝	kg	6.27							2.2	352	2 207			
832	32.5 级水泥	t	351.93										0.589	50.065	17 619
866	水	m³	0.51										7	595	303
899	中(粗)砂	m³	38.76										3.02	256.7	9 950
911	黏土	m³	24.68										0.03	2.55	63
931	片石	m³	40.04							12.5	2 000	80 080			
954	碎石(8cm)	m³	69.58												
981	块石	m³	98.26				11.5	1 380	135 599				10.5	892.5	87 697
996	其他材料费	元	1										2.3	195.5	196
1999	定额基价	元	1	22 056	67 822	67 822	1 307	156 840	156 840	960	153 600	153 600	1 667	141 695	141 695

编制：张丽华　　　　复核：邓人庆

分项工程概算、预算表

表 7-15i

编制范围:K0 +000 ~ K8 +600

工程名称：石砌挡土墙

第 9 页　共 22 页　08-2 表

编号	工程项目			人工开挖基坑土、石方			石砌挡土墙			石砌挡土墙			石砌挡土墙		
	工程细目			人工干处挖土方（基坑深 3m 以内）			干砌块石基础			干砌片石墙身			浆砌块石基础		
	定额单位			1 000m^3			10m^3			10m^3			10m^3		
	工程数量			3.075			120			160			85		
	定额表号			预算 4-1-1-1			预算 5-1-15-2			预算 5-1-15-3			预算 5-1-15-6		
	工、料、机名称	单位	单价(元)	定额	数量	金额(元)	定额	数量	金额(元)	定额	数量	金额(元)	定额	数量	金额(元)
	直接工程费	元				67 823			175 156			166 016			149 702
	其他工程费 Ⅰ	元			3.96%	2 686		6.16%	10 790		6.16%	10 227		6.16%	9 222
	其他工程费 Ⅱ	元													0
	间接费 规费	元			38%	25 773		38%	15 032		38%	28 717		38%	12 872
	间接费 企业管理费	元			4.35%	3 067		5.69%	10 580		5.69%	10 028		5.69%	9 043
	利润	元			7%	5 150		7%	13 757		7%	13 039		7%	11 758
	税金	元			3.41%	3 563		3.41%	7 683		3.41%	7 776		3.41%	6 568
	建筑安装工程费	元				108 062			232 998			235 803			199 165

编制:张丽华　　　　复核:邓人庆

分项工程概算、预算表

表 7-15j

编制范围:K0 +000 ~ K8 +600

工程名称: 石砌挡土墙　　　　第 10 页　共 22 页　08-2 表

编号	工程项目			石砌挡土墙									合计	
	工程细目			浆砌片石墙身										
	定额单位			$10m^3$										
	工程数量			120										
	定额表号			预算 5-1-15-7										
	工、料、机名称	单位	单价(元)	定额	数量	金额(元)	定额	数量	金额(元)	定额	数量	金额(元)	数量	金额(元)
1	人工	工日	49.2	12.6	1 512	74 390							5 919.022	291 216
101	原木	m^3	1 168.24	0.03	3.6	4 206							7.6	8 879
102	锯材	m^3	1 403.99	0.017	2.04	2 864							4.44	6 234
653	铁钉	kg	7.16	0.1	12	86							28	200
655	8 ~ 12 号铁丝	kg	6.27	2.7	324	2 031							676	4 239
832	32.5 级水泥	t	387.93	0.786	94.32	33 194							144.385	50 813
866	水	m^3	0.51	7	840	428							1 435	732
899	中(粗)砂	m^3	38.76	3.99	478.8	18 558							735.5	28 508
911	黏土	m^3	24.68	0.18	21.6	533							24.15	596
931	片石	m^3	40.04	11.5	1 380	55 255							3 380	135 335
954	碎石(8cm)	m^3	69.58	0.11	13.2	918							13.2	918
981	块石	m^3	98.26										2 272.5	223 296
996	其他材料费	元	1	3.6	432	432							627.5	628
1999	定额基价	元	1	1 590	190 800	190 800							710 757	710 757

编制:张丽华　　　　复核:邓人庆

分项工程概算、预算表

表 7-15k

编制范围：K0 +000 ~ K8 +600

工程名称：石砌挡土墙　　　　第 11 页　共 22 页　08-2 表

编号	工程项目				石砌挡土墙									合计	
	工程细目				浆砌片石墙身										
	定额单位				$10m^3$										
	工程数量				120										
	定额表号				预算 5-1-15-7										
	工、料、机名称		单位	单价(元)	定额	数量	金额(元)	定额	数量	金额(元)	定额	数量	金额(元)	数量	金额(元)
	直接工程费		元				192 895								751 592
	其他工程费	I	元			6.16%	11 882								44 807
		II	元												
	间接费	规费	元			38%	28 268								110 662
		企业管理费	元			5.69%	11 652								44 370
	利润		元			7%	15 150								58 854
	税金		元			3.41%	8 861								34 451
	建筑安装工程费		元				268 708								1 044 736

编制：张丽华　　　　复核：邓人庆

分项工程概算、预算表

表 7-151

编制范围:K0 +000 ~ K8 +600

工程名称：石灰稳定类基层　　　　第12页　共22页　08-2表

编号	工程项目			路拌法石灰稳定土基层									合计	
	工程细目			厚20cm石灰土基层(10%)，拖拉机带铧犁拌和										
	定额单位			$100m^2$										
	工程数量			103.2										
	定额表号			预算2-1-3-5+6×5										
	工、料、机名称	单位	单价(元)	定额	数量	金额(元)	定额	数量	金额(元)	定额	数量	金额(元)	数量	金额(元)
1	人工	工日	49.2	39	4 024.8	198 020							4 024.8	198 020
891	生石灰	t	131.7	32.061	3 308.695	435 755							3 308.695	435 755
895	土	m^3	20.24	261.05	26 940.359	545 273							26 940.359	545 273
997	设备摊销费	元	1	2.1	216.72	217							216.72	217
1057	120kW以内自行式平地机	台班	926.94	0.37	38.184	35 394							38.184	35 394
1063	75kW以内履带式拖拉机	台班	533.15	0.21	21.672	11 554							21.672	11 554
1075	6~8t光轮压路机	台班	254.19	0.27	27.864	7 083							27.864	7 083
1078	12~15t光轮压路机	台班	417.44	1.27	131.064	54 711							131.064	54 711
1405	6 000L以内洒水汽车	台班	563.38	1.32	136.224	76 746							136.224	76 746
1999	定额基价	元	1	9 093	938 398	938 398							938 398	938 398
	直接工程费	元				1 364 753								1 364 753
	其他工程费 I	元			4.76%	64 962								64 962
	其他工程费 Ⅱ	元												
	间接费 规费	元			38%	75 248								75 248
	间接费 企业管理费	元			4.14%	59 190								59 190
	利润	元			7%	104 223								104 223
	税金	元			3.41%	56 892								56 892
	建筑安装工程费	元				1 725 268								1 725 268

编制：张丽华　　　　复核：邓人庆

分项工程概算、预算表

表 7-15m

编制范围：K0 +000 ~ K8 +600

工程名称：水泥混凝土面层　　第 13 页　共 22 页　08-2 表

编号	工程项目			水泥混凝土路面			混凝土运输						合计	
	工程细目			厚 23cm 滑模式混凝土，摊铺机铺筑			混凝土搅拌运车 $6m^3$ 以内 2km							
	定额单位			1 000m^2			100m^3							
	工程数量			77.4			178.02							
	定额表号			预算 2-2-17-5 +6 ×3			预算 4-11-11-20 +21 ×2							
	工、料、机名称	单位	单价(元)	定额	数量	金额(元)	定额	数量	金额(元)	定额	数量	金额(元)	数量	金额(元)
1	人工	工日	49.2	54.6	4 226.04	207 921							4 226.04	207 921
102	锯材	m^3	1 403.99	0.001	0.077	108							0.077	108
182	型钢	t	3 812.74	0.001	0.077	294							0.077	294
832	32.5 级水泥	t	351.93	88.443	6 845.488	2 409 133							6 845.488	2 409 133
851	石油沥青	t	4 032.7	0.156	12.074	48 691							12.074	48 691
864	煤	t	294.79	0.031	2.399	707							2.399	707
866	水	m^3	0.51	37	2 863.8	1 461							2 863.8	1 461
899	中(粗)砂	m^3	38.76	107.91	8 352.234	323 733							8 352.234	323 733
952	碎石(4cm)	m^3	75.23	194.73	15 072.102	1 133 874							15 072.102	1 133 874
996	其他材料费	元	1	319.1	24 698.34	24 698							24 698.34	24 698
1051	3.0m^3 以内轮胎式装载机	台班	926.72	1.05	81.27	75 315							81.27	75 315
1234	3.0 ~9.0m 滑模式水泥混凝土摊铺机	台班	2 357.22	0.43	33.282	78 453							33.282	78 453
1243	混凝土电动刻纹机	台班	214.14	8.91	689.634	147 678							689.634	147 678
1245	混凝土电动切缝机	台班	149.78	3.82	295.668	44 285							295.668	44 285
1307	6m^3 内混凝土搅拌运输车	台班	1 327.44	3.16	244.584	324 671	1.5	267.03	354 466				511.614	679 137
1327	60m^3/h 以内混凝土搅拌站	台班	2 222.02	0.76	58.824	130 708							58.824	130 708

编制：张丽华　　复核：邓人庆

分项工程概算、预算表

表7-15n

编制范围:K0+000~K8+600

工程名称: 水泥混凝土面层 第14页 共22页 08-2表

编号	工程项目			水泥混凝土路面			混凝土运输						合计	
	工程细目			厚23cm滑模式混凝土，摊铺机铺筑			混凝土搅拌运车 $6m^3$ 以内2km							
	定额单位			1 000m^2			100m^3							
	工程数量			77.4			178.02							
	定额表号			预算2-2-17-5+6×3			预算4-11-11-20+21×2							
	工、料、机名称	单位	单价(元)	定额	数量	金额(元)	定额	数量	金额(元)	定额	数量	金额(元)	数量	金额(元)
1405	6 000L以内洒水汽车	台班	563.38	1.9	147.06	82 851							147.06	82 851
1999	定额基价	元	1	59 729	4 623 025	4 623 025	1 847	328 803	328 803				4 951 828	4 951 828
	直接工程费	元				5 034 581			354 466					5 389 047
	其他工程费 Ⅰ	元			5.37%	270 357		1.97%	6 983					277 340
	其他工程费 Ⅱ	元												
	间接费 规费	元			38%	79 010		38%						79 010
	间接费 企业管理费	元			2.73%	144 825		2.45%	8 856					153 681
	利润	元			7%	381 483		7%	25 921					407 404
	税金	元			3.41%	201 540		3.41%	13 511					215 061
	建筑安装工程费	元				6 111 796			409 737					6 521 533

编制:张丽华 复核:邓人庆

分项工程概算、预算表

表 7-15o

编制范围：K0 +000 ~ K8 +600

工程名称：钢筋

第 15 页　共 22 页　08-2 表

编号	工程项目			水泥混凝土路面									合计	
	工程细目			钢筋										
	定额单位			1t										
	工程数量			16.5										
	定额表号			预算 2-2-17-15										
	工、料、机名称	单位	单价(元)	定额	数量	金额(元)	定额	数量	金额(元)	定额	数量	金额(元)	数量	金额(元)
1	人工	工日	49.2	6	99	4 871							99	4 871
111	光圆钢筋	t	3 402.74	0.019	0.313	1 065							0.313	1 065
112	带肋钢筋	t	3 505.24	1.006	16.599	58 183							16.599	58 183
656	20 ~ 22 号铁丝	kg	6.58	5.1	84.15	554							84.15	554
1998	小型机具使用费	元	1	11.1	183.15	183							183.15	183
1999	定额基价	元	1	3 822	63 063	63 063							63 063	63 063
	其他工程费 I	元			5.37%	3 483								3 483
	其他工程费 Ⅱ	元												
	间接费 规费	元			38%	1 851								1 851
	间接费 企业管理费	元			2.73%	1 866								1 866
	利润	元			7%	4 914								4 914
	税金	元			3.41%	2 625								2 625
	建筑安装工程费	元				79 595								79 595

编制：张丽华　　　　复核：邓人庆

分项工程概算、预算表

表 7-15p

编制范围:K0 + 000 ~ K8 + 600

工程名称：混凝土拌和站安拆　　　　第 16 页　共 22 页　08-2 表

编号	工程项目			混凝土搅拌站(楼)安拆									合计	
	工程细目			混凝土搅拌站(楼)安拆 生产能力 $60m^3/h$ 以内										
	定额单位			1 座										
	工程数量			1										
	定额表号			预算 4-11-11-8										
	工、料、机名称	单位	单价(元)	定额	数量	金额(元)	定额	数量	金额(元)	定额	数量	金额(元)	数量	金额(元)
1	人工	工日	49.2	1 439.5	1 439.5	70 823							1 439.5	70 823
101	原木	m^3	1 168.24	0.1	0.1	117							0.1	117
102	锯材	m^3	1 403.99	0.024	0.024	34							0.024	34
111	光圆钢筋	t	3 402.74	0.119	0.119	405							0.119	405
182	型钢	t	3 812.74	0.096	0.096	366							0.096	366
272	组合钢模板	t	5 787.05	0.207	0.207	1 198							0.207	1 198
651	铁件	kg	4.53	79.3	79.3	359							79.3	359
655	8 ~ 12 号铁丝	kg	6.27	0.6	0.6	4							0.6	4
832	32.5 级水泥	t	351.93	36.759	36.759	12 937							36.759	12 937
866	水	m^3	0.51	269.0	269	137							269	137
877	青(红)砖	千块	278.03	86.06	86.06	23 927							86.06	23 927
899	中(粗)砂	m^3	38.76	80.24	80.24	3 110							80.24	3 110
902	砂砾	m^3	26.05	85.28	85.28	2 222							85.28	2 222
952	碎石(4cm)	m^3	75.23	65.44	65.44	4 923							65.44	4 923
996	其他材料费	元	1	269	269	269							269	269
1076	8 ~ 10t 光轮压路机	台班	283.63	3.93	3.93	1 115							3.93	1 115

编制:张丽华　　　　复核:邓人庆

分项工程概算、预算表

表 7-15q

编制范围:K0 +000 ~ K8 +600

工程名称: 混凝土拌和站安拆

第 17 页 共 22 页 08-2 表

编号	工程项目			混凝土搅拌站(楼)安拆									合计	
	工程细目			混凝土搅拌站(楼)安拆 生产能力 $60m^3/h$ 以内										
	定额单位			1 座										
	工程数量			1										
	定额表号			预算 4-11-11-8										
	工、料、机名称	单位	单价(元)	定额	数量	金额(元)	定额	数量	金额(元)	定额	数量	金额(元)	数量	金额(元)
1272	250L 以内强制式混凝土搅拌机	台班	118.41	2.87	2.87	340							2.87	340
1395	40t 以内平板拖车组	台班	1 372.39	2.88	2.88	3 952							2.88	3 952
1451	12t 以内汽车式起重机	台班	825.34	2.09	2.09	1 725							2.09	1 725
1455	30t 以内汽车式起重机	台班	1 596.11	5.37	5.37	8 571							5.37	8 571
1998	小型机具使用费	元	1	64.4	64.4	64							64.4	64
1999	定额基价	元	1	128 246	128 246	128 246							128 246	128 246
	直接工程费	元				136 598								136 598
	其他工程费 Ⅰ	元			6.16%	8 414								8 414
	其他工程费 Ⅱ	元												
	间接费 规费	元			38%	26 913								26 913
	间接费 企业管理费	元			5.69%	8 251								8 251
	利润	元			7%	10 728								10 728
	税金	元			3.41%	6 510								6 510
	建筑安装工程费	元				197 414								197 414

编制:张丽华　　复核:邓人庆

表 7-15r

分项工程概算、预算表

编制范围:K0 + 000 ~ K8 + 600

工程名称: 培路肩

第 18 页　共 22 页　08-2 表

编号	工程项目			挖路槽、培路肩、修筑汇水槽									合计	
	工程细目			培路肩厚度 23cm										
	定额单位			$1\ 000m^2$										
	工程数量			25.8										
	定额表号			预算 2-3-3-5 +6 ×3										
	工、料、机名称	单位	单价(元)	定额	数量	金额(元)	定额	数量	金额(元)	定额	数量	金额(元)	数量	金额(元)
1	人工	工日	49.2	56.8	1 465.44	72 100							1 465.44	72 100
1083	0.6t 以内手扶式振动碾	台班	102.22	6.3	162.54	16 615							162.54	16 615
1999	定额基价	元	1	3 436	88 649	88 649							88 649	88 649
	直接工程费	元				88 715								88 715
	其他工程费 I	元			4.76%	4 223								4 223
	其他工程费 Ⅱ	元												
	间接费 规费	元			38%	27 398								27 398
	间接费 企业管理费	元			4.14%	3 848								3 848
	利润	元			7%	6 775								6 775
	税金	元			3.41%	4 466								4 466
	建筑安装工程费	元				135 425								135 425

编制:张丽华　　　　复核:邓人庆

表 7-15s

分项工程概算、预算表

编制范围：K0 + 000 ~ K8 + 600

工程名称：路缘石　　　　第 19 页　共 22 页　08-2 表

编号	工程项目			行道、路牙(缘石)									合计	
	工程细目			预制、安砌混凝土预块路缘石										
	定额单位			$10m^3$										
	工程数量			153.2										
	定额表号			预算 2-3-4-4										
	工、料、机名称	单位	单价(元)	定额	数量	金额(元)	定额	数量	金额(元)	定额	数量	金额(元)	数量	金额(元)
1	人工	工日	49.2	51.2	7 843.84	385 917							7 843.84	385 917
182	型钢	t	3 812.74	0.021	3.217	12 266							3.217	12 266
183	钢板	t	4 581.49	0.001	0.153	701							0.153	701
231	电焊条	kg	5.04	0.1	15.32	77							15.32	77
651	铁件	kg	4.53	1.9	291.08	1 319							291.08	1 319
832	32.5 级水泥	t	351.93	3.595	550.754	193 827							550.754	193 827
866	水	m^3	0.51	16	2 451.2	1 250							2 451.2	1 250
899	中(粗)砂	m^3	38.76	5.58	854.856	33 134							854.856	33 134
952	碎石(4cm)	m^3	75.23	8.38	1 283.816	96 581							1 283.816	96 581
996	其他材料费	元	1	20.5	3 140.6	3 141							3 140.6	3 141
1272	250L 以内强制式混凝土搅拌机	台班	118.41	0.37	56.684	6 712							56.684	6 712
1726	32kV · A 内交流电弧焊机	台班	140.56	0.02	3.064	431							3.064	431
1998	小型机具使用费	元	1	1.5	229.8	230							229.8	230
1999	定额基价	元	1	4 624	708 397	708 397							708 397	708 397

编制：张丽华　　　　复核：邓人庆

分项工程概算、预算表

表7-15t

编制范围：K0+000～K8+600

工程名称：路缘石　　　　第20页　共22页　08-2表

编号	工程项目				人行道、路牙(缘石)									合计	
	工程细目				预制、安砌混凝土预块路缘石										
	定额单位				$10m^3$										
	工程数量				153.2										
	定额表号				预算2-3-4-4										
	工、料、机名称		单位	单价(元)	定额	数量	金额(元)	定额	数量	金额(元)	定额	数量	金额(元)	数量	金额(元)
	直接工程费		元				735 586								735 586
	其他工程费	Ⅰ	元			4.76%	35 014								35 104
		Ⅱ	元												
	间接费	规费	元			38%	146 648								146 648
		企业管理费	元			4.14%	31 903								31 903
	利润		元			7%	56 175								56 175
	税金		元			3.41%	34 282								34 282
	建筑安装工程费		元				1 039 608								1 039 608

编制：张丽华　　　　复核：邓人庆

分项工程概算、预算表

表 7-15u

编制范围：K0 + 000 ~ K8 + 600

工程名称：里程碑、百米桩、公路界碑　　　　第 21 页　共 22 页　08-2 表

编号	工程项目			里程碑、百米桩、界碑			里程碑、百米桩、界碑						合计	
	工程细目			里程碑			百米桩							
	定额单位			100 块			100 块							
	工程数量			0.1			0.9							
	定额表号			预算 6-1-11-1			预算 6-1-11-2							
	工、料、机名称	单位	单价(元)	定额	数量	金额(元)	定额	数量	金额(元)	定额	数量	金额(元)	数量	金额(元)
1	人工	工日	49.2	54.9	5.49	270	6	5.4	266				10.89	536
101	原木	m^3	1 168.24	0.021	0.002	2	0.004	0.004	5				0.006	7
111	光圆钢筋	t	3 402.74	0.267	0.027	92	0.07	0.063	214				0.09	306
182	型钢	t	3 812.74	0.005			0.001	0.001	4				0.001	4
272	组合钢模板	t	5 767.1	0.032	0.003	17	0.007	0.006	35				0.009	52
651	铁件	kg	4.53	18	1.8	8	3.7	3.33	15				5.13	23
732	油漆	kg	13.39	31.1	3.11	42	4.6	4.14	55				7.25	97
832	32.5 级水泥	t	351.93	3.325	0.333	117	0.188	0.169	59				0.502	177
866	水	m^3	0.51	16	1.6	1	1	0.9					2.5	1
899	中(粗)砂	m^3	38.76	6.19	0.619	24	0.24	0.216	8				0.835	32
951	碎石(2cm)	m^3	79.82	4.41	0.441	35	0.41	0.369	29				0.81	65
954	碎石(8cm)	m^3	69.58	5.08	0.508	35							0.508	35
996	其他材料费	元	1	70.7	7.07	7	4.9	4.41	4				11.48	11
1272	250L 以内强制式混凝土搅拌机	台班	118.41	0.23	0.023	3	0.02	0.018	2				0.041	5
1372	4t 以内载货汽车	台班	344.46	1.12	0.112	39	0.06	0.054	19				0.166	57
1998	小型机具使用费	元	1	2.1	0.21		0.4	0.36					0.57	1
1999	定额基价	元	1	6 651	665	665	773	696	696				1 361	1 361

编制：张丽华　　　　复核：邓人庆

表 7-15v

分项工程概算、预算表

编制范围：K0 + 000 ~ K8 + 600

工程名称：里程碑、百米桩、公路界碑　　　　第 22 页　共 22 页　08-2 表

编号	工程项目			里程碑、百米桩、界碑			里程碑、百米桩、界碑						合计	
	工程细目			里程碑			百米桩							
	定额单位			100 块			100 块							
	工程数量			0.1			0.9							
	定额表号			预算 6-1-11-1			预算 6-1-11-2							
	工、料、机名称		单位	单价(元)	定额	数量	金额(元)	定额	数量	金额(元)	定额	数量	金额(元)	数量	金额(元)
	直接工程费		元				692			715					1 421
	其他工程费	Ⅰ	元			6.16%	43		6.16%	44					87
		Ⅱ	元												
	间接费	规费	元			38%	103		38%	101					204
		企业管理费	元			5.69%	42		5.69%	43					85
	利润		元			7%	54		7%	56					110
	税金		元			3.41%	32		3.41%	33					65
	建筑安装工程费		元				965			992					1 957

编制：张丽华　　　　复核：邓人庆

材料预算单价计算表

表 7-16a

建设项目名称：松—川二级公路

编制范围：K0 + 000 ~ K8 + 600

第 1 页　共 2 页　09 表

序号	规格名称	单位	原价（元）	运杂费					原价运费合计（元）	场外运输损耗		采购及保管费		预算单价（元）
				供应地点	运输方式、比重及运距	毛重系数或单位毛重	运杂费构成说明或计算式	单位运费（元）		费率（%）	金额（元）	费率（%）	金额（元）	
1	原木	m^3	1 120	三河—川级	汽车 25km	1	(0.63 × 25 + 4) × 1 × 1	19.75	1 139.75			2.5	28.49	1 168.24
2	锯材	m^3	1 350	三河—川级	汽车 25km	1	(0.63 × 25 + 4) × 1 × 1	19.75	1 369.75			2.5	34.24	1 403.99
3	光圆钢筋	t	3 300	三河—川级	汽车 25km	1	(0.63 × 25 + 4) × 1 × 1	19.75	3 319.75			2.5	82.99	3 402.74
4	带肋钢筋	t	3 400	三河—川级	汽车 25km	1	(0.63 × 25 + 4) × 1 × 1	19.75	3 419.75			2.5	85.49	3 505.24
5	型钢	t	3 700	三河—川级	汽车 25km	1	(0.63 × 25 + 4) × 1 × 1	19.75	3 719.75			2.5	92.99	3 812.74
6	钢板	t	4 450	三河—川级	汽车 25km	1	(0.63 × 25 + 4) × 1 × 1	19.75	4 469.75			2.5	111.74	4 581.49
7	空心钢钎	kg	7	三河—川级	汽车 25km	0.001	(0.63 × 25 + 4) × 0.001 × 1	0.02	7.02			2.5	0.18	7.20
8	合金钻头	个	26.53	三河—川级	汽车 25km	0.001 1	(0.63 × 25 + 4) × 0.001 1 × 1	0.02	26.55			2.5	0.66	27.21
9	电焊条	kg	4.9	三河—川级	汽车 25km	0.001 1	(0.63 × 25 + 4) × 0.001 1 × 1	0.02	4.92			2.5	0.12	5.04
10	组合钢模板	t	5 710	三河—川级	汽车 25km	1	(0.63 × 25 + 4) × 1 × 1	19.75	5 729.75			1	57.30	5 787.05
11	铁件	kg	4.4	三河—川级	汽车 25km	0.001 1	(0.63 × 25 + 4) × 0.001 1 × 1	0.02	4.42			2.5	0.11	4.53
12	铁钉	kg	6.97	三河—川级	汽车 25km	0.001 1	(0.63 × 25 + 4) × 0.001 1 × 1	0.02	6.99			2.5	0.17	7.16
13	8 ~ 12 号铁丝	kg	6.1	三河—川级	汽车 25km	0.001	(0.63 × 25 + 4) × 0.001 × 1	0.02	6.12			2.5	0.15	6.27
14	20 ~ 22 号铁丝	kg	6.4	三河—川级	汽车 25km	0.001	(0.63 × 25 + 4) × 0.001 × 1	0.02	6.42			2.5	0.16	6.58
15	橡皮线	m	6.8	三河—川级	汽车 25km	0.000 7	(0.63 × 25 + 4) × 0.000 7 × 1	0.01	6.81			2.5	0.17	6.98
16	皮线	m	5.4	三河—川级	汽车 25km	0.000 3	(0.63 × 25 + 4) × 0.000 3 × 1	0.01	5.41			2.5	0.14	5.55
17	油漆	kg	13.04	三河—川级	汽车 25km	0.001 17	(0.63 × 25 + 4) × 0.001 17 × 1	0.02	13.06			2.5	0.33	13.39
18	32.5 级水泥	t	320	三河—川级	汽车 25km	1.01	(0.63 × 25 + 4) × 1.01 × 1	19.95	339.95	1	3.40	2.5	8.58	351.93
19	硝铵炸药	kg	6	三河—川级	汽车 25km	0.001 35	(0.63 × 25 + 4) × 0.013 5 × 1	0.03	6.03			2.5	0.15	6.18

编制：张丽华　　　　复核：邓人庆

材料预算单价计算表

表 7-16b

建设项目名称：松—川二级公路

编制范围：K0 +000 ~ K8 +600

第2页 共2页 09表

序号	规格名称	单位	原价（元）	运杂费 供应地点	运输方式、比重及运距	毛重系数或单位毛重	运杂费构成说明或计算式	单位运费（元）	原价运费合计（元）	场外运输损耗 费率（%）	场外运输损耗 金额（元）	采购及保管费 费率（%）	采购及保管费 金额（元）	预算单价（元）
20	导火线	m	0.8	三河—川级	汽车 25km	0.000 03	(0.63 ×25 +4) ×0.000 03 ×1		0.80			2.5	0.02	0.82
21	普通雷管	个	0.7	三河—川级	汽车 25km	0.000 05	(0.63 ×25 +4) ×0.000 05 ×1	0	0.70			2.5	0.02	0.72
22	石油沥青	t	3 800	三河—川级	汽车 25km	1	(0.63 ×25 +4) ×1 ×1	19.75	3 819.75	3	114.59	2.5	98.36	4 032.70
23	重油	kg	2.8	三河—川级	汽车 25km	0.001	(0.63 ×25 +4) ×0.001 ×1	0.02	2.82			2.5	0.07	2.89
24	汽油	kg	5.2	三河—川级	汽车 25km	0.001	(0.63 ×25 +4) ×0.001 ×1	0.02	5.22			2.5	0.13	5.35
25	柴油	kg	4.9	三河—川级	汽车 25km	0.001	(0.63 ×25 +4) ×0.001 ×1	0.02	4.92			2.5	0.12	5.04
26	煤	t	265	三河—川级	汽车 25km	1	(0.63 ×25 +4) ×1 ×1	19.75	284.75	1	2.85	2.5	7.19	294.79
27	青(红)砖	千块	212	三河—川级	汽车 25km	2.6	(0.63 ×25 +4) ×2.6 ×1	51.35	263.35	3	7.90	2.5	6.78	278.03
28	生石灰	t	105	三河—川级	汽车 25km	1	(0.63 ×25 +4) ×1 ×1	19.75	124.75	3	3.74	2.5	3.21	131.70
29	土	m^3	9.04	石场—工地	自办 0.6km	1.4	[6.1 ×49.2 ×1.05 + (3.46 +0.33 ×5) ×136.64] ÷100	10.13	19.17	3	0.58	2.5	0.49	20.24
30	中（粗）砂	m^3	26.76	砂场—工地	自办 0.6km	1.5	[6.1 ×49.2 ×1.05 + (3.46 +0.33 ×5) ×136.64] ÷100	10.13	36.89	2.5	0.92	2.5	0.95	38.75
31	砂砾	m^3	12.65	砂场—工地	自办 0.6km	1.7	[8.3 ×49.2 ×1.05 + (4.27 +0.35 ×5) ×136.64] ÷100	12.51	25.16	1	0.25	2.5	0.64	26.05
32	黏土	m^3	12.65	石场—工地	自办 0.6km	1.4	[6.9 ×49.2 ×1.05 + (3.7 +0.31 ×5) ×136.64] ÷100	10.73	23.38	3	0.7	2.5	0.6	24.68
33	片石	m^3	31.1	石场—工地	自办 2km	1.6	[0.31 ×411.85 + (1.56 +0.41 ×1) ×339.31] ÷100	7.96	39.06			2.5	0.98	40.04
34	开采片石	m^3	31.1	料场					31.1					31.1
35	碎石（2cm）	m^3	69.72	石场—工地	自办 2km	1.5	[0.26 ×411.85 + (1.45 +0.41 ×1) ×339.31] ÷100	7.38	77.10	1	0.77	2.5	1.95	79.82
36	碎石（4cm）	m^3	65.29	石场—工地	自办 2km	1.5	[0.26 ×411.85 + (1.45 +0.41 ×1) ×339.31] ÷100	7.38	72.67	1	0.73	2.5	1.84	75.23
37	碎石（8cm）	m^3	59.83	石场—工地	自办 2km	1.5	[0.26 ×411.85 + (1.45 +0.41 ×1) ×339.31] ÷100	7.38	67.21	1	0.67	2.5	1.70	69.58
38	块石	m^3	86.96	石场—工地	自办 2km	1.85	[0.38 ×411.85 + (1.71 +0.45 ×1) ×339.31] ÷100	8.90	95.86			2.5	2.40	98.26

编制：张丽华　　　　复核：邓人庆

表 7-17a

自采材料料场价格计算表

建设项目名称:松—川二级公路

编制范围:K0 +000 ~ K8 +600

第 1 页　共 2 页　10 表

序号	定额号	材料规格名称	单位	料场价格(元)	人工工日 单价 49.2(元)		间接费(元)	空心钢钎 单价 7.2(元)		合金钻头 单价 27.21(元)		硝铵炸药 单价 6.18(元)		导火线 单价 0.82(元)	
					定额	金额	占人工费 5%	定额	金额	定额	金额	定额	金额	定额	金额
1	8-1-3-1	土	m^3	9.04	0.175	8.61	0.431								
2	8-1-4-3	中(粗)砂	m^3	26.76	0.518	25.486	1.274								
3	8-1-5-1	砂砾	m^3	12.65	0.245	12.054	0.603								
4	8-1-3-3	黏土	m^3	12.65	0.245	12.054	0.603								
5	8-1-6-2	片石	m^3	31.10	0.392	19.286	0.964	0.021	0.151 2	0.03	0.816	0.204	1.261	0.52	0.426
6	8-1-9-2	开采片石	m^3	31.10	0.392	19.286	0.964	0.021	0.151 2	0.03	0.816	0.204	1.261	0.52	0.426
7	8-1-9-3	碎石(2cm)	m^3	69.72	0.483	23.764	1.188								
8	8-1-9-5	碎石(4cm)	m^3	65.29	0.45	22.14	1.107								
9	8-1-9-9	碎石(8cm)	m^3	59.83	0.409	20.123	1.006								
10	8-1-6-5	块石	m^3	86.96	1.184	58.253	2.913	0.009	0.064 8	0.03	0.816	0.119	0.735	0.36	0.295

编制:张丽华　　　　复核:邓人庆

表 7-17b

自采材料料场价格计算表

建设项目名称:松—川二级公路

编制范围:K0 +000 ~ K8 +600

第2页 共2页 10表

序号	定额号	材料规格名称	单位	料场价格(元)	普通雷管 0.72(元)		150mm×250mm 电动颚式破碎机 单价129.51(元)		250mm×400mm 电动颚式破碎机 单价184.37(元)		$9m^3$/min 内机动空压机单价556.37(元)		小型机具使用费 单价1(元)		开采片石 单价31.10(元)	
					定额	金额	定额	金额	定额	金额	定额	金额	定额	金额	定额	金额
1	8-1-3-1	土	m^3	9.04												
2	8-1-4-3	中(粗)砂	m^3	26.76												
3	8-1-5-1	砂砾	m^3	12.65												
4	8-1-3-3	黏土	m^3	12.65												
5	8-1-6-2	片石	m^3	31.10	0.49	0.35					0.013 1	7.288	0.549	0.549		
6	8-1-6-2	开采片石	m^3	31.10	0.49	0.35					0.013 1	7.288	0.549	0.549		
7	8-1-9-3	碎石(2cm)	m^3	69.72			0.064 9	8.405							1.169	36.36
8	8-1-9-5	碎石(4cm)	m^3	65.29					0.034 2	6.305					1.149	35.73
9	8-1-9-9	碎石(8cm)	m^3	59.83					0.024 5	4.517					1.099	34.18
10	8-1-6-5	块石	m^3	86.96	0.35	0.252					0.039 5	21.977				

编制:张丽华 复核:邓人庆

机械台班单价计算表

表 7-18a

建设项目名称：松—川二级公路

编制范围：K0 +000 ~ K8 +600

第 1 页　共 2 页　11 表

序号	定额号	机械规格名称	台班单价（元）	不变费用（元）调整系数：1.00		可变费用（元）人工：49.20（元/工日）		重油：2.89（元/kg）		汽油：5.35（元/kg）		柴油：5.04（元/kg）		煤：294.79（元/t）		电：0.96（元/kW·h）		水：0.51（元/t）		木柴：0.50（元/kg）		养路费及车船使用费	合计
				定额	调整值	定额	金额	定额	金额	定额	金额	定额	金额	定额	金额	定额	金额	定额	金额	定额	金额		
1	1003	75kW 以内履带式推土机	620.59	245.14	245.14	2	98.4					54.97	277.05										375.45
2	1027	0.6m³ 以内履带式单斗挖土机	505.17	219.84	219.84	2	98.4					37.09	186.93										285.33
3	1048	1.0m³ 以内轮胎式装载机	411.85	112.92	112.92	1	49.2					49.03	247.11									2.62	298.93
4	1051	3.0m³ 以内轮胎式装载机	926.72	241.36	241.36	2	98.4					115.15	580.36									6.6	685.36
5	1057	120kW 以内自行式平地机	926.94	408.05	408.05	2	98.4					82.13	413.94									6.55	518.89
6	1063	75kW 以内履带式拖拉机	533.15	161.23	161.23	2	98.4					54.27	273.52										371.92
7	1075	6~8t 光轮压路机	254.19	107.57	107.57	1	49.2					19.33	97.42										146.62
8	1076	8~10t 光轮压路机	283.63	117.5	117.5	1	49.2					23.2	116.93										166.13
9	1078	12~15t 光轮压路机	417.44	164.32	164.32	1	49.2					40.46	203.92										253.12
10	1083	0.6t 以内手扶式振动碾	102.22	38.1	38.1	1	49.2					2.96	14.92										64.12
11	1088	15t 以内振动压路机	784.39	315.05	315.05	2	98.4					73.6	370.94										469.34
12	1234	3.0~9.0m 滑模式水泥混凝土摊铺机	2 357.22	1 787.97	1 787.97	3	147.6					83.66	421.65										569.25
13	1243	混凝土电动刻纹机	214.14	128.65	128.65	1	49.2									37.8	36.29						85.49
14	1245	混凝土电动切缝机	149.78	81.23	81.23	1	49.2									20.16	19.35						68.55
15	1272	250L 以内强制式混凝土搅拌机	118.41	18.58	18.58	1	49.2									52.74	50.63						99.83
16	1307	6m³ 内混凝土搅拌运输车	1 327.44	909.82	909.82	1	49.2					55.54	279.92									88.5	417.62

编制：张丽华　　　　复核：邓人庆

机械台班单价计算表

表 7-18b

建设项目名称:松—川二级公路

编制范围:K0 +000 ~ K8 +600

第 2 页　共 2 页　11 表

序号	定额号	机械规格名称	台班单价(元)	不变费用(元) 调整系数:1.00		可变费用(元) 人工:49.20(元/工日)		重油:2.89(元/kg)		汽油:5.35(元/kg)		柴油:5.04(元/kg)		煤:294.79(元/t)		电:0.96(元/kW·h)		水:0.51(元/t)		木柴:0.50(元/kg)		养路费及车船使用费	合计
				定额	调整值	定额	金额	定额	金额	定额	金额	定额	金额	定额	金额	定额	金额	定额	金额	定额	金额		
17	1327	60m³/h 以内混凝土搅拌站 V	2 222.02	1 121.64	1 121.64	9	442.8									684.98	657.58						1 100.38
18	1372	4t 以内载货汽车	344.46	66.38	66.38	1	49.2			34.28	183.4											45.48	278.08
19	1382	3t 以内自卸汽车	339.31	67.62	67.62	1	49.2			34.28	183.4											39.09	271.69
20	1384	6t 以内自卸汽车	474.87	138.42	138.42	1	49.2					44	221.76									65.49	336.45
21	1395	40t 以内平板拖车组	1 372.39	722.87	722.87	2	98.4					55.54	279.92									271.2	649.52
22	1405	6 000L 以内洒水汽车	563.38	257.9	257.9	1	49.2					42.43	213.85									42.43	305.48
23	1415	手扶式拖拉机(带拖斗)	136.57	38.13	38.13	1	49.2					9	45.36									3.95	98.51
24	1451	12t 以内汽车式起重机	825.34	387.11	387.11	2	98.4					44.95	226.55									113.28	438.23
25	1455	30t 以内汽车式起重机	1 596.11	982.66	982.66	2	98.4					62.86	316.81									198.24	613.45
26	1726	32kV·A 内交流电弧焊机	140.56	7.21	7.24	1	49.2									87.63	84.12						133.32
27	1756	150mm×250mm 电动颚式破碎机	129.51	46.04	46.04	1	49.2									35.7	34.27						83.47
28	1757	250mm×400mm 电动颚式破碎机	184.37	53.39	53.39	1	49.2									85.19	81.78						130.98
29	1797	120kW 以内柴油发电机组	1 033.98	236.68	236.68	2	98.4					138.67	698.9										797.3
30	1842	9m³/min 内机动空压机	556.37	203.06	203.06	1	49.2					60.34	304.11										353.31

编制:张丽华　　　　复核:邓人庆

表 7-19a

辅助生产工、料、机械台班数量表

建设项目名称:松—川二级公路

编制范围:K0 +000 ~ K8 +600　　　　第 1 页　共 3 页　12 表

序号	规格名称	单位	总数量	人工(工日)		空心钢钎(kg)		合金钻头(个)		硝铵炸药(kg)		导火线(m)	
				定额	数量	定额	数量	定额	数量	定额	数量	定额	数量
1	土	m^3	27 748	0.175	4 856								
2	中(粗)砂	m^3	10 275	0.518	5 322								
3	砂砾	m^3	86	0.245	21								
4	黏土	m^3	26	0.245	6								
5	片石	m^3	3 380	0.392	1 325	0.021	71	0.03	101	0.204	690	0.52	1 758
6	开采片石	m^3	19 072	0.392	7 476	0.021	401	0.03	572	0.204	3 891	0.52	9 917
7	碎石(2cm)	m^3	0.81	0.483	0.4								
8	碎石(4cm)	m^3	16 585	0.45	7 463								
9	碎石(8cm)	m^3	14	0.409	6								
10	块石	m^3	2 272	1.184	2 690	0.009	20	0.03	68	0.119	270	0.36	818
11	土	m^3	27 748	0.061	1 693								
12	中(粗)砂	m^3	10 275	0.061	627								
13	砂砾	m^3	86	0.083	7								
14	黏土	m^3	26	0.069	2								
15	片石	m^3	3 380										
16	碎石(2cm)	m^3	0.81										
17	碎石(4cm)	m^3	16 585										
18	碎石(8cm)	m^3	14										
19	块石	m^3	2 272										
合计					31 494		492		741		4 851		12 493

编制:张丽华　　　　复核:邓人庆

辅助生产工、料、机械台班数量表

表 7-19b

建设项目名称:松—川二级公路

编制范围:K0 +000 ~ K8 +600

第 2 页　共 3 页　12 表

序号	规格名称	单位	总数量	普通雷管(个)		开采片石(m^3)		$1.0m^3$ 以内轮胎式装载机(台班)		3t 以内自卸汽车(台班)		手扶式拖拉机(带拖斗)(台班)	
				定额	数量	定额	数量	定额	数量	定额	数量	定额	数量
1	土	m^3	27 748										
2	中(粗)砂	m^3	10 275										
3	砂砾	m^3	86										
4	黏土	m^3	26										
5	片石	m^3	3 380	0.49	1 656								
6	开采片石	m^3	19 072	0.49	9 345								
7	碎石(2cm)	m^3	0.81			1.169	1						
8	碎石(4cm)	m^3	16 585			1.149	19 056						
9	碎石(8cm)	m^3	14			1.099	15						
10	块石	m^3	2 272	0.35	795								
11	土	m^3	27 748									0.051	1 415
12	中(粗)砂	m^3	10 275									0.051	524
13	砂砾	m^3	86									0.06	5
14	黏土	m^3	26									0.052	1
15	片石	m^3	3 380					0.003	10	0.02	68		
16	碎石(2cm)	m^3	0.81					0.003	0	0.019	0		
17	碎石(4cm)	m^3	16 585					0.003	50	0.019	315		
18	碎石(8cm)	m^3	14					0.003	0	0.019	0		
19	块石	m^3	2 272					0.004	9	0.022	50		
合计					10 174		19 072		69		433		1 945

编制:张丽华　　　　复核:邓人庆

辅助生产工、料、机械台班数量表

表 7-19c

建设项目名称:松—川二级公路

编制范围:K0 +000 ~ K8 +600

第 3 页　共 3 页　12 表

序号	规格名称	单位	总数量	150mm×250mm 电动颚式破碎机(台班)		250mm×400mm 电动颚式破碎机(台班)		$9m^3$/min 内机动空压机(台班)		小型机具使用费(元)	
				定额	数量	定额	数量	定额	数量	定额	数量
1	土	m^3	27 748								
2	中(粗)砂	m^3	10 275								
3	砂砾	m^3	86								
4	黏土	m^3	26								
5	片石	m^3	3 380					0.013	44	0.549	1 856
6	开采片石	m^3	19 072					0.013	248	0.549	10 471
7	碎石(2cm)	m^3	0.81	0.065	0						
8	碎石(4cm)	m^3	16 585			0.034	564				
9	碎石(8cm)	m^3	14			0.025	0				
10	块石	m^3	2 272					0.04	91	1.653	3 756
11	土	m^3	27 748								
12	中(粗)砂	m^3	10 275								
13	砂砾	m^3	86								
14	黏土	m^3	26								
15	片石	m^3	3 380								
16	碎石(2cm)	m^3	0.81								
17	碎石(4cm)	m^3	16 585								
18	碎石(8cm)	m^3	14								
19	块石	m^3	2 272								
合计					0		564		383		16 083

编制:张丽华　　　　复核:邓人庆

表 7-20a

机械用工、料数量表

建设项目名称：松—川二级公路

编制范围：K0 +000 ~ K8 +600　　　　第 1 页　共 2 页　12-1 表

序号	代号	机械规格名称	单位	总数量	人工(工日)		重油(kg)		汽油(kg)		柴油(kg)		煤（吨）		电(kW·h)		水(t)		木柴(kg)	
					定额	数量	定额	数量	定额	数量	定额	数量	定额	数量	定额	数量	定额	数量	定额	数量
1	1003	75kW 以内履带式推土机	台班	132	2	264					54.97	7 256								
2	1027	$0.6m^3$ 以内履带式单斗挖土机	台班	420	2	840					37.09	15 578								
3	1048	$1.0m^3$ 以内轮胎式装载机	台班	69	1	69					49.03	3 383								
4	1051	$3.0m^3$ 以内轮胎式装载机	台班	81	2	162					115.15	9 327								
5	1057	120kW 以内自行式平地机	台班	274	2	548					82.13	22 504								
6	1063	75kW 以内履带式拖拉机	台班	22	2	44					54.27	1 194								
7	1075	6 ~ 8t 光轮压路机	台班	208	1	208					19.33	4 021								
8	1076	8 ~ 10t 光轮压路机	台班	7	1	7					23.2	162								
9	1078	12 ~ 15t 光轮压路机	台班	142	1	142					40.46	5745								
10	1083	0.6t 以内手扶式振动碾	台班	163	1	163					2.96	482								
11	1088	15t 以内振动压路机	台班	287	2	574					73.6	21 123								
12	1234	3.0 ~ 9.0m 滑模式水泥混凝土摊铺机	台班	33	3	99					83.66	2 761								
13	1243	混凝土电动刻纹机	台班	690	1	690									37.8	26 082				
14	1245	混凝土电动切缝机	台班	296	1	296									20.16	5 967				
15	1272	250L 以内强制式混凝土搅拌机	台班	60	1	60									52.74	3 164				
16	1307	$6m^3$ 内混凝土搅拌运输车	台班	512	1	512					55.54	28 436								

编制：张丽华　　　　复核：邓人庆

表 7-20b

机械用工、料数量表

建设项目名称:松—川二级公路

编制范围:K0 +000 ~ K8 +600

第 2 页　共 2 页　12-1 表

序号	代号	机械规格名称	单位	总数量	人工(工日)		重油(kg)		汽油(kg)		柴油(kg)		煤(吨)		电(kW·h)		水(t)		木柴(kg)	
					定额	数量	定额	数量	定额	数量	定额	数量	定额	数量	定额	数量	定额	数量	定额	数量
17	1327	$60m^3/h$ 以内混凝土搅拌站	台班	59	9	531									684.98	40 414				
18	1372	4t 以内载货汽车	台班	0	1	0			34.28	0										
19	1382	3t 以内自卸汽车	台班	433	1	433			34.28	14 843										
20	1384	6t 以内自卸汽车	台班	2 977	1	2 977					44	130 988								
21	1395	40t 以内平板拖车组	台班	3	2	6					55.54	167								
22	1405	6 000L 以内洒水汽车	台班	283	1	283					42.43	12 008								
23	1415	手扶式拖拉机(带拖斗)	台班	1 945	1	1 945					9	17 505								
24	1451	12t 以内汽车式起重机	台班	2	2	4					44.95	90								
25	1455	30t 以内汽车式起重机	台班	5	2	10					62.86	314								
26	1726	32kV·A 内交流电弧焊机	台班	3	1	3									87.63	263				
27	1756	150mm × 250mm 电动颚式破碎机	台班	0	1	0									35.7	0				
28	1757	250mm × 400mm 电动颚式破碎机	台班	564	1	564									85.19	48 047				
29	1842	$9m^3/min$ 内机动空压机	台班	383	1	383					60.34	23 110								
		合计				11 817				14 843		306 154				123 937				

编制:张丽华　　　　复核:邓人庆

单元小结

本单元主要讲述公路工程概算、预算的编制程序和方法，并通过工程实例完整地展示了概算、预算各种表格的计算顺序、填表方法及数值间的转换关系。学习时应对照工程实例，掌握编制程序及各种表格的计算方法。

自我检测

一、问答题

1. 简述公路工程概算、预算甲、乙组文件的组成。

2. 编制概算、预算应遵循哪些原则？

3. 税金是如何计算的？

4. 08 表和 10 表为什么要分两次编制？

5. 编制说明主要写哪些内容？

6. 什么是另计增工？哪些费用需另计增工？

二、填空题

1. 公路基本建设概算、预算的总金额是由________、________、________、________四部分组成的。

2. 材料预算单价是由________、________、________、________、________五部分组成。

3. 费率是在________表计算的；11 表是计算________。

4. 当实际出现的工程费用与项目表的内容不完全相符时，________和________的序号保留不变。

5. 直接费是由________和________两部分组成。

6. 工程监理费的计算基数是________。

附录一　封面、目录及概算、预算表格样式

一、扉页的次页格式

××公路初步设计概算

（K××+×××~K××+×××）

第　册　　共　册

编制：[签字并加盖执业（从业）资格印章]
复核：[签字并加盖执业（从业）资格印章]
（编制单位）
年　　月

二、目 录 格 式

目　　录

（甲组文件）

三、概算、预算表格样式

总概算、预算汇总表

建设项目名称：　　　　　　　　　　　　　　　　　　　　第　　页 共　　页　　01-1 表

项次	工程或费用名称	单位	总数量	概算、预算金额(元)				技术经济指标	各项费用比例(%)	备　　注
							合计			
		填表说明：1. 一个建设项目分若干单项工程编制概算、预算时，应通过本表汇总全部建设项目概算、预算金额。 2. 本表反映一个建设项目的各项费用组成，概算、预算总值和技术经济指标。 3. 本表“项次”、“工程或费用名称”、“单位”、“总数量”、“概算、预算金额”应由各单项或单位工程总概算、预算表(01 表)转来，“目”、“节”可视需要增减，“项”应保留。 4. “技术经济指标”以各项概算、预算金额汇总合计除以相应总数量计算；“各项费用比例”以汇总的各项目概算、预算金额合计除以总概算、预算金额合计计算。								

编制：　　　　　　　　　　　　　　　　　　　　　　　　　　复核：

总概算、预算人工、主要材料、机械台班数量汇总表

建设项目名称：　　　　　　　　　　　　　　　　　　第　页　共　页　02-1 表

序号	规格名称	单位	总数量	编制范围									

填表说明：1. 一个建设项目分若干个单项工程编制概算、预算时，应通过本表汇总全部建设项目的人工、主要材料、机械台班数量。

2. 本表各栏数据均由各单项或单位工程概算、预算中的人工、主要材料、机械台班数量汇总表（02 表）转来，“编制范围”指单项或单位工程。

编制：　　　　　　　　　　　　　　　　　　复核：

总概算、预算表

建设项目名称：

编 制 范 围：　　　　　　　　　　　　　　　　　　第　页　共　页　01 表

项	目	节	细目	工程或费用名称	单位	数量	概算、预算金额（元）	技术经济指标	各项费用比例（%）	备　注

填表说明：1. 本表反映一个单项或单位工程的各项费用组成，概算、预算金额，技术经济指标等。

2. 本表“项”、“目”、“节”、“细目”、“工程或费用名称”、“单位”等应按概算、预算项目表的序列及内容填写。“目”、“节”、“细目”可视需要增减，但“项”应保留。

3. “数量”、“概算、预算金额”由建筑工程费计算表（03 表），设备、工具、器具购置费计算表（05 表）、工程建设其他费用及回收金额计算表（06 表）转来。

4. “技术经济指标”以各项目概算、预算金额除以相应数量计算；“各项费用比例”以各项概算、预算金额除以总概算、预算金额计算。

编制：　　　　　　　　　　　　　　　　　　复核：

人工、主要材料、机械台班数量汇总表

建设项目名称：

编 制 范 围： 第 页 共 页 02表

序号	规格名称	单位	总数量	分 项 统 计								场外运输损耗	
												%	数量

填表说明：1. 本表各栏数据由分项工程概算、预算基础数据表(08表)及辅助生产工、料、机械台班单位数量表(12表)分析计算后统计而来。

2. 发生的冬、雨季及夜间施工增工及临时设施用工，根据有关附录规定计算后列入本表有关项目内。

编制： 复核：

建筑安装工程费计算表

建设项目名称：

编 制 范 围： 第 页 共 页 03表

序号	工程名称	单位	工程量	直 接 费(元)						间接费（元）	利润（元）费率（%）	税金（元）综合税率（%）	建筑安装工程费	
				直接工程费				其他工程费	合计				合计（元）	单价（元）
				人工费	材料费	机械使用费	合计							
1	2	3	4	5	6	7	8	9	10	11	12	13	14	15

填表说明：本表5～7均由08表经计算转来；

8＝5＋6＋7；

9＝8×9的费率或(5＋7)×9的费率；

10＝8＋9；

11＝5×规费综合费率＋10×企业管理费综合费率；

12＝(10＋11－规费)×12的费率；

13＝(10＋11＋12)×综合税率；

14＝10＋11＋12＋13；

15＝14÷4。

编制： 复核：

其他工程费及间接费综合费率计算表

建设项目名称：

编 制 范 围：　　　　　　　　　　　　　　　　　　第　页　共　页　04表

序号	工程类别	其他工程费费率(%)													间接费费率(%)											
		冬季施工增加费	雨季施工增加费	夜间施工增加费	高原地区施工增加费	风沙地区施工增加费	沿海地区施工增加费	行车干扰工程施工增加费	安全及文明施工措施费	临时设施费	施工辅助费	工地转移费	综合费率		规费						企业管理费					
													Ⅰ	Ⅱ	养老保险费	失业保险费	医疗保险费	住房公积金	工伤保险费	综合费率	基本费用	主副食运费补贴	职工探亲路费	职工取暖补贴	财务费用	综合费率
1	2	3	4	5	6	7	8	9	10	11	12	13	14	15	16	17	18	19	20	21	22	23	24	25	26	27

填表说明：本表应根据建设工程项目具体情况，按概算、预算编制办法有关规定填入数据计算。

14 =3 +4 +5 +8 +10 +11 +12 +13；

15 =6 +7 +9；

21 =16 +17 +18 +19 +20；

27 =22 +23 +24 +25 +26。

编制：　　　　　　　　　　　　　　　　　　　　　　复核：

设备、工具、器具购置费计算表

建设项目名称：

编 制 范 围：　　　　　　　　　　　　　　　　　　第　页　共　页　05表

序号	设备、工具、器具规格名称	单位	数量	单价(元)	金额(元)	说　明

填表说明：本表应根据具体的设备、工具、器具购置清单进行计算，包括设备规格、单位、数量、单价以及需要说明的有关问题。

编制：　　　　　　　　　　　　　　　　　　　　　　复核：

工程建设其他费用及回收金额计算表

建设项目名称：

编 制 范 围： 第 页 共 页 06 表

序号	费用名称及回收金额项目	说明及计算式	金额(元)	备 注

填表说明：本表应按具体发生的工程建设其他费用项目填写，需要说明和具体计算的费用项目依次在相应说明及计算式栏内填写或具体计算，各项费用具体填写如下。

1. 土地征用及拆迁补偿费应填写土地补偿单价、数量和安置补助费标准、数量等，列式计算所需费用，填入金额栏。
2. 建设项目管理费包括建设单位(业主)管理费、工程质量监督费、工程监理费、工程定额测定费、设计文件审查费、竣(交)工验收试验检测费，按“建筑安装工程费×费率”或有关定额列式计算。
3. 研究试验费应根据设计，对需要进行研究试验的项目分别填写项目名称及金额，或列式计算或进行说明。
4. 建设项目前期工作费按国家有关规定填入本表，列式计算。
5. 其余有关工程建设其他费用的填入和计算方法，根据规定依此类推。

编制： 复核：

人工、材料、机械台班单价汇总表

建设项目名称：

编 制 范 围： 第 页 共 页 07 表

序号	名称	单位	代号	预算单价(元)	备注	序号	名称	单位	代号	预算单价(元)	备注

填表说明：本表预算单价主要由材料预算单价计算表(09 表)和机械台班单价计算表(11 表)转来。

编制： 复核：

目　　录
（乙组文件）

1. 建筑安装工程费计算数据表（08-1 表）
2. 分项工程概算、预算表（08-2 表）
3. 材料预算单价计算表（09 表）
4. 自采材料料场价格计算表（10 表）
5. 机械台班单价计算表（11 表）
6. 辅助生产工、料、机械台班单位数量表（12 表）

建筑安装工程费计算数据表

建设项目名称：　　　　编制范围：　　　　数据文件编号：　　　　公路等级：

路线或桥梁长度（km）：　　　　路基或桥梁宽度（m）：　　　　第　　页　共　　页　　08-1 表

项的代号	本项目数	目的代号	本目节数	节的代号	本节细目数	细目的代号	费率编号	定额个数	定额代号	项或目或节或细目或定额的名称	单位	数量		定额调整情况

填表说明：1. 本表应逐行从左到右横向跨栏填写。

2. “项”、“目”、“节”、“细目”、“定额”等的代号应根据实际需要按《公路工程基本建设项目概算预算编制办法》（JTG B06—2007）附录四“概算、预算项目表”及现行《公路工程概算定额》（JTG/T B06-01—2007）、《公路工程预算定额》（JTG/T B06-02—2007）的序列及内容填写。

3. 本表主要是为利用计算机软件编制概算、预算提供基础数据，具体填表规则由软件用户手册详细制定。

编制：　　　　　　　　　　　　　　　　复核：

分项工程概算、预算表

编制范围：

工程名称：　　　　　　　　　　　　第　　页　共　　页　　08-2 表

编号	工程项目											合　计	
	工程细目												
	定额单位												
	工程数量												
	定额表号												
	工、料、机名称	单位	单价（元）	定额	数量	金额（元）	定额	数量	金额（元）	定额	数量	金额（元）	数量	金额（元）
1	人工	工日												
2	……													

续上表

编号													
工程项目												合计	
工程细目													
定额单位													
工程数量													
定额表号													
工、料、机名称	单位	单价（元）	定额	数量	金额（元）	定额	数量	金额（元）	定额	数量	金额（元）	数量	金额（元）
定额基价	元												
直接工程费	元												
其他工程费 Ⅰ	元												
其他工程费 Ⅱ	元												
间接费 规费	元												
间接费 企业管理费	元												
利润及税金	元												
建筑安装工程费	元												

填表说明：1. 本表按具体分项工程项目数量及对应概算、预算定额子目填写，单价由07表转来，金额＝工、料、机各项的单价×定额×数量。
2. 其他工程费按相应项目的直接工程费或人工费与施工机械使用费之和×规定费率计算。
3. 规费按相应项目的人工费×规定费率计算。
4. 企业管理费按相应项目的直接费×规定费率计算。
5. 利润按相应项目的（直接费＋间接费－规费）×利润率计算。
6. 税金按相应项目的（直接费＋间接费＋利润）×税率计算。

编制：　　　　　　　　　　　　　　　　复核：

材料预算单价计算表

建设项目名称：

编 制 范 围：　　　　　　　　　　　　第 页　共 页　09表

序号	规格名称	单位	原价（元）	运杂费 供应地点	运杂费 运输方式、比重及运距	运杂费 毛重系数或单位毛重	运杂费 运杂费构成说明或计算式	运杂费 单位运费（元）	原价运费合计（元）	场外运输损耗 费率（%）	场外运输损耗 金额（元）	采购及保管费 费率（%）	采购及保管费 金额（元）	预算单价（元）

填表说明：1. 本表计算各种材料自供应地点或料场至工地的全部运杂费与材料原价及其他费用组成的预算单价。
2. 运输方式按火车、汽车、船舶等及所占运输比重填写。
3. 毛重系数、场外运输损耗、采购及保管费按规定填写。
4. 根据材料供应地点、运输方式、运输单价、毛重系数等，通过运杂费构成说明或计算式，计算得出材料单位运费。
5. 材料原价与单位运费、场外运输损耗、采购及保管费组成材料预算单价。

编制：　　　　　　　　　　　　　　　　复核：

自采材料料场价格计算表

建设项目名称：

编 制 范 围： 第 页 共 页 10表

序号	定额号	材料规格名称	单位	料场价格（元）	人工（工日）单价 （元）		间接费（元）（占人工费 %）	（ ）单价 （元）		（ ）单价 （元）		（ ）单价 （元）		（ ）单价 （元）	
					定额	金额		定额	金额	定额	金额	定额	金额	定额	金额

填表说明：1. 本表主要用于分析计算自采材料料场价格，应将选用的定额人工、材料、机械台班数量全部列出，包括相应的工、料、机单价。
2. 材料规格用途相同而生产方式（如人工捶碎石、机械轧碎石）不同时，应分别计算单价，再以各种生产方式所占比重根据合计价格加权平均计算料场价格。
3. 定额中机械台班有调整系数时，应在本表内计算。

编制： 复核：

机械台班单价计算表

建设项目名称：

编 制 范 围： 第 页 共 页 11表

序号	定额号	机械规格名称	台班单价（元）	不变费用（元）调整系数		可 变 费 用 （元）人工：（元/工日）		汽油：（元/kg）		柴油：（元/kg）		……		合计
				定额	调整值	定额	金额	定额	金额	定额	金额	定额	金额	

填表说明：1. 本表应根据《公路工程机械台班费用定额》（JTG/T B06-03—2007）进行计算。不变费用如有调整系数，应填入调整值；可变费用各栏填入定额数量。
2. 人工、动力燃料的单价由材料预算单价计算表（09表）转来。

编制： 复核：

辅助生产工、料、机械台班单位数量表

建设项目名称：

编 制 范 围： 第 页 共 页 12 表

序号	规格名称	单位	人工(工日)						
			填表说明：本表各栏数据由自采材料料场价格计算表(10表)统计而来。						

编制： 复核：

附录二　全国冬季施工气温区划分表

省、自治区、直辖市	地区、市、自治州、盟（县）	气温区	
北京	全境	冬二	Ⅰ
天津	全境	冬二	Ⅰ
河北	石家庄、邢台、邯郸、衡水市（冀州市、枣强县、故城县）	冬一	Ⅱ
	廊坊、保定（涞源县及以北除外）、衡水（冀州市、枣强县、故城县除外）、沧州市	冬二	Ⅰ
	唐山、秦皇岛市		Ⅱ
	承德（围场县除外）、张家口（沽源县、张北县、尚义县、康保县除外）、保定市（涞源县及以北）	冬三	
	承德（围场县）、张家口市（沽源县、张北县、尚义县、康保县）	冬四	
山西	运城市（万荣县、夏县、绛县、新绛县、稷山县、闻喜县除外）	冬一	Ⅱ
	运城（万荣县、夏县、绛县、新绛县、稷山县、闻喜县）、临汾（尧都区、侯马市、曲沃县、翼城县、襄汾县、洪洞县）、阳泉（孟县除外）、长治（黎城县）、晋城市（城区、泽州县、沁水县、阳城县）	冬二	Ⅰ
	太原（娄烦县除外）、阳泉（孟县）、长治（黎城县除外）、晋城（城区、泽州县、沁水县，阳城县除外）、晋中（寿阳县、和顺县、左权县除外）、临汾（尧都区、侯马市、曲沃县、翼城县、襄汾县、洪洞县除外）、吕梁市（孝义市、汾阳市、文水县、交城县、柳林县、石楼县、交口县、中阳县）		Ⅱ
	太原（娄烦县）、大同（左云县除外）、朔州（右玉县除外）、晋中（寿阳县、和顺县、左权县）、忻州、吕梁市（离石区、临县、岚县、方山县、兴县）	冬三	
	大同（左云县）、朔州市（右玉县）	冬四	
内蒙古	乌海市，阿拉善盟（阿拉善左旗、阿拉善右旗）	冬二	Ⅰ
	呼和浩特（武川县除外）、包头（固阳县除外）、赤峰、鄂尔多斯、巴彦淖尔、乌兰察布市（察哈尔右翼中旗除外），阿拉善盟（额济纳旗）	冬三	
	呼和浩特（武川县）、包头（固阳县）、通辽、乌兰察布市（察哈尔右翼中旗），锡林郭勒（苏尼特右旗、多伦县）、兴安盟（阿尔山市除外）	冬四	
	呼伦贝尔市（海拉尔区、新巴尔虎右旗、阿荣旗），兴安（阿尔山市）、锡林郭勒盟（冬四区以外各地）	冬五	
	呼伦贝尔市（冬五区以外各地）	冬六	
辽宁	大连（瓦房店市、普兰店市、庄河市除外）、葫芦岛市（绥中县）	冬二	Ⅰ
	沈阳（康平县、法库县除外）、大连（瓦房店市、普兰店市、庄河市）、鞍山、本溪（桓仁县除外）、丹东、锦州、阜新、营口、辽阳、朝阳（建平县除外）、葫芦岛（绥中县除外）、盘锦市	冬三	
	沈阳（康平县、法库县）、抚顺、本溪（桓仁县）、朝阳（建平县）、铁岭市	冬四	
吉林	长春（榆树市除外）、四平、通化（辉南县除外）、辽源、白山（靖宇县、抚松县、长白县除外）、松原（长岭县）、白城市（通榆县），延边自治州（敦化市、汪清县、安图县除外）	冬四	
	长春（榆树市）、吉林、通化（辉南县）、白山（靖宇县、抚松县、长白县）、白城（通榆县除外）、松原市（长岭县除外），延边自治州（敦化市、汪清县、安图县）	冬五	

续上表

省、自治区、直辖市	地区、市、自治州、盟(县)	气温区	
黑龙江	牡丹江市(绥芬河市、东宁县)	冬四	
	哈尔滨(依兰县除外)、齐齐哈尔(讷河市、依安县、富裕县、克山县、克东县、拜泉县除外)、绥化(安达市、肇东市、兰西县)、牡丹江(绥芬河市、东宁县除外)、双鸭山(宝清县)、佳木斯(桦南县)、鸡西、七台河、大庆市	冬五	
	哈尔滨(依兰县)、佳木斯(桦南县除外)、双鸭山(宝清县除外)、绥化(安达市、肇东市、兰西县除外)、齐齐哈尔(讷河市、依安县、富裕县、克山县、克东县、拜泉县)、黑河、鹤岗、伊春市,大兴安岭地区	冬六	
上海	全境	准二	
江苏	徐州、连云港市	冬一	Ⅰ
	南京、无锡、常州、淮安、盐城、宿迁、扬州、泰州、南通、镇江、苏州市	准二	
浙江	杭州、嘉兴、绍兴、宁波、湖州、衢州、舟山、金华、温州、台州、丽水市	准二	
安徽	亳州市	冬一	Ⅰ
	阜阳、蚌埠、淮南、滁州、合肥、六安、马鞍山、巢湖、芜湖、铜陵、池州、宣城、黄山市	准一	
	淮北、宿州市	准二	
福建	宁德(寿宁县、周宁县、屏南县)、三明市	准一	
江西	南昌、萍乡、景德镇、九江、新余、上饶、抚州、宜春市	准一	
山东	全境	冬一	Ⅰ
河南	安阳、商丘、周口(西华县、淮阳县、鹿邑县、扶沟县、太康县)、新乡、三门峡、洛阳、郑州、开封、鹤壁、焦作、济源、濮阳、许昌市	冬一	Ⅰ
	驻马店、信阳、南阳、周口(西华县、淮阳县、鹿邑县、扶沟县、太康县除外)、平顶山、漯河市	准二	
湖北	武汉、黄石、荆州、荆门、鄂州、宜昌、咸宁、黄岗、天门、潜江、仙桃市,恩施自治州	准一	
	孝感、十堰、襄樊、随州市,神农架林区	准二	
湖南	全境	准一	
四川	阿坝(黑水县)、甘孜自治州(新龙县、道浮县、泸定县)	冬一	Ⅱ
	甘孜自治州(甘孜县、康定县、白玉县、炉霍县)	冬二	Ⅰ
	阿坝(壤塘县、红原县、松潘县)、甘孜自治州(德格县)		Ⅱ
	阿坝(阿坝县、若尔盖县、九寨沟县)、甘孜自治州(石渠县、色达县)	冬三	
	广元市(青川县),阿坝(汶川县、小金县、茂县、理县)、甘孜(巴塘县、雅江县、得荣县、九龙县、理塘县、乡城县、稻城县)、凉山自治州(盐源县、木里县)	准一	
	阿坝(马尔康县、金川县)、甘孜白治州(丹巴县)	准二	
贵州	贵阳、遵义(赤水市除外)、安顺市,黔东南、黔南、黔西南自治州	准一	
	六盘水市,毕节地区	准二	
云南	迪庆自治州(德钦县、香格里拉县)	冬一	Ⅱ
	曲靖(宣威市、会泽县)、丽江(玉龙县、宁蒗县)、昭通市(昭阳区、大关县、威信县、彝良县、镇雄县、鲁甸县),迪庆(维西县)、怒江(兰坪县)、大理自治州(剑川县)	准一	

续上表

省、自治区、直辖市	地区、市、自治州、盟(县)	气温区	
西藏	拉萨市(当雄县除外),日喀则(拉孜县)、山南(浪卡子县、错那县、隆子县除外)、昌都(芒康县、左贡县、类乌齐县、丁青县、洛隆县除外)、林芝地区	冬一	Ⅰ
	山南(隆子县)、日喀则地区(定日县、聂拉木县、亚东县、拉孜县除外)		Ⅱ
	昌都地区(洛隆县)	冬二	Ⅰ
	昌都(芒康县、左贡县、类乌齐县、丁青县)、山南(浪卡子县)、日喀则(定日县、聂拉木县)、阿里地区(普兰县)		Ⅱ
	拉萨市(当雄县),那曲(安多县除外)、山南(错那县)、日喀则(亚东县)、阿里地区(普兰县除外)	冬三	
	那曲地区(安多县)	冬四	
陕西	西安、宝鸡、渭南、咸阳(彬县、旬邑县、长武县除外)、汉中(留坝县、佛坪县)、铜川市(耀州区)	冬一	Ⅰ
	铜川(印台区、王益区)、咸阳市(彬县、旬邑县、长武县)		Ⅱ
	延安(吴起县除外)、榆林(清涧县)、铜川市(宜君县)	冬二	Ⅱ
	延安(吴起县)、榆林市(清涧县除外)	冬三	
	商洛、安康、汉中市(留坝县、佛坪县除外)	准二	
甘肃	陇南市(两当县、徽县)	冬一	Ⅱ
	兰州、天水、白银(会宁县、靖远县)、定西、平凉、庆阳、陇南市(西和县、礼县、宕昌县),临夏、甘南自治州(舟曲县)	冬二	Ⅱ
	嘉峪关、金昌、白银(白银区、平川区、景泰县)、酒泉、张掖、武威市,甘南自治州(舟曲县除外)	冬三	
	陇南市(武都区、文县)	准一	
	陇南市(成县、康县)	准二	
青海	海东地区(民和县)	冬二	Ⅱ
	西宁市,海东地区(民和县除外),黄南(泽库县除外)、海南、果洛(班玛县、达日县、久治县)、玉树(囊谦县、杂多县、称多县、玉树县)、海西自治州(德令哈市、格尔木市、都兰县、乌兰县)	冬三	
	海北(野牛沟、托勒除外)、黄南(泽库县)、果洛(玛沁县、甘德县、玛多县)、玉树(曲麻莱县、治多县)、海西自治州(冷湖、茫崖、大柴旦、天峻县)	冬四	
	海北(野牛沟、托勒)、玉树(清水河)、海西自治州(唐古拉山区)	冬五	
宁夏	全境	冬二	Ⅱ
新疆	阿拉尔市,喀什(喀什市、伽师县、巴楚县、英吉沙县、麦盖提县、莎车县、叶城县、泽普县)、哈密(哈密市泌城镇)、阿克苏(沙雅县、阿瓦提县)、和田地区,伊犁(伊宁市、新源县、霍城县霍尔果斯镇)、巴音郭楞(库尔勒市、若羌县、且末县、尉犁县铁干里可)、克孜勒苏自治州(阿图什市、阿克陶县)	冬二	Ⅰ
	喀什地区(岳普湖县)		Ⅱ
	乌鲁木齐市(牧业气象试验站、达板城区、乌鲁木齐县小渠子乡),塔城(乌苏市、沙湾县、额敏县除外)、阿克苏(沙雅县、阿瓦提县除外)、哈密(哈密市十三间房、哈密市红柳河、伊吾县淖毛湖)、喀什(塔什库尔干县)、吐鲁番地区,克孜勒苏(乌恰县、阿合奇县)、巴音郭楞(和静县、焉耆县、和硕县、轮台县、尉犁县、且末县塔中)、伊犁自治州(伊宁市、霍城县、察布查尔县、尼勒克县、巩留县、昭苏县、特克斯县)	冬三	
	乌鲁木齐市(冬三区以外各地),塔城(额敏县、乌苏县)、阿勒泰(阿勒泰市、哈巴河县、吉木乃县)、哈密地区(巴里坤县),昌吉(昌吉市、米泉市、木垒县、奇台县北塔山镇、阜康市天池)、博尔塔拉(温泉县、精河县、阿拉山口口岸)、克孜勒苏自治州(乌恰县吐尔尕特口岸)	冬四	
	克拉玛依、石河子市,塔城(沙湾县)、阿勒泰地区(布尔津县、福海县、富蕴县、青河县),博尔塔拉(博乐市)、昌吉(阜康市、玛纳斯县、呼图壁县、吉木萨尔县、奇台县、米泉市蔡家湖)、巴音郭楞自治州(和静县巴音布鲁克乡)	冬五	

注:表中行政区划以2006年中国地图出版社出版的《中华人民共和国行政区划简册》为准。为避免繁冗,各民族自治州名称予以简化,如青海省的“海西蒙古族藏族自治州”简化为“海西自治州”。

附录三　全国雨季施工雨量区及雨季期划分表

省、自治区、直辖市	地区、市、自治州、盟（县）	雨量区	雨季期（月数）
北京	全境	Ⅱ	2
天津	全境	Ⅰ	2
河北	张家口、承德市（围场县）	Ⅰ	1.5
	承德（围场县除外）、保定、沧州、石家庄、廊坊、邢台、衡水、邯郸、唐山、秦皇岛市	Ⅱ	2
山西	全境	Ⅰ	1.5
内蒙古	呼和浩特、通辽、呼伦贝尔（海拉尔区、满洲里市、陈巴尔虎旗、鄂温克旗）、鄂尔多斯（东胜区、准格尔旗、伊金霍洛旗、达拉特旗、乌审旗）、赤峰、包头、乌兰察布市（集宁区、化德县、商都县、兴和县、四子王旗、察哈尔右翼中旗、察哈尔右翼后旗、卓资县及以南），锡林郭勒盟（锡林浩特市、多伦县、太仆寺旗、西乌珠穆沁旗、正蓝旗、正镶白旗）	Ⅰ	1
	呼伦贝尔市（牙克石市、额尔古纳市、鄂伦春旗、扎兰屯市及以东），兴安盟		2
辽宁	大连（长海县、瓦房店市、普兰店市、庄河市除外）、朝阳市（建平县）	Ⅰ	2
	沈阳（康平县）、大连（长海县）、锦州（北宁市除外）、营口（盖州市）、朝阳市（凌原市、建平县除外）		2.5
	沈阳（康平县、辽中县除外）、大连（瓦房店市）、鞍山（海城市、台安县、岫岩县除外）、锦州（北宁市）、阜新、朝阳（凌原市）、盘锦、葫芦岛（建昌县）、铁岭市		3
	抚顺（新宾县）、辽阳市		3.5
	沈阳（辽中县）、鞍山（海城市、台安县）、营口（盖州市除外）、葫芦岛市（兴城市）	Ⅱ	2.5
	大连（普兰店市）、葫芦岛市（兴城市、建昌县除外）		3
	大连（庄河市）、鞍山（岫岩县）、抚顺（新宾县除外）、丹东（凤城市、宽甸县除外）、本溪市		3.5
	丹东市（凤城市、宽甸县）		4
吉林	辽源、四平（双辽市）、白城、松原市	Ⅰ	2
	吉林、长春、四平（双辽市除外）、白山市，延边自治州	Ⅱ	2
	通化市		3
黑龙江	哈尔滨（市区、呼兰区、五常市、阿城市、双城市）、佳木斯（抚远县）、双鸭山（市区、集贤县除外）、齐齐哈尔（拜泉县、克东县除外）、黑河（五大连池市、嫩江县）、绥化（北林区、海伦市、望奎县、绥棱县、庆安县除外）、牡丹江、大庆、鸡西、七台河市，大兴安岭地区（呼玛县除外）	Ⅰ	2
	哈尔滨（市区、呼兰区、五常市、阿城市、双城市除外）、佳木斯（抚远县除外）、双鸭山（市区、集贤县）、齐齐哈尔（拜泉县、克东县）、黑河（五大连池市、嫩江县除外）、绥化（北林区、海伦市、望奎县、绥棱县、庆安县）、鹤岗、伊春市，大兴安岭地区（呼玛县）	Ⅱ	2

续上表

省、自治区、直辖市	地区、市、自治州、盟(县)	雨量区	雨季期(月数)
上海	全境	Ⅱ	4
江苏	徐州、连云港市	Ⅱ	2
	盐城市		3
	南京、镇江、淮安、南通、宿迁、扬州、常州、泰州市		4
	无锡、苏州市		4.5
浙江	舟山市	Ⅱ	4
	嘉兴、湖州市		4.5
	宁波、绍兴市		6
	杭州、金华、温州、衢州、台州、丽水市		7
安徽	亳州、淮北、宿州、蚌埠、淮南、六安、合肥市	Ⅱ	1
	阜阳市		2
	滁州、巢湖、马鞍山、芜湖、铜陵、宣城市		3
	池州市		4
	安庆、黄山市		5
福建	泉州市(惠安县崇武)	Ⅰ	4
	福州(平潭县)、泉州(晋江市)、厦门(同安区除外)、漳州市(东山县)	Ⅱ	5
	三明(永安市)、福州(市区、长乐市)、莆田市(仙游县除外)		6
	南平(顺昌县除外)、宁德(福鼎市、霞浦县)、三明(永安市、尤溪县、大田县除外)、福州(市区、长乐市、平潭县除外)、龙岩(长汀县、连城县)、泉州(晋江市、惠安县崇武、德化县除外)、莆田(仙游县)、厦门(同安区)、漳州市(东山县除外)		7
	南平(顺昌县)、宁德(福鼎市、霞浦县除外)、三明(尤溪县、大田县)、龙岩(长汀县、连城县除外)、泉州市(德化县)		8
江西	南昌、九江、吉安市	Ⅱ	6
	萍乡、景德镇、新余、鹰潭、上饶、抚州、宜春、赣州市		7
山东	济南、潍坊、聊城市	Ⅰ	3
	淄博、东营、烟台、济宁、威海、德州、滨州市		4
	枣庄、泰安、莱芜、临沂、菏泽市		5
	青岛市	Ⅱ	3
	日照市		4
河南	郑州、许昌、洛阳、济源、新乡、焦作、三门峡、开封、濮阳、鹤壁市	Ⅰ	2
	周口、驻马店、漯河、平顶山、安阳、商丘市		3
	南阳市		4
	信阳市	Ⅱ	2

续上表

省、自治区、直辖市	地区、市、自治州、盟(县)	雨量区	雨季期(月数)
湖北	十堰、襄樊、随州市,神农架林区	Ⅰ	3
	宜昌(秭归县、远安县、兴山县)、荆门市(钟祥市、京山县)	Ⅱ	2
	武汉、黄石、荆州、孝感、黄岗、咸宁、荆门(钟祥市、京山县除外)、天门、潜江、仙桃、鄂州、宜昌市(秭归县、远安县、兴山县除外),恩施自治州		6
湖南	全境	Ⅱ	6
广东	茂名、中山、汕头、潮州市	Ⅰ	5
	广州、江门、肇庆、顺德、湛江、东莞市		6
	珠海市	Ⅱ	5
	深圳、阳江、汕尾、佛山、河源、梅州、揭阳、惠州、云浮、韶关市		6
	清远市		7
广西	百色、河池、南宁、崇左市	Ⅱ	5
	桂林、玉林、梧州、北海、贵港、钦州、防城港、贺州、柳州、来宾市		6
海南	全境	Ⅱ	6
重庆	全境	Ⅱ	4
四川	甘孜自治州(巴塘县)	Ⅰ	1
	阿坝(若尔盖县)、甘孜自治州(石渠县)		2
	乐山(峨边县)、雅安市(汉源县),甘孜自治州(甘孜县、色达县)		3
	雅安(石棉县)、绵阳(干武县)、泸州(古蔺县)、遂宁市,阿坝(若尔盖县、汶川县除外)、甘孜自治州(巴塘县、石渠县、甘孜县、色达县、九龙县、得荣县除外)		4
	南充(高坪区)、资阳市(安岳县)	Ⅱ	5
	宜宾市(高县),凉山自治州(雷波县)		3
	成都、乐山(峨边县、马边县除外)、德阳、南充(南部县)、绵阳(平武县除外)、资阳(安岳县除外)、广元、自贡、攀枝花、眉山市,凉山(雷波县除外)、甘孜自治州(九龙县)		4
	乐山(马边县)、南充(高坪区、南部县除外)、雅安(汉源县、石棉县除外)、广安(邻水县除外)、巴中、宜宾(高县除外)、泸州(古蔺县除外)、内江市		5
	广安(邻水县)、达州市		6
贵州	贵阳、遵义市,毕节地区	Ⅱ	4
	安顺市,铜仁地区,黔东南自治州		5
	黔西南自治州		6
	黔南自治州		7

续上表

省、自治区、直辖市	地区、市、自治州、盟（县）	雨量区	雨季期（月数）
云南	昆明（市区、嵩明县除外）、玉溪、曲靖（富源县、师宗县、罗平县除外）、丽江（宁蒗县、永胜县）、思茅（墨江县）、昭通市，怒江（兰坪县、泸水县六库镇）、大理（大理市、漾濞县除外）、红河（个旧市、开远市、蒙自县、红河县、石屏县、建水县、弥勒县、泸西县）、迪庆、楚雄自治州	Ⅰ	5
	保山（腾冲县、龙陵县除外）、临沧市（凤庆县、云县、永德县、镇康县），怒江（福贡县、泸水县）、红河自治州（元阳县）		6
	昆明（市区、嵩明县）、曲靖（富源县、师宗县、罗平县）、丽江（古城区、华坪县）、思茅市（翠云区、景东县、镇沅县、普洱县、景谷县），大理（大理市、漾濞县）、文山自治州	Ⅱ	5
	保山（腾冲县、龙陵县）、临沧（临祥区、双江县、耿马县、沧源县）、思茅市（西盟县、澜沧县、孟连县、江城县），怒江（贡山县）、德宏、红河（绿春县、金平县、屏边县、河口县）、西双版纳自治州		6
西藏	那曲（索县除外）、山南（加查县除外）、日喀则（定日县）、阿里地区	Ⅰ	1
	拉萨市，那曲（索县）、昌都（类乌齐县、丁青县、芒康县除外）、日喀则（拉孜县）、林芝地区（察隅县）		2
	昌都（类乌齐县）、林芝地区（米林县）		3
	昌都（丁青县）、林芝地区（米林县、波密县、察隅县除外）		4
	林芝地区（波密县）		5
	山南（加查县）、日喀则地区（定日县、拉孜县除外）	Ⅱ	1
	昌都地区（芒康县）		2
陕西	榆林、延安市	Ⅰ	1.5
	铜川、西安、宝鸡、咸阳、渭南市，杨凌区		2
	商洛、安康、汉中市		3
甘肃	天水（甘谷县、武山县）、陇南市（武都区、文县、礼县），临夏（康乐县、广河县、永靖县）、甘南自治州（夏河县）	Ⅰ	1
	天水（北道区、秦城区）、定西（渭源县）、庆阳（西峰区）、陇南市（西和县），临夏（临夏市）、甘南自治州（临潭县、卓尼县）		1.5
	天水（秦安县）、定西（临洮县、岷县）、平凉（崆峒区）、庆阳（华池县、宁县、环县）、陇南市（宕昌县），临夏（临夏县、东乡县、积石山县）、甘南自治州（合作市）		2
	天水（张家川县）、平凉（静宁县、庄浪县）、庆阳（镇原县）、陇南市（两当县），临夏（和政县）、甘南自治州（玛曲县）		2.5
	天水（清水县）、平凉（泾川县、灵台县、华亭县、崇信县）、庆阳（西峰区、合水县、正宁县）、陇南市（徽县、成县、康县），甘南自治州（碌曲县、迭部县）		3

续上表

省、自治区、直辖市	地区、市、自治州、盟(县)	雨量区	雨季期(月数)
青海	西宁市(湟源县),海东地区(平安县、乐都县、民和县、化隆县),海北(海晏县、祁连县、刚察县、托勒),海南(同德县、贵南县),黄南(泽库县、同仁县),海西自治州(天峻县)	I	1
	西宁市(湟源县除外),海东地区(互助县),海北(门源县),果洛(达日县、久治县、班玛县),玉树自治州(称多县、杂多县、囊谦县、玉树县),河南自治县		1.5
宁夏	固原地区(隆德县、泾源县)	I	2
新疆	乌鲁木齐市(小渠子乡、牧业气象试验站、大西沟乡),昌吉地区(阜康市天池),克孜勒苏(吐尔尕特、托云、巴音库鲁提)、伊犁自治州(昭苏县、霍城县二台、松树头)	I	1
台湾	(资料暂缺)		

注:1. 表中未列的地区除西藏林芝地区墨脱县因无资料未划分外,其余地区均因降雨天数或平均日降雨量未达到计算雨季施工增加费的标准,故未划分雨量区及雨季期。

2. 行政区划依据资料及自治州、市的名称列法同冬季施工气温区划分说明。

附录四　全国风沙地区公路施工区划表

区划	沙漠(地)名称	地理位置	自然特征
风沙一区	呼伦贝尔沙地、嫩江沙地	呼伦贝尔沙地位于内蒙古呼伦贝尔平原,嫩江沙地位于东北平原西北部嫩江下游	属半干旱、半湿润严寒区,年降水量280~400mm,年蒸发量1 400~1 900mm,干燥度1.2~1.5
	科尔沁沙地	散布于东北平原西辽河中、下游主干及支流沿岸的冲积平原上	属半湿润温冷区,年降水量300~450mm,年蒸发量1 700~2 400mm,干燥度1.2~2.0
	浑善达克沙地	位于内蒙古锡林郭勒盟南部和昭乌达盟西北部	属半湿润温冷区,年降水量100~400mm,年蒸发量2 200~2 700mm,干燥度1.2~2.0,年平均风速3.5~5m/s,年大风日数50~80天
	毛乌素沙地	位于内蒙古鄂尔多斯中南部和陕西北部	属半干旱温热区,年降水量东部400~440mm,西部仅250~320mm,年蒸发量2 100~2 600mm,干燥度1.6~2.0
	库布齐沙漠	位于内蒙古鄂尔多斯北部,黄河河套平原以南	属半干旱温热区,年降水量150~400mm,年蒸发量2 100~2 700mm,干燥度2.0~4.0,年平均风速3~4m/s
风沙二区	乌兰布和沙漠	位于内蒙古阿拉善东北部,黄河河套平原西南部	属干旱温热区,年降水量100~145mm,年蒸发量2 400~2 900mm,干燥度8.0~16.0,地下水相当丰富,埋深一般为1.5~3m
	腾格里沙漠	位于内蒙古阿拉善东南部及甘肃武威部分地区	属干旱温热区,沙丘、湖盆、山地、残丘及平原交错分布,年降水量116~148mm,年蒸发量3 000~3 600mm,干燥度4.0~12.0
	巴丹吉林沙漠	位于内蒙古阿拉善西南边缘及甘肃酒泉部分地区	属干旱温热区,沙山高大密集,形态复杂,起伏悬殊,一般高200~300m,最高可达420m,年降水量40~80mm,年蒸发量1 720~3 320mm,干燥度7.0~16.0
	柴达木沙漠	位于青海柴达木盆地	属极干旱寒冷区,风蚀地、沙丘、戈壁、盐湖和盐土平原相互交错分布,盆地东部年均气温2~4℃,西部为1.5~2.5℃,年降水量东部为50~170mm,西部为10~25mm,年蒸发量2 500~3 000mm,干燥度16.0~32.0
	古尔班通古特沙漠	位于新疆北部准噶尔盆地	属干旱温冷区,其中固定、半固定沙丘面积占沙漠面积的97%,年降水量70~150mm,年蒸发量1 700~2 200mm,干燥度2.0~10.0
风沙三区	塔克拉玛干沙漠	位于新疆南部塔里木盆地	属极干旱炎热区,年降水量东部20mm左右,南部30mm左右,西部40mm左右,北部50mm以上,年蒸发量在1 500~3 700mm,中部达高限,干燥度>32.0
	库姆达格沙漠	位于新疆东部、甘肃西部,罗布泊低地南部和阿尔金山北部	属极干旱炎热区,全部为流动沙丘,风蚀严重,年降水量10~20mm,年蒸发量2 800~3 000mm,干燥度>32.0,8级以上大风天数在100天以上

附录五 定额基价人工、材料单位质量、单价表

顺序号	名　称	代号	规　格	单位	单位质量(kg)	场内运输及操作损耗(%)	单价(元)
(一)人工							
1	人工	1		工日	—		49.20
2	机械工	2		工日	—		49.20
(二)混凝土及砂浆							
3	C10 片石混凝土	11		m^3			0.00
4	C15 片石混凝土	12		m^3			0.00
5	C20 片石混凝土	13		m^3			0.00
6	C25 片石混凝土	14		m^3			0.00
7	C10 片石混凝土	16		m^3			0.00
8	C15 水泥混凝土	17		m^3			0.00
9	C20 水泥混凝土	18		m^3			290.00
10	C25 水泥混凝土	19		m^3			300.00
11	C30 水泥混凝土	20		m^3			320.00
12	C35 水泥混凝土	21		m^3			340.00
13	C40 水泥混凝土	22		m^3			355.00
14	C45 水泥混凝土	23		m^3			370.00
15	C50 水泥混凝土	24		m^3			400.00
16	C55 水泥混凝土	25		m^3			430.00
17	C60 水泥混凝土	26		m^3			0.00
18	C20 水下混凝土	28		m^3			0.00
19	C25 水下混凝土	29		m^3			0.00
20	C30 水下混凝土	30		m^3			0.00
21	C20 防水混凝土	35		m^3			0.00
22	C25 防水混凝土	36		m^3			0.00
23	C30 防水混凝土	37		m^3			0.00
24	C35 防水混凝土	38		m^3			0.00
25	C40 防水混凝土	39		m^3			0.00
26	C45 防水混凝土	40		m^3			0.00
27	C50 防水混凝土	41		m^3			0.00
28	C15 泵送混凝土	45		m^3			0.00

续上表

顺序号	名　称	代号	规　格	单位	单位质量(kg)	场内运输及操作损耗(%)	单价(元)
29	C20 泵送混凝土	46		m^3			0.00
30	C25 泵送混凝土	47		m^3			0.00
31	C30 泵送混凝土	48		m^3			0.00
32	C35 泵送混凝土	49		m^3			0.00
33	C40 泵送混凝土	50		m^3			0.00
34	C45 泵送混凝土	51		m^3			0.00
35	C50 泵送混凝土	52		m^3			0.00
36	C55 泵送混凝土	53		m^3			0.00
37	C60 泵送混凝土	54		m^3			0.00
38	C20 泵送防水混凝土	56		m^3			0.00
39	C25 泵送防水混凝土	57		m^3			0.00
40	C30 泵送防水混凝土	58		m^3			0.00
41	C35 泵送防水混凝土	59		m^3			0.00
42	C40 泵送防水混凝土	60		m^3			0.00
43	C45 泵送防水混凝土	61		m^3			0.00
44	C50 泵送防水混凝土	62		m^3			0.00
45	M5 水泥砂浆	65		m^3			0.00
46	M7.5 水泥砂浆	66		m^3			0.00
47	M10 水泥砂浆	67		m^3			0.00
48	M12.5 水泥砂浆	68		m^3			0.00
49	M15 水泥砂浆	69		m^3			0.00
50	M20 水泥砂浆	70		m^3			0.00
51	M25 水泥砂浆	71		m^3			0.00
52	M30 水泥砂浆	72		m^3			0.00
53	M35 水泥砂浆	73		m^3			0.00
54	M40 水泥砂浆	74		m^3			0.00
55	粗粒式沥青碎石	81		m^3			0.00
56	中粒式沥青碎石	82		m^3			0.00
57	细粒式沥青碎石	83		m^3			0.00
58	粗粒式沥青混凝土	84		m^3			0.00
59	中粒式沥青混凝土	85		m^3			0.00
60	细粒式沥青混凝土	86		m^3			0.00
61	砂粒式沥青混凝土	87		m^3			0.00
(三)材料							
62	原木	101	混合规格	m^3	750	5	1 120.00
63	锯材	102	中板 $\delta=19\sim35$mm,中方混合规格	m^3	650	15	1 350.00

续上表

顺序号	名　称	代号	规　格	单位	单位质量（kg）	场内运输及操作损耗（%）	单价（元）
64	枕木	103	硬	m^3	650	5	961.00
65	毛竹	104	ϕ60mm，$L\geqslant$6m；ϕ75mm～ϕ90mm，$L\geqslant$6m	根	14	5	15.83
66	胶合板	105	5 层	m^2	3.4	5	26.68
67	竹胶模板	106	2.44m×1.22m，厚度 7～15mm	m^2	8.5	5	75.00
68	光圆钢筋	111	ϕ10mm～ϕ14mm	t	1 000	2.5	3 300.00
69	带肋钢筋	112	ϕ15mm～ϕ24mm，ϕ25mm 以上	t	1 000	2.5	3 400.00
70	冷轧带肋钢筋网	113	ϕ7mm～ϕ9mm	t	1 000	2.5	4 600.00
71	环氧光圆钢筋	114	带环氧涂层的光圆钢筋	t	1 000	2.5	4 300.00
72	环氧带肋钢筋	115	带环氧涂层的带肋钢筋	t	1 000	2.5	4 400.00
73	预应力粗钢筋	121	ϕ10mm 以上精轧螺纹钢筋	t	1 000	4	5 320.00
74	钢绞线	125	普通，无松弛	t	1 000	4	6 500.00
75	环氧钢绞线	126	带环氧涂层的钢绞线	t	1 000	4	9 000.00
76	镀锌钢绞线	127	混合规格（7 股、19 股，1.0～134.2mm^2）	t	1 000	4	9 150.00
77	钢丝	131	ϕ5mm 以内	kg	1	4	4.97
78	冷拔低碳钢丝	132	ϕ5mm 以内冷拔丝	t	1 000	4	5 630.00
79	高强钢丝	133	ϕ5mm 预应力用碳素钢丝	t	1 000	4	5 450.00
80	镀锌高强钢丝	134	ϕ5mm 预应力用镀锌碳素钢丝	t	1 000	4	8 560.00
81	平行钢丝斜拉索	141	成品索	t	1 000	0	17 500.00
82	钢绞线斜拉索	142	成品索	t	1 000	0	9 500.00
83	主缆索股	143	成品索股	t	1 000	0	16 000.00
84	斜拉索减振器	145		个		0	4 000.00
85	吊索	148	成品索	t	1 000	0	20 000.00
86	系杆	149	成品索	t	1 000	0	12 000.00
87	波纹管钢带	151	0.25mm×36mm、0.28mm×36mm	t	1000	2	6 350.00
88	紧缆钢带	155		t	1 000	2	20 000.00
89	型钢	182	工字钢，角钢	t	1 000	6	3 700.00
90	钢板	183	A_3，δ=5～40mm	t	1 000	6	4 450.00
91	圆钢	184	ϕ6mm～ϕ36mm 混合型号	t	1 000	6	3 177.00
92	钢轨	185	重轨、轻轨、吊车轨	t	1 000	6	3 118.00
93	钢管	191	无缝钢管	t	1 000	4	5 610.00
94	镀锌钢管	192	外径 15～200mm，壁厚 2.75～4.5mm	t	1 000	4	5 560.00
95	不锈钢管	193	混合规格	kg	1	4	53.00

续上表

顺序号	名称	代号	规格	单位	单位质量(kg)	场内运输及操作损耗(%)	单价(元)
96	承插式铸铁管	194	混合规格	t	1 000	4	2 820.00
97	压制弯头	196	各种规格	kg	1	4	19.34
98	镀锌钢板	208	$\delta=1$mm，$\delta=1.5$mm，$\delta=3$mm	t	1 000	4	5 940.00
99	钢钎	211	ϕ22mm ~ ϕ25mm，ϕ32mm	kg	1	20	5.62
100	空心钢钎	212	优质碳素工具钢	kg	1	20	7.00
101	ϕ50mm 以内合金钻头	213	ϕ43mm	个	0.45	0	27.21
102	ϕ150mm 以内合金钻头	214		个	1	0	76.23
103	钻杆	216	ϕ50mm、ϕ73mm、ϕ89mm、ϕ114mm，长1m、1.5m	kg	1	0	6.00
104	中空注浆锚杆	217	混合规格	m		1	30.00
105	自进式锚杆	218	R25mm，R27mm，R32mm，R38mm，R51mm	m		1	40.00
106	钢丝绳	221	股丝 6×19mm ~ 7×19mm，绳径 7.1 ~ 9mm；股丝 6×37mm，绳径 14.1 ~ 15.5mm	t	1 000	2.5	5 853.00
107	钢纤维	225	扁丝切断型、钢丝切断型、高强铣削型、剪切波纹型、剪切压痕型	t	1 000	2	4 340.00
108	电焊条	231	结 422(502、506、507) ϕ3.2mm、ϕ4.0mm、ϕ5.0mm	kg	1	10	4.90
109	钢筋连接套筒	232	ϕ16mm ~ ϕ40mm	个		1	9.00
110	锌	236	1 号	kg	1	6	9.96
111	螺栓	240	混合规格	kg	1	2	10.65
112	镀锌螺栓	241	混合规格	kg	1	2	14.76
113	膨胀螺栓	242	混合规格	套	0.186	4	3.30
114	镀锌膨胀螺栓	243	混合规格	套		4	5.01
115	法兰	244		kg	1	0	10.63
116	镀锌法兰	245		kg	1	0	14.73
117	钢管立柱	247		t	1 000	0	5 850.00
118	型钢立柱	248	镀锌(包括斜撑)	t	1 000	0	5 300.00
119	波形钢板	249	镀锌(包括端头板、撑架)	t	1 000	0	6 100.00
120	托架	250		kg	1	1	5.40
121	柱帽	251		个		1	9.00
122	钢板桩	261	混合规格	t	1 000	0	4 385.00
123	钢管桩	262	ϕ219mm ~ ϕ2 440mm，壁厚 5 ~ 20mm	t	1 000	0	5 000.00
124	钢护筒	263		t	1 000	0	4 800.00

续上表

顺序号	名　　称	代号	规　　格	单位	单位质量（kg）	场内运输及操作损耗（%）	单价（元）
125	钢套箱	264		t	1 000	0	4 800.00
126	钢壳沉井	265		t	1 000	0	4 800.00
127	钢模板	271	各类定型大块钢模板	t	1 000	0	5 970.00
128	组合钢模板	272		t	1 000	0	5 710.00
129	门式钢支架	273		t	1 000	0	5 000.00
130	钢格栅	289		t	1 000	0	17 500.00
131	索夹	290		t	1 000	0	25 000.00
132	索鞍构件	291		t	1 000	0	25 000.00
133	悬吊系统构件	292		t	1 000	0	8 000.00
134	套管及拉杆构件	293		t	1 000	0	7 000.00
135	钢梁	301		t	1 000	0	9 500.00
136	钢桁	302		t	1 000	0	10 000.00
137	钢纵横梁	303		t	1 000	0	8 000.00
138	钢箱梁及桥面板	304		t	1 000	0	10 000.00
139	钢锚箱	305		t	1 000	0	9 600.00
140	钢管拱肋	310		t	1 000	0	7 500.00
141	钢支座	400		t	1 000	0	7 600.00
142	四氟板式橡胶组合支座	401	$GJZF_4$ 系列、$GYZF_4$ 系列	dm^3	3.2	0	110.00
143	板式橡胶支座	402	GJZ 系列、GYZ 系列	dm^3	3.2	0	80.00
144	盆式橡胶支座(800kN)	501	GPZ(Ⅱ)	套	35.3	0	1 500.00
145	盆式橡胶支座(1 000kN)	502	GPZ(Ⅱ)	套	44.5	0	1 915.80
146	盆式橡胶支座(1 250kN)	503	GPZ(Ⅱ)	套	55.0	0	2 100.00
147	盆式橡胶支座(1 500kN)	504	GPZ(Ⅱ)	套	69.8	0	2 348.40
148	盆式橡胶支座(2 000kN)	505	GPZ(Ⅱ)	套	98.5	0	3 090.00
149	盆式橡胶支座(2 500kN)	506	GPZ(Ⅱ)	套	125.0	0	3 522.60
150	盆式橡胶支座(3 000kN)	507	GPZ(Ⅱ)	套	160.0	0	4 264.20
151	盆式橡胶支座(3 500kN)	508	GPZ(Ⅱ)	套	202.3	0	5 428.10
152	盆式橡胶支座(4 000kN)	509	GPZ(Ⅱ)	套	253.8	0	6 396.30
153	盆式橡胶支座(5 000kN)	510	GPZ(Ⅱ)	套	335.3	0	9 053.70
154	盆式橡胶支座(6 000kN)	511	GPZ(Ⅱ)	套	421.8	0	10 639.90
155	盆式橡胶支座(7 000kN)	512	GPZ(Ⅱ)	套	514.0	0	13 410.60
156	盆式橡胶支座(8 000kN)	513	GPZ(Ⅱ)	套	626.0	0	15 450.00
157	盆式橡胶支座(9 000kN)	514	GPZ(Ⅱ)	套	732.3	0	18 303.10
158	盆式橡胶支座(10 000kN)	515	GPZ(Ⅱ)	套	882.8	0	21 073.80
159	盆式橡胶支座(12 500kN)	516	GPZ(Ⅱ)	套	1 175.3	0	26 913.90

续上表

顺序号	名　　称	代号	规　　格	单位	单位质量（kg）	场内运输及操作损耗（%）	单价（元）
160	盆式橡胶支座(15 000kN)	517	GPZ(Ⅱ)	套	1 481.3	0	32 269.90
161	盆式橡胶支座(17 500kN)	518	GPZ(Ⅱ)	套	1 836.3	0	40 963.10
162	盆式橡胶支座(20 000kN)	519	GPZ(Ⅱ)	套	2 223.0	0	46 885.60
163	盆式橡胶支座(22 500kN)	520	GPZ(Ⅱ)	套	2 574.8	0	56 196.80
164	盆式橡胶支座(25 000kN)	521	GPZ(Ⅱ)	套	2 997.0	0	64 447.10
165	盆式橡胶支座(27 500kN)	522	GPZ(Ⅱ)	套	3 397.0	0	76 117.00
166	盆式橡胶支座(30 000kN)	523	GPZ(Ⅱ)	套	3 811.8	0	85 902.00
167	盆式橡胶支座(32 500kN)	524	GPZ(Ⅱ)	套	4 360.3	0	96 845.75
168	盆式橡胶支座(35 000kN)	525	GPZ(Ⅱ)	套	4 836.5	0	10 8356.00
169	盆式橡胶支座(37 500kN)	526	GPZ(Ⅱ)	套	5 380.3	0	12 2930.50
170	盆式橡胶支座(40 000kN)	527	GPZ(Ⅱ)	套	5 863.8	0	13 4621.00
171	盆式橡胶支座(45 000kN)	528	GPZ(Ⅱ)	套	6 885.5	0	14 6363.00
172	盆式橡胶支座(50 000kN)	529	GPZ(Ⅱ)	套	7 869.0	0	16 1504.00
173	盆式橡胶支座(55 000kN)	530	GPZ(Ⅱ)	套	9 102.3	0	273 649.00
174	盆式橡胶支座(60 000kN)	531	GPZ(Ⅱ)	套	10 136.8	0	520 802.00
175	阻尼器	532	液体黏滞阻尼器	套		0	1581 602.00
176	抗风支座	533		套		0	12 0000.00
177	毛勒伸缩缝	541	伸缩量 80mm/排，质量 80kg/(排·m)	t	1000	0	43100.00
178	板式橡胶伸缩缝	542	混合规格	m	186	0	375.00
179	TST 伸缩体	545		kg	1	2	21.58
180	铸铁	561		kg	1	0	2.19
181	钢砂	562		kg	1	2.5	3.00
182	钢丸	563		t	1 000	2	3 500.00
183	弗氏锚具	565		kg	1	1	9.00
184	冷铸镦头锚	567		kg	1	0	16.00
185	镦头锚	568		kg	1	0	14.00
186	钢绞线群锚(1 孔)	571	包括夹片、锚垫板和螺旋筋	套		1	22.80
187	钢绞线群锚(3 孔)	572	包括夹片、锚垫板和螺旋筋	套	6	1	105.00
188	钢绞线群锚(4 孔)	573	包括夹片、锚垫板和螺旋筋	套		1	140.00
189	钢绞线群锚(5 孔)	574	包括夹片、锚垫板和螺旋筋	套		1	175.00
190	钢绞线群锚(6 孔)	575	包括夹片、锚垫板和螺旋筋	套		1	210.00
191	钢绞线群锚(7 孔)	576	包括夹片、锚垫板和螺旋筋	套	10.5	1	245.00
192	钢绞线群锚(8 孔)	577	包括夹片、锚垫板和螺旋筋	套		1	280.00
193	钢绞线群锚(9 孔)	578	包括夹片、锚垫板和螺旋筋	套		1	315.00

续上表

顺序号	名　　称	代号	规　　格	单位	单位质量(kg)	场内运输及操作损耗(%)	单价(元)
194	钢绞线群锚(10 孔)	579	包括夹片、锚垫板和螺旋筋	套		1	350.00
195	钢绞线群锚(12 孔)	580	包括夹片、锚垫板和螺旋筋	套	19.5	1	420.00
196	钢绞线群锚(14 孔)	581	包括夹片、锚垫板和螺旋筋	套		1	490.00
197	钢绞线群锚(15 孔)	582	包括夹片、锚垫板和螺旋筋	套		1	525.00
198	钢绞线群锚(16 孔)	583	包括夹片、锚垫板和螺旋筋	套		1	560.00
199	钢绞线群锚(17 孔)	584	包括夹片、锚垫板和螺旋筋	套		1	595.00
200	钢绞线群锚(19 孔)	585	包括夹片、锚垫板和螺旋筋	套	37	1	665.00
201	钢绞线群锚(22 孔)	586	包括夹片、锚垫板和螺旋筋	套	48.5	1	770.00
202	钢绞线群锚(24 孔)	587	包括夹片、锚垫板和螺旋筋	套		1	840.00
203	钢绞线群锚(31 孔)	588	包括夹片、锚垫板和螺旋筋	套	76	1	1 085.00
204	轧丝锚具	596		kg	1	1	15.00
205	自动排气阀	601	DN25	个	25	0	269.19
206	螺纹截止阀	602	J11t-16DN20	个	1.1	0	13.46
207	法兰阀门(DN80)	603		个	29.1	0	218.01
208	法兰阀门(DN100)	604		个	40.4	0	310.91
209	法兰阀门(DN150)	605		个	91	0	447.23
210	法兰阀门(DN200)	606		个	140	0	550.27
211	不锈钢板	631		kg	1	6	32.00
212	不锈钢滑板	632		kg	1	6	41.40
213	聚四氟乙烯滑板	641		kg	1	20	50.00
214	聚四氟乙烯滑块	642		块	4.62	0	210.00
215	锚链	650	ϕ37mm ~ ϕ58mm	t	1 000	0	9 774.00
216	铁件	651	铁件	kg	1	2	4.40
217	镀锌铁件	652		kg	1	2	6.90
218	铁钉	653	混合规格	kg	1	2	6.97
219	8 ~ 12 号铁丝	655	镀锌铁丝	kg	1	2	6.10
220	20 ~ 22 号铁丝	656	镀锌铁丝	kg	1	2	6.40
221	刺铁丝	658		kg	1	2	6.62
222	铜接地板	660		kg	1	2	22.31
223	吊顶轻钢龙骨	665	4.2m/kg	kg	1	6	13.03
224	铁皮	666	26 号镀锌铁皮	m^2	4.32	2	25.40
225	钢板标志	667	包括板面、立柱、横梁、法兰盘、垫板及其他金属附件	t	1 000	0	7 000.00
226	铝合金标志	668	包括板面、立柱、横梁、法兰盘、垫板及其他金属附件	t	1 000	0	27 000.00
227	滑动槽钢	669		kg	1	0	26.26
228	铸铁箅子	681		kg	1	0	8.84
229	铸铁管	682		kg	1	0	2.00
230	胶管	685		m	2	4	23.40
231	电焊网排	691		m^2		2	55.00

续上表

顺序号	名　称	代号	规　格	单位	单位质量(kg)	场内运输及操作损耗(%)	单价(元)
232	钢板网	692	网眼尺寸25mm×76mm	m^2	1.845	2.5	19.22
233	铁丝编制网	693	镀锌铁丝(包括加强钢丝、花篮螺丝)	m^2	3.5	2	18.84
234	照明灯具	698	混光路灯汞灯400,钠灯250	盏	套	1	522.86
235	硅芯管	699	40/33mm	m		1	5.50
236	通信子管	700		m		1	3.80
237	光缆	701		m		2	20.00
238	光缆护套	702		m		1	10.00
239	光缆接头盒	703		套		1	500.00
240	光缆终端盒(48芯以内)	704	每增加12芯,单价增加20元	个		2	480.00
241	光纤插头	705		对		1	60.00
242	光纤连接器	706		套		1	50.00
243	尾纤	707	10m双头	根		2	150.00
244	电缆	708	35mm² 三芯铝芯连地	m		5	39.93
245	母线	709		m		1	14.33
246	屏蔽线	710		m	0.15	2	1.91
247	电线	711	6~25mm² BLX铝芯500V	m		5	2.67
248	裸铝(铜)线	712	35mm² 钢芯铝铰成	m		5	3.22
249	橡皮线	713		m		5	6.80
250	皮线	714		m		5	5.40
251	绝缘软线	715	BVR-35	m		5	15.26
252	橡胶条	716		kg	1	2.5	8.70
253	户外终端盒(热塑头)	717	35、120、240	套	40	2	360.00
254	电缆中间接头	718	35、120、240	套		2	155.00
255	铜接线端子	719	Dt-10,Dt-25,Dt-35	个	0.02	2	6.80
256	线槽	720		m		5	15.00
257	桥架	721		m		1	65.00
258	支撑架	722		kg	1	0.5	5.20
259	玻璃钢管箱	723		m		1	128.00
260	套管	724	Kt2型	个		5	15.50
261	绝缘橡胶板	725	$\delta=10\sim12$mm	kg	1	2	6.50
262	配线箱	726		套		0	45.00
263	路灯控制箱	727	半周长2m以内	个		0	107.34
264	接线箱	728		个		0	757.46
265	升降传动装置	729		套		0	56.00

续上表

顺序号	名称	代号	规格	单位	单位质量(kg)	场内运输及操作损耗(%)	单价(元)
266	无机富锌漆	731		kg	1	2	34.50
267	油漆	732		kg	1	2	13.04
268	标线漆	733	常温型	kg	1	2	37.80
269	涂料	734	毛面涂料	kg	1	4	19.09
270	桥面防水涂料	735	聚合物渗透水性桥面防水涂料	kg	1	4	6.20
271	防水卷材	736		m^2		2	31.00
272	底油	737		kg	1	2	8.12
273	热熔涂料	738		kg	1	2	6.00
274	反光玻璃珠	739	《路面标线涂料》(JT/T 280—1995) 1、2号(A类)	kg	1	2	2.80
275	反光膜	740		m^2		10	220.00
276	反光突起路钮	741	通用型、耐磨型、陶瓷隧道专用	个		2	15.00
277	防眩板	742		块		0	18.45
278	栏式反射器	743		个		1	10.25
279	柱式轮廓标	744		根		0	98.00
280	防撞筒	745	950mm×950mm	个		0	150.00
281	环氧树脂	746	E-42,E-44,E-51	kg	1	2	28.26
282	PE 防护料	747		kg	1	10	25.00
283	氯化乳胶	748		kg	1	3	5.40
284	水玻璃	749	黏度 40°Bel	kg	1	2	0.76
285	磷酸二氢钠	750		kg	1	2	15.76
286	早强剂	751		kg	1	2	2.50
287	黏稠剂	752		kg	1	2	2.81
288	缓凝剂	753		kg	1	2	6.80
289	气密剂	754		kg	1	2	3.50
290	抗剥落剂	755		kg	1	2	30.00
291	聚丙烯纤维	756		kg	1	2	35.00
292	聚丙烯腈纤维	757		kg	1	2	55.00
293	轻型井点总管	761		m	15.63	4	49.40
294	轻型井点管	762		m	3.84	4	21.00
295	土工布	770	4~5m 宽	m^2	0.28	2	9.71
296	玻璃纤维布	771	宽 1.0~1.37m,长 100~200m	m^2	0.2	2	2.40
297	土工格栅	772	宽 6m,聚乙烯单向、双向拉伸、聚丙烯双向、玻璃纤维	m^2	450	2	9.80
298	土工格室	773	5~50cm,网格尺寸根据客户需求制作	m^2		2	20.00
299	三维植被网	774	EM2、EM3、EM4、EM5	m^2		2	15.00

续上表

顺序号	名　称	代号	规　格	单位	单位质量（kg）	场内运输及操作损耗（%）	单价（元）
300	U 形锚钉	775		kg	1	2	4.67
301	塑料防水板	776	厚 1.2mm	m^2	2	6	26.00
302	橡胶防水板	777		m^2	2.6	6	35.00
303	塑料板盲沟	778		m		6	12.50
304	PVC 塑料管（ϕ50mm）	779		m	0.77	6	8.00
305	PVC 塑料管（ϕ100mm）	780		m	2.71	6	13.00
306	PVC 阻燃塑料管	781		m		2	11.70
307	塑料软管	782		kg	1	2	16.65
308	塑料弹簧软管（ϕ50mm）	783		m		6	11.30
309	塑料弹簧软管（ϕ80mm）	784		m		6	20.50
310	塑料弹簧软管（ϕ110mm）	785		m		6	33.50
311	塑料波纹管（ϕ100mm）	786	双壁	m		6	14.00
312	塑料波纹管（ϕ200mm）	787	双壁	m		6	55.00
313	塑料波纹管（ϕ400mm）	788	双壁	m		6	80.00
314	塑料打孔波纹管（ϕ100mm）	789		m		6	16.00
315	塑料打孔波纹管（ϕ200mm）	790		m		6	60.00
316	塑料打孔波纹管（ϕ400mm）	791		m		6	98.00
317	金属软管	792		m	0.71	3	5.84
318	橡胶止水带	794	15mm×300mm	m	0.585	2.5	27.27
319	橡胶止水条	795		m		2.5	18.00
320	可挠金属管（LV-5/38 号）	798		m		6	4.50
321	可挠金属管（LV-5/50 号）	799		m		6	6.50
322	可挠金属管（LV-5/63 号）	800		m		6	8.00
323	可挠金属管（LV-5/76 号）	801		m		6	10.00
324	可挠金属管（LV-5/83 号）	802		m		6	12.00
325	可挠金属管（LV-5/101号）	803		m		6	15.00
326	PVC 注浆管	807		m	2	6	1.30
327	塑料排水板	811	96g/m	m	0.18	2	1.75
328	塑料编织袋	812	袋装砂井用	m	0.01	5	1.12
329	塑料拉筋带	813	聚丙烯塑料带	t	1 000	16.2	13 420.00
330	钢拉带	814		t	1 000	2	6 600.00
331	麻袋	818		个	1.3	1	2.60
332	草袋	819		个	1.8	4	1.09
333	绿篱	820		m		5	36.00
334	草籽	821		kg	1	3	80.00

续上表

顺序号	名称	代号	规格	单位	单位质量（kg）	场内运输及操作损耗（%）	单价（元）
335	树苗	822		株		5	5.00
336	乔木	823		株		5	15.00
337	灌木	824		株		5	10.00
338	油毛毡	825	400g，0.915m×21.95m	m^2	1.97	2	2.29
339	玻璃钢瓦	826	1 300mm×7 300mm×1.1mm	m^2	1.1	2	51.81
340	32.5 级水泥	832		t	1 000	2	320.00
341	42.5 级水泥	833		t	1 000	2	350.00
342	52.5 级水泥	834		t	1 000	2	390.00
343	白水泥	837		t	1 000	2	550.00
344	硝铵炸药	841	1 号、2 号岩石硝铵炸药	kg	1	1	6.00
345	导火线	842	120s/m	m	0.012	6	0.80
346	砂包线	843	ϕ1.2mm	m	0.012	4	0.45
347	母线	844	2.5mm^2	m	0.032	2	1.13
348	普通雷管	845	8 号铜管	个	0.004	3	0.70
349	电雷管	846	6 号瞬发电雷管，带脚线 1.5m	个	0.007	3	0.90
350	非电毫秒雷管	847	导爆管长 3～7m	个	0.007	3	1.52
351	导爆索	848	爆速 6 000～7 000m/s	m	0.04	2	1.10
352	石油沥青	851		t	1 000	3	3 800.00
353	改性沥青	852	SBS、SBR、SR 复合	t	1 000	3	5 400.00
354	乳化沥青	853	阳离子类乳化沥青、阳离子类乳化改性沥青、阴离子类乳化改性沥青	t	1 000	3	4 100.00
355	环氧沥青	854		t	1 000	3	47 500.00
356	纤维稳定剂	856	木质素纤维、矿物纤维等	kg	1 000	2	18 000.00
357	重油	861		kg	1	2	2.80
358	汽油	862	93 号	kg	1	2	5.20
359	柴油	863	0 号，-10 号，-20 号	kg	1	2	4.90
360	煤	864		t	1	7	265.00
361	电	865		kW·h		0	0.55
362	水	866		m^3	1 000	0	0.50
363	木柴	867		kg	1	5	0.49
364	马赛克	871		m^2	12	2	26.33
365	瓷砖	872	150mm×150mm×8mm	m^2	14	2	30.86
366	石膏板	876	吸音板 600mm×600mm×9mm	m^2	12	5	10.78
367	青（红）砖	877	240mm×115mm×53mm	千块	2 600	1	212.00

续上表

顺序号	名　称	代号	规　格	单位	单位质量（kg）	场内运输及操作损耗（%）	单价（元）
368	生石灰	891		t	1 000	3	105.00
369	土	895	路面用堆方	m^3	1 400	4	8.00
370	砂	897	路面用堆方	m^3	1 500	4	50.00
371	中(粗)砂	899	混凝土、砂浆用堆方	m^3	1 430	4	60.00
372	砂砾	902	堆方	m^3	1 465	2	31.00
373	天然级配	908	堆方	m^3	1 700	2	40.00
374	黏土	911	堆方	m^3	1 800	4	8.21
375	膨润土	912		kg	1 000	2	0.62
376	碎石土	915	天然堆方	m^3	1 550	2	19.50
377	砂砾土	916	天然堆方	m^3	1 700	2	22.00
378	砾石(2cm)	921	最大粒径 2cm 堆方	m^3	1 650	2	47.00
379	砾石(4cm)	922	最大粒径 4cm 堆方	m^3	1 650	2	41.00
380	砾石(6cm)	923	最大粒径 6cm 堆方	m^3	1 650	2	37.00
381	砾石(8cm)	924	最大粒径 8cm 堆方	m^3	1 650	2	34.00
382	片石	931	码方	m^3	1 600	2	34.00
383	大卵石	935	粒径 >8cm 码方	m^3	1 750	2	31.00
384	煤矸石	936	堆方	m^3	1 450	2	16.00
385	煤渣	937	过筛净渣堆方	m^3	800	2	16.00
386	矿渣	938	堆方	m^3	1 050	2	16.00
387	石渣	939	堆方	m^3	1 500	2	22.60
388	粉煤灰	945	堆方	m^3	930	3	20.97
389	风化石	948	堆方	m^3	1 700	2	18.10
390	矿粉	949	粒径 <0.007 4cm,质量比 >70%	t	1 000	3	125.00
391	白石子	950	堆方	m^3	1 500	2	240.00
392	碎石(2cm)	951	最大粒径 2cm 堆方	m^3	1 500	2	55.00
393	碎石(4cm)	952	最大粒径 4cm 堆方	m^3	1 500	2	55.00
394	碎石(6cm)	953	最大粒径 6cm 堆方	m^3	1 500	2	52.00
395	碎石(8cm)	954	最大粒径 8cm 堆方	m^3	1 500	2	49.00
396	碎石	958	未筛分碎石统料堆方	m^3	1 500	2	27.50
397	石屑	961	粒径≤0.8cm 堆方	m^3	1 500	2	65.00
398	路面用碎石(1.5cm)	965	最大粒径 1.5cm 堆方	m^3	1 500	2	65.00
399	路面用碎石(2.5cm)	966	最大粒径 2.5cm 堆方	m^3	1 500	2	65.00
400	路面用碎石(3.5cm)	967	最大粒径 3.5cm 堆方	m^3	1 500	2	63.00
401	路面用碎石(5cm)	968	最大粒径 5cm 堆方	m^3	1 500	2	56.00
402	路面用碎石(6cm)	969	最大粒径 6cm 堆方	m^3	1 500	2	53.00

续上表

顺序号	名　称	代号	规　格	单位	单位质量(kg)	场内运输及操作损耗(%)	单价(元)
403	路面用碎石(7cm)	970	最大粒径7cm堆方	m^3	1 500	2	50.00
404	路面用碎石(8cm)	971	最大粒径8cm堆方	m^3	1 500	2	48.00
405	块石	981	码方	m^3	1 850	1.5	85.00
406	盖板石	982	实方	m^3	2 600	1	100.00
407	料石	983		m^3	2 600		170.00
408	粗料石	984	实方	m^3	2 600	1	123.14
409	细料石	985	实方	m^3	2 600	1	170.00
410	草皮	995		m^2	100	10	1.80
(四)半成品							
411	石灰膏			m^3		1	
412	各种厂拌路面稳定土			m^3		2	
413	各种厂拌沥青混合料			m^3		2	
414	各种砂浆			m^3	2 000		
	(1)砌筑			m^3		2	
	(2)勾缝			m^3		4	
	(3)抹面			m^3		3	
415	水泥浆			m^3		5	
416	水泥混凝土			m^3			
	(1)现浇无筋混凝土			m^3	2 400	泵送:4 其他:2	
	(2)现浇有筋混凝土			m^3	2 600	泵送:4 其他:2	
	(3)预制无筋混凝土			m^3	2 400	泵送:3 其他:1	
	(4)预制有筋混凝土			m^3	2 600	泵送:3 其他:1	
417	混凝土及钢筋混凝土构件			m^3			
	(1)小型构件			m^3	2 400	拱波:4 其他:1	
	(2)桥涵上部构造			m^3	2 600		
	(3)钢筋混凝土方桩、管桩			m^3	2 600	Ⅰ组土:3 Ⅱ组土:4	

参考文献

[1] 中华人民共和国交通部. JTG B06—2007 公路工程基本建设项目概算预算编制办法[S]. 北京:人民交通出版社,2008.

[2] 中华人民共和国交通部. JTG/T B06-01—2007 公路工程预算定额[S]. 北京:人民交通出版社,2008.

[3] 中华人民共和国交通部. JTG/T B06-02—2007 公路工程概算定额[S]. 北京:人民交通出版社,2008.

[4] 中华人民共和国交通部. JTG/T B06-03—2007 公路工程机械台班费用定额[S]. 北京:人民交通出版社,2008.

[5] 邬晓光. 公路工程施工招投标标书编制手册[M]. 北京:人民交通出版社,2003.

形近字辨别手册

叶先赞 编著

商务印书馆
创于1897 The Commercial Press

图书在版编目(CIP)数据

形近字辨别手册/叶先赞编著. —北京:商务印书馆,2021
ISBN 978-7-100-19296-5

Ⅰ. ①形… Ⅱ. ①叶… Ⅲ. ①汉字—字形—辨别—手册 Ⅳ. ①H124.1-62

中国版本图书馆 CIP 数据核字(2020)第 265691 号

XÍNGJÌNZÌ BIÀNBIÉ SHǑUCÈ
形近字辨别手册
叶先赞 编著

商 务 印 书 馆 出 版
(北京王府井大街 36 号 邮政编码 100710)
商 务 印 书 馆 发 行
北京新华印刷有限公司印刷
ISBN 978-7-100-19296-5

2021 年 2 月第 1 版 开本 787×1092 1/16
2021 年 2 月北京第 1 次印刷 印张 25½
定价:78.00 元

内容简介

我们知道，要用仅有的横、竖、撇、点、折等几种最简单的笔画组成千千万万个方块字，势必出现很多字形相近甚至是特别相似的字。有的字虽然只差一点点，其读音和意义却相差很远。本书就是将这些字形相近的汉字以表格的形式排列在一起，对字形进行比较，以显现出字与字之间的区别。对每个列入直行的形近字注了音，做了简要的解释，还对某些特别容易混淆的字、容易读错的字做了提示。全书共收录用于对比、辨别的简体汉字 5 000 多个（未收录繁体字和异体字）。这些字选自 2013 年 6 月由国务院发布的《通用规范汉字表》中的一、二、三级字，超出这个范围的字均未收录。本书对形近字进行系统地对比和辨析，是中小学生学习语文的必备工具书，也是从事语言文字工作的教师和秘书的得力助手，更是外国人学习汉语汉字的良师益友。

说　明

1. 正文中直行排列且带注音和简要解释的形近字是选自 2013 年 6 月由国务院发布的《通用规范汉字表》中的一、二级字，下面横行排列且不带解释的形近字一般是三级字，某些不容易混淆的和不常用的一、二级字也排在直行下面的横行中。本书没有收录繁体字和异体字。

2. 正文中的形近字均按形近字相同部件（或相关部分）起笔笔形（一、丨、丿、丶、→）的顺序排列。第一笔笔形相同的则按第二笔笔形的顺序排列，以此类推。

3. 同一组形近字内部按该组形近字的笔画数由少到多依次排列；笔画数相同的字则按形近字不同部件起笔笔形（一、丨、丿、丶、→）的顺序排列。

4. 具有相同部件的几组形近字的排序，按该相同部件所在形近字中的位置顺序（上、下、左、右）排列。如 37 页和 38 页由相同部件“其”组成的四组形近字的排序：

基惎　　　　（相同部件“其”在上面）
萁箕　　　　（相同部件“其”在下面）
斯期欺　　　（相同部件“其”在左边）
淇骐琪棋祺蜞麒（相同部件“其”在右边）

5. 排在下面横行中的形近字按一、二、三级的顺序排列，同一级的字则按笔画数从少到多的顺序排列；笔画数相同的字则按形近字不同部件起笔笔形（一、丨、丿、丶、→）的顺序排列。

6. 形近字和由形近字组成的词语的释义中意义不止一项的，用 a. b. c…… 表示义项。同一个义项里还有多层意思的则用 1. 2. 3. …… 表示。

7. 形近字有两个或两个以上读音的，按音序的次序从上而下排列，在每个读音前面用㊀㊁㊂……表示，并与释义中的㊀㊁㊂……形成对应关系。轻声不标调。

8. 注解后面举例中所解释的形近字用加粗的字体来显示。有两个或两个以上例证的，例证之间用顿号隔开。

9. 为了便于查找，本书的末尾编制了《音序检字表》。

目　录

说明：左边直行的字是与该组形近字中的每个字相同或相关的部件，右边括号里面的字是正文中直行下面横排的三级字、不容易混淆的或很少使用的一级字和二级字。

一（横）

下列形近字右边的相同部件是：**丰**

沣	fēng	a. 沣河，水名，源出陕西省，注入渭水。b. 组词“沣沛”。雨水多的样子。如：大雨**沣**沛。
蚌	㊀ bàng ㊁ bèng	㊀软体动物，生活在淡水中，有的可产珍珠。如：鹬**蚌**相争，渔翁得利。 ㊁用于地名。如：**蚌**埠市（安徽省辖地级市）。
还有与上述同类型的三级字：**玤** bàng		

下列形近字右边的相同部件是：**匡**

哐	kuāng	拟声词，形容物体撞击、震动和关门等的声音。如：**哐**当、**哐**啷、锣鼓敲得**哐哐**响、“**哐**的一声，铁门关上了”。
框	kuàng	a. 安装门窗的架子；外围用于支撑或保护的东西。如：门**框**、镜**框**。b. 加在文字等周围的线条。如：表格**框**线。c. 加框。如：**框**重点。d. 约束。如：**框**定。（注意不读 kuāng）
眶	kuàng	眼的四周。如：眼**眶**、热泪盈**眶**、“见到老战友，他激动得泪水夺**眶**而出”。（注意不读 kuāng）
还有与上述同类型的二、三级字：**诓** kuāng **洭** kuāng		

下列形近字下面的相同部件是：**耤**

藉	㊀jí ㊁jiè	㊀践踏；欺凌。如：徒能**藉**贫孱者耳、声名狼**藉**、杯盘狼**藉**。 ㊁a. 用来垫的东西。如：以草为**藉**。b. 垫；衬。如：**藉**草枕块。c. 安慰；抚慰。如：慰**藉**。
籍	jí	a. 书册。如：武功秘**籍**、典**籍**。b. 隶属关系。如：学**籍**、党**籍**、国**籍**。c. 祖居或本人出生的地方。如：祖**籍**。

下列形近字右边的相同部件是：**契**

揳	xiē	捶打（指把钉子、木梢、楔子等捶打到其他东西里面去）。如：把木梢**揳**进椅子里去。（注意区别“揳楔”）
楔	xiē	上粗下锐的小木橛；填充器物的空隙使其牢固的竹片、木片等。如：**楔**子、抽丁拔**楔**、**楔**形文字。（注意区别“楔揳”）

锲	qiè	用刀子刻。如：**锲**臂、**锲**金镂玉、**锲**而不舍。（注意不读 qì）
还有与上述同类型的二、三级字：**禊** xì **偰** xiè **猰** yà **碶** qì		

下列形近字右边的相同部件是：**寿**

俦	chóu	a. 伴侣；老友；世交。如：**俦**侣、良**俦**。b. 同辈；同类。如：命**俦**啸侣、燕**俦**莺侣、**俦**类。c. 相比；匹敌。如：众莫能**俦**。
涛	tāo	a. 大波浪。如：波**涛**滚滚，惊**涛**骇浪。b. 像波涛涌动的声音。如：林**涛**。（注意不读 táo）
祷	dǎo	a. 向上天祈求保佑。如：**祷**告、祈晴**祷**雨。b. 旧时书信里（多用于结尾处）表示希望、祈盼的意思。如：盼**祷**。
铸	zhù	a. 把熔化后的金属或某些液态非金属材料倒入模型中冷却后凝固成器物。如：浇**铸**、**铸**币。b. 造成。如：**铸**成大错。c. 指铸铁，含碳量大于 2% 的生铁。
踌	chóu	组词“踌躇”。a. 犹豫；拿不定主意。如：**踌**躇不决、**踌**躇不定。b. 心满意得的样子。如：**踌**躇满志（形容对自己取得的成就非常得意）。（注意不能写作“踌蹰”）
还有与上述同类型的一、三级字：**畴** chóu **帱**㊀chóu ㊁dào **梼** táo		

下列形近字右边的相同部件是：**奉**

俸	fèng	旧时官员的薪水；俸禄。如：月**俸**、薪**俸**、罚**俸**一年。
捧	pěng	a. 用双手托着。如：手**捧**鲜花。b. 奉承；助声势；吹嘘。如：追**捧**、**捧**场。c. 量词，用于双手能捧的东西。如：一**捧**花生。（注意区别“捧棒”）
琫	běng	古代刀鞘上端近口处的装饰物。如：玉**琫**、珌**琫**、琕**琫**。
棒	bàng	a. 棍子；像棍子的东西。如：金箍**棒**、棍**棒**、**棒**槌。b. 用棍棒打。如：当头**棒**喝、**棒**打鸳鸯。c. 好；强。如：他的钢琴弹得真**棒**。（注意区别“棒捧”）
还有与上述同类型的三级字：**唪** fěng		

下列形近字右边的相同部件是：**奏**

凑	còu	a. 聚集；汇集。如：东拼西**凑**、**凑**合、他的学费终于**凑**齐了。b. 接近；靠拢。如：**凑**到耳边。c. 碰上。如：机缘**凑**巧。

揍	zòu	打（用于打人）。如：欠**揍**、挨**揍**、他被别人狠狠地**揍**了一顿。
辏	còu	车轮的辐条聚集到中心毂上；聚集。如：**辏**集、**辏**泊、车马辐**辏**。
腠	còu	组词"腠理"。中医指肌肤的纹理；皮下肌肉之间的空隙。如：君有疾在**腠**理，不治将恐深（出自先秦韩非的《扁鹊见蔡桓公》）。

下列形近字右边的相同部件是：**春**

椿	chūn	a. 落叶乔木，种类多，叶大荫浓，木材通直，种子椭圆形，生长适应性强，是良好的园林绿化树种。b. 代指父亲。如：**椿**萱并茂（比喻父母健在）。
蝽	chūn	半翅目昆虫，种类多，多以植物为食（吸植物液汁，使果实生斑等，为园艺害虫），部分为捕食性，有的可散发恶臭，让人闻了恶心。
还有与上述同类型的三级字：**堾** chūn **瑃** chūn **鰆** chūn		

下列形近字右边的相同部件是：**秦**

嗪	qín	组词"哌嗪"。有机化合物。分子式 $C_4H_{10}N_2$，白色晶体，易溶于水，有驱除蛔虫等作用。
溱	㊀qín ㊁zhēn	㊀用于地名。如：**溱**潼镇（位于江苏省泰州市）。 ㊁用于水名，如：**溱**头河，发源于确山与泌阳交界的千眼岭，汇入淮河。
榛	zhēn	灌木或小乔木，叶子圆形或倒卵形，榛花称为生日花，果实称为榛子（世界四大干果之一），富含脂肪、蛋白质等，可用于榨油等。
臻	zhēn	到达；达到。如：日**臻**完善、渐**臻**佳境。
还有与上述同类型的三级字：**蓁** zhēn		

下列形近字右边的相同部件是：**邦**

哪	bāng	拟声词，敲打木器时发出的声音。如：**哪哪哪**，一阵急促的敲门声。
绑	bǎng	用绳子、带子等缠绕或捆扎起来；缚。如：**绑**架、捆**绑**、**绑**扎、**绑**腿、五花大**绑**、把几根木棍**绑**在一起。
梆	bāng	a. 用竹筒或挖空的木头做成的器具，旧时用于打更等。如：**梆**子。b. 戏曲腔调。如：山东**梆**子。c. 拟声词，敲打木头的声音。

下列形近字下面的相同部件是：干

旱	hàn	a. 陆地上的；无水的。如：**旱**路、**旱**土、**旱**冰。b. 长时间缺少雨水（跟“涝”相对）。如：**旱**灾、**旱**情、干**旱**、抗**旱**。
罕	hǎn	很少出现；稀少。如：稀**罕**、**罕**见、**罕**世之宝、人迹**罕**至、**罕**物、**罕**闻、**罕**俦（很少与之相比的）。
竿	gān	竹竿，截取竹子的主干，削去枝叶而成。如：钓鱼**竿**、立**竿**见影、“百尺**竿**头，更进一步”。

下列形近字右边的相同部件是：干

汗	㊀hán ㊁hàn	㊀组词“可汗”。古代鲜卑、突厥、女真、回纥、蒙古等族最高统治者的称号。 ㊁汗水；也指出汗。如：挥**汗**如雨、**汗**珠、**汗**马功劳、吓出一身冷**汗**。
奸	jiān	a. 出卖国家、民族等利益的人；坏人坏事。如：汉**奸**、姑息养**奸**。b. 奸淫。如：通**奸**、强**奸**。c. 不忠；虚伪；阴险。如：**奸**臣贼子、**奸**笑、**奸**商。
杆	㊀gān ㊁gǎn	㊀用木头、竹子、金属等制成的有一定强度的细长状的东西。如：台球**杆**、旗**杆**、桅**杆**、锚**杆**、栏**杆**、电线**杆**。 ㊁a. 器物上像木条的细长部分；杆状的东西。如：笔**杆**、枪**杆**子里面出政权。b. 量词，用于杆状的物体。如：一**杆**秤、一**杆**大旗。
轩	xuān	a. 古代一种有帷幕的车。如：**轩**车载鹤、**轩**盖如云、服冕乘**轩**。b. 有窗的长廊或小屋。如：绮望**轩**。c. 高。如：气宇**轩**昂、**轩**然大波。
旰	gàn	天色晚；也指晚上。如：朝**旰**（早晨和晚上）、宵衣**旰**食（天不亮就穿衣起来，天黑了才吃饭，形容政务忙碌）、宵**旰**图治（多称颂古代帝王勤政）。
肝	gān	人和某些动物的消化器官之一（人体五脏之一），是有分泌胆汁、解毒、新陈代谢等功能的重要器官。如：**肝**脏、**肝**肠寸断、**肝**胆相照、心**肝**宝贝。
矸	gān	煤矿开采和生产加工过程中夹杂在煤里无用的石块。如：煤**矸**石。
秆	gǎn	水稻等植物的茎。如：苇**秆**、稻**秆**、高粱**秆**。
酐	gān	酸酐的简称。一般指由酸缩水而成的氧化物。
鼾	hān	熟睡时粗重的呼吸。如：**鼾**声、**鼾**睡、打**鼾**。

还有与上述同类型的二、三级字：讦 jié 玕 gān 扞 hàn 犴 àn 虷㊀gān ㊁hán 靬 qián

下列形近字右边的相同部件是：于

圩	㊀wéi ㊁xū	㊀低洼地区周围防水的堤岸；也指有土堤围住能防水的地区。如：筑**圩**、**圩**堤、"乍入芦**圩**，不知深浅"（刚到芦苇地，不知里边的深浅）。 ㊁南方一些地区（如广东省）称集市。如：赶**圩**、**圩**市。
吁	㊀xū ㊁yū ㊂yù	㊀a. 叹气。如：长**吁**短叹。b. 表示惊异。如：**吁**，是何言欤！ ㊁吆喝某些牲口（如马）停止前进的声音。 ㊂为某种要求或目的而向某些人或社会呼喊。如：呼**吁**。
盱	xū	a. 睁大眼睛向上看。如：**盱**衡厉色（横眉怒目，面色严厉）、**盱**视。b. 用于地名。如：**盱**眙（在江苏省淮安市）。
还有与上述同类型的二、三级字：纡 yū 讦 xū 旴 xū		

下列形近字左右两边的相同部件是：王

班	bān	a. 工作或学习的组织。如：培训**班**。b. 军队编制中的单位。如：侦察**班**。c. 工作按时间分成的段落。如：夜**班**。d. 定时开行的。如：末**班**车。e. 调回或调动（军队）。如：**班**师回朝。f. 量词，用于人群、交通工具等。如：一**班**人。
斑	bān	一种颜色中夹杂着点状、细块状或条纹状的其他颜色。如：**斑**马、**斑**竹、雀**斑**、**斑**痕、**斑**点、色**斑**、老年**斑**、黄褐**斑**。

下列形近字右边的相同部件是：王

狂	kuáng	a. 精神失常。如：丧心病**狂**。b. 狂妄；猛烈；声势大。如：猖**狂**、口出**狂**言、**狂**风暴雨。c. 副词。纵情地；无拘束地。如：**狂**欢。
汪	wāng	a. 聚集。如：眼里**汪**着泪。b. 水深而广。如：**汪**洋大海。c. 量词。如：两**汪**热泪。d. 拟声词，形容狗叫的声音。如：黑狗**汪汪**乱叫。
枉	wǎng	a. 使歪曲；违背。如：贪赃**枉**法。b. 冤屈；委屈。如：冤**枉**、**枉**顾（敬辞，屈尊看望）。c. 弯曲；歪斜。如：矫**枉**过正。d. 副词，白白地。如：**枉**费时日。
旺	wàng	a. 兴盛；兴隆。如：**旺**盛、**旺**季、兴**旺**发达。b. 多；充足。如：人丁兴**旺**。c. 火势炽热。如：火烧得正**旺**。

下列形近字上面的相同部件是：玨

琵	pí	组词"琵琶"。弹拨乐器，种类、流派很多。琵琶演奏的名曲有《十面埋伏》等，文学作品有唐朝诗人白居易的《琵琶行》等。
琴	qín	a. 古琴，一种拨弦乐器，由梧桐木制成，体中空，丝绳为弦（初为五弦，后为七弦）。b. 某些乐器的统称。如：电子**琴**、钢**琴**。

琵	pá	组词“琵琶”。弹拨乐器，种类、流派很多。琵琶演奏的名曲有《十面埋伏》等，文学作品有唐朝诗人白居易的《琵琶行》等。
瑟	sè	a. 一种拨弦乐器，形状像琴。如：琴**瑟**、鼓**瑟**。b. 组词“瑟瑟”。1. 拟声词。如：秋风**瑟瑟**、**瑟瑟**有声。2. 形容颤抖的样子。如：**瑟瑟**发抖。

下列形近字右边的相同部件是：**武**

赋	fù	a. 一种文体。如：吟诗作**赋**、《阿房宫**赋**》。b. 资质。如：天**赋**。c. 田地及其他税收。如：田**赋**。d. 给予；授予。如：**赋**予。e. 作。如：**赋**诗一首。
斌	bīn	同“彬”（多用于人名）。
还有与上述同类型的三级字：**珷** wǔ		

下列形近字下面的相同部件是：**青**

菁	jīng	a. 组词“菁华”。同“精华”。事物最好的部分。如：含**菁**咀华。b. 组词“菁菁”。形容草木茂盛。如：其叶**菁菁**。
箐	qìng	山间的大竹林，泛指树木丛生的山谷。如：山**箐**（山中大竹林，也指丛生竹子的山谷）、**箐**谷、**箐**道（竹木丛中的山路）。

下列形近字右边的相同部件是：**青**

倩	qiàn	a. 请人做某事。如：代**倩**、雇**倩**、**倩**人执笔。b. 漂亮；姿容美好。如：丰**倩**、**倩**丽、**倩**妆、**倩**俊。
请	qǐng	a. 要求；请求。如：申**请**、邀功**请**赏。b. 邀约别人来；诚聘。如：邀**请**、聘**请**。c. 询问。如：**请**问、**请**教。d. 要求对方做或不做某事。如：**请**勿吸烟。
猜	cāi	a. 根据线索来推测。如：**猜**谜语、你画我**猜**。b. 凭空猜测。如：瞎**猜**、**猜**拳。c. 起疑心。如：**猜**疑、**猜**忌、两小无**猜**。
清	qīng	a. 朝代名，即清朝。b. 清理；清点。如：**清**洗、**清**仓。c. 纯净；洁净。如：**清**澈。d. 廉洁的。如：**清**官。e. 寂静；雅致。如：**清**净。
情	qíng	a. 感情；爱情。如：触景生**情**、**情**窦初开。b. 情欲；性欲。如：色**情**。c. 情面。如：求**情**。d. 状况。如：灾**情**。e. 情理；道理。如：合**情**合理。
晴	qíng	天空中无云或云很少。如：**晴**空万里、阴**晴**不定、雨过天**晴**、**晴**转多云、**晴**天霹雳（晴天打响雷，比喻突然发生令人震惊的事情或者灾祸）。（注意区别“晴睛”）

睛	jīng	眼珠；眼球。如：眼**睛**、火眼金**睛**、画龙点**睛**（比喻作文或说话时在关键地方加上精辟的语句，使内容更加生动传神）、吹胡子瞪眼**睛**、目不转**睛**。（注意区别“睛晴”）
靖	jìng	a. 安定；没有动乱。如：宁**靖**、地方安**靖**。b. 使秩序安定；止息；平定。如：**靖**国、**靖**乱。c. 谦卑恭敬。如：**靖**慎、**靖**恭。
蜻	qīng	组词“蜻蜓”。无脊椎动物，种类很多（如黄蜻等），翅长而窄，捕食蝇蚋、蚊虫等害虫，属于益虫。如：**蜻**蜓点水。
精	jīng	a. 精华。如：香**精**。b. 精力；精神。如：无**精**打采、励**精**图治。c. 精液。如：遗**精**。d. 最好的。如：**精**兵。e. 细密。如：**精**密。f. 副词，全。如：**精**光。
还有与上述同类型的二、三级字：**婧** jìng **腈** jīng **绩** qiàn **碃** qìng **锖** qiāng **鲭** qīng **鶄** jīng		

下列形近字右边的相同部件是：**责**

债	zhài	a. 欠别人（或借给别人）的钱、物等。如：国**债**、**债**务、**债**主、负**债**累累、**债**筑高台。b. 比喻所欠的其他事物。如：情**债**、血**债**要用血来还。
啧	zé	a. 争辩；议论纷纷。如：人言**啧啧**、**啧**有烦言。b. 拟声词，形容咂嘴或说话的声音：**啧啧**称羡、**啧啧**称奇、**啧啧**赞美。
渍	zì	a. 地面的积水。如：防洪排**渍**。b. 积存在物体上的污垢。如：油**渍**、茶**渍**。c. 浸；染；沾。如：津**渍**、浸**渍**。d. 陷入。如：**渍**淖（陷于烂泥；不清洁，不整洁）。
绩	jì	a. 成果；成就；功业。如：丰功伟**绩**、考试成**绩**、**绩**效。b. 把麻纤维接续起来搓成线或绳。如：**绩**麻、**绩**织。c. 承继。如：**绩**绍（继承业绩）。
碛	qì	a. 沙砾堆积的浅滩。b. 沙漠；沙滩。如：沙**碛**。
还有与上述同类型的二、三级字：**帻** zé **赜** zé **襀** jī		

下列形近字右边的相同部件是：**表**

俵	biào	分给；散发。如：分**俵**、**俵**与、**俵**散、**俵**施、**俵**济。
婊	biǎo	组词“婊子”。古代指以卖艺为生的女性，后多用于对妓女的蔑称，或用作辱骂人的话。
裱	biǎo	a. 装潢书画借以加固或供陈列，使美观而耐久，如：**裱**书铺、**裱**糊店、装**裱**、**裱**画艺人。b. 裱糊。如：用纸把墙**裱**一**裱**。
还有与上述同类型的三级字：**脿** biǎo		

下列形近字上面的相同部件是：**敖**

骜	ào	a. 骏马；千里马。如：骥**骜**。b. 马不温顺；比喻傲慢，性情倔强，不服管教。如：放**骜**、桀**骜**不驯。
獒	áo	一种体型高大、凶猛善斗的犬（可用于警戒、打猎等）。如：雪**獒**、藏**獒**。
赘	zhuì	a. 多余且无用的事物。如：累**赘**。b. 附加。如：**赘**名。c. 到女方家结婚并居住。如：入**赘**。d. 多余且无用的。如：**赘**叙。
熬	㊀āo ㊁áo	㊀把蔬菜、豆腐等放在水里用文火煮。如：**熬**白菜。 ㊁a. 长时间煮。如：**熬**粥、**熬**汤。b. 忍受；耐苦支撑。如：煎**熬**、**熬**夜、**熬**过了一段苦难的日子。
聱	áo	不听取他人的意见；引申为话不顺耳、语句不通。如：佶屈**聱**牙（形容文字艰涩生僻、拗口难懂）。
螯	áo	节足动物（如螃蟹）的第一对脚；代指蟹等。如：**螯**胶、持**螯**把酒。
鏊	ào	一种铁制的烙饼炊具，平面圆形，中间稍微凸起。如：**鏊**子。
鳌	áo	传说中指海里的大龟或大鳖；鳌鱼浮雕。如：灵**鳌**、独占**鳌**头、断**鳌**立极、龙伯钓**鳌**。
还有与上述同类型的三级字：**嶅** áo		

下列形近字右边的相同部件是：**敖**

傲	ào	a. 傲慢而轻视。如：恃才**傲**物。b. 自高自大。如：居功自**傲**、骄**傲**、**傲**慢。c. 不屈服的。如：**傲**骨。d. 副词，高傲地。如：**傲**视群雄。
嗷	áo	哀号声；愁叹声；喊叫声。如：**嗷嗷**直叫、**嗷**嚎、**嗷**鸿、**嗷嗷**待哺。
璈	áo	古代打击乐器，形状像云锣。如：**璈**曹（形容乐器和鸣）、**璈**管（犹弦管，指美乐）。

下列形近字右边的相同部件是：**式**

试	shì	a. 按照设计的思路或方法非正式地去做。如：尝**试**、**试**探、屡**试**不爽、**试**验。b. 测验；考。如：考**试**、面**试**、口**试**、乡**试**、殿**试**。
拭	shì	用手或布等擦或抹。如：拂**拭**、**拭**面容言（擦去别人吐在自己脸上的唾沫，比喻听取别人的意见，接受批评，直面错误）、**拭**泪、**拭**除、**拭**目以待。（注意区别“拭栻”）

轼	shì	古代车厢前面供立乘者做扶手的横木。
弑	shì	古时臣子杀死君主或子女杀死父母。如：**弑**君、**弑**父、**弑**母。
还有与上述同类型的三级字：**栻** shì（注意区别“栻拭”）		

下列形近字右边的相同部件是：**素**

嗉	sù	a. 鸟类或某些昆虫的消化器官，用于储存食物。如：**嗉**子、喉**嗉**、**嗉**袋、**嗉**囊、鸡**嗉**子。b. 装酒或饮料的容器。如：酒**嗉**子。
愫	sù	真情实意；诚意。如：情**愫**、丹**愫**（赤诚）、幽**愫**（隐秘的真情）、积**愫**（多年的真情）。
还有与上述同类型的三级字：**傃** sù		

下列形近字右边的相同部件是：**冓**

媾	gòu	a. 泛指结为夫妻。如：婚**媾**、媒**媾**。b. 彼此交好，讲和。如：**媾**和（交战双方缔结和约，结束战争状态）。c. 两性交配。如：交**媾**。
耩	jiǎng	用耧播种。如：二日**耩**了十亩地、**耩**豆子。
鞲	gōu	组词“鞲鞴”。蒸汽机活塞的早期译名，后来改称活塞。

下列形近字下面的相同部件是：**示**

祟	suì	迷信的人指鬼神给人制造灾祸，借指不正当的行为。如：祸**祟**、鬼鬼**祟祟**。
崇	chóng	a. 高。如：**崇**高、**崇**山峻岭。b. 重视；尊重。如：**崇**拜、**崇**敬、尊**崇**、推**崇**。

下列形近字右边的相同部件是：**示**

际	jì	a. 交界或靠边的地方。如：天**际**、边**际**。b. 彼此之间。如：国**际**、人**际**。c. 中间。如：脑**际**、胸**际**。d. 时候。如：用人之**际**。e. 当；适逢其时。如：**际**会。
标	biāo	a. 表面。如：**标**本兼治。b. 准则；榜样。如：**标**准、**标**兵。c. 发包方或承包方、卖方或买方所标出的条件、标准和价格。如：招**标**、投**标**。d. 做记号。如：**标**注。e. 组词“标致”。多指女子容貌美丽。
还有与上述同类型的三级字：**脉** shì		

下列形近字的相关部分是：**未**

未	wèi	a. 地支的第八位；**未**时（旧式计时法指下午1点至3点）。b. 副词。1. 没有；不曾。如：前所**未**有、只因**未**到伤心时。2. 不。如：**未**敢苟同、**未**知可否。
末	mò	a. 尽头；梢。如：**末**梢。b. 终了；最后。如：周**末**。c. 细碎的东西。如：粉**末**。d. 非根本的、非主要的事物。如：本**末**倒置。e. 传统戏中扮演中年男子的角色。

下列形近字右边的相同部件是：**未**

味	wèi	a. 感觉。如：香**味**、辣**味**。b. 有滋味的食物。如：野**味**、美**味**。c. 辨别滋味；体会。如：品**味**、耐人寻**味**。d. 意趣。如：趣**味**。e. 量词。如：一**味**中药。
妹	mèi	a. 同父母（或只同父、只同母）或同辈中年龄比自己小的女人。如：**妹妹**、表**妹**、堂**妹**。b. 泛指年轻女子。如：湘**妹**、辣**妹**子、打工**妹**。
昧	mèi	a. 隐藏；违背。如：拾金不**昧**、**昧**良心。b. 冒犯。如：冒**昧**。c. 糊涂；含糊；不清楚。如：愚**昧**、暧**昧**。d. 光线暗。如：夙兴**昧**旦（黎明即起，形容勤奋）。

下列形近字右边的相同部件是：**末**

抹	㈠mā ㈡mǒ ㈢mò	㈠a. 揩；擦。如：**抹**布、**抹**干桌子。b. 用手按着并向下移动。如：**抹**下手镯。 ㈡a. 涂；搽。如：擦脂**抹**粉。b. 去掉。如：**抹**零。c. 量词。如：一**抹**阳光。 ㈢a. 把和好的泥或石灰等涂上后再刷平。如：**抹**墙。b. 绕过去。如：拐弯**抹**角。
沫	mò	a. 液体形成的小气泡。如：泡**沫**灭火剂。b. 唾液。如：飞**沫**传染、相濡以**沫**。c. 流出；吐出。如：涎玉**沫**珠（流出美玉，吐出珍珠）。
秣	mò	a. 牲口（多指军中马匹）的饲料，如：刍**秣**、粮**秣**。b. 喂牲口或牲口吃饲料。如：**秣**养、饱**秣**、厉兵**秣**马（磨好兵器，喂饱战马，形容准备战斗）。
袜	wà	一种用棉纱、丝绸或化学纤维等织成的穿在脚上的物品。如：丝**袜**、长筒**袜**、连**袜**裤、棉**袜**、船**袜**（很短的袜子，袜口在脚踝以下）。
还有与上述同类型的二级字：**靺** mò		

下列形近字左边的相同部件是：**开**

刑	xíng	a. 刑罚，国家依据法律对罪犯施行的各种处罚。如：**刑**律、判**刑**、死**刑**。b. 特指对被捕者的体罚，如折磨、拷打等。如：动**刑**、受**刑**、用**刑**、严**刑**。
邢	xíng	周代诸侯国名，在今河北省邢台市境内。
形	xíng	a. 形状；样子。如：**形**态、地**形**。b. 身体；实体。如：**形**影不离、**形**体。c. 表现；显露。如：喜**形**于色、**形**诸笔墨。d. 比较；对照。如：相**形**见绌。

下列形近字右边的相同部件是：**开**

妍	yán	a. 美好(多用于人名)。如：**妍**皮不裹痴骨(美丽的皮肤不包裹丑陋的骨头,比喻表里如一)、**妍**姿、争**妍**斗艳。b. 巧妙。如：**妍**捷(工妙敏捷)。
研	yán	a. 碾;细磨。如：**研**磨、滴露**研**朱(滴水研磨朱砂,指用朱笔评校书籍)。b. 探讨;探求;研究。如：**研**发、苦心钻**研**、教**研**组、**研**究院、科**研**团队。
还有与上述同类型的三级字：**汧** qiān **岍** qiān **枅** jī **钘** xíng **趼** jiǎn		

下列形近字右边的相同部件是：**井**

讲	jiǎng	a. 说;谈。如：**讲**故事、**讲**话。b. 解释;说明。如：**讲**解。c. 力求做到;注重。如：**讲**卫生、**讲**文明。d. 商量;协商;和解。如：**讲**条件、**讲**和。
阱	jǐng	捕野兽用的陷坑;比喻害人的圈套。如：陷**阱**、张机设**阱**。
肼	jǐng	有机化合物,也叫联氨,油状液体,有刺激味,强还原性,有毒,能强烈腐蚀皮肤等,可用于还原金属、制药、做火箭燃料等。
耕	gēng	a. 用犁、耙等工具翻松土地。如：**耕**种、**耕**耘、男**耕**女织、农**耕**、**耕**地。b. 为谋生从事某事业。如：心织笔**耕**。
还有与上述同类型的三级字：**汫** jǐng		

下列形近字右边的相同部件是：**戒**

诫	jiè	警告;劝人警惕。如：谆谆告**诫**、劝**诫**、规**诫**、**诫**勉、训**诫**、小惩大**诫**(小过失就惩戒,使受到教训而不致于犯大错误)。
械	xiè	a. 武器装备。如：枪**械**、战**械**、缴**械**投降、以牒为**械**。b. 有专门用途的器具、工具。如：机**械**制造,医疗器**械**。c. 刑具。如：脱**械**(免罪,获得释放)。
还有与上述同类型的三级字：**悈** jiè		

下列形近字下面的相同部件是：**天**

吴	wú	a. 周代诸侯国名,故地在今江苏、安徽、浙江一带。b. 朝代名。三国时孙权所建,历史上也称孙吴、东吴。c. 指江苏南部和浙江北部一带。如：**吴**语、**吴**歌。
昊	hào	广大无边;也指天。如：**昊**空、**昊**天。

下列形近字右边的相同部件是：**夫**

扶	fú	a. 帮助；援助。如：**扶**持、**扶**贫、救死**扶**伤。b. 搀；使不倒。如：**扶**老携幼、搀**扶**。c. 用手按着或把持着。如：**扶**杖而行。d. 护送。如：**扶**丧。
呋	fū	组词“呋喃”。有机化合物，无色液体，有香味，有麻醉等作用，可用于制药，可发生卤化等反应，可用于合成其他有机化合物或用作溶剂。
肤	fū	a. 皮肤；肉身的外表。如：肌**肤**、身体发**肤**、体无完**肤**。b. 表面的；不深入的；浅薄的。如：**肤**浅，**肤**辞，**肤**见、**肤**泛(肤浅空泛)。
蚨	fú	传说中的一种虫子。如：青**蚨**(古代借指铜钱)、青**蚨**飞来(比喻花出去的钱又回来了。出自谷子敬《城南柳》)。
趺	fū	同“跗”。a. 佛教修禅者双足交迭打坐的姿势。如：结跏**趺**坐、僧**趺**、**趺**坐。b. 碑下的石块底座。如：碑**趺**、龟**趺**、螭首龟**趺**。
还有与上述同类型的二、三级字：**麸** fū **玞** fū **砆** fū **铁** fū		

下列形近字右边的相同部件是：**忝**

添	tiān	a. 增加。如：锦上**添**花、如虎**添**翼、**添**油加醋。b. 指生育(后代)。如：**添**丁、他家**添**了个孩子。
舔	tiǎn	用舌头接触东西或取东西。如：**舔**吮、**舔**伤口、**舔**嘴唇、小时候吃冰棍总是**舔**着吃的、刀头**舔**蜜(比喻冒着危险贪财好色，不顾性命)。
还有与上述同类型的三级字：**掭** tiàn		

下列形近字的相关部分是：**元**

元	yuán	a. 开始的。如：**元**旦、**元**月。b. 为首的。如：**元**勋、**元**首。c. 基本的。如：**元**素、**元**气。d. 整体的一部分。如：**元**件、单**元**。e. 朝代名。如：**元**朝(公元 1206—1368)。f. 货币单位，同“圆”，10 角为 1 元。如：5 **元** 3 角。
无	wú	a. 没有(跟“有”相对)。如：**无**数、**无**限、**无**声。b. 表示否定，不。如：**无**须、**无**动于衷、**无**论如何。c. 连词，不论。如：事**无**巨细。

下列形近字的右边相同部件是：**元**

阮	ruǎn	弦乐器阮咸的简称，因西晋阮咸善弹一种拨弦乐器而得名。该乐器四弦十二柱，现在乐团中用的有高音**阮**、低音**阮**、大**阮**、中**阮**和小**阮**等。
沅	yuán	沅江，水名，发源于贵州省，流经湖南省注入洞庭湖。
玩	wán	a. 要；做游戏。如：**玩**要。b. 供玩赏的东西。如：字画古**玩**。c. 轻视；不严肃；戏弄。如：**玩**忽职守、**玩**弄。d. 观赏。如：游山**玩**水。
还有与上述同类型的三级字：**妧**㊀wàn ㊁yuán		

下列形近字右边的相同部件是：**无**

抚	fǔ	a. 保护。如：**抚**养。b. 慰问；安慰。如：安**抚**、**抚**恤。c. 轻摸；拍。如：**抚**摸、**抚**掌。d. 接触；轻轻地按着。如：**抚**摩、**抚**琴（弹琴）。
怃	wǔ	a. 爱怜；爱抚。b. 怅然失意的样子。如：悲**怃**、**怃**然长叹。
妩	wǔ	姿态美好可爱（多指女子或花木），招人喜爱。如：婀娜**妩**媚、娇**妩**、京兆眉**妩**（称女子眉样美好）。（注意不读 wú、fú）
还有与上述同类型的二、三级字：**呒** ḿ **庑** wǔ		

下列形近字右边的相同部件是：**戎**

绒	róng	a. 柔软细小的毛。如：鹅**绒**、**绒**毛。b. 带绒毛的纺织物。如：羽**绒**服、丝**绒**、**绒**布、羊**绒**衫、**绒**毯。c. 刺绣用的丝线。如：**绒**线。
贼	zéi	a. 偷东西的人。如：盗**贼**。b. 严重危害国家和民族利益的人。如：卖国**贼**。c. 邪恶的。如：**贼**眼、**贼**头**贼**脑。d. 狡猾。如：老鼠很**贼**。e. 很，非常。如：**贼**冷。
还有与上述同类型的二、三级字：**狨** róng **娀** sōng		

下列形近字右边的相同部件是：**亏**

圬	wū	a. 抹子，泥瓦工人抹墙时用的工具。b. 抹墙；抹灰；粉刷。如：粪墙不**圬**（污秽的土墙无法粉刷，比喻人没有培养前途）。
污	wū	a. 脏东西。如：藏**污**纳垢。b. 不干净的。如：**污**水。c. 弄脏。如：**污**染、玷**污**。d. 不廉洁；行为不正的。如：贪官**污**吏。e. 侮辱。如：**污**蔑。
肟	wò	有机化合物的一类，由羟胺与醛作用得到的为醛肟，羟胺与酮作用得到的为酮肟。有的肟可用于定性或定量测定某些元素。

下列形近字右边的相同部件是：**韦**

伟	wěi	高大；卓越；壮美；超出普通的。如：魁**伟**、**伟**人、**伟**岸、**伟**业、雄才**伟**略、**伟**大领袖、宏**伟**壮观、丰功**伟**绩。
讳	huì	a. 旧指不敢直称君王或尊长的名字。b. 忌讳的事情。如：犯**讳**。c. 有顾忌而避开某些事或某些话；隐藏。如：直言不**讳**、**讳**疾忌医。（注意不读 wèi）
帏	wéi	a. 帐子；幔幕。如：**帏**幔（帐幕）、**帏**盖（帷幕和篷盖）。b. 古人佩戴的香囊。如：佩**帏**。

纬	wěi	a. 纺织物上与经纱交叉的横丝；地球表面假定与经线垂直且与赤道平行的线。如：**纬**纱、北**纬**、南**纬**。b. 编织。如：**纬**萧。c. 治理；规划。如：经天**纬**地。
玮	wěi	a. 一种美玉。b. 美好；珍贵；珍奇。如：瑰**玮**（瑰丽奇伟）、明珠**玮**宝（珍奇的宝物）、**玮**丽、**玮**器（大器，比喻杰出的人才）。
炜	wěi	色彩鲜明而有光亮；光彩。如：**炜**耀、**炜**烁（指光彩闪耀）、煜**炜**（光彩华盛的样子）。
祎	yī	美好（多用于人名）。如：爱新觉罗·胤**祎**（清朝康熙皇帝第二十子）。（注意区别"祎祎"）
韩	hán	周代诸侯国名，战国七雄之一。故地在今河南省中部、山西省东南部。
还有与上述同类型的三级字：**沩** wéi **玮** wěi **祎** huī（注意区别"祎祎"）		

下列形近字右边的相同部件是：**戋**

饯	jiàn	a. 用蜜或浓糖浆浸渍的果品。如：果**饯**、蜜**饯**。b. 设宴为他人送行。如：**饯**别、**饯**筵、**饯**行、杯水之**饯**（用一杯水为人送行，比喻为官廉洁）。
浅	qiǎn	a. 不深；距离小。如：**浅**水、搁**浅**。b. 程度不深；不严重。如：**浅**显、才疏学**浅**、害人不**浅**。c. 颜色淡。如：**浅**蓝色。d. 时间短。如：年代**浅**。
线	xiàn	a. 用棉等制成的细长的东西。如：毛**线**。b. 几何学用字。如：直**线**。c. 边缘交界。如：海岸**线**。d. 头绪。如：**线**索。e. 量词。如：一**线**生机。
栈	zhàn	a. 供旅客居住或储存货物等用的旅店。如：客**栈**。b. 悬崖峭壁或危险绝处的路。如：明修**栈**道，暗度陈仓。c. 饲养牲畜的棚子或栅栏。
残	cán	a. 毁坏；杀害。如：摧**残**、自相**残**杀。b. 剩余；不完整；有缺损的；犹存的。如：**残**缺、**残**废、**残**垣断壁、**残**兵败将、**残**余。c. 凶恶。如：**残**暴。
贱	jiàn	a. 轻视。如：明君贵五谷而**贱**金玉。b. 价钱低。如：**贱**卖。c. 地位低。如：贫**贱**、**贱**民。d. 下流卑鄙；不自重。如：下**贱**、**贱**人、**贱**骨头。e. 谦辞，用于称与自己有关的。如：您贵姓？鄙人**贱**姓刘。
钱	qián	a. 量化的交换媒介；泛指货币。如：银**钱**、5 元**钱**、手里有**钱**。b. 费用。如：车**钱**（车费）。c. 财富。如：有**钱**有势。d. 重量单位，10 钱为 1 两。
践	jiàn	a. 踩；踏。如：**践**踏、蹂**践**、糟**践**。b. 履行；实现。如：实**践**、**践**约、**践**行诺言。c. 登上；承袭。如：**践**居、**践**祚。
还有与上述同类型的三级字：**诐** jiàn		

下列形近字下面的相同部件是：**云**

芸	yún	a. 组词"芸香"。多年生草本植物，花黄色，羽状复叶，全草可入药。b. 组词"芸薹"。油菜的一种，常指白菜型油菜。c. 组词"芸芸"。形容众多的样子。
昙	tán	a. 密布的云气。如：彩**昙**。b. 组词"昙花"。常绿灌木，花白色，常开于夜间，开的时间很短。如：**昙**花一现（比喻人或事物存在的时间很短）。

下列形近字左边的相同部件是：**云**

动	dòng	a. 改变位置或状态。如：移**动**、流**动**。b. 做。如：行**动**。c. 使用。如：**动**武。d. 感人。如：感**动**。e. 副词。动不动；常常。如：**动**辄得咎（动不动就受处分）。
魂	hún	a. 迷信的人指离开肉体而存在的精神。如：灵**魂**、**魂**魄、**魂**不附体。b. 精神；情绪。如：民族**魂**、神**魂**颠倒。c. 泛指人格化精神。如：武**魂**、军**魂**、棋**魂**。
叆	ài	组词"叆叇"。形容浓云蔽日的样子；又指昏暗不明的样子。如：暮云**叆**叇。

下列形近字右边的相同部件是：**云**

坛	tán	a. 古代祭祀等用的高台。如：登**坛**拜将。b. 发表言论的场所。如：论**坛**。c. 专业领域或群体。如：体**坛**、政**坛**。d. 陶器；土堆的平台。如：酒**坛**、花**坛**。
纭	yún	组词"纷纭"。形容（言论）多而杂乱。如：纷**纭**杂沓、众说纷**纭**（人多嘴杂，各有各的说法，议论纷纷）。
耘	yún	除草、培土；泛指从事田间劳动，比喻辛勤劳动。如："一分耕**耘**，一分收获"、寒耕暑**耘**、"楛耕伤稼，楛**耘**失岁"（指不精耕细作，就会影响到收成）。
酝	yùn	酿酒；也指酒。如：**酝**酿（造酒材料加工后的发酵过程，比喻事前考虑或磋商使条件成熟）、佳**酝**（好酒）。
还有与上述同类型的三级字：**沄** yún **妘** yún		

下列形近字右边的相同部件是：**专**

传	㊀chuán ㊁zhuàn	㊀a. 一方交给另一方。如：**传**递。b. 推广；散布。如：宣**传**。c. 传导。如：**传**热。d. 表达；教授。如：言**传**身教、不可言**传**。e. 感染。如：**传**染。 ㊁a. 解释经文的著作。如：《左**传**》。b. 以演述历史和人物故事为中心的文学作品。如：《隋唐英雄**传**》。c. 记载某人一生经历的文字。如：**传**记、自**传**。
抟	tuán	a. 把东西捏聚成球形。如：**抟**丸子、**抟**沙弄汞（砂土松散，水银流动，难捏成团，比喻枉费力气）。b. 捕；捉。如：**抟**空捕影。c. 盘旋而上。如：**抟**飞。

转	㊀zhuǎn ㊁zhuàn	㊀a. 改变。如:**转**移、**转**变、**转**业。b. 一方传给另一方。如:**转**交、**转**告。 ㊁a. 旋转。如:自**转**、**转**动。b. 走动。如:**转**来**转**去。c. 量词。如:轮子转了五**转**。
砖	zhuān	a. 用黏土做的坯放进窑里烧制而成的长方体建筑材料。如:**砖**瓦、青**砖**、红**砖**。b. 形状像砖的东西。如:金**砖**、茶**砖**、冰**砖**、煤**砖**。
还有与上述同类型的二级字:**肫** zhuān		

下列形近字上面的相同部件是:**十**

士	shì	a. 军人;军衔名。如:战**士**、**士**气、**士**官、上**士**。b. 某些专业技术人员。如:护**士**。c. 指读书人。如:**士**农工商。d. 对人的美称。如:勇**士**、壮**士**、烈**士**。
土	tǔ	a. 田地。如:国**土**。b. 地上的泥沙混合物。如:泥**土**。黄**土**。c. 本地;本地的。如:故**土**、**土**产。d. 民间的。如:**土**布。e. 不开通、不时兴的。如:**土**气。

下列形近字中间的相同部件是:**十**

王	wáng	a. 君主制国家的最高爵位。如:亲**王**、**王**府、**王**侯。b. 君主;君主的。如:国**王**、**王**位、**王**朝。c. 首领;同类中最强大的个体。如:山大**王**、蜂**王**。
壬	rén	天干的第九位;常用作顺序的第九。如:甲乙丙丁戊己庚辛**壬**癸。
玉	yù	a. 矿物名,又叫玉石,质细而坚韧,有光泽,略透明。可做装饰品或雕刻材料。b. 比喻洁白或美丽。如:婷婷**玉**立。c. 敬辞。称对方的事物。如:**玉**体、**玉**言。
主	zhǔ	a. 主人。如:东道**主**、客随**主**便。b. 财物或权力的所有者。如:业**主**。c. 当事人。如:债**主**。d. 负主要责任;主持。如:**主**办、**主**讲。e. 对事情的看法;主张。如:自**主**、**主**见。f. 最重要的、基本的。如:**主**体。g. 自身的。如:**主**观。h. 宗教徒称上帝和真主。如:救世**主**。i. 预示。如:晚霞**主**晴。j. 对事物所持的有系统理论与主张。如:马克思**主**义。k. 占有奴隶或仆役的人。如:**主**仆。

下列形近字下面的相同部件是:**十**

干	㊀gān ㊁gàn	㊀a. 没有或很少水分。如:**干**旱、**干**燥。b. 净。如:**干**杯。c. 无效的。如:**干**着急。d. 虚假地。如:**干**哭。e. 拜认的。如:**干**娘。f. 干的食品。如:饼**干**。g. 兵器。如:**干**戈。h. 触犯。如:有**干**禁例。i. 涉及。如:不相**干**。j. 天干,如甲乙丙丁戊己庚辛壬癸。 ㊁a. 事物的主体或重要部分。如:树**干**、主**干**道。b. 从事;做。如:**干**工作、**干**活。c. 能力;有能力的。如:**干**练、才**干**。d. 干部的简称。如:提**干**、高**干**。

于	yú	a. 介词，相当于“在、向、给、对、自、从、被、比”等。如：生**于**北京、求助**于**人、嫁祸**于**人、青出**于**蓝、始**于**足下、受制**于**人、重**于**泰山。b. 词尾，附在某些词后面构成动词。如：急**于**、善**于**、勇**于**、属**于**、忠**于**。
千	qiān	a. 数目字，十个一百。b. 表示很多。如：气象万**千**、**千**姿百态、万紫**千**红。

辛	xīn	a. 辣。如：**辛**味。b. 劳苦；艰难。如：**辛**劳、**辛**苦、艰**辛**、**辛**勤、千**辛**万苦。c. 悲伤。如：**辛**酸、悲**辛**。d. 天干第八位，也作次序第八。
幸	xìng	a. 意外地得到成功或免去灾害。如：**幸**运、侥**幸**、**幸**存、**幸**免、**幸**未成灾。b. 福气。如：**幸**福、荣**幸**。c. 宠爱。如：宠**幸**、得**幸**。d. 高兴。如：庆**幸**、**幸**甚。e. 希望。如：**幸**勿推却。f. 旧指封建帝王到达某地。如：巡**幸**。

下列形近字右边的相同部件是：**十**

什	㊀shén ㊁shí	㊀组词“什么”。a. 疑问。如：那是**什**么？b. 任何事物。如：不管聊**什**么，他都能接话。c. 表示惊讶或不满。如：这叫**什**么话！d. 用于列举(多用于口语)。 ㊁多种多样的。如：**什**物(各种日常用品)、**什**器、**什**锦水果。
计	jì	a. 策略。如：略施小**计**、锦囊妙**计**。b. 计算。如：不**计**其数、统**计**、数以万**计**。c. 测量的仪器。如：电压**计**、温度**计**。d. 谋划；打算。如：设**计**、**计**议。e. 计较；考虑。如：不**计**名利。
叶	㊀xié ㊁yè	㊀协调；相合。如：**叶**泰(协和安泰)、**叶**韵(押韵)、调声**叶**律。 ㊁a. 植物的营养器官之一。如：绿**叶**、**叶**落归根。b. 叶子状的物体。如：扇**叶**、百**叶**窗。c. 历史时期的分段。如：21 世纪中**叶**。
汁	zhī	含有某种物质的液体。如：乳**汁**、鲜榨果**汁**、胆**汁**、绞尽脑**汁**、墨**汁**、原**汁**原味、**汁**液。
针	zhēn	a. 缝补或编织衣服用于引线的工具。如：绵里藏**针**、铁杵磨成**针**。b. 像针的物体。如：指南**针**。c. 针剂。如：强心**针**、预防**针**。d. 用针治疗。如：**针**灸。

下列形近字右边的相同部件是：**丁**

仃	dīng	组词“伶仃”。形容孤独或无依靠。如：伶**仃**无依、伶**仃**独步、孤苦伶**仃**、斜阳孤影叹伶**仃**(夕阳照射下，拉长了孤单的身影，感叹自己瘦骨伶仃)。
订	dìng	a. 修改；改正。如：校**订**。b. 协商后立下条约等。如：签**订**。c. 提前约定。如：预**订**。d. 用胶体、书钉等把纸张连在一起。如：装**订**、**订**书机。

打	㊀dá ㊁dǎ	㊀量词，某些物品 12 个为 1 打。如：一**打**乒乓球。 ㊁a. 用于对人。如：**打**架、**打**针、**打**交道。b. 用于对动物。如：**打**猎。c. 用于对物体。如：**打**鼓、**打**酒、**打**家具、**打**毛衣、**打**球。d. 用于对事物。如：**打**主意、**打**杂、**打**前站。e. 用于人体。如：**打**鼾。f. 介词，从。如：**打**今天起。
叮	dīng	a. 蚊虫类咬或刺。如：**叮**咬。b. 嘱咐。如：**叮**咛、再三**叮**嘱。c. 追问。如：**叮**问。d. 拟声词，金属等撞击声或水滴等的声音。如：**叮**当、泉水**叮**咚响。
汀	tīng	水边的平地；水中的小洲。如：江**汀**、长**汀**、岸芷**汀**兰、“鼓吹助清赏，鸿雁起**汀**洲”(有鼓吹助兴，惊起汀上的鸿雁)。
玎	dīng	组词“玎玲”。拟声词，形容玉石等撞击的声音。如：一阵微风吹过，风铃在摇摆中发出**玎**玲清脆的声音。
灯	dēng	照明、加热等用途的光源或热源。如：电**灯**、张**灯**结彩、指示**灯**、探照**灯**、信号**灯**、元宵**灯**会、荧光**灯**、台**灯**、**灯**笼、高压钠**灯**、酒精**灯**。
盯	dīng	注视；集中精力看着；紧跟着不放松(多指暗中)。如：**盯**视、**盯**人防守、**盯**梢、他觉得好像背后有人在**盯**着他。
钉	㊀dīng ㊁dìng	㊀a. 金属等制成的一端尖锐的细杆形状的物体。如：铁**钉**、铆**钉**、斩**钉**截铁。b. 紧跟着不放松。如：**钉**住对方。c. 督促；催问。如：经常**钉**着点儿。 ㊁a. 用针线将扣子等固定。如：**钉**扣子。b. 把钉子等打进其他物体使固定或连接起来。如：**钉**鞋子、**钉**马掌、板上**钉**钉(dīng)的事。
酊	㊀dīng ㊁dǐng	㊀医药上用酒精和药配成的液剂。如：碘**酊**。 ㊁组词“酩酊”。醉得迷迷糊糊的样子。如：他喝得酩**酊**大醉。
还有与上述同类型的二、三级字：**町**㊀dīng ㊁tǐng **圢** tǐng **耵** dīng		

下列形近字右边的相同部件是：**工**

讧	hòng	混乱；冲突；争吵。如：**讧**乱、我们要一致对外而不能起内**讧**。
扛	㊀gāng ㊁káng	㊀用两手撑举东西。如：力能**扛**鼎。 ㊁a. 用肩膀承载。如：**扛**枪。b. 承担；支撑；忍耐。如：**扛**大梁、他**扛**不住了。
江	jiāng	a. 泛指大的河流。如：长**江**、珠**江**、湘**江**、泥菩萨过**江**、船到**江**心补漏迟、春**江**水暖鸭先知。b. 特指长江。如：**江**淮地区、大**江**东去、**江**南鱼米之乡。
红	㊀hóng ㊁gōng	㊀a. 纯利润。如：分**红**。b. 颜色像鲜血的。如：**红**太阳。c. 象征革命的。如：五星**红**旗。d. 象征成功、顺利。如：开门**红**。e. 象征喜庆。如：**红**白喜事。 ㊁组词“女红”。旧时指妇女从事的纺织、缝纫等劳动。也作“女工”。

杠	gàng	a. 抬重物等用途的棍子。如：门**杠**、木**杠**、铁**杠**、**杠**杆。b. 体操器械。如：单**杠**、双**杠**。c. 用于做记号等用途的直线。如：书上画了一道**杠**。
肛	gāng	人和大部分哺乳动物肛门和肛管的统称。如：**肛**裂、脱**肛**。
虹	㊀hóng ㊁jiàng	㊀雨后太阳光照射天空中的小水珠经折射和反射而形成的彩色弧形光带，是一种大气自然现象。如：彩**虹**、**虹**霓、气贯长**虹**、白**虹**贯日。 ㊁义同“虹(hóng)”，限单用。
缸	gāng	用陶、瓷、玻璃、金属等制成盛东西等用的器物。如：鱼**缸**、染**缸**、米**缸**、水**缸**、气压**缸**、烟灰**缸**、浴**缸**、司马光砸**缸**。
豇	jiāng	组词“豇豆”。花多为淡紫色，荚果分长、短两种，为常见普通蔬菜，荚内含多颗种子，富含蛋白质、多种维生素等，嫩荚和种子可食用，种子可入药。
还有与上述同类型的二、三级字：**矼** gāng **江** gāng **玒** hóng		

下列形近字上面的相同部件是：**士**

壳	㊀ké ㊁qiào	㊀a. 坚硬的外皮。如：乌龟**壳**。b. 外部某些起保护作用的东西。如：手机**壳**。 ㊁坚硬的外皮。如：金蝉脱**壳**、地**壳**。
壶	hú	a. 有嘴、有把的通常用来盛液体(如茶)的容器。如：洒水**壶**、夜**壶**、茶**壶**。b. 像壶的东西。如：冰**壶**、**壶**铃。(注意区别“壶壸”)
壹	yī	数词。“一”的大写。常用于书写汇款单、票据等，以避免差错或涂改，可见于一元人民币的纸币或硬币上。
还有与上述同类型的三级字：**壸** kǔn(注意区别“壸壶”)		

下列形近字右边的相同部件是：**士**

仕	shì	旧时指做官。如：**仕**女、学而优则**仕**(旧时指学习成绩优秀的就可以提拔当官)、“文章千古好，**仕**途一时荣”。
壮	zhuàng	a. 雄伟；大气。如：**壮**观、**壮**志凌云。b. 结实；有力气。如：强**壮**、健**壮**。c. 增加力量和勇气。如：**壮**胆、气**壮**山河。d. 壮族，我国的少数民族。

下列形近字下面的相同部件是：**土**

坠	zhuì	a. 掉下来；落。如：**坠**落、**坠**楼、摇摇欲**坠**。b. 往下垂；垂在下面。如：下**坠**、**坠**着一副耳环。c 垂在下面的东西。如：扇**坠**、耳**坠**。
堕	duò	掉下来；坠落。**堕**马、**堕**胎、**堕**入深渊、**堕**落(比喻人的思想、行为向坏的方向变化)。

下列形近字左边的相同部件是：土

圻	qí	地的边界。
坼	chè	裂开。如：**坼**裂、天寒地**坼**。

塘	táng	a. 堤岸。如：河**塘**。b. 浴池。如：澡**塘**。c. 水池。如：池**塘**、生物**塘**（靠藻类等处理污水的自然或人工塘）、水**塘**、鱼**塘**。d. 室内生火用的小坑。如：火**塘**。
墉	yōng	城墙；高墙。如：**墉**垣、**墉**基（城墙的根基）、**墉**屋（垣墙与房舍）、“谁谓鼠无牙，何以穿我**墉**？”（谁说老鼠无牙齿呀？它凭什么能咬穿我的墙壁啊）。

下列形近字右边的相同部件是：土

吐	㊀tǔ ㊁tù	㊀a. 主动使东西从口里出来。如：**吐**痰、**吐**故纳新、扬眉**吐**气。b. 植物长出。如：**吐**穗。c. 说出来。如：谈**吐**、**吐**字清晰、一**吐**为快。 ㊁a. 不自主（被动）地从口里呕出来。如：上**吐**下泻、呕**吐**。b. 退还非法所得。如：把所有赃款全部**吐**出来。
杜	dù	a. 堵塞；断绝。如：防微**杜**渐、**杜**绝。b. 拒绝。如：**杜**黜（拒绝、黜退）。
牡	mǔ	a. 雄性的（指某些动物）。如：**牡**马、牝**牡**骊黄（比喻不是反映事物本质的表面现象）。b. 组词“牡丹”。花名，是著名的观赏植物。
肚	㊀dǔ ㊁dù	㊀供食用的某些动物的胃。如：猪**肚**包鸡、羊**肚**、毛**肚**（指牛的瓣胃，也称百叶肚，俗称牛百叶）。 ㊁a. 人或某些动物的腹部。如：牵肠挂**肚**。b. 像肚子的部分。如：腿肚子。
灶	zào	a. 做饭的平台、工具设备（多用土坯、砖块、金属等做成的）。如：**灶**台、炉**灶**、太阳**灶**。b. 指灶神。如：谢**灶**、祭**灶**。
社	shè	a. 古代指土神，也指祭祀土神的地方或日子等。如：**社**稷、**社**日。b. 某些自愿结合从事共同工作或活动的集体组织。如：诗**社**、**社**团。c. 某些机构或服务性单位的名称。如：**社**区、旅行**社**、报**社**、茶**社**、出版**社**。
钍	tǔ	金属元素。符号 Th，原子序数为 90，有放射性，化学性质较活泼，是潜在的核燃料，也可用作耐火材料等。

下列形近字左边的相同部件是：扌

折	㊀shé ㊁zhē ㊂zhé	㊀a. 断。如：摔**折**了腿、扁担**折**了。b. 亏损；损耗。如：**折**秤、**折**本买卖。 ㊁a. 翻转。如：**折**跟头。b. 倒腾；翻转。如：来回**折**腾。 ㊂a. 断；弄断。如：骨**折**。b. 损失。如：损兵**折**将。c. 转变方向。如：**折**射。d. 信服。如：**折**服。e. 弯曲；使弯曲。如：曲**折**、**折**腰。f. 汉字的笔形。g. 折扣。如：七**折**促销。h. 抵作。如：将功**折**罪。i. 折子。如：存**折**、奏**折**。
拆	chāi	a. 把合在一起的分开。如：**拆**卸、**拆**分、**拆**字诗。b. 毁坏。如：**拆**毁、过河**拆**桥、**拆**迁、**拆**除、**拆**东墙补西墙。（注意区别“拆柝”）

拔	bá	a. 抽出来。如：连根**拔**起、**拔**草。b. 挑选。如：选**拔**。c. 夺取。如：攻城**拔**寨。d. 超出。如：出类**拔**萃。e. 吸出。如：**拔**毒。f. 向高提。如：**拔**嗓子。
拨	bō	a. 用手或棍棒等使移动。如：**拨**动、**拨**弄。b. 调配；分给。如：**拨**款、划**拨**、增**拨**。c. 量词，用于成批或成组的人或事物。如：又来了一**拨**学生。

押	yā	a. 在合同等处签字或画符号；也指签画的字或符号。如：签字画**押**。b. 拘留。如：扣**押**、关**押**。c. 用财物作担保。如：抵**押**。d. 跟随看管。如：**押**解、**押**运。
抻	chēn	扯；拉。如：**抻**面、**抻**长、**抻**开、不小心**抻**了筋、把绳子**抻**直、把袖子**抻**出来。
抽	chōu	a. 抽取一部分。如：**抽**样调查、**抽**签。b. 植物长出。如：**抽**穗。c. 拔出。如：**抽**刀断丝。d. 吸。如：**抽**油烟机。e. 用鞭子等打。如：**抽**一鞭子。

按	àn	a. 用手或手指压。如：**按**摩、**按**钮。b. 止住。如：**按**兵不动、**按**甲休兵。c. 依照。如：**按**劳分配、**按**时。d. 经考核研究后下论断。如：**按**语、编者**按**。
接	jiē	a. 连成一体。如：连**接**、**接**轨。b. 继续。如：再**接**再厉。c. 顶替。如：**接**班。d. 靠近；触碰。如：**接**触。e. 收取；承受。如：**接**收。f. 相迎。如：**接**送。
搂	㊀lōu ㊁lǒu	㊀a. 用手或工具把东西聚拢。如：把柴草**搂**到一起。b. 搜刮钱财。如：他利用职务之便大肆**搂**钱。c. 朝自己方向拨。如：军事训练得学**搂**扳机射击。 ㊁a. 双臂合抱。如：**搂**在怀里。b. 量词，用于双臂合抱的东西。如：一**搂**柴火。

掀	xiān	a. 揭起；打开。如：**掀**开、**掀**门帘。b. 翻动；兴起。如：大海**掀**起了波涛、白浪**掀**天、他**掀**翻了桌子。
揿	qìn	按；摁。如：**揿**门铃、**揿**按钮。

授	shòu	a.交给;交付;与。如:**授**奖、**授**旗、**授**勋、**授**衔、**授**意、**授**予、**授**权。b.教;传授。如:**授**课、**授**计、面**授**机宜。
援	yuán	a.拉;用手牵引。如:攀**援**。b.帮助;救助。如:八方支**援**、**援**军、驰**援**、孤立无**援**、派兵救**援**。c.引用;引证。如:有例可**援**、**援**引例证。

掏	tāo	a.挖。如:老鼠在地下**掏**了一个洞、虫子**掏**空了蚕豆。b.伸进去取;往外拿。如:**掏**钱、**掏**钥匙、**掏**耳朵、**掏**口袋。
掬	jū	a.两手捧起。如:**掬**饮、以手**掬**水。b.形容表露得明显,似乎可以用手捧起的样子。如:憨态可**掬**、笑容可**掬**。

搏	bó	a.激烈地争斗。如:肉**搏**战、生死**搏**斗、拼**搏**。b.跳动。如:脉**搏**。
撙	zǔn	节省。如:**撙**衣节食、**撙**用、**撙**度(节约用度)。(注意区别"撙樽")

撒	㊀sā ㊁sǎ	㊀a.放开。如:**撒**腿就跑、**撒**手人寰(离开人世间,即死亡)。b.尽量使出来或施展出来(多含贬义)。如:**撒**娇、**撒**野、**撒**谎。c.排出。如:**撒**尿。 ㊁把颗粒状东西分散出来;分散。如:在伤口上**撒**盐、**撒**播种子、钢珠**撒**了一地。
撤	chè	a.免除;除去。如:**撤**任、**撤**职。b.后退;收回。如:**撤**资、**撤**诉、**撤**回、**撤**离、**撤**兵、**撤**退、后**撤**。

下列形近字左边的相同部件是:**圭**

卦	guà	古代迷信的人用来占卜的器具和符号;也指占卜活动。如:求神问**卦**、占**卦**、八**卦**、算**卦**、阴**卦**、阳**卦**、打**卦**求签。
封	fēng	a.封闭。如:**封**锁、**封**存。b.限制。如:**封**杀、查**封**。c.纸包或纸袋。如:**封**套、信**封**。d.疆界。如:**封**疆大吏。e.量词,用于封起来的东西。如:一**封**信。f.古代的皇帝把土地或爵位赐给宗亲或臣子。如:**封**地、**封**王。
还有与上述同类型的三级字:**邽** guī		

下列形近字右边的相同部件是：**圭**

佳	jiā	美；好；美好的。如：**佳**作、**佳**话、才子**佳**人、最**佳**途径、再创**佳**绩、美味**佳**肴、静候**佳**音、渐入**佳**境、红粉赠**佳**人、每逢**佳**节倍思亲。
诖	guà	a. 欺骗；惑乱。如：**诖**乱天下，欲危社稷。b. 牵连；谬误；连累。如：**诖**误、**诖**谬。
挂	guà	a. 把物体悬在某处。如：悬**挂**。b. 登记。如：**挂**失。c. 结束。如：**挂**电话。d. 惦记。如：**挂**念。e. 没通过。如：**挂**科。f. 量词。如：一**挂**鞭炮。（注意区别"挂桂"）
哇	㊀wā ㊁wa	㊀拟声词，哭叫、呕吐等的声音。如：小孩夜里经常**哇哇**大哭。 ㊁"啊"（前为 u、ou、ao 等收音）的变音。如：大家好**哇**！
洼	wā	a. 地势低凹的地方。如：山**洼**、水**洼**。b. 低凹；深陷。如：坑坑**洼洼**、**洼**地。
娃	wá	a. 小孩子。如：放牛**娃**、教育要从**娃娃**抓起。b. 少女；美女。如：娇**娃**。c. 某些幼小的动物。如：狗**娃**、猪**娃**。
桂	guì	a. 桂花，黄色花芳香，令人神清气爽，是重要的观赏植物，广泛用于园林建设中，可制化妆品、入药等。b. 广西壮族自治区的别称。（注意区别"桂挂"）
硅	guī	非金属元素。符号 Si，原子序数为 14，硅酸盐化学性质稳定，应用于新能源（如太阳能电池）、金属陶瓷、光导纤维通信和集成电路等领域。
畦	qí	a. 排列整齐的、有田埂的一块块田地。如：菜**畦**。b. 量词，古代五十亩田为一畦。如：一**畦**油菜。
蛙	wā	两栖动物，种类多（如青蛙），后足强壮，善于跳跃和游水，皮肤潮湿且有毒腺，有的种类捕食昆虫对农业有益，皮肤分泌的毒液可用于医药。
跬	kuǐ	迈出一脚的距离。如：**跬**步不离、"不积**跬**步，无以至千里"（不积累小步，就不能走完千里之途，比喻做事情不一点一点积累，就无法达到目的）。
鲑	guī	鱼名，身体大，略呈纺锤形，口大、鳞细而圆。种类很多。
鞋	xié	穿在脚上、走路时着地的东西。如：凉**鞋**、老北京布**鞋**、皮**鞋**、溜冰**鞋**、草**鞋**、拖**鞋**、高跟**鞋**、运动**鞋**。

还有与上述同类型的二、三级字：**眭** suī **珪** guī **钍** jī **觟** huà

下列形近字右边的相同部件是：**寺**

侍	shì	伺候；在旁边陪伴。如：**侍**女、带刀**侍**卫、**侍**奉长辈。（注意区别“侍待”）
诗	shī	a. 文学体裁的一种，反映社会生活或作者情感等有节奏和韵律的语言。如：五言律**诗**、唐**诗**、打油**诗**。b. 特指《诗经》。
持	chí	a. 拿着；握有。如：**持**有、**持**股。b. 坚守；保持。如：**持**之以恒。c. 操持。如：勤俭**持**家。d. 坚持对立不让。如：相**持**不下。e. 挟制。如：挟**持**。
峙	㊀shì ㊁zhì	㊀用于地名。如：繁**峙**县（位于山西省忻州市）。 ㊁耸立；屹立；挺立。如：竦**峙**（高高地挺立）、两军对**峙**。
待	㊀dāi ㊁dài	㊀停留。如：这次回家要多**待**几天。 ㊁a. 等。如：守株**待**兔、以逸**待**劳、时不我**待**。b. 需要。如：尚**待**研究。c. 对待；招待；应付。如：**待**人接物、款**待**、优**待**。（注意区别“待侍”）
恃	shì	凭借；依靠；依赖。如：有**恃**无恐。**恃**强凌弱、仗**恃**、**恃**才傲物（仗着自己的才能而骄傲自大，轻视众人）。
特	tè	a. 隐蔽着的专门做某事的人。如：**特**务。b. 不一般的。如：**特**色、**特**长。c. 专门地。如：**特**制。d. 格外；尤其。如：他工作**特**认真。
还有与上述同类型的三级字：**畤** zhì **跱** zhì		

下列形近字右边的相同部件是：**正**

证	zhèng	a. 证据；证件；凭据；用于断定事、理等的东西。如：施工许可**证**、身份**证**。b. 用人物、事实等凭证来表明或断定。如：**证**明、辩**证**、验**证**。
征	zhēng	a. 证验。如：信而有**征**。b. 迹象。如：**征**兆。c. 用武力讨伐。如：南**征**北战。d. 召集、收集或使用。如：**征**收、应**征**入伍。e. 远行。如：长**征**。
怔	㊀zhēng ㊁zhèng	㊀a. 组词“怔忪”。惶恐不安的样子。b. 组词“怔忡”。中医指心悸。 ㊁发呆；发愣。如：愣**怔**、呆**怔**。
还有与上述同类型的二级字：**钲** zhēng		

下列形近字右边的相同部件是：**走**

陡	dǒu	a. 斜度很大，与垂直接近。如：**陡**坡、**陡**壁、**陡**峭、**陡**立、**陡**峻。b. 突然。如：**陡**然、**陡**增、天气**陡**变。
徒	tú	a. 步行。如：**徒**步。b. 空。如：**徒**手搏斗。c. 徒弟。如：师**徒**、学**徒**。d. 信仰宗教的人。如：教**徒**、信**徒**。e. 某类人（多含贬义）。如：奸佞之**徒**。f. 副词，仅仅或白白地。如：家**徒**四壁、**徒**有虚名、**徒**劳无功。

下列形近字右边的相同部件是：**贲**

偾	fèn	败；破坏。如：**偾**事、**偾**军之将。
喷	㊀pēn ㊁pèn	㊀物体受到压力而冲射出来。如：**喷**泉、**喷**灌、火山**喷**发、**喷**洒。 ㊁a. 浓。如：**喷**香。b. 量词，用于开花结实的次数或成熟收割的次数。如：头**喷**棉花、绿豆结二**喷**角了。
愤	fèn	因不满而激动、生气或发怒。如：**愤**怒、**愤**恨、义**愤**填膺。
还有与上述同类型的二、三级字：**鲼** fèn **渍** fén **豮** fén		

下列形近字右边的相同部件是：**吉**

诘	㊀jí ㊁jié	㊀组词"诘屈"。同"佶屈"。形容曲折或语句不通顺。如：**诘**屈聱牙。 ㊁追问；质问；指责。如：**诘**责、攻**诘**、不可究**诘**（没有办法追问到底）。
拮	jié	组词"拮据"。形容经济条件不好；手头不宽松；缺少钱。如：他刚参加工作那会儿，生活非常**拮**据。（注意区别"拮桔"）
洁	jié	a. 使清白；保持纯洁。如：**洁**身自好。b. 干净。如：**洁**白、**洁**癖。c. 清廉；作风正派。如：公正廉**洁**。d. 精炼。如：简**洁**。
结	㊀jiē ㊁jié	㊀a. 植物长出。如：开花**结**果、今年的葡萄**结**得又多又大。b. 坚固；健壮。如：这小伙子真**结**实。 ㊁a. 用绳等缩成的疙瘩。如：蝴蝶**结**。b. 框架；构造。如：**结**构。c. 绾；编织。如：**结**网、**结**草衔环。d. 聚集。如：精诚团**结**、**结**晶。e. 了结。如：**结**案。
桔	jié	组词"桔梗"。草本植物，耐寒喜光，叶片卵形，花多为暗紫白色，用作观赏的花卉，根可腌制食用，也可入药。（注意区别"桔拮"）
秸	jiē	农作物收割（脱粒）以后剩下的茎秆。如：**秸**席、豆**秸**、**秸**秆。
还有与上述同类型的二、三级字：**佶** jí **黠** xiá **姞** jí **喆** zhé **鲒** jié		

下列形近字右边的相同部件是：**颉**

撷	xié	采摘。如：**撷**取精华、**撷**芳（采摘芳草）、"劝君多采**撷**，此物最相思"（出自唐代王维的《相思》）。
缬	xié	有花纹的纺织品。如：宫**缬**、蜡**缬**、锦纨绮**缬**（锦纨：织锦和纨素。泛指贵重的丝织品）。

下列形近字右边的相同部件是：**袁**

猿	yuán	哺乳动物。如黑猩猩，外形像猴，没有尾巴。如：类人**猿**、鹤怨**猿**啼、心**猿**意马（形容心思不定，好像猴子跳、马奔跑一样难以控制，安静不下来）。
辕	yuán	a. 古代车前的两根直木（牲口在两木之间）。如：南**辕**北辙、车**辕**。b. 军营的门；官署的外门。如：**辕**门射戟、行**辕**。

下列形近字右边的相同部件是：**喜**

僖	xī	a. 姓，五千多年前黄帝赐封的十二个基本姓氏之一。b. 喜乐；快乐。
嘻	xī	a. 拟声词，嬉笑的声音。如：笑**嘻嘻**。b. 叹词，表示惊奇、轻蔑等。如："**嘻**，善哉！技盖至此乎？"（你的技术怎么会高明到这种程度呢？出自《庄子》）。
嬉	xī	玩耍打闹；游戏；玩乐。如：文恬武**嬉**、**嬉**闹、业精于勤荒于**嬉**、**嬉**皮笑脸。
禧	xǐ	幸福；吉祥；喜庆。如：恭贺新**禧**、千**禧**年。
还有与上述同类型的三级字：**嘻** xī **镥** xǐ **鳍** xǐ		

下列形近字右边的相同部件是：**彭**

嘭	pēng	拟声词，物体撞击或敲击等的声音。如：**嘭嘭嘭**的敲门声吵醒了他。
澎	péng	组词"澎湃"。波涛发出冲击声；比喻声势浩大、气势宏伟。如：汹涌**澎**湃、热情**澎**湃。
膨	péng	a. 体积增大；鼓起来。如：**膨**脝、**膨**胀、**膨**化食品。b. 泛指某些事物不合理的增长。如：通货**膨**胀（实际购买力大于产出供给，导致货币贬值的现象）。
蟛	péng	组词"蟛蜞"。螃蟹的一种，食素，可做成酱料或美食佐料。脂肪或肉可入药，有清热解毒、止痒等功效，可用于治疗痈肿疮毒等。

下列形近字右边的相同部件是：**考**

拷	kǎo	a. 打（多用于审讯）。如：严刑**拷**打、**拷**问。b. 复制。如：**拷**贝。（注意区别"拷栲"）
栲	kǎo	常绿乔木，栲树。木材致密，坚实耐用，可做建筑材料、家具用材等，果实淀粉含量高，可生食，也可加工成其他副食品。（注意区别"栲拷"）

烤	kǎo	a. 靠近热源来取暖。如：**烤**火。b. 使衣物等干燥；使食物熟。如：**烤**鸭、**烤**红薯。c. 烧熟的食物。如：烧**烤**。
铐	kào	a. 锁住手腕（主要用于犯人）的工具。如：手**铐**脚镣。b. 戴上手铐。如：犯人在押送途中要**铐**住。
还有与上述同类型的三级字：**洘** kǎo		

下列形近字左边的相同部件是：**赤**

郝	hǎo	姓。
赦	shè	减轻或免除刑罚。如：**赦**罪、**赦**免、特**赦**、十恶不**赦**。
赫	hè	a. 显明；盛大。如：显**赫**、**赫**然、战功**赫赫**。b. 量词，频率单位赫兹的简称，每秒振动一次为 1 赫。
赭	zhě	红褐色。如：**赭**石（矿物名，可用作颜料）。
还有与上述同类型的二级字：**赧** nǎn		

下列形近字下面的相同部件是：**者**

著	㊀zhù ㊁zhuó	㊀a. 显明。如：显**著**。b. 写作。如：**著**书立说。c. 写出的书或文章。如：名**著**。㊁附着；穿着。后作“着（zhuó）”。
暑	shǔ	热（跟“寒”相对）。如：严寒酷**暑**、寒来**暑**往、**暑**假、中**暑**、避**暑**、**暑**期、**暑**热、防**暑**降温、小**暑**、大**暑**。
署	shǔ	a. 办理公务的机构或处所。如：行政公**署**、海关总**署**。b. 代理；暂任。如：**署**理。c. 签名；题字。如：**署**名、签**署**。d. 布置。如：战略部**署**。
箸	zhù	筷子。如：闻雷失**箸**、借**箸**代筹、战栗失**箸**（害怕得连筷子都掉了）、象**箸**玉杯（象牙筷子和犀玉杯子，形容奢侈）。

下列形近字右边的相同部件是：**者**

诸	zhū	a. 代词。各；众多。如：**诸**如此类、**诸**多不便、**诸**位。b. 代词“之”和介词“于”或“乎”的合音。如：付**诸**行动、藏**诸**名山。
堵	dǔ	a. 墙。如：观者如**堵**。b. 阻塞；阻挡。如：交通拥**堵**、下水道**堵**住了。c. 憋闷；不畅快。如：心里**堵**得慌。d. 量词。如：一**堵**高墙。

猪	zhū	哺乳动物，常指圈养的多供食用的家猪，头大，鼻、嘴都很长，眼小耳大，体肥，肉可吃，皮可制革。猪是十二生肖之一。
渚	zhǔ	水中的小块陆地。如：江中小**渚**、洲**渚**、两涘**渚**崖之间（两岸以及各个水中的小洲之间）。
绪	xù	a. 指事情的开端。如：**绪**论、头**绪**。b. 指心情、思想。如：情**绪**过敏、心**绪**不宁。c. 未完成的事业。如：缵禹之**绪**（继承大禹耕稼的世业）。
楮	chǔ	a. 药用植物，适应性强，树的汁液可治皮肤病，树皮可造纸，树皮、树叶和果实均可入药，有明目等功效。b. 古代指纸。如：**楮**帛、**楮**墨。
赌	dǔ	a. 赌博。如：**赌**钱、**赌**球、聚**赌**、愿**赌**服输。b. 比胜负；争输赢。如：打**赌**。
睹	dǔ	看见；察看。如：瞻**睹**、惨不忍**睹**、目**睹**、**睹**物思人、有目共**睹**、先**睹**为快、一**睹**风采。
锗	zhě	金属元素。符号 Ge，原子序数为 32，化学性质稳定，是重要的半导体材料，可用于航空航天测控、红外光学等领域，有的含锗化合物能危害人体健康。
褚	㊀chǔ ㊁zhǔ	㊀姓。如：**褚**遂良（唐代政治家，唐初四大书法家之一）。 ㊁a. 丝绵衣服。如：上**褚**五十衣。b. 囊；口袋。如：有商人置诸**褚**中。
赭	zhě	红褐色。如：**赭**石（矿物名，可用作颜料）。
还有与上述同类型的三级字：**啫** zhě		

下列形近字右边的相同部件是：**老**

佬	lǎo	a. 称某些成年人。如：阔**佬**、和事**佬**。b. 指有一定程度话语权的人。如：大**佬**。
姥	lǎo	组词“姥姥”（外祖母）、“姥爷”（外祖父）。
栳	lǎo	组词“栲栳”。a. 形状像斗的盛物容器（用竹篾等编成）。b. 一种食物，也叫栲栳栳，是山西部分地区的特色食品。c. 地名。栲栳村，位于山西省永济市。
铑	lǎo	金属元素。符号 Rh，原子序数为 45，铂族元素之一，含量稀少，属于贵金属，化学性质稳定，耐腐蚀，坚硬，高反射率，可用于航空航天、电镀业等领域。

下列形近字右边的相同部件是：**耆**

嗜	shì	特别爱好；喜欢。如：不良**嗜**好、**嗜**利轻生、**嗜**酒如命、**嗜**痂成癖（痂：疮口或伤口表面凝结的硬壳，比喻爱好怪诞的事物已成为一种癖好）。
鳍	qí	鱼和其他水生脊椎动物用于帮助游泳和维持平衡的运动器官。如：尾**鳍**、背**鳍**。
还有与上述同类型的三级字：**愭** qí **榰** zhī		

下列形近字右边的相同部件是：**夌**

凌	líng	a. 冰。如：**凌**汛。b. 逼近。如：**凌**晨。c. 侵犯；欺压。如：恃强**凌**弱。d. 升高。如：壮志**凌**云。
陵	líng	a. 连绵的小山。如：丘**陵**。b. 高大的坟墓（用于帝王、诸侯、领袖、烈士等）。如：烈士**陵**园、秦始皇**陵**。
崚	léng	组词“崚嶒”。形容山势高峻。
绫	líng	很薄的丝织品。如：白**绫**、蜀锦吴**绫**、**绫**罗绸缎。
棱	㊀lēng ㊁léng ㊂líng	㊀组词“扑棱”。a. 拟声词，形容翅膀抖动的声音。b. 抖动或张开、散开。㊁物体上条状突起的部分；两个平面连接的部分。如：瓦**棱**、**棱**角、三**棱**镜、模**棱**两可（不表示明确的态度，或没有明确的主张，对问题的态度模糊）。㊂用于地名。如：穆**棱**市（位于黑龙江省牡丹江市）。
祾	líng	福（比喻吉祥之意）。如：**祾**恩殿（明代唯一保存至今的陵殿，是我国古建筑中的珍贵遗物）。
鲮	líng	鱼名，以生藻、水底腐殖物质、浮游动物等为食料，富含蛋白质，肉可入药，有益气血、通小便等功效，是中国南方地区重要的经济鱼类之一。
还有与上述同类型的三级字：**倰** líng **堎** lèng		

下列形近字右边的相同部件是：**孝**

哮	xiào	a. 大声吼叫。如：咆**哮**、**哮**呼、狂**哮**。b. 呼吸急促时喉咙发出声音。如：**哮**喘。
酵	jiào	生物体或酶对有机物的某种程度的分解过程（可用于酿酒、生产味精、处理垃圾等）。如：发**酵**。（注意不读 xiào）
还有与上述同类型的三级字：**涍** xiào		

下列形近字上面的相同部件是：**执**

势	shì	a. 势力。如：**势**均力敌。b. 姿态；状态；趋向。如：手**势**、**势**如破竹。c. 自然状态或形貌。如：地**势**险峻。d. 雄性生殖器。如：去**势**（除去男人或雄性动物的睾丸，使其丧失性功能或生育能力）。
垫	diàn	a. 铺在床上或别的地方的东西。如：鞋**垫**、床**垫**。b. 衬在底下。如：**垫**层、**垫**底。c. 代付资金。如：**垫**资。d. 填补。如：**垫垫**肚子。
挚	zhì	诚恳；亲密。如：诚**挚**邀请、**挚**爱、真**挚**。
热	rè	a. 分子不规则运动产生的能量。如：**热**能。b. 使热。如：把饭菜**热**一**热**。c. 温度高。如：炎**热**。d. 情意深厚。如：**热**诚。e. 受欢迎。如：**热**卖。
鸷	zhì	a. 凶猛的鸟（如鹰等）。如：**鸷**狠狼戾（形容凶狠乖戾）。b. 凶猛。如：**鸷**鸟不群、**鸷**勇。
蛰	zhé	a. 蛰伏的动物。如：惊**蛰**、阳和启**蛰**、一夜春雷百**蛰**空。b. 动物冬眠、潜伏。如：**蛰**伏待机。
还有与上述同类型的二、三级字：**贽** zhì **絷** zhí		

下列形近字上面的相同部件是：**巩**

恐	kǒng	a. 害怕；畏惧。如：**恐**怕、惶**恐**不安、争先**恐**后。b. 使害怕。如：**恐**吓。c. 副词，恐怕（表示担心或估计）。如：**恐**有不测。
蛩	qióng	a. 古代指蟋蟀。如：斗**蛩**、满耳新**蛩**声。b. 指蝗虫。如：飞**蛩**满野。
还有与上述同类型的三级字：**銎** qióng		

下列形近字右边的相同部件是：**壹**

噎	yē	a. 食物卡住了食道。如："吃饭防**噎**，走路防跌"、因**噎**废食。b. 因迎风、呛烟等导致呼吸困难。如：这浓烟**噎**得人喘不过气来。
殪	yì	a. 死。如：皇虽**殪**没，天禄永延（出自《文帝诔序》）。b. 杀死；杀害。如：殄**殪**。

下列形近字上面的相同部件是：**殸**

罄	qìng	用完；消耗殆尽；完毕。如：告**罄**、**罄**其所有、**罄**竹难书（把竹子用完也写不完，比喻罪恶的事实太多，难以说完）。
馨	xīn	散布很远的香气。如：桂馥兰**馨**、温**馨**。
还有与上述同类型的二级字：**磬** qìng		

下列形近字右边的相同部件是：**去**

法	fǎ	a. 法律、法规等的总称。如：违**法**、遵纪守**法**。b. 方法。如：想方设**法**。c. 佛教道理。如：佛**法**。d. 法术。如：斗**法**。e. 量词，电容单位法拉的简称。
怯	qiè	a. 胆小；害怕；没勇气。如：畏**怯**、**怯**场、胆**怯**、大勇若**怯**、临死不**怯**、“勇于私斗，**怯**于公愤”。b. 缺乏知识；见识不广。如：露**怯**。
珐	fà	组词“珐琅”。一种像釉子的玻璃质材料，用石英等材料烧制而成，具有防护、装饰等作用，涂在铜质等器物上，形成釉质表面。
祛	qū	除去；消除。如：**祛**病、**祛**蠹除奸、**祛**湿、**祛**痰润肺、扶正**祛**邪。（注意区别“祛袪”）
砝	fǎ	组词“砝码”。在天平或磅秤上称量物品时用于测量衡定重量的标准。如：称量药品时要用镊子夹**砝**码，不能直接用手捏。
还有与上述同类型的三级字：**呿** qū **胠** qū **袪** qū（注意区别“祛袪”）		

下列形近字右边的相同部件是：**盍**

嗑	㊀kē ㊁kè	㊀话。如：唠**嗑**。 ㊁用上下门牙咬（有壳的或硬的）。如：他们几个正在**嗑**瓜子。
溘	kè	忽然，突然。如：**溘**然长逝（突然去世）。
磕	kē	a. 碰在硬东西上。如：**磕**头碰脑。b. 撞击使物体掉下来。如：他把烟斗里的灰**磕**出来了。c. 形容走路不稳。如：他走路**磕磕**绊绊。
瞌	kē	组词“瞌睡”。因困乏疲倦而想睡觉。如：他昨晚通宵加班，现在不住地打**瞌**睡。
还有与上述同类型的三级字：**馌** yè		

下列形近字上面的相同部件是：**艹**

茵	yīn	a. 垫子；褥子。如：**茵**席、**茵**褥、绿草如**茵**。b. 组词“茵陈蒿”。多年生草本植物，多分枝，幼株密生白毛，秋季开黄色花。嫩的全株可作药材。
菌	㊀jūn ㊁jùn	㊀低等生物名。a. 指细菌。单细胞微生物。一般为分裂繁殖，对自然界物质循环起重大作用。b. 指真菌。生物的一大类。如酵母菌、青霉菌、蘑菇等。 ㊁指蕈。真菌的一类，生长在树林里或草地上，如香菇、毒蝇蕈等。

芩	qín	a. 组词“黄芩”。多年生草本植物，根肥大，花紫色，根可入药。b. 古书上指芦苇一类的植物。
苓	líng	a. 组词“茯苓”。寄生在松树根上的真菌，形状像甘薯，外皮黑褐色，里面白色或粉红色，可入药。b. 苓耳，古书上说的一种植物。

劳	láo	a. 劳动；付出。如：不**劳**而获、徒**劳**无功。b. 疲劳；劳累。如：舟车**劳**顿。c. 慰问。如：犒**劳**、慰**劳**军队。d. 表示请托。如：有**劳**、**劳**您大驾。
茔	yíng	a. 坟地；坟墓。如：先**茔**、祖**茔**、孤**茔**、**茔**树、坟**茔**。b. 埋葬。如：**茔**葬。
荣	róng	a. 草木茂盛；兴盛。如：欣欣向**荣**、**荣**华富贵。b. 受人敬重；光荣。如：引以为**荣**、**荣**辱与共、**荣**誉、**荣**获冠军、**荣**幸之至。
荤	hūn	a. 肉类食物（跟“素”相对）。如：**荤**腥、**荤**素搭配。b. 葱、蒜等有特殊气味的菜。如：五**荤**。c. 下流、低俗的。如：**荤**话、**荤**段子。（注意区别“荤荦”）
荥	㊀xíng ㊁yíng	㊀用于地名。如：**荥**阳市（位于河南省郑州市）。 ㊁用于地名。如：**荥**经县（位于四川省雅安市）。
荦	luò	分明；明显；突出。如：**荦荦**大端、卓**荦**不凡。（注意区别“荦荤”）
荧	yíng	a. 微弱的光亮。如：**荧**光灯、**荧**火、**荧**光棒。b. 眼光迷乱；迷惑。如：**荧**惑。
莹	yíng	光洁；透明。如：晶**莹**剔透、清**莹**秀澈、**莹**白、色泽**莹**润。
莺	yīng	鸟名，身体小，羽毛多为褐色或暗绿色，嘴短而尖，叫声清脆。吃昆虫，是益鸟。种类很多。如：黄**莺**（黄鹂）。
萤	yíng	组词“萤火虫”。昆虫，身形扁平细长，多数陆栖，少数水栖，尾部能发出黄绿色荧光，多数在日落后开始活动，在盛夏可看到萤火虫点亮夜空的美景。
营	yíng	a. 军队的编制单位。如：**营**长。b. 军队驻扎的地方；像军营的地方。如：安**营**扎寨、难民**营**、步步为**营**。c. 管理；建设；谋求：如：**营**业、**营**利、运**营**。
萦	yíng	缠绕；环绕。如：**萦**怀、牵**萦**、琐事**萦**身。
蓥	yíng	组词“华蓥”。a. 山名，华蓥山，位于四川省东部和重庆市西北部交界处。b. 地名，华蓥市，位于四川省广安市。

蒙	㊀mēng ㊁méng ㊂měng	㊀a. 欺骗。如：别**蒙**我。b. 胡乱猜测。如：你**蒙**对了。c. 昏迷。如：他被打**蒙**了。 ㊁a. 愚昧无知。如：启**蒙**。b. 覆盖。如：**蒙**头盖脑。c. 受。如：**蒙**难。d. 雨点细小。如：**蒙蒙**细雨。e. 眼睛模糊。如：睡眼**蒙**胧。f. 朴实敦厚。如：**蒙**厚。 ㊂指蒙古族。a. 我国的少数民族。b. 组词“内蒙古”。我国少数民族自治区之一。
还有与上述同类型的二、三级字：**茕** qióng **蓂** mì **罃** yīng		

苦	kǔ	a. 像黄连或胆汁的味道，跟“甜”相对。如：**苦**瓜、**苦**胆。b. 难受。如：痛**苦**、**苦**恼。c. 副词，竭尽全力地。如：**苦**干、勤学**苦**练。d. 为某种事物所苦。
若	ruò	a. 像；如同。如：口**若**悬河、大智**若**愚。b. 连词，假如。如：**若**要人不知，除非己莫为。c. 组词“若干”。代词。如：关于义务教育的**若**干问题。

苟	gǒu	a. 随便；草率。如：**苟**言、一丝不**苟**。b. 如果。如：**苟**富贵，勿相忘。c. 副词，暂且。如：**苟**且偷生、**苟**安一隅（暂且占据一个小地方以偷安）。
荀	xún	姓，五千年前黄帝赐封的十二个基本姓氏之一。历史名人有荀况（战国时思想家）、荀彧（东汉末年曹操统一北方的谋臣之一）等。

苑	yuàn	a. 养禽兽、种林木的地方（多指皇家园林）。如：**苑**囿、上林**苑**、楚宫吴**苑**、离宫别**苑**、大内御**苑**。b. 学术、文艺等荟萃的地方。如：诗**苑**、艺**苑**。
范	fàn	a. 模子；制作器物的模型。如：钱**范**、铜**范**。b. 模范；榜样。如：典**范**、优秀**范**文、师**范**学院。c. 范围；界限。如：**范**畴。d. 限制。如：就**范**。

茯	fú	组词“茯苓”。寄生在松树根上的真菌，形状像甘薯，外皮黑褐色，里面白色或粉红色，可入药。
获	huò	a. 得到；取得。如：如**获**至宝、不劳而**获**、荣**获**冠军。b. 捉住。如：人赃俱**获**、擒**获**、捕**获**。c. 收割庄稼。如：收**获**。
莸	yóu	草本植物，茎方形，花淡蓝色，生长于阴湿山坡、水沟边等，全草可入药，鲜用或晒干均可。
荻	dí	草本植物，叶片扁平，边缘锯齿状，秆直立，节生柔毛，茎可编席，地下茎可以入药，亦可用于造纸、景观营造等。

茶	chá	a. 茶树，常绿灌木或小乔木。b. 茶叶；也指茶叶泡成的茶水。如：摘**茶**、喝**茶**。c. 指某些饮料。如：奶**茶**。d. 油茶树。如：**茶**油（用油茶树的种子榨的油）。
荼	tú	a. 古书上说的一种苦菜。b. 古书上指茅草的白花。如：如火如**荼**（像火那样红，像荼那样白，原比喻军容之盛，现用来形容旺盛、热烈或激烈）。

荫	㊀yīn ㊁yìn	㊀光线被林木等遮住形成的影。如：树**荫**、无意插柳柳成**荫**。 ㊁a. 不见阳光、又凉又潮。如：**荫**凉。b. 古代帝王给功臣的子孙读书或做官的特权。如：恩**荫**、封妻**荫**子。c. 庇护。如：**荫**庇。
萌	méng	植物发芽；引申为事物开始发生。如：**萌**芽、故态复**萌**、**萌**动。
葫	hú	组词“葫芦”。草本植物，雌雄同株，幼苗怕冻，夏秋开白色花，果实也被称为葫芦，果肉白色。可将葫芦晒干、掏空，用于盛酒、舀水等。
蒴	shuò	组词“蒴果”。由两个以上的心皮构成的果实。内含许多种子，成熟后自行开裂，如百合、棉花、芝麻等的果实。
还有与上述同类型的三级字：**蓢** lǎng		

葤	zhòu	a. 用草包裹；绑扎。b. 量词，用草绳（现也用带子）把碗、碟、盘子等物体捆扎成一捆为一葤。如：一**葤**盘子。
药	yào	a. 可以防病、治病的东西。如：中**药**、西**药**、灵丹妙**药**。b. 某些有化学作用的物质。如：迷**药**、火**药**。c. 用药救或用药毒。如：不可救**药**、**药**老鼠。
莼	chún	莼菜，草本植物，浮生在水面，嫩茎有胶状透明物质，富含胶质蛋白和多种维生素，茎和叶可食用，是一种水生蔬菜，亦可药用。
蕴	yùn	a. 包含；蓄积。如：**蕴**含、**蕴**藏、**蕴**蓄。b. 事理深奥的地方。如：底**蕴**。
还有与上述同类型的三级字：**荭** hóng		

萎	wěi	植物干枯、凋落。如：枯**萎**、凋**萎**、衰**萎**、**萎**蔫、**萎**谢、**萎**落。
蒌	lóu	蒌蒿，草本植物，可见于山坡、路边等处，茎直立，叶线状披针形，花淡黄色，根茎肥大可食用，植株有清香气味，全草可入药。

蕲	qí	用于地名。如：**蕲**春县（位于湖北省黄冈市）。
薪	xīn	a. 柴火。如：釜底抽**薪**、抱**薪**救火、卧**薪**尝胆、厝火积**薪**、杯水车**薪**、曲突徙**薪**（把烟囱改建成弯的，把灶旁的柴草搬走，比喻消除可能导致事故的因素，防患于未然）。b. 工资。如：升职加**薪**、高**薪**职业、**薪**水、工**薪**。

薛	xuē	周代诸侯国名，故地在今山东滕州、薛城一带。
薜	bì	组词"薜荔"。常绿灌木，爬蔓，叶子卵形，果实球形，可以做凉粉，茎叶可入药。也叫"木莲"。

苎	zhù	组词"苎麻"。多年生草本植物，叶子卵圆形，花绿色，茎皮纤维拉力强，是纺织工业的重要原料。
莞	㊀guǎn ㊁wǎn	㊀用于地名。如：东**莞**市（广东省辖地级市）。 ㊁组词"莞尔"。形容微笑。如：**莞**尔一笑。
菪	dàng	组词"莨菪"。草本植物，有毒，夏季开花结果，花紫黄色，蒴果长卵圆形，种子近盘形，种子等可入药。
菅	jiān	草本植物，叶细长，根坚韧，可用来作炊帚、刷子等。如：草**菅**人命（把人的生命看得像野草一样轻贱，随意加以摧残）。
萱	xuān	a. 草本植物，耐寒，夏季开花，花筒状，橙黄色，为重要的观赏花卉，地下茎有微量的毒，根可入药。b. 萱堂，代指母亲。如：椿**萱**并茂（比喻父母健在）。
蓉	róng	a. 用豆类、瓜果等煮熟晒干后磨成的粉状物。如：豆**蓉**、椰**蓉**。b. 四川成都的别称，成都又称芙蓉城，简称蓉城。
还有与上述同类型的二、三级字：**茓** xué **蓿** xu **䓖** qióng **萣** dìng		

下列形近字的相关部分是：**廿**

廿	niàn	二十。如：**廿**四史、毛主席的生日是十二月**廿**六日。
甘	gān	a. 甜；甜美。如：**甘**甜、**甘**霖、苦尽**甘**来。b. 乐意；情愿。如：**甘**拜下风、**甘**当无名英雄。c. 甘肃的简称。如：陕**甘**宁边区。

下列形近字右边的相同部件是：**甘**

坩	gān	组词“坩埚”。一种化学仪器，耐温性强（如石英坩埚可在1450℃以下使用），可用于灼烧固体物质、融化金属等。
泔	gān	组词“泔水”。淘过米或刷锅、洗碗、洗菜等用过的水，也指饭后不要的剩饭剩菜，有的地方也叫潲水，也被称为餐饮垃圾。
柑	gān	小乔木或灌木，果实球形，味甜，树皮、果皮等可入药，有清热止津、利尿等功效，果实产品有多种，如新会柑、蜜柑、雪柑等。
钳	qián	a. 夹东西的工具。如：平口**钳**、夹管**钳**、老虎**钳**。b. 用钳子等工具夹持。如：**钳**马衔枚（形容古代急行军时听不到马的嘶叫和人的说话声）。c. 限制；约束。如：**钳**口结舌、**钳**制。
蚶	hān	软体动物，种类很多（如毛蚶等），主要分布在沿海地区，肉厚且嫩，营养丰富，可入药，有温中健胃等功效，可用于治疗消化不良等。
甜	tián	a. 味道像蜜一样。如：酸**甜**苦辣、**甜**品、甘**甜**可口。b. 形容使人舒服的；乖巧的；甜美的。如：**甜**言蜜语。
酣	hān	a. 喝酒喝得尽兴。如：酒**酣**耳热。b. 泛指尽兴、畅快。如：**酣**睡、**酣**战、**酣**歌、**酣**梦、**酣**然入睡。
还有与上述同类型的二级字：**绀** gàn		

下列形近字右边的相同部件是：**某**

谋	móu	a. 主意；计策。如：出**谋**划策、足智多**谋**。b. 计划；设法寻求。如：合**谋**、**谋**财害命。c. 商议。如：不**谋**而合、与虎**谋**皮。d. 见。如：素未**谋**面。
媒	méi	a. 撮合婚姻。如：**媒**婆、明**媒**正娶、**媒**妁之言。b. 传递信息的人、物或技术手段；联系双方的中介。如：社交**媒**体、**媒**介。
煤	méi	黑色或黑褐色矿物，种类很多（如无烟煤、褐煤等），可用作燃料，可用于发电，亦可用作化工原料加工成其他产品（如甲烷、甲醇等）。

下列形近字下面的相同部件是：**耳**

茸	róng	a. 草初生时细小柔软的样子。如：绿**茸茸**的草地。b.（毛、发等）细软而稠密：**茸**毛、一头**茸茸**的黑发。c. 指鹿茸，刚出生的鹿身上带有细毛的幼角。
耸	sǒng	a. 高起；直立。如：**耸**立、高**耸**入云。b. 使人震惊。如：危言**耸**听。c. 人的肩膀、肌肉等往上抬。如：**耸**肩、**耸**了**耸**鼻子。

聋	lóng	耳朵听不见声音；听觉迟钝或听不清楚。如：**聋**哑人、耳**聋**眼花、装**聋**作哑、振**聋**发聩、震耳欲**聋**、“不痴不**聋**，不做家翁”。
聱	áo	不听取他人的意见；引申为话不顺耳、语句不通。如：佶屈**聱**牙（形容文字艰涩生僻、拗口难懂）。
还有与上述同类型的二级字：**耷** dā		

下列形近字右边的相同部件是：**耳**

饵	ěr	a. 糕饼。如：蜜**饵**、果**饵**。b. 钓鱼的鱼食；泛指用来引诱的东西。如：诱**饵**、香**饵**、鱼**饵**。c. 引诱。如：以狸**饵**鼠、**饵**以重利。
洱	ěr	组词“洱海”（湖名，位于云南省大理市郊区）、“普洱”（a. 地名，云南省辖地级市。b. 茶叶名，中国名茶之一）。
珥	ěr	a. 用珠、玉制成的耳环。如：玉**珥**。b. 太阳周围的红色光圈。如：日**珥**。c. 插。如：**珥**笔、**珥**貂（汉代侍中、中常侍于冠上插貂尾为饰，后借指皇帝的近臣）。
铒	ěr	金属元素。符号 Er，原子系数为 68，银灰色，质软。可用来制作特种合金、激光器等。
还有与上述同类型的二、三级字：**弭** mǐ **佴** nài **咡** èr		

下列形近字上面的相同部件是：**其**

基	jī	a. 建筑物的根脚；事物的基础。如：根**基**、奠**基**。b. 依据；根据。如：**基**准。c. 根本的；起始的。如：**基**本工资、**基**业、慈善**基**金。
惎	jì	a. 毒害。如：**惎**构、**惎**间。b. 忌恨；憎恶。如：知伯不悛，赵襄子由是**惎**知伯，遂丧之（出自《左传》）。c. 教导；启发。如：启**惎**、**惎**悔。
还有与上述同类型的二级字：**綦** qí		

下列形近字下面的相同部件是：**其**

萁	qí	豆秸，也指油菜、棉花收获后剩下的茎。如：豆**萁**、菜花**萁**、煮豆燃豆**萁**。
箕	jī	a. 簸箕。一种扬去糠麸或清除垃圾的器具。b. 簸箕形的指纹。如：斗**箕**。c. 星宿名，二十八宿之一，属东方苍龙。

下列形近字左边的相同部件是：**其**

斯	sī	a. 劈；砍。如：墓门有棘，斧以**斯**之。b. 代词，这。如：逝者如**斯**夫，不舍昼夜。c. 乃；就。如：有备**斯**可以无患。
期	㊀jī ㊁qī	㊀一周年；一整月。如：**期**年、**期**月。 ㊁a. 约定时间。如：不**期**而遇。b. 预定的时间；一段时间。如：**期**限、**期**间。c. 希望。如：**期**冀、**期**待。d. 量词。如：这是节目的最后一**期**。
欺	qī	a. 造假骗人；蒙混。如：**欺**骗、**欺**君罔上、童叟无**欺**。b. 压迫；侮辱。如：**欺**善怕恶、**欺**人太甚、**欺**负。

下列形近字右边的相同部件是：**其**

淇	qí	淇水，水名，发源于山西省陵川县，流经河南省林州市汇入卫河。
骐	qí	青黑色纹理的马；骏马。如：乘**骐**骥以驰骋兮、"**骐**骥一跃，不能十步"。
琪	qí	a. 美玉。如：**琪**琚。b. 珍贵的；奇异的。如：**琪**花瑶草。
棋	qí	a. 文体项目的一类。如：国际象**棋**、围**棋**。b. 棋子。如：举**棋**不定、星罗**棋**布。c. 着数。如：他建议从后面包抄敌人，这是一步好**棋**。
祺	qí	吉祥；幸福。如：寿考维**祺**（祝愿老人长寿幸福，吉祥安康）、时**祺**、敬颂近**祺**（书信结尾祝颂的话）。
蜞	qí	组词"蟛蜞"。螃蟹的一种，食素，可做成酱料或美食佐料。脂肪或肉可入药，有清热解毒、止痒等功效，可用于治疗痈肿疮毒等。
麒	qí	组词"麒麟"。a. 传说中的神兽，古人以为仁兽，象征祥瑞。b. 比喻才能杰出的人。如：此吾家**麒**麟（以麒麟比喻优秀子弟）。
还有与上述同类型的三级字：**锜** jī **鲯** qí		

下列形近字右边的相同部件是：**斯**

撕	sī	用手把东西扯裂、扯开。如：**撕**毁、**撕**破、**撕**名牌、**撕**心裂肺。
嘶	sī	a. 马大声叫。如：人喊马**嘶**、**嘶**号、长**嘶**、**嘶**鸣。b. 形容声音沙哑。如：声**嘶**力竭、他唱歌唱到声音**嘶**哑。
澌	sī	a. 解冻后流动的冰块。如：河水流**澌**（河水解冻，冰随水流）。b. 雨雪声。如：隔树**澌澌**雨。c. 副词，尽。如：**澌**灭。（注意区别"凘凘"）
还有与上述同类型的三级字：**凘** sī（注意区别"澌澌"）		

下列形近字左边的相同部件是：**甚**

勘	kān	a. 实地查看；探测。如：现场**勘**验、工程地质**勘**察、**勘**测。b. 校对；复看核定。如：校**勘**、**勘**误（纠正错误文字，校正书刊中文字上的错误）。
戡	kān	用武力平定叛乱；征服。如：**戡**乱、**戡**夷、**勘**定。
斟	zhēn	a. 往茶杯或酒杯等容器里倒；喝。如：**斟**酒、低唱浅**斟**、**斟**茶倒酒。b. 考虑；推敲。如：字**斟**句酌、再三**斟**酌。

下列形近字右边的相同部件是：**甚**

谌	chén	a. 相信。如：天难**谌**，命靡常（天难以相信，命运没有不变的）。b. 副词。诚然；的确。如：**谌**荏弱而难持（臣子的才能平庸，实难以扶持君主）。
堪	kān	可以；能够；能忍受。如：**堪**当重任、难**堪**、不**堪**入目、不**堪**回首、疲惫不**堪**、“目不忍睹，耳不**堪**闻”。
湛	zhàn	a. 深。如：渊**湛**、**湛**蓝、技术精**湛**。b. 清澈。如：凝**湛**、清**湛**。
还有与上述同类型的三级字：**偡** zhàn **揕** zhèn **嵁** kān **椹** shèn **煁** chén		

下列形近字右边的相同部件是：**耶**

揶	yé	组词“揶揄”。讥讽；嘲笑。如：**揶**揄惭路鬼，憔悴切波臣（出自唐代骆宾王的《春日离长安客中言怀》）。
椰	yē	常绿乔木，喜光作物，分布于热带滨海等地区（如中国海南等），果肉和果汁中含有丰富的蛋白质、维生素等，可用于餐饮（如椰子鸡）等。
还有与上述同类型的三级字：**倻** yē		

下列形近字上面的相同部件是：**取**

娶	qǔ	把女子接过来成亲（跟“嫁”相对）。如：**娶**亲、**娶**妻、迎**娶**、嫁**娶**。
聚	jù	会合；集合；积蓄。如：**聚**合、**聚**会、**聚**积、**聚**集、**聚**谈、**聚**拢、**聚**齐、**聚**餐、凝**聚**、欢**聚**一堂、物以类**聚**、**聚**沙成塔。

下列形近字右边的相同部件是：**取**

诹	zōu	商量；咨询。如：谘经**诹**史、**诹**吉。
陬	zōu	a. 山脚；角落。如：穷**陬**僻壤、山**陬**海噬。b. 农历正月的别称。如：摄提贞于孟**陬**兮。c. 用于古地名。如：**陬**邑（孔子出生地，在今山东省曲阜市）。
还有与上述同类型的三级字：**娵** jū **鲰** zōu		

下列形近字右边的相同部件是：**聂**

摄	shè	a. 吸取；获取；捕捉。如：**摄**取、勾魂**摄**魄。b. 拍录影像。如：拍**摄**电影。c. 保养；调养。如：**摄**生。d. 代理。如：**摄**政。
嗫	niè	想说话却又不敢的样子。如：越趄**嗫**嚅（想前进却又后退，想发言又不说，形容畏缩不前的样子）。
慑	shè	害怕；使害怕。如：威**慑**、临难无**慑**、震**慑**人心。
镊	niè	a. 拔毛、拔刺或夹取毛发等细小物体的工具。如：手术**镊**、**镊**子。b. 用镊子夹；拔除。如：**镊**白、把肉里的刺**镊**出来。
还有与上述同类型的二、三级字：**蹑** niè **滠** shè		

下列形近字右边的相同部件是：**著**

镨	zhuō	a. 大锄；刨地的镐。b. 用镨刨。如：**镨**地、**镨**高粱、**镨**玉米。
躇	chú	组词"踌躇"。a. 犹豫；拿不定主意。如：踌**躇**不决、踌**躇**不定。b. 心满意得的样子。如：踌**躇**满志（形容对自己取得的成就非常得意）。（注意，不能写作"踌蹰"）

下列形近字右边的相同部件是：**昔**

借	jiè	a. 暂时使用别人的或给别人使用。如：租**借**、**借**用、**借**据、**借**鸡生蛋。b. 假托；利用；依靠。如：**借**口、**借**刀杀人、**借**题发挥。
措	cuò	处置；安排；筹划办理。如：**措**手不及、筹**措**、**措**施、举**措**、**措**辞不当、惊惶失**措**、不知所**措**。
猎	liè	a. 捕捉禽兽。如：**猎**物、焚林而**猎**、打**猎**、狩**猎**。b. 物色；搜寻。如：**猎**奇、**猎**头公司（"高级管理人员代理招募机构"的俗称。外部招募渠道的一种）。
惜	xī	a. 爱；重视。如：**惜**墨如金、怜香**惜**玉、珍**惜**、爱**惜**。b. 遗憾。如：惋**惜**、可**惜**。c. 舍不得。如：不**惜**一切、在所不**惜**、依依**惜**别。
腊	㊀là ㊁xī	㊀a. 农历十二月。如：**腊**月、**腊**八粥。b. 腊月腌制的。如：**腊**鱼、**腊**肉。 ㊁组词"腊肉"。干肉，不同于"腊(là)肉"。
错	cuò	a. 参差；错杂。如：**错**综复杂。b. 避开不碰上。如：**错**位。c. 涂饰；镶嵌。如：**错**金。d. 不正确。如：**错**误。e. 差。如：技术不**错**。f. 打磨玉石。如：攻**错**。

蜡	là	a. 动物、植物或矿物所产生的油质，具有可塑性。如：石**蜡**、**蜡**像、味同嚼**蜡**、**蜡**烛、脸色**蜡**黄。b. 特指蜡烛。如：点**蜡**。
醋	cù	一种调味的液体，有酸味，多用粮食发酵酿制而成。如：陈**醋**、米**醋**、**醋**坛子、争风吃**醋**。
还有与上述同类型的三级字：**措** cuò **碏** què **耤** jí		

下列形近字左边的相同部件是：**堇**

鄞	yín	用于地名。如：**鄞**州区（位于浙江省宁波市）。
勤	qín	a. 劳动；工作；事务。如：考**勤**、后**勤**、**勤**务。b. 不偷懒。如：**勤**劳、**勤**快。c. 频繁；次数多；经常。如：**勤**动脑、**勤**洗手。
觐	jìn	朝见君主；朝拜圣地。如：入**觐**、**觐**见。

下列形近字右边的相同部件是：**堇**

谨	jǐn	a. 小心慎重。如：**谨**言慎行、谦虚**谨**慎。b. 副词。郑重地；认真地。如：**谨**启、**谨**庠序之教（认真地兴办学校教育。庠序：中国古代地方所设的学校）。
馑	jǐn	a. 农作物歉收；灾荒。如：饥**馑**、荒**馑**。b. 缺乏。如：多者不独衍，少者不独**馑**（多的不独自富裕，少的不至于缺乏）。
瑾	jǐn	美玉（多喻指美德）。如：怀**瑾**握瑜（怀里藏着美玉，手里握着美玉，比喻具有纯洁无瑕的品德）。
槿	jǐn	落叶灌木，喜光，适应性很强，耐热、耐寒，是重要的观花灌木，木槿花含有蛋白质、维生素 C 等，营养价值高，花、果、叶等均可入药。
还有与上述同类型的三级字：**墐** jìn **慬** qín **殣** jìn		

下列形近字右边的相同部件是：**勒**

嘞	lei	助词，表示提醒、催促、应答的语气。如："好**嘞**，我马上就过去""快点**嘞**，要迟到了""雨不下了，走**嘞**！"。
鳓	lè	鱼名，又叫"鲙鱼""白磷鱼""曹白鱼"。身体侧扁，头小，腹部有硬鳞，银白色，生活在海里。

下列形近字右边的相同部件是：**散**

撒	㊀sā ㊁sǎ	㊀a. 放开。如：**撒**腿就跑、**撒**手人寰（离开人世间，即死亡）。b. 尽量使出来或施展出来（多含贬义）。如：**撒**娇、**撒**野、**撒**谎。c. 排出。如：**撒**尿。 ㊁把颗粒状东西分散出去；散落。如：伤口上**撒**盐、**撒**播种子、钢珠**撒**了一地。
馓	sǎn	组词"馓子"。一种油炸食品，以麦面（北方）或米面（南方）为主料，搓条炸制而成，属高热量食物。
还有与上述同类型的三级字：**潵** sǎ		

下列形近字右边的相同部件是：**黄**

潢	huáng	a. 积水池。如：**潢**井、**潢**污、弄兵**潢**池（在积水塘里玩弄兵器，旧指当权者对人民起义的蔑称）。b. 染纸；引申为装饰。如：装**潢**、**潢**裱。
横	㊀héng ㊁hèng	㊀a. 左右方向的；东西方向的。如：**横**幅、纵**横**、**横**冲直撞。b. 杂乱。如：血肉**横**飞。c. 不讲情理的。如：**横**行霸道。 ㊁a. 凶暴；不讲理。如：专**横**、刁**横**、蛮**横**。b. 不寻常的；意外的。如：**横**财、**横**死、飞来**横**祸。
蟥	huáng	组词"蚂蟥"。又名"水蛭"，冷血环节动物，长条状柔软可伸缩，前后各有一吸盘，生活在水中或潮湿的地方，吸食人、畜的血，可入药。
还有与上述同类型的二、三级字：**璜** huáng **锁** huáng		

下列形近字右边的相同部件是：**㒼**

满	mǎn	a. 充足；骄傲。如：丰**满**、饱**满**、**满**招损。b. 使满；达到限度。如：**满**上、**满**座、**满**届。c. 完全。如：**满**不在乎。d. 指满族。如：**满**文、**满**汉一家亲。
瞒	mán	遮住眼睛；隐藏实情。如：**瞒**天过海、实不相**瞒**、欺上**瞒**下。
螨	mǎn	无脊椎动物，体小柔软，多数自由生活，少数寄生（吸液汁或血液，可传播疾病），种类很多，常见的有粉尘螨等。
蹒	pán	组词"蹒跚"。形容腿脚不灵便、走路摇摆的样子。如：步履**蹒跚**。
还有与上述同类型的三级字：**璊** mén		

下列形近字右边的相同部件是：**若**

偌	ruò	代词。如此；这么；那么。如：**偌**大一个工厂就几个员工。
诺	nuò	a. 答应；应允。如：一**诺**千金、承**诺**、重**诺**、许**诺**、轻**诺**寡信。b. 叹词，答应，表示同意。如：唯唯**诺诺**。
喏	nuò	表示让人注意自己所指示的事物。如：**喏**，那个就是你要找的人。
还有与上述同类型的三级字：**婼** ruò **锘** nuò		

下列形近字右边的相同部件是：**共**

供	㊀gōng ㊁gòng	㊀使得到需要的物资等；提供某种条件。如：提**供**住所、**供**不应求、集中**供**暖、市政**供**水、“发展经济，保障**供**给”。 ㊁a. 受审人陈述的案情。如：口**供**、笔**供**、翻**供**、串**供**、严刑逼**供**、**供**认不讳。b. 陈列或摆放祭品。如：**供**品。c. 从事；担任（职务）。如：**供**职。
拱	gǒng	a. 双手在胸前合抱。如：垂**拱**而治、**拱**手相让。b. 环绕。如：众星**拱**月。c. 向上顶；向前推。如：**拱**土而出。d. 弧形的。如：**拱**门、**拱**桥。
哄	㊀hōng ㊁hǒng ㊂hòng	㊀很多人同时大笑或喧哗。如：**哄**堂大笑、闹**哄哄**、**哄**抬物价、四处**哄**传。 ㊁a. 用说假话等手段骗人。如：**哄**骗、你又来**哄**人了。b. 用语言或行动逗人喜欢。如：**哄**孩子、他总是变着法子**哄**儿子。 ㊂吵闹；开玩笑。如：一**哄**而散、每次都是他带头起**哄**。
洪	hóng	a. 指洪水。如：**洪**灾、泄**洪**、山**洪**暴发、防**洪**排涝、**洪**峰流量。b. 大。如：**洪**福齐天、声音**洪**亮。
珙	gǒng	组词“珙桐”。落叶乔木，生长在阴湿处，花白色，果实长卵圆形，形似飞鸽而得名“中国鸽子树”，是著名的观赏植物。
烘	hōng	a. 使身体暖和；使物体热、干、熟。如：**烘**焙、**烘**干衣服、**烘**箱、**烘**笼、**烘**烤。b. 衬托。如：**烘**托、**烘**染。
还有与上述同类型的三级字：**硔** gǒng **鉷** hóng **谼** hóng		

下列形近字右边的相同部件是：**莽**

漭	mǎng	广阔无边；宽广辽阔。如：**漭**荡、**漭**弥。
蟒	mǎng	组词“蟒蛇”。多栖居于丛林中，体背多棕褐色，体腹黄白色，多夜间活动。蟒蛇皮可制鞋、包、鼓皮等，商业价值极高，蛇胆等可医用。

下列形近字右边的相同部件是：**世**

泄	xiè	气体或液体排出；走漏消息；发出。如：天机不可**泄**漏、**泄**水阀、水**泄**不通、排**泄**、**泄**气、发**泄**情绪。
绁	xiè	a. 绳索；缰绳。如：缧**绁**之苦。b. 拴住；困住。

下列形近字右边的相同部件是：**枼**

谍	dié	a. 从事秘密刺探敌方或他国情报的人。如：**谍**贼、**谍**战大戏、间**谍**。b. 秘密刺探军事等方面的消息。如：侦**谍**、**谍**报。
堞	dié	城墙上凹凸呈齿状的薄型矮墙。如：楼**堞**、城**堞**、遗**堞**。
喋	㊀dié ㊁zhá	㊀言语烦琐；没完没了。如：**喋喋**不休。 ㊁组词"唼喋"。拟声词，形容成群的鱼或水禽吃东西的声音。
渫	xiè	除去污泥；疏通。如：井**渫**不食（井虽浚治，井水洁净清澈，但不被饮用，比喻洁身自持，而不为人所知）。
牒	dié	a. 文书；证件；凭证。如：通关文**牒**、公**牒**、度**牒**、戒**牒**。b. 史籍；簿册。如：史**牒**。
碟	dié	a. 盛食物等用的小盘子。如：**碟**子。b. 像碟子的东西。如：飞**碟**、影音光**碟**。c. 量词。如：一**碟**花生米。
蝶	dié	组词"蝴蝶"。节肢动物，种类很多（如黄凤蝶），翅膀宽大，腹部瘦长，色鲜艳，多以花蜜、叶、果汁等为食，为害虫，少数以竹蚜为食，为益虫。
鲽	dié	鱼名，种类繁多，身体扁平，左右不对称，以小鱼虾等为食，肉嫩味美，有补虚益气、活血通络等功效。
还有与上述同类型的二、三级字：**蹀** dié **楪** dié		

下列形近字上面的相同部件是：**莫**

募	mù	广泛征求。如：招**募**人才、慈善**募**捐、**募**集资金、**募**兵。
墓	mù	埋葬死人的地方。如：清明扫**墓**、**墓**志铭、盗**墓**贼、自掘坟**墓**、武侯**墓**（三国时期蜀国丞相诸葛亮的坟墓）、**墓**碑。
幕	mù	a. 垂挂的大布；像幕的东西。如：帷**幕**、**幕**布、水**幕**、屏**幕**。b. 古代战时将帅办公的地方；指衙署。如：**幕**僚。c. 量词，用于戏剧段落。如：拍摄第一**幕**。
蓦	mò	突然；猛然；陡然。如：**蓦**然回首、他**蓦**然醒悟过来了、**蓦**地刮起一阵大风。

慕	mù	向往；敬仰；思念。如：**慕**名而来、爱**慕**虚荣、羡**慕**、仰**慕**已久、贪荣**慕**利。
暮	mù	a. 傍晚；太阳落山的时候。如：朝思**暮**想、**暮**色、日**暮**途穷、**暮**霭、**暮**气沉沉。b.（时间）晚；迟。如：烈士**暮**年，壮心不已。
摹	mó	模仿；照着样子做。如：临**摹**、**摹**帖、钩**摹**、描**摹**。

下列形近字右边的相同部件是：**莫**

谟	mó	计谋；谋略。如：宏**谟**、远**谟**。
馍	mó	a. 传统面制食品，也叫“馍馍”，通常指馒头。如：白面**馍**。b. 某些饼类食品。如：肉夹**馍**、羊汤泡**馍**。
摸	mō	a. 用手接触或轻轻抚摩。如：这丝绸**摸**着真顺滑、盲人**摸**象。b. 用手探取。如：偷鸡**摸**狗、浑水**摸**鱼。c. 揣测；试探。如：估**摸**、**摸**索。
漠	mò	a. 沙漠。如：荒**漠**、大**漠**孤烟直（浩瀚沙漠中孤烟直上。出自唐代王维的《使至塞上》）。b. 冷淡地；不经心地。如：冷**漠**、**漠**然置之、**漠**不关心。
嫫	mó	组词“嫫母”。传说中的丑女，黄帝娶她为妃，封号“嫫母”。
模	㊀mó ㊁mú	㊀a. 规范；标准。如：**模**式、**模**范带头作用、奉为楷**模**。b. 特指模范。如：劳**模**。c. 仿效。如：动态**模**拟。d. 组词“模糊”。含糊不清。 ㊁a. 使材料成为设计形状的工具。如：阳**模**、**模**具。b. 形状。如：**模**样、有**模**有样、像**模**像样。
膜	mó	a. 动植物等体内像薄皮的组织。如：视网**膜**、脑**膜**炎、口腔黏**膜**、细胞**膜**。b. 像膜的薄皮。如：面**膜**、塑料薄**膜**、石油在海面上形成一层油**膜**。
蟆	má	组词“蛤蟆”。两栖动物，体表皮肤粗糙，多疙瘩，喷液有毒，夜出觅食，捕食害虫。全身是宝，肝、胆等均为药材，蟾酥有解毒等功效。
还有与上述同类型的二、三级字：**镆** mò **貘** mò		

下列形近字右边的相同部件是：**苗**

描	miáo	a. 依照原样说、写或画。如：侧面**描**写、生动**描**述、素**描**画像、**描**绘、轻**描**淡写。b. 重复地涂抹。如：**描**眉、“写毛笔字时一笔是一笔，不要**描**”。
喵	miāo	拟声词，形容猫叫的声音。如：那只大懒猫**喵喵**地叫了几声后又睡觉去了。

猫	māo	哺乳动物，种类很多(如波斯猫)，身形像狸，外貌像虎，前肢五趾，后肢四趾，喜食鱼和鼠等，可做宠物饲养。
瞄	miáo	把视力集中在目标上。如：**瞄**得很准、红外线**瞄**准镜、**瞄**准射击。
锚	máo	停船的器具，带倒钩的爪，一端用绳索连船。如：拔**锚**起航、抛**锚**(原指船停航抛锚，现多指汽车等行驶途中发生故障而停止行驶)。

下列形近字右边的相同部件是：**雚**

獾	huān	哺乳动物，种类很多(如狗獾)，鼻尖，毛多呈棕灰色，以大豆、蚯蚓、瓜果等为食，皮、毛、肉经济价值高(如皮可用于制作高级服装)。
灌	guàn	a. 浇。如：**灌**瓜之义、**灌**溉、漫**灌**、醍醐**灌**顶、喷**灌**。b. 注入液体；倒入。如：**灌**汤包、**灌**注、海水倒**灌**。c. 指录音。如：**灌**唱片。
罐	guàn	圆筒形容器。如：**罐**头、瓦**罐**、油**罐**、煤气**罐**、茶叶**罐**、易拉**罐**。
还有与上述同类型的二、三级字：**瓘** guàn **爟** guàn		

下列形近字上面的相同部件是：**薛**

孽	niè	a. 邪恶；祸害；罪恶。如："自作**孽**，不可活"、妖**孽**、罪**孽**深重、封建余**孽**。b. 不忠或不孝的。如：**孽**种、**孽**党、**孽**臣贼子。
蘖	niè	植物的幼芽；砍去或倒下的树木再生的枝芽。如：**蘖**芽、株**蘖**、"十围之木，始生如**蘖**"(十人合抱才能围住的大树，也是从很小的嫩芽开始生长的)。(注意区别"蘖蘗")
还有与上述同类型的三级字：**蘗** niè (注意区别"蘖蘗")		

下列形近字右边的相同部件是：**艾**

哎	āi	叹词，表示不满、惋惜、惊讶或提醒。如："**哎**！你怎么用我的杯子喝水呢！""**哎**！真想不到他拿了冠军。""**哎**，你的东西掉了。"
砹	ài	非金属元素。符号 At，原子序数为 85，有放射性，难积聚，地壳中含量极少，可用于放射治疗等领域。

下列形近字右边的相同部件是：**荅**

塔	tǎ	佛教特有的高耸的建筑物；亦指像塔形的物体。如：大雁**塔**、开封铁**塔**、宝**塔**镇河妖、灯**塔**、雷峰**塔**、托**塔**天王。
搭	dā	a. 支；架。如：遇水**搭**桥、**搭**建。b. 凑上；连在一起；配合。如：勾**搭**、**搭**配、前言不**搭**后语、**搭**讪。c. 乘；坐。如：**搭**公交。
嗒	㊀dā ㊁tà	㊀拟声词，形容马蹄声、机关枪声等。如：门外传来一阵**嗒嗒**的马蹄声。 ㊁组词“嗒然”。形容失意、懊丧的样子。如：**嗒**然若失。
还有与上述同类型的三级字：**溚**㊀dá ㊁tǎ **锴** dā **褡** dā **鞳** tà		

下列形近字上面的相同部件是：**敬**

擎	qíng	往上托；举。如：一柱**擎**天、他高**擎**着旗帜走在队伍最前面、众**擎**易举。
警	jǐng	a. 指警察。如：民**警**、交**警**、武**警**。b. 危急的情况。如：火**警**。c. 戒备；使人注意。如：提高**警**惕、**警**告。d. 感觉敏锐。如：机**警**。
还有与上述同类型的二级字：**檠** qíng		

下列形近字右边的相同部件是：**荒**

谎	huǎng	a. 假话。如：弥天大**谎**、一步三个**谎**、撒**谎**。b. 不真实的；虚假的。如：**谎**话、**谎**言。c. 副词，虚假地。如：**谎**报军情。
慌	huāng	a. 不沉着。如：**慌**张、不**慌**不忙、手**慌**脚乱。b. 恐惧；不安。如：心**慌**意乱、恐**慌**。c. 表示难受。如：他心里闷得**慌**。

下列形近字上面的相同部件是：**亚**

垩	è	a. 白色的土；泛指可用来涂饰的土。如：**垩**灰、白**垩**、素**垩**、丹**垩**一新、砖红**垩**白。b. 用白土涂饰。如：**垩**涂、**垩**墙。
晋	jìn	a. 周代诸侯国名。b. 朝代名。如：西**晋**、东**晋**、后**晋**。c. 山西省的别称。d. 进；向前；升级。如：**晋**级决赛、职位**晋**升。
恶	㊀ě ㊁è ㊂wù	㊀组词“恶心”。a. 使人厌恶（wù）。b. 揭短；使人难堪。c. 有想吐的感觉。 ㊁a. 坏的行为；犯罪的事。如：罪大**恶**极、无**恶**不作。b. 凶狠。如：穷凶极**恶**、**恶**魔。c. 不好的。如：**恶**性循环、性质**恶**劣、**恶**意攻击。 ㊂讨厌；憎恨。如：好逸**恶**劳、厌**恶**、可**恶**。

下列形近字右边的相同部件是：**亚**

垭	yā	山口；两山之间狭窄的地方。多用于地名，如：黄桷**垭**镇（位于重庆市南岸区南山风景区）。
哑	㊀yā ㊁yǎ	㊀组词“哑哑”。拟声词，乌鸦的叫声或小儿学语的声音等。如：**哑哑**学语。 ㊁a. 不能说话的；无声的。如：**哑**口无言、**哑**巴、装聋作**哑**、**哑**剧。b. 嗓子发音困难或不清楚。如：嘶**哑**、沙**哑**。c. 因故障，炮弹打不响。如：**哑**炮。
娅	yà	连襟；两女婿之间的关系。如：姻**娅**。
还有与上述同类型的三级字：**桠** yā		

下列形近字右边的相同部件是：**蒙**

獴	měng	獴科动物的通称，栖于山林及水旁，大多身体细长、头小嘴尖、尾长四肢短，以蛇、蟹等为食，是最著名的食蛇动物，中国有食蟹獴和爪哇獴两种。
檬	méng	组词“柠檬”。小乔木，耐阴不耐寒，花紫红色，果椭圆形，皮厚汁酸，富含多种维生素、柠檬酸等，有解暑开胃等功效，受孕妇喜爱，又称益母果。
朦	méng	组词“朦胧”。a. 月光不明。b. 不清楚；模糊。如：山色**朦**胧、睡眼**朦**胧、烟雨**朦**胧。
礞	méng	组词“礞石”。矿石，某些变质岩类岩石的石块或碎粒，分青礞石（青灰或灰绿色）与金礞石（棕黄色）两种，均可入药。
蠓	měng	节肢动物，种类很多（如台湾铗蠓），成虫体小，寿命约一个月，口器为刺吸式，嗜食性广泛，如刺吸人血、禽类血、鸟类血等，可传播疾病。
还有与上述同类型的二、三级字：**艨** méng **幪** méng **曚** méng		

下列形近字右边的相同部件是：**荣**

嵘	róng	组词“峥嵘”。a. 形容山势高峻。如：峥**嵘**崔嵬。b. 不平凡。如：峥**嵘**岁月。
蝾	róng	组词“蝾螈”。两栖动物，体形像蜥蜴，头部扁平，有尾无鳞，四肢细弱，前肢四趾，后肢五趾，靠嗅觉捕食，大多色彩艳丽，但有毒。
还有与上述同类型的三级字：**滎** yíng		

下列形近字右边的相同部件是：**劳**

捞	lāo	a. 把东西从液体里取出来。如：水中**捞**月、打**捞**沉船、捕**捞**、大海**捞**针。 b. 用不正当的手段取得。如：他利用职务之便大**捞**钱财。
唠	㊀láo ㊁lào	㊀组词“唠叨”。啰啰嗦嗦说个不停。 ㊁聊天；闲聊。如：**唠**家常、**唠**嗑。
崂	láo	用于山名。如：**崂**山（位于山东省青岛市东部）。
涝	lào	a. 雨水过多而积的水。如：防洪排**涝**。b. 因雨水过多而被淹。如：城市内**涝**、洪**涝**灾害、十年九**涝**、南**涝**北旱。
还有与上述同类型的三级字：**痨** láo **铹** láo **耢** lào		

下列形近字右边的相同部件是：**古**

估	㊀gū ㊁gù	㊀揣测；大致推算。如：初步**估**算、**估**摸、保守**估**计、风险评**估**、不可**估**量。 ㊁组词“估衣”。收买的旧衣或较次的新衣服。如：他日子过得越来越紧，只能去**估**衣铺里看衣服了。
咕	gū	拟声词，形容母鸡、布谷鸟、斑鸠等的叫声。
沽	gū	a. 买。如：**沽**酒市脯、径须**沽**取对君酌、**沽**名钓誉。b. 卖。如：待价而**沽**（等待高价才出卖，比喻有好的待遇、条件才答应任职或做事）。c. 天津市的别称。
怙	hù	a. 依靠；仗恃。如：**怙**势作威、无父何**怙**。b. 坚持。如：**怙**恶不悛。c. 父亲；父母亲。如：失**怙**、“孩失其**怙**，幼丧所亲”。
姑	gū	a. 父亲的姐妹。如：**姑**妈。b. 丈夫的姐妹。如：**姑**嫂。c. 出家女子。如：尼**姑**。d. 泛指少女。如：**姑**娘。e. 暂且。如：**姑**且。
枯	kū	a. 植物等失去水分。如：**枯**草。b. 肌肉干瘪。如：**枯**瘦如柴。c. 河流等没水或少水。如：**枯**水期。d. 没趣味。如：**枯**燥。e. 籽实等榨油后的渣。如：茶**枯**。
轱	gū	组词“轱辘”。a. 用不同材料制成的圆形滚动物体，多指车轮。b. 滚动；转动。
牯	gǔ	公牛。如：**牯**牛、水**牯**。

钴	gǔ	金属元素。符号 Co，原子序数为 27，钢灰色，有铁磁性，可用于制取耐热合金、高级颜料等，钴元素还能促使红细胞数目的增加，从而促进造血功能。
蛄	gū	组词“蝼蛄”。又名“蝲蝲蛄”，节肢动物，体狭长，触角短，尾须长，前足粗壮，善于挖洞，喜食菜根、茎，为害虫。
还有与上述同类型的二、三级字：**诂** gǔ **祜** hù **酤** gū **岵** hù **牯** gǔ **骷** kū		

下列形近字右边的相同部件是：**直**

值	zhí	a. 价钱。如：贬**值**。b. 数值。如：平均**值**。c. 物和价相当。如：价**值**连城。d. 值得。如：不**值**一提。e. 轮流工作。如：**值**班。f. 当；在。如：**值**此佳节。
植	zhí	a. 花草树木类的生物。如：**植**物。b. 栽种。如：**植**树造林。c. 培养；树立。如：培**植**。d. 皮肤移植。如：**植**皮。
殖	㊀shi ㊁zhí	㊀组词“骨殖”。指尸骨。 ㊁生育；滋生。如：有性生**殖**、细胞增**殖**、繁**殖**、海水养**殖**。
还有与上述同类型的二、三级字：**埴** zhí **稙** zhī		

下列形近字右边的相同部件是：**真**

填	tián	a. 把空缺或凹陷的地方塞满或补满；补充。如：精卫**填**海、垃圾**填**埋、回**填**、义愤**填**膺、欲壑难**填**。b. 在空白表格等地方写。如：**填**写表格、**填**空。
嗔	chēn	a. 怒；生气。如：宜**嗔**宜喜、**嗔**怒。b. 不满；怪罪；埋怨。如：**嗔**责。c. 佛教术语，与贪、痴合为“三毒”，指仇视他人的心理等。
滇	diān	a. 云南省的别称。如：**滇**缅公路、**滇**藏公路、**滇**红（云南红茶的简称）、**滇**菜、**滇**剧。b. 湖名。如：**滇**池（云南省最大的淡水湖，有高原明珠之称）。
慎	shèn	小心；当心；警惕。如：小心谨**慎**、**慎**重考虑、谨言**慎**行、谦虚谨**慎**、“一着不**慎**，满盘皆输”。
缜	zhěn	细致；周密。如：他对整件事做了**缜**密的分析。
瞋	chēn	睁大眼睛。如：案剑**瞋**目、**瞋**目而视。
镇	zhèn	a. 由县（区）一级直接领导的行政区划单位。b. 军事重地。如：边防重**镇**。c. 以武力安定。如：**镇**压反革命。d. 抑制。如：**镇**痛。e. 使凉。如：冰**镇**西瓜。f. 安定。如：**镇**定。
还有与上述同类型的三级字：**瑱** tiàn **禛** zhēn **稹** zhěn		

下列形近字左边的相同部件是：**卓**

乾	㊀qián ㊁gān	㊀a. 八卦之一，代表天。b. 代表男性（跟“坤”相对）。如：**乾**造（旧时称婚姻中的男方）。c. 用于地名。如：**乾**县（位于陕西省咸阳市）。 ㊁“干”的繁体字（只含“干 gān”的部分义项）。
韩	hán	周代诸侯国名。在今河南省中部、山西省东南一带。
戟	jǐ	古代兵器，长柄一端有枪尖旁边附有月牙形利刃，可以直刺或横击。如：**戟**戈、**戟**牙、折**戟**沉沙、刀**戟**纵横。
朝	㊀cháo ㊁zhāo	㊀a. 朝廷。如：上**朝**。b. **朝**代。如：唐**朝**。c. 古时臣子见君主或宗教徒参拜。如：**朝**拜；**朝**圣。d. 面对。如：坐北**朝**南。e. 介词。对着；向着。如：**朝**前看。 ㊁a. 清早；早晨。如：**朝**阳、**朝**霞。b. 天；日。如：今**朝**、有**朝**一日。
斡	wò	扭转；旋转。如：**斡**旋（调解，解决两方争端，把弄僵了的局面扭转过来）。

下列形近字右边的相同部件是：**朝**

嘲	㊀cháo ㊁zhāo	㊀讥笑；讽刺；取笑。如：**嘲**笑、**嘲**弄、冷**嘲**热讽。 ㊁组词“嘲哳”。同“啁哳”。形容声音杂乱、细碎。
潮	cháo	a. 形容海水涨落的现象。如：**潮**水、**潮**汐。b. 像潮水一样的事物。如：思**潮**、高**潮**。c. 湿气。如：**潮**湿。d. 成色或技术低劣。如：**潮**金、手艺太**潮**。

下列形近字右边的相同部件是：**胡**

猢	hú	组词“猢狲”。猴的俗称，泛指灵长类动物。如：树倒**猢**狲散（树倒了，树上的猴子就散去了，比喻有权势的人一垮台，依附他的人都跟着散伙了）。
湖	hú	a. 四面都有陆地包围的广阔水域。如：**湖**泊、鄱阳**湖**、西**湖**、五**湖**四海。b. 指湖南和湖北两省。如：**湖**广总督。c. 指浙江湖州。如：**湖**笔文化。
瑚	hú	组词“珊瑚”。腔肠动物珊瑚虫分泌出的石灰质外壳，颜色艳丽，有树枝状、盘状等，可做装饰品，可入药，有明目、安神等功效。
煳	hú	食品经火烤或烧而变焦发黑；衣物等经火烘烤过度变黄、变焦。如：他忘了关煤气，致使饭烧**煳**了。
蝴	hú	组词“蝴蝶”。节肢动物，种类很多（如黄凤蝶），翅膀宽大，腹部瘦长，色鲜艳，多以花蜜、叶、果汁等为食，为害虫，少数以竹蚜为食，为益虫。

糊	㊀hū ㊁hú ㊂hù	㊀涂抹缝隙等使封闭起来。如：用纸把窗户缝**糊**上。 ㊁a. 稠粥；用粥填塞。如：玉米**糊**、养家**糊**口。b. 粘贴用的有黏性的东西。如：浆**糊**。c. 用有黏性的东西粘贴。如：**糊**裱。d. 不清楚；不明确。如：含**糊**其词。 ㊂a. 像粥一样的食物。如：芝麻**糊**。b. 蒙混；敷衍；欺骗。如：**糊**弄。
醐	hú	组词“醍醐”。a. 从牛奶中提制出的精致干酪或纯酥油。b. 佛教用以比喻最高佛法、修行的最高境界。c. 比喻美酒。

下列形近字右边的相同部件是：**南**

喃	nán	组词“喃喃”。不停地小声地说话声。如：**喃喃**自语。
楠	nán	楠木，常绿乔木，种类多（如金丝楠），树干粗长通直，木质坚硬，有特殊香味，经久耐用，使用寿命长，是园林、建筑等方面珍贵用材树种。
腩	nǎn	牛、鱼等肚上松软的肉，也指用这种肉做成的菜肴。如：**腩**肉煲、牛**腩**。
蝻	nǎn	蝗虫的幼虫，又叫若虫，有翅芽没有翅膀，常成群危害水稻等作物。如：蠓**蝻**、**蝻**蝗。
还有与上述同类型的三级字：**婻** nàn		

下列形近字右边的相同部件是：**才**

材	cái	a. 木料，泛指一切原料或资料。如：就地取**材**、反面教**材**、**材**料、写作素**材**、名贵药**材**。b. 能力；资质。如：大**材**小用、因**材**施教、天生我**材**必有用。
财	cái	金钱和物资。如：**财**富、发**财**致富、谋**财**害命、劳民伤**财**、家**财**万贯、招**财**进宝、理**财**产品、“君子爱**财**，取之有道”。
还有与上述同类型的一级字：**豺** chái		

下列形近字的相关部分是：**木**

木	mù	a. 树木；木材。如：草**木**、**木**板、枯**木**逢春。b. 反应慢。如：**木**头**木**脑。c. 失去知觉。如：麻**木**。d. 棺材。如：行将就**木**。
本	běn	a. 草木的根；事物的源。如：木**本**、根**本**。b. 固有的。如：**本**性、**本**能。c. 代词。如：**本**地、**本**年度 。d. 书本、版本或底本。e. 量词。如：三**本**书。
术	shù	a. 学问；技艺。如：技**术**、医**术**、不学无**术**、武**术**、魔**术**。b. 方法；策略。如：战**术**、权**术**、骗**术**。

下列形近字上面的相同部件是：**木**

杏	xìng	杏树，落叶乔木。花白色或淡红色，果实金黄色，味酸甜，可以吃。核中的仁叫杏仁，甜的可以吃，苦的可作药用。
杳	yǎo	深远；远得不见踪影。如：**杳**无音信、**杳**无踪迹。
查	chá	a. 检查。如：抽**查**、搜**查**、**查**账、**查**收。b. 调查了解。如：**查**处、审**查**、追**查**。c. 翻检书籍、资料等。如：**查**字典、**查**文件、**查**档案。

下列形近字下面的相同部件是：**木**

柒	qī	“七”的大写。如：壹拾**柒**元整。
染	rǎn	a. 使东西着色；使东西着色的。如：**染**色、**染**缸、有机**染**料。b. 感染疾病、沾上坏习惯或接触到什么。如：污**染**、传**染**、一尘不**染**、出淤泥而不**染**。
渠	qú	a. 水道，特指人工开的河道或水沟。如：水到**渠**成、**渠**道。b. 大。如：**渠**魁（指头领）。
梁	liáng	a. 房梁。如：大**梁**、栋**梁**。b. 桥。如：桥**梁**、河**梁**。c. 器物上便于提携的弓形物。如：提**梁**儿。d. 中间高起的部分。如：鼻**梁**、脊**梁**。e. 朝代名。如：后**梁**。

下列形近字左边的相同部件是：**木**

权	quán	a. 权利。如：版**权**、使用**权**、选举**权**。b. 权力。如：职**权**、政**权**、主**权**。c. 有利的形势。如：主动**权**。d. 随机应变。如：**权**变、**权**术。e. 衡量；考虑。如：**权**衡、**权**其轻重。f. 副词。权且；姑且。如：**权**当一次演习。
杈	㊀chā ㊁chà	㊀一种用来挑柴草等的用具。 ㊁植物的分枝。如：树**杈**。

杠	gàng	a. 抬重物等用途的棍子。如：门**杠**、木**杠**、铁**杠**、**杠**杆。b. 体操器械。如：单**杠**、双**杠**。c. 用于做记号等用途的直线。如：书上画了一条**杠**。
杜	dù	a. 堵塞；断绝。如：防微**杜**渐、**杜**绝。b. 拒绝。如：**杜**黜（拒绝、黜退）。

材	cái	a. 木料，泛指一切原料或资料。如：就地取**材**、反面教**材**、**材**料、写作素**材**、名贵药**材**。b. 能力；资质。如：大**材**小用、因**材**施教、天生我**材**必有用。
村	cūn	a. 乡下聚居的处所；泛指某些居住区。如：奥运**村**、新农**村**。b. 粗野。如：**村**蛮、**村**野匹夫。c. 我国农村基层村民自治组织。如：**村**民委员会。

枉	wǎng	a. 使歪曲；违背。如：贪赃**枉**法。b. 冤屈；委屈。如：冤**枉**、**枉**顾。c. 弯曲；歪斜。如：矫**枉**过正。d. 副词，白白地。如：**枉**费时日。
柱	zhù	a. 柱子。如：偷梁换**柱**、石**柱**、支**柱**、顶梁**柱**、钢筋混凝土**柱**。b. 像柱子的东西。如：脊**柱**、冰**柱**、水**柱**、三棱**柱**。（注意区别"柱拄"）

析	xī	a. 分开。如：**析**出晶体、分崩离**析**、透**析**（一种治疗肾病的分离纯化技术）。b. 分析；辨别。如：诗词赏**析**、辨**析**、疑难剖**析**。
柝	tuò	巡夜打更用的梆子。如：虎**柝**、靖**柝**（停止击柝）、重关击**柝**（设置重门击柝巡夜，比喻戒备森严）。

栀	zhī	栀子，常绿灌木，喜温暖湿润气候，叶子长椭圆形，顶端渐尖，花白色芳香，果实黄色，可供观赏、制黄色染料等，也可入药。
桅	wéi	船上挂帆等用的高杆，多为粗圆木或金属制成。如：**桅**杆、**桅**樯、船**桅**。

棍	gùn	a. 棍子；棒子。如：木**棍**、军**棍**、铁**棍**、双节**棍**、持刀执**棍**、**棍**棒。b. 指无赖；坏人。如：恶**棍**、淫**棍**、臭**棍**。
榻	tà	狭长而较矮的坐卧用具；泛指床。如：竹**榻**、琉璃**榻**、同**榻**而眠、下**榻**留宾、"卧**榻**之侧，岂容他人酣睡"。
还有与上述同类型的三级字：**榅** wēn		

下列形近字右边的相同部件是：**木**

休	xiū	a. 停止。如：**休**学、**休**会、争论不**休**。b. 歇息。如：**休**息、**休**假、**休**闲、**休**养。c. 吉利；美善。如：**休**戚相关。d. 副词。不要；别。如：**休**想、**休**得无礼。e. 旧时指把妻子赶回娘家，解除夫妻关系的。如：**休**妻、**休**书。
沐	mù	a. 洗头。如：栉风**沐**雨（疾风梳头、大雨洗头发，后用以形容经常在外面奔波劳碌）。b. 泛指洗涤。如：**沐**浴（洗澡，也比喻受润泽）。
林	lín	a. 成片的树木或竹子。如：深山老**林**、森**林**。b. 聚集在一起的同类的人或事物。如：枪**林**弹雨、武**林**、酒池肉**林**。c. 指林业。如：农**林**牧副渔。

下列形近字下面的相同部件是：**本**

苯	běn	最简单的芳烃，分子式为 C_6H_6，无色液体，难溶于水，有芳香气味，有毒，化学性质稳定，可发生加成、取化反应等，可做化工原料，合成苯的衍生物。
笨	bèn	a. 不聪明。如：**笨**鸟先飞、**笨**蛋。b. 不灵巧。如：他这人**笨**手**笨**脚的。c. 粗重，费力气的。如：这把椅子太**笨**重了。

下列形近字右边的相同部件是：**本**

体	㊀tī ㊁tǐ	㊀组词"体己"。a. 家庭成员个人的私房钱。b. 亲近的；贴心的。如：跟你说说**体**己话。 ㊁a. 人、动物的全身。如：**体**重、**体**检。b. 事物的本身或全部。如：个**体**、全**体**。c. 物体的形态或形状。如：固**体**、液**体**。d. 形式；规格。如：体**制**、体**例**。e. 作品的体裁。如：骈**体**、古**体**。f. 亲身；设身处地。如：**体**会、**体**贴。
钵	bō	形状像盆、洗涤或盛放东西用的器具，一般指僧人用的食器。如：云**钵**、研**钵**、**钵**盂、衣**钵**相传（师徒间传授道法，常付衣钵为信，故被称为衣钵相传）。
还有与上述同类型的三级字：**砵** bō		

下列形近字上面的相同部件是：**林**

梦	mèng	a. 睡眠时体内体外各种刺激或残留在大脑里的外界刺激引起的影像活动。如：夜长**梦**多。b. 做梦。如：**梦**寐以求。c. 比喻愿望。如：**梦**想。
梵	fàn	a. 关于古代印度的。如：**梵**文。b. 与佛教有关的事物。如：**梵**门、**梵**刹、**梵**宇。
婪	lán	贪（多指财物）。如：贪**婪**、**婪**索、**婪**酣（贪婪饮食）。
棼	fén	a. 阁楼的栋；亦指阁楼。如：宫**棼**、**棼**梁、**棼**橹。b. 纷乱；紊乱；错杂。如：**棼**迷、治丝益**棼**（理丝不找头绪，结果越理越乱，比喻解决问题的方法不对，反而使问题更复杂）。
焚	fén	烧。如：玉石俱**焚**、心急如**焚**、**焚**书坑儒、**焚**烧、**焚**林而猎、玩火自**焚**、**焚**膏继晷、**焚**琴煮鹤（焚烧掉琴去煮白鹤，比喻随意糟蹋美好的事物）。
禁	㊀jīn ㊁jìn	㊀a. 受得了；经得住；耐用。如：弱不**禁**风、这衣服**禁**穿、**禁**不住表扬。b. 忍住；控制住。如：听到音乐她就情不自**禁**地跟着节奏跳、忍俊不**禁**。 ㊁a. 不准许的事项。如：解**禁**。b. 帝王宫殿。如：**禁**中、紫**禁**城。c. 不能随便通行的。如：**禁**区。d. 不准许。如：**禁**毒。e. 关押。如：拘**禁**、软**禁**。
楚	chǔ	a. 周代诸侯国名。b. 五代十国之一。c. 指湖北和湖南，特指湖北。如：惟**楚**有才、**楚**剧。d. 痛苦。如：酸**楚**。e. 清晰；整洁。如：衣冠**楚楚**。
麓	lù	山脚下。如：南**麓**、北**麓**、泰山之**麓**。
还有与上述同类型的三级字：**棽**㊀chēn ㊁shēn **棎** tán		

下列形近字左边的相同部件是：**林**

郴	chēn	郴州市，地名，湖南省辖地级市，别名“福城”“林城”，位于湖南省东南部，地处南岭山脉与罗霄山脉交错、长江水系与珠江水系分流的地带。
彬	bīn	组词“彬彬”。形容文雅、谦恭。如：文质**彬彬**、**彬彬**有礼。

下列形近字右边的相同部件是：**林**

啉	lín	组词“喹啉”。芳香类化合物，无色液体，易溶于热水，能随水蒸气挥发，对皮肤等有刺激性，可用于医药、橡胶、印染等行业。
淋	㊀lín ㊁lìn	㊀浇；沾湿；流滴。如：大汗**淋**漓、血**淋淋**、日晒雨**淋**、**淋**浴、狗血**淋**头。 ㊁a. 指淋病。b. 过滤。如：他们在设计一个过**淋**尼古丁的烟嘴。
琳	lín	组词“琳琅”。美玉，比喻美好珍贵的东西。如：饰品店里的商品**琳**琅满目，不知道挑哪样好。
还有与上述同类型的三级字：**綝** chēn		

下列形近字右边的相同部件是：**禁**

噤	jìn	a. 闭口不说话。如：**噤**口卷舌、**噤**若寒蝉。b. 因寒冷而咬紧牙关或牙齿颤抖。如：**噤**战、打寒**噤**。
襟	jīn	a. 上衣或衣服的胸前部分。如：捉**襟**见肘、**襟**袂、泣下沾**襟**、正**襟**危坐。b. 胸怀；抱负。如：胸**襟**开阔。c. 两女婿之间的关系。如：**襟**兄。

下列形近字下面的相同部件是：**相**

箱	xiāng	放置衣物用的方形器具，通常上面有盖；箱子状的东西。如：木**箱**、行李**箱**、冰**箱**、翻**箱**倒柜、集装**箱**、保险**箱**、保温**箱**。
霜	shuāng	a. 水汽凝结成的细小冰粒。如：六月飞**霜**、**霜**降。b. 像霜一样的东西。如：西瓜**霜**、鹿角**霜**。c. 比喻白色的。如：鹤骨**霜**髯、**霜**鬓。
还有与上述同类型的三级字：**葙** xiāng		

下列形近字右边的相同部件是：**相**

湘	xiāng	a. 湖南省的别称。如：**湘**绣、**湘**莲、**湘**菜、**湘**军、**湘**剧。b. 湘江，水名，发源于广西壮族自治区流经湖南省，注入洞庭湖。如：潇**湘**、沅**湘**。
缃	xiāng	浅黄色。如：**缃**绮、**缃**帙、**缃**苞。

下列形近字右边的相同部件是：**查**

揸	zhā	a. 用手指抓东西。如：**揸**点瓜子、**揸**钱（指捞钱）。b. 把手指伸张开（亦作长度单位，大拇指和小拇指间的距离为一揸）。c. 买入。如：做**揸**（指买入股票）。（注意区别“揸楂”）
喳	㊀chā ㊁zhā	㊀组词“喳喳”。拟声词，小声说话的声音。如：上课时他们在那里嘁嘁**喳喳**。 ㊁拟声词。a. 清代仆役对主人的应诺声。b. 鸟的叫声。如：喜鹊**喳喳**叫。
嵖	chá	组词“嵖岈”。山名，嵖岈山位于河南省驻马店市遂平县。
猹	chá	鲁迅小说《故乡》中描述的一种状如小狗的动物。
馇	㊀chā ㊁zha	㊀a. 熬（粥）。如：**馇**粥。b. 边煮边搅拌（动物的饲料）。如：**馇**猪食。 ㊁组词“饹馇”。用绿豆面做成饼状切成块炸着或炒着吃的食品。
渣	zhā	a. 物质经提取精华或使用后剩下的东西。如：豆腐**渣**、药**渣**、蔗**渣**。b. 碎屑。如：面包**渣**。c. 差；烂。如：人**渣**、学**渣**。
楂	zhā	组词“山楂”。落叶乔木，药、果兼用树种，果深红色球形，肉薄味酸涩，干制可入药，有降血压、消食积、健脾胃等功效。（注意区别“楂揸”）
碴	㊀chā ㊁chá	㊀胡子未刮干净或刮后复生的样子。如：胡子拉**碴**。 ㊁a. 物体破裂成的小碎块。如：玻璃**碴**。b. 器物上的破口。如：碗上有个**碴**。c. 嫌隙；事端。如：他故意来找**碴**的。d. 之前说的事或话。如：我忘了这**碴**儿。
糌	chá	玉米等磨成的碎粒，泛指碎粒状粮食。如：老鼠经常偷吃粮食**糌**子。
还有与上述同类型的三级字：**蹅** chǎ		

下列形近字右边的相同部件是：**析**

淅	xī	组词“淅沥”。拟声词，细微的风声、雨声、落叶声等。如：秋风**淅**沥、细雨**淅**沥。
晰	xī	清楚；明白。如：明**晰**、思路清**晰**。
蜥	xī	组词“蜥蜴”。爬行动物，俗称“四脚蛇”。有四肢，有细鳞，后肢有力，善奔跑，有的能根据环境变换肤色，以昆虫等小动物为食。

下列形近字右边的相同部件是：**桼**

漆	qī	a. 漆树，为涂料、油料和木材兼用树种。b. 涂料。如：如胶似**漆**、油**漆**。c. 用漆涂。如：**漆**身吞炭、过两天把墙**漆**一下。
膝	xī	大腿与小腿之间的连接部位的前部。如：**膝**盖、促**膝**长谈、奴颜婢**膝**、**膝**跳反射、男儿**膝**下有黄金。

下列形近字右边的相同部件是：**松**

凇	sōng	组词"雾凇"。通称"树挂"，是低温时空气中的水汽或过冷雾滴直接冻结在树上的乳白色冰晶沉积物，是难得的自然奇观。
淞	sōng	吴淞江，水名，发源于苏州市吴江区松陵镇以南太湖瓜泾口，由西向东，穿过江南运河，在今上海市黄浦公园北侧外白渡桥以东汇入黄浦江。

下列形近字右边的相同部件是：**术**

沭	shù	沭河，水名，发源于山东省沂水县沂山南麓，同沂河平行南流，过郯城县进入江苏省，在今宿迁市汇入泗水再入淮河。（注意区别"沐沭"）
怵	chù	害怕；恐惧。如：**怵**目惊心、犯**怵**、胆**怵**、**怵**惕、"一想到他那张牙舞爪的样子，心里就发怵"。
秫	shú	指有黏性的高粱，也泛指高粱。如：**秫**米、**秫**秸。
还有与上述同类型的三级字：**钵** shù		

下列形近字右边的相同部件是：**下**

吓	㊀hè ㊁xià	㊀a. 威胁；吓唬。如：恐**吓**、恫**吓**。b. 叹词，表示不满。如：**吓**，他走了？ ㊁使害怕。如：**吓**唬、惊**吓**、**吓**我一跳。
虾	xiā	节肢动物。身上有薄而透明软壳。种类很多，常见的有龙虾、米虾等。

下列形近字右边的相同部件是：**寸**

付	fù	a. 交；给。如：**付**款结账、**付**诸东流、按劳**付**酬、现金支**付**、托**付**。b. 量词，同"副"。如：一**付**手套、一**付**中药。
讨	tǎo	a. 公开谴责。如：声**讨**。b. 征伐。如：东征西**讨**。c. 研究；探索。如：研**讨**会、**讨**论。d. 索取。如：乞**讨**。e. 娶。如：**讨**老婆。f. 招惹。如：自**讨**苦吃。

对	duì	a. 应答。如：**对**答如流。b. 相互。如：**对**抗。c. 面向。如：面**对**。d. 应付。如：**对**策。e. 比照着核查。如：校**对**。f. 调整使符合。如：**对**焦。g. 投合。如：**对**头。h. 对方的。如：**对**手。i. 正确。如：答**对**了。j. 成双。如：配**对**。k. 量词，双。如：一**对**夫妻。l. 介词，引出动作对象等。如：**对**他负责。
忖	cǔn	揣度；思量。如：暗**忖**、思**忖**、**忖**势、**忖**度、思前**忖**后。
纣	zhòu	商朝最后的君主，暴君，荒淫无道，后用“助纣为虐”比喻帮助坏人干坏事。
村	cūn	a. 乡下聚居的处所；泛指某些居住区。如：奥运**村**、新农**村**。b. 粗野。如：**村**蛮、**村**野匹夫。c. 我国农村基层村民自治组织。如：**村**民委员会。
时	shí	a. 时间；一段时间。如：平**时**、**时**代。b. 季节。如：**时**令。c. 规定的时间。如：准**时**。d. 计时单位。如：三**时**。e. 当前。如：**时**尚。f. 经常。如：**时**常。
肘	zhǒu	a. 上臂与前臂之间的连接部位向外凸起的部分。如：捉襟见**肘**、祸生**肘**腋、掣**肘**。b. 指肘子（猪的腿肉）。如：前**肘**、后**肘**。
衬	chèn	a. 垫在或穿在里面的。如：**衬**衣、**衬**袍、**衬**衫。b. 在里面或下面再垫上一层。如：**衬**砌。c. 搭配上别的东西。如：绿叶**衬**红花、陪**衬**、**衬**托。
封	fēng	a. 封闭。如：**封**锁、**封**存。b. 限制。如：**封**杀、查**封**。c. 纸包或纸袋。如：**封**套、信**封**。d. 疆界。如：**封**疆大吏。e. 量词，用于封起来的东西。如：一**封**信。f. 古代的皇帝把土地或爵位赐给宗亲或臣子。如：**封**地、**封**王。
耐	nài	经受得住；承受得起。如：忍**耐**、**耐**心、**耐**力、**耐**用、**耐**烦、**耐**火砖、俗不可**耐**、**耐**人寻味。
射	shè	a. 放出光、热等。如：照**射**、折**射**、反**射**。b. 液体受压后迅速挤出。如：注**射**、喷**射**。c. 放出；打出。如：发**射**、**射**箭、高**射**炮。d. 暗指。如：影**射**。
尉	㊀wèi ㊁yù	㊀a. 军衔名，在校级之下。如：少**尉**、中**尉**、上**尉**。b. 古代官名。如：太**尉**。 ㊁a. 组词“尉迟”。复姓。b. 用于地名。如：**尉**犁县（位于新疆中部）。
还有与上述同类型的三级字：**酎** zhòu		

下列形近字右边的相同部件是：**求**

俅	qiú	a. 组词“俅俅”。恭顺的样子。b. 俅人，我国少数民族独龙族的旧称。
球	qiú	a. 从中心到表面各点距离都相等的立体。b. 球形的物体或球类运动。如：台**球**、篮**球**。c. 指地球或其他星体。如：誉满全**球**、环**球**旅游、月**球**。
赇	qiú	贿赂。如：受**赇**枉法。
还有与上述同类型的三级字：**銶** qiú		

下列形近字右边的相同部件是：**啬**

墙	qiáng	a.房屋等周围的障壁；用砖、石、水泥或土等砌筑的承重或隔开内外的建筑物。如：围**墙**、承重**墙**、女儿**墙**、红**墙**。b.门屏；屏风。如：萧**墙**。
嫱	qiáng	古代宫廷里的女官名。如：妃**嫱**。
樯	qiáng	帆船上挂风帆的桅杆，借指船只。如：云**樯**、帆**樯**林立、**樯**橹灰飞烟灭、**樯**倾楫摧、风**樯**阵马。
穑	sè	收割谷物，泛指耕作。如：秋**穑**、稼**穑**、务本力**穑**（努力从事农业劳动）。

下列形近字右边的相同部件是：**孛**

饽	bō	面食的一种。如：**饽饽**（指馒头，也指用杂粮面制成的块状食物）。
悖	bèi	a.违反；相冲突；违背。如：并行不**悖**、狂**悖**、言行相**悖**、**悖**入**悖**出、**悖**论、违天**悖**理。b.迷惑；糊涂。如：**悖**晦。
脖	bó	颈；头和躯干相连的部分。如：大**脖**子病、围**脖**、脸红**脖**子粗、麻辣鸭**脖**。
还有与上述同类型的三级字：**哱** bō **浡** bó **桲**㊀bó ㊁po **鹁** bó		

下列形近字右边的相同部件是：**亘**

垣	yuán	a.矮墙，泛指墙。如：断壁残**垣**、短**垣**自逾。b.城。如：省**垣**（即省城）。c.星的区域，古代天文学家把众星分为上、中、下三垣。
洹	huán	洹河，水名，古称洹水，又名安阳河，发源于河南省，注入卫河。
恒	héng	a.永久；持久。如：永**恒**真理、学贵有**恒**、**恒**定、持之以**恒**。b.经常的；不变的；普通的。如：**恒**温、**恒**量。
桓	huán	姓。如：**桓**温（东晋政治家、军事家）。
烜	xuǎn	a.盛大；显著。如：**烜**赫。b.晒干。如：雨以润之，日以**烜**之。
还有与上述同类型的二、三级字：**姮** héng **咺**㊀xuān ㊁xuǎn **峘** huán **晅** xuǎn **貆** huán		

下列形近字右边的相同部件是：**匽**

堰	yàn	挡水的堤坝；有规则形状的拦阻物，水溢流而过。如：围**堰**、三角**堰**、平顶**堰**、都江**堰**（举世闻名的中国古代水利工程，在成都平原西部）。
揠	yà	拔。如：**揠**苗助长（比喻办事急于求成，反而坏了事）。
还有与上述同类型的二、三级字：**偃** yǎn **蝘** yǎn		

下列形近字右边的相同部件是：**惠**

穗	suì	a. 谷类植物成熟后聚生在茎干顶端的花或果实；与其形状相似的装饰物。如：吐**穗**、拾**穗**、一茎九**穗**、抽**穗**、灯笼**穗**儿、拨**穗**、稻**穗**。b. 广州市的别称。
蟪	huì	组词“蟪蛄”。体型较小的蝉，雄性腹部有发音器，口器为刺吸式，喜欢栖息在树干上吸吮树木汁液，危害果树等，是农业的害虫。
还有与上述同类型的三级字：**譓** huì **槵** huì		

下列形近字右边的相同部件是：**甫**

埔	㊀bù ㊁pǔ	㊀用于地名。如：大**埔**县（位于广东省梅州市）。 ㊁用于地名。如：黄**埔**区（位于广东省广州市）。
捕	bǔ	捉；逮。如：**捕**捉、**捕**风捉影、**捕**猎、逮**捕**、**捕**杀、追**捕**、**捕**捞过度、“螳螂**捕**蝉，黄雀在后”（比喻对眼前的利益过分追逐，反而忽视了身后的危险）。
浦	pǔ	水边或河流入海的地区（多用于地名）。如：**浦**江镇（位于上海市闵行区）。
哺	bǔ	a. 口里咀嚼着的食物。如：周公吐**哺**，天下归心。b. 喂不会取食的幼儿。如：嗷嗷待**哺**、**哺**乳、**哺**育、慈乌反**哺**。（注意区别“哺晡”）
辅	fǔ	a. 人的颊骨。如：**辅**车相依。b. 帮助；佐助。如：相**辅**相成、**辅**助、**辅**导、**辅**政大臣、**辅**国将军。
晡	bū	用于计时（十二时辰制），汉代将下午三点至五点命名为“晡时”，相当于十二地支计时中的“申时”。如：其日中，贺发，**晡**时至定陶。（注意区别“晡哺”）
脯	㊀fǔ ㊁pú	㊀a. 肉干。如：束蒲为**脯**、鱼**脯**、肉山**脯**林、“悬牛头，卖马**脯**”。b. 果干。如：果**脯**、桃**脯**、杏**脯**、枣**脯**。 ㊁指胸脯。
铺	㊀pū ㊁pù	㊀把东西展开平摆；也指铺的东西。如：**铺**床、**铺**轨、**铺**天盖地、**铺**路架桥。 ㊁a. 商店。如：药**铺**、当**铺**、杂货**铺**、店**铺**。b. 床。如：卧**铺**、打地**铺**。c. 旧时的驿站。如：十里**铺**。
还有与上述同类型的二、三级字：**酺** pú **黼** fǔ		

下列形近字右边的相同部件是：**尃**

博	bó	a. 多；广；大。如：地大物**博**、知识渊**博**、**博**览群书。b. 取得；获取。如：以**博**欢心。c. 通晓。如：**博**古通今。d. 古代一种棋戏，后泛指赌钱。如：**博**彩。
傅	fù	a. 传授技艺或知识的人。如：师**傅**。b. 附着；依附。如：皮之不存，毛将安**傅**（也作“皮之不存，毛将焉附”）。c. 涂抹；搽。如：**傅**粉施朱。
搏	bó	a. 激烈地争斗。如：肉**搏**战、生死**搏**斗、拼**搏**。b. 跳动。如：脉**搏**。（注意区别“搏榑”）
溥	pǔ	a. 广大。如：**溥**博如天（犹如广阔无边的天空）、**溥**原。b. 普遍。如：**溥**天之下，莫非王土（也作“普天之下，莫非王土”）。
缚	fù	捆绑；拘束。如：作茧自**缚**、束**缚**、**缚**手**缚**脚、**缚**鸡弄丸、手无**缚**鸡之力。
赙	fù	送财物给办丧事的人家。如**赙**金、**赙**仪、**赙**赠。
膊	bó	肩臂；上肢近肩的部分。如：胳**膊**、臂**膊**、赤**膊**（光着膀子，裸露上身）。
还有与上述同类型的三级字：**榑** fú（注意区别“榑搏”）**镈** bó		

下列形近字右边的相同部件是：**更**

便	㊀biàn ㊁pián	㊀a. 屎或尿。如：粪**便**。b. 便利；方便；方便的。如：**便**民、**便**车。c. 适宜的时候。如：顺**便**。d. 非正式的。如：吃个**便**饭。e. 就。如：人齐了**便**出发。㊁组词“便宜”。a. 不应得的利益。如：他总爱占小**便**宜。b. 使得到便宜。如：上次是**便**宜你了。c. 价钱低。这件衣服真**便**宜。
埂	gěng	a. 田间的土垄（多做分界用）。如：田**埂**。b. 地面凸起的长条形的地方。如：山**埂**。c. 用泥土筑起的堤防。如：圩**埂**、**埂**堰。
哽	gěng	a. 食物阻塞喉咙不能下咽。如：祝**哽**在前，祝噎在后。b. 声气阻塞。如：**哽**咽难言。
绠	gěng	汲水用的绳子。如：**绠**短汲深、金瓶素**绠**。
梗	gěng	a. 某些植物的枝或茎。如：花**梗**。b. 阻塞；妨碍。如：从中作**梗**、心肌**梗**塞。c. 挺直。如：**梗**着脖子。d. 大略。如：**梗**概。e. 笑点（常出现在综艺节目中）。
硬	yìng	a. 坚固，不易变形。如：坚**硬**、**硬**币。b. 意志坚定。如：**硬**汉、态度强**硬**。c. 能力强；质量好。如：功夫过**硬**。d. 勉强；固执。如：**硬**撑、生拉**硬**拽。

粳	jīng	粳稻，稻的一种，比较耐寒，茎秆较矮，米粒短而粗，碾出的米叫"粳米"。
鲠	gěng	a. 鱼骨，喻指正直。如："鱼**鲠**在喉，不吐不快"、忠**鲠**不挠、骨**鲠**之臣。b. 鱼刺等卡在喉咙里。如：快拿醋来，他被鱼刺**鲠**住了。
还有与上述同类型的三级字：**浭** gēng		

下列形近字右边的相同部件是：**或**

域	yù	a. 在一定疆界内的地方。如：地**域**、疆**域**。b. 范围。如：定义**域**、值**域**、音**域**。c. 生物学用词，生物分类法中最高的类别，比"界"高一级。
蜮	yù	传说躲在水里能暗中含沙射人的动物，比喻阴险分子。如：鬼**蜮**伎俩（比喻用心险恶、暗中伤人的卑劣手段）。
还有与上述同类型的三级字：**棫** yù **聝** guó		

下列形近字下面的相同部件是：**可**

苛	kē	a. 过于严厉。如：**苛**刻、**苛**责、**苛**求、**苛**政。b. 繁多；繁琐。如：**苛**杂、**苛**捐杂税。
奇	qí	a. 特殊的；不同寻常的。如：**奇**迹、**奇**闻、神**奇**、**奇**谈怪论。b. 意料不到的。如：**奇**袭、**奇**遇、出**奇**制胜。c. 惊异。如：惊**奇**、不足为**奇**。
还有与上述同类型的二、三级字：**岢** kě **哿** gě		

下列形近字右边的相同部件是：**可**

何	hé	a. 代词。1. 表示疑问。什么；哪里。如：**何**事、**何**在、从**何**说起。2. 表示反问。为什么；怎样。如：**何**必、**何**如、**何**不。b. 副词，多么。如：**何**其壮哉！
诃	hē	诃子，乔木，树皮灰黑色，叶卵形或椭圆形，花淡绿带黄色，果实像橄榄，可入药，有止泻、止咳、利咽等功效，可用于治疗久泻久痢、久咳不止等。
阿	㊀ā ㊁ē	㊀a. 前缀，用在某些名词前（多表亲昵）；用在某些亲属称谓前。如：吴下**阿**蒙、**阿**兰、**阿**姨、**阿**爹、**阿**妈。b. 泛指某类人。如：**阿**宝、**阿**黄。 ㊁a. 迎合；奉承。如：**阿**谀奉承、刚正不**阿**。b. 见于建筑名。如：**阿**房宫。
坷	㊀kē ㊁kě	㊀组词"坷拉"。砖头子；小土块。 ㊁组词"坎坷"。a. 道路凹凸不平。b. 事情不顺利，比喻不得志。
呵	hē	a. 大声斥责。如：**呵**斥。b. 呼气；吁气。如：一气**呵**成、**呵**冻。c. 形容笑声。如：他总是笑**呵呵**的。d. 表示惊讶。如：**呵**，这字写得真好！
河	hé	a. 水道的通称。如：护城**河**、淮**河**、内陆**河**、气吞山**河**、**河**流、京杭大运**河**。b. 特指黄河。如：**河**套。c. 指银河。如：**河**外星系。

柯	kē	a. 树枝或草木的茎。如：横**柯**蔽日。b. 斧子的柄。如：有斧无**柯**。c. 乔木，坚果椭圆形或长卵形，含淀粉可酿酒，材质坚重，纹理直行，可做家具等。
轲	kē	见于人名。如：孟**轲**（即孟子，战国时期伟大的思想家、儒家的主要代表人物）。
舸	gě	大船；泛指船。如：百**舸**争流、百**舸**千帆。
还有与上述同类型的二、三级字：**珂** kē **岢** kē **炣** kě		

下列形近字右边的相同部件是：**畺**

僵	jiāng	a. 倒下。如：百足之虫，死而不**僵**。b. 直挺挺；不灵活。如：冻**僵**、**僵**硬、李代桃**僵**、寒蝉**僵**鸟、**僵**尸。c. 相持不下。如：**僵**持不下、陷入**僵**局。
缰	jiāng	拴牲口的绳子。如：信马由**缰**、脱**缰**之马、**缰**绳。
疆	jiāng	a. 地域；领域；边界。如：封**疆**大吏、驰骋**疆**场、**疆**界、**疆**土。b. 界限。如：无**疆**之休、万寿无**疆**。
还有与上述同类型的二级字：**礓** jiāng		

下列形近字右边的相同部件是：**畐**

幅	fú	a. 布的宽度；泛指事物的宽度。如：**幅**面、巨**幅**海报、**幅**员辽阔、长篇大**幅**、**幅**度。b. 条形片状物。如：条**幅**、横**幅**。c. 量词，用于字画等。如：一**幅**画。
辐	fú	车轮中连接车毂和轮辋的一条条直棍。如：衣冠**辐**辏（比喻达官显贵聚集到一起）、**辐**射、**辐**条。
福	fú	a. 一切顺利；幸运；幸福。如：因祸得**福**、祝**福**、洪**福**齐天、造**福**人类、"**福**无双至，祸不单行"。b. 指福建。如：**福**橘。
蝠	fú	组词"蝙蝠"。哺乳动物，颈短，胸肉发达，有翼膜能飞，群居，多为昼伏夜出，利用超声波定位，以昆虫等为食，可入药。
还有与上述同类型的三级字：**鲾** bī		

下列形近字右边的相同部件是：**鬲**

隔	gé	a. 遮断使不通；时间或空间有距离。如：**隔**壁、**隔**墙有耳、**隔**离、一水之**隔**、间**隔**、恍如**隔**世、**隔**岸观火。b. 思想感情有距离。如：产生**隔**阂。
嗝	gé	a. 胃里的气体从嘴里出来或呃逆时发出声音的现象。如：打了一个饱**嗝**。b. 膈痉挛使气体通过关闭的声带而发出声音的现象。如：不停地打**嗝**。

膈	gé	人或哺乳动物体腔中分隔胸腔和腹腔的膜状肌肉。
镉	gé	金属元素。符号 Cd，原子序数为 48，银白色，质软，有一定毒性，能有效吸收中子，可用于制造杀虫剂，制造控制棒用于核反应堆，制造合金、颜料、电池等。
还有与上述同类型的三级字：**塥** gé **滆** gé		

下列形近字右边的相同部件是：**曹**

嘈	cáo	声音杂乱。如：**嘈**杂。
漕	cáo	通过水道运送粮食。如：**漕**运、**漕**船、**漕**粮。
槽	cáo	a. 四周高中间低的容器（用来装饲料、水等）。如：马**槽**、三马同**槽**、牛骥同**槽**。b. 两边高起中间凹下、像槽的部分。如：河**槽**、**槽**钢、渡**槽**。
螬	cáo	组词“蛴螬”。金龟子的幼虫，圆柱状，头部褐色，身体白色，多为植食性，危害作物根、茎等，是地下害虫，可入药。
糟	zāo	a. 酿酒剩下的渣子。如：**糟**粕、**糟**糠之妻（贫穷时共患难的妻子）。b. 朽烂。如：**糟**朽、木头**糟**了。c. 情况坏。如：乱七八**糟**。d. 损坏；破坏。如：**糟**蹋。
还有与上述同类型的三级字：**磳** cáo **艚** cáo		

下列形近字左边的相同部件是：**束**

敕	chì	帝王的诏书、命令。如：奉**敕**、**敕**旨、**敕**文、**敕**令。
赖	lài	a. 抵赖。如：**赖**账。b. 依赖；仗恃。如：信**赖**。c. 责备。如：这事不**赖**我。d. 诬赖。如：不能**赖**别人。e. 劣；坏。如：好**赖**不分。f. 不愿离开。如：**赖**着不走。

下列形近字右边的相同部件是：**束**

涑	sù	涑水河，水名，发源于山西省，汇入黄河。
悚	sǒng	害怕；恐惧。如：毛骨**悚**然、惊**悚**、惶**悚**不安。

竦	sǒng	恭敬；肃敬。如：**竦**立、**竦**峙、**竦**然起敬。
辣	là	a. 像姜、蒜等刺激性的味道。如：麻**辣**、姜还是老的**辣**、黄汤**辣**水、酸甜苦**辣**。b. 辣味刺激。如：**辣**出汗了。c. 凶狠；厉害。如：心狠手**辣**、毒**辣**。
还有与上述同类型的二、三级字：**觫** sù **餗** sù		

下列形近字右边的相同部件是：**赖**

獭	tǎ	哺乳动物，种类有水獭、草原旱獭等，生活区域和环境不同，导致它们的特点有很大不同。
濑	lài	湍急的水流。如：采湍**濑**之玄芝（采撷急流水边的黑色芝草）。
懒	lǎn	a. 不爱劳动；怠惰。如：好吃**懒**做、**懒**惰、**懒**散、偷**懒**。b. 疲倦；没力气。如：伸**懒**腰。

下列形近字右边的相同部件是：**敕**

嗽	sòu	组词“咳嗽”。呼吸器官受刺激而迅速吸气又猛烈呼出，声带振动发出声音。如：“感冒了，有点儿咳**嗽**”、支气管发炎引起咳**嗽**。
漱	shù	含水冲洗（口腔）。如：**漱**口、洗**漱**、口里还没有**漱**干净。（注意不读 sù、sòu）

下列形近字右边的相同部件是：**囊**

攮	nǎng	a. 一种短而尖的刀，称“攮子”。b. 用攮刀刺。如：**攮**了一刀，一刀**攮**在腿上。
囔	nāng	组词“嘟囔”。连续不断地小声说话（多指自言自语，表示不满）。
馕	㊀náng ㊁nǎng	㊀一种烤制的圆饼，新疆的一种传统食物。 ㊁拼命地往嘴里塞食物。
还有与上述同类型的三级字：**齉** nàng		

下列形近字右边的相同部件是：**吾**

语	yǔ	a. 话。如：**语**言、甜言蜜**语**。b. 说；交谈。如：胡言乱**语**、**语**气。c. 代替语言表达的动作或信号。如：手**语**、旗**语**。d. 语法名称。如：主**语**、定**语**。
捂	wǔ	遮盖住或封闭起来。如：遮遮**捂捂**、“**捂**住他的嘴，别让他出声”。（注意区别“捂梧”）

唔	wú	组词“咿唔”。拟声词，形容读书（吟诵）的声音。（注意区别“唔唔”）
浯	wú	浯水，水名，发源于山东省，流入潍河。
悟	wù	理解；领会；觉醒。如：恍然大**悟**、执迷不**悟**、顿**悟**、思想觉**悟**、**悟**性、幡然醒**悟**、领**悟**。
梧	wú	组词“梧桐”。落叶乔木，树干挺直，分枝高，叶大，花黄绿色，果实球形，多为绿化观赏树，种子等可入药，可用于治疗腹泻等。（注意区别“梧捂”）
晤	wù	相遇；见面。如：会**晤**、见字如**晤**、**晤**谈。（注意区别“晤唔”）
焐	wù	用热的东西接触凉的东西使变暖。如：天真冷，快把热水袋给我**焐**一下手。
还有与上述同类型的二、三级字：**牾** wǔ **铻** wú **龉** yǔ **鼯** wú **峿** wú **珸** wú		

下列形近字右边的相同部件是：**巿**（注意不是“**市**”）

沛	pèi	a. 江苏省沛县的简称。b. 跌倒。如：颠**沛**流离。c. 水势湍急的样子。如：民归之犹水就下，**沛**然谁能御之。d. 盛大；旺盛。如：精力充**沛**、丰**沛**。（注意不能写成“**沛**”）
肺	fèi	人和某些高等动物的呼吸器官。如：撕心裂**肺**、**肺**动脉、**肺**腑、**肺**活量、好心当做驴肝**肺**、**肺**结核。（注意不能写成“**肺**”）

下列形近字上面的相同部件是：**覀**

栗	lì	a. 栗子树，落叶乔木，果实叫栗子，果仁味甜，可以吃。木质坚实，可供建筑或制器具用。b. 发抖，因害怕或寒冷而身体颤动。如：不寒而**栗**。
贾	㊀gǔ ㊁jiǎ	㊀a. 商人，特指有固定营业地点的商人。如：富商大**贾**。b. 卖。如：余勇可**贾**。 ㊁姓。如：**贾**谊（西汉初著名政论家、文学家，代表作有《过秦论》等）。
票	piào	a. 钞票、纸币。如：**票**子。b. 有特定用途的凭证。如：车**票**、股**票**。c. 绑匪用来勒索赎金的人质。如：绑**票**、撕**票**。d. 非职业性的戏曲表演。如：**票**友。
粟	sù	谷类作物，籽实碾去皮以后就成小米，可供食用，茎可做牲口饲料。
还有与上述同类型的二级字：**覃**㊀qín ㊁tán		

下列形近字左边的相同部件是：**票**

剽	piāo	a. 劫掠；掠夺；窃取。如：**剽**窃（多指抄袭或窃取他人的作品或科研成果）、**剽**掠。b. 动作敏捷；勇猛。如：**剽**疾、**剽**悍。
飘	piāo	a. 随风摇动或飞舞。如：风雨**飘**摇、炊烟**飘**袅、**飘**落、十里**飘**香。b. 轻浮；不踏实；不稳当。如：他纪律涣散，作风有点儿**飘**。
瓢	piáo	a. 舀水或取物的工具，用葫芦干壳、塑料、金属等做成。如：照葫芦画**瓢**、锅碗**瓢**盆、**瓢**泼大雨、"弱水三千，只取一**瓢**"。b. 形状像**瓢**的。如：七星**瓢**虫。

下列形近字右边的相同部件是：**票**

摽	biào	a. 紧紧捆绑在一起。如：用铁丝**摽**住桌子脚。b. 用胳膊紧紧地钩住。如：她们夜里**摽**着走路。c. 过分亲近。如：他俩**摽**在一起。d. 比着。如：**摽**着劲干。
嘌	piào	组词"嘌呤"。有机化合物，无色晶体，易溶于水。生物碱和尿酸中含有其氧化物。患痛风的病人不能吃嘌呤含量较高的食物。
漂	㊀piāo ㊁piǎo ㊂piào	㊀浮在液体表面；顺风向或液体流向而移动。如：**漂**泊、**漂**流、**漂**洋过海。 ㊁a. 用水冲洗干净。如：**漂**洗。b. 用药剂等使褪色变白。如：**漂**白。 ㊂组词"漂亮"。a. 美；好看。如：花开得真**漂**亮！b. 出色；特好。如：一手好字写得真**漂**亮、这一仗打得真**漂**亮。
嫖	piáo	a. 男性玩弄娼妓的。如：**嫖**客。b. 男性玩弄娼妓的行为。如：**嫖**娼、**嫖**妓、吃喝**嫖**赌。
缥	㊀piāo ㊁piǎo	㊀组词"缥缈"。形容隐隐约约、若有若无的样子。如：云海**缥**缈、虚无**缥**缈。 ㊁青白色，亦指青白色的丝织品。
骠	㊀biāo ㊁piào	㊀组词"黄骠马"。马的一种，全身黄毛，夹杂着白点子。 ㊁a. 骁勇；勇猛。如：**骠**勇。b. 马快跑的样子。如：**骠**骑将军。
膘	biāo	肥肉（多用于牲畜）。如：**膘**肥体壮、长**膘**、抽**膘**、退**膘**。（注意区别"瞟瞟"）
瞟	piǎo	在短时间内斜着眼睛看。如：他朝门口**瞟**了一眼，感觉好像有人经过。（注意区别"膘膘"）
镖	biāo	a. 旧时投掷用的武器，像长矛的尖头。如：袖**镖**、毒**镖**、飞**镖**。b. 为别人护送财物或保护人身安全的行为，也指押送的货物和押送货物的人。如：**镖**局、保**镖**。
螵	piāo	组词"螵蛸"。螳螂的卵块，干燥后可入药。

鳔	biào	a. 鱼泡，鱼体内可以涨缩的气囊。b. 鳔胶，用鱼鳔或猪皮等熬制的黏性很大的胶，多用来粘木器等。c. 用鳔胶粘上。如：把椅子脚**鳔一鳔**。
还有与上述同类型的三级字：**螵** biāo **熛** biāo		

下列形近字右边的相同部件是：**垔**

堙	yīn	a. 为攻城而堆的土山或土台。如：筑大**堙**以临之。b. 堵塞。如：堑山**堙**谷（挖山填谷）、堕高**堙**庳（削平高丘，填塞洼地）、夷灶**堙**井。
湮	㊀yān ㊁yīn	㊀a. 埋没；沉没。如：**湮**灭、**湮**没不彰。b. 堵塞；淤塞。如：河道久**湮**。 ㊁同"洇"。液体接触纸张等向四周渗透散开。
还有与上述同类型的三级字：**闉** yīn **禋** yīn		

下列形近字右边的相同部件是：**栗**

傈	lì	组词"傈僳族"。我国少数民族，主要分布于云南、西藏与缅甸克钦交界地区，其余散居于云南省其他地区、印度东北地区、泰国与缅甸交界等地区。
溧	lì	用于地名。如：**溧**阳市（位于江苏省常州市）。（注意区别"凓凓"）
还有与上述同类型的三级字：**凓** lì（注意区别"溧溧"）		

下列形近字下面的相同部件是：**覃**

蕈	xùn	真菌的一类，生长在树林里或草地上，地上部分呈伞状。种类很多，有的可以吃，如香菇；有的有毒，如毒蝇蕈。
簟	diàn	竹席。如：**簟**席、衾**簟**（被子和竹席）。

下列形近字右边的相同部件是：**覃**

谭	tán	同"谈"。说话；言论。如：天方夜**谭**。
潭	tán	a. 深水池。如：深**潭**、龙**潭**虎穴。b. 坑。如：烂泥**潭**。
镡	㊀chán ㊁tán ㊂xín	㊀姓。 ㊁姓。 ㊂a. 剑柄与剑身连接处两旁突出的部分。b. 古代兵器，与剑相似，比剑小一点。
还有与上述同类型的三级字：**磹** tán **瞫** shěn **蟫** yín		

下列形近字右边的相同部件是：**要**

崾	yào	用于地名。如：**崾**崄乡（位于陕西省黄龙县）。
腰	yāo	a. 身体胯上肋下的部分。如：**腰**酸背痛、弯**腰**。b. 事物的中段。如：半山**腰**。c. 某些动物的肾。如：猪**腰**子。d. 围在腰上的。如：**腰**鼓、**腰**包。
还有与上述同类型的三级字：**喓** yāo		

下列形近字右边的相同部件是：**匝**

咂	zā	a. 用嘴吸；小口喝。如：他**咂**了一口酒。b. 仔细辨别。如：**咂**摸。c. 舌头与腭接触发声，表示赞叹、羡慕等。如：他**咂**嘴弄舌地称赞这味道好。
砸	zá	a. 打碎；捣毁。如：**砸**锅卖铁、他一气之下把花瓶给**砸**了。b. 用沉重的东西撞击。如：**砸**核桃。c. 事情失败。如：大家都没想到他数学会考**砸**。

下列形近字右边的相同部件是：**丙**

柄	bǐng	a. 植物的花、叶或果实跟茎或枝连着的部分。如：叶**柄**。b. 器物的把。如：伞**柄**。c. 被人抓住的短处。如：把**柄**。d. 权力。如：权**柄**。e. 执掌。如：**柄**政。
炳	bǐng	明亮；光明；显著。如：**炳**如观火、彪**炳**千秋（形容伟大的事业流传千秋万代）。
还有与上述同类型的三级字：**蛃** bǐng		

下列形近字右边的相同部件是：**两**

俩	㊀liǎ ㊁liǎng	㊀a. 两个。如：咱**俩**、我**俩**。b. 不多的几个。如：这年头挣**俩**钱不容易。（注意："俩"作数词时，不能带单位） ㊁组词"伎俩"。手段或花招，也指技能本领。如：骗人的伎**俩**被识破了。
辆	liàng	量词，用于车。如：他的团队销售汽车超过了 100 **辆**。

下列形近字的相关部分是：**西**

西	xī	a. 东南西北四个方向之一，太阳落山的一边。如：**西**方、**西**风、**西**半球、东张**西**望。b. 西洋；指欧美各国的。如：**西**装、**西**餐、**西**医、中**西**合璧。
酉	yǒu	a. 地支的第十位，用于顺序排序第十。如：子丑寅卯辰巳午未申**酉**戌亥。b. 酉时，旧式计时法指下午 5 点至 7 点。

下列形近字右边的相同部件是：**西**

哂	shěn	微笑。如：**哂**笑、**哂**纳、不值一**哂**。（注意区别“哂晒”）
洒	sǎ	a.（使液体）分散落下。如：**洒**水、**洒**泪、泼**洒**。b. 指颗粒状的东西往下面散落。如：**洒**了一地的黄豆。
恓	xī	组词“恓惶”。a. 忙碌不安的样子。如：抱关击柝，**恓**惶奔走。b. 悲伤烦恼的样子。如：不信好人言，必有**恓**惶事。
栖	qī	鸟禽歇宿；泛指居住或停留。如：良禽择木而**栖**、两**栖**动物、**栖**风宿雨、洞**栖**、**栖**身、**栖**息。
晒	shài	a. 把东西放在太阳光下使它干燥；人或物在太阳光下吸收光和热。如：晾**晒**、**晒**衣服、**晒**太阳。b. 阳光照射。如：防**晒**霜、风吹日**晒**。c. 在网络上展示，与人分享。如：**晒**幸福、**晒**孩子。（注意区别“晒哂”）
牺	xī	组词“牺牲”。a. 古代指用作祭品的毛色纯一的牲畜。如：**牺**牛。b. 为了正义的目的或坚持信仰而献出自己的生命。c. 放弃；舍弃或损害某些利益。
硒	xī	非金属元素。符号 Se，原子序数为 34，硒是人体必需的微量元素之一，有抗癌、抗氧化等作用。
粞	xī	碎米；指粗劣的粮食。如：“仕宦十五年，曾不饱糠**粞**”“碓下糠**粞**幸不乏，何妨相倚过余生”（出自宋代诗人陆游的《老鸡》）。
还有与上述同类型的三级字：**舾** xī		

下列形近字左边的相同部件是：**酉**

酩	mǐng	组词“酩酊”。醉得迷迷糊糊的样子。如：他喝得**酩**酊大醉。
酪	lào	a. 用牛羊等动物的乳汁做成的半凝固或凝固的食品。如：乳**酪**、奶**酪**、干**酪**。b. 用果实做成的糊状食品。如：核桃**酪**、山楂**酪**、杏仁**酪**。

下列形近字右边的相同部件是：**支**

伎	jì	a. 技巧；才能。如：“积财千万，不如薄**伎**在身”、**伎**俩、故**伎**重演。b. 古代称以歌舞为业的女子。如：**伎**馆、艺**伎**。
技	jì	才能；手艺；某方面的本领。如：一**技**之长、**技**能、雕虫小**技**、科学**技**术、黔驴**技**穷、口**技**、**技**师、绝**技**、特**技**效果。（注意区别“技枝”）

吱	㊀zhī ㊁zī	㊀拟声词，形容某些尖细的声音。如：他轻轻地推门，但还是发出**吱**的一声响。 ㊁拟声词，形容某些动物的叫声。如：这几天夜里能听到老鼠**吱吱**地叫。
妓	jì	a. 以卖淫为生的女子。如：**妓**院、嫖**妓**、**妓**女。b. 古代称以歌舞为业的女子。如：选**妓**征歌、艺**妓**、歌**妓**。
枝	zhī	a. 植物主干上分出来的茎条。如：**枝**繁叶茂、**枝**干、**枝**条、节外生**枝**、树**枝**。b. 量词，用于枝条、花朵等。如：一**枝**梅花。（注意区别“枝技”）
歧	qí	a. 岔道；正道分出的小路；不正当的途径。如：误入**歧**途、**歧**路亡羊。b. 不一样；不一致。如：产生分**歧**、种族**歧**视、**歧**义。
肢	zhī	人的胳膊和腿，也指动物的腿。如：上**肢**、截**肢**手术、**肢**体语言、四**肢**。
豉	chǐ	组词“豆豉”。一种豆制品调味料，以黑豆或黄豆为原料，在霉菌产生的蛋白酶作用下发酵而成。
鼓	gǔ	a. 打击乐器，圆柱形，中空，两头蒙皮。如：战**鼓**。b. 像鼓的东西。如：耳**鼓**。c. 弹奏。如：**鼓**琴。d. 用机械扇。如：**鼓**风。e. 振奋。如：**鼓**舞、**鼓**励。
还有与上述同类型的二、三级字：**岐** qí **忮** zhì **跂** qí		

下列形近字右边的相同部件是：**丽**

俪	lì	a. 成双的；成对的；对偶的。如：骈**俪**、骈四**俪**六、**俪**句、**俪**对。b. 指夫妻。如：**俪**影、伉**俪**情深。
骊	lí	a. 纯黑色的马。如：牝牡**骊**黄。b. 用于山名。如：**骊**山（位于陕西省西安市）。
鲡	lí	组词“鳗鲡”。海生河长的洄游性鱼类，种类多（如日本鳗），体形像蛇，鳞片细小，性别受环境等影响，以河虾等为食，肉质肥美可口，可食用、入药。
还有与上述同类型的三级字：**酾** shī		

下列形近字右边的相同部件是：**柬**

谏	jiàn	规劝君主或尊长，使改正错误。如：“往者不可**谏**，来者犹可追”、直言劝**谏**、从**谏**如流、犯颜进**谏**。
楝	liàn	落叶乔木，树皮灰褐色，花淡紫色，有芳香味，核果球形，耐烟尘，是良好的城市绿化树种，树皮等可入药，可用于治疥癣等。
还有与上述同类型的三级字：**琏** liàn **睷** jiǎn **鰊** liàn		

下列形近字右边的相同部件是：**卖**

读	㊀dòu ㊁dú	㊀语句中的停顿。语意已经完整，能断开的停顿成为“句”，语意未完，需要稍短的停顿为“读”，常合为“句读”。 ㊁a. 看着文字念出声来。如：**读**课文。b. 看书；阅览。如：阅**读**、**读**后感。c. 上学。如：孩子**读**三年级了。d. 识取。如：**读**取文件。e. 字的念法。如：**读**音。
渎	dú	a. 水沟，泛指河川。如：沟**渎**、五岳四**渎**。b. 轻慢；对人不恭敬。如：**渎**告、**渎**职、亵**渎**神灵。
续	xù	连接使不断或在原有的后面再加上。如：连**续**、继**续**教育、**续**假、延**续**、狗尾**续**貂、后**续**工作、可持**续**发展、未完待**续**。
椟	dú	木柜；木匣子。如：**椟**玉、**椟**丸、玉毁**椟**中、买**椟**还珠（买来装珍珠的木匣子，退还了木匣子里的珍珠，比喻没有眼力，取舍不当）。
赎	shú	a. 用财物换回抵押品或人身自由。如：**赎**金、**赎**身。b. 用行动抵销或弥补罪过。如：将功**赎**罪、百身莫**赎**（拿一百个自己，也不能把你换回来了）。
犊	dú	小牛。如：老牛舐**犊**、卖刀买**犊**、牛**犊**子、舐**犊**情深、初生牛**犊**不怕虎（刚生下来的小牛不怕老虎，比喻青年人做事没有顾虑，敢作敢为）。
牍	dú	古代写字用的木片，指公文或书信。如：简**牍**、文**牍**、札**牍**、尺**牍**、案无留**牍**、连篇累**牍**（形容用过多的篇幅叙述或驳斥）。
还有与上述同类型的二级字：**黩** dú		

下列形近字的相关部分是：**厂**

厂	chǎng	a. 工厂。如：**厂**商、服装**厂**、造纸**厂**、**厂**矿企业。b. 有空地可以存放货物或进行加工的场所。如：砖**厂**、煤**厂**、木材**厂**。
广	guǎng	a. 面积或范围宽阔。如：**广**场、地**广**人稀。b. 多。如：兵多将**广**、大庭**广**众。c. 扩大。如：**广**告、推**广**。d. 广东或广州的简称。如：**广**货、京**广**线。

历	lì	a. 经历；经历过的。如：**历**经艰险、**历**时八年、**历**代、资**历**。b. 历法；历书。c. 副词，逐一。如：**历**访名贤。
厉	lì	a. 严格。如：**厉**行节约。b. 严肃；严厉。如：正颜**厉**色、声色俱**厉**。c. 凶猛；猛烈。如：**厉**害、雷**厉**风行。

下列形近字左上的相同部件是：**辰**

唇	chún	嘴周围的肌肉组织。如：嘴**唇**、**唇**膏、**唇**裂、**唇**亡齿寒、皓齿朱**唇**、**唇**枪舌剑。
蜃	shèn	大蛤蜊。如：**蜃**景（又称“海市蜃楼”，物体反射的光经大气折射而形成的自然现象，可见于沙漠、海洋等地，古人误认为是蜃吐气所成）。

下列形近字下面的相同部件是：**辰**

晨	chén	早上。如：清**晨**、凌**晨**、一日之计在于**晨**、**晨**读、**晨**练、**晨**跑、早**晨**、暮鼓**晨**钟、**晨**昏定省（晚间服侍就寝，早上省视问安。为旧时侍奉父母的日常礼节）。
震	zhèn	a. 八卦之一，代表雷。b. 剧烈地颤动。如：**震**动、**震**耳欲聋。c. 特指地**震**。如：抗**震**救灾。d. 威慑。如：敲山**震**虎。e. 情绪过于激动。如：**震**怒。
还有与上述同类型的二级字：**宸** chén		

下列形近字右边的相同部件是：**辰**

振	zhèn	a. 挥动；抖动。如：**振**臂高呼、**振**笔疾书。b. 奋起；兴起；奋发。如：**振**作、**振**兴中华、一蹶不**振**、**振**奋人心。c. 指振动。如：核磁共**振**、**振**幅。
娠	shēn	胎儿在母体中微动，泛指怀孕。如：妊**娠**。
赈	zhèn	用钱粮、衣物等救济。如：**赈**灾、以工代**赈**（政府投资基础设施工程，受赈济者投入劳动获得劳务报酬，以此代替直接救济的一种扶持政策）。

下列形近字右边的相同部件是：**辱**

缛	rù	繁多；繁琐。如：繁文**缛**节、**缛**礼烦仪。
褥	rù	睡觉时垫在身体下面的东西，用棉花、兽皮等制成的。如：被**褥**、软**褥**、卧**褥**香炉、垫**褥**、**褥**单、缠绵床**褥**、**褥**子。
耨	nòu	a. 古代锄草的农具。如：耒**耨**、释其锄**耨**而下泪。b. 除草，泛指耕作。如：刀耕火**耨**、深耕易**耨**。
还有与上述同类型的二、三级字：**溽** rù **傉** nù		

下列形近字右边的相同部件是：**厓**

涯	yá	a. 水边，泛指边际。如：苦海无**涯**、天**涯**海角、浪迹天**涯**、茫无**涯**际。b. 范围。如：职业生**涯**。
睚	yá	眼角。如：**睚**眦必报（像瞪一下眼睛那样极小的怨恨也要报复，比喻心胸极其狭窄）。
还有与上述同类型的三级字：**堐** yá		

下列形近字右边的相同部件是：**脩**

隋	suí	朝代名，隋朝。公元 581 年隋文帝杨坚所建立，公元 589 年，统一中国，结束了自西晋末年以来长达近 300 年的分裂局面。至公元 618 年被唐朝所灭。
惰	duò	a. 懈怠；懒。如：懒**惰**。b. 不易变化的。如：**惰**性（某些物质化学性质不活泼，不易与其他元素或化合物化合的性质，比喻消极落后而不思改变的倾向）。

下列形近字右边的相同部件是：**厨**

橱	chú	收置日常衣服、书本等物的家具。如：衣**橱**、立地书**橱**、壁**橱**、**橱**柜、碗**橱**。
蹰	chú	组词“踟蹰”。徘徊；拿不定主意，心中犹豫；要走不走的样子。

下列形近字右边的相同部件是：**咸**

减	jiǎn	a. 从总体或原有数量中去掉一部分。如：偷工**减**料、公司**减**员、裁**减**、**减**法、**减**少、**减**轻负担。b. 降低程度；衰退。如：**减**速、**减**震、衰**减**。
喊	hǎn	a. 大声叫。如：**喊**冤、摇旗呐**喊**、哭天**喊**地、“老鼠过街，人人**喊**打”。b. 叫或呼唤（别人）。如：主任**喊**你去一趟办公室。
缄	jiān	a. 捆扎器物的绳。b. 书信。如：**缄**札。c. 封；闭。如：三**缄**其口、**缄**口如瓶、**缄**默不语。d. 特指书信封口。
碱	jiǎn	a. 在水溶液中电离时所生成的阴离子全部是 OH 的化合物。如：一元**碱**、难溶性**碱**、强**碱**溶液。b. 特指纯碱。c. 被碱质侵蚀。如：**碱**荒。
还有与上述同类型的三级字：**诚** xián		

下列形近字右边的相同部件是：**感**

撼	hàn	摇动；震动。如：蚍蜉**撼**大树、**撼**动、震天**撼**地、“**撼**山易，**撼**岳家军难”。
憾	hàn	悔恨；失望；心中感到有所欠缺。如：抱**憾**终身、死而无**憾**、缺**憾**、遗**憾**。
还有与上述同类型的三级字：**鳡** gǎn		

下列形近字右边的相同部件是：**厉**

砺	lì	磨刀石；引申为磨炼。如：磨**砺**、“不忘初心，砥**砺**前行”、河山带**砺**（黄河细得像条衣带，泰山小得像块磨刀石，比喻时间久远，任何变化也决不变心）。
蛎	lì	组词“牡蛎”。软体动物，海产贝壳，两扇壳可开闭以摄食、呼吸，以硅藻等为食，肉可食用或制油，肉、壳和油都可入药。
粝	lì	粗糙；粗糙的米；粗粮。如：粗衣**粝**食、**粝**米。

下列形近字下面的相同部件是：**威**

葳	wēi	组词“葳蕤”。a. 形容植物生长茂盛的样子。b. 草本植物玉竹的别称。
崴	㊀wǎi ㊁wēi	㊀a. 山、水弯曲处或山路不平的样子。b. 脚扭伤。如：她下楼梯的时候**崴**了脚。 ㊁组词“崴嵬”。山势高峻的样子。如：群山**崴**嵬。

下列形近字右边的相同部件是：**戚**

嘁	qī	组词“嘁嘁喳喳”。形容混杂的、细碎的说话声。
槭	qì	落叶乔木，种类很多，秋叶红色或黄色，有三角、五角形等，极具观赏价值，是闻名的观赏树种。

下列形近字上面的相同部件是：**不**

否	㊀fǒu ㊁pǐ	㊀a. 不同意；不认可。如：全盘**否**定、无可**否**认。b. 用在“可、能、是”等后面构成疑问词。如：可**否**、能**否**、是**否**。c. 不如此；不这样。如：**否**则。 ㊁不好；坏；恶。如：一臧一**否**（臧：善，好。一吉一凶）、**否**极泰来（逆境达到极点，就会向顺境转化，指坏运到了头，好运就来了）。
歪	wāi	a. 不正；偏；斜。如：上梁不正下梁**歪**、东倒西**歪**。b. 不正的；不正派的。如：**歪**打正着、**歪**门邪道。
甭	béng	不用；不要。如：他现在需要休息，你就**甭**去打扰他了。
孬	nāo	a. 怯懦；无能。如：**孬**种、**孬**包。b. 不好；差；坏。如：**孬**主意。

下列形近字右边的相同部件是：**不**

坏	huài	a. 坏主意。如：使**坏**。b. 损伤；被毁。如：破**坏**、毁**坏**。c. 不好的；使人不满意的。如：**坏**人、好心办**坏**事。d. 表示程度深。如：累**坏**了。
抔	póu	a. 用手捧东西。如：污尊**抔**饮（挖坑当酒樽，用手捧酒而饮）。b. 量词，用于用手捧沙、土之类的东西。如：一**抔**黄土。（注意区别“抔杯”）
怀	huái	a. 心意；心胸。如：情**怀**、耿耿于**怀**、虚**怀**若谷。b. 胸部。如：**怀**抱。c. 思念。如：缅**怀**、**怀**念。d. 腹中有。如：**怀**孕。e. 心中有。如：满**怀**希望。
环	huán	a. 圈形的东西。如：耳**环**、吊**环**、花**环**。b. 相关联的许多事物中的一个。如：**环**节。c. 围绕。如：**环**球旅行。d. 量词，用于打靶等。如：打了 9 **环**。
杯	bēi	a. 盛酒、水、茶等的器皿。如：推**杯**换盏、酒**杯**、**杯**弓蛇影、玻璃**杯**、烧**杯**。b. 杯状的锦标。如：世界**杯**、奖**杯**。c. 量词，用于杯装的东西。如：一**杯**咖啡。（注意区别“杯抔”）
钚	bù	金属元素。符号 Pu，原子序数为 94，锕系元素之一，银白色，有毒，有放射性，可发生裂变反应，可用于核工业。
还有与上述同类型的三级字：**衃** pēi		

下列形近字右边的相同部件是：**丕**

坯	pī	a. 还没有烧过的砖瓦、陶器等；泛指半成品。如：砖**坯**、毛**坯**、钢**坯**、脱**坯**。b. 指具有成为某种人的基础的未成年人。如：美人**坯**子、好**坯**子。
呸	pēi	表示斥责或唾弃。如：**呸**！你做错事还有理了。
胚	pēi	初期发育的生物体。如：玉米**胚**芽油、**胚**胎。
还有与上述同类型的三级字：**伾** pī **狉** pī **駓** pī		

下列形近字的相关部分是：**石**

石	㊀dàn ㊁shí	㊀量词，市制容量单位。10 斗为 1 **石**。 ㊁a. 岩石，构成地壳的坚硬物质，由矿物集合而成。如：**石**山、矿**石**。b. 石刻。如：金**石**。
右	yòu	跟“左”相对。a. 面向南时靠西的一边。如：**右**手、**右**边、左邻**右**舍。b. 保守的；反动的。如：**右**倾思想、**右**派分子、**右**翼社团。

下列形近字下面的相同部件是：**石**

岩	yán	a. 高峻的山崖、山峰。如：千**岩**万壑、**岩**嶂。b. 构成地壳的石头。如：沉积**岩**、花岗**岩**、**岩**土工程。c. 洞穴；石窟。如：**岩**居之士。
砻	lóng	a. 去掉稻壳的农具（像磨）。如：**砻**磨。b. 用砻去掉；引申为磨。如：**砻**糠、**砻**谷舂米、"**砻**之以砥砺，错之以他山"。
砮	nǔ	可以做箭镞的石头，也指石头做的箭头。如：**砮**石、楛矢石**砮**（用长白山区的楛木制作的箭杆，用松花江中坚硬的青石磨制的箭头）。
菪	dàng	组词"莨菪"。草本植物，有毒，夏季开花结果，花紫黄色，蒴果长卵圆形，种子近盘形，种子等可入药。
碧	bì	a. 青绿色的玉石。b. 青绿色；淡蓝色。如：**碧**蓝、**碧**绿、**碧**波荡漾、金**碧**辉煌、**碧**瓦朱檐、**碧**空万里。
磐	pán	大石头。如：风雨如**磐**、坚如**磐**石。
还有与上述同类型的二级字：**砉**㊀xū ㊁huā **砻** lüè **磬** qìng		

下列形近字左边的相同部件是：**石**

矶	jī	水边突出的岩石或石滩。多用于地名。如：采石**矶**（在安徽省马鞍山市）、燕子**矶**（在江苏省南京市）、城陵**矶**（在湖南省岳阳市）。
矾	fán	某些金属硫酸盐的含水结晶。有白、青、黄、黑等颜色。如：明**矾**（硫酸钾铝）、胆**矾**（硫酸铜）、绿**矾**（硫酸亚铁）。

下列形近字右边的相同部件是：**石**

拓	㊀tà ㊁tuò	㊀把石碑等器物上的文字和图像印下来。如：**拓**印、**拓**本。 ㊁开辟；扩充。如：开疆**拓**土、**拓**宽视野、**拓**展新业务、**拓**荒者。（注意区别"拓柘"）
柘	zhè	灌木或小乔木，有棘刺，嫩叶可养蚕，果实绛红色卵形，茎皮纤维可造纸，木材心部黄色，可作染料，根、皮可入药。（注意区别"柘拓"）
炻	shí	组词"炻器"。介于陶器和瓷器之间的制品，质地致密坚硬，强度高，稳定性好，制作的餐具能抗冲击，适用机械化洗涤。
跖	zhí	a. 脚掌。如：鸡**跖**。b. 脚面上接近脚趾的部分。如：**跖**骨、**跖**痛。c. 踩；踏。如：**跖**地。
还有与上述同类型的三级字：**祏** shí **鼫** shí		

下列形近字右边的相同部件是：**百**

佰	bǎi	“百”的大写。如：壹**佰**元人民币。
陌	mò	田间东西方向的道路，泛指田间小路；生疏，不熟悉。如：阡**陌**纵横、视如**陌**路、不和**陌**生人说话。
还有与上述同类型的二、三级字：**皕** bì **貊** mò		

下列形近字右边的相同部件是：**有**

侑	yòu	在筵席上助兴，劝人吃喝。如：**侑**酒之欢、**侑**宾、**侑**觞、劝**侑**。
洧	wěi	用于地名。如：**洧**川镇（位于河南省开封市尉氏县）。
贿	huì	a. 财物。b. 用财物买通别人；特指用来买通别人的财物。如：索**贿**、受**贿**、行**贿**、**贿**赂。
鲔	wěi	鱼名，身体纺锤形，背部蓝黑色，生活在温带和热带海洋里。
还有与上述同类型的三级字：**琇** xiù **烠** huí **铕** yǒu		

下列形近字上面的相同部件是：**而**

耍	shuǎ	a. 玩；游戏。如：玩**耍**、嬉**耍**。b. 戏弄；捉弄。如：没想到，这次被他**耍**了。c. 卖弄；表演。如：**耍**花招、**耍**把戏、**耍**枪弄棒、关公面前**耍**大刀。
恧	nǜ	惭愧。如：惭**恧**。

下列形近字下面的相同部件是：**而**

斋	zhāi	a. 书房等屋舍。如：书**斋**。b. 信仰佛教、道教等的人吃的素食。如：吃**斋**。c. 祭祀前或举行典礼前清心洁身。如：**斋**戒三日。d. 舍饭给僧人。如：**斋**僧。
需	xū	a. 应该有；不可缺少。如：**需**要、按**需**分配、生活必**需**品、供**需**平衡。b. 应该有或必不可少的东西。如：军**需**。
还有与上述同类型的三级字：**耑**㊀duān ㊁zhuān		

下列形近字右边的相同部件是：**面**

湎	miǎn	沉迷(多指酒、色)。如：沉**湎**淫逸(沉溺于酒色和安逸中)。
缅	miǎn	a. 遥想。如：**缅**怀先烈。b. 指缅甸。如：中**缅**经济走廊。
腼	miǎn	组词“腼腆”。因害羞而神情或举止不自然。
还有与上述同类型的三级字：**偭** miǎn **愐** miǎn		

下列形近字右边的相同部件是：**页**

颍	yǐng	颍河，水名，发源于河南省，注入淮河。
颖	yǐng	a. 稻、麦等植物籽实带芒的外壳。如：芒**颖**、**颖**果。b. 某些东西末端的尖锐部分。如：锋**颖**、脱**颖**而出。c. 比喻聪明或才华出众。如：聪**颖**。
还有与上述同类型的二级字：**颎** jiǒng		

顷	qǐng	a. 很短的时间。如：少**顷**、**顷**刻。b. 副词。刚才；不久前。如：**顷**闻。c. 量词，市制地积单位。如：1 **顷**为 100 亩。
项	xiàng	a. 事物的种类或名目。如：**项**目、立**项**、事**项**。b. 经费；钱款。如：款**项**。c. 脖子。如：颈**项**、**项**链。d. 数学上指没有加减号连接的单式。如：单**项**式、多**项**式。e. 量词，用于分条分类的事物。如：八**项**注意、五**项**任务。

颁	bān	发下；公布。如：**颁**奖、**颁**布。
颂	sòng	a. 赞扬；赞美。如：歌**颂**、称**颂**、**颂**扬。b. 祝愿(多用于书信)。如：祝**颂**、敬**颂**大安。c. 以颂扬为主要内容的诗文。如：祖国**颂**、延安**颂**。

下列形近字右边的相同部件是：**原**

塬	yuán	一种地貌。我国西北部黄土高原地区因流水冲刷而形成高地，呈台状，四边陡，边缘陡峭，顶上平坦。
源	yuán	水流的起始处；事物或事件的根源。如：**源**头、起**源**、发**源**地、万恶之**源**、**源**远流长、开**源**节流、追本溯**源**、饮水思**源**。
螈	yuán	组词“蝾螈”。两栖动物，体形像蜥蜴，头部扁平，有尾无鳞，四肢细弱，前肢四趾，后肢五趾，靠嗅觉捕食，大多色彩艳丽，但有毒。
还有与上述同类型的三级字：**嫄** yuán **騵** yuán **羱** yuán		

下列形近字的相关部分是：**大**

大	㊀dà ㊁dài	㊀a. 超过一般的量或超过比较对象的量。如：巨**大**。b. 大小的程度。如：有多**大**？c. 排行第一的。如：**大**哥。d. 重要的；时间更远的。如：**大**事、**大**后天。e. 副词，表示程度深。如：**大**慈**大**悲。f. 敬辞，敬称对方的有关事物。 ㊁a. 组词"大夫"。称医生。b. 组词"大王"。传统文艺中称国王或山寨头领。
犬	quǎn	狗。如：猎**犬**、鸡**犬**不宁、蜀**犬**吠日（四川盆地四周群山环绕，中间平原的水汽不易散开，那里的狗看到太阳后就觉得奇怪，就要叫。比喻少见多怪）。
太	tài	a. 高大；最高、最远的。如：**太**空、**太**古、**太**学。b. 表示身份或辈分更高的。如：**太**后、**太**奶奶。c. 副词，表示程度极高或超出正常的程度。如：**太**长。

天	tiān	a. 天空；空中的。如：蓝**天**、**天**桥。b. 一昼夜或某一段的时间。如：整**天**、三更**天**。c. 季节；气候。如：春**天**、晴**天**。d. 泛指自然界的。如：**天**灾。e. 信仰宗教的人指神、佛、仙人居住的地方。如：**天**堂。f. 天生的。如：**天**才。
夫	fū	a. 成年男子的通称。如：匹**夫**、懦**夫**。b. 女子的配偶。如：丈**夫**、姐**夫**。c. 从事某种体力劳动的人。如：农**夫**、渔**夫**。d. 旧时服劳役的人。如：**夫**役。
夭	yāo	a. 未成年而死。如：**夭**折、**夭**亡。b.（草木）茂盛。如：桃之**夭夭**。

下列形近字右边的相同部件是：**丈**

仗	zhàng	a. 古代兵器的总称。如：仪**仗**。b. 战争；战斗。如：胜**仗**。c. 拿着兵器。如：**仗**剑。d. 凭借；依靠。如：**仗**势欺人。
杖	zhàng	走路时扶着的棍子；泛指棍棒。如：拐**杖**、擀面**杖**、扶**杖**而行。

下列形近字右边的相同部件是：**夸**

垮	kuǎ	a. 倒塌；坍塌。如：一场洪水把桥冲**垮**了。b. 崩溃；溃败。如：我军将士英勇奋战，很快打**垮**了敌军。
挎	kuà	a. 胳膊弯起来挂着东西。如：她每天早上**挎**个篮子去买菜。b. 把东西挂在肩上或腰间。如：**挎**包、那个特务腰里**挎**了一把枪。
绔	kù	组词"纨绔"。细绢做成的裤子，泛指有钱人家子弟的华美衣着，借指富贵人家的子弟。如：自古英雄多磨难，从来纨**绔**少伟男。

胯	kuà	腰和大腿之间的部分。如：扭腰撒**胯**、**胯**骨、**胯**下之辱(汉初军事家韩信年少时从一屠夫胯下钻过去受侮辱的典故，告诉人们要学会忍受，终成大事)。
跨	kuà	a. 用脚越过或迈过。如：**跨**栏、**跨**过这道沟。b. 越过时间或地区的界限。如：**跨**世纪、**跨**国公司。c. 两脚分开坐着或立着。如：**跨**上战马，飞奔而去。
还有与上述同类型的二、三级字：**侉** kuǎ **洿** wū **姱** kuā		

下列形近字右边的相同部件是：**奎**

喹	kuí	组词"喹啉"。有机化合物，分子式 C_9H_7N，无色油状液体，有特殊臭味。用来制药。亦可制染料。
蝰	kuí	组词"蝰蛇"。一种毒蛇，背部灰褐色，腹部黑色，身体两侧有不规则的斑点。生活在森林或草地里。
还有与上述同类型的三级字：**煃** kuǐ		

下列形近字右边的相同部件是：**奔**

倴	bèn	用于地名。如：**倴**城镇(位于河北省唐山市滦南县)。
锛	bēn	a. 削平木料的一种工具，称为锛子。b. 用锛子削木料。如：**锛**木头。c. 刃有缺口。如：这把刀使**锛**了。

下列形近字右边的相同部件是：**奇**

倚	yǐ	a. 靠着。如：**倚**马千言(靠着战马一会儿就把公文写好了，形容文思敏捷)、**倚**门而望、**倚**靠。b. 仗恃。如：**倚**老卖老。c. 偏；歪。如：不偏不**倚**。
崎	qí	组词"崎岖"。形容山路不平，也比喻人生艰难。如：山路**崎**岖、**崎**岖坎坷的一生。
猗	yī	a. 文言助词，意为"啊"。如：河水清且涟**猗**(河水清澈而且泛起阵阵涟漪啊)。b. 文言叹词，表示赞美。如：**猗**嗟昌兮，颀而长兮。
绮	qǐ	a. 有花纹的丝织品。如：**绮**罗、**绮**缟、**绮**襦纨绔(用绸缎作衣裤，代指富贵子弟)。b. 美丽；美好。如：**绮**思、**绮**艳、**绮**丽。
骑	qí	a. 两腿跨坐。如：**骑**虎难下、牧童**骑**牛、**骑**马、**骑**自行车。b. 指被骑的马或其他动物。如：坐**骑**。c. 骑兵。如：轻**骑**。d. 兼跨两边。如：**骑**缝盖章。
椅	㊀yī ㊁yǐ	㊀落叶乔木，山桐子的又称，花黄绿色，有芳香，为养蜂业的重要资源，红棕色种子圆形，含油量很高，可作为生物能源开发对象，也是重要的观赏植物。 ㊁有靠背的坐具。如：轮**椅**、桌**椅**板凳、太师**椅**、折叠**椅**、弹射座**椅**(飞机上飞行员的座椅)、第一把交**椅**(排在第一位的椅子，比喻首要位置)。

犄	jī	组词“犄角”。a. 棱角。如：桌子**犄**角。b. 角落。如：**犄**角旮旯。c. 某些动物头上的角。如：羊**犄**角。d. 同“掎角”。分兵牵制或夹击敌人。如：**犄**角之势。
畸	jī	a. 不规则的；不正常的。如：**畸**形、**畸**变。b. 偏。如：**畸**重**畸**轻。c. 数的零头。如：**畸**零。
锜	qí	古代的一种烹煮器具，有三足。
还有与上述同类型的三级字：**琦** qí **埼** qí **掎** jǐ **徛** jì **婍** qǐ **踦** yǐ **觭** jī **齮** yǐ		

下列形近字右边的相同部件是：**奄**

俺	ǎn	我；我们。如：**俺**爷爷的身体一天不如一天、**俺**们要去大城市长见识。
埯	ǎn	a. 点种瓜、豆等时挖的小坑。如：今天的任务是挖**埯**种豆子。b. 挖小坑点种。如：清明前后，种瓜**埯**豆。c. 量词，用于点种的植物。如：一**埯**土豆。
掩	yǎn	a. 遮蔽；遮盖。如：**掩**耳盗铃、瑕不**掩**瑜、**掩**护、**掩**人耳目、**掩**饰、迅雷不及**掩**耳。b. 关闭；合上。如：虚**掩**着门。c. 趁其不备。如：**掩**杀。
唵	ǎn	a. 用手抓东西往嘴里塞。如：**唵**了一口芝麻。b. 佛教咒语用字。如：**唵**嘛呢叭咪吽。
崦	yān	组词“崦嵫”。a. 山名，见于《山海经》。b. 传说中日落的地方。如：日薄**崦**嵫（比喻人到暮年或事物快到尽头了）。
淹	yān	a. 浸没。如：**淹**没、那块地势低的菜地被洪水**淹**了。b. 汗液浸渍皮肤而使人感到不舒服。c. 广博；精深。如：**淹**贯精微。d. 久；滞留。如：年**淹**日久。
腌	㊀ā ㊁yān	㊀组词“腌臜”。肮脏；不干净。 ㊁用盐等浸渍食物。如：**腌**制腊肉、**腌**萝卜。

下列形近字右边的相同部件是：**厥**

撅	juē	a. 翘起。如：小姑娘**撅**着两条辫子真可爱。b. 折断。如：他用力把木棍**撅**断了。（注意区别“撅橛”）
獗	jué	组词“猖獗”。疯狂而放肆；凶狠狂妄；恣意横行。如：猖**獗**一时。
橛	jué	小木桩；树或庄稼的残茎。如：木头**橛**子、残**橛**、树**橛**。（注意区别“橛撅”）

镢	jué	一种形似镐的刨土农具。
蹶	㊀jué ㊁juě	㊀跌倒，比喻失败或受挫折。如：一**蹶**不振。 ㊁组词“尥蹶子”。骡、马等跳起来用后腿向后踢。如：小心它尥**蹶**子。
鳜	guì	鱼名，体侧扁，背部隆起，青黄色，有黑色斑点，口大，鳞细小，是我国鱼类的特产。亦作桂鱼。
还有与上述同类型的二、三级字：**噘** juē **瀓** jué		

下列形近字右边的相同部件是：**灰**

诙	huī	说话风趣。如：**诙**谐。
咴	huī	组词“咴儿咴儿”。拟声词，形容马嘶叫的声音。
恢	huī	广大；宽广。如：气度**恢**弘、“法网**恢恢**，疏而不漏”（比喻作恶多端的人最终逃脱不了法律的制裁）。

下列形近字右边的相同部件是：**太**

呔	dāi	为使注意而突然大喝一声。如：**呔**！你在这鬼鬼祟祟做什么？
汰	tài	除去差的、不合要求的。如：淘**汰**、优胜劣**汰**（生物在生存竞争中，适应力强的保存下来，适应力差的被淘汰）。
肽	tài	有机化合物，由氨基酸脱水而成，含有羧基和氨基。如：**肽**键、多**肽**。
钛	tài	金属元素。符号 Ti，原子序数为 22，银白色，强度大，熔点高，抗腐蚀，能与铁、铝等金属制成强度更高的合金，可用于航天航空等领域。
酞	tài	有机化合物的一类，酞类化合物常用作染料和指示剂等。如：酚**酞**。

下列形近字右边的相同部件是：**犬**

伏	fú	a. 趴着。如：**伏**案读书。b. 隐藏。如：埋**伏**。c. 低下去。如：此起彼**伏**。d. 承认错误；（使）屈服。如：**伏**法、降龙**伏**虎。e. 指伏天。如：初**伏**、末**伏**。
吠	fèi	（狗）叫。如：鸡鸣狗**吠**、蜀犬**吠**日（四川盆地四周群山环绕，中间平原的水汽不易散开，那里的狗看到太阳后就觉得奇怪，就要叫。比喻少见多怪）。

状	zhuàng	a.形态。如：奇形怪**状**。b.情况；情形。如：症**状**。c.描述；形容。如：写情**状**物。d.描述事情的文字。如：供**状**。e.褒奖、委任等的文件。如：奖**状**、委任**状**。
献	xiàn	a.恭敬、庄严地送给。如：贡**献**、奉**献**、捐**献**、**献**花、**献**计**献**策。b.表现出来；呈现给众人。如：**献**技、**献**丑、**献**媚、**献**殷勤。
猷	yóu	谋略；计划。如：新**猷**、谋**猷**、鸿**猷**（宏伟的计划）。
默	mò	a.不说话；不出声。如：**默**认、**默**契、**默默**无闻、沉**默**是金。b.凭记忆写出读过的文字。如：**默**写、**默**单词、**默**生字。
还有与上述同类型的二级字：**畎** quǎn		

下列形近字右边的相同部件是：**尞**

僚	liáo	a.官吏。如：幕**僚**、官**僚**主义。b.指在一起做官的人。如：同**僚**。
撩	㊀liāo ㊁liáo	㊀a.掀起。如：**撩**起门帘。b.用手洒水。如：桌子上有灰，先**撩**点儿水再擦。 ㊁挑逗。如：**撩**逗、春色**撩**人。（注意区别"撩橑"）
嘹	liáo	组词"嘹亮"。形容声音清脆响亮。如：歌声**嘹**亮。
獠	liáo	凶恶的样子。如：青面**獠**牙。
潦	liáo	a.组词"潦草"。书写不工整，也指做事不认真。如：字迹**潦**草、浮皮**潦**草。b.组词"潦倒"。不得意，情绪低沉。如：穷困**潦**倒（形容生活贫困，失意颓丧）。
缭	liáo	a.缠绕。如：烟雾**缭**绕、眼花**缭**乱。b.用针线缝。如：**缭**缝。
燎	㊀liáo ㊁liǎo	㊀延烧。如：星星之火，可以**燎**原。 ㊁a.烘烤。如：烟熏火**燎**。b.烧焦。如：火苗往外一蹿，把头发给**燎**了。
瞭	㊀liǎo ㊁liào	㊀"了"的繁体字（只有"了 liǎo"的部分义项）。 ㊁从高处向远处看。如：**瞭**望、站在屋顶上**瞭**着点儿。
镣	liào	套在脚腕上使其受束缚的刑具。如：铁**镣**、手铐脚**镣**。
蹽	liāo	放开脚步走或跑。如：他**蹽**进了树林子里。
还有与上述同类型的二、三级字：**憭** liǎo **嫽** liáo **橑** liáo（注意区别"橑撩"）		

下列形近字右边的相同部件是：**达**

挞	tà	用鞭、棍等打(人)。如：鞭**挞**。
鞑	dá	组词"鞑靼"。a. 我国对北方游牧民族的统称。b. 俄罗斯联邦的一个民族。
还有与上述同类型的二、三级字：**跶** da **垯** da **哒** dā **碴**㊀dá ㊁tǎ **锐** dá		

下列形近字左边的相同部件是：**区**

瓯	ōu	a. 杯；盅。如：酒**瓯**。b. 小盆。如：瓦**瓯**、**瓯**饭瓢饮(用盆吃饭，用瓢喝水，比喻生活贫穷)。c. 浙江温州的别称。如：**瓯**绣。
欧	ōu	a. 指欧洲。如：**欧**盟、西**欧**。b. 电阻单位欧姆的简称。
殴	ōu	打(人)。如：**殴**打、打架斗**殴**、群**殴**。
鸥	ōu	鸟名，像白鸽，嘴赤红色，头和颈为深褐色，性凶猛，善游水，生活在海边的称海鸥，江、湖边的称江鸥，肉可入药。

下列形近字右边的相同部件是：**区**

讴	ōu	歌唱；歌颂。如：**讴**歌、**讴**咏、**讴**功颂德、浅斟低**讴**(慢慢地斟着酒喝、轻轻地低声歌唱，形容休闲、悠然的生活)。
抠	kōu	a. 用手指或尖细的东西挖。如：**抠**鼻屎。b. 雕刻(花纹)。c. 不必要地深究。如：**抠**字眼。d. 吝啬。如：**抠**门。(注意区别"抠枢")
呕	ǒu	吐。如：干**呕**、**呕**吐、**呕**心沥血、令人作**呕**。
岖	qū	组词"崎岖"。形容山路不平，也比喻人生艰难。如：山路崎**岖**、崎**岖**坎坷的一生。
沤	㊀ōu ㊁òu	㊀水泡。如：**沤**浮泡影(水中气泡，比喻希望等容易消失)。 ㊁长时间浸泡，使发生变化。如：**沤**肥、**沤**粪。
怄	òu	a. 生闷气。如：不要跟他**怄**气。b. 故意惹人着急生气。如：我用激将法**怄**得他直冒火。
妪	yù	年老的女人。如：老**妪**。

驱	qū	a. 赶牲口；驾车。如：**驱**赶羊群、**驱**车前往。b. 赶走。如：**驱**虫剂、**驱**除鞑虏。c. 快跑。如：并驾齐**驱**。d. 施加外力推动。如：四轮**驱**动。
枢	shū	a. 门上的转轴。如：户**枢**不蠹（经常转动的门轴不会被虫蛀）。b. 重要的或中心的部分。如：中**枢**神经系统、交通**枢**纽。（注意区别"枢抠"）
炬	ǒu	a. 柴草等燃烧不充分。如：把堆积的树叶**炬**了。b. 使柴草只冒烟不起火燃烧。如：**炬**些柴来熏腊肉。c. 燃烧某些柴草用烟熏蚊蝇。如：烧艾草**炬**蚊子。
眍	kōu	眼珠子深陷在眼眶里。如：病了半月，眼睛都**眍**进去了。
躯	qū	身体。如：身**躯**、为国捐**躯**（为国家牺牲生命）。
还有与上述同类型的二、三级字：**伛** yǔ **弧** kōu **坭**㊀ōu ㊁qū **貙** chū		

下列形近字下面的相同部件是：**戍**

蔑	miè	a. 无；没有。如：**蔑**以复加。b. 轻侮。如：**蔑**称、**蔑**视、轻**蔑**。c. 微小。如：视日月而知众星之**蔑**。d. 造谣诽谤。如：诬**蔑**。
篾	miè	劈成条的竹片（可用于制席子等），也指劈成条的芦苇茎皮等。如：**篾**匠、竹**篾**、**篾**片、**篾**丝、**篾**篓、苇**篾**儿。

下列形近字右边的相同部件是：**兀**

杌	wù	小矮凳。如：**杌**子、**杌**凳。
靰	wù	组词"靰鞡"。东北地区冬天穿的一种用皮革（多用黄牛皮）做的鞋。也作"乌（wù）拉"。
还有与上述同类型的三级字：**屼** wù **轨** yuè		

下列形近字右边的相同部件是：**历**

呖	lì	组词"呖呖"。形容鸟类清脆的叫声。如：突然传来一阵**呖呖**莺鸣。
沥	lì	a. 液体一滴一滴地落下。如：呕心**沥**血、淋**沥**、披肝**沥**胆。b. 一点一滴落下的液体。如：余**沥**。c. 形容风雨声。如：淅淅**沥沥**。
枥	lì	马槽。如：槽**枥**、马**枥**、"老骥伏**枥**，志在千里"（骥：好马；千里马。比喻有志向的人虽然年老，仍有雄心壮志）。
还有与上述同类型的三级字：**坜** lì **疬** lì		

下列形近字右边的相同部件是：豖

诼	zhuó	造谣；毁谤。如：谣**诼**诬谤（捏造事实，诬蔑和毁谤别人）。
啄	zhuó	鸟类用嘴叩击或取食。如：小鸡**啄**米、**啄**木鸟。
涿	zhuō	用于地名。如：**涿**州市（河北省辖县级市，由保定市代管）。
琢	㊀zhuó ㊁zuó	㊀雕刻玉石，使之成器物。如：精雕细**琢**、“玉不**琢**，不成器”。 ㊁组词“琢磨”。反复思索、考虑。
还有与上述同类型的三级字：**椓** zhuó		

下列形近字上面的相同部件是：龙

垄	lǒng	a. 田间种植作物的土行，稍高于两侧。如：宽**垄**密植。b. 用于田地分界的高起的田畔或埂子。如：辍耕之**垄**上。c. 像垄的东西。如：瓦**垄**。
砻	lóng	a. 去掉稻壳的农具（像磨）。如：**砻**磨。b. 用砻去掉；引申为磨。如：**砻**糠、**砻**谷舂米、“**砻**之以砥砺，错之以他山”。
聋	lóng	耳朵听不见声音；听觉迟钝或听不清楚。如：**聋**哑人、耳**聋**眼花、装**聋**作哑、振**聋**发聩、震耳欲**聋**、“不痴不**聋**，不做家翁”。
龚	gōng	姓。如：**龚**自珍（清代思想家、文学家、诗人）。
袭	xí	a. 出其不意地攻击。如：偷**袭**、突然**袭**击。b. 照原样做；继承。如：承**袭**王位、世**袭**、抄**袭**。c. 量词，用于成套的衣服。如：一**袭**棉衣。
还有与上述同类型的三级字：**龑** yǎn **詟** zhé		

下列形近字下面的相同部件是：龙

茏	lóng	组词“葱茏”。形容草木青翠茂盛。如：树木葱**茏**。
宠	chǒng	喜爱；偏爱；纵容。如：得**宠**、哗众取**宠**、**宠**幸、**宠**爱、受**宠**若惊。
笼	㊀lóng ㊁lǒng	㊀a. 关鸟、兽等的器具。如：鸡兔同**笼**、鸟**笼**。b. 装物体的器具。如：药**笼**中物、灯**笼**。c. 旧时囚禁犯人的戒具。如：牢**笼**、囚**笼**。d. 蒸东西的器具。如：蒸**笼**。 ㊁罩住；遮盖。如：**笼**罩、暮色**笼**了大地。
还有与上述同类型的二级字：**龛** kān		

下列形近字右边的相同部件是：**龙**

陇	lǒng	a. 甘肃省的别称。如：**陇**海铁路（甘肃兰州至江苏连云港的铁路干线）。b. 用于山名。如：**陇**山（位于陕西省和甘肃省交界处）。
拢	lǒng	a. 总合。如：**拢**共、把账**拢一拢**。b. 靠近。如：拉**拢**。c. 使不松散。如：**拢**紧、**拢**住。d. 梳理头发。如：把头发**拢一拢**。e. 合上；聚拢。如：合**拢**。
咙	lóng	组词"喉咙"。咽部和喉部的统称，上连口鼻，下通肺胃，是进食的通道，呼吸进出气的门户，也是发音器官。
泷	㊀lóng ㊁shuāng	㊀急流的水；湍急的河流。多用于地名。如：七里**泷**村（位于浙江省杭州市）。 ㊁用于山名。如：**泷**冈山（位于江西省永丰县）。
珑	lóng	组词"玲珑"。a.（物体）精巧细致。如：小巧玲**珑**。b. 指人灵活敏捷。如：八面玲**珑**、娇小玲**珑**。
胧	lóng	组词"朦胧"。a. 月光不明。如：暮色朦**胧**、楚魂吟后月朦**胧**。b. 不清楚；模糊。如：山色朦**胧**、烟雨朦**胧**。（注意区别"眬胧"）
眬	lóng	组词"蒙眬"。a. 不清楚；模糊。如：眼睛蒙**眬**看不清。b. 形容醉态或睡态。如：醉眼蒙**眬**觅归路、睡眼蒙**眬**。（注意区别"胧眬"）
还有与上述同类型的二、三级字：**栊** lóng **昽** lóng		

下列形近字右边的相同部件是：**尤**

优	yōu	a. 上等的；美好的。如：**优**质、**优**秀、择**优**录取。b. 充足；富裕。如：养尊处**优**。c. 优待。如：**优**抚。d. 旧时称演戏的人。如：名**优**、**优**伶。
扰	rǎo	a. 打搅；搅乱。如：骚**扰**、滋**扰**、侵**扰**、干**扰**、打**扰**、**扰**民。b. 因受人招待而表示客气。如：今天真是叨**扰**您了。c. 混乱。如：纷**扰**。
犹	yóu	a. 如同；好像。如：**犹**如、虽死**犹**生。b. 还；仍；尚且。如：意**犹**未尽、困兽**犹**斗、虽败**犹**荣、记忆**犹**新（过去的事，就像刚才发生的一样）。
忧	yōu	a. 担心。如：**忧**国**忧**民。b. 愁闷。如：**忧**心忡忡、**忧**伤、**忧**郁。c. 使人担心、愁闷的事。如：后顾之**忧**、排**忧**解难、无**忧**无虑、高枕无**忧**。
鱿	yóu	鱿鱼，软体动物，又叫枪乌贼，头像乌贼，尾端呈菱形，身体白色，有淡褐色斑点，生活在海洋里。
就	jiù	a. 凑近。如：避重**就**轻。b. 到。如：**就**位。c. 从事。如：**就**业。d. 服从。如：迁**就**。e. 完成。如：**就**绪。f. 副词。如：我**就**来。g. 介词。如：**就**地取材。h. 连词。如：我**就**是坐车也赶不上他。i. 随同着吃下去。如：稀饭**就**咸菜。

下列形近字右边的相同部件是：**列**

例	lì	a. 可以做依据或效仿的事物。如：史无前**例**、**例**证。b. 规定；规则。如：条**例**。c. 合乎某种条件的事例。如：案**例**。d. 按惯例进行的。如：**例**行检查、**例**会。
冽	liè	寒冷。如：寒风凛**冽**。（注意区别"洌冽"）
洌	liè	清（指酒、水等）。如：泉香而酒**洌**。（注意区别"洌冽"）
咧	㊀liē ㊁liě ㊂lie	㊀组词"咧咧"。如：大大**咧咧**（形容随随便便）、骂骂**咧咧**（说话中夹杂着骂人的话）。 ㊁嘴角向两边伸展。如：龇牙**咧**嘴。 ㊂助词，相当于"了""啦"。如：他愿意**咧**！

下列形近字右边的相同部件是：**犮**

拔	bá	a. 抽出来。如：连根**拔**起、**拔**草。b. 挑选。如：选**拔**。c. 夺取。如：攻城**拔**寨。d. 超出。如：出类**拔**萃。e. 吸出。如：**拔**毒。f. 向高提。如：**拔**嗓子。
绂	fú	古代用来系印章等的丝绳。
祓	fú	a. 古代为除灾求福举行的祭祀。b. 清除；扫除。如：**祓**除、**祓**濯（除垢使洁）。
钹	bó	打击乐器，圆片形，以两片为一副，每片中间凸起成半球形，使用时两片相击合成球形，腔体碰撞发声。
跋	bá	a. 翻越山岭。如：**跋**山涉水。b. 写在文章、书籍等后面的短文，多用来评价、说明等。如：题**跋**、前序后**跋**。
鲅	bà	鲅鱼，即马鲛，银灰色，体长侧扁，体被细小圆鳞，游速快，性情凶猛，肉可食，营养丰富（如鲐鲅和燕鲅）。
还有与上述同类型的二、三级字：**黻** fú **妭** bá **韨** fú **胈** bá		

下列形近字右边的相同部件是：**厄**

扼	è	a. 抓住；用力掐住。如：简明**扼**要、**扼**杀在摇篮中、**扼**腕叹息。b. 把住；控制。如：**扼**制、**扼**守关隘。
呃	è	组词"呃逆"。因膈痉挛引起的打嗝，声音急而短促。
轭	è	驾车或耕田地时搁在牛、马等脖子上的器具。如：衡**轭**（古代车辕前的横木和马脖子上的曲木，比喻控制或束缚）、马**轭**、牛**轭**、共**轭**（按一定的规律相配的一对）。

下列形近字右边的相同部件是：**成**

诚	chéng	a. 真心实意。如：**诚**意、以**诚**相见、竭**诚**相待、精**诚**团结、开**诚**布公。b. 实在；的确。如：心悦**诚**服、**诚**惶诚恐、**诚**然。
城	chéng	a. 城墙；也指城墙以内的地方。如：高**城**深堑、万里长**城**、护**城**河。b. 城市（跟"乡"相对）。如：**城**乡规划。c. 大型营业场所。如：图书**城**、服装**城**。
还有与上述同类型的三级字：**珹** chéng **铖** chéng		

下列形近字右边的相同部件是：**平**

评	píng	a. 议论；评论。如：**评**书、**评**理、客观**评**价、**评**头论足。b. 判出高下；评判。如：**评**选前三名、**评**分、**评**比、成绩**评**定。
坪	píng	平坦的场地。如：地**坪**、草**坪**、晒谷**坪**。
抨	pēng	用言语攻击。如：**抨**击。（注意区别"抨枰"）
怦	pēng	拟声词，形容心跳的声音。如：**怦**然心动、"第一次在上千观众面前表演，紧张得心**怦怦**直跳"。
枰	píng	棋盘；棋局。如：棋**枰**、推**枰**认输。（注意区别"枰抨"）
秤	chèng	衡量轻重的器具。如：电子**秤**、弹簧**秤**、**秤**不离砣、吃了**秤**砣铁了心、**秤**砣虽小压千斤。
砰	pēng	拟声词，形容物体撞击的声音、爆破的声音或重物落地的声音。如：**砰**的一声枪响，死刑犯被执行枪决了。
鲆	píng	鱼名，身体侧扁，不对称，两眼都在身体的左侧。无眼的一侧是白色，有眼的一侧是灰褐色或深褐色。常见的有牙鲆、斑鲆等。
还有与上述同类型的三级字：**泙** píng **玶** píng **蚲** píng		

下列形近字右边的相同部件是：**来**

徕	lái	组词"招徕"。招引人才；招揽生意。如：招**徕**四方之士、招**徕**顾客。
涞	lái	涞水，古水名，即今拒马河。如：**涞**水县（位于河北省保定市，因涞水得名）。

睐	lài	a. 瞳仁不正。b. 向旁边看；泛指看。如：左**睐**、右**睐**、明眸善**睐**（形容眼睛明亮而灵活，善于顾盼传情）、青**睐**（正眼相看，比喻喜爱）。
铼	lái	金属元素。符号 Re，原子序数为 75，属于过渡金属，银白色，熔点和沸点高，电阻高，可用来制电灯灯丝、高温合金部件、铂-铼催化剂等。
还有与上述同类型的二、三级字：**崃** lái **徕** lái **梾** lái		

下列形近字左边的相同部件是：**夹**

郏	jiá	用于地名。如：**郏**县（位于河南省平顶山市）。
颊	jiá	脸的两侧。如：脸**颊**、两**颊**绯红、曲眉丰**颊**、齿**颊**生香（吃了美食后嘴边觉得有香气生出。比喻所谈之事给人感觉好，也比喻让人回味无穷）。

下列形近字右边的相同部件是：**夹**

侠	xiá	凭借自己的力量帮助被欺侮者的人、品行或行为。如：游**侠**、**侠**士、**侠**客、行**侠**仗义、武**侠**小说、**侠**肝义胆。
陕	shǎn	陕西省的简称。如：**陕**甘革命根据地、沪**陕**高速公路、**陕**北、川**陕**苏区。
挟	xié	a. 用胳膊夹住。如：**挟**皮包、**挟**泰山以超北海（夹着泰山跨越北海，比喻做绝对办不到的事）。b. 凭借拥有某些条件强迫人服从。如：**挟**持、**挟**天子以令诸侯（挟持天子，号令诸侯）。c. 心里怀着。如：**挟**仇陷害。（注意区别"挟梜"）
峡	xiá	两山或两块陆地夹水的地方（多用于地名）。如：**峡**谷、长江三**峡**、三门**峡**（地名，河南省辖地级市）、台湾海**峡**、琼州海**峡**。
狭	xiá	窄；不宽阔。如：**狭**长、**狭**窄、房间**狭**小、**狭**路相逢勇者胜、心胸**狭**隘、**狭**义相对论、在**狭**缝中求生存。
浃	jiā	湿透；遍及。如：汗流**浃**背。
铗	jiá	a. 冶炼铸造时用的钳子。如：铁**铗**。b. 剑。如：电**铗**（宝剑，明如闪电而得名）、长**铗**。c. 剑柄。如：弹**铗**（弹击剑柄，比喻怀才却受冷遇）。
蛱	jiá	组词"蛱蝶"。蝴蝶的一类，飞行缓慢，前足退化，由中、后足步行，翅膀颜色多样，有的像枯叶，以植物叶子等为食，危害农作物。
还有与上述同类型的二、三级字：**硖** xiá **梜** jiā（注意区别"梜挟"）		

下列形近字右边的相同部件是：需

儒	rú	a. 指儒家，提倡仁义、礼治的思想流派。b. 泛指读书的人。如：一介**儒**生、**儒**雅风流、焚书坑**儒**、谈笑有鸿**儒**（与学问渊博的人在一起谈笑）。
濡	rú	a. 沾湿；润泽。如：浸**濡**、**濡**笔、**濡**润、相**濡**以沫、耳**濡**目染。b. 停留；迟滞。如：**濡**迹、**濡**迟。c. 容忍。如：**濡**忍。
懦	nuò	软弱；胆小。如：懦弱无能、**懦**夫、怯**懦**。
孺	rú	小孩子。如：老弱妇**孺**、妇**孺**皆知、黄口**孺**子、**孺**子可教。
蠕	rú	慢慢爬动。如：**蠕**虫、**蠕**行、**蠕**动、**蠕**变。
糯	nuò	有黏性的（稻米、谷物等）。如：香**糯**、**糯**稻、**糯**粟、**糯**玉米、**糯**米、黄**糯**。
还有与上述同类型的二、三级字：**嚅** rú **襦** rú **嬬** rú **繻** xū **瑌** ruǎn **臑** nào		

下列形近字右边的相同部件是：雷

擂	㊀léi ㊁lèi	㊀a. 研磨。如：**擂**钵。b. 敲；打。如：**擂**鼓鸣金、自吹自**擂**。 ㊁指擂台，古代比武的台子。如：守**擂**、**擂**主。
镭	léi	金属元素。符号 Ra，原子序数为 88，银白色软金属，化学性质活泼，具有极强的放射性，射线能破坏、杀死细胞和细菌，医学上用来治疗恶性肿瘤等。
还有与上述同类型的三级字：**檑** léi **礌** léi		

下列形近字右边的相同部件是：霍

攉	huō	把堆积的东西铲起来倒（dào）到另一个地方。如：**攉**煤、**攉**土。
嚯	huò	叹词，表示惊讶或赞叹。如：**嚯**，这么快就回来了！
还有与上述同类型的三级字：**灍** huò		

下列形近字右边的相同部件是：丂

巧	qiǎo	a. 技艺。如：技**巧**。b. 手艺高超。如：心灵手**巧**、能工**巧**匠。c. 精妙。如：精**巧**、灵**巧**、**巧**安排。d. 虚华不实。如：花言**巧**语。e. 正好。如：**巧**遇、**巧**合。
朽	xiǔ	a. 木头腐烂，泛指腐烂。如：腐**朽**、**朽**木不可雕也。b. 磨灭；消失。如：不**朽**的业绩、永垂不**朽**。c. 衰老。如：老**朽**、**朽**迈。

下列形近字右边的相同部件是：**与**

屿	yǔ	小岛。如：岛**屿**、兰**屿**、东门**屿**、沙**屿**相接、江心**屿**、鼓浪**屿**（厦门最大的岛）。
玙	yú	一种美玉。如：**玙**璠（君王佩戴的美玉，比喻美德或品德高洁的人）。

下列形近字右边的相同部件是：**疌**

捷	jié	a. 战胜。如：平型关大**捷**、**捷**报频传、出师未**捷**身先死。b. 快。如：便**捷**、**捷**径、思维敏**捷**、**捷**足先登、快**捷**方式。
婕	jié	组词“婕妤”。汉朝宫中女官名，帝王嫔妃的一种等级，“婕妤”一直沿用到明朝。
睫	jié	指睫毛。如：**睫**毛膏、目不交**睫**（没有合上眼皮，形容夜间不睡觉或睡不着）、目不见**睫**（比喻人无自知之明）、迫在眉**睫**（比喻近在眼前，十分急迫）。

下列形近字下面的相同部件是：**车**

辇	niǎn	古代用人拉着走的车，后来专指帝王后妃坐的车。如：龙车凤**辇**。
辈	bèi	a. 人的一生。如：一**辈**子、后半**辈**儿。b. 家族世袭相承的顺序。如：**辈**分、长**辈**、前**辈**。c. 类；等（指人）。如：我**辈**、老一**辈**、小字**辈**。

下列形近字右下的相同部件是：**车**

厍	shè	村庄。多用于地名。如：北**厍**镇（位于江苏省苏州市吴江区）。
库	kù	a. 储存东西的房屋或地方。如：仓**库**、**库**房、冷**库**、粮**库**、水**库**。b. 量词，电量单位库仑的简称。

下列形近字右边的相同部件是：**连**

涟	lián	a. 风吹水面形成的波纹。如：**涟**波、河水清且**涟**猗、**涟**沦。b. 泪流不止的样子。如：涕泗流**涟**、泣涕**涟涟**。
梿	lián	组词“梿枷”。一种用来脱粒用的农具，由手杆（用来握）和敲杆（成排细棍或藤条，用来敲打脱粒）构成。亦作“连枷”。

链	liàn	a. 链子；也指像链子环环相扣的事物。如：铁**链**、食物**链**、项**链**。b. 计量海洋上距离的长度单位，1 链合 185.2 米。c. 英美制长度单位，1 链约合 21.1 米。
裢	lián	组词"褡裢"。a. 一种中间开口而两端装钱物用的布口袋。b. 摔跤运动员穿的一种用多层布制成的上衣。
鲢	lián	鲢鱼，体形侧扁，背部青灰色，腹部白色，生长快，疾病少，以浮游生物等为食，是我国主要的淡水养殖鱼类之一。
还有与上述同类型的二级字：**琏** liǎn		

下列形近字右边的相同部件是：**巨**

讵	jù	副词，表示反问，相当于"岂""怎""难道"。如：**讵**知天降大雨、一国**讵**可无法、四方**讵**不响应、**讵**料他会叛变。
拒	jù	a. 抵挡；抵抗。如：不可抗**拒**、**拒**敌于国门之外、引虎**拒**狼。b. 不接受。如：**拒**签、被**拒**、来者不**拒**、委婉**拒**绝、**拒**不执行命令。（注意区别"拒柜"）
柜	㊀guì ㊁jǔ	㊀a. 柜子，放衣物、文件等用。如：衣**柜**、书**柜**。b. 柜房；商店。如：掌**柜**。㊁柜柳，落叶乔木，枝条柔韧，果实像元宝，又称元宝枫。（注意区别"柜拒"）
炬	jù	a. 蜡烛。如：蜡**炬**成灰泪始干。b. 火把。如：奥运火**炬**、目光如**炬**。
矩	jǔ	a. 画方形的工具。如：不以规**矩**不成方圆。b. 法则；规则。如：偭规越**矩**、循规蹈**矩**。c. 矩形，对边相等、四个角都是直角的四边形。
距	jù	a. 相隔；相离。如：宿舍**距**公司 500 米、**距**今不过百年。b. 相隔的长度。如：调整行**距**、三倍焦**距**。c. 雄鸡爪子后面突出像脚趾的部分。
还有与上述同类型的三级字：**岠** jù **钜** jù **秬** jù		

下列形近字右边的相同部件是：**夷**

咦	yí	叹词，表示惊讶。如：**咦**！今天怎么是你来接我啊？
姨	yí	a. 称母亲的姐妹。如：小**姨**、**姨**妈。b. 称妻子的姐妹（后面得带"子"字）。如：小**姨**子。c. 称跟母亲年纪差不多无亲属关系的女性。如：阿**姨**、吴**姨**。
胰	yí	胰腺，人和高等动物体内的消化腺，分为外分泌腺和内分泌腺，能分泌胰液和胰岛素，帮助消化和调节糖类的新陈代谢。

下列形近字上面的相同部件是:**斩**

堑	qiàn	a. 防御用的壕沟。如:高城深**堑**、长江天**堑**、**堑**壕、**堑**垒。b. 比喻挫折。如:吃一**堑**,长一智(比喻受到一次挫折,便得到一次教训,增长一分才智)。
椠	qiàn	a. 古代写字用的木板。如:怀铅握**椠**(铅、椠均为书写工具,比喻勤于书写著作)。b. 书的雕版;刻本;版本。如:**椠**本、宋**椠**、元**椠**。
暂	zàn	a. 时间短(跟"久"相对)。如:短**暂**、"**暂**则封舱,久则封港"。b. 副词,暂时。如:**暂**缓执行、**暂**且不说、**暂**停施工、**暂**定。
还有与上述同类型的二级字:**錾** zàn		

下列形近字右边的相同部件是:**斩**

渐	㊀jiān ㊁jiàn	㊀a. 浸。b. 流入。如:东**渐**于海(河水东流入海,引申为向东方流传)。 ㊁副词,慢慢地。如:逐**渐**、**渐**变、**渐**入佳境、日光**渐**暗、循序**渐**进。
惭	cán	羞愧。如:羞**惭**、**惭**颜、**惭**怍、**惭**愧、大言不**惭**、顾影**惭**形、面无**惭**色、自**惭**形秽(形秽:形态丑陋。因自己容貌举止不如别人而感到惭愧)。

下列形近字右边的相同部件是:**牙**

伢	yá	小孩子,一般是长辈对晚辈(多称男孩子)的一种称呼。如:**伢**崽、**伢**子。
讶	yà	惊奇;奇怪。如:惊**讶**、**讶**然。
呀	㊀yā ㊁ya	㊀a. 叹词,表示惊讶。如:**呀**! 你打球的技术进步这么快啊。b. 拟声词,形容开关门窗的摩擦声。如:**呀**的一声响,他把窗户推开了。 ㊁"啊"(前为 a、e、i、o、ü 等收音)的变音。如:快去**呀**!
玡	yá	组词"琅玡"。山名。如:琅**玡**山(位于安徽省滁州市的西郊)。
蚜	yá	蚜虫,昆虫,种类多(如棉蚜),身体小且半透明,多数约 2 毫米,以植物茎叶、嫩穗汁液等为食,危害农作物,天敌有瓢虫等。
还有与上述同类型的二、三级字:**岈** yá **砑** yà		

下列形近字右边的相同部件是:**东**

冻	dòng	a. 液体或含水分的东西遇冷凝结。如:河流解**冻**、天寒地**冻**、冰**冻**三尺。b. 汤汁等凝结。如:肉**冻**儿。c. 受冷或感到冷。如:忍**冻**挨饿、**冻**僵了。
陈	chén	a. 述说。如:**陈**述、慷慨**陈**词。b. 排列;摆设。如:**陈**设、**陈**列。c. 旧的;时间久的。如:新**陈**代谢、**陈**年往事。d. 朝代名,南朝之一。e. 周朝诸侯国名。

栋	dòng	a. 房屋的脊檩；也指房屋；比喻担负重任的人或事物。如：**栋**宇、**栋**梁、汗牛充**栋**(用牛运书，牛累得出汗；用屋子放书，放满整个屋子。形容藏书很多)。b. 量词，用于房屋。如：老板计划盖三**栋**厂房。
胨	dòng	蛋白胨的简称，有机化合物，种类有很多，可用作微生物培养基、化妆品的配料等。
还有与上述同类型的三级字：**蝀** dōng		

下列形近字右边的相同部件是：**屯**

吨	dūn	量词。a. 重量单位，1 吨为 1000 千克。如：这辆车最多能运载 8 **吨**。b. 指登记吨，计算船只容积的单位，1 **吨**约合 2.83 立方米(注意不是重量单位)。
饨	tún	组词“馄饨”。面食，用薄面皮包蔬菜、肉等馅儿，煮熟后半透明状，可连汤一起食用。
沌	㊀dùn ㊁zhuàn	㊀组词“混沌”。a. 传说中宇宙形成前模糊不清的样子。如：混**沌**初开，乾坤始奠(摘自《幼学琼林》)。b. 形容糊涂无知的样子。 ㊁用于地名。如：**沌**口(位于湖北省武汉市)。
纯	chún	a. 不含杂的；单一。如：**纯**真、**纯**净水、**纯**音乐、动机不**纯**、**纯**洁。b. 熟练。如：**纯**熟、炉火**纯**青。c. 副词。完全；纯粹。如：**纯**系捏造、**纯**属巧合。
炖	dùn	a. 把食物和调料放进锅里加水用火久煮使烂熟。如：山药**炖**鸡、清**炖**萝卜牛肉。b. 把汤药等放到碗里，再把碗放在水里加热。如：**炖**药。
肫	zhūn	a. 鸟类的胃。如：鸡**肫**。b. 诚恳；真挚。如：**肫**切(真诚恳切)、情词**肫**挚。(注意区别“肫盹”)
盹	dǔn	很短时间的睡眠。如：“他昨天一晚上都没睡觉，现在正打**盹**呢”“打**盹**做梦，学习圆梦”。(注意区别“盹肫”)
砘	dùn	a. 砘子，播种覆土后用来压实松土、保存水分以利出苗的以圆石为轮的农具。b. 用砘子压实松土。
钝	dùn	a. 不锋利；引申为不顺利。如：**钝**刀子割肉、成败利**钝**(成功或失败，顺利或挫折)。b. 笨拙；不灵敏。如：反应迟**钝**、愚**钝**。
鲀	tún	河豚，鱼名，头圆形，口小，生活在海里。有些也进入淡水中。
还有与上述同类型的三级字：**坉** tún **扽** dèn **忳** tún		

下列形近字的相关部分是：**万**

万	㊀wàn ㊁mò	㊀a. 数目字。十个一千。如：二**万**五千里长征。b. 形容很多。如：**万**事**万**物、**万**水千山。c. 副词。很；绝对；无论如何。如：**万**不得已。 ㊁ 组词“万俟”。复姓，是少数民族姓氏。
方	fāng	a. 方形。如：**方**块、长**方**体。b. 方向；方面。如：南**方**、对**方**。c. 地方。如：**方**言。d. 方法。如：教子有**方**。e. 药方。如：偏**方**、秘**方**。f. 副词。如：**方**才。g. 量词。如：1 **方**手帕、5 **方**木材。h 乘方。如：2 的 3 次**方**是 8。

下列形近字右边的相同部件是：**尧**

侥	㊀jiǎo ㊁yáo	㊀组词“侥幸”。由于偶然的原因获得利益或避免不幸。如：心存**侥**幸。 ㊁组词“僬侥”。传说中的矮人。
挠	náo	a. 扰乱；搅动。如：以指**挠**沸、阻**挠**。b. 搔；抓。如：抓耳**挠**腮。c. 弯曲；比喻屈服。如：百折不**挠**、**挠**直为曲、不屈不**挠**。（注意区别“挠桡”）
哓	xiāo	组词“哓哓”。拟声词。a. 形容争辩或吵嚷的声音。如：**哓哓**不休。b. 形容鸟类因受惊而发出的声音。如：予维**哓哓**我（母鸟只能惊恐地哀号）。（注意区别“哓晓”）
峣	yáo	高。如：“**峣峣**者易折，皎皎者易污”（高的东西容易折损，干净的东西容易变污浊）、岧**峣**（形容山高）、**峣**屼（形容山高而险）。
饶	ráo	a. 宽恕；免除处罚。如：得**饶**人处且**饶**人、**饶**恕。b. 额外添加。如：**饶**您一个苹果。c. 富足；多。如：**饶**有风趣、富**饶**。
浇	jiāo	a. 灌溉；喷洒。如：**浇**灌、**浇**花、**浇**地。b. 淋。如：让大雨给**浇**透了。c. 把液汁倒入模型。如：现**浇**混凝土、**浇**筑、**浇**铸。d. 刻薄。如：**浇**薄。
娆	㊀ráo ㊁rǎo	㊀组词“妖娆”。美好；妩媚；娇艳。如：分外妖**娆**。 ㊁烦扰；扰乱。
绕	rào	a. 缠。如：盘**绕**、缠**绕**。b. 围着转。如：围**绕**、环**绕**、余音**绕**梁、**绕**树三匝、儿孙**绕**膝。c. 走弯路或迂回的路。如：**绕**道而行、**绕**圈子。
骁	xiāo	a. 强壮的马。如：**骁**腾（骏马奔腾）。b. 勇猛；矫健。如：**骁**勇善战、**骁**悍、**骁**骑、**骁**将（勇猛善战的将军）。
晓	xiǎo	a. 天刚亮的时候。如：鸡鸣报**晓**、夜宿**晓**行、**晓**风残月、破**晓**。b. 知道。如：**晓**得、无所不**晓**、家喻户**晓**。c. 使知道。如：**晓**之以理、揭**晓**、**晓**以利害。（注意区别“哓晓”）
烧	shāo	a. 使燃。如：焚**烧**。b. 加热或接触化学物质使发生变化。如：**烧**水、硫酸**烧**伤。c. 烹饪方法。如：红**烧**。d. 指体温过高。如：退**烧**。e. 施肥过多使植物枯萎或死亡。

铙	náo	a. 圆形打击乐器，古代用于祭祀和宴乐，常和钹配合演奏。b. 古代军中乐器，传播号令用，像铃铛。
蛲	náo	蛲虫，线形寄生虫，寄生于人的盲肠等处，成虫细小，可在新排出的粪便表面见到虫体，在肛门处产卵，感染可致病。
跷	qiāo	a. 脚向上抬。如：**跷**起二郎腿。b. 竖起指头。如：**跷**起大拇指。c. 踮起脚后跟。如：**跷**足而待。d. 指高跷。如：他踩着**跷**在表演。
还有与上述同类型的二级字：**桡** ráo **硗** qiāo		

下列形近字右边的相同部件是：**戈**

戊	wù	天干的第五位，即甲、乙、丙、丁、戊；常用作顺序的第五。
戌	xū	a. 地支的第十一位，即子、丑、寅、卯、辰、巳、午、未、申、酉、戌、亥。b. 戌时，旧式计时法指晚上 7 点至 9 点。
戍	shù	军队防守。如：卫**戍**、**戍**边、**戍**守。
戎	róng	a. 军队、军事。如：**戎**装、投笔从**戎**。b. 武器。如：兵**戎**相见。c. 我国古代称西部的民族。
戒	jiè	a. 防备；提防。如：**戒**严、**戒**备。b. 使警惕而不犯错误。如：鉴**戒**。c. 除去（不良习惯）。如：**戒**烟、**戒**赌。d. 佛教约束教徒的规定。如：斋**戒**、受**戒**。

哉	zāi	助词。a. 表示感叹。如：呜呼哀**哉**、幸甚至**哉**。b. 表示疑问或反问。如：其故何**哉**？“如此而已，岂有他**哉**！”燕雀安知鸿鹄之志**哉**？
栽	zāi	a. 种植。如：移**栽**、**栽**培。b. 秧子；植物的幼苗。如：稻**栽**、花**栽**。c. 强加给某人。如：**栽**赃嫁祸。d. 跌倒；吃亏；受挫。如：**栽**跟头。
载	㊀zǎi ㊁zài	㊀a. 年。如：十**载**寒窗、千秋万**载**。b. 记录；刊登。如：记**载**、**载**入史册。 ㊁a. 装载；承载。如：厚德**载**物、满**载**而归。b. 充满。如：怨声**载**道。c. 两个“载”连用，相当于“又”“一边”。如：**载**歌**载**舞。
裁	cái	a. 文章式样、体式。如：体**裁**。b. 剪。如：**裁**缝。c. 安排取舍。如：别出心**裁**。d. 削减。如：**裁**员。e. 判断。如：**裁**判。f. 控制；抑制。如：制**裁**。
截	jié	a. 割断。如：**截**肢、**截**断。b. 拦阻。如：堵**截**、**截**流。c.（到一定的日期）停止。如：**截**止。d. 量词，相当于“段”。如：一**截**电线、话说了半**截**。
还有与上述同类型的一级字：**戴** dài		

戮	lù	杀。如:惨遭屠**戮**、杀**戮**、引颈受**戮**(伸长脖子等待被杀,不做任何抵抗)、明刑不**戮**(刑罚严明,因此犯法而被杀的人就减少了)。
戳	chuō	a. 竖立;站。如:把梯子**戳**起来。b. 图章。如:邮**戳**、盖**戳**。c. 捅。如:**戳**穿、**戳**脊梁骨。d. 因猛触硬物而受伤。如:打球时**戳**伤了眼睛。

下列形近字上面的相同部件是:**比**

毕	bì	a. 完成;完结。如:礼**毕**、**毕**业、**毕**其功于一役。b. 全;都。如:群贤**毕**至、**毕**生精力、原形**毕**露。c. 星宿名,二十八星宿之一。
皆	jiē	副词。全;都;都是。如:比比**皆**是、**皆**大欢喜、草木**皆**兵、尽人**皆**知、有口**皆**碑。
毖	bì	谨慎小心。如:惩前**毖**后(从以前的错误中吸取教训,以后小心,谨防重犯)。
毙	bì	a. 死。如:坐以待**毙**、杖**毙**、**毙**命、暴**毙**。b. 开枪打死。如:**毙**敌数十人。c. 扑倒;倒下去。如:多行不义必自**毙**。
还有与上述同类型的一级字:**坒** bì		

下列形近字右下的相同部件是:**比**

庇	bì	保护;掩护;遮蔽。如:**庇**护、**庇**佑、**庇**荫、包**庇**。
屁	pì	a. 从肛门排出的臭气。如:放**屁**、臭**屁**。b. 比喻没有用的、不值一提的。如:**屁**话、**屁**事也没有。c. 臀部;屁股。如:拍马**屁**(比喻巴结人家)。

下列形近字右边的相同部件是:**比**

批	pī	a. 用手掌打。如:**批**颊。b. 判定是非、优劣、可否。如:审**批**、**批**示、**批**判。c. 指批评。如:挨了一顿**批**。d. 大量。如:成**批**。e. 量词,用于大宗的货物或同时行动的许多人。如:一**批**货、一**批**工人。(注意区别"批枇")
吡	bǐ	组词"吡啶"。有机化合物,又称氮苯,分子式为 C_5H_5N,有恶臭,有毒,其蒸气遇火、热易燃烧爆炸,可用作溶剂、催化剂、缓蚀剂等。
妣	bǐ	原指母亲,后称已经去世的母亲。如:考**妣**(指父母,考指父,妣指母)、如丧考**妣**、显**妣**(对亡母的美称)。
纰	pī	a. 布帛、丝缕等破坏散开。如:**纰**疏(布帛经纬松散)。b. 错误;疏忽。如:**纰**漏百出、**纰**缪。

枇	pí	组词“枇杷”。常绿小乔木，叶子厚长有茸毛，花白色，黄色果实球形，果肉软而多汁，叶、果实可入药。（注意区别“枇批”）
砒	pī	组词“砒霜”。俗称信石，白色粉末，主要成分是三氧化二砷，有剧毒，常用来制杀虫剂、灭鼠剂等。
秕	bǐ	籽实中空或不饱满。如：**秕**谷子、尘垢**秕**糠（灰尘和污垢，秕谷和米糠，比喻无用之物）、“簸之扬之，糠**秕**在前”。
蚍	pí	组词“蚍蜉”。蚂蚁的一种，体型相对较大。如：**蚍**蜉撼树谈何易。
舭	bǐ	船壳上连接船底和船侧间起平衡稳定作用的弯曲部分。
还有与上述同类型的二、三级字：**玭** pín **吡** pí **仳** pǐ **沘** bǐ		

下列形近字下面的相同部件是：**毕**

荜	bì	a. 组词“荜拨”。藤本植物，生于疏荫杂木林中，茎细长，叶子卵状，花单性，雌雄异株，果穗可入药。b. 同“筚”。
筚	bì	用荆条等编成的篱笆或其他遮拦物。如：**筚**门（用荆条竹木编的门，比喻生活贫困）、蓬门**筚**户。

下列形近字右边的相同部件是：**皆**

偕	xié	一同；共同。如：**偕**行、白头**偕**老、**偕**同出游、“执子之手，与子**偕**老”。
谐	xié	a. 协调、配合得当。如：关系和**谐**、荣**谐**伉俪（用于祝福新人婚姻生活和谐）。b. 滑稽有趣。如：诙**谐**、亦庄亦**谐**（既庄重严肃又风趣幽默）。
揩	kāi	擦；摸。如：**揩**拭、**揩**眼泪、**揩**背、**揩**油（比喻占别人便宜）。（注意区别“揩楷”）
喈	jiē	组词“喈喈”。拟声词。a. 形容鸟鸣的声音。如：黄鸟于飞，集于灌木，其鸣**喈喈**。b. 形容钟鼓等悦耳的声音。如：鼓钟**喈喈**、淮水**喈喈**。
楷	㊀jiē ㊁kǎi	㊀楷树，绿化树种，木材黄色质硬可提燃料、制家具等。（注意区别“楷揩”） ㊁a. 模范；标准的样式。如：奉为**楷**模。b. 汉字的一种书体。如：**楷**体、正**楷**。
还有与上述同类型的二、三级字：**锴** kǎi **湝** jiē		

下列形近字的相关部分是：**弋**

弋	yì	a. 木桩。后作"杙"。b. 系有绳子的短箭。c. 用带绳子的箭射猎。
戈	gē	古代的一种兵器，横刃长柄，用青铜或铁制成。如：大动干**戈**、反**戈**一击、枕**戈**待旦、同室操**戈**、化干**戈**为玉帛。

下列形近字下面的相同部件是：**至**

室	shì	a. 屋子；房间。如：居**室**、教**室**、会客**室**、温**室**。b. 家；家族。如：皇**室**、"女有家，男有**室**"。c. 机关团体内部的工作单位。如：档案**室**。d. 古指妻子。如：妻**室**、继**室**、荆**室**。e. 星宿名，二十八宿之一，属北方玄武。
窒	zhì	阻塞不通。如：**窒**息（呼吸被阻塞停止）、**窒**塞、**窒**闷。

下列形近字左边的相同部件是：**至**

到	dào	a. 到达；达到。如：迟**到**、药**到**病除、从头**到**尾。b. 往；去。如：**到**基层去。c. 周到。如：不**到**之处。d. 用在动词后面表示动作有结果。如：看**到**、做不**到**。
致	zhì	a. 情趣。如：雅**致**。b. 引起；达到。如：**致**癌、**致**富。c. 给予。如：**致**电祝贺。d. 集中于某方面。如：专心**致**志。e. 以致。如：**致**使。f. 精密。如：精**致**。
还有与上述同类型的二级字：**郅** zhì		

下列形近字右边的相同部件是：**至**

侄	zhí	弟兄的子女；同辈亲友的子女。如：**侄**子、**侄**女、**侄**儿、**侄**媳妇。
垤	dié	小山堆；小土堆。如：鹳鸣于**垤**、蚁**垤**（蚁穴外的小土堆）、"莫踬于山，而踬于**垤**"（人不被大山绊倒，而往往被小土堆给绊倒，比喻小问题常被忽略）。
桎	zhì	古代拘束犯人两脚的刑具；脚镣。如：**桎**梏（桎、梏分别指脚镣和手铐，借指束缚）。
轾	zhì	组词"轩轾"。车子前端高于后端的称为轩，前端低于后端的称为轾，借指相互比较，有高低优劣。如：不分轩**轾**。
蛭	zhì	冷血环节动物的一大类，俗称蚂蟥，体一般长而扁平，无刚毛，前后各有一吸盘，生活在淡水或潮湿的地方，大多为半寄生。如：水**蛭**、医**蛭**、山**蛭**。
还有与上述同类型的三级字：**咥** xì **绖** dié **晊** zhì（注意区别"晊晊"）**铚** zhì		

下列形近字右边的相同部件是：**到**

倒	㊀dǎo ㊁dào	㊀a. 竖立的东西躺下来。如：**倒**塌、推**倒**。b. 失败。如：工厂**倒**闭。c. 转换；转让。如：**倒**班、**倒**手、**倒**店铺。d. 买进卖出，赚取利润。如：**倒**建材。㊁a. 颠倒。如：**倒**立。b. 反向行动。如：**倒**数（shǔ）。c. 反转或倾斜使里面的东西出来。如：**倒**水。d. 相反的。如：帮**倒**忙。e. 反而；却。如：忙一天，**倒**不觉得累。
捯	dáo	a. 两手交替着往回拉线、绳等。如：那天放风筝，最后还是我**捯**下来的。b. 追溯；追究。如：他俩又在**捯**老账。

下列形近字右边的相同部件是：**切**

彻	chè	通；透。如：贯**彻**、**彻**底、透**彻**、大**彻**大悟、**彻**头**彻**尾、**彻**夜不眠、响**彻**云霄、“救人救**彻**，救火救灭”。
沏	qī	（用开水）冲；泡。如：**沏**茶。
砌	qì	a. 用灰、泥等把砖、石等一层层垒起来。如：**砌**筑、堆**砌**、**砌**围墙。b. 台阶。如：石**砌**、瑶**砌**、雕栏玉**砌**。

下列形近字右边的相同部件是：**东**

拣	jiǎn	a. 挑选。如：**拣**选、**拣**择、分**拣**、挑肥**拣**瘦、**拣**最重的担子挑、“因时间有限，请**拣**最要紧的说”。b. 同“捡”。拾取。
练	liàn	a. 反复学习、操作。如：**练**习、苦**练**、**练**兵。b. 使生丝柔软、洁白。如：**练**丝。c. 白绢。如：江平如**练**。d. 经验多；成熟。如：老**练**、干**练**。
炼	liàn	a. 用加热的方法或用火烧制使物质的纯度提高或变得坚韧。如：**炼**钢、**炼**油、锻**炼**、真金不怕火**炼**。b. 用心琢磨、推敲，使精炼。如：**炼**词、**炼**句。

下列形近字下面的相同部件是：**瓦**

瓮	wèng	一种盛东西的陶器，腹部较大。如：瓦**瓮**、请君入**瓮**、桑枢**瓮**牖（以桑木为门轴，以破瓮为窗口）、驴生戟角**瓮**生根（比喻不可能）、**瓮**中捉鳖。
瓷	cí	用高岭土等烧成的一种材料或器物，质硬而脆。如：宋**瓷**、**瓷**器、**瓷**砖、**瓷**瓶、陶**瓷**、青花**瓷**、**瓷**碗。
还有与上述同类型的二、三级字：**甏** bèng **甓** pì		

丨（竖）

下列形近字右边的相同部件是：**非**

俳	pái	a. 古代指杂戏；也指以表演杂戏为职业的艺人。如：优**俳**、**俳**优、**俳**倡。 b. 诙谐；滑稽；幽默。如：**俳**谐。（注意区别"徘徘"）
诽	fěi	背地议论，说别人坏话。如：面从腹**诽**、恶意**诽**谤、**诽**誉（毁谤和赞誉）。
排	㊀pái ㊁pǎi	㊀a. 军队的编制单位。如：警卫**排**。b. 摆成行列；也指排成的行列。如：**排**队、前**排**。c. 筏子。如：竹**排**。d. 排演。如：彩**排**。e. 推开。如：**排**斥。f. 消除。如：**排**气阀。g. 用大且厚的肉煎炸而成的食品。如：牛**排**。h. 量词。如：两**排**牙齿。 ㊁组词"排子车"。靠人力拉动用来搬运货物的平板车。
徘	pái	组词"徘徊"。a. 来回走。如：他在手术室外**徘**徊。b. 犹豫不决。如：是工作还是继续深造，他**徘**徊不定。c. 在一定范围内起伏。如：室温**徘**徊在25℃左右。（注意区别"徘俳"）
啡	fēi	a. 组词"咖啡"。常绿小乔木，种子可制饮料，称为"咖啡"，味苦，含有咖啡因，可提神。b. 组词"吗啡"。有机化合物，有毒，医药上用作镇静剂。
悱	fěi	想说却又不知道如何恰当地表达出来。如：不愤不启，不**悱**不发。
绯	fēi	红色。如：两颊**绯**红、着**绯**（穿红色的官服，古代指当了中级官员）、**绯**桃、深**绯**、浅**绯**、**绯**闻（旧指桃色新闻）。
腓	féi	a. 腓肠肌，小腿后侧隆起的部分，俗称腿肚子。b. 草木枯萎。如：大漠穷秋塞草**腓**、百卉具**腓**（百花全都枯萎凋零了）。
鲱	fēi	鲱鱼，体侧扁流线型，背侧蓝黑，腹侧银白，下颌有牙，上颌无牙，成群游动，以浮游生物等为食，营养价值高，可制成罐头等，肉可入药。
还有与上述同类型的三级字：**骈** fēi **琲** bèi		

下列形近字右边的相同部件是：**叔**

淑	shū	善良；美好（多形容女子的品德）。如：贤**淑**、温**淑**、**淑**静、**淑**德、**淑**善、窈窕**淑**女。
椒	jiāo	果实或种子有辛辣味的某些植物。如：辣**椒**、胡**椒**、花**椒**、秦**椒**。
还有与上述同类型的二、三级字：**俶**㊀chù ㊁tì **婌** shú **琡** chù		

下列形近字右边的相同部件是：**卡**

拤	qiá	用双手掐住。如：干活累了，他就直起身来**拤**着腰歇会儿。
咔	㊀kā ㊁kǎ	㊀拟声词，形容清脆的撞击声、断裂声等。如：**咔**的一声，门锁上了。 ㊁组词"咔叽"。又称卡其，一种质地紧密厚实耐穿的斜纹布。
还有与上述同类型的三级字：**胩** kǎ		

下列形近字右边的相同部件是：**止**

址	zhǐ	位置；处所；地点。如：选**址**、公司地**址**、家庭住**址**、阿房宫遗**址**、虎门炮台旧**址**。
扯	chě	a. 拉。如：东**扯**西拽、牵**扯**、拉**扯**。b. 撕。如：他把贴在腰上的膏药**扯**了下来。c. 闲聊；随便谈。如：闲**扯**、胡**扯**。
沚	zhǐ	水中的小块陆地。如：江**沚**、川**沚**、宛在水中**沚**、孤雁集洲**沚**。
祉	zhǐ	福。如：福**祉**、**祉**祚（福禄、幸福）、受**祉**（接受天地神明的降福）、灵**祉**（神灵降赐的福祉）、天降福**祉**。
耻	chǐ	耻辱；以……为耻；也指**耻**辱的事。如：不**耻**下问、卑鄙无**耻**、恬不知**耻**、报仇雪**耻**、奇**耻**大辱、礼义廉**耻**、八荣八**耻**、知**耻**而后勇。
趾	zhǐ	a. 脚趾头。如：**趾**甲、骈**趾**、三**趾**鹑、**趾**骨、**趾**踵相接、鸭子**趾**间有蹼。b. 脚。如：**趾**高气扬。

下列形近字右边的相同部件是：**步**

陟	zhì	上升；升高。如：**陟**山。
涉	shè	徒步渡水，泛指从水上通过。如：长途跋**涉**、远**涉**重洋。b. 牵连；关联。如：**涉**及、**涉**外、**涉**嫌贪污。c. 经历。如：**涉**世不深。
还有与上述同类型的三级字：**埗** bù		

下列形近字上面的相同部件是：**此**

些	xiē	a. 用在名词前面，表示不确定的数量。如：有**些**事、看**些**书、某**些**原因。b. 用在形容词或部分动词后面，表示微小的量或程度。如：看远**些**、多拿**些**。
柴	chái	a. 烧火用的草木。如：木**柴**、劈**柴**、干**柴**烈火、众人拾**柴**火焰高、磨刀不误砍**柴**工。b. 形容干瘦。如：骨瘦如**柴**。

紫	zǐ	a. 可见光中波长最短的颜色。如：万**紫**千红、**紫**外线、姹**紫**嫣红。b. 与帝王、皇宫有关的事物（古人以紫为祥瑞的颜色）。如：**紫**诰、**紫**禁城。
訾	zǐ	说人坏话；诋毁；诽谤**訾**毁。
还有与上述同类型的二级字：**赀** zī **觜** zī **鮆** cǐ		

下列形近字右边的相同部件是：**此**

呲	cī	斥责；责骂。如：他把孩子的奶瓶弄脏了，结果被**呲**了一顿。
眦	zì	眼角，上下眼睑接合的地方，靠近鼻子一侧的称为“内眦”，靠近耳朵一侧的称为“外眦”。如：睚**眦**（发怒时瞪眼睛，比喻小小的怨恨）。
跐	㊀cī ㊁cǐ	㊀脚下滑动。如：道路结冰，一不小心，脚下一**跐**，就摔倒了。 ㊁（为站稳）踩；踏。如：他**跐**着木桩才没有摔倒。
龇	zī	张嘴露出（牙齿）。如：**龇**牙咧嘴、**龇**着牙。
还有与上述同类型的三级字：**泚** cǐ **玼**㊀cī ㊁cǐ		

下列形近字右边的相同部件是：**占**

拈	niān	用手指夹或拿（东西）。如：**拈**花惹草、**拈**弓搭箭、**拈**轻怕重、信手**拈**来、**拈**阄儿、“横草不**拈**，竖草不捡”。
帖	㊀tiē ㊁tiě ㊂tiè	㊀a. 妥当。如：妥妥**帖帖**。b. 服从；顺从。如：俯首**帖**耳。 ㊁写有内容的信函或纸片。如：请**帖**、拜**帖**、庚**帖**。 ㊂学习写字等时用的模本。如：北碑南**帖**、画**帖**、字**帖**。
沾	zhān	a. 打湿；浸湿。如：露水**沾**衣。b. 接触而被附着上。如：**沾**染。c. 稍稍碰上或接触。如：滴酒不**沾**、十指不**沾**泥。d. 因有关系而得到好处。如：**沾**光。
贴	tiē	a. 把薄片状的东西粘在另一物体上。如：**贴**对联、粘**贴**。b. 靠近；紧挨。如：**贴**心。c. 补助；也指补助的钱。如：**贴**补、津**贴**。d. 量词，用于膏药。
砧	zhēn	a. 切、砸、锤东西的时候，垫在底下的器具。如：**砧**石、鱼**砧**、**砧**板、铁**砧**。b. 形状和作用像砧子的东西。如：嫁接**砧**木。
钻	㊀zuān ㊁zuàn	㊀a. 用尖的物体在另一物体上转动造成孔洞。如：**钻**木取火、**钻**探油田。b. 进入；穿过。如：**钻**空子、**钻**桌子。c. 深入研究。如：刻苦**钻**研。d. 指钻营。 ㊁a. 穿孔洞的工具。如：**钻**头、电**钻**。b. 指钻石。如：**钻**戒。

站	zhàn	a. 直立。如：**站**立、**站**岗放哨。b. 停下。如：**站**住。c. 中途停留转运的地方。如：驿**站**、客运**站**。d. 为某种业务而成立的机构。如：广播**站**、气象**站**。
粘	㊀nián ㊁zhān	㊀姓。 ㊁a. 东西互相连结或附着。如：不**粘**锅。b. 用胶水等把东西连接起来。如：**粘**连。
鲇	nián	鲇鱼，又称"鲶鱼"，种类多，体表多黏液，头扁嘴阔，嘴周围有长触须，全身无鳞，喜夜间活动，以小鱼、小虾等为食，肉可入药。
黏	nián	像糨糊、胶水一样能使物体粘在一起的性质。如：**黏**液、**黏**土、**黏**膜、**黏**稠、这江米很**黏**。
还有与上述同类型的二、三级字：**坫** diàn **玷** diàn **阽** diàn **黇** tiān		

下列形近字右边的相同部件是：**卓**

掉	diào	a. 落下；落在后面。如：**掉**泪、**掉**队。b. 回转。如：**掉**头。c. 遗失；遗漏。如：手机**掉**了。d. 摇摆。如：尾大不**掉**。e. 用在某些动词后，表示结果。如：扔**掉**。
淖	nào	烂泥；泥沼。如：泥**淖**、**淖**田、污**淖**。
悼	dào	悲伤；哀念。如：**悼**亡、追**悼**会、沉痛**悼**念、抚今**悼**昔、**悼**心失图（形容因悲痛而失去了主张）、哀**悼**、**悼**词。
绰	㊀chāo ㊁chuò	㊀匆忙地抓起或拿起。如：**绰**枪上马、顺手**绰**起一根棍子。 ㊁a. 宽裕；富余。如：**绰绰**有余。b. 体态柔美。如：风姿**绰**约、柔情**绰**态。
棹	zhào	a. 船桨；代指船。如：橹**棹**、归**棹**。b. 划（船）。如：**棹**孤舟而远行。
焯	㊀chāo ㊁zhuō	㊀把蔬菜放在开水里烫一下就捞出来。如：**焯**白菜。 ㊁明白；显明。如：勋德**焯**著。
还有与上述同类型的二、三级字：**倬** zhuō **踔** chuō **晫** zhuó		

下列形近字右边的相同部件是：**贞**

侦	zhēn	探听；暗中察看。如：私人**侦**探、无人**侦**察机、刑事**侦**查、**侦**破案件、**侦**听设备、**侦**讯。
帧	zhēn	量词，用于字画、照片等，一副字画为一帧（在影像动画中一个静止画面为一帧）。如：一**帧**油画。

桢	zhēn	古代筑墙时竖立在土墙两端的木柱。如：**桢**干（两端的称为桢，两旁的称为干，比喻骨干力量或能担重任的人才）。
祯	zhēn	吉祥。如：**祯**祥。
还有与上述同类型的三级字：**浈** zhēn **赪** chēng		

下列形近字右边的相同部件是：**卢**

垆	lú	a. 黑色坚硬的土。如：**垆**土。b. 古代酒店里放酒坛子的土墩，借指酒店。如：**垆**肆、黄公酒**垆**、当**垆**卖酒。
泸	lú	用于地名。如：**泸**州市（四川省辖地级市）。（注意区别“泸沪”）
栌	lú	黄栌，落叶小乔木或灌木，叶片秋季变红，艳丽夺目，多种植于公园等处，是重要的观赏红叶树种，黄色木材可制作家具、提取染料等。
轳	lú	组词“辘轳”。一种利用轮轴原理制成的提取井水的装置，由辘轳头、支架、井绳、水桶等组成，摇转手柄，使水桶反复上下，从而提取井水。
胪	lú	陈列；陈述。如：**胪**陈（逐一陈述）、**胪**叙、**胪**举、**胪**列方案、**胪**布（宣布）。
舻	lú	船头（借指船）。如：舳**舻**（舳指船尾）、“舳**舻**千里，旌旗蔽空”。
鲈	lú	鲈鱼，鱼名，身体侧扁，银灰色，嘴大鳞细，生活在近海，秋末到河口产卵。
还有与上述同类型的三级字：**铲** lú		

下列形近字右边的相同部件是：**虚**

墟	xū	曾经有人住过而现已荒废了的地方。如：一片废**墟**、宗庙丘**墟**（宗庙变成废墟，比喻国家灭亡）、殷**墟**。
嘘	㊀shī ㊁xū	㊀表示制止或驱逐等。如：**嘘**！你不要瞎说。 ㊁a. 慢慢呵气或吐气。如：**嘘**寒问暖。b. 火或水蒸气烫或熏。如：刚出笼的馒头，小心**嘘**着手。c. 叹气。如：唏**嘘**不已。d. 表示制止。如：**嘘**！你走路轻点儿。

下列形近字右边的相同部件是：**虎**

唬	hǔ	蒙混；威吓。如：**唬**人、别**唬**他了。
琥	hǔ	组词“琥珀”。古代松柏树脂在地下形成的化石。黄褐色透明体，可用来制装饰品，也可入药。
虢	guó	a. 虎所抓的纹。b. 周代诸侯国名，在今陕西、河南一带。
还有与上述同类型的三级字：**虓** xiāo **猇** xiāo **虤** yán		

下列形近字右边的相同部件是：**虑**

摅	shū	抒发；表达。如：**摅**忠报国、奋笔**摅**怀、**摅**愤（抒发积愤）、**摅**颂（抒发歌颂之情）。
滤	lǜ	使液体或气体经过纱布等滤料，除去杂质而变纯净。如：重力过**滤**、**滤**渣、压力抽**滤**、**滤**纸、**滤**清、**滤**液、生物**滤**池。

下列形近字右边的相同部件是：**刂**

剌	㊀cī ㊁cì	㊀拟声词，东西撕裂、摩擦等的声音。如：**刺**的一声，衣服撕破了一个口子。 ㊁a. 像针尖的东西。如：**刺**刀。b. 用尖的东西扎或穿。如：**刺**绣、穿**刺**。c. 刺激。如：**刺**耳。d. 暗杀。如：行**刺**。e. 侦探。如：**刺**探。f. 讥讽。如：讽**刺**。
刺	㊀lá ㊁là	㊀同“拉（lá）”。割切；切断；切一条缝。如：**剌**块肉、**剌**了一个口子。 ㊁违背常情或违背事理。如：**剌**戾、乖**剌**、**剌**谬。

下列形近字右边的相同部件是：**览**

揽	lǎn	a. 把持。如：独**揽**大权。b. 搂；抱；捆。如：**揽**在怀里。c. 拉到自己这方面来。如：招**揽**人才、**揽**生意。d. 摘取。如：九天**揽**月。（注意区别“揽榄”）
缆	lǎn	a. 系船等用的绳、索。如：解**缆**起航、**缆**绳。b. 泛指拧成的像缆绳的东西。如：通信电**缆**、光**缆**、钢**缆**。c. 用绳索拴住。如：**缆**舟。
榄	lǎn	组词“橄榄”。常绿乔木，可作防风树种及行道树种，木材可造船、制家具等，长圆形果实亦称橄榄，营养丰富，可食用、入药，核可供雕刻用。（注意区别“榄揽”）
还有与上述同类型的三级字：**漤** lán		

下列形近字下面的相同部件是：**监**

蓝	lán	a. 像晴天天空的颜色。如：**蓝**天、湛**蓝**。b. 组词“蓼蓝”。一年生草本植物。c. 泛指某些可做蓝色染料的植物或某些叶子是蓝色的植物。如：木**蓝**、马**蓝**。
篮	lán	a. 指篮球或篮球队。如：男**篮**、女**篮**、**篮**坛。b. 篮球架上供投球用的带网的铁圈。如：上**篮**、投**篮**。（注意不能简写成“兰”）

下列形近字右边的相同部件是：**监**

滥	làn	a. 流水漫溢。如：河水泛**滥**。b. 不加选择；不加节制。如：宁缺毋**滥**、**滥**杀无辜、**滥**用职权、狂轰**滥**炸。c. 不合实际。如：**滥**竽充数、陈词**滥**调。
槛	㊀jiàn ㊁kǎn	㊀a. 栏杆。如：宫**槛**、朱云折**槛**。b. 关牲畜、犯人的囚笼。如：**槛**车、笼**槛**。㊁门槛，门下的横木。
褴	lán	组词“褴褛”。形容衣服破烂，十分凌乱。如：衣衫**褴**褛、筚路**褴**褛（筚路：柴车。驾着柴车，穿着破烂的衣服，形容创业的艰辛）。

下列形近字右边的相同部件是：**菐**

噗	pū	拟声词，形容水或气喷出的声音。如：用力一吹，**噗**的一声，把蜡烛给吹灭了。
幞	fú	幞头，古代男子用的一种头巾。如：无**幞**头不成礼数、狼吃**幞**头（狼衔去人的幞头，吞不下又吐不出，比喻有苦难言，强自忍耐）。
璞	pú	蕴藏有玉的石头；未经雕琢或加工的玉石。如：**璞**玉浑金（未经雕琢的玉石，比喻人品天然纯真）、返**璞**归真（去掉外在的装饰，恢复原来的质朴状态）。
蹼	pǔ	鸭子等某些动物脚趾中间的皮膜；也指像蹼的用具。如：“鸭子趾间有**蹼**，善划水”、世界**蹼**泳锦标赛。
还有与上述同类型的三级字：**墣** pú **镤** pú **穙** pú **醭** bú		

下列形近字右边的相同部件是：**坚**

悭	qiān	a. 吝啬；小气。如：**悭**吝。b. 缺欠。如：缘**悭**一面（指缺少见一面的缘分）、命薄缘**悭**。
铿	kēng	拟声词，形容金、石等撞击的声音。如：**铿铿**作响、**铿**的一声。
还有与上述同类型的三级字：**鲣** jiān		

下列形近字左边的相同部件是：**刂**

帅	shuài	a. 军队中最高级的指挥官。如：兵马大元**帅**、主**帅**。b. 统领；指挥。如：统**帅**三军。c. 英俊；漂亮。如：**帅**哥、这小伙子长得真**帅**！
师	shī	a. 教人的人。如：教**师**、尊**师**重教。b. 擅长某种技术的人。如：技**师**、医**师**、画**师**。c. 榜样。如：**师**范、“前事不忘，后事之**师**”。d. 对和尚、尼姑、道士的尊称。如：禅**师**。e. 军队。如：会**师**。f. 军队的编制单位。如：**师**长、**师**部。

下列形近字右边的相同部件是：**师**

狮	shī	狮子，哺乳动物，体型大，毛发黄褐色，雄狮有鬃毛，尾长，爪锋利，群居，性凶猛，常伏击捕杀羚羊等其他动物，有“草原之王”的称号。
蛳	sī	组词“螺蛳”。软体动物，外形呈塔圆锥形，一年四季都能人工养殖，肉味鲜美，富含蛋白质，可食用和入药，经济价值高。
还有与上述同类型的三级字：**浉** shī **䴓** shī		

下列形近字上面的相同部件是：**小**

尘	chén	a. 细小的尘土。如：沙**尘**、吸**尘**器、一**尘**不染。b. 行迹；踪迹。如：前**尘**、步人后**尘**。c. 佛教、道教指人世间。如：凡**尘**、看破红**尘**。
尖	jiān	a. 末端细小。如：**尖**刀。b. 物体锐利的末端或细小的头。如：针**尖**。c. 指超过一般人的人。如：人**尖**、**尖**子。d.（声音）高而细；（感觉）灵敏。如：**尖**声**尖**气、耳朵**尖**。e. 说话带刺，使人难受。如：**尖**刻、嘴**尖**牙利之人。

下列形近字右边的相同部件是：**少**

抄	chāo	a. 誊写；照原文写。如：**抄**写、**抄**袭。b. 走近路；从侧面绕过去。如：包**抄**敌人、**抄**近道。c. 搜查并没收。如：查**抄**、满门**抄**斩。d. 抓；拿。如：顺手**抄**起。
吵	㊀chāo ㊁chǎo	㊀组词“吵吵”。指吵嚷。如：都别**吵吵**了。 ㊁a. 声音大而杂。如：**吵**闹、**吵**嚷、**吵**死了。b. 争执；拌嘴。如：争**吵**、**吵**架。
沙	㊀shā ㊁shà	㊀a. 细碎的石粒；也指像沙的东西。如：**沙**滩、豆**沙**。b. 声音嘶哑。如：**沙**哑。 ㊁摇动，把东西里的杂物集中。如：把谷物中的秕子**沙一沙**。
妙	miào	a. 美；好；美好的。如：美**妙**、大事不**妙**、**妙**不可言、**妙**龄、**妙**语连珠。b. 奇巧；神奇的。如：巧**妙**、奥**妙**、神机**妙**算、**妙**手回春、**妙**笔生花、锦囊**妙**计。

纱	shā	a. 棉花或麻等纺成的细缕。如：纺**纱**、麻**纱**。b. 用纱织成的经纬线稀疏的物品。如：乌**纱**帽、窗**纱**。c. 像纱布的东西。如：塑料**纱**。d. 某类纺织品。如：楚葛湘**纱**。
杪	miǎo	a. 树枝的细梢。如：树**杪**（指树梢）。b. 指年月或四季的末尾。如：年**杪**（指年尾）、**杪**秋（指晚秋）。（注意区别“杪抄”）
炒	chǎo	a. 把东西放在锅里加热并不断翻动搅拌弄熟。如：**炒**粉、蛋**炒**饭、现**炒**现卖、番茄**炒**蛋、糖**炒**栗子、辣椒**炒**肉。b. 倒买倒卖。如：**炒**房、**炒**股票。
砂	shā	细碎的石粒；也指像砂的。如：**砂**石、飞**砂**走石、石英**砂**滤料、朱**砂**、**砂**轮、白**砂**糖、**砂**纸。
眇	miǎo	a. 瞎了一只眼；亦指两眼都瞎。如：生而**眇**者不识日、目**眇**耳聋、目将**眇**者先睹秋毫。b. 细小；微小。如：**眇**乎小哉、**眇**身（微末之身，帝王用于自谦）。
钞	chāo	纸币；泛指钱。如：验**钞**机、假**钞**、**钞**票、兑换外**钞**、冥**钞**、印**钞**厂、宝**钞**。
秒	miǎo	计量单位。时间、角度、弧度、经度、纬度等的单位，60 秒为 1 分。时间方面的例子如：毫**秒**、**秒**杀、分**秒**必争、争分夺**秒**。
耖	chào	a. 一种耕地用的农具，像耙，底下有很多铁质尖齿，用来把翻过的土弄得更碎或疏通田泥。b. 用耖弄碎土块、平整土地。

下列形近字右边的相同部件是：卜

仆	㊀pū ㊁pú	㊀向前倒；泛指倒下。如：前**仆**后继。 ㊁指仆人或服务的人。如：家**仆**、奴**仆**、女**仆**、人民公**仆**。
讣	fù	报丧；也指报丧的通知。如：**讣**帖、**讣**音、**讣**文、**讣**报亲友、忽闻**讣**报传来、“天子崩，**讣**告诸侯”。
扑	pū	a. 冲，迅速伏在物体上。如：**扑**倒在地、饿虎**扑**食、飞蛾**扑**火、向敌人猛**扑**。b. 拍；拍打。如：**扑**灭大火、老虎头上**扑**苍蝇。c. 迎面袭来。如：花香**扑**鼻。（注意区别“扑朴”）
卟	bǔ	组词“卟吩”。有机化合物，暗红色晶体，是叶绿素的组成部分。
外	wài	a. 外边；以外的。如：郊**外**、意**外**。b. 非本地或本方面的。如：**外**国、**外**地、**外**单位。c. 非本国的。如：**外**商、**外**汇。d. 指女儿和姐妹家的。如：**外**孙、**外**侄。e. 关系疏远的。如：**外**人。f. 另外的。如：**外**加。g. 非正式的。如：**外**号。

朴	㊀piáo ㊁pò ㊂pǔ	㊀姓。（注意区别"朴扑"） ㊁朴树，落叶乔木，可用于绿化道路，木材可制家具等。 ㊂未经加工或修饰的。如：简**朴**、古**朴**、**朴**素、**朴**实无华（质朴实在而不浮华）。
钋	pō	金属元素。符号 Po，原子序数为 84，稀有的元素之一，银白色，可溶于浓硫酸等，有放射性，有毒，可用作静电消除剂等。
补	bǔ	a. 把残破的东西修理好。如：亡羊**补**牢、女娲**补**天、**补**衣服。b. 补充；补足。如：弥**补**、**补**偿。c. 补养。如：**补**品、**补**身体。d. 益处。如：于事无**补**。
卦	guà	古代迷信的人用来占卜的器具和符号；也指占卜活动。如：求神问**卦**、占**卦**、八**卦**、算**卦**、阴**卦**、阳**卦**、打**卦**求签。
卧	wò	a. 睡倒；躺；趴。如：**卧**薪尝胆、和衣而**卧**、**卧**倒、**卧**冰求鲤。b. 睡觉用的；睡觉的地方。如：**卧**室、**卧**榻、主**卧**、客**卧**。c. 指卧铺。如：硬**卧**、软**卧**。

下列形近字上面的相同部件是：**㞻**

党	dǎng	a. 政党，在我国特指中国共产党。如：**党**中央。b. 因意见相合或利害关系而结成的团体。如：结**党**营私。c. 亲族。如：妻**党**。d. 偏袒。如：**党**同伐异。
堂	táng	a. 正房。如：登**堂**入室。b. 同宗非嫡亲的。如：**堂**兄。c. 古代官吏审案办事的地方。如：公**堂**。d. 某些专用场所。如：教**堂**。e. 用于药房。如：同仁**堂**。
常	cháng	a. 长久；经久不变。如：重力**常**数、**常**住人口。b. 时时；不只一次。如：知足**常**乐、经**常**、时**常**。c. 普通的；一般的。如：异乎寻**常**、习以为**常**。
棠	táng	用于植物名。如：海**棠**、**棠**梨树（落叶乔木，可用作嫁接各种梨的砧木）。
赏	shǎng	a. 奖给；赐予。如：**赏**赐、**赏**罚分明。b. 奖给或赐予的东西。如：领**赏**。c. 欣赏；赞扬。如：有目共**赏**、赞**赏**、**赏**花。d. 敬辞。如：**赏**光。
掌	zhǎng	a. 手心，巴掌；用手掌打。如：鼓**掌**、合**掌**、**掌**嘴。b. 主管。如：**掌**权、**掌**握。c. 马蹄铁，钉在某些动物蹄子底下的铁。如：马**掌**。
裳	㊀cháng ㊁shang	㊀遮蔽下体的衣裙。 ㊁组词"衣裳"。衣服。

还有与上述同类型的三级字：**牚** chèng

下列形近字右边的相同部件是：**光**

咣	guāng	拟声词，形容碰撞或震动的声音。如：**咣**的一声响，隔壁的人带上门出去了。
恍	huǎng	a. 忽然。如：**恍**惊起而长嗟（忽然惊醒，不禁长声叹息）、**恍**然大悟。b. 仿佛。如：**恍**若梦境、**恍**如隔世。
胱	guāng	组词“膀胱”。储存尿液的器官，尿从肾脏进入膀胱，囊状膀胱有很大的收缩性（空虚时和充满时形态变化很大）。
还有与上述同类型的二、三级字：**觥** gōng **垙** guāng **洸** guāng **珖** guāng **桄**㊀guāng ㊁guàng **铣** guāng **晄** huàng		

下列形近字下面的相同部件是：**肖**

宵	xiāo	夜。如：良**宵**、通**宵**达旦、难忘今**宵**、春**宵**一刻值千金。
筲	shāo	a. 一种竹编容器，用于淘米、盛饭等。如：**筲**箕、斗**筲**（斗与筲两种容量小的容器）。b. 桶（也可用作量词）。如：水**筲**、一**筲**水。
霄	xiāo	云；天空。如：凌**霄**、九**霄**云外、响彻云**霄**、耸入云**霄**、**霄**壤（天和地）。

下列形近字右边的相同部件是：**肖**

俏	qiào	a. 样子好看；相貌好。如：俊**俏**、**俏**模样。b. 货物受欢迎，销售好。如：行情看**俏**、这货**俏**得很。c. 烹调时加上香菜等来增加色香味。如：**俏**点儿韭菜。
诮	qiào	责备；讥讽。如：**诮**责、**诮**呵之词、冷讥热**诮**、**诮**骂（讥笑谩骂）、**诮**辱（讥讽侮辱）。
捎	㊀shāo ㊁shào	㊀顺便带东西或传话。如：**捎**带、洪乔**捎**书、**捎**个口信、**捎**些特产回去。 ㊁a. 车马等稍微向后退一点儿。b. 减退。如：**捎**色。（注意区别“捎梢”）
哨	shào	a. 侦查；巡逻；也指警戒防守的岗位。如：**哨**所、**哨**探、**哨**兵、巡**哨**、设岗放**哨**。b. 哨子。如：吹**哨**集合。c. 用口吹出的高尖音。如：吹口**哨**。
峭	qiào	a. 山又高又陡。如：陡**峭**、峻**峭**、高耸**峭**拔、悬崖**峭**壁、突兀**峭**立。b. 形容严厉。如：刚正**峭**直、秉性**峭**直。

消	xiāo	a. 消失；散失。如：此**消**彼长、烟**消**云散。b. 除去。如：**消**除、**消**灭。c. 耗费。如：**消**耗殆尽。d. 排遣；打发时间。如：**消**磨时光。e. 需要。如：只**消**一人。
悄	㊀qiāo ㊁qiǎo	㊀组词“悄悄”。没有声音或声音很低；不声张。如：静**悄悄**、**悄悄**地离开。 ㊁a. 寂静无声或声音很低。如：**悄**无声息、**悄**然无声。b. 忧愁。如：忧心**悄悄**。
梢	shāo	树枝的末端；也比喻事物的末尾。如：树**梢**、发**梢**、喜上眉**梢**、神经末**梢**、月上柳**梢**头。（注意区别“梢捎”）
硝	xiāo	a. 硭硝等矿物盐的泛称，可用来制炸药等。如：钾**硝**石、**硝**烟。b. 用硭硝等处理皮革使其柔软。
睄	shào	眼光掠过；匆匆地看一眼。如：他**睄**了一眼墙上的画。
销	xiāo	a. 熔化金属。如：**销**毁兵器。b. 解除；消失。如：一笔勾**销**、**销**声匿迹。c. 开支；花费。如：经费开**销**。d. 销售。如：营**销**、供**销**。e. 销子；也指插上销子。
稍	㊀shāo ㊁shào	㊀副词，略微。如：**稍**安勿躁、**稍**纵即逝、**稍**等片刻。 ㊁组词“稍息”。用于军事或体育等训练的指挥口令。
蛸	㊀shāo ㊁xiāo	㊀组词“蠨蛸”。蜘蛛的一种，脚很长，被认为象征喜庆，称为“喜蛛”。 ㊁组词“螵蛸”。螳螂的卵块，干燥后可入药。
艄	shāo	a. 船尾。如：船**艄**、船老大坐后**艄**。b. 船舵。如：掌**艄**、**艄**公（行船掌舵的人，泛指摆渡的人或船夫）。
鞘	㊀qiào ㊁shāo	㊀装刀、剑的套子。如：刀**鞘**、**鞘**里藏刀、刀剑出**鞘**。 ㊁组词“鞭鞘”。鞭子末端的软性细皮条，也借指鞭子。
还有与上述同类型的二级字：**绡** xiāo		

下列形近字右边的相同部件是：**尚**

倘	㊀cháng ㊁tǎng	㊀组词“倘佯”。旧同“徜徉”。 ㊁如果；假如。如：**倘**若天公作美，我们就去踏青。（注意区别“倘徜”）
徜	cháng	组词“徜徉”。也作“倘佯”，悠闲自在地走动；也指陶醉于某个事物中。如：**徜**徉在湖畔、**徜**徉在历史长河中。（注意区别“徜倘”）
淌	tǎng	流；往下流。如：**淌**眼泪、河水在静静地流**淌**、豆大的汗珠子直往下**淌**。

惝	chǎng	失意的样子。如：**惝**恍迷离（指失意伤感而茫然惆怅的样子）。
绱	shàng	将鞋帮和鞋底连接起来缝合成一整只鞋。如：**绱**鞋这门手艺逐渐淡出了人们的视野。
耥	tāng	组词“耥耙”。在水稻田中用来松土、除草等的一种农具，底板上有长柄，下有一排排短铁钉；也指用耥耙在田间松土除草。
躺	tǎng	身体横倒；也指物体倒在地上。如：**躺**在床上、“忙了一天，终于可以**躺**下来休息了”、一棵大树被风刮倒横**躺**在路上阻断了交通。
还有与上述同类型的三级字：**埫** tǎng		

下列形近字右边的相同部件是：**贞**

唢	suǒ	组词“唢呐”。一种管乐器，呈圆锥形，上端带哨子和气盘，中间是木制管身（通常正面7个孔，背面1个孔），下端是铜制喇叭口，俗称“喇叭”。
琐	suǒ	a. 细小；零碎。如：**琐**屑、**琐**言、烦**琐**、趣闻**琐**事、**琐**碎杂事。b. 卑微。如：猥**琐**（容貌、举止、态度鄙俗、不大方）。
锁	suǒ	a. 加在门、柜等物体上使不能随意打开的器具。如：挂**锁**、防盗**锁**。b. 像锁的东西。如：长命**锁**。c. 关住或封闭。如：**锁**门、闭关**锁**国。d. 锁链。如：枷**锁**。

下列形近字右边的相同部件是：**堂**

嘡	tāng	拟声词，形容敲锣、撞击钟鼓等的声音。如：**嘡**的一声，参赛选手敲响了终点的锣鼓。
樘	táng	a. 门框；窗框。如：门**樘**。b. 量词，一套门扇门框（或窗扇窗框）称为一樘。
膛	táng	a. 胸腔。如：挺起胸**膛**、开**膛**破肚。b. 某些器物的中空部分。如：炉**膛**、子弹上**膛**、后**膛**枪炮、灶**膛**。（注意区别“膛瞠”）
瞠	chēng	瞪着眼睛看。如：**瞠**目结舌（瞪着眼睛，惊讶得说不出话来）、**瞠**乎其后（落在别人后面，干瞪着眼却没法赶上）。（注意区别“膛瞠”）
镗	㊀tāng ㊁táng	㊀同“嘡”。拟声词，形容敲锣、撞击钟鼓等的声音。 ㊁用刀具伸入工件已有的孔眼中进行旋转切削。如：**镗**刀、卧式**镗**床。
螳	táng	组词“螳螂”。昆虫，种类多（如中华大刀螳），绿色或土黄色，头呈三角状，前胸细长，前肢镰刀状，捕食飞蝗等，是农业害虫的主要天敌。
蹚	tāng	a. 从有水、草的地方走过去。如：**蹚**浑水、**蹚**水过河、徒步**蹚**过水草地。b. 用犁、锄等农具把土翻开，把草除掉。如：铲**蹚**、**蹚**地。

下列形近字右边的相同部件是：**当**

垱	dàng	为便于灌溉而筑的小土堤，多用于地名。如：大堰**垱**镇（位于湖南省澧县）。
挡	㊀dàng ㊁dǎng	㊀组词“摒挡”。收拾；料理。如：摒**挡**箱箧。（注意区别“挡档”） ㊁a. 阻拦；遮蔽。如：遮**挡**、**挡**水墙。b. 挡子。如：炉**挡**。c. 排挡。如：空**挡**。
档	dàng	a. 存放案卷等资料用的橱架；也指保存的文件等材料。如：存**档**、**档**案、查**档**。b. 等级。如：高**档**商品。c. 量词，件。如：一**档**子事。（注意区别“档挡”）
铛	㊀chēng ㊁dāng	㊀烙饼等用的一种平底锅。 ㊁拟声词，金属物撞击发出的声音。如：金属栏杆敲得**铛铛**作响。
裆	dāng	两裤腿相连的地方；也指人体两腿相连的地方。如：裤**裆**、开**裆**裤、蹲**裆**（即扎马步）、腿**裆**、从**裆**下钻过去。
还有与上述同类型的二级字：**珰** dāng		

下列形近字下面的相同部件是：**口**

名	míng	a. 名字；名称。如：姓**名**、地**名**。b. 说出。如：不可**名**状。c. 声誉。如：**名**望。d. 出名的。如：**名**医。e. 名义。如：**名**分。f. 量词。如：一**名**教师。
各	㊀gě ㊁gè	㊀特别；与众不同。如：那人挺**各**。 ㊁a. 代词，每个。如：**各**位来宾、**各**种情况、**各**个方面、**各**行**各**业。b. 副词，表示分别具有或分别做某事。如：**各**得其所、**各**自为政、**各**抒己见。

下列形近字左边的相同部件是：**口**

叼	diāo	用嘴衔住（物体的一部分）。如：猫**叼**走了一条鱼、他的嘴里**叼**着一根烟。
叨	㊀dāo ㊁tāo	㊀组词“叨唠”。翻来覆去地说个不停。 ㊁a. 受到（好处）。如：**叨**光、**叨**教。b. 组词“叨扰”。谢人款待的客套话。

呜	wū	拟声词，风声、汽笛声、哭声等。如：“**呜**的一声长鸣，列车徐徐启动了”、他在那里**呜呜**地哭起来了、**呜呜**的北风刮个不停。
鸣	míng	a. 发出声音；使发出声音。如：孤掌难**鸣**、**鸣**锣开道。b.（鸟兽或昆虫）叫。如：鹿**鸣**、蝉**鸣**。c. 发表；表达。如：**鸣**冤叫屈、**鸣**谢、百家争**鸣**。

呷	xiā	小口地喝。如：他先闻了一下，然后慢慢地**呷**了一口，说道："果真是好酒！"
呻	shēn	组词"呻吟"。因痛苦而发出声音。如：**呻**吟满耳、无病**呻**吟、他躺在病床上痛得整个晚上都在**呻**吟。

哔	bì	组词"哔叽"。一种密度较小的斜纹毛织品。常见的有毛哔叽等。
哗	㊀huā ㊁huá	㊀拟声词，形容水流、物体撞击等的声音。如：树叶**哗哗**作响、水在**哗哗**地流。 ㊁人多声杂；嘈杂。如：喧**哗**吵嚷、舆论**哗**然、寂静无**哗**。

下列形近字右边的相同部件是：**口**

加	jiā	a. 使比原来数量大或程度高。如：增**加**人口、**加**强戒备。b. 合并起来。如：**加**法、2 **加** 3 等于 5、三个数相**加**。c. 把没有的添上。如：添**加**附录。d. 施以某种行为。如：多**加**小心。
扣	kòu	a. 纽扣或绳结。如：衣**扣**。b. 套住或搭住。如：把门**扣**上。c. 从中减除。如：**扣**工资。d. 扣留。如：**扣**押。e. 器物口朝下；比喻安上。如：把碗**扣**过来、**扣**帽子。f. 用力向下击。如：**扣**球。g. 符合。如：**扣**题。h. 螺纹。如：螺丝**扣**。
如	rú	a. 依照；符合。如：**如**愿以偿。b. 到；去。如：**如**厕。c. 像。如：**如**虎添翼、**如**鱼得水。d. 比得上。如：自愧不**如**。e. 举例。如：例**如**、比**如**。f. 假设。如：假**如**、**如**若。g. 词尾，表示状态。如：空空**如**也、突**如**其来。
知	zhī	a. 知道；使知道。如：世人皆**知**、温故而**知**新、告**知**、通**知**。b. 学识；学问。如：愚昧无**知**、求**知**。c. 知己。如：他乡遇故**知**。d. 主管。如：**知**县。
和	㊀hé ㊁hè ㊂hú ㊃huó ㊄huò	㊀a. 融洽。如：**和**睦相处。b. 平和；不激烈。如：柔**和**、**和**善。c. 连带。如：**和**衣而卧。d. 平息争端。如：**和**谈。e. 不分胜负。如：**和**局。f. 和数。如：1 加 2 的**和**是 3。g. 介词，跟。如：**和**我无关。h. 连词，同。如：我**和**你都去。 ㊁a. 声音相应。如：曲高**和**寡、一唱一**和**。b. 照别人的样子作诗词。如：**和**诗。 ㊂打麻将或斗纸牌时组合成功，取得胜利。如：**和**牌。 ㊃往粉状物中加水揉弄使更具黏性或粘在一起。如：**和**面。 ㊄a. 粉状或粒状物混在一起，加水搅拌使变稀。如：**和**稀泥。b. 量词。用于洗东西换水的次数；也指一剂药煎煮加水的次数。如：被子洗了三**和**、头**和**药。

下列形近字的相关部分是：**日**

日	rì	a. 太阳。如：**日**光。b. 时间单位。如：一周有七**日**。c. 白天。如：夜以继**日**。d. 某一天。如：节**日**。e. 一天一天地。如：**日**新月异。f. 泛指某一段日期。
曰	yuē	a. 说。如："子**曰**：三人行，必有我师焉"、其谁**曰**不然？b. 叫作。如：凡乐辞**曰**诗，诗声**曰**歌。

下列形近字上面的相同部件是：**日**

早	zǎo	a. 早晨。如：**早**餐、**早**操、**早**自习。b. 时间上靠前。如：**早**春、**早**到、**早**退、**早**熟。c. 副词，强调事情的发生离现在有了一段时间。如：他**早**来了。
旱	hàn	a. 陆地上的；无水的。如：**旱**路、**旱**土、**旱**冰。b. 长时间缺少雨水（跟"涝"相对）。如：**旱**灾、**旱**情、干**旱**、抗**旱**。

昂	áng	a. 仰（头）。如：**昂**首挺胸。b. 精神振奋；情绪高涨。如：**昂**扬、"雄赳赳，气**昂昂**"。c.（价钱）高。如：**昂**贵。
昴	mǎo	星宿名，二十八宿之一。

下列形近字左边的相同部件是：**日**

暖	nuǎn	温和；暖和；使暖和。如：温**暖**、**暖**酒、**暖**气、**暖**心话、冬**暖**夏凉、注意保**暖**、春**暖**花开、嘘寒问**暖**、饱**暖**思淫欲、春江水**暖**鸭先知。
暧	ài	日光昏暗。如：**暧**昧（a. 立场和态度不明朗。b. 行为不光明。如：**暧**昧之事、关系**暧**昧）。

下列形近字右边的相同部件是：**日**

旧	jiù	a. 经过长时间使用或放置的。如：**旧**家具、**旧**书。b. 过去的；原先的。如：**旧**时代、**旧**址、**旧**居。c. 过去的人、感情等。如：念**旧**、怀**旧**、喜新厌**旧**。
阳	yáng	a. 太阳。如：夕**阳**西下、**阳**光。b. 山的南面或水的北面。如：泰山之**阳**、洛**阳**。c. 表面的。如：**阳**奉阴违。d. 关于活人的。如：**阳**寿。e. 凸出的：**阳**角、**阳**文。f. 温暖。如：**阳**春三月。g. 男性生殖器。如：滋阴壮**阳**。
汨	mì	汨罗江，水名，发源于江西省修水县，流经湖南省岳阳市入洞庭湖。（注意区别"汨汩"）
还有与上述同类型的三级字：**驲** rì		

下列形近字下面的相同部件是：月

胃	wèi	a. 消化器官之一。如：**胃**痛、伤**胃**、开**胃**、养**胃**、健**胃**、**胃**酸、**胃**液、**胃**癌、**胃**炎、**胃**溃疡。b. 星宿名，二十八宿之一。
胄	zhòu	a. 古代战士戴的头盔。如：介**胄**（坚固的盔，代指兵士）、甲**胄**（甲衣和头盔）。b. 帝王或贵族的子孙。如：王室之**胄**、贵**胄**。

下列形近字右边的相同部件是：旦

但	dàn	a. 副词。只；仅。如：**但**求无过、**但**使龙城飞将在、**但**愿如此。b. 连词，但是。如：虽然工作又苦又累，**但**他觉得值得。
坦	tǎn	a. 宽而平。如：道路平**坦**。b. 直率；没有隐瞒。如：**坦**白、**坦**率、**坦**言直说、**坦**诚相待。c. 心里安定。如：内心舒**坦**、**坦**然自若。
担	㊀dān ㊁dàn	㊀a. 用肩膀挑。如：**担**柴、**担**雪塞井。b. 承担。如：**担**风险。 ㊁a. 挑东西用的器具。如：扁**担**、尖**担**担柴两头脱。b. 挑的东西；比喻担负的重任。如：货郎**担**、肩负重**担**。c. 量词，100 市斤为 1 担。如：一**担**谷。
怛	dá	a. 忧伤；悲苦。如：**怛**伤、中心**怛**兮（心里涌起无尽的忧伤）、疾痛惨**怛**。b. 畏惧；恐惧。如：惶**怛**、**怛**然失色、**怛**惕不安。
妲	dá	多用于人名。如：**妲**己（商朝纣王的妃子）。
胆	dǎn	a. 胆囊，贮存胆汁的器官。如：**胆**结石、肝**胆**相照、卧薪尝**胆**。b. 胆量；胆识。如：**胆**大心细。c. 某些物体的内层。如：暖瓶**胆**。
钽	tǎn	金属元素。符号 Ta，原子序数为 73，银灰色，熔点高，热膨胀系数小，韧性强，抗腐蚀性强，可用于制造电容装备、蒸发器皿、制取无机酸的设备等。
袒	tǎn	a. 脱去或敞开上衣，露出身体的一部分。如：左右**袒**、**袒**胸露乳、肉**袒**面缚（光着膀子、双手反绑，表示投降）。b. 不公正地维护一方。如：偏**袒**、**袒**护。
还有与上述同类型的二、三级字：靼 dá 炟 dá		

下列形近字右边的相同部件是：目

泪	lèi	眼睛里流出来的液体。如：眼**泪**、**泪**水、流**泪**、以**泪**洗面、热**泪**盈眶、**泪**流满面、老**泪**纵横、潸然**泪**下、不见棺材不落**泪**、男儿有**泪**不轻弹。（注意区别"汨汩"）
相	㊀xiāng ㊁xiàng	㊀a. 亲自看（是否合心意）。如：**相**亲、一眼**相**中。b. 表示行为或情况是双方的。如：**相**辅**相**成。c. 表示行为或情况是一方对另一方的。如：好言**相**劝。 ㊁a. 容貌；姿态。如：长**相**、吃**相**。b. 察看；判断。如：**相**机行事。c. 帮助或辅佐；也指辅佐帝王的大臣。如：吉人自有天**相**、丞**相**、宰**相**。
钼	mù	金属元素。符号 Mo，原子序数为 42，熔点高，化学性质比较稳定，可用于炼钢、制合金等，钼也是人体必需的微量元素之一。

下列形近字右边的相同部件是：**且**

诅	zǔ	a. 祈求鬼神将不幸、祸患等降临给别人；泛指咒骂。如：辱骂**诅**咒、一祝不胜万**诅**（一人的祭祀祝福敌不过民众的怨恨和诅咒）。b. 盟誓。如：**诅**盟益坚。
阻	zǔ	阻挡；阻碍。如：**阻**止、**阻**力、艰难险**阻**、推三**阻**四、风雨无**阻**、畅通无**阻**、**阻**击敌人、从中**阻**挠。
咀	㊀jǔ ㊁zuǐ	㊀含在嘴里细嚼；比喻品味。如：**咀**嚼、含英**咀**华。 ㊁"嘴"俗作"咀"，多用于地名。如：梨头**咀**、尖沙**咀**（位于香港）。
狙	jū	窥伺。如：**狙**刺（伏伺行刺）、**狙**击、**狙**击手、**狙**击步枪。
沮	㊀jǔ ㊁jù	㊀a. 败坏；颓丧。如：神情**沮**丧、魂慑色**沮**。b. 阻止。如：**沮**遏。 ㊁组词"沮洳"。低湿的地带。
姐	jiě	a. 同父母（或只同父、只同母）而年纪比自己大的女子。如：大**姐**、**姐姐**。b. 同辈中年纪比自己大的女子。如：堂**姐**、表**姐**。c. 泛指某些女子。如：空**姐**。
组	zǔ	a. 因工作等需要而结合成的小团体。如：教研**组**、销售**组**。b. 结合。如：**组**织队伍、**组**装。c. 合成一体的（作品等）。如：**组**诗。d. 量词，套。如：一**组**照片。
殂	cú	死亡。如：**殂**落、中道崩**殂**、因病告**殂**、**殂**谢、**殂**陨。
祖	zǔ	a. 父母的上一辈。如：**祖**母、外**祖**父。b. 指先代。如：**祖**传、**祖**宗、光宗耀**祖**、**祖**国。c. 开始；某种事业或派别的创始人。如：开山之**祖**、鼻**祖**。
租	zū	a. 出代价暂时使用别人的东西或收费让别人暂时使用。如：**租**借、**租**房、合**租**、续**租**、**租**用、出**租**。b. 因租借所收取或支付的钱物。如：收**租**、房**租**、交**租**。
蛆	qū	蝇类的幼虫，身体柔软，多生活在不洁净的地方，有环节，白色，且以排泄物等为食（常用来比喻令人厌恶的东西），含有多种氨基酸。
粗	cū	a. 颗粒大；毛糙。如：**粗**砂。b. 马虎。如：**粗**心。c. 条状物直径大。如：树干**粗**。d. 鲁莽。如：**粗**鲁。e. 声音低而大。如：嗓音**粗**。f. 略微。如：**粗**略。
龃	jǔ	组词"龃龉"。上下牙齿对不上，比喻意见不合。如：二人时有**龃**龉。
还有与上述同类型的二、三级字：**徂** cú **俎** zǔ **坥** qū **岨** jū **驵** zǎng **珇** zǔ **砠** jū		

下列形近字右边的相同部件是：**旱**

捍	hàn	保卫；抵御。如：**捍**海堰（挡海潮的堤）、誓死**捍**卫国家的主权。
悍	hàn	a 勇敢；勇猛。如：强**悍**、精**悍**。b. 蛮横；凶暴。如：凶**悍**、**悍**然不顾。
焊	hàn	用熔化的金属或某些非金属把工件连接起来，也指用熔化的金属修补金属器物。如：**焊**条、**焊**工、电**焊**。
还有与上述同类型的三级字：**垾** hàn		

下列形近字右边的相同部件是：**㝵**

得	㊀dé ㊁de ㊂děi	㊀a. 得到。如：如鱼**得**水。b. 演算得到。如：三三**得**九。c. 适合。如：**得**当。d. 满意。如：怡然自**得**。e. 表示许可。如：不**得**喧哗。f. 表示同意。如：**得**，就这么定了。g. 表示无可奈何。如：**得**，又没赶上公交。 ㊁助词。a. 用在动词或形容词后。如：转**得**快、香**得**很。b. 表示某种状态。如：看把你高兴**得**。c. 用在动词后，表示许可或可能。如：说不**得**、扛**得**起。 ㊂a. 必须；需要。如：你**得**挺住。b. 会。如：快，不然**得**迟到。
碍	ài	妨害；阻挡。如：障**碍**、阻**碍**、直视无**碍**、心无挂**碍**、**碍**手**碍**脚、妨**碍**公务、**碍**于情面。
锝	dé	金属元素。符号 Tc，原子序数为 43，熔点高，抗氧化，有放射性，工业上可用作缓蚀剂、示踪剂等，医学上可用于诊断肝脏等的疾病。

下列形近字右边的相同部件是：**具**

俱	㊀jū ㊁jù	㊀姓。 ㊁副词。全；都。如：玉石**俱**焚、面面**俱**到、两败**俱**伤、万事**俱**备。
惧	jù	害怕。如：**惧**怕、临危不**惧**、无所畏**惧**、密集恐**惧**症、“一则以喜，一则以**惧**”（一方面高兴，一方面又害怕）。
还有与上述同类型的三级字：**椇** jù		

下列形近字右边的相同部件是：**呈**

锃	zèng	器物表面闪光耀眼或反光发亮。如：**锃**亮、**锃**明彻亮、耀眼**锃**光、大刀磨得亮**锃锃**的。

程	chéng	a. 路途；路程。如：全**程** 5000 米。b. 规矩；法则。如：操作规**程**、章**程**。c. 事物变化、发展的经过。如：过**程**、进**程**。d. 衡量；计算。如：计日**程**功。
裎	chéng	脱衣露体。如：袒裼裸**裎**（脱衣露臂、露体，指没有礼貌）、散发裸**裎**。
还有与上述同类型的二、三级字：**埕** chéng **珵** chéng **桯** tīng **酲** chéng		

下列形近字下面的相同部件是：**里**

量	㊀liáng ㊁liàng	㊀a. 用器物计算东西。如：测**量**、车载斗**量**。b. 估量。如：思**量**、商**量**。 ㊁a. 测定容积的器具。如：度**量**衡。b. 限度。如：气**量**、胆**量**。c. 数的多少。如：数**量**、产**量**、含**量**、总**量**。d. 估计；审度。如：**量**入为出、不自**量**力。
童	tóng	a. 小孩子。如：儿**童**、牧**童**、**童**话。b. 没有结过婚的。如：**童**男、**童**女。c. 旧时指未成年的男子。如：家**童**、书**童**。d. 秃的。如：**童**山（没有草木的山）。

下列形近字右边的相同部件是：**里**

埋	㊀mái ㊁mán	㊀a. 用土、树叶等把物体盖上。如：**埋**地雷、**埋**葬、掩**埋**、青山处处**埋**忠骨。b. 隐藏；隐没。如：**埋**伏、**埋**头苦干、隐姓**埋**名、**埋**没人才。 ㊁组词“埋怨”。抱怨；责怪。如：这事你得自我反省，不能**埋**怨别人。
哩	㊀lī ㊁li	㊀a. 组词“哩哩啦啦”。零零散散或断断续续的样子。如：**哩哩**啦啦地来了几个人。b. 组词“哩哩啰啰”。说话啰嗦不清楚。如：他**哩哩**啰啰说了半天。 ㊁助词，表示持续的状态，用法接近于“呢”。如：我在等着你**哩**、他还在操场里打球**哩**。
狸	lí	狸猫，哺乳动物，常活动于林区，体型像家猫，身上有斑点，善奔跑，会偷袭，以鼠、蛙等为食，且会盗食家禽。
娌	lǐ	组词“妯娌”。儿媳与儿媳之间的关系称为“妯娌”。
理	lǐ	a. 条纹；纹路。如：纹**理**。b. 道理。如：知书达**理**。c. 理科；特指物理学。如：文**理**、数**理**化。d. 管理；修整。如：治**理**。e. 回应别人。如：搭**理**。
锂	lǐ	金属元素。符号 Li，原子序数为 3，密度最小的金属（可存放于固体石蜡中），金属活动性强，可用于原子反应堆、制锂离子电池等。
鲤	lǐ	鱼名，身体侧扁，背部苍黑色，有两对须，尾巴稍红。是重要的淡水养殖鱼。
还有与上述同类型的二、三级字：**俚** lǐ **悝** kuī **浬** lǐ		

下列形近字右边的相同部件是:**圼**

捏	niē	a. 用拇指和其他手指夹住。如:**捏**鼻子。b. 用手指把软的东西做成一定模样。如:**捏**橡皮泥。c. 虚构;假造。如:**捏**造。d. 使合在一起。如:**捏**合。
涅	niè	a. 可做黑色染料的矾石。如:**涅**石。b. 用黑色染;用墨涂。如:**涅**字、**涅**而不缁(用黑色去染也染不黑,比喻品格高尚)。
还有与上述同类型的三级字:**陧** niè		

下列形近字左下的相同部件是:**是**

匙	㊀chí ㊁shi	㊀舀液体或粉末状物体用的小勺子。如:汤**匙**、公筷母**匙**、一口不能着两**匙**。 ㊁组词"钥匙"。开锁的工具。如:一把钥**匙**开一把锁。
韪	wěi	是;对(前面常接否定词"不")。如:冒天下之大不**韪**(不顾天下众人的反对,公然干出极坏的事来)。
题	tí	a. 写作、讲演等内容的名目。如:文不对**题**、标**题**。b. 练习或考试时要求解答的问题。如:计算**题**、**题**库。c. 写上;签署。如:**题**诗一首、**题**字。

下列形近字右边的相同部件是:**是**

堤	dī	用土石等修筑的挡水或围水的土坝。如:**堤**坝、河**堤**、决**堤**、加固**堤**防、"千里之**堤**,毁于蚁穴"。(注意不读 tí)
提	㊀dī ㊁tí	㊀组词"提防"。小心防备。(注意不读 tí) ㊁a. 垂手拿着。如:手**提**肩扛。b. 由下往上升。如:**提**升、**提**拔。c. 把时间往前挪。如:**提**前。d. 谈到。如:旧事重**提**。e. 指出或举出。如:**提**问。f. 取出。如:**提**货。g. 将犯人从关押之处带出来。如:**提**审。h. 汉字的一种笔形。
缇	tí	橘红色。如:**缇**衣(古代骑士的服装,借指武士)、**缇**骑(穿橘红色军服的骑士)。
醍	tí	组词"醍醐"。a. 从牛奶中提制出的精致干酪或纯酥油。b. 佛教用以比喻最高佛法、修行的最高境界。c. 比喻美酒。
鳀	tí	鳀鱼,体细长,小型鱼类,一般重 5—15 克,趋光性较强,下颌短于上颌,以浮游生物等为食,同时也是其他经济鱼类的饵料生物。
还有与上述同类型的二、三级字:**湜** shí **谡** shì **媞** shì **骎** tí **瑅** tí **禔** zhī **踶** dì **鞮** dī		

下列形近字右边的相同部件是：**最**

撮	㊀cuō ㊁zuǒ	㊀a. 聚拢；聚拢并铲起。如：**撮**土焚香。b. 用手指捏取。如：**撮**点儿白糖。c. 摘取。如：**撮**要删繁。d. 吃。如：我俩**撮**一顿。e. 量词，1 升为 1000 撮，即 1 撮合 1 毫升。f. 量词，用于可撮取的东西或少数坏人。如：一**撮**土匪。 ㊁量词，用于成丛的毛发。如：她剪下一**撮**头发做信物。
嘬	㊀chuài ㊁zuō	㊀咬；吃。 ㊁聚缩嘴唇吸吮。如：**嘬**手指头、吮**嘬**、小孩**嘬**奶。

下列形近字右边的相同部件是：**暴**

瀑	㊀bào ㊁pù	㊀瀑河，水名。a. 又称"雹河""鲍河"，发源于河北省，入藻咋淀。b. 又名"宽河""豹河"，发源于河北省，汇入滦河。 ㊁指瀑布，从高山或悬崖处陡直地流下来的水流，像白布。如：黄果树**瀑**布、庐山**瀑**布、赤水**瀑**布、九龙**瀑**布。
曝	㊀bào ㊁pù	㊀组词"曝光"。a. 使感光纸或摄影胶片感光获得可见图像。如：**曝**光时间、**曝**光补偿。b. 将隐秘的事暴露出来。如：多次**曝**光、新闻**曝**光。 ㊁晒；在强烈的日光下晒。如：**曝**书、**曝**晒、**曝**衣、**曝**沙之鸟、一**曝**十寒。
爆	bào	a. 猛然炸裂；迸出。如：水下**爆**破、**爆**米花、炸弹**爆**炸。b. 出人意料地出现或发生。如：**爆**冷出局、**爆**料。c. 快速油烹。如：**爆**炒腰花。

下列形近字右边的相同部件是：**果**

课	kè	a. 功课；有计划地分段教学。如：上**课**、一节**课**。b. 旧时学校等设的办事机构（现作"科"）。如：教务**课**。c. 赋税或征收赋税。如：国**课**、**课**税。
骒	kè	雌性的（专指马、骡等）。如：**骒**驴、**骒**马、**骒**驼、**骒**骡。
棵	kē	量词，用于植物。如：一**棵**大白菜、一**棵棵**参天大树、不能吊死在一**棵**树上、"墙头一**棵**草，风吹两边倒"。
稞	kē	青稞，一种禾谷类作物，主要产自西藏等地，茎直立空心，叶厚而宽，穗状花序，种子营养价值高，为重要粮食，也可用来酿酒等。
锞	kè	小块散碎的金锭或银锭（重量不固定）。如：押岁**锞**子、金**锞**、银**锞**。
裸	luǒ	a. 光着；没有遮盖的。如：**裸**奔、**裸**泳、**裸**子植物、**裸**照、**裸**电线、赤身**裸**体。b. 除了自身外，没有准备或附带的。如：**裸**考、**裸**婚时代、**裸**机、**裸**退。（注意区别"裸裸"）

粿	guǒ	用米粉等制成的食品，品种繁多(因所加配料不同)。如：菜头**粿**、松**粿**、**粿**条、草籽**粿**。
踝	huái	脚腕两旁凸起的部分。如：脚**踝**、**踝**关节。
髁	kē	骨头两端凸起的部分；也指大腿骨或膝盖骨。如：膝**髁**(膝盖)、上**髁**(肘关节)。
还有与上述同类型的二、三级字：**馃** guǒ **倮** luǒ **祼** guàn(注意区别"祼裸")**蜾** guǒ		

下列形近字右边的相同部件是：**眇**

渺	miǎo	a. 因遥远而模糊不清。如：**渺**茫、**渺**无人烟。b. 水大无边无际的样子。如：烟波浩**渺**。c. 微小。如：**渺**小、**渺**不足道。(注意区别"漂渺""缥缈")
缈	miǎo	组词"缥缈"。隐隐约约，似有似无的样子。如：云雾缥**缈**、虚无缥**缈**。(注意区别"缥缈""漂渺")

下列形近字右边的相同部件是：**吴**

俣	yǔ	大。如：硕人**俣俣**(形容高大魁梧)、弱龄而志**俣**。
误	wù	a. 错；不正确。如：错**误**、**误**解。b. 耽搁。如：延**误**、**误**工费。c. 使受损害。如：**误**人子弟、"空谈**误**国，实干兴邦"。d. 不是故意地。如：**误**杀、**误**伤。
娱	yú	快乐或使人快乐。如：欢**娱**、自**娱**自乐、文**娱**活动、**娱**乐场所、**娱**悦观众、悦目**娱**心。
蜈	wú	组词"蜈蚣"。节肢动物，身体长扁且多足，脚呈钩状，头部有红、青、黑等几种，有毒腺分泌毒液，栖于阴暗潮湿的地方，以蜘蛛等为食，躯体可入药。

下列形近字右边的相同部件是：**昆**

馄	hún	组词"馄饨"。面食，用薄面皮包蔬菜、肉等馅儿，煮熟后半透明状，可连汤一起食用。
混	㊀hún ㊁hùn	㊀同"浑"。a. 水不清。如：**混**水摸鱼。b. 不讲理。如：**混**蛋。 ㊁a. 掺杂在一起。如：**混**为一谈、**混**合、**混**凝土。b. 蒙混。如：鱼目**混**珠。c. 苟且度过。如：鬼**混**、**混**饭吃。d. 胡乱。如：**混**说、**混**乱。
绲	gǔn	a. 织成的带子。如：**绲**带。b. 绳子。如：竹闭**绲**縢。c. 沿着衣服等的边缘缝上布条或彩带等。如：请裁缝在裙子上**绲**上一道花边。

琨	kūn	一种美玉。多用于人名。
棍	gùn	a. 棍子；棒子。如：木**棍**、军**棍**、铁**棍**、双节**棍**、持刀执**棍**、**棍**棒。b. 指无赖；坏人。如：恶**棍**、臭**棍**、淫**棍**、赌**棍**。
辊	gǔn	机器上圆柱形能旋转的东西。如：轧**辊**（轧钢机的一对辊子）、**辊**轴。
焜	kūn	明亮。如：**焜**昱（光辉灿烂）、**焜**耀（光彩夺目，比喻显扬威信）。
锟	kūn	组词“锟铻”。a. 古书上的山名。b. 古代刀名，相传用锟铻山所产的铁铸造而成。
还有与上述同类型的二、三级字：**醌** kūn **婫** kūn **鲲** kūn		

下列形近字右边的相同部件是：**甲**

押	yā	a. 在合同等处签字或画符号；也指签画的字或符号。如：签字画**押**。b. 拘留。如：扣**押**、关**押**。c. 用财物做担保。如：抵**押**。d. 跟随看管。如：**押**解、**押**运。（注意区别“押柙”）
呷	xiā	小口地喝。如：他先闻了一下，然后慢慢地**呷**了一口，说道：“果真是好酒！”。
岬	jiǎ	a. 指岬角，深入海洋的尖角状的陆地。b. 两山之间。如：山**岬**。
狎	xiá	亲近而态度不庄重；戏弄。如：淫朋**狎**友、**狎**昵（过于亲近而态度不庄重）、**狎**侮、**狎**弄、戏**狎**。
胛	jiǎ	肩胛，脊背上部与胳膊连接的部位，有三角形肩胛骨。
钾	jiǎ	金属元素。符号 K，原子序数为 19，密度比水小（可储存于煤油），化学性质活泼（可与冷水发生剧烈反应），钾及其化合物广泛应用于工农业中。
还有与上述同类型的二级字：**柙** xiá（注意区别“柙押”）		

下列形近字右边的相同部件是：**申**

伸	shēn	舒展开或向某个方向扩展开。如：**伸**缩、**伸**懒腰、拉**伸**、**伸**张正义、延**伸**、**伸**手不见五指、能屈能**伸**、“衣来**伸**手，饭来张口”。
坤	kūn	a. 八卦之一，代表地，常与代表天的“乾”连在一起使用。如：扭转乾**坤**。b. 称女性的。如：**坤**表（女士手表）、**坤**角（戏曲女演员）。

抻	chēn	扯;拉。如:**抻**面、**抻**长、**抻**开、不小心**抻**了筋、把绳子**抻**直、把袖子**抻**出来。
呻	shēn	组词"呻吟"。因痛苦而发出声音。如:**呻**吟满耳、无病**呻**吟、他躺在病床上痛得整个晚上都在**呻**吟。
绅	shēn	a. 古代士大夫束腰的大带子;也指束绅的人。如:垂**绅**正笏、缙**绅**。b. 旧称地方上有名望的人。如:土豪劣**绅**、乡**绅**、士**绅**、**绅**士。
神	shén	a. 神仙;神灵。如:惊天地泣鬼**神**。b. 高超出奇的;不可思议的。如:兵贵**神**速。c. 表情;神气。如:眼**神**、传**神**。d. 精神;注意力。如:聚精会**神**。
砷	shēn	非金属元素。符号 As,原子序数为 33,单质很活泼,其氧化物和砷酸盐(如三氧化二砷)有毒,可用于制农药(如杀虫剂)、陶瓷、激光材料等。
还有与上述同类型的二、三级字:**胂** shèn **珅** shēn **钟** shén		

下列形近字右边的相同部件是:**国**

掴	guāi	打耳光;用巴掌打。如:**掴**一巴掌、一**掴**一掌血(比喻做事立竿见影)。
帼	guó	古代妇女的头巾(常用来指代女性豪杰)。如:巾**帼**英雄、巾**帼**不让须眉。
蝈	guō	组词"蝈蝈"。昆虫,体色多样(如绿蝈蝈、草白蝈蝈),触角细长,叫声清脆响亮,喜栖息于灌木丛等地,以瓜果、豆类等为食。
还有与上述同类型的三级字:**涸** guó **腘** guó		

下列形近字右边的相同部件是:**咠**

缉	㊀jī ㊁qī	㊀搜捕;捉拿。如:**缉**拿归案、网络通**缉**、**缉**凶、**缉**捕、**缉**擒。 ㊁一针一针密密地缝。如:把衣服下摆**缉**一下。
揖	yī	拱手行礼。如:三**揖**三让、拱手作**揖**、开门**揖**盗、**揖**别(作揖告别)。(注意区别"揖楫")
楫	jí	划船用的(短的)桨。如:**楫**棹(船桨,短的称为"楫",长的称为"棹")、舟**楫**、枕戈击**楫**、樯倾**楫**摧、中流击**楫**、"刳木为舟,剡木为**楫**"。(注意区别"楫揖")
辑	jí	a. 聚集;收集;特指收集材料来编书等。如:甲**辑**而兵聚、剪**辑**、编**辑**。b. 整套书籍、资料等的各个部分。如:专**辑**、特**辑**。

下列形近字右边的相同部件是：**昌**

倡	chàng	发动；首先提出。如：提**倡**、**倡**议、**倡**导节约、首**倡**义举、反腐**倡**廉。
唱	chàng	a. 歌唱。如：演**唱**、大合**唱**、说学逗**唱**、到什么山上**唱**什么歌。b. 大声念或叫。如：选举**唱**票、雄鸡一**唱**天下白。c. 歌曲；唱词。如：**唱**本。
猖	chāng	放肆狂妄。如：**猖**狂、矢口**猖**言、**猖**獗一时。
娼	chāng	妓女。如：逼良为**娼**、**娼**妓、嫖**娼**、男盗女**娼**。
鲳	chāng	鲳鱼，银白色，身体短而高，成鱼无腹鳍，以甲壳类等动物为食，肉厚刺少，营养丰富，可食用、入药，为食用和观赏兼备的鱼类。

下列形近字右边的相同部件是：**冒**

帽	mào	a. 戴在头上用来保暖、遮太阳、防护或装饰等作用的东西。如：**帽**子、草**帽**、礼**帽**、安全**帽**。b. 形状或作用像帽子的东西。如：笔**帽**、螺丝**帽**。
瑁	mào	组词“玳瑁”。爬行动物。外形像龟，甲壳黄褐色，有黑斑。生活在海洋中。
还有与上述同类型的三级字：**赗** fèng		

下列形近字右边的相同部件是：**禺**

偶	ǒu	a. 用木头等制成的人形。如：**偶**像、木**偶**。b. 配偶。如：丧**偶**。c. 双；成对的。如：无独有**偶**、**偶**数。d. 偶然；偶尔。如：**偶**感风寒。
隅	yú	a. 角落。如：向**隅**而泣、偏安一**隅**。b. 靠边沿的地方。如：边**隅**、海**隅**。
喁	㊀yóng ㊁yú	㊀鱼露出水面呼吸。如：水浊则鱼**喁**。 ㊁拟声词，应和、附和的声音。如：前者唱于，而随者唱**喁**（后者附和前者）。
嵎	yú	山势弯曲险峻的地方。如：负**嵎**之虎。
耦	ǒu	两个人在一起耕地；引申为二人一组。如：**耦**耕、**耦**俱无猜（双方都不猜忌，形容非常真诚）。
还有与上述同类型的三级字：**髃** yú		

下列形近字右边的相同部件是：**昷**

温	wēn	a. 温度。如：降**温**、体**温**。b. 加热。如：**温**酒。c. 复习。如：**温**故而知新。d. 不冷不热。如：**温**室、**温**暖。e. 性情柔和。如：**温**顺、**温**柔。f. 中医指温热病。
愠	yùn	恼怒；怨恨。如：忧**愠**、人不知而不**愠**、喜**愠**不形于色、薰风解**愠**(温和的风可消除烦恼、怨恨)。
媪	ǎo	年老的妇人。如：**媪**妪、老**媪**、村**媪**(乡村老妇)、白发谁家翁**媪**。
韫	yùn	包含；蕴藏。如：怀珠**韫**玉、**韫**椟藏珠(珠宝藏在木匣里，等待高价出售，比喻怀才待用或怀才隐退)。
还有与上述同类型的三级字：**缊** yùn **榅** wēn **辒** wēn **腽** wà **煴** yūn **鳁** wēn **馧** yūn		

下列形近字右边的相同部件是：**曼**

谩	㊀mán ㊁màn	㊀欺骗；蒙蔽。如：**谩**天昧地、**谩**上不**谩**下。 ㊁轻慢；没礼貌。如：**谩**骂、**谩**书(态度轻慢的文书)。
墁	màn	用石、砖等铺饰地面。如：道路建设可采用透水砖**墁**地。
幔	màn	悬吊起来作遮挡用的布等。如：帷**幔**、素**幔**、车**幔**、窗**幔**、**幔**帐。
馒	mán	组词"馒头"。一种传统面食，用面粉发酵蒸成的食品，通常指里面没有馅的(有馅的称为包子，但也有的地方将有馅、无馅的统称为馒头)。
漫	màn	a. 水过满而溢流；淹没。如：水**漫**金山、**漫**流。b. 充满；遍布。如：云雾弥**漫**、**漫**山遍野。c. 随便；没约束。如：**漫**不经心、**漫**步。d. 长远。如：**漫**长。
慢	màn	a. 迟缓；速度小。如：缓**慢**、放**慢**速度、**慢**工出细活、**慢**点儿吃、**慢**动作、**慢**条斯理、"不怕**慢**，就怕站"。b. 冷淡；没礼貌。如：怠**慢**、傲**慢**无礼、**慢**待。
嫚	㊀mān ㊁màn	㊀称女孩子为嫚儿或嫚子。 ㊁轻视；侮辱。如：**嫚**骂(同"谩骂")、**嫚**侮。
缦	màn	没有花纹的丝织品。如：**缦**布、**缦**帛。
镘	màn	镘刀，一种扁平的用来抹墙或地面的抹子。
鳗	mán	组词"鳗鲡"。海生河长的洄游性鱼类，种类多(如日本鳗)，体形像蛇，鳞片细小，性别受环境等影响，以河虾等为食，肉质肥美可口，可食用、入药。

下列形近字右边的相同部件是：**星**

猩	xīng	组词“猩猩”。哺乳动物，与人类十分相近，常说的猩猩毛发多为红色，树栖，可在树林之间摆荡，以果实、嫩枝等为食。
惺	xīng	a. 聪明；也指聪明的人。如：**惺惺**相惜、十分**惺惺**使九分。b. 领会。如：**惺**悟（同“醒悟”）。
腥	xīng	a. 像鱼的气味。如：**腥**膻、土**腥**味儿、**腥**风血雨、**腥**臊恶臭、想吃鱼又怕**腥**。b. 鱼、肉等食物。如：荤**腥**、不沾**腥**、哪个猫儿不吃**腥**。
醒	xǐng	a. 结束睡眠或尚未入睡的状态。如：惊**醒**、通宵**醒**着没睡。b. 从昏迷或醉的状态恢复正常。如：苏**醒**。c. 醒悟。如：觉**醒**。d. 清楚；明显。如：**醒**目。
还有与上述同类型的三级字：**瑆** xīng **煋** xīng		

下列形近字右边的相同部件是：**易**

惕	tì	小心谨慎。如：警**惕**、怵**惕**、朝乾夕**惕**（一天到晚勤奋谨慎，从不懈怠）。
赐	cì	a. 赏赐或给予；也指赏赐的东西。如：**赐**予、恩**赐**、天官**赐**福、拜你所**赐**、天**赐**良机、受此厚**赐**。b. 敬辞。如：不吝**赐**教。
锡	xī	金属元素。符号 Sn，原子序数为 50。常见的有白锡，银白色，质软，延展性强，在空气中不易起变化，可用来镀铁、焊接金属或制造合金等。
蜴	yì	组词“蜥蜴”。爬行动物，俗称“四脚蛇”。有四肢，有细鳞，后肢有力，善奔跑，有的能根据环境变换肤色，以昆虫等小动物为食。
踢	tī	用脚触击。如：拳打脚**踢**、一脚**踢**飞、**踢**毽子、**踢**足球、当心牲口**踢**人、“台上握手，台下**踢**脚”。
还有与上述同类型的二、三级字：**埸** yì **裼**㊀tì ㊁xī		

下列形近字右边的相同部件是：**曷**

偈	㊀jì ㊁jié	㊀佛教中的唱词。如：**偈**语。 ㊁勇武。如：其人晖且**偈**。
谒	yè	拜见；瞻仰。如：**谒**见、拜**谒**黄帝陵。
揭	jiē	a. 高举。如：**揭**竿而起。b. 掀开；掀起。如：**揭**幕、**揭**锅盖、上房**揭**瓦。c. 使隐瞒的事物显露。如：**揭**晓谜底、**揭**穿、**揭**秘、**揭**发、**揭**老底。

喝	㊀hē ㊁hè	㊀吸食液体饮料或流质食物。如：吃**喝**玩乐、**喝**酒、**喝**粥、牛不**喝**水强按头。 ㊁大声喊叫。如：大**喝**一声、吆五**喝**六、当头棒**喝**。
渴	kě	a. 口干想喝水。如：口**渴**。b. 比喻心情迫切。如：**渴**望、**渴**求。
碣	jié	圆顶的石碑。如：残碑断**碣**、丰**碣**(纪功颂德的石碑)、墓**碣**、**碣**文(墓碣上的文字)。
竭	jié	尽；用尽。如：衰**竭**、**竭**诚、精疲力**竭**、**竭**泽而渔、殚精**竭**虑、**竭**尽全力、“取之不尽，用之不**竭**”。
褐	hè	a. 粗布或粗布衣服。如：**褐**衣(指贫贱人)、短**褐**、无衣无**褐**(指贫困)、被**褐**怀玉。b. 黑黄色。如：**褐**铁矿、**褐**煤、**褐**斑病、**褐**藻。
蝎	xiē	蝎子，节肢动物，身体黄褐色，螯弯曲分段，没有耳朵，尾部带有毒刺，昼伏夜出，以蟋蟀等昆虫为食，可食用和入药。
羯	jié	a. 羯族，古代北方游牧民族之一(起初为匈奴族的一个分支)，在东晋十六国时期，羯人石勒建立后赵。b. 指公羊(特指阉割过的)。
鞨	hé	组词“靺鞨”。古代民族名，居住在东北一带，以渔猎为业。
还有与上述同类型的三级字：**堨** è		

下列形近字右边的相同部件是：**景**

憬	jǐng	组词“憧憬”。期待；向往。如：他在憧**憬**未来美好的幸福生活。
璟	jǐng	玉的光彩。见于人名，如：宋**璟**(唐朝名相)。

下列形近字右边的相同部件是：**𦐇**

塌	tā	a. 倒下；沉陷；凹下去。如：倒**塌**、坍**塌**、垮**塌**、**塌**方、**塌**陷、年糕越蒸越往下**塌**、天**塌**下来当被子盖。b. 安定；镇定。如：你得**塌**下心来学习。
溻	tā	出汗把衣服湿透。如：他们正在激烈地进行篮球比赛，身上的运动服都**溻**了。
榻	tà	狭长而较矮的坐卧用具；泛指床。如：竹**榻**、琉璃**榻**、同**榻**而眠、下**榻**留宾、“卧**榻**之侧，岂容他人酣睡”。

褟	tā	a. 贴身的衣衫。如：汗**褟**儿。b. 在衣物上缝。如：请裁缝在裙子上**褟**一道花边。
蹋	tà	组词“糟蹋”。a. 浪费；损坏；不爱惜。如：糟**蹋**粮食、那台设备让他瞎操作给糟**蹋**了。b. 玷污；蹂躏；侮辱。如：那女孩让人给糟**蹋**了。
鳎	tǎ	鳎鱼，身体片状侧扁，左右不对称，两眼同在身体一侧，以蠕虫、甲壳动物等为食，富含铜、磷等，营养价值高。

下列形近字右边的相同部件是：**中**

仲	zhòng	a. 排行或排序第二。如：不分伯**仲**。b. 农历一季中的第二个月。如：**仲**夏（农历五月）。c. 居中的。如：**仲**裁。
冲	㊀chōng ㊁chòng	㊀a. 用开水泡或沏。如：**冲**茶。b. 水流撞击。如：**冲**洗。c. 向上钻。如：一飞**冲**天。d. 快速向前闯。如：俯**冲**、**冲**锋陷阵。e. 互相抵消。如：**冲**账。f. 交通要道。如：首当其**冲**。g. 山区的平地（多用于地名）。如：韶山**冲**。 ㊁a. 对着；向着。如：你**冲**我发什么火？b. 气味浓；劲头足。如：芥末味真**冲**。c. 冲压。如：**冲**床。d. 介词。根据；凭借。如：**冲**他这表现，我要录用他。
忡	chōng	组词“忡忡”。忧虑不安；忧愁的样子。如：忧心**忡忡**。
肿	zhǒng	皮肤、黏膜、肌肉等浮胀。如：浮**肿**、**肿**胀、肺气**肿**、红**肿**、臃**肿**、**肿**瘤。
钟	zhōng	a. 一种金属制成的中空的响器。如：**钟**鼓齐鸣。b. 计时的器具。如：挂**钟**。c. 指钟点或时间。如：三点**钟**、五分**钟**。d. 集中；专一。如：情有独**钟**。
种	㊀zhǒng ㊁zhòng	㊀a. 生物系统分类的单位之一。b. 生物赖以繁殖后代的物质。如：**种**子、配**种**。c. 有共同遗传特征的人群。如：黄**种**人、**种**族。d. 类别；种类。如：兵**种**。e. 胆量；骨气。如：有**种**再来。f. 量词，用于种类。如：两**种**动物。 ㊁种植。如：**种**地、垦荒**种**田、**种**棉花、**种**瓜得瓜、春**种**秋收、刀耕火**种**。
还有与上述同类型的三级字：**舯** zhōng **翀** chōng		

下列形近字的相关部分是：**田**

由	yóu	a. 经过。如：必**由**之路。b. 听从；顺从。如：身不**由**己、听天**由**命。c. 原因。如：理**由**、事**由**。d. 介词。如：**由**东向西、这事**由**我处理、咎**由**自取。
申	shēn	a. 地支的第九位。b. 申时，旧式计时法指下午 3 点至 5 点。c. 说明；陈述。如：**申**明、**申**述、**申**报、**申**请。d. 上海市的别称。
甲	jiǎ	a. 天干的第一位。如：**甲**乙丙丁。b. 居首位的。如：**甲**等。c. 动物身上的硬壳。如：**甲**壳。d. 人的指甲和趾甲。e. 古代打仗时穿的护身服。如：**甲**胄。f. 军用装备。如：装**甲**车。g. 旧时的户籍编制单位。如：保**甲**、**甲**长。

下列形近字右边的相同部件是:**田**

佃	diàn	租地耕种;租地耕种的。如:租**佃**、**佃**户、**佃**农。
细	xì	a. 微小。如:**细**菌。b. 微弱。如:和风**细**雨。c. 直径小。如:**细**纱。d. 嗓音低。如:轻声**细**语。e. 颗粒小。如:**细**砂。f. 精致;细密。如:精**细**、精雕**细**刻。g. 周到;仔细。如:胆大心**细**。h. 密探。如:奸**细**。
钿	㊀diàn ㊁tián	㊀a. 一种嵌入金银珠宝的花朵形首饰。b. 把金银珠宝等镶嵌在器物上做装饰。 ㊁〈方〉硬币。如:铜**钿**、洋**钿**。(注意区别"钿铀")
还有与上述同类型的三级字:**沺** tián(注意区别"沺油")		

下列形近字下面的相同部件是:**由**

宙	zhòu	a. 指古往今来所有的时间。如:宇**宙**。b. 地质年代分期的最高一级,在"代"之上。如:显生**宙**、元古**宙**、太古**宙**。
笛	dí	a. 用竹子或金属制成的管乐器。如:**笛**子、短**笛**、弄箫吹**笛**。b. 发音器具,能发出尖锐的响声。如:汽**笛**、警**笛**、鸣**笛**。

下列形近字右下的相同部件是:**由**

庙	miào	a. 旧时供奉祖先的房屋。如:家**庙**、太**庙**、宗**庙**。b. 供神佛或历史上有名人物的地方。如:寺**庙**、孔**庙**、岳**庙**、关帝**庙**。c. 设在寺庙里或附近的集市。如:**庙**会、赶**庙**。d. 王宫的前殿,泛指朝廷。如:居**庙**堂之高,则忧其民。
届	jiè	a. 到(某一时间)如:**届**时、**届**期。b. 量词,用于定期的会议、活动或毕业的班级等。如:上**届**、首**届**、换**届**、**届**满、第五**届**。

下列形近字右边的相同部件是:**由**

抽	chōu	a. 抽取一部分。如:**抽**样调查、**抽**签。b. 植物长出。如:**抽**穗。c. 拔出。如:**抽**刀断丝。d. 吸。如:**抽**油烟机。e. 用鞭子等打。如:**抽**一鞭子。(注意区别"抽柚")
油	yóu	a. 动植物的脂肪。如:猪**油**、茶**油**、菜籽**油**。b. 矿产的碳氢化合物的混合物。如:汽**油**。c. 用油漆等涂抹。如:**油**桌子。d. 圆滑;狡猾。如:**油**嘴滑舌。
妯	zhóu	组词"妯娌"。儿媳与儿媳之间的关系称为"妯娌"。

柚	㊀yóu ㊁yòu	㊀柚木，落叶乔木，热带树种，喜光，树干通直，树冠齐整，花白色，果实球形，可作小区、园林等绿化树种，木材可制家具等。（注意区别“柚抽”） ㊁常绿乔木，球形果实称为“柚子”，种类多（如沙糖柚），果皮多呈淡黄或黄绿色，果瓤有粉红、浅黄等颜色，含有大量的营养元素，可食用、入药。
轴	㊀zhóu ㊁zhòu	㊀a. 穿在轮子中间的圆柱形物件；像车轴用来卷、绕的器物。如：车**轴**、**轴**承、卷**轴**。b. 使对称的直线。如：对称**轴**。c. 量词，用于字画等。如：一**轴**山水画。 ㊁组词“压轴”。演出中的倒数第二个节目（倒数第一个称为“大轴”或“压台”，现也将最后的精彩节目称为“压轴戏”）。
铀	yóu	金属元素。符号 U，原子序数为 92，是锕系元素之一，化学性质活泼（如在空气中易被氧化），有放射性和毒性，可发生裂变反应，用于制核弹、核电站发电等。
袖	xiù	a. 衣服套在胳膊上的部分。如：套**袖**、领**袖**、长**袖**善舞、红**袖**添香、拂**袖**而去、**袖**里藏刀、两**袖**清风。b. 藏在袖子里。如：**袖**手旁观。
蚰	yóu	组词“蚰蜒”。节肢动物，代谢较缓慢，体形像蜈蚣，全身分 15 节，触角和足细而长，行动较快，生活在阴湿地方，以蜘蛛等为主食。
釉	yòu	附着在陶瓷表面的玻璃质薄层；像釉一样附着的东西。如：**釉**彩、陶瓷**釉**、唐三彩**釉**、蓝**釉**、牙**釉**质、**釉**面砖。
还有与上述同类型的二、三级字：**岫** xiù **鼬** yòu **舳** zhú **鲉** yóu		

下列形近字下面的相同部件是：**異**

冀	jì	a. 期望；希望。如：**冀**望、**冀**盼、**冀**其成功。b. 河北省的别称。如：晋察**冀**边区、**冀**中平原。
翼	yì	a. 翅膀。如：羽**翼**丰满、不**翼**而飞。b. 像翅膀的东西。如：机**翼**。c. 左右两侧中的一侧。如：左**翼**、两**翼**。d. 星宿名，二十八宿之一，属南方朱雀。

下列形近字右边的相同部件是：**畏**

偎	wēi	紧贴着；亲密地靠着。如：**偎**傍、宝宝依**偎**在妈妈的怀里。
喂	wèi	a. 把食物等送进人嘴里。如：端茶**喂**饭、**喂**药、**喂**奶。b. 饲养。如：割草**喂**马、**喂**养、**喂**了几头牛。c. 用于打招呼、打电话或提醒等。如：**喂**，快来啊！
猥	wěi	a. 卑鄙；下流。如：**猥**琐龌龊、**猥**亵。b. 多而杂。如：**猥**多、**猥**杂、烦**猥**（繁杂琐碎）。
煨	wēi	a. 用微火慢慢地煮。如：茄汁**煨**牛肉、瓦罐**煨**汤。b. 在带火的灰里把生的食物烧熟。如：**煨**栗子、**煨**红薯。
还有与上述同类型的二、三级字：**隈** wēi **硙** wèi **鳂** wēi		

下列形近字右边的相同部件是：**甹**

娉	pīng	组词“娉婷”。形容女子姿态美好。如：婀娜**娉**婷、体态**娉**婷。
骋	chěng	a. 纵马奔跑。如：驰**骋**江南。b. 放开；尽量展开。如：**骋**目、**骋**望。
聘	pìn	a. 请人担任（某个职务）或参与（某项重要工作）。如：**聘**请、应**聘**、**聘**书。b. 女子出嫁。如：出**聘**。c. 定亲。如：**聘**金、**聘**礼。
还有与上述同类型的三级字：**俜** pīng **涄** pīng		

下列形近字左边的相同部件是：**𧾷**

趺	fū	碑下的石座。如：石**趺**、龟**趺**。
跌	diē	a. 摔倒。如：**跌**倒、**跌**跤、**跌**跟头。b.（物体）落下。如：**跌**落。c.（价格）下降。如：物价下**跌**、暴**跌**。

跟	gēn	a. 脚或鞋袜的后部。如：脚后**跟**、袜后**跟**。b. 紧随在后面。如：**跟**从、紧**跟**不离。c. 介词。对；向。如：这事**跟**他说。d. 连词，和。如：他**跟**我都同意。
踉	㊀liáng ㊁liàng	㊀组词“跳踉”。同“跳梁”。跳跃。 ㊁组词“踉跄”。走路不稳的样子。如：他一个**踉**跄，差一点儿摔倒了。

下列形近字右边的相同部件是：**路**

潞	lù	水名。a. 潞江，即流经云南省的怒江。b. 潞水，即今山西省的浊漳河。c. 潞河，即北京通州以下的北运河。
璐	lù	一种美玉。

下列形近字右边的相同部件是：**胃**

谓	wèi	a. 说。如：“此所**谓**天时不如地利，地利不如人和”、可**谓**人杰地灵。b. 称为；叫作。如：何**谓**言无不尽？
喟	kuì	因忧愁或感慨等而发出叹息。如：**喟**叹不已、**喟**然长叹、感**喟**。

猬	wèi	刺猬，哺乳动物，体肥矮，浑身布满短而密的刺，受惊吓时卷成刺球状，爪锐利，以多种有害昆虫为食，有利于农业。
渭	wèi	渭河，水名，发源于甘肃省，注入黄河。
还有与上述同类型的三级字：**煟** wèi		

下列形近字右边的相同部件是：**遣**

谴	qiǎn	a. 责备；批评。如：**谴**责、自**谴**己过。b. 旧指官吏被贬谪。如：**谴**谪、获**谴**。
缱	qiǎn	组词“缱绻”。感情深厚，情意绵绵。如：两情**缱**绻、**缱**绻柔情。

下列形近字右边的相同部件是：**贵**

馈	kuì	a. 赠送。如：**馈**赠、桃李之**馈**、“千里**馈**粮，士有饥色”（比喻远水解不了近渴）。b. 传送；传输。如：**馈**电、反**馈**。
溃	㊀huì ㊁kuì	㊀（疮）溃烂。如：**溃**脓。 ㊁a. 大水冲破堤防。如：千里之堤，**溃**于蚁穴。b. 败逃；逃散。如：**溃**兵游勇、**溃**不成军、**溃**败。c. 肌肉组织腐烂。如：胃**溃**疡、**溃**烂。
愦	kuì	昏乱；糊涂。如：昏**愦**、警**愦**觉聋（指用语言文字等唤醒那些昏愦、耳聋之类的麻木的人）。
聩	kuì	耳聋。如：昏**聩**无能、振聋发**聩**、启**聩**振聋。
还有与上述同类型的三级字：**隤** tuí		

下列形近字右边的相同部件是：**足**

促	cù	a. 靠近。如：**促**膝长谈。b. 推动；催。如：督**促**、广告**促**销、**促**进作用、敦**促**、催**促**、**促**使。c. 时间短。如：时间紧**促**、仓**促**、短**促**。
捉	zhuō	a. 握；拿。如：**捉**刀、**捉**襟见肘、一沐三**捉**发。b. 抓捕；逮。如：活**捉**、猫**捉**老鼠、油瓮里**捉**鲇鱼（油瓮里的鲇鱼滑溜溜的难以捉住，比喻枉费气力）。
还有与上述同类型的二级字：**浞** zhuó **龊** chuò		

下列形近字右边的相同部件是：畟

谡	sù	a. 起来；起立。b. 肃敬的样子。c. 拟声词，形容风声呼呼作响。
稷	jì	a. 一年生草本植物。是人类最早的栽培农作物之一。b. 古代指谷神。如：社**稷**（土地神和谷神，是中华民族最重要的原始崇拜物，后以“社稷”代指国家）。

下列形近字下面的相同部件是：虫

茧	jiǎn	a. 蚕类等昆虫在变成蛹之前吐丝做成的包裹自己的囊状物。蚕茧可以缫丝。如：**茧**绸、作**茧**自缚。b. 手掌、脚掌等部位因长期摩擦而生成的硬皮。如：**茧**子。
虽	suī	连词。a. 虽然。如：“事情**虽**小，意义却很重大”“办法**虽**好，却很难实施”。b. 即使。如：为人民而死，**虽**死犹荣。

蛰	zhé	a. 蛰伏的动物。如：惊**蛰**、阳和启**蛰**、一夜春雷百**蛰**空。b. 动物冬眠、潜伏。如：**蛰**伏待机。
蜇	㊀zhē ㊁zhé	㊀a. 蜂、蝎子等用尾部的毒刺刺人或动物。如：他的脸被黄蜂**蜇**了一下。b. 某些物质刺激皮肤或黏膜使产生疼痛感。如：切洋葱时不要**蜇**了眼睛。 ㊁组词“海蜇”。腔肠动物，像张开的伞，半透明，种类很多。生活在海里。

螯	áo	节足动物（如螃蟹）的第一对脚；代指蟹等。如：**螯**胶、持**螯**把酒。
螫	shì	有毒腺的虫子（如蜂、蝎）刺人或动物；也指毒蛇咬人。如：蝮蛇**螫**手，壮士解腕（比喻牺牲小我，顾全大局）。

下列形近字左边的相同部件是：虫

蜈	wú	组词“蜈蚣”。节肢动物，身体长扁且多足，脚呈钩状，头部有红、青、黑等几种，有毒腺分泌毒液，栖于阴暗潮湿的地方，以蜘蛛等为食，躯体可入药。
蜗	wō	蜗牛，软体动物，自然界牙齿最多的动物之一，身背螺旋形的贝壳，头部两对触角，以草本植物等为食，富含蛋白质，食用和药用价值高。
蝇	yíng	苍蝇，昆虫，体型不大，寿命短，繁殖力旺盛，杂食性，易造成食物等污染，且能传播多种疾病。
还有与上述同类型的三级字：**蜎** yuān		

蜓	tíng	a. 组词“蜻蜓”。昆虫，腹部细长，胸部有两对膜状的翅。常在水边捕食蚊子等，是益虫。b. 组词“蝘蜓”。古书上指壁虎。
蜒	yán	组词“蜿蜒”。蛇类爬行的样子；山脉、河流、道路曲折延伸的样子。如：一条蝮蛇在蜿**蜒**爬行、万里长城蜿**蜒**起伏。

下列形近字右边的相同部件是：**虫**

独	dú	a. 单一。如：**独**一无二、**独**生子、**独**木不成林。b. 老而无子。如：鳏寡孤**独**。c. 独自。如：**独**裁、**独**断专行。d. 只有；单单。如：唯**独**。
蚀	shí	损失；损伤；亏耗。如：水流侵**蚀**、蛀**蚀**、化学腐**蚀**、缓**蚀**剂、锈**蚀**、偷鸡不成**蚀**把米。
浊	zhuó	a. 不清洁；不干净。如：浑**浊**、污**浊**、激**浊**扬清、**浊**酒一杯。b. 声音低沉粗重。如：**浊**音。c. 混乱。如：**浊**世。
烛	zhú	a. 蜡烛。如：**烛**光晚餐、红**烛**、何当共剪西窗**烛**。b. 照见；引申为洞悉。如：洞**烛**其奸、火光**烛**天。
触	chù	a. 碰上；撞上。如：**触**碰、**触**摸、**触**觉、一**触**即发、羝羊**触**藩。b. 接触某物产生感觉或引起感觉变化。如：**触**目惊心、**触**景生情。
融	róng	a. 融化。如：春雪易**融**、雾释冰**融**。b. 融合；调和。如：**融**洽、**融**会贯通、情景交**融**、**融**为一体、水乳交**融**。c. 流通。如：国际金**融**。

下列形近字下面的相同部件是：**䖵**

蟊	máo	吃苗根的害虫。如：**蟊**螟（危害庄稼的两种害虫，吃苗心的称为“螟”，吃根的称为“蟊”，比喻危害国家或人民的人）。
蠢	chǔn	a. 愚笨；笨拙。如：干**蠢**事、愚**蠢**、**蠢**材、**蠢**货。b. 形容虫类爬动的样子。如：万物**蠢**生、**蠢蠢**欲动（像虫一样蠕动，比喻随时准备干某事，多含贬义）。
蠡	㊀lí ㊁lǐ	㊀瓢。如：以**蠡**测海（用瓢测量海水，比喻见识浅薄）、**蠡**测管窥。 ㊁用于地名。如：**蠡**县（位于河北省保定市）。
蠹	dù	a. 蛀蚀器物的虫子。如：**蠹**虫、鼠啮**蠹**蚀。b. 蛀蚀；损害。如：户枢不**蠹**（经常转动的门轴不会被虫蛀）。

还有与上述同类型的二级字：**螽** zhōng

下列形近字下面的相同部件是：**思**

葸	xǐ	害怕；畏惧。如：畏**葸**不前。
崽	zǎi	a. 儿子；小孩子。b. 幼小的动物。如：猪**崽**、狗**崽**。

下列形近字右边的相同部件是：**思**

缌	sī	细的麻布。如：**缌**服（古代丧服中的一种）、**缌**麻丧、青**缌**（青色的丧服名）。
腮	sāi	两颊的下半部。如：**腮**腺、**腮**帮子、抓耳挠**腮**、喜笑盈**腮**、柳眼梅**腮**、尖嘴猴**腮**、络**腮**胡子。
锶	sī	金属元素。符号 Sr，原子序数为 38，化学性质活泼，易传热导电，易被氧化，应保存在煤油中，可用于制造合金、信号弹等。
鳃	sāi	多数水生动物的呼吸器官，有的同时起滤食、排泄等作用。
还有与上述同类型的三级字：**偲** cāi **楒** sī **勰** xié		

下列形近字右边的相同部件是：**累**

摞	luò	a. 把东西重叠地往上放。如：把这些书本**摞**起来足足有一米多高。b. 量词，用于重叠放置的东西。如：一**摞**白纸。
漯	㊀luò ㊁tà	㊀用于地名。如：**漯**河市（河南省辖地级市）。 ㊁漯河，古水名，在今山东省境内。
嫘	léi	嫘祖，远古时期人物，传说中黄帝的妻子，教人们养蚕缫丝。
缧	léi	组词“缧绁”。捆绑犯人的绳索（常用来借指牢狱）；也指拘禁或囚禁。如：处于**缧**绁之中、**缧**绁之苦、身陷**缧**绁、冤狱平反解**缧**绁。
骡	luó	哺乳动物，由驴和马杂交而生，分为马骡（简称骡）和驴骡。抗病能力强，役用价值比马和驴高，但繁殖力极差。
螺	luó	a. 软体动物，种类多（如田螺），体外有圆锥形坚厚螺壳（柔软的身体可完全缩入壳中）。b. 有螺旋纹理的。如：**螺**母、**螺**丝钉、**螺**纹、**螺**栓。

下列形近字右边的相同部件是：**豊**

澧	lǐ	澧水，水名，源出湖南省桑植县，注入洞庭湖。
醴	lǐ	a. 甜酒。如：小人之交甘若**醴**（小人之间的交往像"醴"一样甘甜）。b. 甜美的泉水。如：芝草无根，**醴**泉无源。c. 指**醴**水。如：**醴**兰沅芷。
鳢	lǐ	鱼名，种类很多（如乌鳢），栖息于淡水底层，性凶猛，以其他小鱼虾、甲壳动物等为食，为池塘养殖的四大害鱼之一，肉味鲜美，经济价值较高。

下列形近字右边的相同部件是：**典**

腆	tiǎn	a. 丰厚；美好。如：**腆**厚、精**腆**、不**腆**之仪（不丰厚的礼物）。b. 胸部或腹部挺出或凸出。如：**腆**着肚子。
碘	diǎn	非金属元素。符号 I。原子序数为 53，紫黑色晶体，有毒性和腐蚀性，易升华，遇淀粉成蓝色。碘是人体所必需的微量元素之一。
还有与上述同类型的三级字：**淟** tiǎn **晪** tiǎn		

下列形近字右边的相同部件是：**固**

涸	hé	水干。如：干**涸**、**涸**泽、河**涸**海干、**涸**辙之鱼（干涸车辙中的鱼，比喻困境中的人）。
锢	gù	a. 把金属熔化用来浇灌堵塞（金属器物的）漏洞或空隙。如：**锢**漏（用熔化后的金属堵塞漏洞）。b. 禁闭；封闭。如：锐气中**锢**、封**锢**、禁**锢**。
鲴	gù	鲴鱼，生活在江河湖泊中，常见的有黄尾鲴等，身体侧扁，体被圆鳞，腹部圆白，喜食腐泥、藻类及有机碎屑等，可用来改善生态环境。
还有与上述同类型的三级字：**堌** gù		

下列形近字下面的相同部件是：**同**

茼	tóng	组词"茼蒿"。一年生或二年生草本植物，茎直立，叶倒披针形，开黄色或白色花。嫩茎和叶有特殊气味，可以食用。有的地方也叫蓬蒿。
筒	tǒng	a. 粗大的竹管。如：竹**筒**。b. 筒状的东西。如：笔**筒**、电**筒**、烟**筒**、气**筒**、邮**筒**。c. 衣服鞋袜等的筒状部分。如：袖**筒**、裤**筒**、长**筒**袜、高**筒**靴。

下列形近字右边的相同部件是：**同**

侗	dòng	侗族，我国少数民族之一，语言为侗语。
垌	㊀dòng ㊁tóng	㊀田地。多用于地名，如：麻**垌**镇（位于广西壮族自治区桂平市）。 ㊁用于地名。如：**垌**冢镇（位于湖北省汉川市）。
峒	㊀dòng ㊁tóng	㊀石洞或山洞。多用于地名，如：**峒**中镇（位于广西防城港市）。 ㊁组词"崆峒"。a. 山名，崆峒山位于甘肃省。b. 岛名，崆峒岛位于山东省。
洞	㊀dòng ㊁tóng	㊀a. 窟窿；孔穴。如：岩**洞**、引蛇出**洞**、墙上有个**洞**。b. 透彻；清楚。如：**洞**悉、**洞**若观火、世事**洞**明。c. 某些场合代表数字0（如给炮兵指示坐标时）。 ㊁用于地名。如：洪**洞**县（位于山西省临汾市）。
恫	㊀dòng ㊁tōng	㊀恐吓；吓唬。如：虚声**恫**吓、"面对敌人的威逼与**恫**吓，他毫不惧怕"。 ㊁病痛；引申为疾苦。如：**恫**瘝在抱（把人民的疾苦放在心上，形容爱民）。
桐	tóng	梧桐，落叶乔木，树干挺直分枝高，叶大，花黄绿色，果实球形，积水易烂根，不宜种在积水洼地，多为绿化观赏树，种子等可入药。
胴	dòng	躯干；体腔。如：他采用一套**胴**体模型用来教学。
硐	dòng	山洞；窑洞；矿坑。如：**硐**产（矿产）、他们暂时封闭了矿**硐**。
铜	tóng	金属元素。符号Cu，原子序数为29，淡红色，电阻率低，导热和导电性能好，化学性质不太活泼，可用于制造电线电缆、合金、电子元件等，应用领域很广。
酮	tóng	一类有机化合物，羰基碳原子的单键与两个烃基相连的化合物，随着碳原子数的增加，逐渐由液态变为固态，可发生加氢反应、卤代反应等。
还有与上述同类型的三级字：**诇** tóng **哃** tóng **烔** tóng **鲖** tóng		

下列形近字右边的相同部件是：**吕**

侣	lǚ	同伴。如：伴**侣**、诗朋酒**侣**、情**侣**、命俦啸**侣**（招呼意气相投的人，一起做某一件事）、**侣**鱼虾而友麋鹿（与鱼虾、麋鹿为友作伴）。
铝	lǚ	金属元素。符号Al，原子序数为13，化学性质活泼，可溶于盐酸等溶液，导电导热性能好，耐高温，可用于制作建筑材料、医疗器械、电线电缆等，应用极为广泛。
还有与上述同类型的三级字：**梠** lǚ **稆** lǚ		

下列形近字上面的相同部件是：吅

咒	zhòu	a. 某些宗教或巫术中的口诀或密语。如：紧箍**咒**、画符念**咒**、**咒**语。b. 誓言。如：赌**咒**发誓。c. 说希望别人遭厄运的话。如：诅**咒**。
骂	mà	a. 用粗野或带恶意的话侮辱人。如：指桑**骂**槐、谩**骂**、千古**骂**名、挨打受**骂**、破口大**骂**。b. 批评；斥责。如：他莫名其妙地被老板责**骂**了一顿。
哭	kū	因痛苦、悲哀等而流泪，有时还发出声音。如：号啕大**哭**、**哭**泣、痛**哭**流涕、长歌当**哭**、孟姜女**哭**长城。
还有与上述同类型的三级字：**斝** jiǎ		

器	qì	a. 用具的统称。如：加速**器**、瓷**器**、传感**器**、计时**器**、扩音**器**。b. 人的度量或才干。如：怀才抱**器**、大**器**晚成、**器**度不凡。c. 看重。如：**器**重。
嚣	xiāo	a. 喧哗；吵嚷。如：喧**嚣**、叫**嚣**、众口**嚣嚣**。b. 放肆。如：气焰**嚣**张。
还有与上述同类型的三级字：**嚚** yín		

下列形近字左边的相同部件是：咢

鄂	è	湖北省的别称。如：湘**鄂**赣革命根据地、湘**鄂**川黔苏区。
鹗	è	又称“鱼鹰”，嘴黑色，腹部白色，背部暗褐色，主要以鱼类为食，多在水面上低空飞行，也可潜入水中捕猎，栖于有树木的水域地带等。
颚	è	某些节肢动物摄取食物的器官。如：大**颚**、小**颚**、上**颚**、下**颚**。

下列形近字右边的相同部件是：咢

谔	è	正直的话；也指正直敢言。如：忠**谔**、謇**谔**之风、**谔谔**以昌、“千人诺诺，不如一士**谔谔**”（千千万万唯唯诺诺的人还不如一名正直敢言之士可贵）。
愕	è	惊讶；发愣。如：**愕**异、**愕**然四顾、惊**愕**失色。
腭	è	口腔的上壁，分前后两部分（分别为“硬腭”和“软腭”）。

锷	è	刀剑的刃。如：锋**锷**、露**锷**、剑**锷**、藏锋敛**锷**、敛**锷**韬光（比喻隐匿锋芒，才气不外露）。
鳄	è	鳄鱼，卵生动物，是爬行动物而不是鱼类，种类多（如扬子鳄），体型大，腿短尾长，皮厚有鳞甲，有许多锥形牙齿，性情凶猛，以鱼类等为食。
还有与上述同类型的三级字：**崿** è **碍** è		

下列形近字右边的相同部件是：**肙**

捐	juān	a. 舍弃；献出；捐助。如：为国**捐**躯、募**捐**、**捐**献、**捐**资、**捐**钱、**捐**衣服、**捐**书、**捐**款救灾。b. 赋税；税收。如：苛**捐**杂税、车**捐**、房**捐**。
狷	juàn	a. 胸襟狭窄或偏激；性情急躁。如：**狷**隘、**狷**愤（偏急愤懑）。b. 洁身自好；耿直。如：**狷**洁、**狷**直、**狷**介之士。
涓	juān	细小的流水。如：**涓涓**细流、**涓**埃、**涓**滴归公（比喻属于公家的财物，即使细微的东西都不占为私有，全部缴公）。
娟	juān	秀丽；美好。如：**娟**丽、**娟**妍、字迹**娟**秀、千里共婵**娟**（不管相隔千山万水，都可以一起看到皎洁美好的月亮）。
绢	juàn	一种薄的丝织品。如：手**绢**、素**绢**、诗**绢**（题了诗的丝织品）、画**绢**、**绢**马交易。
还有与上述同类型的三级字：**琄** xuàn **焆** juān **鋗** xuān **蜎** yuān		

下列形近字右边的相同部件是：**黾**

渑	㊀miǎn ㊁shéng	㊀用于地名。如：**渑**池县（位于河南省三门峡市）。 ㊁渑水，古水名，位于今山东省境内。
绳	shéng	a. 用棉麻纤维或棕草等拧成的条状物。如：草**绳**、**绳**索、跳**绳**、钢丝**绳**。b. 标准；准则。如：准**绳**、规矩**绳**墨。c. 制裁；纠正。如：**绳**之以法。
蝇	yíng	苍蝇，节肢动物，完全变态的昆虫，体型不大，寿命短，繁殖力旺盛，杂食性，易造成食物等污染，且能传播多种疾病。

下列形近字右边的相同部件是：**喿**

操	cāo	a. 拿；抓着。如：同室**操**戈。b. 做；从事。如：**操**办、重**操**旧业、暗箱**操**作。c. 控制。如：**操**纵。d. 操练。如：**操**演、会**操**。e. 用某种语言或方言说话。如：**操**长沙话。f. 体操。如：健美**操**。g. 品行；气节。如：情**操**、**操**守。
噪	zào	a. 虫鸟鸣叫。如：蛙鸣蝉**噪**。b. 吵闹喧哗；大声。如：聒**噪**、**噪**声污染、鼓**噪**而进、**噪**音、降**噪**。c. 名声等广为传扬。如：大**噪**、名**噪**一时。

澡	zǎo	沐浴全身。如：公共**澡**堂、搓**澡**、冲冷水**澡**、洗**澡**、洗**澡**盆、**澡**身浴德（洁净身心，使德行修养高洁）。
缲	㊀qiāo ㊁sāo	㊀做衣服边儿或做带子时藏着针脚的缝法。 ㊁同“缫”。把蚕茧浸在开水里抽出丝来。
臊	㊀sāo ㊁sào	㊀像尿或狐狸那样难闻的气味。如：腥**臊**（臭恶的气味）、尿**臊**、狐**臊**臭。 ㊁害羞；难为情；不自在或不安。如：不知羞**臊**、没羞没**臊**、害**臊**。
燥	zào	干；缺少水分。如：枯**燥**无味、干**燥**、口干舌**燥**、**燥**热难耐、天干物**燥**。
躁	zào	性急；不冷静。如：稍安勿**躁**、戒骄戒**躁**、急**躁**、性情暴**躁**、浮**躁**、心情烦**躁**、焦**躁**不安、狂**躁**。
还有与上述同类型的二、三级字：**璪** zǎo **髞** zào		

下列形近字左边的相同部件是：**员**

郧	yún	a. 周代诸侯国名。b. 用于地名。如：**郧**阳区（位于湖北省十堰市，原称“郧县”）。
勋	xūn	a. 特殊功劳。如：元**勋**、功**勋**、军**勋**、屡建奇**勋**、殊**勋**茂绩、**勋**章。b. 指勋章。如：授**勋**。

下列形近字右边的相同部件是：**员**

陨	yǔn	坠落。如：消**陨**、**陨**石、**陨**落、**陨**雹飞霜（比喻受冤枉或诬陷）。
损	sǔn	a. 减少。如：**损**耗、亏**损**、**损**失。b. 损害；损坏。如：完好无**损**、**损**公肥私。c. 挖苦人。如：你不该这么**损**他。d. 恶毒；刻薄。如：你说话真**损**。
殒	yǔn	死亡。如：**殒**身不恤（牺牲生命也不顾惜）、**殒**命、**殒**没、**殒**灭。
还有与上述同类型的二、三级字：**埙** xūn **涢** yún		

下列形近字下面的相同部件是：**呙**

莴	wō	组词“莴苣”。一年生或二年生草本植物，花黄色，叶子呈长圆形。叶用莴苣植株矮小，叶子可以食用，通称生菜；茎用莴苣的茎肥大如笋，通称莴笋。
窝	wō	a. 鸟兽、昆虫的巢穴。如：鸡**窝**、蜂**窝**。b. 比喻人聚集的地方或所占的位置。如：安乐**窝**、**窝**点。c. 藏匿。如：**窝**藏。d. 凹陷的地方。如：眼**窝**、酒**窝**。e. 像窝的东西或地方。如：被**窝**。f. 呆在某处。如：**窝**在家里。g. 受限制不得发挥。如：**窝**囊。h. 量词。如：一**窝**土匪、一**窝**下了八只小猪。

下列形近字右边的相同部件是：**呙**

埚	guō	组词"坩埚"。一种化学仪器，耐温性强（如石英坩埚可在1450℃以下使用），可用于灼烧固体物质、融化金属等。
涡	㊀guō ㊁wō	㊀涡河，水名，发源于河南省，注入淮河。 ㊁水、气等流体旋转时中间形成的螺旋形；泛指涡状的。如：漩**涡**、**涡**流、**涡**轮、热气球卷入旋**涡**。
娲	wā	女娲，上古神话人物，传说女娲抟土造人，炼五色石补天，为创世女神。
祸	huò	a. 灾难；不幸的事。如：车**祸**、因**祸**得福、**祸**从口出、天灾人**祸**、**祸**不单行、幸灾乐**祸**、人有旦夕**祸**福。b. 损害；危害。如：**祸**国殃民。
锅	guō	a. 烹煮或烧水用的器具。如：电饭**锅**、平底**锅**、**锅**炉、高压**锅**、热**锅**上的蚂蚁、打破砂**锅**问到底、不到火候不揭**锅**。b. 形状像锅的东西。如：烟袋**锅**。
蜗	wō	蜗牛，软体动物，自然界牙齿最多的动物之一，身背螺旋形的贝壳，头部两对触角，以草本植物等为食，富含蛋白质，食用和药用价值高。
还有与上述同类型的三级字：**脶** luó		

下列形近字右边的相同部件是：**只**

识	㊀shí ㊁zhì	㊀a. 认得；懂得；知道。如：认**识**、读书**识**字、老马**识**途、**识**大体、不**识**庐山真面目、不打不相**识**。b. 知识；见识。如：常**识**、学**识**渊博、远见卓**识**。 ㊁a. 记住。如：博闻强**识**、默而**识**之。b. 标记；记号。如：款**识**。
帜	zhì	旗子。如：旗**帜**、别树一**帜**（比喻自成一家）、拔旗易**帜**（比喻取而代之）、东北易**帜**。
织	zhī	用丝、麻等材料编成布匹、衣物等。如：纺**织**、针**织**衫、**织**布机、**织**毛衣、男耕女**织**、"耕当问奴，**织**当访婢"。
枳	zhǐ	小乔木，喜光，喜温湿气候，树冠伞形，枝有刺，花通常为白色，果近圆球形或梨形，全树可供观赏，是良好的观赏树种，果可供药用。
炽	chì	旺盛；热烈。如：**炽**热、白**炽**灯、**炽**烈、**炽**焰。
积	jī	a. 聚集；积累。如：囤**积**、**积**攒、**积**水、堆**积**如山、**积**劳成疾、日**积**月累、**积**少成多。b. 乘法运算的得数。如：乘**积**、2乘3的**积**是6。
职	zhí	a. 职务；责任。如：专**职**、各司其**职**、尽**职**尽责、本**职**工作。b. 职位。如：辞**职**、降**职**处理、兼**职**工作。c. 掌管；管理。如：典**职**、**职**掌。
还有与上述同类型的三级字：**轵** zhǐ		

下列形近字的相关部分是：**史**

史	shǐ	a. 历史，自然或社会以往发展的过程，也指记载历史的文字和研究历史的学科。如：**史**书、**史**册、明**史**、编年**史**、历**史**课。b. 古代掌管记载史事的官吏。
吏	lì	a. 古代对官员的通称。如：官**吏**、**吏**部、**吏**治、贪官污**吏**。b. 汉以后指小官或差役。如：狱**吏**、刀笔**吏**。

下列形近字右边的相同部件是：**央**

泱	yāng	组词"泱泱"。水面广阔；也形容气势宏大。如：湖水**泱泱**、**泱泱**大风、**泱泱**大国、"云山苍苍，江水**泱泱**"。
怏	yàng	a. 不服气；不高兴；不满意。如：怅**怏**、悒**怏**成疾、**怏怏**不平、**怏怏**不乐、**怏怏**不得志。b. 自大。如：**怏**然自足。
殃	yāng	灾祸；祸害；使受祸害。如：遭**殃**、祸国**殃**民、"城门失火，**殃**及池鱼"。
映	yìng	a. 照射而显出。如：交相辉**映**、霞光**映**照、**映**射、反**映**、**映**衬、**映**现。b. 播放电视节目或电影。如：年终上**映**、放**映**室、首**映**典礼。
秧	yāng	a. 植物的幼苗；特指水稻幼苗。如：辣椒**秧**、**秧**田。b. 某些植物的茎。如：瓜**秧**。c. 某些饲养的幼小动物。如：鱼**秧**子。d. 种植或蓄养。如：**秧**两棵树。
鞅	㊀yāng ㊁yàng	㊀古代用马拉车时，为控制驾驭而套在马颈上的皮套子。如：车**鞅**、马**鞅**。 ㊁组词"牛鞅"。牛拉车、犁等时架在脖子上的曲木器具。
还有与上述同类型的三级字：**映** yāng		

下列形近字右边的相同部件是：**因**

咽	㊀yān ㊁yàn ㊂yè	㊀口腔、鼻腔之后，食管以上的空腔处。如：**咽**喉。 ㊁使嘴里的食物等进入食管。如：狼吞虎**咽**。 ㊂声音受阻而低沉。如：气**咽**声丝、呜**咽**。
洇	yīn	液体接触纸张、土壤、布匹等，向四周渗透散开。如：她躲在床上哭，把枕头都**洇**湿了、几滴水把这纸巾**洇**湿了一大片。
姻	yīn	a. 男娶女嫁。如：包办婚**姻**、千里**姻**缘一线牵。b. 由婚姻关系而结成的亲戚。如：**姻**翁（指亲家公）、**姻**亲、四**姻**九戚（比喻亲戚多）。
胭	yān	组词"胭脂"。一种红色颜料，可涂抹在脸颊等处用来化妆，也可用作国画的颜料。如：秋露洗**胭**脂、**胭**脂花粉。

烟	yān	a. 燃烧时产生的混有残余颗粒的气体。如：杳无人**烟**、滚滚浓**烟**。b. 像烟的。如：**烟**雾缭绕、**烟**消云散。c. 烟气刺激眼睛等。如：**烟**出了泪。d. 烟草。如：**烟**叶。e. 香烟；烟丝。如：请勿吸**烟**、卷**烟**厂。f. 指鸦片。如：**烟**土。
铟	yīn	金属元素。符号 In，原子序数为 49，银白色质软，可塑性强，在空气中氧化缓慢，可用于制造电子半导体、低熔合金、点光源等。
还有与上述同类型的三级字：**细** yīn **骃** yīn		

下列形近字右边的相同部件是：**兄**

况	kuàng	a. 情形。如：情**况**、路**况**、战**况**汇报、盛**况**空前。b. 比；比方。如：聊以自**况**。c. 连词，表示更进一层。如：何**况**、**况**且、“年少者尚不能，**况**老叟乎？”。
祝	zhù	a. 表示对人对事的美好愿望。如：**祝**福、**祝**贺、焚香祷**祝**、**祝**词、**祝**愿。b. 削；断绝。如：**祝**发为僧、**祝**发空门。
还有与上述同类型的三级字：**贶** kuàng **柷** zhù		

下列形近字右边的相同部件是：**邑**

挹	yì	a. 舀取。如：以蠡**挹**海（用贝壳做的瓢取舀海水）、**挹**彼注兹（从那里舀取倒入这里）、**挹**盈注虚。b. 牵引；拉。如：**挹**袖。
浥	yì	沾湿；润湿。如：渭城朝雨**浥**轻尘（早晨下的雨润湿了渭城地面的灰尘）。
悒	yì	忧愁不安的样子（多叠用）。如：**悒悒**不乐、怅**悒**、**悒**闷。

下列形近字右边的相同部件是：**山**

仙	xiān	a. 神仙；仙人。如：羽化登**仙**、得道成**仙**、九天**仙**女、**仙**风道骨、八**仙**过海。b. 某方面具有高超才能的人。如：茶**仙**、诗**仙**。
讪	shàn	a. 讥讽；挖苦。如：**讪**笑、**讪**骂、**讪**议、**讪**语。b. 羞惭；难为情。如：脸上有些发**讪**。
汕	shàn	用于地名。如：**汕**头市（广东省辖地级市）。
灿	càn	光彩耀眼。如：**灿**烂、金**灿灿**的麦浪、**灿**若繁星、**灿**然一新。

舢	shān	组词“舢板”。也作“舢舨”。一种小型木板船，一般较小，民用舢板常乘坐 2—3 人，军用则为 10 人左右。
籼	xiān	籼稻，水稻的一种，耐热、耐光、不耐寒，色泽淡绿，叶片较宽，谷粒细长易脱落，米粒洁白光亮。
还有与上述同类型的三级字：**屾** shēn		

下列形近字的相关部分是：**冉**

冉	rǎn	组词“冉冉”。副词，慢慢地。如：太阳**冉冉**升起、红旗**冉冉**上升。
再	zài	a. 第二次出现。如：**再**次、青春不**再**。b. 副词。还；又一次地。如：**再**见、**再**就业、**再**快一些、**再**讲一个故事、吃完饭**再**说、**再**不修理就要出大问题。

下列形近字右边的相同部件是：**耑**

揣	㊀chuāi ㊁chuǎi ㊂chuài	㊀藏在衣服里。如：他把玩具**揣**在兜里。 ㊁估摸；推测。如：**揣**测、**揣**度、**揣**摩不透。 ㊂组词“挣揣”。挣扎。如：休要挣**揣**。
喘	chuǎn	a. 急促地呼吸。如：气**喘**吁吁、“刚跑完比赛，一下子还**喘**不过气来”。b. 气喘。如：天气一凉，他就**喘**得厉害。
湍	tuān	水流得急；也指急流的水。如：**湍**流、水流**湍**急、急**湍**、**湍**激、**湍**濑（石滩上的急流）。
惴	zhuì	担心害怕的样子。如：**惴惴**不安、小恐**惴惴**、**惴**恐、惊**惴**、**惴**栗（惊恐战栗的样子）。
瑞	ruì	吉祥；好的征兆。如：祥**瑞**、**瑞**雨、**瑞**雪兆丰年、**瑞**气祥云、**瑞**相（吉祥的征兆）、**瑞**光（吉祥之光）。
端	duān	a. 东西的一头；事情的起始。如：笔**端**、开**端**。b. 方面。如：变化多**端**。c. 原因。如：无**端**生事。d. 端正。如：品行不**端**。e. 用手平举。如：**端**茶倒水。
踹	chuài	a. 脚底用力猛踢。如：他怒气冲冲地一脚把门给**踹**开了。b. 踩；踏。如：尽管大家都是很小心地走，但还是有人**踹**进了泥坑里。
还有与上述同类型的三级字：**猯** tuān **腨** shuàn **煓** tuān		

下列形近字右边的相同部件是：炭

碳	tàn	非金属元素。符号C，原子序数为6，多种同位素中部分有放射性，同素异形体有金刚石、石墨等，碳为有机物的主要元素之一，碳在工业、医学等领域应用广泛。
羰	tāng	羰基，由碳、氧两个原子形成双键并带有两个单键的有机官能团，是羧酸、醛等的组成部分。

下列形近字的相关部分是：皿

皿	mǐn	器皿，日常使用的盛东西的用具，如碗、碟、盘、杯、盂等。
血	xuè	a. 血液，人和高等动物体内的红色液体，周身循环，输送养分给各组织，同时把废物带到排泄器官内。如：**血**压、**血**虚。b. 同一祖先的。如：**血**脉、**血**缘。c. 比喻刚强热烈。如：**血**性、**血**气方刚。

下列形近字下面的相同部件是：皿

盂	yú	盛液体或饭食的敞口器具。如：痰**盂**、钵**盂**（古代僧人用的饭碗）。
孟	mèng	a. 指农历每一季三个月中的第一个月。如：**孟**秋（秋季的第一个月，即农历七月）。b. 兄弟排行按孟、仲、叔、季的次序，孟是老大。如：**孟**兄。

盅	zhōng	没有把儿的小杯子，用于饮酒或喝茶。如：茶**盅**、酒**盅**。
盎	àng	a. 旺盛。如：春意**盎**然、兴味**盎**然。b. 古代的一种盆，腹大口小。
蛊	gǔ	a. 古代传说把许多毒虫放在器皿里，使其互相蚕食，最后剩下不死的毒虫叫蛊，可用来毒害人。b. 诱惑；迷乱。如：**蛊**惑人心。

下列形近字右边的相同部件是：蜀

镯	zhuó	镯子，戴在手腕或脚腕上的环形装饰物。如：玉**镯**、手**镯**、脚**镯**。
躅	zhú	组词“踯躅”。徘徊不进。如：踯**躅**街头、踯**躅**不前。

髑	dú	组词“髑髅”。死人的骨头；骷髅。
蠲	juān	免除。如：**蠲**免、**蠲**除。
还有与上述同类型的三级字：**臅** chù **蠋** zhú		

下列形近字下面的相同部件是：**罗**

萝	luó	a. 指某些爬蔓植物。如：藤**萝**、茑**萝**、松**萝**。b. 组词“萝卜”。一年或二年生草本植物，主根也叫萝卜，圆柱形或球形，为常见的蔬菜。
箩	luó	用竹子等材料编织的底方上圆的用具，大的多用来盛粮食等，小的多用来淘米等。如：**箩**筐、稻**箩**、淘**箩**、笸**箩**。

下列形近字右边的相同部件是：**罗**

啰	㊀luō ㊁luó ㊂luo	㊀组词“啰唆”。也作“啰嗦”。a. 说话絮叨；反复地说。如：他说话太**啰**唆、别跟他多**啰**唆。b. 事情琐碎或办事麻烦。如：这办事程序太多太**啰**唆。 ㊁组词“啰唣”。吵闹寻事。如：你先安抚好他们，休要在这**啰**唣。 ㊂助词，用在句末表示肯定语气。如：这样做就对**啰**！
猡	luó	某些方言“猪猡”“猡猡”指猪。
椤	luó	组词“桫椤”。蕨类植物，茎直立，叶螺旋状，喜生长在阳光充足的潮湿坡地等处，因其古老而具有很高的研究价值，也可做庭园观赏树木等。
锣	luó	一种打击乐器，像铜盘，敲击产生振动而发声。如：铜**锣**、敲**锣**打鼓、**锣**鼓喧天、紧**锣**密鼓、鸣**锣**开道、当面**锣**对面鼓。

下列形近字右边的相同部件是：**罗**

塄	léng	田地边上的小坡。如：地**塄**、**塄**坎（田地边上的坡和田埂子）。
愣	lèng	a. 发呆；失神。如：**愣**怔、他老是望着窗外发**愣**。b. 鲁莽；冒失。如：**愣**头**愣**脑、**愣**冲冲。c. 副词。一定要；偏要。如：明知困难重重，他**愣**要去尝试。
还有与上述同类型的三级字：**楞** léng		

下列形近字右边的相同部件是：**崔**

催	cuī	a.使赶快行动。如：**催**促、三**催**四请、**催**粮、**催**办、**催**他快点儿起床。b.促使加快变化。如：**催**眠、**催**化剂、**催**肥、**催**芽、**催**熟。
摧	cuī	破坏；折断。如：**摧**残、**摧**毁、坚不可**摧**、**摧**枯拉朽、黑云压城城欲**摧**、"木秀于林，风必**摧**之"。
璀	cuǐ	组词"璀璨"。形容珠玉绚丽夺目（也用来形容人或事物）。如：那串项链**璀**璨夺目、群星**璀**璨、**璀**璨人生。
还有与上述同类型的三级字：**漼** cuǐ		

下列形近字右边的相同部件是：**崩**

嘣	bēng	拟声词，形容东西跳动或爆裂的声音。如：轮胎突然**嘣**的一声就炸了、"刚走上舞台时，紧张的心在**嘣嘣**直跳"。
镚	bèng	小的硬币。如：钢**镚**儿、一个**镚**子都不值、"他非常吝啬，连一个**镚**子都舍不得施舍给别人"。
蹦	bèng	两脚并着跳；泛指跳。如：活**蹦**乱跳、一**蹦**三尺高、他一下**蹦**过了那道沟、秋后的蚂蚱**蹦**跶不了几天。

下列形近字右边的相同部件是：**岁**

哕	yuě	呕吐。如：干**哕**（指想要吐，但实际又吐不出来）、"他晕船晕得厉害，把之前吃的东西都**哕**出来了"。
秽	huì	a.肮脏。如：**秽**气、浊**秽**、**秽**物、**秽**垢、污**秽**、蝉蜕浊**秽**、除残去**秽**。b.丑陋；丑恶。如：淫言**秽**语、**秽**德彰闻（丑恶的品质和行为）。

下列形近字右边的相同部件是：**回**

徊	huái	组词"徘徊"。a.来回走。如：他在室外**徘**徊。b.犹豫不决。如：是找工作还是继续深造，他**徘**徊不定。c.在一定范围内起伏。如：室温**徘**徊在25℃左右。
洄	huí	水流回旋。如：**洄**游（海洋中的鱼类等海洋水生动物受季节的影响，因产卵、觅食或越冬的需要而沿着一定的路线有规律地往返迁移）。
蛔	huí	蛔虫，寄生虫。形状像蚯蚓，成虫寄生在人或其他动物的肠内，能引发多种疾病，损害人、畜的健康。

下列形近字左边的相同部件是：**岂**

剀	kǎi	切实；中肯。如：**剀**切（a. 符合事理。如：**剀**切中理。b. 切实。如：**剀**切教导）。
凯	kǎi	得胜回来奏的乐曲。如：**凯**歌、奏**凯**、**凯**旋（得胜回朝）。
觊	jì	希望；企图。如：**觊**觎（非分地希望或企图）。
还有与上述同类型的三级字：**颛** yǐ		

下列形近字右边的相同部件是：**岂**

恺	kǎi	欢乐；和乐。如：物**恺**（形容万物和乐）、**恺**恻（和乐恻隐）、**恺**悌君子（和乐平易、品德优良的人）。
桤	qī	桤木，落叶乔木，叶子倒卵形，果穗椭圆形，木质较软，嫩叶可泡水喝。
铠	kǎi	铠甲，用金属鳞片制成的用来保护身体的作战服。如：**铠**衣、**铠**胄精良。
还有与上述同类型的二、三级字：**皑** ái **隑** gài **垲** kǎi		

下列形近字的相关部分是：**贝**

贝	bèi	a. 有壳的软体动物的通称，如蛤蜊、鲍、蚌、螺等。如：**贝**壳、**贝**雕、海**贝**、珠**贝**。b. 古代用贝壳做的货币。
见	㊀jiàn ㊁xiàn	㊀a. 看到；会面。如：常**见**、会**见**。b. 接触。如：眼睛**见**风就流泪。c. 显现出。如：**见**效。d. 看法。如：意**见**。e. 助词。如：**见**笑。f. 指明出处或参看处。㊁同“现”。显露。如：风吹草低**见**牛羊。

下列形近字下面的相同部件是：**贝**

贷	dài	a. 借贷，借入或借出。如：去农行**贷** 10 万元。b. 贷款。如：农**贷**、信**贷**。c.（把责任）推卸给别人。如：责无旁**贷**。d. 宽恕；饶恕。如：严惩不**贷**。
货	huò	a. 商品；货物。如：年**货**、水**货**、**货**真价实。b. 钱币。如：**货**币、通**货**膨胀。c. 骂人时指人。如：笨**货**、蠢**货**、骚**货**、她不是一个好**货**。

贪	tān	a. 贪图；不知足。如：**贪**吃、**贪**玩、**贪**杯、**贪**得无厌。b. 爱财。如：**贪**财、**贪**官、**贪**污（利用职务上的便利非法地取得财物）。
贫	pín	a. 穷、生活困难（跟“富”相对）。如：**贫**穷、**贫**困、**贫**苦、抚**贫**、脱**贫**。b. 缺乏；不足。如：**贫**血、**贫**油、**贫**矿。c. 絮叨，令人厌烦。如：嘴**贫**。

下列形近字左边的相同部件是：**贝**

贼	zéi	a. 偷东西的人。如：盗**贼**。b. 严重危害国家和民族利益的人。如：卖国**贼**。c. 邪恶的。如：**贼**眼、**贼**头**贼**脑。d. 狡猾。如：老鼠很**贼**。e.〈方〉很；非常。如：**贼**冷。
赋	fù	a. 一种文体。如：吟诗作**赋**、《阿房宫**赋**》。b. 资质。如：天**赋**。c. 田地及其他税收。如：田**赋**。d. 给予；授予。如：**赋**予。e. 作（诗、词）。如：**赋**诗一首。

下列形近字右边的相同部件是：**贝**

坝	bà	a. 拦水的构筑物。如：大**坝**、拦河**坝**、重力**坝**、筑**坝**蓄水。b. 河工险要处保护堤岸的建筑物。如：丁**坝**。c. 平地或河滩（多用于地名）。如：葛洲**坝**。
呗	㊀bài ㊁bei	㊀组词“梵呗”。佛教徒念诵经文或歌咏赞叹的声音。 ㊁助词。a. 表示事实或道理明显。如：这次没考好，下次努力**呗**。b. 表示勉强同意等做出让步。如：既然你开口了，那就这样**呗**！
狈	bèi	传说中的一种兽，前腿特短，无法独立生存，需要爬在狼身上与其一起行动，后常将狼和狈并提，如“狼狈”“狼狈不堪”“狼狈为奸”。
钡	bèi	金属元素。符号 Ba，原子序数为 56，银白色，化学性质活泼，易被氧化，应密封保存，可用于制作合金、杀虫剂等，也可用于医疗诊断等。
还有与上述同类型的三级字：**浿** bèi		

下列形近字右边的相同部件是：**内**

讷	nè	说话迟钝（引申为谨慎）；不善言谈。如：木**讷**寡言、言**讷**词直、口**讷**、君子**讷**于言而敏于行（君子做到话语谨慎，做事行动敏捷）。
呐	nà	组词“呐喊”。大声呼喊。如：啦啦队的助威**呐**喊声此起彼伏、摇旗**呐**喊。
纳	nà	a. 收进；接受。如：采**纳**、容**纳**、吐故**纳**新、招贤**纳**士、海**纳**百川。b. 享受。如：**纳**凉。c. 交付。如：**纳**贡称臣、**纳**税。d. 缝补；密密地缝。如：**纳**鞋底。
钠	nà	金属元素。符号 Na，原子序数为 11，可与冷水发生剧烈反应，易与空气中的二氧化碳等发生反应，可密封保持在石蜡中，用途很广泛（如制氢氧化钠碱液）。

衲	nà	a. 缝补；补缀。如：千补百**衲**、百**衲**衣。b. 僧衣；多用作和尚的代称或自称。如：老**衲**、破**衲**疏羹（破衣素食，形容生活简朴）。
蚋	ruì	昆虫。身体小，褐色或黑色，吸食人畜血液，能传播疾病。幼虫生活在水中。
还有与上述同类型的三级字：**汭** ruì **枘** ruì **肭** nà		

下列形近字右边的相同部件是：**冈**

纲	gāng	a. 提网的总绳（多用来比喻事物的关键）。如：提**纲**挈领、考试大**纲**。b. 生物系统分类的一种类别。如：多足**纲**。c. 成批运输货物的组织。如：生辰**纲**。
钢	㊀gāng ㊁gàng	㊀含碳量在0.15%—2%之间的铁碳合金，含有少量的锰、硅、磷、镍、硫等元素，比熟铁硬度高，比生铁韧性好，是重要的工业材料。如：**钢**材、**钢**管。㊁把刀刃放在石头、布等物上磨，使其锋利。如：**钢**剃刀、把菜刀拿去**钢**一**钢**。
还有与上述同类型的三级字：**棡** gāng		

下列形近字右边的相同部件是：**则**

侧	cè	a. 旁边。如：旁敲**侧**击、两**侧**、左**侧**、**侧**面、珠玉在**侧**、卧榻之**侧**。b. 斜向一边。如：**侧**卧、**侧**目而视、**侧**耳细听。c. 偏重。如：**侧**重。
测	cè	a. 测量；度量。如：检**测**、勘**测**、**测**算、**测**绘、体能**测**试、高程**测**量、深不可**测**。b. 推测；推想。如：预**测**、人心叵**测**、变幻莫**测**、天有不**测**风云。
恻	cè	悲痛。如：**恻**痛、**恻**隐（对受苦难的人表示同情，心中不忍）、百感凄**恻**、缠绵悱**恻**（形容内心痛苦难以排解，也形容诗文音乐等婉转凄切）。
铡	zhá	a. 指铡刀，用来行刑、切草、切药等。如：虎头**铡**、龙头**铡**。b. 用铡刀切。如：**铡**草、**铡**美案（明代清官铁包公秉公执法、不徇私情的故事）。
还有与上述同类型的三级字：**鲗** zéi		

下列形近字右边的相同部件是：**婴**

嘤	yīng	拟声词，形容鸟叫的声音（多叠用）。如：鸟鸣**嘤嘤**、**嘤嘤**成韵、**嘤**鸣求友、**嘤**鸣相召。
缨	yīng	a. 系在颔下的帽带。如：冠**缨**、帽**缨**、垂**缨**、涕流沾**缨**、濯**缨**洗耳、濯**缨**弹冠、振**缨**公朝。b. 像缨的东西。如：萝卜**缨**子。c. 绳索。如：长**缨**。

樱	yīng	a. 樱桃，乔木，种类多，红色果实球形，富含蛋白质及钙、铁等多种元素，可作水果食用，也可入药。b. 樱花，落叶乔木，叶卵形或卵状披针形，果实球形，黑色。花也叫樱花，粉红色或白色，春季开放，可供观赏。（注意区别“樱樱”）
还有与上述同类型的二级字：**璎** yīng **撄** yīng（注意区别“撄樱”）		

下列形近字下面的相同部件是：**见**

苋	xiàn	用于植物名。如：**苋**菜、冬**苋**菜、马齿**苋**。
觅	mì	找；寻求。如：**觅**食、骑驴**觅**驴、寻踪**觅**迹、寻死**觅**活、踏破铁鞋无**觅**处。
览	lǎn	看；阅。如：一**览**众山小、一**览**无遗、阅**览**、博**览**群书、展**览**、游**览**古迹、浏**览**。
觉	㊀jiào ㊁jué	㊀睡眠。如：午**觉**、睡了一个回笼**觉**、一**觉**睡到自然醒。 ㊁a. 器官对外界的感受。如：味**觉**、嗅**觉**灵敏、视**觉**。b. 醒悟。如：思想**觉**悟、**觉**醒、自**觉**完成。c. 发现。如：发**觉**、神不知鬼不**觉**、全然不**觉**。
笕	jiǎn	田间引水的长竹管或安在屋檐上排除雨水、防止打湿墙脚的竹槽。如：翠**笕**、竹**笕**、水**笕**。

下列形近字右边的相同部件是：**见**

观	㊀guān ㊁guàn	㊀a. 看；察看。如：**观**察、参**观**、走马**观**花。b. 景象；外光。如：改**观**、泱泱大**观**。c. 对事物的认识和态度。如：乐**观**、世界**观**、价值**观**、人生**观**。 ㊁道教的庙宇。如：道**观**、白云**观**（在北京市西城区）。
现	xiàn	a. 露出；显露。如：表**现**、昙花一**现**。b. 目前；现在。如：**现**行、**现**状。c. 当时具有的。如：**现**钱、**现**货。d. 现金。如：兑**现**、贴**现**。e. 副词。当时；临时；当场。如：**现**买**现**卖、**现**编**现**演。
规	guī	a. 画圆的工具。如：圆**规**、两脚**规**。b. 准则；法度。如：法**规**、校**规**、**规**则。c. 谋划；打算。如：**规**划、**规**避（设法避开）。d. 告诫；劝告。如：**规**劝。
视	shì	a. 看。如：注**视**、**视**线、目不斜**视**、**视**而不见。b. 观察；如：巡**视**、**视**察。c. 对待；看待。如：高度重**视**、**视**同儿戏、**视**死如归。
还有与上述同类型的字：**舰** jiàn **枧** jiǎn **砚** yàn **岘** xiàn **觇** chān **觋** xí **觊** jì **靓**㊀jìng ㊁liàng **觏** gòu **睍** xiàn **䁂** xiàn **蚬** xiǎn		

下列形近字右边的相同部件是：**四**

泗	sì	泗河，水名，在山东省中部，发源于新泰市，于济宁新闸泄入南四湖。
驷	sì	古代指同驾一辆车的四匹马，也指四匹马拉的车。如：一言既出，**驷**马难追。

下列形近字右边的相同部件是：**罔**

惘	wǎng	失意的样子；精神恍惚。如：迷**惘**、**惘**然若失。
辋	wǎng	旧式车轮周围（内接辐条）的框子。如：车**辋**、轮**辋**。

下列形近字右边的相同部件是：**骨**

猾	huá	奸诈。如：狡**猾**、老奸巨**猾**、贪吏**猾**胥（贪财狡诈的官吏）。
滑	huá	a. 光滑；滑溜。如：润**滑**剂、丝绸很**滑**。b. 滑动；滑行。如：花样**滑**冰、高山**滑**雪、防**滑**链、**滑**翔。c. 油滑；狡诈。如：圆**滑**、油腔**滑**调、油嘴**滑**舌。
还有与上述同类型的三级字：**榾** gǔ		

丿（撇）

下列形近字左边的相同部件是：钅

钓	diào	a. 用饵诱鱼上钩。如：**钓**钩、**钓**竿、坐观垂**钓**者、稳坐**钓**鱼台、放长线**钓**大鱼。b. 施用手段取得。如：沽名**钓**誉（用某种不正当的手段捞取名誉）。
钧	jūn	a. 古代重量单位，一钧合三十市斤。如：千**钧**一发。b. 制陶器所用的转轮。如：陶**钧**（比喻陶冶、造就）。c. 敬辞，对尊长或上级。如：**钧**鉴。
钩	gōu	a. 钩子。如：鱼**钩**、挂**钩**。b. 像钩子的。如：鹰**钩**鼻。c. 用钩子或钩状物悬挂、探取等。如：把掉入井里的水桶**钩**上来。d. 用带钩的针编织；也指用针缝合衣边。如：**钩**毛衣、**钩**贴边。e. 汉字的笔形。f. 形状为"√"的符号。

钤	qián	a. 图章。如：**钤**记。b. 盖（图章）。如：**钤**印、**钤**盖。
铃	líng	a. 金属制成的小型响器。如：掩耳盗**铃**、**铃**铛、电**铃**、车**铃**、驼**铃**。b. 像铃的东西。如：杠**铃**、哑**铃**、棉**铃**。

钿	㊀diàn ㊁tián	㊀a. 一种嵌入金银珠宝的花朵形首饰。b. 把金银珠宝等镶嵌在器物上做装饰。 ㊁〈方〉硬币。如：铜**钿**、洋**钿**。
铀	yóu	金属元素。符号 U，原子序数为 92，是锕系元素之一，化学性质活泼（如空气中易被氧化），有放射性和毒性，可发生裂变反应，用于制核弹、核电站发电等。

铭	míng	a. 在器物上刻字，比喻永远记住。如：**铭**记、刻骨**铭**心。b. 古代铸或刻在器物上记述生平事迹或用来警惕、勉励自己的文字。如：座右**铭**、墓志**铭**。
铬	gè	金属元素。符号 Cr，原子序数为 24，银白色有光泽，耐腐蚀性强，可用于制不锈钢，其化合物都有颜色，六价铬有毒。

银	yín	a. 金属元素。符号 Ag，原子序数为 47，是一种贵金属，白色有光泽，导热、导电性能很好，可用于制货币等。b. 货币。如：**银**行。c. 像银子的颜色。如：**银**发。
锒	láng	组词"锒铛"。a. 铁锁链或被铁链子锁着。如：**锒**铛入狱。b. 拟声词，形容金属撞击的声音。如：铁索**锒**铛。

锚	máo	停船的器具，带倒钩的爪，一端用绳索连船。如：拔**锚**起航、抛**锚**（原指船停航抛锚，现多指汽车等行驶途中发生故障而停止行驶）。
锱	zī	a. 古代重量单位，六铢等于一锱，四锱等于一两。b. 比喻微小的数量。如：算尽**锱**铢、**锱**铢必较（对锱和铢这样微小的量都要计较）、**锱**铢不爽。
镏	㊀liú ㊁liù	㊀组词“镏金”。把溶解于水银里的金子涂在器物表面，用来装饰器物。 ㊁组词“镏子”。戒指。如：金**镏**子。
镭	léi	金属元素。符号 Ra，原子序数为 88，银白色软金属，化学性质活泼，具有极强的放射性，射线能破坏、杀死细胞和细菌，医学上常用来治疗恶性肿瘤等。

镰	lián	镰刀，割庄稼、草等的农具。如：开**镰**（开始用**镰**刀收割）、挂**镰**（收割工作结束）。
镛	yōng	大钟，古代一种打击乐器。

下列形近字右边的相同部件是：**午**

许	xǔ	a. 答应或预先答应；认可。如：准**许**、允**许**、**许**可、**许**配。b. 称赞。如：赞**许**。c. 可能。如：兴**许**、也**许**。d. 表示约略估计或程度。如：**许**多、些**许**。
忤	wǔ	违背；不顺从。如：**忤**逆、与人无**忤**（与人相处和善、和谐）。
杵	chǔ	a. 舂米或捶衣的木棒；也指用杵捣。如：砧**杵**、**杵**棒、**杵**药、断木为**杵**、捣衣**杵**、谁家急**杵**捣寒衣。b. 用细长的东西戳。如：他把窗户纸给**杵**破了。
还有与上述同类型的二、三级字：**仵** wǔ **旿** wǔ		

下列形近字下面的相同部件是：**牛**

牢	láo	a. 养牲畜的圈。如：虎**牢**、亡羊补**牢**（比喻受损后补救）。b. 监禁犯人的地方。如：监**牢**、坐**牢**、**牢**狱之灾。c. 结实，坚固，固定。如：**牢**固、**牢**记、**牢**不可破。d. 古代称作祭品的牲畜。如：太**牢**、少**牢**。
牵	qiān	a. 拉，引领向前。如：**牵**引、**牵**头、**牵**线。b. 关联，带累。如：**牵**连、**牵**涉、**牵**制、**牵**强（把不相关的事物勉强连在一起）。c. 挂念。如：**牵**挂、**牵**记。
牮	jiàn	a. 斜着支撑。如：打**牮**拨正（房屋倾斜，用柱子支起弄正）。b. 用土石挡水。

下列形近字右边的相同部件是：**生**

性	xìng	a. 事物的性质或性能。如：趋光**性**、黏**性**。b. 男女或雌雄的特质。如：雌**性**、雄**性**。c. 性格。如：本**性**难移。d. 思想等方面的表现。如：积极**性**。
姓	xìng	表明家族的字；以……为姓。如：**姓**氏、百家**姓**、贵**姓**、隐**姓**埋名、**姓**甚名谁、尊**姓**大名、指名道**姓**、唐太宗**姓**李、“行不更名，坐不改**姓**”。
牲	shēng	a. 家畜。如：**牲**畜、他家就靠这几头**牲**口过日子了。b. 古代特指祭祀等用的牛、羊、猪等。如：献**牲**、三**牲**、**牲**礼。
胜	㊀shēng ㊁shèng	㊀“肽”的旧称。 ㊁a. 赢；打败。如：以少**胜**多。b. 超过；强过。如：略**胜**一筹。c. 能承受；经得住。如：不**胜**酒力。d. 优美的地方。如：名**胜**古迹。e. 尽。如：美不**胜**收。
还有与上述同类型的三级字：**甡** shēn		

下列形近字右边的相同部件是：**垂**

陲	chuí	边疆；边境。如：关**陲**（边关之地）、沙**陲**（边陲沙漠之地）。
捶	chuí	用拳头等敲打。如：**捶**胸顿足、他每次回家都会给父母**捶捶**背。（注意区别“捶棰”）
唾	tuò	a. 口腔里的消化液。如：**唾**液、一口**唾**沫一个钉（比喻说话算数，一诺千金）。b. 从嘴里吐出来。如：**唾**面自干、**唾**手可得。c. 表示鄙视。如：遭人**唾**骂。
棰	chuí	a. 鞭子。如：士以马**棰**击亭长。b. 短木棍。如：**棰**杖、一尺之**棰**、**棰**楚（鞭杖之类的刑具）。c. 用鞭子或棍子打。如：以**棰**击驴、**棰**拊（鞭策）。（注意区别“棰捶”）
睡	shuì	大脑皮质处于休息状态。如：**睡**觉、**睡**眠、午**睡**、昏昏欲**睡**、打瞌**睡**、**睡**意正浓、早**睡**早起、吃喝拉撒**睡**、“卧榻之侧，岂容他人鼾**睡**”。
锤	chuí	a. 敲打物件的工具。如：铁**锤**、一**锤**定音。b. 秤砣。如：秤**锤**。c. 用锤子打。如：**锤**打、千**锤**百炼。d. 古代兵器。如：狼牙**锤**、流星**锤**。
还有与上述同类型的二、三级字：**埵** duǒ **倕** chuí		

下列形近字右边的相同部件是：**朱**

侏	zhū	组词“侏儒”。身材异常矮小的人。
诛	zhū	a. 杀（有罪的人）。如：**诛**灭、**诛**杀、天**诛**地灭、伏法受**诛**、**诛**不避贵、人人得而**诛**之。b. 谴责处罚。如：笔**诛**墨伐、口**诛**笔伐。

洙	zhū	洙水河，水名，发源于山东省菏泽市牡丹区佃户屯东北，汇入南阳湖。
姝	shū	a. 美丽；美好。如：静女其**姝**、姿颜**姝**丽、形体**姝**好。b. 美女。如：名**姝**、吴**姝**（吴地的美女）。
珠	zhū	a. 珍珠。如：买椟还**珠**（买下装珍珠的木匣，退还木匣里的珍珠，比喻没有眼力，取舍不当）、掌上明**珠**。b. 像珠子的东西。如：汗**珠**、佛**珠**。
株	zhū	a. 植物体。如：植**株**、加大**株**距、雌雄同**株**。b. 露在地面上的树根。如：枯木朽**株**（枯木头，烂树根）、守**株**待兔。c. 量词，用于植物。如：几**株**桃树。
殊	shū	a. 不同。如：贫富悬**殊**、**殊**途同归、世**殊**时异。b. 特别。如：**殊**荣、**殊**功异德、特**殊**情况特**殊**处理。c. 死。如：**殊**死搏斗。d. 很；极。如：**殊**为痛心。
铢	zhū	量词，古代重量单位，六铢合一锱，四锱合一两，即二十四铢合一两。如：锱**铢**必较、**铢**积寸累（一点一滴地积累，形容事物完成得不容易）。
蛛	zhū	蜘蛛，节肢动物，种类多，身体分头、胸部和腹部，腹部圆形或卵圆形，足细长，大多有毒腺且结网捕食，有的种类可当作宠物被饲养。
还有与上述同类型的三级字：**陎** shū		

下列形近字下面的相同部件是：**缶**

罂	yīng	组词“罂粟”。草本植物，种类多（如鸦片罂粟），花有红、白等多种颜色，观赏价值高，种子提取物有麻醉性，可用于制鸦片、药品等。
罄	qìng	用完；消耗殆尽；完毕。如：告**罄**、**罄**其所有、**罄**竹难书（把竹子用完也写不完，比喻罪恶的事实太多，难以说完）。
还有与上述同类型的三级字：**罍** léi		

下列形近字的相关部分是：**矢**

矢	shǐ	a. 箭；射箭。如：流**矢**、弓**矢**、有的放**矢**、众**矢**之的。b. 发誓。如：**矢**志不渝、**矢**口否认。c. 古同“屎”。如：遗**矢**。
失	shī	a. 丢。如：**失**而复得。b. 没有掌握好。如：**失**言。c. 未达到（目的）。如：**失**望。d. 错误；疏忽。如：过**失**。e. 背离。如：**失**信。f. 改变（常态）。如：**失**声。

下列形近字右边的相同部件是：**失**

帙	zhì	a. 书、画的封套；也指卷册。如：书**帙**、鸿篇巨**帙**、卷**帙**浩繁（书籍很多或篇幅很长）。b. 量词，书的一套称为一帙。
轶	yì	a. 超过。如：**轶**群绝类（超过众人）、超**轶**绝尘（后车超过前车，脚不沾尘土）。b. 散失；失传。如：奇闻**轶**事录。

铁	tiě	a. 金属元素。符号 Fe，原子序数为 26，应用很广泛。b. 武器。如：手无寸**铁**。c. 精锐。如：**铁**骑。d. 坚定不移。如：**铁**的纪律。e. 无私；刚正。如：**铁**面无私。
秩	zhì	a. 有条理；次序。如：社会**秩**序。b. 旧时官员俸禄；也指品级。如：三**秩**以上穿紫衣、品**秩**、厚**秩**、权重**秩**卑。c. 十年。如：八**秩**大寿。
跌	diē	a. 摔倒。如：**跌**打损伤、**跌**倒、**跌跌**撞撞、爬得高**跌**得重。b. 物体落下；价格等下降。如：**跌**落、股价暴**跌**、水位下**跌**、**跌**幅不大、**跌**至谷底。
还有与上述同类型的二、三级字：**佚** yì **眣**㊀dié ㊁yì		

下列形近字右边的相同部件是：**知**

蜘	zhī	组词“蜘蛛”。节肢动物，种类多，身体分头、胸部和腹部，腹部圆形或卵圆形，足细长，大多有毒腺且结网捕食，有的种类可当作宠物被饲养。
踟	chí	组词“踟蹰”。徘徊；心中犹豫；要走不走的样子。如：**踟**蹰不前、搔首**踟**蹰（搔首：用手挠头。形容心情焦急、惶惑或犹豫）。

下列形近字右边的相同部件是：**气**

饩	xì	a. 谷物；饲料。如：马**饩**、酒**饩**（酒食）。b. 活的牲畜；生肉。如：资**饩**（粮食和牲畜）、脯**饩**（干肉和生肉）。c. 赠送。如：牛**饩**退敌（赠送牛来退敌）。
汽	qì	液体或某些固体变成的气体；特指水蒸气。如：**汽**船、**汽**笛、**汽**化、**汽**轮机、蒸**汽**机、饱和蒸**汽**压、水**汽**混合比。
忾	kài	愤怒；愤恨。如：同仇敌**忾**（抱着特别仇恨和愤怒的心情共同一致地对付敌人）。

下列形近字下面的相同部件是：**毛**

芼	mào	拔取（菜、草等）。如：参差荇菜，左右**芼**之。
笔	bǐ	a. 书写或绘画的工具。如：钢**笔**、彩**笔**。b. 用笔书写。如：代**笔**、亲**笔**信。c. 写作或绘画的技巧。如：**笔**法、文**笔**。d. 量词。如：“天”字有三**笔**、一**笔**账。

下列形近字右边的相同部件是：**毳**

撬	qiào	用刀、棒等工具借助支点拨动或分开东西。如：**撬**锁、**撬**啤酒瓶、**撬**窗挖壁（指偷盗）、把箱子**撬**开。（注意区别“撬橇”）
橇	qiāo	a. 古代在泥路上行走所乘的工具。如：水行乘船，泥行乘**橇**。b. 在冰雪上滑行的工具。如：狗拉雪**橇**、冰**橇**。（注意区别“橇撬”）

下列形近字右边的相同部件是：千

仟	qiān	数字"千"的大写。如：壹**仟**圆整。
阡	qiān	a. 田间南北方向的小路；泛指田间小路。如：横**阡**、**阡**陌交通（田间小路纵横交错）。b. 通往坟墓的道路，多代指墓。如：高**阡**（高大的坟墓）、**阡**表。
扦	qiān	a. 用金属、竹等制成的一头（或两头）尖锐的工具。如：竹**扦**、**扦**担、蜡**扦**。b. 插进装有谷物等的麻袋取样的工具。c. 插；插进去。如：**扦**插繁殖。（注意区别"扦杆杆"）
忏	chàn	a. 悔过。如：**忏**悔。b. 佛教指请求宽恕；也指祈祷悔过时诵读的经文。如：大悲**忏**、**忏**度（为亡灵祈祷悔过并超度）。
纤	㊀qiàn ㊁xiān	㊀拉船前进的绳子。如：背**纤**拉船、**纤**绳、河畔的**纤**夫。 ㊁细小。如：**纤**长、楚腰**纤**细、雕镂**纤**巧、**纤**尘不染、**纤**毫不爽（极细微的差失也没有）、**纤**介之失（细微的过失）、祸生于**纤纤**。
歼	jiān	消灭；灭尽。如：**歼**灭、**歼**击机、**歼**敌数万、围**歼**于山谷、全**歼**守敌、聚而**歼**之。
钎	qiān	一头尖或一字形刃的长钢棍，多用来凿孔或槽用。如：打**钎**、戳煤**钎**、钢**钎**。
还有与上述同类型的三级字：**圲** qiān **杄** qiān（注意区别"杄杆扦"）		

下列形近字右边的相同部件是：壬

任	㊀rén ㊁rèn	㊀a. 用于地名。如：**任**县（位于河北省）。b. 姓。 ㊁a. 相信。如：信**任**。b. 担当。如：**任**教。c. 委派；使担当。如：**任**用、**任**人唯贤。d. 职务；责任。如：上**任**。e. 听凭。如：放**任**。f. 连词，不管。如：**任**谁求情都没用。g. 量词，用于任职的次序或届数。如：为官一**任**，致富一方。
饪	rèn	做饭做菜。如：烹**饪**、他花了两年时间在烹**饪**学校学习制作各式各样的菜肴。
妊	rèn	妊娠，从受孕至分娩的生理过程。
纴	rèn	用来编织成布、帛的丝缕；也指纺织。如：**纴**器（纺织工具）、**纴**织、抽茧作**纴**。
衽	rèn	a. 衣襟。如：右**衽**（衣襟向右掩）、敛**衽**（整理衣襟）、带**衽**（腰带和衣襟）、连**衽**成帷。b. 坐卧用的席子。如：**衽**席。

下列形近字右边的相同部件是：乍

作	㊀zuō ㊁zuò	㊀手工业制造加工的场所。如：**作**坊、油漆**作**。 ㊁a. 作品。如：佳**作**。b. 做事。如：工**作**。c. 写作。如：**作**曲、**作**文。d. 起；兴起。如：振**作**精神。e. 当作。如：认贼**作**父。f. 装出。如：故**作**镇定。
诈	zhà	a. 假装。如：**诈**降、**诈**败佯输。b. 使用手段诓骗。如：欺**诈**、诡**诈**、狡**诈**、**诈**骗、尔虞我**诈**、兵不厌**诈**、敲**诈**勒索、他在拿话**诈**我。
拃	zhǎ	a. 用大拇指和中指（或大拇指和小指）伸直测量长度。b. 量词，伸直大拇指和中指（或大拇指和食指）两端的距离。（注意区别"拃柞"）
咋	㊀zǎ ㊁zé ㊂zhā	㊀疑问代词。怎；怎么。如：**咋**样、**咋**办、你**咋**还没开始呢？ ㊁咬住。如：**咋**指吐舌（咬指头，伸舌头，表示惊异）、**咋**笔、闻者**咋**舌。 ㊂组词"咋呼"。a. 吆喝；吵嚷。如：不要乱**咋**呼。b. 炫耀；张扬。如：才得一个小奖，有必要到处咋**呼**吗？（注意区别"咋昨"）
怍	zuò	惭愧。如：惭**怍**、**怍**色（羞惭的神色）、愧天**怍**人（对天对人，都感到惭愧，指做了亏心事，无脸面对众人）。
柞	㊀zhà ㊁zuò	㊀用于地名。如：**柞**水县（位于陕西省商洛市）。 ㊁柞树，落叶乔木，树形优美，冠如华盖，叶缘有锯齿，是风景园林的精品树种，叶能养蚕，木材坚固耐腐，可制家具，树皮可入药。（注意区别"柞拃"）
昨	zuó	今天的前一天；泛指过去。如：**昨**天、**昨**夜、清晰如**昨**、**昨**晚、今是而**昨**非。（注意区别"昨咋"）
炸	㊀zhá ㊁zhà	㊀把食材放入用旺火煮沸的热油中使其熟。如：油**炸**食品、**炸**薯条、**炸**麻花、**炸**春卷、先**炸**一下再炖。 ㊁a. 突然爆破。如：气球**炸**了、爆**炸**。b. 用炸药轰炸。如：狂轰滥**炸**、**炸**碉堡。c. 被激怒而发作。如：他被气**炸**了。d. 因受惊而四处逃窜。如：马蜂**炸**窝了。
砟	zhǎ	岩石、煤等的小而硬的碎块。如：炉灰**砟**子、道**砟**（用来铺路基、承托路轨枕木的粗沙砾或碎石）。
蚱	zhà	组词"蚱蜢"。昆虫，种类多（如中华蚱蜢），像蝗虫，多为绿色，触角短，后足发达善跳跃，以叶子等为食，危害农作物。
舴	zé	组词"舴艋"。小船。如：只恐双溪**舴**艋舟，载不动许多愁（双溪那叶单薄的小船，怕是载不动我内心沉重的忧愁）。
酢	zuò	客人用酒回敬主人。如：酬**酢**。

还有与上述同类型的二、三级字：**胙** zuò **祚** zuò **阼** zuò **岞** zuò **鲊** zhǎ

下列形近字右边的相同部件是：**告**

诰	gào	a. 帝王对臣子的命令。如：**诰**命、**诰**封。b. 帝王任命或封赠的文书。如：五花官**诰**、**诰**敕（古时朝廷封官授爵的敕书）。
浩	hào	a. 盛大；巨大。如：**浩**瀚、一场**浩**劫、烟波**浩**渺、**浩浩**荡荡、声势**浩**大。b. 多。如：**浩**博、**浩**如烟海。
梏	gù	古代木制的手铐。如：手**梏**、桎**梏**（分别指戴在脚上和手上的刑具）。
牿	gù	牯牛，指公牛。如：黄**牯**、水**牯**。
锆	gào	金属元素。符号 Zr，原子序数为 40，银灰色，质硬，熔点高，耐腐蚀，加热时能吸收氮、氢、氧等气体，可用于制合金、中空吸气剂、贮氢材料等。
皓	hào	洁白；明亮。如：须发**皓**白、明眸**皓**齿、**皓**月当空、**皓**首苍颜（雪白的头发，灰暗的面孔，形容老年人的容貌）。
酷	kù	a. 程度很深；极端。如：**酷**爱、**酷**热、**酷**似。b. 残暴；残忍的。如：**酷**吏、**酷**刑、严**酷**、冷**酷**。c.（外）形容人潇洒英俊或表情冷峻。如：他长得很**酷**。

下列形近字右边的相同部件是：**先**

冼	xiǎn	姓。如：**冼**星海（广东人，中国著名音乐家）。（注意区别“冼洗”）
诜	shēn	组词“诜诜”。形容众多的样子。如：螽羽**诜诜**（夫妇和睦，子孙众多）。
洗	㊀xǐ ㊁xiǎn	㊀a. 用水等去掉污垢。如：**洗**车、**洗**衣。b. 洗雪。如：**洗**冤。c. 像水洗一样抢光杀光。如：血**洗**。d. 照相的显影定影。如：冲**洗**。e. 掺和整理。如：**洗**牌。 ㊁姓。（注意区别“冼洗”）
铣	㊀xǐ ㊁xiǎn	㊀a. 一种用多刃刀具通过旋转来切削加工金属的设备。如：升降台**铣**床、三面刃**铣**刀。b. 用铣床加工金属。如：**铣**削。 ㊁组词“铣铁”。铸铁的旧称。
还有与上述同类型的二、三级字：**酰** xiān **跣** xiǎn **侁** shēn **駪** shēn		

下列形近字右边的相同部件是：**赞**

攒	㊀cuán ㊁zǎn	㊀聚集在一起；拼凑；聚拢。如：人头**攒**动、**攒**三聚五、众星**攒**月、**攒**眉蹙额（皱眉皱额，形容苦闷）。 ㊁积聚；积蓄。如：**攒**钱、他决定把积**攒**了两年的钱拿出来买车。
缵	zuǎn	继承。如：继**缵**、**缵**业（继承事业）、**缵**绪（继承前人的事业）。

臜	zā	组词"腌臜"。a. 不干净;肮脏。如:这里的环境太腌**臜**了。b. 别扭;不痛快。如:差一点儿就成功了,现在心里真腌**臜**。c. 使难堪。如:你就别腌**臜**人了。
躜	zuān	向上或向前冲。如:**躜**动、**躜**行、"母狼**躜**篱笆,进退两难"。
还有与上述同类型的二级字:**瓒** zàn		

下列形近字右边的相同部件是:**我**

俄	é	a. 短时间;突然间。如:**俄**而、是非变于**俄**顷。b. 指俄罗斯。如:日**俄**战争。
哦	㊀é ㊁ó ㊂ò	㊀低声吟咏。如:**哦**诵、吟**哦**。 ㊁a. 表示惊叹。如:**哦**,居然是你来接机啊。b. 表示将信将疑。如:**哦**,这是 10 岁小孩子的作品吗? ㊂表示领会或醒悟。如:**哦**,我记起来是怎么回事了。
峨	é	a. 高。如:巍**峨**、**峨**舸(高大的船)、**峨**冠博带、**峨**然矗立。b. 指峨眉山。如:**峨**岷(峨眉山与岷山)。
饿	è	a. 腹空想吃东西。如:饥**饿**、**饿**殍遍野、**饿**虎扑食、饱汉不知**饿**汉饥。b. 使受饿。如:**饿**其体肤、别**饿**着孩子了。
娥	é	a. 姿容美好。如:**娥**苗(妖艳美好)。b. 美女。如:娇**娥**、吴**娥**(吴地的美女)、**娥**妆(美女的妆饰)。
锇	é	金属元素。符号 Os,原子序数为 76,铂族金属成员之一,银白色,蒸气有剧毒,粉末状易氧化,可用于制合金、催化剂、仪器轴承等。
蛾	é	昆虫,种类很多(如眉纹天蚕蛾),像蝴蝶,双翅平伸,腹部短粗,具有趋光性,以植物叶子为食,多数危害农作物,有的种类有毒,也有的能产丝。
还有与上述同类型的三级字:**涐** é **硪** wò		

下列形近字右边的相同部件是:**廷**

挺	tǐng	a. 直立。如:**挺**立、笔**挺**。b. 撑直;凸出。如:**挺**胸抬头。c. 副词,很。如:**挺**好、这花**挺**香的。d. 量词,用于机枪。如:我们连有三**挺**机枪。
梃	㊀tǐng ㊁tìng	㊀a. 棍棒。b. 梃子,门框、窗框等两侧直立的边框。c. 花梗。如:花**梃**。 ㊁a. 梃猪用的铁棍。b. 用铁棍在猪的皮与肉之间捅,以便吹气脱毛。如:**梃**猪。

铤	tǐng	快跑的样子。如：**铤**而走险。
蜓	tíng	a. 组词“蜻蜓”。昆虫，腹部细长，胸部有两对膜状的翅。常在水边捕食蚊子等，是益虫。b. 组词“蝘蜓”。古书上指壁虎。（注意区别“蜓蜓”）
艇	tǐng	轻便的小船，也指某些军用船只。如：汽**艇**、游**艇**、舰**艇**、潜**艇**。
还有与上述同类型的三级字：**侹** tǐng **綎** tīng **珽** tǐng **烶** tǐng		

下列形近字右边的相同部件是：**舌**

话	huà	a. 说。如：**话**家常、**话**别。b. 指说出来的语言。如：普通**话**、悄悄**话**、长**话**短说、人老**话**多、废**话**连篇、**话**不投机半句多、好**话**一句三冬暖。
括	㊀guā ㊁kuò	㊀组词“挺括”。形容衣服、纸张等平整，不容易皱。如：你这西装质量好，几年了还是这么挺**括**。（注意区别“括栝”） ㊁a. 扎；束。如：**括**约肌、**括**发（束发）。b. 包容；包含。如：概**括**、包**括**、囊**括**四海。c. 加上括号。如：把重点**括**起来。
活	huó	a. 工作或产品。如：手工**活**、细**活**。b. 有生命的。如：**活**人。c. 使生存。如：养家**活**口。d. 能变动的。如：**活**靶子、**活**结。e. 在活的状态下。如：生擒**活**捉。f. 生动。如：灵**活**。g. 副词。简直；逼真。如：**活**见鬼、**活**像。
恬	tián	安静；安然；坦然。如：**恬**淡、**恬**静、**恬**然自足、文**恬**武嬉、**恬**不知耻。
栝	guā	组词“栝楼”。攀援草本植物，茎肥厚有卷须，果实近球形，成熟时多为橙黄色，可入药，种子富含油脂，可从中提取甘油酯。（注意区别“栝括”）
聒	guō	声音吵闹，使人厌烦。如：**聒**噪。
蛞	kuò	组词“蛞蝓”。软体动物，像没壳的蜗牛，两对触角，柔软身体表面有黏液，夜间活动，以植物叶子、果实等为食，危害农作物。
还有与上述同类型的三级字：**佸** huó		

下列形近字右边的相同部件是：**禾**

酥	sū	a. 从牛奶、羊奶中提取出的食物。如：**酥**油。b. 食物松脆；也指油多且松脆的食品。如：香**酥**鸡、芝麻**酥**、**酥**糖、枣泥**酥**。c. 软弱无力。如：浑身**酥**软。
稣	sū	组词“耶稣”。基督教徒所信奉的救世主。

下列形近字上面的相同部件是：**利**

梨	lí	梨树，落叶乔木或灌木，叶子卵形，花五瓣，白色，果实叫梨，味甜多汁，是常见的水果。种类很多。
犁	lí	a. 耕地用的农具，多用牲畜或机械牵引。如：**犁**头、扶**犁**。b. 用犁耕（地）。如：**犁**地、**犁**田。

下列形近字右边的相同部件是：**利**

俐	lì	组词“伶俐”。机灵乖巧。如：聪明伶**俐**、乖巧伶**俐**、口齿伶**俐**。
猁	lì	组词“猞猁”。哺乳动物，喜寒，体型像猫，比猫较大，尾短，四肢矫健，善于攀爬及游泳，以野兔等为食，栖居于岩洞、石缝等处。
蜊	lí	组词“蛤蜊”。软体动物，种类多（如花蛤），生活在浅海底，壳卵圆形，肉质鲜美，营养丰富且全面，可食用、入药。
还有与上述同类型的三级字：**浰** lì		

下列形近字右边的相同部件是：**秋**

揪	jiū	紧紧抓住；抓住并用力拉。如：**揪**住衣襟、把绳子**揪**断了、**揪**心（放不下心；担心；挂心。如：孩子这么晚还没回来，真让人**揪**心）。（注意区别“揪楸”）
啾	jiū	组词“啾啾”。拟声词，形容动物细小的叫声；也指凄切尖细的声音。如：**啾啾**鸟鸣、燕山胡骑鸣**啾啾**。
湫	㊀jiǎo ㊁qiū	㊀地势低洼。如：**湫**湿（低下潮湿）、**湫**隘（低洼狭窄）。 ㊁水池；水潭。如：山**湫**（山中的水潭）、大龙**湫**（位于浙江省雁荡山）。
愀	qiǎo	组词“愀然”。神色变得严肃或者变得不愉快。如：**愀**然变色、**愀**然不悦、**愀**然改容。
楸	qiū	楸树，落叶乔木，喜光喜温暖，树干通直，花白色，木材坚硬，可做建筑用材，花大色艳，可供观赏，叶可做猪食饲料，种子等可入药。（注意区别“楸揪”）
锹	qiāo	开沟掘土或铲东西用的工具。如：铁**锹**、火**锹**（铲火炭用的工具）。
瞅	chǒu	看。如：我**瞅**了他一眼、你**瞅瞅**他那脸色，真难看。
鳅	qiū	泥鳅，体圆细长，颜色多为青黑，鳞细小，浑身有粘液，有五对须，栖息于有植物碎屑的淤泥表层，营养价值高，可食用。

下列形近字右边的相同部件是：**秀**

诱	yòu	a. 劝导；教导。如：**诱**导、循循善**诱**。b. 使上当或中计。如：色**诱**、引**诱**、**诱**饵、**诱**惑、威逼利**诱**、光**诱**捕捞、**诱**敌深入。
绣	xiù	a. 用丝线在布或绸上缀成文字、图案等。如：**绣**了一对鸳鸯、**绣**上名字、**绣**花。b. 绣成的物品。如：十字**绣**、锦**绣**、湘**绣**、苏**绣**。
锈	xiù	a. 金属表面的氧化物。如：清除铁**锈**。b. 生锈。如：**锈**迹斑斑、**锈**蚀、防**锈**漆、不**锈**钢。
还有与上述同类型的二级字：**琇** xiù		

下列形近字右边的相同部件是：**委**

倭	wō	古代称呼日本。如：**倭**奴、**倭**国、**倭**寇、戚继光抗**倭**。
诿	wěi	推卸；推脱。如：互相推**诿**、**诿**过于人、**诿**卸责任。
矮	ǎi	a. 身材短。如：高**矮**胖瘦、**矮**小。b. 高度小。如：**矮**墙浅屋、这照片挂**矮**了。c. 等级或地位低。如：他的职位比我**矮**一级。
还有与上述同类型的二级字：**踒** wō		

下列形近字右边的相同部件是：**复**

愎	bì	固执；执拗；任性。如：刚**愎**自用。（注意不读 fù）
腹	fù	a. 肚子；也指内心。如：**腹**泻、**腹**部、剖**腹**产、满**腹**经纶、指**腹**为婚、**腹**背受敌、推心置**腹**、口蜜**腹**剑。b. 事物的中心部分。如：中原**腹**地、瓶**腹**。
蝮	fù	蝮蛇，一种毒蛇，生出就能独立生活，强耐寒性，头呈三角形，背灰褐色有斑纹，以鼠、蛙等为食，毒液的医药价值高。
馥	fù	香气。如：**馥**郁芬芳、桂**馥**兰馨（桂花香气，兰草芳香，形容气味芳香）。

下列形近字右边的相同部件是：**臿**

插	chā	a. 把细长或薄片状的东西放进或穿入别的物体里。如：**插**秧、**插**座、往花瓶里**插**花。b. 加入到里面。如：**插**嘴、**插**几句话、安**插**心腹。
锸	chā	铁锹，挖土用的工具。

下列形近字右边的相同部件是：**夭**

沃	wò	a. 土地肥。如：土地肥**沃**、**沃**野千里。b. 灌溉；浇。如：如汤**沃**雪（像用热水浇雪，比喻很容易）。
妖	yāo	a. 妖怪。如：狐**妖**、**妖**孽、照**妖**镜、降**妖**除魔。b. 邪恶而迷惑人的。如：**妖**言惑众、**妖**术。c. 艳丽妩媚；也指不端庄。如：**妖**娆、**妖**姬、**妖**里**妖**气。
袄	ǎo	有衬里的上衣。如：锦衣绣**袄**、大棉**袄**、皮**袄**。
跃	yuè	跳。如：跳**跃**、飞**跃**、**跃**迁、鱼**跃**龙门、踊**跃**发言、欢呼雀**跃**、龙腾虎**跃**、**跃**然纸上、“骐骥一**跃**，不能十步”。
还有与上述同类型的二级字：**饫** yù		

下列形近字右边的相同部件是：**攵**

玫	méi	组词“玫瑰”。落叶灌木，枝上有刺，花有紫红色、白色多种，香味浓，可供观赏，还可用作香料，花和根均可入药。
枚	méi	a. 古代士兵衔于口中以禁喧声的用具。如：衔**枚**疾走。b. 树干。如：伐其条**枚**。c. 量词。如：一**枚**扣子、不胜**枚**举。

敞	chǎng	a. 宽阔；没有遮蔽。如：宽**敞**、**敞**亮。b. 打开；露出。如：**敞**篷车、**敞**开胸怀、**敞**开大门、**敞**开窗户说亮话。
敝	bì	a. 破旧；破烂。如：**敝**衣、**敝**帚自珍。b. 衰败。如：凋**敝**、疲**敝**。c. 谦辞，称自己或跟自己有关的事物。如：**敝**人、**敝**姓、**敝**校、**敝**公司。

下列形近字右边的相同部件是：**乔**

侨	qiáo	寄居在外国；寄居在外国的；也指寄居在外国的人。如：**侨**胞、外**侨**、**侨**乡、**侨**资、归**侨**、**侨**居、**侨**民、海外华**侨**。
娇	jiāo	a. 柔美可爱。如：**娇**艳、**娇**小玲珑、千**娇**百媚、体态**娇**柔。b. 脆弱；不能吃苦。如：**娇**气、现在的小孩太**娇**了。c. 过度爱护。如：**娇**贵、**娇**生惯养。
骄	jiāo	a. 自满；自高自大。如：**骄**傲、富而不**骄**、**骄**奢淫逸、**骄**横跋扈、戒**骄**戒躁、**骄**兵必败、“胜不**骄**，败不馁”。b. 猛烈。如：**骄**阳似火。
桥	qiáo	架在水上或空中以便行人、车辆等通行的建筑物。如：**桥**墩、悬索**桥**、天**桥**、架**桥**铺路、遇水搭**桥**、过河拆**桥**、立交**桥**、卢沟**桥**、铁索**桥**、拱**桥**、独木**桥**、船到**桥**头自然直。

轿	jiào	a. 旧式交通工具，大多由人抬着走。如：**轿**子、**轿**夫、花**轿**。b. 供人乘坐的、有车顶和座位的小汽车。如：小**轿**车、国产**轿**车、进口**轿**车。
矫	㊀jiǎo ㊁jiáo	㊀a. 纠正。如：**矫**形、**矫**枉过正。b. 强壮；勇武。如：身手**矫**捷、**矫**健、**矫**若游龙。c. 假托。如：**矫**诏。 ㊁组词"矫情"。强词夺理；蛮横；故作姿态。如：你不要这么**矫**情。
鞒	qiáo	马鞍拱起的部分。如：鞍**鞒**、白马金鞍碧玉**鞒**。
还有与上述同类型的二、三级字：**峤**㊀qiáo ㊁jiào **硚** qiáo		

下列形近字上面的相同部件是：**⺮**

竿	gān	竹竿，截取竹子的主干，削去枝叶而成。如：钓鱼**竿**、立**竿**见影、"百尺**竿**头，更进一步"。
竽	yú	古代的一种管乐器，像现在的笙而稍大，管数较多。如：滥**竽**充数（一个不会吹竽的人混在乐队里充数，比喻没有真本事的人在行家的队伍里以次充好）。

算	suàn	a. 计数。如：能写会**算**。b. 打算；计划。如：盘**算**。c. 推测；估计。如：估**算**。d. 认作；当作。如：**算**我没说。e. 算数；承认。如：不能说了不**算**。f. 作罢；不再计较。如：不同意就**算**了。g. 副词，总算。如：**算**是弄明白了。
箅	bì	箅子，指有网眼或空隙而起支撑、隔物、过滤等作用的器具，如蒸锅中的竹屉、排水沟上通常放置的铁箅子等。

篡	cuàn	a. 封建时代特指臣子夺取君位；泛指用阴谋手段夺取权位。如：**篡**夺、**篡**位、**篡**党、**篡**国、**篡**权。b. 故意改动或曲解。如：**篡**改、**篡**易。
纂	zuǎn	a. 搜集材料进行整理、加工。如：**纂**修、**纂**辑、编**纂**。b. 妇女梳在头后边的发髻。如：她的头上梳着一个**纂**儿。c. 古代指红色或彩色丝带。

下列形近字右边的相同部件是：**乞**

仡	㊀gē ㊁yì	㊀组词"仡佬族"。我国少数民族之一。 ㊁组词"仡仡"。a. 强壮勇敢的样子。如：**仡仡**勇夫。b. 高耸的样子。如：城墙**仡仡**。
讫	qì	a. 完结；完毕。如：现金付**讫**、验**讫**（检验完毕）、钱货两**讫**（货物、款项交易完成）、"云雾之盛，顷刻而**讫**"。b. 截止。如：起**讫**（开始和截止）。

圪	gē	组词“圪垯”。小土丘，多用于地名。如：**圪**垯上乡（位于山西省吕梁市）。
吃	chī	a. 咀嚼后咽下（包括吸、喝）。如：早餐**吃**馒头、**吃**茶。b. 依靠某事物生活。如：靠山**吃**山。c. 吸收。如：**吃**墨纸。d. 消灭。如：**吃**了敌人一个团。e. 领会。如：**吃**透教材。f. 受；挨。如：**吃**苦耐劳。g. 耗费。如：**吃**力、**吃**劲。
屹	yì	山势高耸。如：**屹**然挺立、**屹**立不动。
汔	qì	差不多；几乎。如：**汔**尽（竭尽）。
纥	㊀gē ㊁hé	㊀组词“纥繨”。绳线或织物上的小球形或块状物。如：线**纥繨**。 ㊁组词“回纥”。中国古代民族，后改称“回鹘”。
虼	gè	组词“虼蚤”（即跳蚤）、“虼螂”（即蜣螂）。
乾	㊀qián ㊁gān	㊀a. 八卦之一，代表天。b. 代表男性（跟“坤”相对）。如：**乾**造（旧时称婚姻中的男方）。c. 用于地名。如：**乾**县（位于陕西省咸阳市）。 ㊁“干 gān”的繁体字（只含“干 gān”的部分义项）。
还有与上述同类型的三级字：**矻** kū **龁** hé		

下列形近字右边的相同部件是：**㐌**

拖	tuō	a. 牵引；拉。如：**拖**拉机、**拖**拽、老牛**拖**破车。b. 拖延；拉长时间。如：**拖**欠、久**拖**不决、**拖**时间、**拖**堂。c. 用拖把擦地。如：**拖**地板。
施	shī	a. 实行；推行。如：**施**工、发号**施**令、软硬兼**施**、无计可**施**。b. 给予；施舍。如：乐善好**施**、**施**恩不图报。c. 加上；加给。如：**施**肥、“己所不欲，勿**施**于人”（自己不愿承受的事也不要强加在别人身上）。
还有与上述同类型的三级字：**眵** chǐ		

下列形近字右边的相同部件是：**𠂊**

伤	shāng	a. 损害。如：**伤**神、**伤**脑筋。b. 受到的损害。如：创**伤**。c. 妨碍。如：**伤**风败俗。d. 因某种致病因素而得病。如：**伤**寒、**伤**风。e. 因过度而厌食。如：**伤**食。f. 忧愁。如：悲**伤**。
饬	chì	a. 整顿；整治。如：整**饬**。b. 上级命令下级；告诫（多见于旧时公文）。如：**饬**令、**饬**知、申**饬**。

下列形近字右边的相同部件是：**长**

伥	chāng	传说中被老虎咬死的人变成的鬼，专门帮老虎伤人。如：**伥**鬼、为虎作**伥**（比喻帮助坏人做坏事）。
帐	zhàng	用布、绸子等材料做成的遮蔽用的东西。如：蚊**帐**、床**帐**、帷**帐**、车**帐**、**帐**篷、青纱**帐**（喻指长得又高又密的高粱、玉米）。
怅	chàng	不如意；不痛快。如：惆**怅**、**怅**恨、**怅**然若失、神情**怅**惘。
张	zhāng	a. 张开；拉开。如：**张**开翅膀、**张**牙舞爪。b. 扩大；夸大。如：夸**张**、虚**张**声势。c. 铺排陈述。如：大**张**旗鼓。d. 看；望。如：东**张**西望。e. 开始营业。如：开**张**。f. 量词。如：一**张**纸、一**张**桌子。g. 星宿名，二十八宿之一。
账	zhàng	a. 货币或货物出入的记载；也指**账**本。如：查**账**、**账**簿、管**账**、**账**册、**账**单、记**账**、**账**房先生、做**账**。b. 债。如：秋后算**账**、欠**账**、赖**账**、抵**账**。
胀	zhàng	a. 体积变大或数量增加。如：鼓**胀**、体积膨**胀**、热**胀**冷缩。b. 身体内壁受到压迫而感觉不舒服。如：腹**胀**、**胀**气。
还有与上述同类型的二、三级字：**枨** chéng **锠** chǎng		

下列形近字右边的相同部件是：**每**

侮	wǔ	欺负；轻慢；凌辱。如：欺**侮**、公然**侮**辱、抵御外**侮**。
诲	huì	教导；劝说。如：谆谆教**诲**、**诲**人不倦。
海	hǎi	a. 海洋。如：南**海**、渤**海**。b. 指大湖。如：洱**海**。c. 容量大的。如：**海**量。d. 容量大的容器。如：墨**海**。e. 数量多的事物。如：题**海**、文山会**海**。f. 从外国来的或回来的。如：**海**归。g. 副词，无节制地。如：**海**吃**海**喝。
悔	huǐ	后悔；懊恼。如：追**悔**、忏**悔**、反**悔**、**悔**恨、**悔**改、**悔**过自新、追**悔**莫及、**悔**之晚矣。
梅	méi	落叶乔木，种类多（如朱砂梅），耐寒，花白色至粉红色，有香味，梅与兰、竹、菊并称“四君子”，观赏价值高，果实近球形，味道酸。
晦	huì	a. 昏暗不明显；引申为隐藏。如：隐**晦**、韬光养**晦**、杜门**晦**迹。b. 夜晚。如：**晦**明（一昼夜）、风雨如**晦**。c. 阴历每月的最后一天。如：**晦**日、**晦**朔。
还有与上述同类型的二级字：**酶** méi		

下列形近字左边的相同部件是：亻

代	dài	a. 代替；代理。如：**代**表、**代**课、**代**市长。b. 时代。如：年**代**、当**代**。c. 历史上划分的时期；朝代。如：古**代**、近**代**、清**代**。d. 世袭相传的辈分。如：下一**代**、**代**沟。e. 地质年代分期的第二级。如：古生**代**、中生**代**、新生**代**。
伐	fá	a. 砍(树)。如：采**伐**、乱砍滥**伐**。b. 征讨；攻打。如：北**伐**战争、口诛笔**伐**。

休	xiū	a. 停止。如：**休**学、**休**会、争论不**休**。b. 歇息。如：**休**息、**休**假、**休**闲、**休**养。c. 吉利；美善。如：**休**戚相关。d. 副词。不要；别。如：**休**想、**休**得无礼。e. 旧时指把妻子赶回娘家，解除夫妻关系的。如：**休**妻、**休**书。
体	㊀tī ㊁tǐ	㊀组词“体己”。a. 家庭成员个人的私房钱。b. 亲近的；贴心的。如：跟你说说**体**己话。 ㊁a. 人或动物的全身。如：**体**重、**体**检。b. 事物的本身或全部。如：个**体**、全**体**。c. 物体的形态或形状。如：固**体**、液**体**。d. 形式；规格。如：**体**制、**体**例。e. 作品的体裁。如：骈**体**、古**体**。f. 亲身；设身处地。如：**体**会、**体**贴。

仲	zhòng	a. 排行或排序第二。如：不分伯**仲**。b. 农历一季中的第二个月。如：**仲**夏(农历五月)。c. 居中的。如：**仲**裁。
伸	shēn	舒展开或向某方向扩展开。如：**伸**缩、**伸**懒腰、拉**伸**、**伸**张正义、延**伸**、**伸**手不见五指、能屈能**伸**、“衣来**伸**手，饭来张口”。

伦	lún	a. 辈；类。如：不**伦**不类、无与**伦**比。b. 次序；条理。如：语无**伦**次。c. 人伦，指人与人之间的关系，特指长幼卑尊之间的关系。如：**伦**常、天**伦**之乐。
伧	㊀cāng ㊁chen	㊀古代讥人粗俗、鄙贱。如：**伧**俗(粗俗鄙陋)。 ㊁组词“寒伧”。旧同“寒碜”。a. 丑；难看。b. 使人没面子。

估	㊀gū ㊁gù	㊀揣测；大致推算。如：初步**估**算、**估**摸、保守**估**计、风险评**估**、不可**估**量。 ㊁组词“估衣”。收买的旧衣或较次的新衣服。如：他日子过得越来越紧，只能去**估**衣铺里看衣服了。
佶	jí	a. 健壮。如：四牡既**佶**。b. 曲折；语句不通顺。如：**佶**屈聱牙(形容文字艰涩生僻、拗口难懂)。

侣	lǚ	同伴。如：伴**侣**、情**侣**、命俦啸**侣**(招呼意气相投的人，一起做某一件事)、**侣**鱼虾而友麋鹿(与鱼虾作伴，与麋鹿为友)。
倍	bèi	a. 某数的几倍等于用该数乘以几。如：3 的 4 **倍**是 12。b. 加倍；成倍。如：翻**倍**、身价**倍**增、事半功**倍**。c. 更加；格外。如：**倍**感亲切、每逢佳节**倍**思亲。
还有与上述同类型的二、三级字：**佁** yǐ **佸** huó		

佐	zuǒ	a. 帮助；辅佐。如：**佐**料、**佐**理。b. 辅助别人的人。如：僚**佐**(旧时官署中的助理人员)。
佑	yòu	辅助；保护。如：保**佑**、庇**佑**、**佑**护、**佑**助。

傈	lì	组词“傈僳族”。我国少数民族之一。
僳	sù	组词“傈僳族”。我国少数民族之一。

下列形近字右边的相同部件是：**段**

缎	duàn	质地厚密且正面光滑的丝织品。如：绫罗绸**缎**、织锦**缎**、花**缎**、古香**缎**。
煅	duàn	把药石等放在火里烧(多用来减少药石的烈性)。如：**煅**烧、**煅**石膏。
锻	duàn	把金属放在火里烧，然后锤打成形。如：**锻**铁、**锻**炼、**锻**造、**锻**接。
还有与上述同类型的二、三级字：**椴** duàn **塅** duàn **瑖** duàn		

下列形近字上面的相同部件是：**丘**

乒	pīng	a. 拟声词，形容枪声或物体的撞击声。如：**乒**的一声枪响。b. 组词“乒乓”。1. 形容物体连续的撞击声。2. 指乒乓球。
乓	pāng	a. 拟声词，形容枪声或物体撞击的声音。如：**乓**的一声，玻璃被砸碎了。b. 组词“乒乓”。1. 形容物体连续的撞击声。2. 指乒乓球。
兵	bīng	a. 军队。如：**兵**种、阅**兵**式。b. 军人。如：当**兵**、士**兵**、列**兵**。c. 军事或战争。如：**兵**书、**兵**法、**兵**不厌诈、纸上谈**兵**。d. 武器。如：**兵**刃、短**兵**相接。

下列形近字下面的相同部件是：**付**

苻	fú	同“莩”。芦苇秆子里面的薄膜。
符	fú	a. 记号；标记。如：**符**号、音**符**。b. 相合。如：相**符**、**符**合。c. 道士、巫师等画的驱使鬼神的东西（迷信）。d. 古代朝廷传达命令或调兵遣将用的凭证。

下列形近字右边的相同部件是：**付**

附	fù	a. 外加；随带。如：**附**件、**附**带、**附**加费。b. 依从；依附。如：攀龙**附**凤、魂不**附**体、“皮之不存，毛将焉**附**”。c. 靠近；贴近。如：**附**耳密谈。
拊	fǔ	轻拍。如：**拊**背（轻拍肩背）、**拊**掌大笑、**拊**髀（拍大腿）、**拊**膺顿足（捶胸跺脚）。
咐	fù	a. 组词“吩咐”。口头指派或命令。如：请您吩**咐**。b. 组词“嘱咐”。叮嘱；交代；告诫。如：再三嘱**咐**、千叮咛万嘱**咐**。
驸	fù	组词“驸马”。原指官职“驸马都尉”，后来皇帝都授其女婿驸马都尉称号，因此，“驸马”成了皇帝女婿的专称。
跗	fū	脚背。如：足**跗**（脚背）、**跗**面（脚面）。
鲋	fù	鲫鱼。如：**鲋**鱼、涸辙之**鲋**（干涸了的车轮碾过的沟里的鱼，比喻急待援救的人）。

下列形近字右边的相同部件是：**兒**

倪	ní	端；边际。如：端**倪**（事情的眉目；头绪；边际。还指推测事物的始末）。
睨	nì	斜着眼睛看。如：**睨**注（斜眼注视）、睥**睨**、傲**睨**自若（满不在乎，形容自高自大、藐视一切的样子）。
鲵	ní	两栖动物，外形像蜥蜴，分大鲵、小鲵两种，大鲵长数十厘米甚至上百厘米，又称娃娃鱼，医药、观赏等价值高。小鲵长几厘米，体形与大鲵相似。
还有与上述同类型的三级字：**隉** nì **猊** ní **輗** ní **麑** ní		

下列形近字右边的相同部件是：**叟**

搜	sōu	a. 寻找；寻求。如：**搜**罗、**搜**寻、**搜**集、**搜**刮。b. 搜索检查。如：全城**搜**捕、**搜**身、**搜**查。
嗖	sōu	拟声词，形容迅速通过的声音。如：那飞镖**嗖**的一下扎在门框上。

馊	sōu	a. 食物变质而发出酸臭味。如：一股**馊**味、饭**馊**了。b. 主意不高明的。如：你又给他出了个**馊**主意。
溲	sōu	a. 排泄大小便。如：前**溲**（小便）、小**溲**、后**溲**（大便）、大**溲**。b. 特指小便和排泄小便。如：撒**溲**、**溲**便。
嫂	sǎo	a. 哥哥的妻子。如：**嫂**子、长**嫂**当母。b. 泛称年龄跟自己差不多的已婚妇女。如：张大**嫂**。c. 尊称某些女性。如：军**嫂**、警**嫂**、月**嫂**。
艘	sōu	量词，用于船只。如：新增十**艘**战舰。
还有与上述同类型的二、三级字：**螋** sōu **谀** xiǎo **瞍** sǒu **锼** sōu		

下列形近字右边的相同部件是：**延**

诞	dàn	a. 出生；也指生日。如：**诞**生、华**诞**、寿**诞**。b. 荒唐；不合情理。如：怪**诞**、荒**诞**不经（荒诞离奇，不合情理）。
涎	xián	口水。如：垂**涎**三尺、馋**涎**欲滴、口角流**涎**。
蜒	yán	组词“蜿蜒”。蛇类爬行的样子；山脉、河流、道路曲折延伸的样子。如：一条蝮蛇在山地里蜿**蜒**爬行、万里长城蜿**蜒**起伏。（注意区别“蜒蜒”）
还有与上述同类型的三级字：**埏**㊀shān ㊁yán **綖** yán **梴** chān **埏**㊀shān ㊁yàn		

下列形近字右边的相同部件是：**川**

训	xùn	a. 教导；也指教导的语言。如：**训**话、**训**示、**训**导、教**训**、家**训**、遗**训**。b. 训练。如：军**训**、培**训**。c. 准则。如：古**训**、不足为**训**。d. 解释。如：**训**诂。
圳	zhèn	田间水沟（多用于地名）。如：深**圳**市（广东省辖的副省级市）。
驯	xùn	顺从；使顺从。如：温**驯**、**驯**化、**驯**马、野性难**驯**、桀骜不**驯**（桀：凶暴。骜：马不驯良。比喻傲慢，性情暴躁不驯顺，不服管教）。
钏	chuàn	镯子，传统腕饰，多用金、银、玉等制成。如：金**钏**、玉**钏**。
还有与上述同类型的三级字：**紃** xún		

下列形近字上面的相同部件是：**保**

堡	㊀bǎo ㊁bǔ ㊂pù	㊀a. 军事上防守用的建筑物。如：**堡**垒、城**堡**、桥头**堡**。b. 土石筑的小城。 ㊁有城墙的村镇，泛指村庄（多用于地名）。如：**堡**子、马家**堡**。 ㊂旧时的驿站，今多用于地名。如：七里**堡**（位于山东省济南市历城区）。
煲	bāo	a. 壁较陡直的锅。如：沙**煲**、瓦**煲**、电饭**煲**。b. 把食物和水放入煲内，用小火煮或熬。如：**煲**汤、**煲**饭、**煲**粥。

下列形近字上面的相同部件是：**任**

凭	píng	a.（身体）靠着。如：**凭**栏眺望。b. 依靠。如：**凭**借、**凭**实力拼搏。c. 证据；凭证。如：真**凭**实据、不足为**凭**。d. 介词。如：**凭**证购买、**凭**票入场。e. 连词。如：“**凭**他权利最大，也不能违纪。”“**凭**你怎么劝，他就是不听。”
赁	lìn	租出；租入。如：出**赁**、把车子**赁**给了别人、**赁**了一套房子、租**赁**合同。
恁	nèn	〈方〉代词。a. 指较远的人和事物，相当于“那”。如：**恁**时你还小呢。b. 表示程度，相当于“那么”“那样”“这样”。如：**恁**好、这孩子**恁**不听话。

下列形近字右边的相同部件是：**华**

哗	㊀huā ㊁huá	㊀拟声词，形容水流、物体撞击等的声音。如：树叶**哗哗**作响、水在**哗哗**地流。 ㊁人多声杂；嘈杂。如：喧**哗**吵嚷、舆论**哗**然、寂静无**哗**。
骅	huá	组词“骅骝”。赤色的骏马。
桦	huà	落叶乔木或灌木，种类多（如白桦），树皮容易剥离，叶边缘锯齿状，木材坚硬，树汁中富含糖、蛋白质等，可作食品原料，也是重要的园林绿化树种。
烨	yè	明亮；火光很盛的样子。如：**烨烨**震电（雷电轰鸣又闪亮）、火焰**烨烨**。
铧	huá	犁铧，安装在犁的下端，用来翻土的锥形铁器。
还有与上述同类型的三级字：**晔** yè		

下列形近字上面的相同部件是：**隹**

隼	sǔn	鸟名，种类多（如红隼），外形像鹰，上嘴钩曲状，飞翔能力极强，栖息于开阔原野，性凶猛，主要以昆虫为食。
隽	㊀juàn ㊁jùn	㊀肉肥美；引申为意味深长（多用来形容言语）。如：**隽**永、**隽**语箴言（箴言是指规谏劝诫的话）。 ㊁优秀；才智出众。如：**隽**秀、**隽**士、**隽**才。
售	shòu	a. 卖。如：销**售**一空、出**售**、**售**票员、零**售**价、**售**后服务。b. 推行；施展。如：以**售**其奸（用来推行他的奸计 ）。
集	jí	a. 聚合；会合。如：**集**思广益、聚**集**。b. 汇集编成的书册。如：画**集**、诗**集**。c. 集市。如：赶**集**。d. 某些书籍或影视作品中相对独立的一部分。如：下**集**、第三**集**。e. 数学上的集合。如：子**集**、交**集**。f. 完成。如：大业未**集**。
焦	jiāo	a. 加热过度使物体碳化。如：木头烧**焦**了。b. 焦炭。如：炼**焦**。c. 着急。如：**焦**急。d. 注意力、光线等集中的地方。如：聚**焦**、调**焦**。e. 指焦耳。

下列形近字下面的相同部件是：**隹**

崔	cuī	姓。
翟	㊀dí ㊁zhái	㊀长尾的野鸡；也指野鸡的羽毛（可用作装饰等）。如：**翟**车（雉羽为饰的车）。 ㊁姓。
霍	huò	a. 迅速；快。如：**霍**然转身、**霍**闪（迅速如闪电）。b. 表示惊讶、赞叹。c. 组词“霍霍”。拟声词，形容笑声、磨刀的声音。如：磨刀**霍霍**杀猪羊。
瞿	qú	姓。

下列形近字右边的相同部件是：**隹**

准	zhǔn	a. 允许。如：批**准**。b. 标准。如：以此为**准**。c. 依照；依据。如：**准**此办理。d. 正确无误。如：**准**确。e. 可作为某一类看待。如：**准**将、**准**平原。f. 把握。如：心里没**准**。g. 副词，一定。如：**准**能完成。（注意区别“准淮”）
谁	㊀shéi ㊁shuí	㊀a. 疑问代词。如：**谁**最先完成任务？ b. 表示不确定的人。如：有**谁**来过这里。c. 表示任何人。如：**谁**都不要走。 ㊁“谁（shéi）”的又音。

难	㊀nán ㊁nàn	㊀a. 不容易。如：**难**题、困**难**、胜负**难**分、千载**难**逢、万事开头**难**。b. 使感到困难。如：**难**为你了、一个钱**难**倒英雄汉。c. 不好。如：**难**过、**难**听。 ㊁a. 灾难；困苦。如：遇**难**、患**难**见真情、大**难**临头、排忧解**难**、危**难**之际、"一方有**难**，八方支援"。b. 质问；诘责。如：发**难**、刁**难**。
堆	duī	a. 堆积或聚集；也指积起来的东西。如：**堆**放、坟**堆**、**堆**叠、垃圾**堆**。b. 小山(多用于地名)。如：马王**堆**。c. 量词，用于成堆的物体。如：一**堆**柴草。
推	tuī	a. 向外用力使物体移动。如：**推**门。b. 使事情开展。如：**推**广、**推**销。c. 把时间往后挪。如：**推**迟、**推**延。d. 举荐；选举。如：公**推**、**推**荐。e. 尊崇。如：**推**崇。f. 辞让。如：**推**托、**推**辞。g. 由已知推断其他。如：**推**理、**推**测。(注意区别"推椎")
唯	wéi	副词。单单；只。如：**唯**一、**唯**独、**唯**恐、**唯**心主义、**唯**我独尊、任人**唯**贤、**唯**利是图、**唯**命是从、**唯**才是举。
帷	wéi	帐子；帐幕。如：**帷**幕、**帷**帐、运筹**帷**幄之中。
淮	huái	淮河，水名，发源于河南省，注入洪泽湖。(注意区别"淮准")
惟	wéi	a. 副词。只是；仅是(同"唯")。如：**惟**吾德馨。b. 文言助词，在句首，无实义。如：**惟**楚有才、**惟**二月既望。
维	wéi	a. 连接。如：**维**系。b. 保持；保全。如：**维**护、**维**权、**维**持、**维**稳。c. 思考；想。如：思**维**。d. 构成空间的一个因素称为一维。如：三**维**空间。
椎	㊀chuí ㊁zhuī	㊀a. 同"槌"。敲打东西的器具。如：木**椎**。b. 同"捶"。敲打。如：**椎**心泣血、**椎**胸顿足。 ㊁指椎骨。如：颈**椎**、腰**椎**、脊**椎**动物、胸**椎**。(注意区别"椎推")
雄	xióng	a. 公的；阳性的(与"雌"相对)。如：**雄**性、**雌**雄同株。b. 有气魄的；强有力的。如：实力**雄**厚、**雄**兵百万。c. 强有力的人或国家。如：英**雄**、战国七**雄**。
雅	yǎ	a. 合乎标准的。如：文辞**雅**正。b.《诗经》中的一类。c. 高尚；不俗。如：高**雅**、**雅**致、温文尔**雅**、**雅**俗共赏。d. 敬辞。如：**雅**教(指教)。
碓	duì	旧时一种舂米的器具，利用杠杆原理，一端装有石头，另一端可用脚踩，反复起落从而捣掉下面石臼里面糙米的皮。
睢	suī	组词"恣睢"。放纵；放任；任意做坏事。如：暴戾恣**睢**。(注意区别"睢雎")
雎	jū	组词"雎鸠"。古书上说的一种鸟。(注意区别"雎睢")

锥	zhuī	a. 锥子；像锥子的东西。如：圆**锥**、三棱**锥**、冰**锥**、**锥**处囊中、无立**锥**之地、“头悬梁，**锥**刺股”。b. 用锥子或锥形工具扎或钻。如：先在这**锥**个眼儿。
雉	zhì	鸟名，体型像鸡，尾长，毛色五彩斑斓，善于奔走，能短距离短时间低飞，以小型昆虫、草籽等为食，羽毛可做装饰品，多栖于开阔的林地和田野。
稚	zhì	幼小。如：**稚**嫩、幼**稚**园、扶老挟**稚**。
雏	chú	a. 幼小的。如：**雏**形、**雏**鸡、**雏**鹰乳燕。b. 幼小的鸟。如：育**雏**、鸡**雏**、乌**雏**。
雌	cí	生物中能产生卵细胞的（跟“雄”相对）。如：**雌**雄、**雌**性、**雌**花。
雕	diāo	a. 鸟名，性凶猛，善飞，视力发达，捕食地面的小动物。b. 在竹木、玉石、金属上刻出文字或图案；也指刻出的文字或图案。如：**雕**刻、**雕**像、浮**雕**。
还有与上述同类型的二、三级字：**骓** zhuī **雒** luò **琟** wéi **雊** gòu		

下列形近字右边的相同部件是：**焦**

噍	jiào	吃东西；咀嚼。如：**噍**咀、**噍**类（指活着的或活下来的人，有时也指活着的或活下来的生物）。
憔	qiáo	组词“憔悴”。形容瘦弱无力、气色不好的样子。如：日渐**憔**悴、面容**憔**悴、**憔**悴不堪。
樵	qiáo	a. 柴。如：采**樵**人、刘海砍**樵**。b. 打柴。如：**樵**夫、**樵**柯（砍柴的斧头）、**樵**渔（打柴和捕鱼）。
礁	jiāo	a. 海里或江里距水面很近的岩石。如：**礁**石、鱼**礁**、岩**礁**、暗**礁**险滩、轮船触**礁**。b. 珊瑚虫遗骸堆积成的岩状物。如：环**礁**、珊瑚**礁**、瑚**礁**。
瞧	qiáo	看。如：**瞧**见、**瞧**不起人、**瞧**病、**瞧**不上眼、让我**瞧**一**瞧**。
还有与上述同类型的二、三级字：**谯** qiáo **醮** jiào **僬** jiāo **燋** jiāo		

下列形近字右边的相同部件是：**隽**

携	xié	a. 带。如：随声**携**带、**携**款潜逃、便**携**式计算机。b. 手拉着。如：**携**幼入室、**携**手共进、扶老**携**幼。
镌	juān	雕刻。如：**镌**刻、**镌**功（刻石记功）、**镌**错（雕刻磋磨）、**镌**镂。
还有与上述同类型的三级字：**槜** zuì		

下列形近字右边的相同部件是：**白**

伯	㊀bǎi ㊁bó	㊀组词“大伯子”。指丈夫的哥哥。 ㊁a. 父亲的哥哥。如：大**伯**。b. 对父辈年长者的尊称。如：老**伯**。c. 兄弟排行的老大。如：**伯**仲叔季。d. 古代五等爵位的第三等。
拍	pāi	a. 用手掌打。如：**拍**手称赞。b. 拍打东西的用具。如：羽毛球**拍**。c. 摄制。如：**拍**摄。d. 音乐节奏。如：节**拍**。e. 发出。如：**拍**电报。f. 奉承。如：**拍**马屁。（注意区别“拍柏”）
帕	pà	a. 用来裹头、擦手等用的丝织品。如：手**帕**、**帕**巾、香罗**帕**。b. 压强单位。如：水压为 350 千**帕**。
泊	㊀bó ㊁pō	㊀a. 停船靠岸。如：船**泊**港外。b. 停车。如：**泊**车、请勿停**泊**。c. 停留。如：漂**泊**。d. 恬淡无为。如：淡**泊**名利。 ㊁湖。如：湖**泊**、水**泊**梁山。
怕	pà	a. 害怕；恐惧。如：欺软**怕**硬、贪生**怕**死、初生牛犊不**怕**虎。b. 禁不住。如：**怕**冷。c. 担心。如：**怕**你忘了。d. 副词，恐怕。如：这样做**怕**是不妥。
柏	㊀bǎi ㊁bó ㊂bò	㊀常绿乔木，喜寒耐旱，枝细且浓密，种子卵形，鳞片状树叶有芳香气味且含有丰富的油，可做兔的饲料，木材可制家具，种子可榨油、制皂等。 ㊁译音用字。如：**柏**林（德国的首都）、**柏**拉图（古希腊哲学家）。 ㊂组词“黄柏”。同“黄檗”。落叶乔木，喜光耐寒，花黄绿色，果实球形，木材坚硬，可制家具，枝茎可提取黄色染料，种子含油高可制润滑油，树皮可入药。（注意区别“柏拍”）
铂	bó	金属元素。符号 Pt，原子序数为 78，是贵金属之一，银白色有光泽，导热和导电性能好，熔点高，化学性质极稳定，可用于制催化剂、电极、反应器皿等。
舶	bó	航海的大船；泛指船。如：船**舶**、海**舶**。
粕	pò	渣滓。如：取其精华，去其糟**粕**（吸取事物中好的东西，舍弃事物中坏的、无用的东西）。
还有与上述同类型的二、三级字：**珀** pò **鲌**㊀bà ㊁bó		

下列形近字右边的相同部件是：**自**

咱	zán	代词。a. 指说话者本人。如：**咱**就不去你家了。b. 包括己方和对方在内的所有人。如：为**咱**家乡争光。
洎	jì	到；及。如：**洎**乎（等到；待及）、自古**洎**今。
还有与上述同类型的三级字：**垍** jì		

下列形近字右边的相同部件是：**皇**

徨	huáng	组词“彷徨”。徘徊；犹豫不决。如：彷**徨**四顾、彷**徨**不定。
湟	huáng	湟水，水名，发源于青海省，汇入黄河。
惶	huáng	恐惧。如：**惶**恐不安、人心**惶惶**、诚**惶**诚恐、**惶惶**不可终日。
煌	huáng	光明；明亮。如：金碧辉**煌**、**煌**熠（光明灿烂）。
蝗	huáng	蝗虫，无脊椎动物，种类多（如稻蝗），躯体绿色或黄褐色，触角短而粗，后翅宽大，后肢强壮，善于飞行和跳跃，多危害农作物。
鳇	huáng	鳇鱼，生活于大的河流中（如黑龙江），个体肥大，嘴尖且长，有两对吻须，背灰绿色，两侧黄色，捕食其他鱼类，肉质营养价值高。
还有与上述同类型的二、三级字：**隍** huáng **喤** huáng **媓** huáng **瑝** huáng **锽** huáng **艎** huáng		

下列形近字右边的相同部件是：**臭**

嗅	xiù	用鼻子闻。如：**嗅**觉灵敏。
溴	xiù	非金属元素。符号 Br，原子序数为 35，卤族元素之一，棕红色液体，化学性质活泼，易挥发，蒸气有腐蚀性，可用来制杀虫剂、镇静剂等。
糗	qiǔ	a. 干粮。如：**糗**饵、**糗**芳（芳香的干粮）。b. 面或饭食成糊状或块状。如：这面都**糗**了。c. 不光彩；也指不光彩的事。如：**糗**事、**糗**大了、当众出**糗**。

下列形近字右边的相同部件是：**鼻**

擤	xǐng	按住鼻孔用力出气，使鼻涕排出。如：**擤**鼻涕。
濞	bì	用于地名。如：漾**濞**彝族自治县（在云南省大理州）。

下列形近字右边的相同部件是：**射**

谢	xiè	a. 表示感激。如：酬**谢**、道**谢**、致**谢**。b. 认错；道歉。如：以死**谢**罪。c. 推辞；拒绝。如：闭门**谢**客、**谢**绝。d. 凋落；衰退。如：凋**谢**、花开花**谢**。
榭	xiè	台上的房屋。如：水**榭**、花**榭**、台**榭**、芙蓉**榭**、舞**榭**歌台、朱**榭**雕阑（形容楼阁漆红饰绿，建筑豪华富丽）。

下列形近字右边的相同部件是：**皋**

嗥	háo	狼、狗等动物大声吼叫：**嗥**叫、鬼哭狼**嗥**、虎啸熊**嗥**。
槔	gāo	组词“桔槔”。古代的一种利用杠杆原理汲水的工具。
还有与上述同类型的三级字：**皞** hào		

下列形近字右边的相同部件是：**息**

媳	xí	媳妇，即妻子。a. 儿子的妻子。如：儿**媳**妇、丑**媳**妇总得见公婆。b. 自己的妻子。如：俺**媳**妇。c. 弟弟或晚辈的妻子。如：弟**媳**妇、侄**媳**妇。
熄	xī	使灭；关闭。如：把蜡烛**熄**灭、把汽车**熄**火、**熄**灯。
还有与上述同类型的二级字：**螅** xī		

下列形近字右边的相同部件是：**帛**

绵	mián	a. 丝绵。如：**绵**帛、**绵**絮、**绵**里藏针。b. 延续不断。如：连**绵**不绝、**绵**延千里。c. 柔软；单薄。如：软**绵绵**、**绵**薄。
棉	mián	a. 草本植物，种类多（如陆地棉），果实桃形，絮状白色棉花可供纺织用，种子可榨油。b. 指棉絮。如：**棉**被、**棉**袄。c. 像棉花的絮状物。如：腈纶**棉**。
锦	jǐn	a. 有彩色花纹的丝织品。如：衣**锦**还乡、**锦**上添花、**锦**旗、**锦**囊、前程似**锦**。b. 鲜明美丽的。如：**锦**缎、**锦**鸡、**锦**衣玉食。

下列形近字右边的相同部件是：**卑**

埤	㊀pí ㊁pì	㊀增加。如：**埤**益。 ㊁组词“埤堄”。城上凹凸状的矮墙，泛指城墙。
捭	bǎi	分开。如：纵横**捭**阖（以辞令探测、打动别人，在政治和外交上运用分化与争取的手段）。
啤	pí	啤酒，以大麦和啤酒花为主要原料，经过发酵等一系列工序酿制出来的低度酒，富有营养，味微苦。
婢	bì	旧时有钱人家或官宦人家役使的女子。如：**婢**女、奴**婢**、使**婢**差奴、奴颜**婢**膝、“耕当问奴，织当访**婢**”。

牌	pái	a. 标志或凭信物。如：门**牌**、腰**牌**。b. 商标。如：名**牌**产品。c. 娱乐用品。如：打**牌**。d. 词曲的调子。如：词**牌**。e. 打仗时遮护身体的东西。如：盾**牌**。
脾	pí	人和某些动物的内脏之一，淋巴器官，能制造新的血细胞，清除血液中的异物，储存血液，也可产生淋巴细胞和抗体。
碑	bēi	刻有纪念性或标志性的文字或图画的石头。如：立**碑**颂德、墓**碑**、里程**碑**、九成宫**碑**、树**碑**立传、人民英雄纪念**碑**、界**碑**。
睥	pì	组词“睥睨”。斜着眼睛看（表示傲视或厌恶）。如：**睥**睨一切。
稗	bài	a. 草本植物，杆茎光滑无毛，分枝斜上举，叶片线形扁平，小穗卵形，多生于水稻田等处，为杂草。b. 比喻微小的或琐碎的。如：**稗**官野史。
裨	㊀bì ㊁pí	㊀补益；益处。如：大有**裨**益、无**裨**于事。 ㊁副的；辅佐的。如：**裨**将（副将）、偏**裨**（佐助大将的将领）。
还有与上述同类型的二、三级字：**俾** bǐ **蜱** pí **髀** bì **陴** pí **椑** bēi		

下列形近字右边的相同部件是：**鬼**

傀	kuǐ	组词“傀儡”。a. 木偶。如：**傀**儡戏、杖头**傀**儡。b. 受人操纵的人或组织。如：**傀**儡政府（由外国侵略者扶持并代表其外国主子利益的卖国政府）。
愧	kuì	羞惭；难为情。如：当之无**愧**、**愧**疚、问心无**愧**、惭**愧**、**愧**不敢当、羞**愧**、自**愧**不如、**愧**对父母、面带**愧**色。
瑰	guī	奇特；珍贵。如：稀世**瑰**宝、**瑰**玮（亦作“瑰伟”）、**瑰**异、**瑰**丽。
魂	hún	a. 迷信的人指离开肉体而存在的精神。如：灵**魂**、**魂**魄、**魂**不附体。b. 精神；情绪。如：民族**魂**、神**魂**颠倒。c. 泛指人格化精神。如：武**魂**、军**魂**、棋**魂**。
槐	huái	落叶乔木，枝叶茂密，花为淡黄色，结荚果称“槐米”，花和荚果等可入药，夏秋可观花，可做园林树种，木材可制家具。
魄	pò	a. 迷信的人指依附形体而存在的精神。如：魂飞**魄**散、勾魂摄**魄**。b. 胆识或精力。如：气**魄**非凡、**魄**力、体**魄**。
魏	wèi	a. 周代诸侯国名，战国七雄之一。b. 朝代名。1. 三国之一，与蜀、吴并立。2. 北朝之一，后又分裂为东魏和西魏。
还有与上述同类型的二级字：**隗**㊀kuí ㊁wěi		

下列形近字右边的相同部件是:**敫**

激	jī	a. 水冲击而涌起或溅起。如:**激**起浪花。b. 感情冲动;使感情冲动。如:刺**激**、**激**励、**激**将法、慷慨**激**昂。c. 急剧的;强烈的。如:**激**战、**激**烈。
缴	㊀jiǎo ㊁zhuó	㊀a. 交纳;交出。如:**缴**费、**缴**税、**缴**纳、上**缴**。b. 迫使交出;强力收取。如:收**缴**、查**缴**、**缴**获枪支、追**缴**、**缴**械投降。 ㊁系在箭上的丝绳。如:弓**缴**。
檄	xí	用来征召或声讨的文书。如:讨曹操**檄**、羽**檄**、千里移**檄**、传**檄**而定、讨伐**檄**文。
还有与上述同类型的二、三级字:**徼**㊀jiǎo ㊁jiào **璬** jiǎo **皦** jiǎo		

下列形近字右边的相同部件是:**侯**

喉	hóu	咽和气管之间的部分,内有声带,为发音器官,有通气和发声的功能。如:**喉**咙、咽**喉**、**喉**结、扼**喉**、锁**喉**、骨鲠在**喉**。
猴	hóu	哺乳动物,种类多(如金丝猴),略像人,大脑发达,能使用简单工具,有尾,屁股是红色的,以水果、昆虫等为食。猴是十二生肖之一。
还有与上述同类型的二、三级字:**缑** gōu **堠** hòu **锻** hóu **糇** hóu		

下列形近字右边的相同部件是:**追**

缒	zhuì	用绳子拴住人或物体从高处放下。如:请楼上的人把空桶**缒**下来。
槌	chuí	类似棒子的敲打用具,一般一端为球形或较粗的圆柱形。如:棒**槌**、鼓**槌**。

下列形近字右边的相同部件是:**血**

洫	xù	a. 田间的沟渠、水道。如:沟**洫**。b. 护城河。如:城**洫**。
恤	xù	a. 救济;如:抚**恤**、**恤**金、赈**恤**、周**恤**。b. 怜悯;对别人表示同情。如:体**恤**、怜**恤**。c. 忧虑。

下列形近字右边的相同部件是:**向**

垧	shǎng	量词,我国北方地区旧时丈量土地面积的单位,但不统一,有的地区 1 垧合 15 亩,有的地区 1 垧合 3 亩或 5 亩不等。
响	xiǎng	a. 声音;也指发出声音。如:音**响**、声**响**、钟**响**了、不同凡**响**(形容人或事物不平凡,非常出色)。b. 回应。如:影**响**、**响**应、回**响**。c. 声音高或大。如:**响**彻云霄、声音**响**亮。(注意区别"响晌")

饷	xiǎng	a. 旧时指军人、警察等的薪金。如：发**饷**、军**饷**、粮**饷**、**饷**银、薪**饷**。b. 用食物款待人。如：**饷**客。
晌	shǎng	a. 一天内的一段时间；有时也指一个白天。如：停了一**晌**、他每天就工作半**晌**。b. 正午或正午前后。如：**晌**午、**晌**觉。（注意区别"晌响"）
还有与上述同类型的三级字：**珦** xiàng		

下列形近字下面的相同部件是：**毘**

蓖	bì	组词"蓖麻"。一年或多年生草本植物，圆茎中空，叶大呈掌状分裂。种子叫蓖麻子，种子榨的油叫蓖麻油，可做药材和工业润滑油。
篦	bì	a. 篦子，梳头的用具。中间有梁，两边有密齿，用竹、木、牛骨头等材料制成。b. 用篦子梳。如：**篦**头发。

下列形近字右边的相同部件是：**奥**

噢	ō	叹词，表示了解。如：**噢**，原来是这样计算的，我懂了。
澳	ào	a. 港湾，多用于海湾名。如：鱼**澳**、三都**澳**。b. 澳门的简称。如：粤港**澳**大桥、港**澳**通行证。c. 指澳大利亚。如：中**澳**关系。
懊	ào	烦恼；悔恨。如：神情**懊**丧、**懊**恼、**懊**怨、**懊**悔莫及。
还有与上述同类型的二、三级字：**燠** yù **隩** ào		

下列形近字的相关部分是：**斤**

斤	jīn	a. 市制重量单位，10 两为 1 斤（旧制 16 两为 1 斤），合 0.5 千克。b. 古代砍伐树木的工具。如：斧**斤**。
斥	chì	a. 责备。如：**斥**责、**斥**骂、训**斥**、驳**斥**。b. 使退去；使离开。如：排**斥**、贬**斥**、**斥**退。c. 多；满。如：充**斥**。d. 拿出。如：**斥**资（拿出数额较大的钱）。

下列形近字右边的相同部件是：**斤**

圻	qí	地的边界。（注意区别"圻坼"）
折	㊀shé ㊁zhē ㊂zhé	㊀a. 断。如：摔**折**了腿、扁担**折**了。b. 亏损；损耗。如：**折**秤、**折**本买卖。 ㊁a. 翻转。如：**折**跟头。b. 倒腾；翻转。如：来回**折**腾。 ㊂a. 断；弄断。如：骨**折**。b. 损失。如：损兵**折**将。c. 转变方向。如：**折**射。d. 信服。如：**折**服。e. 弯曲；使弯曲。如：曲**折**、**折**腰。f. 汉字的笔形。g. 折扣。如：七**折**促销。h. 抵作。如：将功**折**罪。i. 折子。如：存**折**、奏**折**。（注意区别"折析"）

听	tīng	a. 用耳朵感受声音。如：**听**广播。b. 治理；判断。如：垂帘**听**政。c. 顺从；接受。如：**听**指挥、言**听**计从。d. 任凭。如：**听**天由命。e. 量词，用于听装物品。如：一**听**啤酒。（注意区别“听昕”）
沂	yí	沂河，水名，发源于山东省，入新沂河，再注入黄海。
析	xī	a. 分开。如：分崩离**析**、透**析**（一种治疗肾病的分离纯化技术）。b. 分析；辨别。如：诗词赏**析**、辨**析**、疑难剖**析**。（注意区别“析折”“析柝”）
斩	zhǎn	砍；砍断。如：披荆**斩**棘、秋后处**斩**、**斩**钉截铁、监**斩**官、满门抄**斩**、**斩**首示众、先**斩**后奏、过关**斩**将、**斩**草除根、**斩**尽杀绝、快刀**斩**乱麻。
所	suǒ	a. 地方。如：住**所**、流离失**所**。b. 某些机关或单位的名称。如：派出**所**、研究**所**。c. 量词。如：一**所**大学。d. 助词，与“为”或“被”呼应，表示被动。如：为秦**所**灭。e. 助词，用在动词前构成名词结构。如：综上**所**述、**所**剩无几。
祈	qí	a. 祈祷。如：**祈**雨、**祈**福消灾。b. 请求；希望。如：**祈**盼、敬**祈**赐教、**祈**求。
斫	zhuó	用刀、斧等砍。如：**斫**树（砍树）、**斫**柴、**斫**伐、挥刀奋**斫**、**斫**轮（砍木头制造车轮）。
断	duàn	a. 分成两段或几段。如：切**断**、一刀两**断**。b. 隔绝；断绝。如：中**断**、**断**交。c. 戒除。如：**断**烟、**断**荤腥。d. 拦截；阻截。如：**断**后。e. 判定；决定。如：**断**定、独**断**专行。f. 副词。绝对；无论如何。如：**断**无此事。
斯	sī	a. 劈；砍。如：墓门有棘，斧以**斯**之。b. 代词，这。如：逝者如**斯**夫，不舍昼夜。c. 乃；就。如：有备**斯**可以无患。
靳	jìn	吝惜；不肯给予。如：**靳**财（吝啬钱财）、**靳**惜（吝惜）。
新	xīn	a. 刚有的；没有用过的。如：**新**手机、**新**衣服。b. 结婚时的（人或物）。如：**新**娘、**新**房。c. 新的人或事物。如：尝**新**、创**新**。d. 副词，刚。如：**新**建、**新**装修的。
还有与上述同类型的二、三级字：**忻** xīn **昕** xīn（注意区别“昕听”）**炘** xīn **䜣** xīn **钘** jīn **龂** yín		

下列形近字右边的相同部件是：**盾**

循	xún	遵守；沿着；依照。如：**循**环、**循**规蹈矩、有章可**循**、**循**墙而走、**循**序渐进、安分**循**理、**循**常习故（遵守旧规，沿袭先例，形容因袭保守，不愿变通）。
楯	㊀dùn ㊁shǔn	㊀同“盾”。盾牌。如：戈**楯**、鬻矛誉**楯**（自相矛盾，不能两立）。 ㊁栏杆的横木。如：栏**楯**、**楯**轩、**楯**柱、**楯**楹（栏杆和楹柱）。
还有与上述同类型的三级字：**腯** tú		

下列形近字右边的相同部件是：**欣**

掀	xiān	a. 揭起；打开。如：**掀**开、**掀**门帘。b. 翻动；兴起。如：大海**掀**起了波涛、白浪**掀**天、他**掀**翻了桌子。
锨	xiān	铲东西或挖土的工具，用钢铁或木头制成板状的头，后面有长柄。如：铁**锨**、木**锨**。

下列形近字右边的相同部件是：**斥**

诉	sù	a. 叙说。如：**诉**说、陈**诉**、告**诉**、**诉**苦、倾**诉**。b. 告状；控告。如：撤**诉**、投**诉**、民事**诉**讼、控**诉**、上**诉**、起**诉**、败**诉**、申**诉**无门。
坼	chè	裂开。如：**坼**裂、天寒**地**坼。（注意区别"坼圻"）
拆	chāi	a. 把合在一起的分开。如：**拆**卸、**拆**分、**拆**字诗。b. 毁坏。如：**拆**毁、过河**拆**桥、**拆**迁、**拆**除、**拆**东墙补西墙。（注意区别"拆柝""拆折"）
柝	tuò	巡夜打更用的梆子。如：虎**柝**、靖**柝**（停止击柝）、重关击**柝**（设置重门击柝巡夜，比喻戒备森严）。（注意区别"柝拆""柝析"）

下列形近字右边的相同部件是：**后**

诟	gòu	a. 耻辱。如：**诟**莫大于宫刑、不忍其**诟**。b. 骂；辱骂。如：当众**诟**骂、**诟**厉、**诟**詈、闭门而**诟**之。
垢	gòu	a. 肮脏。如：**垢**尘、蓬头**垢**面。b. 污秽；脏东西。如：水**垢**、污**垢**、锅炉结**垢**、藏污纳**垢**。c. 同"诟"。耻辱。如：含**垢**忍辱。
还有与上述同类型的二、三级字：**骺** hóu **姤** gòu **鲘** hòu		

下列形近字左边的相同部件是：**彳**

徒	tú	a. 步行。如：**徒**步。b. 空。如：**徒**手搏斗。c. 徒弟。如：师**徒**、学**徒**。d. 信仰宗教的人。如：教**徒**、信**徒**。e. 某类人（多含贬义）。如：奸佞之**徒**。f. 副词，仅仅或白白地。如：家**徒**四壁、**徒**有虚名、**徒**劳无功。
徙	xǐ	迁移；移动。如：迁**徙**、曲突**徙**薪（把烟囱改建成弯的，把灶旁的柴草搬走，比喻消除可能导致事故的因素，防患于未然）。

衍	yǎn	a. 扩展；蔓延。如：推**衍**、**衍**生。b. 孳生。如：繁**衍**。c. 多出来的（文字）。如：**衍**文（因缮写、刻板、排版错误而多出来的字句）、**衍**五字。
衔	xián	a. 用嘴含；叼着。如：燕子**衔**泥。b. 心里怀着。如：**衔**冤、**衔**恨。c. 互相连接。如：**衔**接、前后相**衔**。d. 等级或称号。如：授**衔**、军**衔**、学**衔**。

街	jiē	两边有房屋的比较宽阔的道路。如：**街**道办、步行**街**、商业**街**、大**街**小巷。
衙	yá	旧时指官署。如：衙门、县衙、官衙。
衡	héng	a. 古代指称重量的器具。如：度量**衡**。b. 称物体重量。如：**衡**其轻重。c. 斟酌；比较。如：**衡**量、权**衡**利弊。d. 平；不倾斜。如：均**衡**、平**衡**。
还有与上述同类型的二、三级字：**衢** qú **衎** kàn **衒** xuàn **衠** zhūn		

微	wēi	a. 细小。如：无**微**不至、相差甚**微**。b. 低下；卑贱。如：人**微**言轻。c. 精深；奥妙。如：**微**言大义、**微**妙。d. 衰败。如：衰**微**。e. 置于某些计量单位词前，表示百万分之一。如：**微**米。f. 副词，稍微。如：脸色**微**红。
徵	zhǐ	古代五音（即宫、商、角、徵、羽）之一，相当于简谱中的 sol（即 5）音。（读 zhēng 时，是"征"的异体字，只表"征"的部分义项）
徽	huī	a. 标志；符号。如：**徽**章、党**徽**、国**徽**、校**徽**。b. 美好的。如：**徽**号。c. 指徽州（旧地名，在今安徽省）。如：**徽**墨。

下列形近字的相同部件是：**爪**

爪	㊀zhǎo ㊁zhuǎ	㊀某些动物的脚趾，也指趾甲。如：鹰**爪**、虎**爪**、魔**爪**、张牙舞**爪**。 ㊁a. 某些器物下端像爪的部分。如：这个锅有三个**爪**。b. 义同"爪（zhǎo）"。
瓜	guā	葫芦一类植物的通称。茎蔓生，果实可以吃，种类很多。如：冬**瓜**、南**瓜**、西**瓜**、丝**瓜**、黄**瓜**、苦**瓜**、菜**瓜**、香**瓜**。

下列形近字右边的相同部件是：**𠂢**

哌	pài	组词"哌嗪"。有机化合物。分子式 $C_4H_{10}N_2$，白色晶体，易溶于水，有驱除蛔虫等作用。
派	pài	a. 一个系统的分支。如：**派**生。b. 派别。如：党**派**。c. 风度；作风。如：正**派**、**派**头。d. 分配；指定。如：摊**派**、**派**遣。e. 水的支流。如：茫茫九**派**流中国。

下列形近字右边的相同部件是：**瓜**

呱	㊀gū ㊁guā ㊂guǎ	㊀组词"呱呱"。拟声词，形容小孩的哭声。如：**呱呱**坠地。 ㊁组词"呱呱"。拟声词，形容青蛙等的叫声。如：田里的青蛙在**呱呱**地叫。 ㊂组词"拉呱儿"。闲谈；聊天。如：他们休息的时候就聚在一起拉**呱**儿。

狐	hú	哺乳动物，常见的有赤狐和沙狐。外形略像狗，面部、尾巴长，嗅觉、听觉灵敏，狡猾多疑，昼伏夜出，以鱼类、鼠类等为食。如：**狐**狸露出了尾巴。
弧	hú	a. 圆周的一段。如：**弧**长、圆**弧**、优**弧**、劣**弧**、**弧**线、**弧**形、**弧**度。b. 木弓。如：**弧**矢（弓箭）、**弧**弓。
孤	gū	a. 幼年丧父或父母双亡。如：鳏寡**孤**独、**孤**儿。b. 古代君主的自称。如：**孤**王。c. 单独。如：**孤**单、**孤**独、**孤**立无援、**孤**掌难鸣、**孤**军奋战、**孤**男寡女。
瓢	piáo	a. 舀水或取物的工具，用葫芦干壳、塑料、金属等做成。如：照葫芦画**瓢**、锅碗**瓢**盆、**瓢**泼大雨、“弱水三千，只取一**瓢**”。b. 形状像瓢的。如：七星**瓢**虫。
瓤	ráng	a. 瓜果等外皮包着的肉或瓣。如：瓜**瓤**儿、沙**瓤**儿西瓜。b. 泛指某些皮或壳里包着的东西。如：信**瓤**儿、枕头**瓤**儿。
还有与上述同类型的二、三级字：**胍** guā **瓠** hù **觚** gū **坬** guà **呱** wā		

下列形近字右边的相同部件是：**反**

阪	bǎn	用于地名。如：大**阪**（在日本）。
坂	bǎn	山坡；斜坡。如：险**坂**、**阪**上走丸。
扳	bān	a. 使一端固定的物体移动或改变方向。如：**扳**闸、**扳**枪栓。b. 把输的赢回来。如：**扳**回一局、**扳**平比分。（注意区别“扳板”）
饭	fàn	a. 煮熟的谷类食品。如：蛋炒**饭**、白米**饭**。b. 每天定时吃的食物；也指吃饭。如：晚**饭**、粗茶淡**饭**、家常便**饭**、酒足**饭**饱。
板	bǎn	a. 较硬的片状物。如：钢**板**。b. 木制打击乐器。如：檀**板**、鼓**板**。c. 戏曲的节拍。如：有**板**有眼。d. 不灵活。如：呆**板**。e. 露出严肃的表情。如：**板**着脸。（注意区别“板扳”）
贩	fàn	a. 做买卖。如：**贩**卖、**贩**运、走私**贩**毒。b. 指做买卖的人。如：摊**贩**、商**贩**。
版	bǎn	a. 印刷用的底版。如：铜**版**。b. 版本。如：宋**版**书。c. 排印一次为一版。如：第三**版**。d. 报纸一面为一版。如：头**版**头条。e. 筑墙的夹板。如：**版**筑。

畈	fàn	a. 成片的田地,多用于地名。如:马**畈**镇(在河南省信阳市)。b. 量词,用于大片的田地。如:一**畈**田。
钣	bǎn	金属板材。如:铝**钣**、**钣**梁、钢**钣**。
皈	guī	组词"皈依"。也作"归依"。佛教的入教仪式,也指信奉佛教或参加其他宗教组织。
叛	pàn	背离自己的一方,投靠敌方;背叛。如:**叛**逃、**叛**逆、**叛**变、平**叛**、**叛**徒、反**叛**、众**叛**亲离。
还有与上述同类型的三级字:**昄** bǎn		

下列形近字的相关部分是:**人**

人	rén	a. 通过劳动使前肢进化成手的高等动物。b. 指某种人。如:文**人**、商**人**。c. 别人。如:助**人**为乐。d. 指人的品性、面子。如:李老师**人**不错、你这样做丢**人**。e. 指人的身体或意识。如:他今天**人**不舒服。f. 人手。如:缺**人**。
八	bā	a. 数目字,比七大一的整数。如:**八**大金刚、**八**人抬轿子、红军的**八**角帽。b. 泛指多。如:**八**面玲珑、"一方有难,**八**方支援"。
入	rù	a. 进(跟"出"相对)。如:**入**口、乘虚而**入**。b. 参加。如:**入**伍、**入**伙。c. 合乎。如:**入**情**入**理。d. 收入。如:**入**不敷出。e. 入声(汉语声调之一)。

下列形近字上面的相同部件是:**人**

仑	lún	a. 条理;伦次。b. 组词"昆仑"。山名,西起帕米尔高原,横贯新疆、西藏交界处,东延向青海省。
仓	cāng	a. 储存粮食或其他物资的建筑物。如:**仓**库、颗粒归**仓**。b. 组词"仓促"。匆忙。

佘	shé	姓。
余	yú	a. 文言代词,我。如:**余**致力国民革命,凡四十年。b. 剩下;剩下的。如:结**余**、富**余**、**余**粮、**余**热。c. 某种事情或情况以外或以后的时间。如:业**余**、茶**余**饭后。d. 整数之外的零头。如:一百**余**人、三十**余**斤。

下列形近字右边的相同部件是：**八**

扒	㊀bā ㊁pá	㊀a. 抓住。如：**扒**着栏杆、**扒**在窗台。b. 刨；挖；拆除。如：**扒**了旧房子、**扒**土。c. 剥；脱。如：**扒**树皮、**扒**了衣服。d. 拨动。如：**扒**开草丛。 ㊁a. 用耙搂；聚拢。如：上山**扒**柴。b. 扒窃。如：**扒**手、反**扒**行动、钱包被**扒**了。c. 炖烂；煨烂。如：**扒**鸡、**扒**猪头。
叭	bā	拟声词，形容枪声、物体断裂的声音等。如：**叭**的一声，刑场传来一声枪响。
趴	pā	a. 肚子朝下卧倒。如：狙击手**趴**着一动不动、**趴**在地上。b. 身体前倾靠在某处。如：累了就**趴**在桌上歇一会。
还有与上述同类型的三级字：**朳** bā		

下列形近字右边的相同部件是：**全**

诠	quán	a. 解释。如：**诠**释、**诠**疏（诠释疏解）、**诠**注（注解说明）。b. 事理；真理。如：真**诠**。
拴	shuān	用绳子系住；比喻被事物缠住。如：**拴**马桩、**拴**在一根绳上的蚂蚱、我被一些琐事**拴**住了。（注意区别"拴栓"）
栓	shuān	a. 器物上可以开关的机件。如：门**栓**、枪**栓**。b. 塞子或类似塞子的东西。如：螺**栓**、**栓**钉、血**栓**、**栓**剂。（注意区别"栓拴"）
还有与上述同类型的二、三级字：**铨** quán **佺** quán **辁** quán		

下列形近字左边的相同部件是：**余**

叙	xù	a. 谈；说。如：**叙**旧、**叙**别、**叙**家常。b. 记述。如：记**叙**、倒**叙**、夹**叙**夹议、平铺直**叙**。
斜	xié	不正，跟平面或平面沿边的直线既不平行也不垂直的。如：**斜**阳、**斜**坡、**斜**视、倾**斜**、歪**斜**、把纸裁**斜**了。

下列形近字右边的相同部件是：**余**

除	chú	a. 去掉。如：铲**除**、**除**草、排**除**、为民**除**害。b. 不计算在内。如：**除**此之外。c. 进行除法运算。如：10 **除**以 2 得 5。d. 台阶。如：洒扫庭**除**。
徐	xú	缓慢；慢慢地。如：清风**徐**来、五星红旗**徐徐**升起、不疾不**徐**。

涂	tú	a. 泥淖。如:生灵**涂**炭。b. 把油漆等抹在物体表面。如:**涂**脂抹粉、喷**涂**、**涂**刷、**涂**抹。c. 乱写乱画。如:**涂**画、信笔**涂**鸦。d. 抹去。如:**涂**改。
蜍	chú	组词"蟾蜍"。也叫"癞蛤蟆",两栖动物,喜隐蔽于草丛、泥穴等处,皮肤粗糙有疙瘩,体内有毒腺,夜出觅食,以甲虫、蜗牛等为食。
还有与上述同类型的二、三级字:**狳** yú **骀** tú **梌** tú **稌** tú **艅** yú **酴** tú		

下列形近字右边的相同部件是:**会**

侩	kuài	通过介绍和促成买卖从中获取利益的人。如:市**侩**(买卖中间人,后指唯利是图的人)、牙**侩**(原指牙齿咬合,引申为为买卖双方说合的经纪人)。
狯	kuài	狡猾。如:狡**狯**、险**狯**(邪恶狡猾)、老**狯**(老练奸诈)。
浍	㊀huì ㊁kuài	㊀浍河,水名。a. 发源于河南省,汇入怀洪新河。b. 发源于山西省,流入汾河。 ㊁田间的水沟或水渠。如:沟**浍**、田**浍**、**浍**畎(田间水道)。
绘	huì	画;描画;描写。如:**绘**图、**绘**声**绘**色、**绘**画、描**绘**、测**绘**地图、**绘**制图纸、手工**绘**染、彩**绘**。
桧	㊀guì ㊁huì	㊀桧树,常绿乔木,塔形或圆锥形,刺状叶深绿色,果实近球形,树形优美,耐寒耐热耐修剪,是重要的园林树种,叶及树皮等可入药。 ㊁见于人名。如:秦**桧**(南宋初期的宰相,奸臣)。
脍	kuài	细切的肉、鱼;也指把鱼、肉切成薄片。如:**脍**炙人口、"食不厌精,**脍**不厌细"、莼羹鲈**脍**(味道鲜美的莼菜羹、鲈鱼脍,比喻思乡的心情)。
烩	huì	烹饪方法,把各种食物混在一起烹煮。如:一锅**烩**、大杂**烩**。
还有与上述同类型的二、三级字:**哙** kuài **鲙** kuài		

下列形近字右边的相同部件是:**合**

拾	㊀shè ㊁shí	㊀轻步登上。如:**拾**级而上。 ㊁a."十"的大写。b. 捡;捡起来。如:路不**拾**遗、**拾**穗者、**拾**金不昧、如**拾**地芥、众人**拾**柴火焰高。c. 整理。如:收**拾**房间、**拾**掇。
哈	㊀hā ㊁hǎ ㊂hà	㊀a. 张口吹气。如:打**哈**欠、他朝眼镜片上**哈**了一口气。b. 弯腰。如:点头**哈**腰。c. 形容笑声。如:**哈哈**大笑。d. 表示得意或惊喜。如:**哈**,我猜到了。 ㊁组词"哈达"。藏族等民族在社交中作为礼仪用的白色长丝巾。 ㊂组词"哈士蟆"。也作"哈什蚂",蛙的一种,水陆两栖,多为灰褐色,跳跃力强,以多种昆虫为食,油可入药。

洽	qià	a. 跟人联系;商量。如:**洽**谈室、商**洽**、面**洽**、接**洽**。b. 谐和。如:关系融**洽**。
恰	qià	a. 合适。如:**恰**当。b. 正好;刚刚。如:**恰**好、**恰恰**相反、**恰**到好处、**恰**巧碰到、**恰**如其分。
给	㊀gěi ㊁jǐ	㊀a. 交付。如:献**给**。b. 让。如:道路封了不**给**过。c. 为。如:大夫在**给**他把脉。d. 向。如:**给**烈士鞠躬。e. 助词。如:衣服**给**淋湿了、书**给**弄丢了。 ㊁a. 供应。如:**给**养、自**给**自足、**给**予、地下水资源补**给**。b. 丰足;富裕。如:家**给**人足(家家衣食充裕,人人生活富足)。
铪	hā	金属元素。符号 Hf,原子序数为 72,银灰色,抗腐蚀性能好。
袷	㊀jiá ㊁qiā	㊀"夹(jiá)"的异体字。 ㊁组词"袷袢"。维吾尔、塔吉克等民族所穿的对襟长袍。
耠	huō	一种翻土的农具,比犁小且轻便,多用于开沟播种;也指用耠子翻土。
蛤	㊀gé ㊁há	㊀组词"蛤蜊"。软体动物,种类多(如花蛤),生活在浅海底,壳卵圆形,肉质鲜美,营养丰富且全面,可食用、入药。 ㊁组词"蛤蟆"。青蛙和癞蛤蟆(也叫"蟾蜍")的统称。
还有与上述同类型的二、三级字:**饸** hé **姶** è **貉** hé		

下列形近字右边的相同部件是:**俞**

偷	tōu	a. 窃取。如:**偷**盗、**偷**窃。b. 偷东西的人。如:小**偷**、惯**偷**。c. 暗地里做(某事)。如:**偷**听、**偷**拍。d. 抽空。如:忙里**偷**闲。e. 苟且。如:忍辱**偷**生、**偷**安。
谕	yù	a. 告诉;告知(用于上级对下级或长辈对晚辈)。如:**谕**知、劝**谕**。b. 旧时指上级对下级的文告、指示。如:手**谕**。c. 特指皇帝的诏令。如:上**谕**、圣**谕**。
喻	yù	a. 比方。如:借**喻**、暗**喻**、比**喻**。b. 明白;知道。如:家**喻**户晓、难以理**喻**、不言而**喻**。c. 使人了解;说明。如:托物**喻**志、以古**喻**今、**喻**之以情。
渝	yú	a. 改变。如:矢志不**渝**、忠贞不**渝**、至死不**渝**、恪守不**渝**。b. 重庆市的别称。如:沪**渝**高速公路、成**渝**铁路。
愉	yú	快乐;舒畅。如:心情**愉**悦、欢**愉**、**愉**快。
瑜	yú	美玉;也指玉的光泽(比喻优点)。如:**瑜**玉、怀瑾握**瑜**、瑕不掩**瑜**(玉上的疵点掩盖不了美玉的光彩,比喻缺点掩盖不了优点)。

榆	yú	落叶乔木，喜光耐旱，适应性强，叶椭圆状卵形，果实称为榆钱，根系发达，叶、根、果实可入药，木材可制家具等用，榆树也是重要的绿化树种。（注意区别"榆揄"）
输	shū	a. 运送；传送。如：高压**输**电、传**输**、铁路运**输**。b. 捐献。如：捐**输**、慷慨**输**将（毫不吝啬地捐献财物帮助人）。c. 失败。如：认**输**、满盘皆**输**、愿赌服**输**。
腧	shù	腧穴，人体的穴道。如：肾**腧**穴（也作"肾俞穴"）、五**腧**穴（十二经脉肘、膝关节以下的井、荥、输、经、合五个特定穴位）。
蝓	yú	组词"蛞蝓"。软体动物，像没壳的蜗牛，两对触角，柔软身体表面有黏液，夜间活动，以植物叶子、果实等为食，危害农作物。
还有与上述同类型的二、三级字：**揄** yú（注意区别"揄榆"）**隃** shù **瑜** yǔ **褕** yú		

下列形近字右边的相同部件是：**肴**

崤	xiáo	崤山，山名，在河南省西部。又叫"嵚崟山"。
淆	xiáo	混杂；混乱。如：混**淆**不清、混**淆**黑白。

下列形近字右边的相同部件是：**希**

浠	xī	浠河，水名，发源于湖北省，汇入长江。
唏	xī	叹息。如：**唏**嘘不已、**唏**叹。（注意区别"唏晞"）
晞	xī	a. 干；干燥。如：朝露未**晞**、**晞**发（晾干头发）。b. 破晓；天亮。如：白露未**晞**、东方未**晞**。（注意区别"晞唏"）
烯	xī	指烯烃，一类含有碳碳双键的碳氢化合物，物理状态有气态、液态和固态，化学性质活泼，可发生聚合反应等。如：乙**烯**。
稀	xī	a. 少。如：**稀**缺、**稀**少、**稀**奇珍宝、物以**稀**为贵。b. 间距远；空隙大。如：月明星**稀**。c. 含水量多。如：**稀**释、**稀**饭、和**稀**泥。d. 程度深。如：**稀**烂。
还有与上述同类型的二、三级字：**豨** xī **俙** xī **絺** chī **睎** xī		

下列形近字左边的相同部件是：**佥**

剑	jiàn	a. 古代兵器。长条形，顶端尖，两边有刃，中间有脊，安有短柄，配有剑鞘。如：宝**剑**、舞**剑**。b. 击剑运动用的无刃剑。如：击**剑**、**剑**坛、花**剑**。
敛	liǎn	a. 聚集；征收。如：**敛**财、**敛**钱、聚**敛**、横征暴**敛**、费用**敛**齐了。b. 约束；收起。如：**敛**迹、**敛**容、**敛**足、收**敛**。

下列形近字右边的相同部件是：**佥**

俭	jiǎn	节省；不浪费。如：勤工**俭**学、**俭**以养德、省吃**俭**用、节**俭**、戒奢以**俭**、勤**俭**持家、丰**俭**由人、成由勤**俭**败由奢（成功来自勤俭，失败是由于奢侈）。
险	xiǎn	a. 可能发生的灾难。如：探**险**、抢**险**救灾。b. 可能发生灾难的。如：身处**险**境、**险**关。c. 狠毒。如：**险**恶、阴**险**。d. 副词。险些；几乎。如：**险**胜、**险**遭不幸。
捡	jiǎn	拾取。如：**捡**柴火、**捡**破烂、把洒落的粮食**捡**起来、**捡**了芝麻丢了西瓜。（注意区别"捡检"）
验	yàn	a. 检查；查看。如：实**验**、**验**血、试**验**、抽样检**验**、心理测**验**、考**验**、竣工**验**收。b. 产生预期的效果。如：应**验**、灵**验**。
检	jiǎn	a. 查。如：**检**查、**检**阅、质**检**员、尿**检**、尸**检**、**检**验、**检**修、**检**字表、**检**讨、**检**测认证、免**检**产品。b. 约束；检点。如：行为不**检**。（注意区别"检捡"）
殓	liàn	把死者装入棺材。如：装**殓**、入**殓**师、殡**殓**（入殓和出殡）、**殓**葬。
脸	liǎn	a. 面部。如：**脸**颊、**脸**红、洗**脸**刷牙。b. 面子。如：赏**脸**、丢**脸**。c. 脸上的表情。如：变**脸**、黑丧着**脸**、愁眉苦**脸**。d. 物体的前部。如：门**脸**。
睑	jiǎn	指眼睑，即眼皮，分上、下眼睑，眼睑上长有眼睫毛。
还有与上述同类型的二、三级字：**猃** xiǎn **崄** xiǎn **裣** liǎn		

下列形近字右边的相同部件是：**兆**

挑	㊀tiāo ㊁tiǎo	㊀a. 用肩担。如：**挑**水。b. 挑的东西。如：货**挑**子。c. 从中选。如：百里**挑**一。d. 挑剔。如：鸡蛋里**挑**骨头。e. 量词，用于成挑的东西。如：一**挑**行李。㊁a. 用条状物拨开或弄出。如：**挑**灯芯。b. 用棍棒等支起来。如：**挑**起门帘。c. 引起。如：**挑**衅、**挑**战。d. 一种刺绣方法。如：**挑**花。e. 汉字笔形，即"提"。（注意区别"挑桃"）
洮	táo	洮河，水名，发源于青海省，汇入黄河。
姚	yáo	姓。如：**姚**启圣（清朝政治家、军事家）。
桃	táo	a. 指桃树，落叶乔木，花粉红色，果实称为桃子，是常见水果。b. 指桃子。如：投**桃**报李、二**桃**杀三士。c. 指核桃。如：**桃**酥。d. 像桃子的东西。如：棉**桃**。（注意区别"桃挑"）

眺	tiào	向远处看。如:登高**眺**远、极目远**眺**、**眺**望。
跳	tiào	a. 向前或向上用力使脚离开原来的地方。如:**跳**绳、撑杆**跳**高、**跳**水。b. 越过应该经历的。如:**跳**级学习。c. 一起一伏地动。如:心**跳**加速。
还有与上述同类型的二、三级字:**佻** tiāo **珧** yáo **铫**㊀yáo ㊁diào **朓** tiǎo **祧** tiāo **鲦** zhào		

下列形近字右边的相同部件是:**乎**

呼	hū	a. 大声喊。如:**呼**叫、高**呼**。b. 叫;唤。如:直**呼**其名、一**呼**百应、**呼**之即来。c. 通过口、鼻排出气体。如:**呼**吸。d. 拟声词,形容风声等。如:风在**呼呼**地吹。
烀	hū	烹调方法,用半蒸半煮的方式把食物弄熟。如:**烀**猪头、**烀**地瓜。
还有与上述同类型的三级字:**轷** hū		

下列形近字左边的相同部件是:**番**

鄱	pó	组词"鄱阳"。a. 湖名,位于江西省北部。b. 地名。如:**鄱**阳县(属江西省上饶市管辖,位于鄱阳湖东岸)。
翻	fān	a. 歪倒;反转;变动位置;改变。如:推**翻**、**翻**车、**翻**工、**翻**阅、**翻**身、**翻**脸、人仰马**翻**、**翻**云覆雨。b.(数量)成倍增加。如:**翻**番、**翻**倍。c. 越过。如:**翻**越、**翻**墙。d. 翻译。如:文言文**翻**成白话文、法文**翻**成中文。
还有与上述同类型的三级字: **鷭** fán		

下列形近字右边的相同部件是:**番**

播	bō	a. 撒种。如:**播**撒种子、**播**种机、**播**种面积。b. 传播;传扬。如:新闻联**播**、电视广**播**、实况**播**报、**播**放、录**播**、现场直**播**、转**播**、名声远**播**。
幡	fān	长条形旌旗,多用竹竿等垂直悬挂。如:扬**幡**擂鼓、白虎**幡**、朱鸟**幡**、青龙**幡**、**幡**幢(仪仗用的旗帜)、**幡**旄(羽毛装饰的旗幡)。
潘	pān	姓。
燔	fán	a. 焚烧。如:**燔**烧、**燔**诗书、**燔**灭(烧毁)。b. 烤。如:**燔**肉、**燔**黍(将黍米烤熟而食)。

皤	pó	形容白色。如：**皤**翁（白发老人）、**皤皤**国老（年老重臣）、须发苍**皤**、两鬓**皤**然。
蟠	pán	屈曲；环绕。如：**蟠**曲（同“盘曲”）、虎踞龙**蟠**（同“虎踞龙盘”）。
还有与上述同类型的二、三级字：**璠** fán **墦** fán **嶓** bō **磻** pán **鐇** fán **蹯** fán		

下列形近字右边的相同部件是：**介**

价	jià	a. 价格。如：半**价**、砍**价**、零售**价**、性**价**比、明码标**价**、物**价**上涨、物美**价**廉。b. 价值。如：身**价**倍增、等**价**交换。c. 化合价。
阶	jiē	a. 台阶。如：石**阶**、**阶**梯、**阶**下囚、庭**阶**、“堂上一呼，**阶**下百诺”。b. 等级。如：官**阶**、**阶**级、**阶**层。
蚧	jiè	组词“蛤蚧”。爬行动物，体形像壁虎，身体略扁有粒状细鳞，头呈三角形，背部紫灰色有杂色斑点，以蚱蜢等活动的昆虫为食，栖息在缝隙、石洞等处。
还有与上述同类型的二、三级字：**玠** jiè **炌** kài **龂** xiè **骱** jiè		

下列形近字右边的相同部件是：**㐱**

诊	zhěn	医生检查病情。如：急**诊**、坐**诊**、门**诊**、出**诊**、把脉问**诊**、**诊**断、就**诊**、确**诊**、误**诊**、**诊**所、听**诊**器。
珍	zhēn	a. 宝贵的；贵重的。如：**珍**贵、**珍**品、玉盘**珍**馐。b. 宝贵的东西。如：山**珍**海味、奇**珍**异宝。c. 看重；重视。如：**珍**藏、敝帚自**珍**、**珍**爱。
殄	tiǎn	a. 尽；灭绝。如：**殄**灭、余风未**殄**。b. 糟蹋。如：暴**殄**天物（原指残害、灭绝天生自然资源，后指任意糟蹋东西，不知爱惜）。
还有与上述同类型的二、三级字：**轸** zhěn **胗** zhēn **畛** zhěn **眕** zhěn **袗** zhěn		

下列形近字右边的相同部件是：**从**

纵	zòng	a. 竖直；南北方向。如：**纵**轴、**纵**横。b. 放。如：欲擒故**纵**。c. 全身猛然向前或向上。如：**纵**身一跃。d. 放任。如：**纵**容。e. 即使。如：**纵**有困难也得克服。
枞	㊀cōng ㊁zōng	㊀常绿乔木，又名“冷杉”，耐阴性强，树干端直，枝斜上伸展，树冠尖塔形，叶子条形，木材易于加工，可制家具等，种子可入药，也可做园林树种。 ㊁用于地名。如：**枞**阳县（位于安徽省铜陵市）。

下列形近字右边的相同部件是：**坐**

挫	cuò	a. 失败；不顺利。如：**挫**折、越**挫**越勇、屡次受**挫**。b. 压下去；使失败。如：**挫**败、抑扬顿**挫**（声音高低起伏，和谐而有节奏）、**挫**敌锐气。
唑	zuò	译音用字，多用于有机化合物。如：噻**唑**（分子式为 C_3H_3NS，无色或淡黄色液体，溶于乙醇等有机溶剂，有特殊臭味，易燃有毒，可用于合成药物等）。
锉	cuò	a. 一种用来对钢铁、木材等表层进行磨平加工的工具。如：钢**锉**、**锉**刀。b. 用锉来磨。如：把工件**锉**得更光滑一点儿。
矬	cuó	身材矮小。如：他就是个矮**矬**穷、那群小孩总是欺负他长得**矬**。
还有与上述同类型的三级字：**脞** cuǒ		

下列形近字上面的相同部件是：**父**

爷	yé	a. 父亲。如：**爷**娘。b. 祖父或祖父辈。如：**爷爷**、姥**爷**。c. 旧时对官僚、神等的称呼。如：县太**爷**、财神**爷**。d. 对长辈或年长男子的敬称。如：赵大**爷**。
斧	fǔ	a. 砍木头等用的工具。如：**斧**头、班门弄**斧**、**斧**柯烂尽（比喻在外很久，归乡后发现发生了很大变化）。b. 古代一种兵器。如：大刀阔**斧**、**斧**钺。
爸	bà	父亲。如：**爸爸**、阿**爸**。
釜	fǔ	古代的一种炊具。如：破**釜**沉舟、豆在**釜**中泣、**釜**底抽薪、“鱼游沸**釜**，燕处危巢”（比喻身处绝境，极其危险）。
爹	diē	a. 父亲。如：**爹**妈、亲**爹**、干**爹**、孩子他**爹**。b. 对老者、长者的尊称。如：老**爹**、张**爹**、王**爹**。

下列形近字左边的相同部件是：**谷**

郤	xì	姓。如：**郤**正（三国时期蜀国官员）。
欲	yù	a. 欲望。如：求知**欲**、利**欲**熏心、无**欲**则刚。b. 想要；希望。如：**欲**哭无泪、**欲**擒故纵。c. 副词，将要。如：摇摇**欲**坠、望眼**欲**穿、震耳**欲**聋。
鹆	yù	组词“鸲鹆”。鸟名，又名“八哥”，雌雄同形同色难区分，全身大致黑色，脚、趾为黄色，以昆虫、果实等为食，多栖于山林、村庄等处。

下列形近字右边的相同部件是：**谷**

俗	sú	a. 风尚；习惯。如：入乡随**俗**、风**俗**。b. 普遍的；大众化的。如：通**俗**易懂、**俗**称。c. 不高雅。如：庸**俗**、**俗**不可耐。d. 佛教指没出家的。如：尘**俗**。
峪	yù	山谷（多用于地名）。如：嘉**峪**关市（甘肃省辖地级市）。
浴	yù	a. 洗澡。如：沐**浴**、淋**浴**、洗**浴**中心。b. 洗澡的。如：**浴**巾、**浴**盆、**浴**池、**浴**帽、**浴**缸、**浴**霸。c. 洗澡用的东西。如：卫**浴**。
裕	yù	富足；宽绰；也指使富足。如：共同富**裕**、充**裕**、手头宽**裕**、生活优**裕**、富国**裕**民。
豁	㊀huō ㊁huò	㊀a. 残缺；裂开。如：**豁**了个口子。b. 舍弃；狠心付出。如：**豁**出性命。 ㊁a. 开通；敞亮。如：**豁**达、**豁**然开朗。b. 免除。如：**豁**免。
还有与上述同类型的三级字：**绤** xì **豀** xī		

下列形近字右边的相同部件是：**仑**

伦	lún	a. 辈；类。如：不**伦**不类、无与**伦**比。b. 次序；条理。如：语无**伦**次。c. 人伦，指人与人之间的关系，特指长幼尊卑之间的关系。如：**伦**常、天**伦**之乐。
论	㊀lún ㊁lùn	㊀《论语》，书名，孔子及其弟子的语录结集，是儒家的经典著作之一。 ㊁a. 学说。如：进化**论**、相对**论**。b. 分析说明事理。如：讨**论**、**论**述。c. 分析说明事理的话或文章。如：概**论**、长篇大**论**。d. 看待；说。如：相提并**论**。e. 评定；衡量。如：**论**资排辈。f. 按某单位或类别说。如：猪肉**论**斤算。
抡	㊀lūn ㊁lún	㊀用力挥动。如：**抡**拳头、**抡**大刀。 ㊁选择；选拔。如：**抡**材（也作“抡才”，选拔人才）。
沦	lún	a. 沉没；陷落。如：沉**沦**、**沦**陷、**沦**为乞丐。b. 水上的波纹。
纶	㊀guān ㊁lún	㊀组词“纶巾”。古代的一种头巾，一般为青色。如：羽扇**纶**巾。 ㊁a. 钓鱼用的线。如：钓**纶**（钓竿上的线）。b. 某些合成纤维。如：丙**纶**（聚丙烯纤维）、涤**纶**、氯**纶**、腈**纶**。
轮	lún	a. 轮子。如：**轮**椅、三**轮**车。b. 像轮子的东西。如：年**轮**。c. 依次接替。如：**轮**岗。d. 轮船。如：渡**轮**、游**轮**。e. 量词，用于日、月等。如：一**轮**红日。
还有与上述同类型的三级字：**埨** lǔn **锍** lún		

下列形近字右边的相同部件是：禽

擒	qín	捉拿；捕获。如：生**擒**、**擒**拿、**擒**获、欲**擒**故纵、束手就**擒**、手到**擒**来、**擒**贼先**擒**王。（注意区别"擒檎"）
噙	qín	含在里面（多指嘴里或眼睛里）。如：她的眼里**噙**着泪水。
檎	qín	组词"林檎"。落叶乔木，又名"花红"，喜光耐寒，花淡红色，果实略像苹果，黄绿色带微红，果肉清香味美，是常见的水果。（注意区别"檎擒"）

下列形近字上面的相同部件是：爫

孚	fú	使人信服。如：深**孚**众望。
妥	tuǒ	a. 适当；合适。如：**妥**善、稳**妥**。b. 停当；齐备。如：谈**妥**、办**妥**。
采	㊀cǎi ㊁cài	㊀a. 摘取（花、叶、果实）。如：**采**药、**采**茶。b. 选取。如：博**采**众长。c. 搜集。如：**采**风、**采**访。d. 挖掘（矿藏）。如：**采**矿、**采**煤。e. 神色。如：无精打**采**。㊁采地，采邑，古代卿大夫的封地。

受	shòu	a. 得到；接纳。如：**受**益、**受**教育、**受**贿。b. 遭到。如：**受**伤、**受**害、蒙**受**。c. 忍耐。如：忍**受**、**受**不了。d. 适合。如：**受**看、**受**听。
爰	yuán	a. 连词。于是；就。如："**爰**举义旗，誓清妖孽"、**爰**书其事以告。b. 代词。哪里；何处。如：**爰**居**爰**处？**爰**其适归？
爱	ài	a. 对人或事物有感情。如：友**爱**、**爱**国。b. 喜欢；喜好。如：**爱**看书、**爱**劳动。c. 珍惜并保护。如：关**爱**。d. 经常出现（某种行为或现象）。如：**爱**哭。

下列形近字右边的相同部件是：爰

援	yuán	a. 拉；用手牵引。如：攀**援**。b. 帮助；救助。如：八方支**援**、**援**军、驰**援**、孤立无**援**、派兵救**援**。c. 引用；引证。如：有例可**援**、**援**引例证。（注意区别"援授"）
湲	yuán	组词"潺湲"。形容水慢慢流动的样子。如：观流水兮潺**湲**（只见江水啊缓缓流淌）。
媛	㊀yuán ㊁yuàn	㊀组词"婵媛"。a. 交错相连。如：垂条婵**媛**。b. 形容女子姿态美好。㊁美女。如：妖童**媛**女（俊男美女）、贤**媛**、名**媛**。（注意区别"媛嫒"）

缓	huǎn	a. 慢。如：减缓、缓慢、行动迟缓。b. 延迟；推迟。如：暂缓执行、缓兵之计。c. 缓和；不紧张。如：缓解、缓冲、缓蚀剂。d. 恢复。如：缓过神来。
暖	nuǎn	温和；暖和；使暖和。如：温暖、暖酒、暖气、暖心话、冬暖夏凉、注意保暖、春暖花开、嘘寒问暖、春江水暖鸭先知。（注意区别“暖暧”）
还有与上述同类型的三级字：谖 xuān 瑗 yuàn 锾 huán		

下列形近字右边的相同部件是：采

睬	cǎi	搭理；理会。如：不理不睬。
踩	cǎi	脚踏地面或蹬物体。如：踩单车、踩高跷、踩油门、踩踏事件、踩线犯规、脚踩两条船。

下列形近字右边的相同部件是：爵

嚼	㊀jiáo ㊁jiào ㊂jué	㊀用牙齿磨碎食物等。如：味同嚼蜡、嚼槟榔、细嚼慢咽。 ㊁组词“倒嚼”。某些动物的反刍行为，如牛将肚子里的食物回到嘴里再咀嚼。 ㊂义同“嚼（jiáo）”，用于某些复合词等。如：咀嚼。
爝	㊀jiào ㊁jué	㊀“爝（jué）”的又音。 ㊁组词“爝火”。火把或小火。如：爝火不息、爝火微光。
还有与上述同类型的三级字：噍 jiào		

下列形近字右边的相同部件是：䍃

谣	yáo	a. 凭空捏造的话。如：散布谣言、谣传、辟谣、造谣生事、谣诼诬谤（凭空捏造事实，对人加以诬蔑和毁谤）。b. 歌谣。如：楚谣、童谣、民谣。
摇	yáo	摆动。如：飘摇、摇曳、摇篮、手摇车、左右摇摆、摇摇欲坠、摇尾乞怜、地动山摇、摇头晃脑、招摇撞骗、摇旗呐喊、毫不动摇。
徭	yáo	劳役。如：丁徭、薄赋轻徭、徭役多则民苦。
瑶	yáo	美玉；比喻美好。如：瑶琨（两种美玉）、瑶佩、瑶浆、瑶台琼室（玉砌的楼台宫室，泛指华丽的宫廷建筑物）、琪花瑶草。
还有与上述同类型的二、三级字：鳐 yáo 猺 yáo 媱 yáo		

下列形近字右边的相同部件是：舀

滔	tāo	弥漫；充满。如：波浪**滔**天。
韬	tāo	a. 隐藏。如：**韬**光养晦、**韬**戈卷甲。b. 用兵的计谋。如：文**韬**武略、六**韬**三略（借指兵书或兵法）。
稻	dào	草本植物，主要有水稻和陆稻两类，叶片狭长线状，花白色或绿色，籽实称为稻谷，是我国重要的粮食作物，一年一熟或两熟，少数地区一年三熟。
蹈	dǎo	a. 踩踏；引申为实行或遵循。如：赴汤**蹈**火、循规**蹈**矩、履险**蹈**难、重**蹈**覆辙、**蹈**常袭故。b. 跳动。如：舞**蹈**、**蹈**咏（舞蹈和吟唱）、手舞足**蹈**。
还有与上述同类型的三级字：**慆** tāo		

下列形近字右边的相同部件是：爱

嗳	㊀āi ㊁ǎi ㊂ài	㊀同“哎”。 ㊁叹词，表示否定或不同意的语气。如：**嗳**，你可不能做过河拆桥的事。 ㊂叹词，表示懊恼或悔恨的语气。如：**嗳**，早应该听他的建议啊。
嫒	ài	组词“令嫒”。同“令爱”。敬称对方（听者）的女儿。（注意区别“嫒媛”）
叆	ài	组词“叆叇”。形容浓云蔽日的样子，又指昏暗不明的样子。如：暮云**叆**叇。
暧	ài	日光昏暗。如：**暧**昧（a. 立场和态度不明朗。b. 行为不光明。如：**暧**昧之事、关系**暧**昧）。（注意区别“暧暖”）
还有与上述同类型的三级字：**瑷** ài		

下列形近字右边的相同部件是：受

授	shòu	a. 交给；交付；与。如：**授**奖、**授**旗、**授**勋、**授**衔、**授**意、**授**予、**授**权。b. 教；传授。如：**授**课、**授**计、面**授**机宜。（注意区别“授援”）
绶	shòu	古代用来系官印、拴佩玉的丝质带子，不同的颜色标志着不同的等级和不同的身份。如：**绶**带、印**绶**。

下列形近字左边的相同部件是：孚

乳	rǔ	a. 分泌奶汁的器官。如：丰**乳**、**乳**房。b. 乳汁；像乳汁的东西。如：**乳**臭未干、豆**乳**、腐**乳**。c. 孳生；生殖。如：孳**乳**。d. 幼小的。如：**乳**鸽、**乳**猪。
郛	fú	古代在城的外围加筑的城墙，即外城。如：城**郛**、**郛**郭、完**郛**（完好的城郭）。

下列形近字右边的相同部件是：**孚**

俘	fú	打仗时捉住敌人；也指打仗时捉住的敌人。如：战败被**俘**、战**俘**、**俘**获、优待**俘**虏、伤**俘**、馘**俘**(古代以割取左耳计数的杀死和生俘的敌人)。
浮	fú	a. 漂。如：漂**浮**。b. 呈现。如：**浮**现。c. 可移动的。如：**浮**动。d. 超过。如：人**浮**于事。e. 不沉着。如：**浮**躁。f. 不切实。如：**浮**夸。g. 暂时的。如：**浮**计。
桴	fú	a. 渡水用的小筏子。如：**桴**筏(小的称为“桴”，大的称为“筏”)、乘**桴**浮于海。b. 鼓槌。如：**桴**革(鼓槌与战甲)。
殍	piǎo	饿死的人。如：饿**殍**遍野、饿**殍**枕藉、饿**殍**载道、路有饿**殍**。
脬	pāo	a. 尿脬，即膀胱。b. 量词，同“泡”，用于屎或尿。如：撒**脬**尿。
稃	fū	麦、稻等某些植物的花外面包着的硬壳。
蜉	fú	组词“蜉蝣”。有翅昆虫，体型小，触角短，足细弱，前翅大且发达，后翅小且退化，幼虫期长，成虫无咀嚼能力，不进食而寿命短。
还有与上述同类型的一、三级字：**孵** fū **垺** fú **琈** fú		

下列形近字右边的相同部件是：**妥**

馁	něi	a. 饥饿。如：冻**馁**。b. 丧失勇气。如：气**馁**、自**馁**、“胜不骄，败不**馁**”。c. 古时称鱼腐烂为馁。
绥	suí	a. 安抚；安定。如：**绥**靖。b. 安好。如：顺颂台**绥**(多用于旧时书信，表示祝愿)。

下列形近字左边的相同部件是：**豸**

貂	diāo	哺乳动物。身体细长，四肢短健，毛黄色或紫黑色，适于生活在寒冷气候，喜安静，多独居，以鱼类等为食。
貉	㊀hé ㊁háo	㊀哺乳动物，体型小，外形像狐，两耳和四肢短，体毛多为乌棕色，昼伏夜出，会爬树和游泳，以小型动物、植物果实等为食，毛皮珍贵。 ㊁义同“貉(hé)”，用于“貉子”“貉绒”。

下列形近字右边的相同部件是：**奚**

溪	xī	山里的小河沟；泛指小河沟。如：**溪**流、**溪**水、**溪**畔、草满花堤水满**溪**、**溪**头卧剥莲蓬。
蹊	㊀qī ㊁xī	㊀组词“蹊跷”。奇怪；可疑。如：甚是**蹊**跷、这事有点儿**蹊**跷。 ㊁小路。如：另辟**蹊**径、旁**蹊**曲径、“桃李不言，下自成**蹊**”。
还有与上述同类型的三级字：**傒** xī **騱** xí **鼷** xī		

下列形近字的相关部分是：**今**

今	jīn	a. 现代；当代。如：**今**人、**今**昔、博古通**今**。b. 现在；当前。如：**今**日、**今**宵、**今**年、**今**冬明春。c. 代词。此；这。如：**今**番、**今**次、**今**生**今**世。
令	㊀líng ㊁lǐng ㊂lìng	㊀组词“令狐”。a. 复姓。b. 古地名，在今山西省临猗县一带。 ㊁量词，用于纸张，原张的纸 500 张为 1 令。如：10 **令**新闻纸。 ㊂a. 发出指示；发出的指示。如：明**令**、三**令**五申、军**令**、政**令**。b. 使；让。如：利**令**智昏。c. 时节；季节。如：时**令**、夏**令**。d. 敬辞。如：**令**堂、**令**郎。

下列形近字下面的相同部件是：**今**

芩	qín	a. 组词“黄芩”。多年生草本植物，根肥大，花紫色，根可入药。b. 古书上指芦苇一类的植物。
岑	cén	小而高的山。如：青**岑**(青翠的高峰)。
还有与上述同类型的一、二级字：**琴** qín **梣**㊀chēn ㊁shēn		

下列形近字右边的相同部件是：**今**

吟	yín	a. 声调抑扬地朗诵。如：**吟**诵、**吟**诗作对、**吟**花咏柳。b. 鸣；叫。如：熊咆龙**吟**、虎啸龙**吟**。c. 叹息。如：无病呻**吟**(比喻为不值得忧伤的事情而叹息感慨)。
妗	jìn	a. 舅母。如：**妗**娘、**妗**母。b. 妻子的兄弟的妻子。如：大**妗**子、小**妗**子。(注意区别“妗妗”)
钤	qián	a. 图章。如：**钤**记。b. 盖(图章)。如：**钤**印、**钤**盖。(注意区别“钤铃”)
衿	jīn	a. 衣襟。如：青**衿**、弹冠振**衿**(整洁衣冠，多用来比喻将欲出仕)。b. 系衣裳的带子。如：**衿**带。
矜	㊀guān ㊁jīn ㊂qín	㊀a. 同“鳏”。无妻或丧妻的。如：**矜**寡(常作“鳏寡”)。b. 病；痛苦。 ㊁a. 怜悯；怜惜。如：**矜**爱(同情怜爱)、**矜**恤、**矜**悯。b. 自尊自大；自夸。如：不**矜**而庄、自**矜**其勇、以此自**矜**。c. 谨慎；拘谨。如：**矜**持。 ㊂长矛的柄，没有刃，用于一些特殊场合(如用来做仪仗时迎接宾客)。
还有与上述同类型的一级字：**黔** qián		

下列形近字右边的相同部件是：**食**

飧	sūn	晚饭。如：**飧**饔（晚饭和早饭）。
飨	xiǎng	用酒食款待客人；泛指请人享用。如：设宴**飨**客、以**飨**群臣。

下列形近字右边的相同部件是：**含**

晗	hán	天将亮。
焓	hán	热力学上表示物质系统能量状态的参数，单位是焦耳。
还有与上述同类型的三级字：**涵** hán **琀** hán		

下列形近字左边的相同部件是：**令**

邻	lín	a. 住处接近的人家。如：左**邻**右舍、择**邻**而居。b. 接近；靠近。如：相**邻**、友好**邻**邦、**邻**居、**邻**国。c. 古代居民组织的一种单位，五家为邻，五邻为里。
瓴	líng	盛水的瓶子。如：高屋建**瓴**（把瓶子中的水从房屋顶上倒下来，比喻居高临下、势不可挡，现指对事物把握全面，了解透彻）。
领	lǐng	a. 衣领。如：立**领**、圆**领**。b. 脖子。如：红**领**巾。c. 提纲。如：纲**领**。d. 拥有；管辖。如：占**领**、**领**土。e. 接受。如：**领**情。f. 引导。如：率**领**。g. 取。如：**领**赏。h. 了解。如：心**领**神会。i. 量词。如：一**领**青衫。
翎	líng	鸟翅膀或尾巴上的长羽毛。如：白鹤**翎**、孔雀**翎**、顶戴花**翎**、野鸡**翎**。
还有与上述同类型的三级字：**鸰** líng		

下列形近字右边的相同部件是：**令**

伶	líng	旧指戏曲演员。如：名**伶**、坤**伶**、优**伶**、**伶**人。
冷	lěng	a. 气温低。如：寒**冷**。b. 不热情。如：**冷**淡。c. 寂静。如：**冷**落。d. 不受欢迎。如：**冷**货。e. 趁人不备。如：**冷**枪。f. 灰心。如：心灰意**冷**。g. 少见。如：**冷**字。（注意区别"冷泠"）
拎	līn	用手提。如：**拎**包、他每天**拎**个篮子去买菜、麻烦你帮我**拎**一下行李。

呤	lìng	组词“嘌呤”。有机化合物，无色晶体，易溶于水。生物碱和尿酸中含有其氧化物。如：患痛风的病人不能吃嘌**呤**含量较高的食物。
泠	líng	清凉。如：晨风**泠泠**、**泠**冽、**泠**然。（注意区别“泠冷”）
怜	lián	a.同情。如：**怜**悯、可**怜**、哀**怜**、同病相**怜**、摇尾乞**怜**。b.爱；疼爱。如：爱**怜**、**怜**惜、**怜**香惜玉。
岭	lǐng	a.高大的山脉。如：秦**岭**、南**岭**、大兴安**岭**。b.有路可以到达山顶的山。如：崇山峻**岭**、翻山越**岭**。c.特指五岭（长江流域与珠江流域的分水岭及其周围的群山，即越城岭、都庞岭、萌渚岭、骑田岭、大庾岭）。如：**岭**南文化。
玲	líng	组词“玲珑”。a.（物体）精巧、细致。如：小巧**玲**珑。b.指人灵活敏捷。如：八面**玲**珑、娇小**玲**珑。
铃	líng	a.金属制成的小型响器。如：掩耳盗**铃**、**铃**铛、电**铃**、车**铃**、驼**铃**。b.像铃的东西。如：杠**铃**、哑**铃**、棉**铃**。（注意区别“铃钤”）
聆	líng	听。如：**聆**听、**聆**教（聆听教诲）、伫**聆**（肃立倾听）、侧**聆**（侧耳而听）、**聆**训（听受训教）。
蛉	líng	组词“白蛉”。双翅昆虫，像蚊子，体小灰黄色，停息时两翅竖立，全身密被细毛，口器为刺吸式，嗜吸食动物血液，可传播疾病。
羚	líng	羚羊，哺乳动物，种类多（如藏羚羊），外形像山羊，生活在草原等处，善奔跑，不同种类羚羊角的大小、形状差异较大，羚羊角可入药。
龄	líng	a.岁数。如：芳**龄**、年**龄**、八十高**龄**、同**龄**人、妙**龄**少女。b.年数。如：党**龄**、教**龄**、工**龄**。c.某些生物发育的不同阶段。如：七叶**龄**。
还有与上述同类型的三级字：**坽** líng **姈** líng **柃** líng **昤** líng **舲** líng		

下列形近字右边的相同部件是：**念**

谂	shěn	a.知道。如：**谂**知、**谂**悉。b.劝告；告诉。如：密**谂**（秘密告知）。
埝	niàn	田里的挡水埂；土筑的小堤。如：围**埝**、堤**埝**。
捻	niǎn	a.用手指搓。如：**捻**灯芯、**捻**胡须、**捻**成一根绳。b.捻子；搓成的条状物。如：灯**捻**。
稔	rěn	a.庄稼成熟。如：五谷丰**稔**、**稔**年（丰收的年岁）、年丰岁**稔**。b.熟悉。如：相**稔**、**稔**熟。

下列形近字右边的相同部件是：**凶**

汹	xiōng	a. 形容水向上猛烈翻腾的样子。如：**汹**涌澎湃。b. 组词“汹汹”。形容声势大、势头猛（多用于贬义）。如：来势**汹汹**、气势**汹汹**。
酗	xù	无节制地（喝酒）；撒酒疯。如：酗酒。
还有与上述同类型的三级字：**讻** xiōng		

下列形近字上面的相同部件是：**分**

坌	bèn	a. 灰尘；尘埃。如：微**坌**（微尘）、尘**坌**满室。b. 聚集。如：**坌**集。
岔	chà	a. 河流等的分支。如：三**岔**路口、河**岔**、**岔**道。b. 转移话题。如：**岔**开话题、打**岔**。c. 错开时间。如：**岔**开两个活动的时间。d. 事故；差错。如：别出**岔**子。
贫	pín	a. 穷；穷人。如：**贫**穷、家**贫**如洗、**贫**农、**贫**困户、扶**贫**、脱**贫**攻坚、劫富济**贫**。b. 缺少；不足。如：**贫**油、物资**贫**乏、**贫**血。c. 絮叨烦人。如：**贫**嘴。
忿	fèn	生气；怨恨。如：**忿**怒、**忿**恨、不**忿**（不服气）、**忿忿**不平（现多作“愤愤不平”）。
盆	pén	a. 盛或洗东西用的器具。如：脸**盆**、花**盆**、澡**盆**、浴**盆**、炭**盆**。b. 像盆的。如：四川**盆**地、**盆**骨。c. 量词，用于盆装的东西。如：一**盆**花。

下列形近字右边的相同部件是：**分**

份	fèn	a. 整体的一部分。如：每人一**份**。b. 划分的单位。如：月**份**、省**份**。c. 量词，用于成件的东西或某些抽象的事物。如：一**份**合同、一**份**责任。
扮	bàn	a. 化妆成某样。如：男**扮**女装、梳妆打**扮**、装**扮**靓丽、改**扮**、假**扮**、角色**扮**演。b. 装出一种表情。如：**扮**鬼脸。
吩	fēn	组词“吩咐”。口头指派或命令。如：老板**吩**咐他务必要在周末前完成工作、您有需要就尽管**吩**咐。
汾	fén	汾河，水名，发源于山西省，汇入黄河。
纷	fēn	a. 多；杂乱。如：**纷**扰、大雪**纷**飞、五彩缤**纷**、众口**纷**纭、**纷**至沓来、**纷**乱如麻。b. 纠纷。如：**纷**争。
盼	pàn	a. 希望。如：企**盼**、**盼**望、殷切期**盼**、翘首以**盼**。b. 看。如：左顾右**盼**。

粉	fěn	a. 细末;特指化妆用的细末。如:**粉**尘、面**粉**、涂脂抹**粉**。b. 变成粉末。如:**粉**身碎骨。c. 用涂料涂刷。如:**粉**刷。d. 用淀粉制成的食品。如:米**粉**。e. 白色的或带粉末的。如:**粉**嫩、**粉**蝶。f. 指粉红。如:**粉**色、桃腮**粉**脸。
酚	fēn	有机化合物的一类,由羟基和芳香环连接而成,大多为无色晶体,显酸性。可用作杀虫剂、防腐剂等。
还有与上述同类型的二、三级字:**鼢** fén **玢**㊀bīn ㊁fēn **坋** fèn **扮** fēn		

下列形近字右边的相同部件是:**乏**

泛	fàn	a. 漂浮。如:**泛**舟江上。b. 普遍。如:广**泛**、**泛**称、**泛**指。c. 透出。如:两腮**泛**红。d. 水溢流漫出。如:**泛**滥。e. 不深入。如:空**泛**、**泛泛**而谈。
贬	biǎn	a. 降低。如:货币**贬**值、**贬**职、谪**贬**、**贬**黜、**贬**官、**贬**低、**贬**斥。b. 给予不好评价。如:**贬**义词、寓**贬**于褒。
砭	biān	a. 古代治病的石针。如:**砭**石。b. 用石针治病;引申为刺。如:针**砭**、**砭**灸。c. 讽刺或批评。如:痛**砭**时弊(毫不留情地指出当下社会中的不正之风)。
眨	zhǎ	(眼睛)快速一闭一开。如:杀人不**眨**眼、**眨**巴**眨**巴眼睛、一**眨**眼的工夫。

下列形近字右边的相同部件是:**公**

讼	sòng	a. 打官司。如:诉**讼**、**讼**师、政平**讼**息。b. 争辩是非。如:分争辩**讼**、聚**讼**纷纭。
忪	sōng	组词"惺忪"。刚睡醒而眼睛看东西模糊不清的样子。如:睡眼惺**忪**。
松	sōng	a. 指松树,常绿乔木。b. 放开。如:**松**绑、**松**手。c. 不紧张;使不紧张。如:**松**懈、**松**口气。d. 不紧密;不坚实。如:**松**散、蓬**松**、衣带宽**松**、**松**软。e. 经济宽裕。如:手头宽**松**。f. 用瘦肉等做成的碎末状食品。如:肉**松**。
蚣	gōng	组词"蜈蚣"。节肢动物,身体长扁且多足,脚呈钩状,头部有红、青、黑等几种,有毒腺分泌毒液,栖于阴暗潮湿的地方,以蜘蛛等为食,躯体可入药。

下列形近字右边的相同部件是:**翁**

嗡	wēng	拟声词,机器运转或昆虫振翅等发出的声音。如:脑子里**嗡**的一声响、蜜蜂**嗡嗡**地飞来飞去。
滃	㊀wēng ㊁wěng	㊀滃江,水名,发源于广东省,注入北江。 ㊁a. 形容云气涌起。如:**滃**郁。b. 形容水盛。如:清泉**滃**然而出。
还有与上述同类型的三级字:**鎓** wēng		

下列形近字右边的相同部件是：**仓**

伧	㊀cāng ㊁chen	㊀古代讥人粗俗、鄙贱。如：**伧**俗（粗俗鄙陋）。 ㊁组词“寒伧”。旧同“寒碜”。a. 丑；难看。b. 使人没面子。
抢	㊀qiāng ㊁qiǎng	㊀a. 碰；撞。如：呼天**抢**地、以头**抢**柱。b. 逆；反方向。如：**抢**水行船、**抢**风。 ㊁a. 强行夺取。如：**抢**劫、烧杀**抢**掠。b. 争先；赶在前头。如：**抢**占先机、**抢**答题。c. 刮掉或擦掉表层。如：膝盖**抢**去一块皮。（注意区别“抢枪”）
呛	㊀qiāng ㊁qiàng	㊀水、食物等进入气管导致咳嗽。如：第一次学游泳的时候**呛**了几口水。 ㊁刺激性气体使鼻子等感觉不舒服。如：厨房的辣味**呛**死人了。
沧	cāng	（水）暗绿色。如：**沧**海桑田（暗绿色的大海变成农田，农田变成大海，比喻人世间事物变化极大、极快）。
枪	qiāng	a. 旧时的兵器。如：单**枪**匹马、舞**枪**弄棒。b. 发射子弹的武器。如：步**枪**、机关**枪**、冲锋**枪**。c. 像枪的器械。如：水**枪**、焊**枪**、玩具**枪**。d. 冒名替别人写文章或答题。如：**枪**替、**枪**手。（注意区别“枪抢”）
舱	cāng	船、飞机等内部装载人或物的部分。如：船**舱**、头等**舱**、密封**舱**、机**舱**、经济**舱**、太空**舱**、**舱**位、**舱**口、前**舱**、**舱**室、客**舱**、货**舱**。
跄	qiàng	组词“踉跄”。走路不稳的样子（多叠用成“踉踉跄跄”）。如：王大爷踉踉**跄跄**地朝我们走过来。
还有与上述同类型的二、三级字：**怆** chuàng **炝** qiàng **玱** qiāng		

下列形近字的相关部分是：**儿**

儿	ér	a. 儿子。如：**儿**女、**儿**孙、生**儿**育女。b. 小孩。如：**儿**童、**儿**歌、托**儿**所、幼**儿**园。c. 年轻人（多指男青年）。如：体育健**儿**。d. 后缀。如：小车儿。
几	㊀jī ㊁jǐ	㊀a. 矮小的桌子。如：茶**几**、窗明**几**净。b. 近乎；差一点儿。如：**几**为所害。 ㊁a. 询问数量。如：中午有**几**个人吃饭？b. 表示不定的数量。如：所剩无**几**。
凡	fán	a. 平常；普通。如：平**凡**、自命不**凡**。b. 大概。如：**凡**例。c. 人世间。如：**凡**尘、仙女下**凡**。d. 副词。如：**凡**事都要商量、全书**凡**二十卷。e. 音乐符号。

下列形近字右边的相同部件是：**几**

仉	zhǎng	姓。如：孟母**仉**氏（战国时期儒家的主要代表孟子的母亲，以“孟母三迁”的故事流传后世）。
讥	jī	讽刺；挖苦。如：**讥**笑、**讥**讽、反唇相**讥**、冷**讥**热嘲。

叽	jī	拟声词，形容小鸡等的叫声。如：大清早就听到小鸟在窗外**叽叽叽**地叫着。
饥	jī	a. 饿。如：**饥**寒交迫、**饥**饿、**饥**不择食、**饥**肠辘辘、赈济**饥**民、画饼充**饥**、如**饥**似渴、饱汉不知饿汉**饥**。b. 庄稼歉收或没有收成。如：**饥**荒、**饥**馑。
机	jī	a. 机器。如：电动**机**。b. 指飞机。如：客**机**、**机**场。c. 机会。如：错失良**机**。d. 事物发生或变化的枢纽。如：转**机**。e. 重要的事。如：**机**要。f. 生活机能。如：有**机**物。g. 心思；念头。如：神**机**妙算、动**机**。h. 灵巧。如：**机**灵。
肌	jī	a. 肌肉。如：腹**肌**、胸**肌**、肱二头**肌**、平滑**肌**。b. 皮肤。如：雪**肌**、香**肌**玉体、玉骨冰**肌**。
矶	jī	水边突出的岩石或石滩，多用于地名。如：采石**矶**（在安徽省马鞍山市）、燕子**矶**（在江苏省南京市）、城陵**矶**（位于湖南省岳阳市）。
凯	kǎi	得胜回来奏的乐曲。如：**凯**歌、奏**凯**、**凯**旋（得胜回朝）。
还有与上述同类型的二级字：**玑** jī **虮** jǐ		

下列形近字的相关部分是：**九**

九	jiǔ	a. 数目字。比八大一的整数。b. 表示多数或多次。如：十拿**九**稳、**九**死一生。c. 从冬至日算起，每九天为一个“九”，共 81 天。如：数**九**、冷在三**九**。
丸	wán	a. 小而圆的东西。如：弹**丸**、药**丸**、樟脑**丸**、肉**丸**子。b. 专指丸药。如：**丸**散膏丹。c. 量词，用于丸药。如：一**丸**药。

下列形近字右边的相同部件是：**九**

仇	㊀chóu ㊁qiú	㊀a. 仇敌。如：同**仇**敌忾、“亲者痛，**仇**者快”、嫉恶如**仇**。b. 仇恨；仇怨。如：公报私**仇**、报**仇**雪恨、血海深**仇**、不共戴天之**仇**、有**仇**不报真君子。 ㊁姓。如：**仇**英（明朝著名画家）。
犰	qiú	组词“犰狳”。哺乳动物，骨质甲覆盖头部和身体，能蜷缩成圆球，有稀疏的毛，嘴尖长，耳朵小，爪子有力善挖洞，以白蚁、腐肉等为食。
轨	guǐ	a. 车辙；车轮碾过的痕迹。如：车**轨**、**轨**迹。b. 轨道。如：铁**轨**、轻**轨**、钢**轨**、卧**轨**、有**轨**电车。c. 应遵循的规则。如：越**轨**行为、步入正**轨**。
还有与上述同类型的三级字：**氿**㊀guǐ ㊁jiǔ **鼽** qiú		

下列形近字右边的相同部件是：**匕**

比	bǐ	a. 较量。如：**比**武。b. 能够相比。如：今非昔**比**。c. 比方。如：**比**如。d. 依照。如：**比**照。e. 挨着。如：**比**肩。f. 比赛得分的对比。如：四**比**三。g. 同类量之间的倍数关系。如：百分**比**。h. 介词，引入比较的对象。如：我**比**他高。
化	㊀huā ㊁huà	㊀旧同“花”。用掉；消耗。如：**化**钱（同“花钱”）。 ㊁a. 改变；使改变。如：变**化**、转**化**。b. 感化。如：教**化**。c. 风俗。如：有伤风**化**。d. 消除。如：**化**痰止咳。e. 僧人等死亡。如：羽**化**登仙。f. 僧人等求人施舍。如：**化**缘。g. 化学。如：**化**疗。h. 作名词等的后缀。如：机械**化**。
叱	chì	大声责骂；大声呵斥。如：**叱**问、厉声**叱**喝、怒**叱**、**叱**骂、当面**叱**责、**叱**咤风云（一声呼喊、怒喝，可以使风云翻腾起来，形容震慑力和威力极大）。
牝	pìn	雌性的鸟或兽。如：**牝**鸡司晨、**牝**牡（雄性和雌性）、**牝**马（母马）。
还有与上述同类型的二级字：**龀** chèn		

下列形近字左边的相同部件是：**月**

肿	zhǒng	皮肤、黏膜、肌肉等浮胀。如：浮**肿**、**肿**胀、肺气**肿**、红**肿**、臃**肿**、**肿**瘤。
胂	shèn	一类有机化合物，烃基取代砷化氢的氢原子后的衍生物。
胛	jiǎ	肩胛，脊背上部与胳膊连接的部位，有三角形肩胛骨。

塍	chéng	某些地区指田间的土埂。如：田**塍**、**塍**界。
腾	téng	a. 奔跑；跳跃。如：万马奔**腾**。b. 上升。如：飞黄**腾**达、沸**腾**。c. 空出来；挪出来。如：**腾**出一间房子。d. 用于动词词尾，表示反复连续。如：折**腾**、闹**腾**。
媵	yìng	a. 陪送女儿出嫁。b. 陪嫁的女人。c. 妾。
滕	téng	周朝诸侯国名。周武王姬分封姬绣于滕，从此立国。
还有与上述同类型的三级字：**幐** téng **縢** téng **螣** téng		

下列形近字右边的相同部件是：**月**

阴	yīn	a. 指太阴。如：**阴**历。b. 阴天。如：多云转**阴**。c. 山的北面；水的南面。如：华**阴**、江**阴**。d. 不见阳光的。如：**阴**冷。e. 不见阳光的地方。如：背**阴**。f. 背面。如：碑**阴**。g. 凹进的。如：**阴**文。h. 隐藏的。如：阳奉**阴**违。i. 不光明。如：**阴**险。j. 带负电的。如：**阴**离子。k. 生殖器。如：**阴**道、**阴**囊。
明	míng	a. 朝代名。b. 亮。如：照**明**。c. 清楚。如：讲**明**。d. 公开。如：**明**察暗访。e. 视觉。如：失**明**。f. 眼光正确。如：精**明**。g. 懂得。如：深**明**大义。h. 次于今。如：**明**天。i. 光明。如：弃暗投**明**。j. 副词，显然。如：**明**知故问。
朋	péng	a. 彼此有交情的人。如：**朋**友、高**朋**满座、亲**朋**好友。b. 结党。如：**朋**党、**朋**比为奸。
胡	hú	a. 胡须。如：刮**胡**子。b. 古代称北边或西方的民族；外国或外族的。如：**胡**人、**胡**萝卜。c. 不讲理；乱。如：**胡**搅蛮缠、**胡**说。
钥	㊀yào ㊁yuè	㊀组词“钥匙”。开锁的工具，传统的常用铜等金属制成。如：遥控**钥**匙、万能**钥**匙、电子**钥**匙、一把**钥**匙开一把锁。 ㊁钥匙。如：密**钥**、锁**钥**（分别指锁和钥匙）。
朔	shuò	a. 农历每月初一。如：**朔**日、晦**朔**（每月最后一天和第一天）、**朔**望（每月初一和十五）。b. 北方。如：**朔**土（北方地区）、**朔**风、**朔**方。
期	㊀jī ㊁qī	㊀一周年；一整月。如：**期**年、**期**月。 ㊁a. 约定时间。如：不**期**而遇。b. 预定的时间；一段时间。如：**期**限、**期**间。c. 希望。如：**期**冀、**期**待。d. 量词。如：这是节目的最后一**期**。
朝	㊀cháo ㊁zhāo	㊀a. 朝廷。如：班师回**朝**。b. 朝代。如：清**朝**。c. 臣子见君王；宗教徒参拜。如：**朝**见、**朝**圣。d. 面对。如：坐北**朝**南。e. 介词。向；对。如：**朝**他微笑。 ㊁a. 早上。如：夕发**朝**至、**朝**阳、**朝**气蓬勃。b. 日；天。如：有**朝**一日。
还有与上述同类型的二级字：**玥** yuè		

下列形近字右边的相同部件是：**用**

佣	㊀yōng ㊁yòng	㊀a. 雇用。如：**佣**人、雇**佣**劳动力。b. 仆人。如：女**佣**、**佣**佃（佣人和佃农）。 ㊁买卖东西时给介绍人或中间人的报酬。如：**佣**金。
拥	yōng	a. 抱。如：**拥**抱。b. 围；围着。如：前**拥**后呼。c. 拥护。如：**拥**军爱民、深受**拥**戴。d. 挤在一起。如：交通**拥**堵、蜂**拥**而至。e. 持有。如：**拥**兵百万。
还有与上述同类型的三级字：**烔** yòng		

下列形近字右边的相同部件是：**朋**

绷	㊀bēng ㊁běng	㊀a. 拉紧。如：用力把皮尺**绷**直。b. 衣服等张紧。如：保暖衣紧**绷**在身上。c. 猛然弹起。如：弹簧**绷**飞了。d. 用针别上或粗略缝住。如：**绷**被头。 ㊁a. 板着。如：你别整天**绷**着个脸。b. 勉强支撑或忍住。如：他实在没**绷**住，流下了眼泪。
棚	péng	a. 遮蔽日光或风雨的设备。如：车**棚**、凉**棚**、蔬菜大**棚**。b. 简陋的或临时的房屋。如：工**棚**、窝**棚**、牲口**棚**、录音**棚**、防震**棚**。c. 指天花板。如：顶**棚**。
硼	péng	非金属元素。符号 B，原子序数为 5，黑色或银灰色固体，可用于制硼砂、硼酸、合金等，广泛用于陶瓷工业、农业化肥等领域。
还有与上述同类型的二、三级字：**堋** péng **淜** péng **弸** péng		

下列形近字右边的相同部件是：**周**

凋	diāo	a. 花、草等枯萎脱落。如：**凋**谢、**凋**零、岁寒知松柏之后**凋**。b. 衰败；疲敝困苦。如：百业**凋**敝。
调	㊀diào ㊁tiáo	㊀a. 调动；安排。如：**调**兵遣将。b. 调查。如：**调**研。c. 腔调。如：南腔北**调**。d. 字音的音调。如：声**调**。e. 曲调；乐曲中乐音的音高。f. 风格。如：格**调**。 ㊁a. 搭配均匀适当；使搭配均匀适当。如：阴阳失**调**、**调**制、**调**配。b. 使和谐。如：**调**解。c. 调整。如：**调**节、**调**速。d. 挑拨；挑逗。如：**调**戏、**调**唆。
啁	㊀zhāo ㊁zhōu	㊀组词“啁哳”。也作“嘲哳”。形容声音杂乱细碎。如：夜半金鸡**啁**哳鸣、蝉噪**啁**哳、**啁**哳不可辨。 ㊁组词“啁啾”。拟声词，形容鸟鸣的声音。如：乳雀**啁**啾日气浓。
惆	chóu	伤感；失意。如：**惆**怅。
绸	chóu	丝织物的一种，质地细密，薄且柔软。如：纺**绸**、丝**绸**之路、杭**绸**（杭州产的丝绸）、绫罗**绸**缎、柞丝**绸**（柞蚕丝织的纺织品）。
碉	diāo	碉堡，军事上用于防守（也兼观察、驻兵）等用的坚固建筑物。如：舍身炸**碉**堡。
稠	chóu	a. 多而密。如：枝叶**稠**密、地狭人**稠**。b. 浓。如：增**稠**器、颜料调得太**稠**了、墨要研得**稠**些。
蜩	tiáo	古书上指蝉。如：寒**蜩**、**蜩**甲（蝉脱落的外壳）、五月鸣**蜩**。
鲷	diāo	鱼名，种类多（如青铜鲷），生活在海洋，身体侧扁，呈淡红色，头大口小，体被栉鳞，富含钙、钾等营养元素，营养丰富。
还有与上述同类型的二、三级字：**倜** tì **婤** zhōu **椆** chóu **赒** zhōu		

下列形近字右边的相同部件是：**朵**

垛	㊀duǒ ㊁duò	㊀墙或某些建筑物(向上或向外)突出的部分,用砖石等砌筑而成,有支撑或掩蔽作用。如:城墙**垛**口、**垛**堞(城墙上凹凸状的墙)。 ㊁a. 整齐地堆放。如:商品堆**垛**、把箱子**垛**起来。b. 整齐堆放的堆。如:稻草**跺**、柴火**垛**。c. 量词,用于成垛的东西。如:一**垛**柴火。
哚	duǒ	组词"吲哚"。有机化合物,广泛存在于自然界(如天然花油、煤焦油),片状白色晶体,具有弱碱性,可用于制香料、药物等。
跺	duò	顿足;脚用力踏地。如:他急得直**跺**脚。
躲	duǒ	隐藏;避开。如:东**躲**西藏、**躲**猫猫、**躲**避、**躲**闪、**躲**雨、"明枪易**躲**,暗箭难防"。

下列形近字右边的相同部件是：**詹**

儋	dān	用于地名。如:**儋**州市(海南省辖地级市)。
澹	㊀dàn ㊁tán	㊀a. 恬静、安然的样子。如:恬**澹**。b. 形容水波微微摇动(多叠用)。如:水**澹澹**兮生烟(水波摇动啊升起烟雾)。 ㊁用于复姓"澹台"。如:**澹**台灭明(春秋时期鲁国人,孔子的弟子)。
檐	yán	a. 房顶伸出墙壁的部分。如:飞**檐**走壁、**檐**牙、廊**檐**、矮**檐**、碧瓦朱**檐**、"人在屋**檐**下,怎能不低头"。b. 物体上像檐的部分。如:帽**檐**。
赡	shàn	a. 供给;供养。如:**赡**养父母。b. 丰富;充足。如:丰**赡**、**赡**足、**赡**学(博学)、才藻富**赡**(富有才华、文采)。
瞻	zhān	往上或往前看。如:**瞻**前顾后、马首是**瞻**、抬眼**瞻**望、高**瞻**远瞩、**瞻**顾遗迹、**瞻**仰参拜、**瞻**念(瞻望并思考)。
蟾	chán	组词"蟾蜍"。也叫"癞蛤蟆",两栖动物,喜隐蔽于草丛、泥穴等处,皮肤粗糙有疙瘩,体内有毒腺,夜出觅食,以甲虫、蜗牛等为食。
还有与上述同类型的二、三级字:**谵** zhān **憺** dàn **嶦** shàn **襜** chān **韂** chàn		

下列形近字右边的相同部件是：**危**

诡	guǐ	a. 欺诈;奸猾。如:**诡**辩、**诡**计多端、阴险**诡**诈。b. 怪异;奇特。如:行踪**诡**秘、**诡**诞不经、举止**诡**怪、行为**诡**异。
桅	wéi	船上挂帆等用的高杆,多为粗圆木或金属制成。如:**桅**杆、**桅**樯、船**桅**。

脆	cuì	a. 容易折断；容易碎。如：松**脆**、轻**脆**、香**脆**爽口、**脆**骨、酥**脆**。b. 意志不坚强。如：**脆**弱。c. 声音响亮清爽。如：清**脆**悦耳。d. 爽快。如：干**脆**利落。
跪	guì	膝盖着地，身体直立。如：罚**跪**、**跪**拜、**跪**倒、**跪**下、单膝下**跪**、**跪**地求饶、长**跪**不起。
还有与上述同类型的三级字：**洈** wéi **峗** wéi **姽** guǐ **硊** huì **鮠** wéi		

下列形近字的相同部分是：**氏**

氏	㊀shì ㊁zhī	㊀a. 姓。如：姓**氏**、王**氏**家族。b. 旧时称已婚的妇女。如：刘李**氏**（夫家姓刘，娘家姓李）。c. 后世称历史上有影响的人。如：神农**氏**、伏羲**氏**、摄**氏**度。 ㊁a. 组词"月氏"。古西域国名。b. 组词"阏氏"。汉代匈奴族称君主的正妻。
氐	㊀dī ㊁dǐ	㊀a. 我国古代西部的少数民族名。b. 星宿名，二十八宿之一，属东方苍龙。 ㊁根本。

下列形近字右边的相同部件是：**氏**

纸	zhǐ	a. 用植物纤维制成的薄片，可用于书写、绘画等。如：信**纸**、图**纸**、白**纸**黑字、笔墨**纸**砚、跃然**纸**上。b. 量词，用于文件、书信等。如：一**纸**公文。
祇	qí	地神。如：神**祇**（天神和地神）。（注意区别"祗祗"）
舐	shì	舔。如：吮**舐**（嘴吸舌舔）、老牛**舐**犊、**舐**犊情深（老牛舔小牛的毛以示深切疼爱，比喻人之爱子，也比喻对子女的感情很深）。
还有与上述同类型的三级字：**抵** zhǐ **軝** qí		

下列形近字右边的相同部件是：**氐**

低	dī	a. 上下距离小；距地面近。如：**低**空飞行、降**低**高度。b. 向下垂。如：**低**头。c. 在一般标准或平均程度下。如：水平**低**、**低**温。d. 等级低。如：**低**年级。
诋	dǐ	毁谤污蔑；说人坏话。如：**诋**毁、**诋**辱（毁谤侮辱）、**诋**伤（诋毁中伤）。
坻	㊀chí ㊁dǐ	㊀水中的小洲。如：**坻**渚、宛在水中**坻**。 ㊁山坡，多用于地名。如：宝**坻**区（位于天津市）。

抵	dǐ	a. 阻挡;抗拒。如:**抵**御外敌、**抵**抗。b. 对立;排斥。如:**抵**触、自相**抵**牾。c. 赔偿。如:**抵**偿。d. 顶;相当。如:一个**抵**俩。e. 消除。如:**抵**消、收支相**抵**。f. 到达。如:**抵**达。g. 用力撑住。如:**抵**住门,不让关上。(注意区别"抵柢")
祇	zhī	恭敬。如:**祇**候(恭敬侍候)、**祇**仰(敬仰)、**祇**请(恭敬邀请)。(注意区别"祇衹")
砥	dǐ	细的磨刀石;引申为磨炼。如:**砥**石(磨刀石)、**砥**刃(磨利兵器)、**砥**磨(在磨刀石上磨)。
骶	dǐ	人体腰部以下尾骨以上的部分。
还有与上述同类型的三级字:**柢** dǐ(注意区别"柢抵") **胝** zhī **泜** zhī **羝** dī		

下列形近字右边的相同部件是:**㐬**

姊	zǐ	姐姐。如:**姊**妹(a. 姐姐和妹妹。如:**姊**妹三人。b. 同辈女朋友之间的亲密关系。如:她们好得像**姊**妹一样。c. 有密切关系的事物。如:**姊**妹篇)。
秭	zǐ	a. 古代数目名,指一万亿,也指千亿或十亿等。b. 用于地名。如:**秭**归县(位于湖北省宜昌市)。

下列形近字右边的相同部件是:**乐**

泺	㊀luò ㊁pō	㊀泺水,古水名,源出今山东省济南市西南。 ㊁同"泊(pō)"。指湖泊。
栎	㊀lì ㊁yuè	㊀栎树,落叶乔木,种类多(如麻栎),叶缘有锯齿,嫩叶可用来养蚕,果实淀粉含量多,木材坚固可制家具,树皮可制染料。 ㊁用于古地名。如:**栎**阳(战国时期秦国的都城)。
烁	shuò	光亮的样子。如:光**烁**如电、闪**烁**、**烁**亮、繁星**烁烁**、珠**烁**晶莹。
砾	lì	小石块;碎石。如:**砾**石、沙**砾**(沙子和碎石)、瓦**砾**。
铄	shuò	a. 融化(金属)。如:**铄**化(熔化)、众口**铄**金、**铄**石流金、**铄**铁为刃。b. 销毁;消损。如:**铄**绝竽瑟(销毁乐器)。c. 旧同"烁"。
跞	㊀lì ㊁luò	㊀跨越;跳跃。如:骐骥一**跞**,不能千里。 ㊁组词"卓跞"。同"卓荦"。超绝出众。如:卓**跞**殊特、英才卓**跞**。
还有与上述同类型的三级字:**珞** lì **轹** lì		

下列形近字右边的相同部件是：**尔**

你	nǐ	代词。a. 指对方。如：**你**的字写得真好！b. 指任何人。如：他沉默寡言，**你**问一句他才会回一句。c. 表示不定指。如：**你**一言，我一语。
弥	mí	a. 满；遍。如：硝烟**弥**漫、大雾**弥**天。b. 填；补。如：**弥**补损失、**弥**缝。c. 副词，更加。如：欲盖**弥**彰、历久**弥**坚、**弥**足珍贵。
称	㊀chèn ㊁chēng ㊂chèng	㊀适合；相当。如：匀**称**、**称**心如意、**称**职、左右对**称**、名实相**称**。 ㊁a. 叫；叫作。如：自**称**。b. 名称。如：简**称**、全**称**。c. 说；表示。如：连声**称**好、宣**称**。d. 测量重量。如：**称**一斤肉。e. 赞扬。如：**称**赞、**称**颂。 ㊂旧同“秤”。用来衡量轻重的器具。
还有与上述同类型的二、三级字：**祢** mí **猕** xiǎn		

下列形近字右边的相同部件是：**㕣**

沿	yán	a. 按照以往的做。如：**沿**袭、世代相**沿**。b. 顺着。如：**沿**街乞讨、**沿**江而上。c. 边。如：炕**沿**、缸**沿**、床**沿**。d. 在衣服等的边上再加一道边。
铅	㊀qiān ㊁yán	㊀a. 金属元素。符号 Pb，原子序数为 82，银白色，空气中易氧化，有毒性，可用于制铅蓄电池、子弹弹头等。b. 石墨等制成的笔芯。如：绘画**铅**笔。 ㊁用于地名。如：**铅**山县（位于江西省上饶市）。
船	chuán	水上交通工具。如：**船**只、渔**船**、草**船**借箭、破冰**船**、**船**夫、轮**船**、**船**舱、水涨**船**高、**船**坚炮利、**船**到江心补漏迟、**船**到桥头自然直。

下列形近字右边的相同部件是：**旨**

诣	yì	a. 去到；前往（多指到尊长那里）。如：**诣**阙（赴朝堂）、**诣**谒（前往谒见）。b. 学问等达到的程度。如：苦心孤**诣**、造**诣**很深。
指	zhǐ	a. 手指。如：**指**纹、拇**指**。b. 对着。如：**指**鹿为马、**指**南针。c. 指点。如：**指**挥、**指**导。d. 头发直立。如：令人发**指**。e. 仰仗；依靠。如：**指**望。f. 意思上针对。如：他说这话不是**指**你。g. 量词，一个手指的宽度。如：这裂缝有一**指**宽。
脂	zhī	a. 动植物所含的油质。如：**脂**肪、脱**脂**奶粉、枫**脂**、树**脂**、皮**脂**、松**脂**、油**脂**、肤如凝**脂**。b. 胭脂。如：涂**脂**抹粉。
还有与上述同类型的二级字：**酯** zhǐ		

下列形近字的相同部件是：勹

勺	sháo	a. 用来舀东西的器具，有柄，多为空心半球形。如：饭**勺**、铁**勺**、汤**勺**。b. 量词，容量单位，1 **勺**合 10 毫升。
匀	yún	a. 均匀。如：**匀**称、**匀**速、调**匀**。b. 使均匀。如：田里的秧插得不均匀，需要**匀**一**匀**。c. 抽出；转让。如：多**匀**点儿时间看书学习。
勾	㊀gōu ㊁gòu	㊀a. 删除或截取。如：一笔**勾**销。b. 描画。如：**勾**图样。c. 招引。如：**勾**魂。d. 结合。如：**勾**结、**勾**通。e. 称不等腰直角三角形构成直角的较短的边。 ㊁组词"勾当"。事情(多指坏事)。如：不要干见不得人的**勾**当。

句	㊀gōu ㊁jù	㊀古同"勾"。如：高**句**丽。 ㊁句子，由词和词组构成的、能表达一个完整意思的语言单位。
旬	xún	a. 十天叫一旬，一个月有三旬，分别是上旬、中旬、下旬。b. 十岁为一旬。如：年过七**旬**。
甸	diàn	a. 古时称郊外的地方。b. 甸子，放牧的草地，多用于地名。如：桦**甸**市(吉林省吉林市下辖的县级市，位于吉林省东南部)。

下列形近字右边的相同部件是：句

拘	jū	a. 逮捕或扣押。如：行政**拘**留、**拘**捕、**拘**押。b. 约束；限制。如：不**拘**小节、**拘**束。c. 不变通；固执。如：**拘**泥于法、**拘**礼。(注意区别"拘枸")
岣	gǒu	组词"岣嵝"。山峰名，衡山七十二峰的主峰，在湖南省衡阳市，也用来代指衡山。(注意区别"岣峋")
狗	gǒu	哺乳动物，种类多(如牧羊犬)，常见家畜("六畜"之一)，听觉、嗅觉很灵敏，四肢善奔跑，有的可做宠物养。狗是十二生肖之一。
驹	jū	a. 年轻力壮的马。如：白**驹**过隙、白**驹**空谷、千里**驹**。b. 初生的马、驴、骡等。如：**驹**齿未落、骡**驹**(小骡子)。
枸	㊀gōu ㊁gǒu ㊂jǔ	㊀组词"枸橘"。即枳，小乔木，喜温湿气候，树冠伞形，枝有刺，花通常为白色，果近圆球形或梨形，是良好的观赏树种，果可供药用。 ㊁组词"枸杞"。落叶灌木，种类多(如宁夏枸杞)，喜冷凉气候，抗旱能力和耐寒力强，花淡紫色，浆果红色，球形或椭圆形，果实称为枸杞子，果实和根皮可入药。 ㊂组词"枸橼"。常绿乔木，外观像柠檬，茎枝多刺，叶片椭圆形，花白色，果实长圆形，果皮淡黄色，果肉味酸带有香气，可食用或入药。(注意区别"枸拘""枸枸")
朐	qú	用于地名。如：临**朐**县(位于山东省潍坊市)。

还有与上述同类型的二、三级字：**佝** gōu **齁** hōu **泃** jū **昫** xù **竘** qǔ **鮈** jū **鼩** qú

下列形近字右边的相同部件是：**旬**

询	xún	问；征求意见。如：技术咨**询**、**询**问、**询**价、查**询**、征**询**、垂**询**、详**询**。
徇	xùn	a. 依从；曲从。如：**徇**情枉法、**徇**私舞弊、**徇**俗（顺随时俗）。b. 同"殉"。为理想信仰或达到某种目的而牺牲。如：为国**徇**身。
洵	xún	文言副词。诚然；确实。如：**洵**然、**洵**非偶然、**洵**美且异。
恂	xún	a. 诚实；恭顺。如：**恂**实（恭顺朴实）、**恂**谨。b. 恐惧。如：**恂**惧、**恂**栗（恐惧而战栗）。
绚	xuàn	色彩华丽。如：**绚**丽多姿、江枫**绚**似红妆、**绚**烂。
殉	xùn	a. 为理想信仰或目的而牺牲。如：**殉**职、**殉**情、**殉**节、以身**殉**国、**殉**义忘生。b. 用人或物随葬。如：**殉**葬。
还有与上述同类型的二、三级字：**珣** xún **峋** xún（注意区别"峋峋"）**栒** xún（注意区别"栒栒"）		

下列形近字右边的相同部件是：**鲁**

撸	lū	a. 捋。如：**撸**起袖子加油干。b. 撤职。如：他给公司造成了不良影响，结果给**撸**了。c. 训斥。如：他莫名其妙地挨了一顿**撸**。（注意区别"撸橹"）
橹	lǔ	a. 使船前进的工具，多置于船尾或船旁。如：楫**橹**（桨和橹）、谈笑间樯**橹**灰飞烟灭。b. 盾牌。如：楯**橹**（大盾）、流血漂**橹**。（注意区别"橹撸"）
还有与上述同类型的二、三级字：**噜** lū **澛** lǔ **镥** lǔ		

下列形近字右边的相同部件是：**奂**

换	huàn	a. 交换。如：兑**换**、互**换**信物、**换**位思考、金貂**换**酒。b. 变换；更换。如：**换**气、**换**汤不**换**药、**换**车、**换**届、转**换**、替**换**队员、改名**换**姓、**换**衣服。
唤	huàn	呼叫；喊。如：召**唤**、叫**唤**、**唤**醒、**使**唤、**传**唤证人、千呼万**唤**始出来。
涣	huàn	消散；散开。如：精神**涣**散、**涣**然冰释（像冰遇热消融）。
焕	huàn	鲜明；光亮。如：容光**焕**发、**焕**炳（明亮）、**焕**然一新。

下列形近字右边的相同部件是：**象**

像	xiàng	a. 相似。如：好**像**。b. 比如。如：数学家有很多，**像**华罗庚就是一位。c. 比照某人或物制成的形象。如：雕**像**。d. 副词，好像。如：天**像**是要放晴了。
橡	xiàng	a. 橡树，通常指栎属植物，又称栎树或柞树，落叶或常绿乔木，木材泛称橡木。b. 橡胶树，常绿乔木，白色花有香味，乳状汁液可制橡胶。
豫	yù	a. 欢喜；高兴。如：面有不**豫**之色。b. 同“预”。事先；预先。如：**豫**备（同“预备”）。c. 安闲；舒适。如：逸**豫**。d. 河南省的别称。如：**豫**中会战。

下列形近字的相关部分是：**免**

免	miǎn	a. 去掉；除掉；取消。如：**免**费、**免**职、**免**冠、罢**免**。b. 避免；躲避。如：难**免**、**免**疫、**免**不了。c. 不要；不可。如：**免**谈、闲人**免**进、**免**开尊口。
兔	tù	兔子，哺乳动物，耳朵长，尾巴短而上翘，上唇中间裂开，后腿较长，善于跳跃，上坡跑得快。如：他跑得比**兔**子还快。

下列形近字右边的相同部件是：**免**

挽	wǎn	a. 拉；牵引。如：手**挽**着手、**挽**弓、**挽**车。b. 向上卷。如：**挽**起袖子。c. 扭转不利局面。如：力**挽**狂澜、**挽**救。d. 追悼死人的。如：**挽**词、**挽**联。
娩	miǎn	生孩子。如：分**娩**、**娩**出（胎儿、胎盘和胎膜等从母体内产出来）。
晚	wǎn	a. 晚上。如：昨**晚**、**晚**会、夜**晚**、早出**晚**归。b. 时间靠后的；比合适的时间居后的。如：**晚**秋、悔之**晚**矣、**晚**婚**晚**育。c. 后来的。如：**晚**生、**晚**辈。
还有与上述同类型的三级字：**浼** měi **鮸** miǎn **鞔** mán		

下列形近字右边的相同部件是：**⺈**

谗	chán	说别人的坏话（多指陷害别人）。如：**谗**佞之徒、**谗**言、忧**谗**畏讥、**谗**害、进**谗**害贤（说他人坏话，陷害好人）。
搀	chān	a. 搀扶。如：他慢慢地把老母亲**搀**进屋。b. 同“掺”。混合。如：**搀**假、**搀**和。
馋	chán	a. 贪吃；专爱吃好的。如：**馋**涎欲滴、**馋**猫、解**馋**、**馋**相（贪吃的样子）、嘴**馋**。b. 羡慕；贪图。如：眼**馋**。

下列形近字左边的相同部件是：犭

狠	hěn	a. 凶恶；残忍。如：**狠**毒、阴**狠**、心**狠**手辣。b. 下定决心。如：**狠**心离家出走。c. 严厉。如：**狠狠**打击敌人。d. 全力；坚决。如：**狠**抓生产质量。
狼	láng	哺乳动物，种类多（如北极狼），多喜群居，外形像狗，两耳直立，四肢修长，利于快速奔跑，鼻端突出，嗅觉灵敏，爪粗而钝，性凶猛，捕食动物。

下列形近字右边的相同部件是：匋

陶	táo	a. 用黏土烧制的器物。如：**陶**管、彩**陶**、**陶**器。b. 制作陶器。如：**陶**冶（制作陶器和冶炼金属，比喻培养或造就）。c. 快乐的样子。如：**陶**然、**陶**醉。
掏	tāo	a. 挖。如：老鼠在地下**掏**了一个洞、虫子**掏**空了蚕豆。b. 伸进去取；往外拿。如：**掏**钱、**掏**钥匙、**掏**耳朵、**掏**口袋。
啕	táo	组词“号啕”。也作“嚎**啕**”。形容大声哭。如：号**啕**大哭。
淘	táo	a. 用水洗；去除杂质等。如：**淘**金、**淘**米、自然**淘**汰、大浪**淘**沙。b 清除淤积的污泥等。如：**淘**井。c. 顽皮。如：**淘**气。
还有与上述同类型的三级字：**绹** táo **驹** táo		

下列形近字左边的相同部件是：𧘇

肄	yì	学习，练习。如：**肄**习、**肄**业（没能毕业）。
疑	yí	a. 猜忌；不相信。如：怀**疑**、**疑**心、不容置**疑**、可**疑**之处、半信半**疑**、用人不**疑**。b. 难断定或难解决的。如：**疑**云、**疑**问、**疑**难杂症。

下列形近字右边的相同部件是：臽

谄	chǎn	巴结；奉承。如：**谄**上欺下、阿谀**谄**媚、胁肩**谄**笑、不骄不**谄**、“贫而无**谄**，富而无骄”（贫穷而不谄媚，富有而不骄傲自大）。
陷	xiàn	a. 陷阱。如：设**陷**。b. 掉进；沉下。如：塌**陷**、**陷**入。c. 凹进。如：两眼深**陷**。d. 缺点。如：缺**陷**。e. 攻破；被占领。如：沦**陷**。f. 设计害人。如：诬**陷**。
掐	qiā	a. 用指甲按或截断；用手指捏。如：**掐**人中、**掐**他一下。b. 用手的虎口卡住。如：双手**掐**腰。c. 量词，用拇指和另一手指捏住的量。如：一**掐**稻草。
馅	xiàn	包在包子等食物里的肉、糖等东西。如：肉**馅**饼、饺子**馅**、芹菜**馅**饺子、豆沙**馅**包子、枣泥**馅**月饼。
焰	yàn	a. 火苗；火光。如：火**焰**、外**焰**、**焰**色反应、众人拾柴火**焰**高。b. 比喻威风或气势。如：气**焰**器张。

下列形近字下面的相同部件是：**兜**

蔸	dōu	有的地区指某些植物的根或靠近根的茎。如：树**蔸**、禾**蔸**、白菜**蔸**。b. 量词，用于带根的植物，相当于“棵”或“丛”。如：一**蔸**草。
篼	dōu	用竹、藤、柳条等材料编织成的盛东西的用具。如：**篼**子、背**篼**。

下列形近字的相关部分是：**勿**

勿	wù	副词。不要；不可以。如：请**勿**吸烟、切**勿**靠近、闲人**勿**入、非诚**勿**扰、“己所不欲，**勿**施于人”。
匆	cōng	急；急忙。如：**匆**忙、**匆**促、“来也**匆匆**，去也**匆匆**”。

下列形近字右边的相同部件是：**勿**

吻	wěn	a. 嘴唇。如：接**吻**。b. 用嘴唇接触人或物，表示喜爱。如：亲**吻**、**吻**一下孩子的脸蛋。c. 低等动物的口器或头部前端凸出的部分。如：鹿**吻**、短**吻**。
物	wù	a. 东西。如：**物**质、货**物**、庞然大**物**。b. 文章或说话的实际内容。如：空洞无**物**、言之有**物**。c. 除自己以外的人或环境。如：接人待**物**、**物**我两忘。
还有与上述同类型的三级字：**昒** hū		

下列形近字右边的相同部件是：**忽**

唿	hū	组词“唿哨”。也作“呼哨”。把手指（多为食指和拇指）放在嘴里用力吹，发出像吹哨子一样的声音。如：他们约定以**唿**哨响为信号。
惚	hū	组词“恍惚”。a. 神志不清；精神不集中。如：神情恍**惚**、精神恍**惚**。b. 感官印象不确定或不清楚。如：我恍**惚**听到有人在敲门。
还有与上述同类型的三级字：**滹** hū **锪** huō		

下列形近字外围的相同部件是：**几**

风	fēng	a. 空气流动的现象。如：春**风**。b. 风吹使变干。如：**风**干。c. 像风那样快。如：**风**行。d. 习俗。如：移**风**易俗。e. 态度；作风。如：**风**度、整**风**。f. 景色。如：**风**光。g. 传闻。如：**风**言**风**语。h. 中医所说的病名或致病要素。如：痛**风**、中**风**。
凤	fèng	古代传说中的百鸟之王。雄的叫凤，雌的叫凰，民间奉为吉祥之物。如：龙**凤**呈祥、龙飞**凤**舞、鸾**凤**和鸣、**凤**毛麟角。
夙	sù	a. 早晨。如：**夙**夜、**夙**兴夜寐（起早睡晚，形容非常勤奋）。b. 过去就有的；平素的。如：**夙**愿、**夙**敌。

下列形近字右边的相同部件是：**风**

讽	fěng	a. 不看着书本念。如：**讽**诵、**讽**书（背书）。b. 用含蓄的话劝告或讥刺。如：冷嘲热**讽**、**讽**刺、讥**讽**、借古**讽**今、**讽**一劝百。
沨	fēng	组词“沨沨”。形容水声或风声。如：空谷来风，有声**沨沨**。
枫	fēng	枫树，落叶乔木，种类多（如元宝枫），叶子掌形常分为三裂，秋天多为火红色，观赏价值高，是重要的园林树种，树皮、根、叶等可入药。
砜	fēng	有机化合物。由两个烃基与硫酰基结合而成，可用来制塑料、药物等。
飒	sà	组词“飒飒”。形容风声或雨声。如：风**飒飒**兮木萧萧、秋雨**飒飒**、西风**飒飒**、**飒飒**作响。
还有与上述同类型的一、二级字：**飘** piāo		

下列形近字右边的相同部件是：**册**

姗	shān	组词“姗姗”。形容走路从容、不紧不慢的样子。如：**姗姗**来迟、她从对面**姗姗**走来。
珊	shān	组词“珊瑚”。由珊瑚虫在海底分泌的石灰质骨骼聚结而成的东西，色彩艳丽，颜色多样（如红的、黄的），多叉像树枝，多用于观赏。
栅	㊀shān ㊁zhà	㊀组词“栅极”。多极电子管中靠近阴极的一个由金属细丝组成的电极，起控制极板电流强度等作用。 ㊁组词“栅栏”。用竹木等做成的起阻拦、围栏等作用的类似篱笆的东西。
跚	shān	组词“蹒跚”。形容腿脚不灵便、走路摇摆的样子。如：步履蹒**跚**。

下列形近字左边的相同部件是：**角**

斛	hú	a. 中国旧量器名，方形，口小，底大。b. 量词，旧时容积单位，一斛为十斗，后来改为五斗。
解	㊀jiě ㊁jiè ㊂xiè	㊀a. 剖开，分开。如：**解**剖、分**解**。b. 把束缚着、系着的东西打开。如：**解**鞋带。c. 除去，废除，停止。如：**解**除、**解**围。d. 溶化。如：**解**冻。e. 讲明白，分析说明。如：**解**释。f. 懂，明白。如：理**解**。g. 调和，处理。如：**解**决。h. 排泄。如：**解**手。i. 演算。如：**解**方程。j. 代数方程中未知数的值。 ㊁押送财物或犯人。如：押**解**、起**解**、**解**差、**解**回原地。 ㊂姓。

下列形近字右边的相同部件是：**角**

桷	jué	方形的椽子。如：柱**桷**（柱子和椽子）、楹**桷**（柱子和椽子）、朱**桷**（红色椽子）。
确	què	a. 真实；符合事实。如：准**确**、千真万**确**。b. 坚固；坚定。如：**确**信、**确**保。c. 土地不肥沃。如：硗**确**。d. 副词，的确。如：**确**是实情、**确**有其事。
还有与上述同类型的三级字：**埆** què		

下列形近字右边的相同部件是：**解**

澥	xiè	糊状物等由稠变稀；也指加水使糊状物等由稠变稀。如：加点儿水**澥**一**澥**芝麻酱、浆糊**澥**了、粥**澥**了。
懈	xiè	a. 松懈；放松或放弃。如：常备不**懈**、坚持不**懈**、**懈**怠。b. 缺点或漏洞。如：无**懈**可击。
还有与上述同类型的二、三级字：**獬** xiè **檞** jiě		

下列形近字右边的相同部件是：**卯**

柳	liǔ	a. 柳树，落叶乔木，种类多（如垂柳），枝条柔韧细长，叶狭长线形，树形优美，观赏价值高，适于水边、庭园等处生长。b. 星宿名，二十八宿之一。
铆	mǎo	a. 用钉子把物体连接固定在一起。如：**铆**钉、**铆**接。b. 集中全力。如：**铆**足干劲。
聊	liáo	a. 闲谈。如：**聊**天、闲**聊**家常。b. 依靠。如：民不**聊**生、百无**聊**赖。c. 副词。姑且；略微。如：**聊**以自慰、**聊**胜于无、**聊**表寸心。
还有与上述同类型的二、三级字：**泖** mǎo **珋** liǔ		

下列形近字右边的相同部件是：**凡**

巩	gǒng	牢固；坚固。如：**巩**固政权、**巩**固国防、**巩**固已学的知识。
帆	fān	a. 船的桅杆上的布篷。如：**帆**樯（帆和桨）、扬**帆**起航、一**帆**风顺。b. 借指船。如：千**帆**竞发、“沉舟侧畔千**帆**过，病树前头万木春”。
矾	fán	某些金属的硫酸盐的含水结晶（包括含水复盐结晶）。如：绿**矾**（七水硫酸亚铁）、胆**矾**（五水硫酸铜）、明**矾**（十二水硫酸铝钾）。
钒	fán	金属元素。符号 V，原子序数为 23，质硬，熔点高，耐腐蚀，可用于制合金、钒电池、催化剂等。

下列形近字右边的相同部件是：**丸**

执	zhí	a. 握着；拿着。如：**执**杖、**执**笔。b. 掌管；主持。如：**执**教、**执**政。c. 施行。如：**执**法、**执**行。d. 坚持。如：**执**意、固**执**。e. 单据；凭证。如：回**执**、**执**照。
纨	wán	白色的细绢；精细的丝织品。如：**纨**扇、**纨**绔（细绢做的裤子，古代泛指贵族子弟华美的穿着，也借指富家子弟。如“自古英雄多磨难，从来纨绔少伟男”）。

下列形近字右边的相同部件是：**条**

涤	dí	清洗；清除。如：洗**涤**、**涤**瑕荡秽（清除旧的恶习）、**涤**濯、**涤**除。
绦	tāo	用丝编织的带子。如：彩**绦**、丝**绦**、**绦**带。
还有与上述同类型的三级字：**鲦** tiáo		

下列形近字下面的相同部件是：**及**

芨	jī	白芨，草本植物，茎直立，叶子长条形，花紫红色，地下茎块扁圆形，略似掌状，质坚硬不易折断，含白芨胶和挥发油，可入药。
岌	jí	a. 山高的样子。如：嵬**岌**（高耸，也指高耸的山）。b. 危险（多叠用）。如：**岌岌**可危、**岌岌**不可终日。
笈	jí	书箱（多用竹、藤等编织，古时学子常用来放书籍、衣物等）；也指书籍或典籍。如：负**笈**游学、孤本秘**笈**、担**笈**（多指外出求学）。

下列形近字右边的相同部件是：**及**

圾	jī	组词“垃圾”。a. 脏土或被弃掉的东西。如：生活**垃**圾、**垃**圾焚烧、**垃**圾箱、垃**圾**填埋。b. 比喻没用或有害的东西。如：垃**圾**邮件、垃**圾**食品、垃**圾**信息。
吸	xī	a. 通过口或鼻把气体等引入体内。如：呼**吸**新鲜空气、**吸**毒、吮**吸**。b. 吸收。如：**吸**尘器、卫生纸可**吸**水。c. 吸引。如：**吸**力、环形**吸**铁石。
汲	jí	a. 从井里打水。如：有泉可**汲**、**汲**水。b. 吸收。如：**汲**取营养。c. 组词“汲汲”。形容急切的样子。如：**汲汲**于富贵。
级	jí	a. 等次。如：初**级**中学、高**级**职称。b. 台阶。如：拾**级**而上。c. 年级；学校编织单位。如：同**级**校友、班**级**。d. 量词，用于台阶等。如：三十九**级**台阶。

极	jí	a. 顶点；尽头。如：登峰造**极**。b. 到达顶点。如：物**极**必反。c. 地球、电路等的两端。如：南**极**、阳**极**、正**极**。d. 竭尽。如：**极**目远眺。e. 最高的；最终的。如：**极**品珍藏、**极**限。f. 副词，达到最高程度。如：穷凶**极**恶、**极**好。
靸	sǎ	穿鞋时把鞋后帮踩在脚后跟下，只套上脚的前半部；有时特指穿拖鞋。如：他**靸**着双拖鞋就出去了、你别总是**靸**着鞋。
还有与上述同类型的二、三级字：**趿** tā **伋** jí		

下列形近字右边的相同部件是：**勺**

约	㊀yāo ㊁yuē	㊀用秤称。如：**约**两斤芝麻、你**约**一**约**这袋米有多重。 ㊁a. 事先说定。如：预**约**。b. 说定的事或订立的条款。如：违**约**、条**约**。c. 邀请。如：邀**约**。d. 限制。如：**约**束。e. 节省。如：节**约**。f. 简要。如：简**约**。g. 约分；使分数简化而值不变。如：3/9 可以**约**成 1/3。h. 大概。如：长**约** 3 米。
杓	㊀biāo ㊁sháo	㊀勺子等物体的柄；古代称勺形北斗七星里柄部的三颗星。 ㊁同“勺”。有柄的可以舀取东西的器具。如：**杓**子、杯**杓**（酒杯和杓子）。
灼	zhuó	a. 烧；烤；烫。如：**灼**烧、**灼**伤、烈日**灼**心、心如火**灼**、焦**灼**。b. 明亮；透彻。如：真知**灼**见、**灼**耀（明亮耀眼）、目光**灼灼**。
钓	diào	a. 用饵诱鱼上钩。如：**钓**钩、**钓**竿、坐观垂**钓**者、稳坐**钓**鱼台、放长线**钓**大鱼。b. 施用手段取得。如：沽名**钓**誉（用某种不正当的手段捞取名誉）。（注意区别“钓钩”）
的	㊀de ㊁dī ㊂dí ㊃dì	㊀a. 用在定语的后面。如：我**的**书、我爱祖国**的**蓝天。b. 构成没有中心词的“的”字结构。如：卖报**的**、红**的**。c. 用在句末，表示肯定语气。如：他是知道**的**。 ㊁指的士（即出租车），也指摩托等运营的车。如：**的**哥、摩**的**、面**的**、打**的**。 ㊂确实；实在。如：**的**当（恰当）、这事**的**确是他做得不对。 ㊃箭靶的中心。如：有**的**放矢（对准靶子射箭）、目**的**、众矢之**的**。
酌	zhuó	a. 斟酒；饮酒。如：对**酌**、独**酌**、自**酌**自饮。b. 酒饭。如：菲**酌**、便**酌**。c. 考虑；商量。如：**酌**量、字斟句**酌**、**酌**情处理。
豹	bào	哺乳动物，种类多（如金钱豹），外形像老虎，全身有斑点或花纹，四肢强壮，奔跑速度快，敏捷矫健，会爬树和游泳，捕食兔子、鱼类等。
还有与上述同类型的二、三级字：**妁** shuò **趵** bào **汋** zhuó **玓** dì		

下列形近字右边的相同部件是:**匀**

均	jūn	a. 平;匀。如:平**均**、**均**衡、人**均**收入、机会**均**等、利益**均**分、费用**均**摊、势**均**力敌。b. 副词,都。如:各部分**均**已准备就绪。
钧	jūn	a. 古代重量单位,一钧合三十市斤。如:千**钧**一发。b. 制陶器所用的转轮。如:陶**钧**(比喻陶冶、造就)。c. 敬辞,对尊长或上级。如:**钧**鉴。(注意区别"钧钓")
韵	yùn	a. 好听的声音。如:松声竹**韵**、林籁泉**韵**、琴**韵**悠扬。b. 韵母。如:音**韵**、押**韵**。c. 情趣;风度。如:**韵**味、风**韵**。
还有与上述同类型的二、三级字:**昀** yún **畇** tián		

下列形近字右边的相同部件是:**夆**

峰	fēng	a. 山的顶尖。如:巅**峰**、山**峰**、顶**峰**、**峰**回路转、**峰**峦起伏。b. 像山峰的东西。如:驼**峰**、洪**峰**。c. 量词,用于骆驼。如:他养了三**峰**骆驼。
烽	fēng	指烽火,古代边防遇敌来犯时报警的烟火。如:**烽**火狼烟、**烽**火戏诸侯、**烽**火连天、**烽**火台(古时用于点燃烟火传递重要消息的高台)。
锋	fēng	a. 刀剑等锐利或尖端的部分。如:针**锋**相对、**锋**芒毕露、刀**锋**、笔**锋**、藏**锋**敛锷。b. 在前面;在前面的人。如:前**锋**、冲**锋**陷阵、先**锋**部队。
蜂	fēng	a. 昆虫,种类多(如蜜蜂),有翅能飞,有的带毒刺能蜇人,以花粉等为食,常群居。b. 特指蜜蜂。如:**蜂**蜜、**蜂**箱。c. 成群地。如:**蜂**拥而至。
还有与上述同类型的三级字:**浲** féng		

下列形近字下面的相同部件是:**逢**

蓬	péng	a. 飞蓬,二年生草本植物。叶子像柳叶,籽实有毛,随风飘扬。b. 散乱。如:**蓬**头散发、乱**蓬蓬**的茅草。
篷	péng	a. 盖在上面用来遮蔽阳光、风雨的东西,用竹篾、苇席、布等做成。如:船**篷**。b. 船帆。如:扯起**篷**来。

下列形近字右边的相同部件是:**夅**

降	㊀jiàng ㊁xiáng	㊀落下;使下落。如:**降**温、**降**低成本、**降**半旗、水位下**降**、人工**降**雨、从天而**降**、**降**价、**降**落、空**降**兵、**降**级、升**降**机、地面沉**降**。 ㊁a. 投降。如:宁死不**降**、诈**降**、请**降**、劝**降**、**降**书、受**降**。b. 制伏;使驯服。如:一物**降**一物、**降**妖除魔、**降**伏烈马、**降**龙伏虎。
绛	jiàng	深红色。如:**绛**红色、**绛**紫、**绛**衣大冠、**绛**脂(大红胭脂)、**绛**皓(红白相间)、**绛**纱(红色的纱帐)。
还有与上述同类型的三级字:**夅** gàng **洚** jiàng		

下列形近字右边的相同部件是：**各**

咯	㊀gē ㊁kǎ ㊂lo	㊀拟声词，形容笑声或某些鸟的叫声。如：**咯咯咯**地笑个不停。 ㊁用力咳，使东西从食道或气管里出来。如：**咯**痰、用力把鱼刺**咯**出来。 ㊂助词，多用于句末，相当于“了”，但语气稍重。如：就听你的**咯**。
饹	㊀gē ㊁le	㊀组词“饹馇”。一种用绿豆面做成饼状的食品，切成块炒着或炸着吃。 ㊁组词“饸饹”。也作“合饹”“河漏”，一种用高粱面等轧成的面条。
洛	luò	洛河，水名。a. 也称“南洛河”，发源于陕西省，注入黄河。b. 也称“北洛河”，发源于陕西省，注入渭河。
恪	kè	恭敬；谨慎。如：**恪**忠、**恪**守不渝、**恪**守职业道德、**恪**尽职守（谨慎认真地做好本职工作，细心、耐心地守住自己的职位）。
络	㊀lào ㊁luò	㊀义同“络（luò）”，用于口语。如：**络**子（a. 用线编织的网状袋。b. 用于绕纱的工具，多用竹、木等制成）。 ㊁a. 像网的东西。如：丝瓜**络**、经**络**、脉**络**、网**络**。b. 用网状物兜住或罩住。如：笼**络**。c. 缠绕。如：**络**纱。
骆	luò	组词“骆驼”。哺乳动物，分单峰驼和双峰驼，躯体高大，颈粗而长，体毛褐色，食粗草及灌木，耐饥渴，常被用来在沙漠中驮送货物。
格	gé	a. 格子。如：表**格**。b. 标准；规格。如：合**格**、**格**式。c. 品质。如：性**格**、人**格**。d. 打。如：**格**斗。e. 阻碍。如：**格格**不入。f. 推究。如：**格**物致知。
辂	lù	古代车辕上用来驾牲口牵引车子的横木；多指天子乘坐的大车。如：**辂**车（天子的乘车）、大**辂**（天子所乘的车）。
赂	lù	a. 赠送财物给有关人员；用财物买通有关人员。如：贿**赂**、“六国破灭，弊在**赂**秦”。b. 赠送的财物；泛指财物。如：馈**赂**、货**赂**。
胳	㊀gē ㊁gé	㊀组词“胳膊”。人的肩膀以下手腕以上的部分。如：**胳**膊拧不过大腿。 ㊁组词“胳肢”。用手在别人身上抓或挠，使发痒、发笑。
烙	㊀lào ㊁luò	㊀a. 把食物放在铛或干锅上加热使熟。如：**烙**饼。b. 用器物烫熨。如：**烙**铁、**烙**印、**烙**衣服。 ㊁组词“炮烙”。古代一种酷刑，用炭火烧涂有油脂的铜柱，让人在上面爬。
略	lüè	a. 简单。如：粗**略**。b. 计谋。如：策**略**。c. 简要的叙述。如：要**略**。d. 省去；简化。如：省**略**、**略**过。e. 夺。如：攻城**略**地。f. 稍微。如：**略**胜一筹。
铬	gè	金属元素。符号 Cr，原子序数为 24，银白色有光泽，耐腐蚀性强，可用于制不锈钢，其化合物都有颜色，六价铬有毒。

酪	lào	a. 用牛羊等动物的乳汁做成的凝固或半凝固的食品。如：奶**酪**、乳**酪**。d. 用果实做成的糊状食品。如：山楂**酪**、核桃**酪**。
路	lù	a. 道路。如：公**路**。b. 线路。如：1 **路**公交车。c. 路程。如：行万里**路**。d. 途径；方法。如：思**路**。e. 地区；方面。如：各**路**英雄。f. 类。如：他俩是一**路**人。
貉	㊀hé ㊁háo	㊀哺乳动物，体型小，外形像狐，两耳和四肢短，体毛多为乌棕色，昼伏夜出，会爬树和游泳，以小型动物、植物果实等为食，毛皮珍贵。 ㊁义同“貉(hé)”，用于“貉子”“貉绒”。
骼	gé	骨头。如：骨**骼**。
还有与上述同类型的二、三级字：**珞** luò **硌**㊀gè ㊁luò **垎** hè **袼** gē		

下列形近字右边的相同部件是：**匊**

掬	jū	a. 两手捧起。如：**掬**饮、以手**掬**水。b. 形容表露得明显，似乎可以用手捧起的样子。如：憨态可**掬**、笑容可**掬**。
鞠	jū	a. 弯曲。如：**鞠**躬(弯腰行礼表示恭敬)、鞠躬尽瘁(形容恭敬谨慎，尽心竭力)。b. 古代的一种皮球。如：蹴**鞠**、击**鞠**。c. 养育；抚养。
还有与上述同类型的三级字：**麹** qū		

下列形近字右边的相同部件是：**多**

侈	chǐ	a. 浪费；过度使用财物。如：生活奢**侈**、**侈**靡(奢侈浪费)。b. 夸大；过分。如：**侈**谈(不切实际地谈论)、**侈**言(夸大其辞)。
哆	duō	组词“哆嗦”。身体因寒冷、害怕等而颤抖。如：气得直**哆**嗦、冷得直打**哆**嗦、他被吓得腿直**哆**嗦。
眵	chī	眼屎。如：眼**眵**、**眵**泪(眼屎和眼泪)。
移	yí	a. 挪动。如：**移**动、紧急转**移**、**移**交、迁**移**、大陆漂**移**说。b. 改变。如：本性难**移**、**移**风易俗、坚定不**移**、贫贱不能**移**。
够	gòu	a. 满足一定的限度。如：钱不**够**用。b. 用在动词后多表示不耐烦。如：受**够**了。c. 达到。如：**够**得着、**够**条件。d. 副词，表示程度高。如：板凳**够**结实的。
还有与上述同类型的二级字：**黟** yī		

下列形近字右边的相同部件是：**冬**

佟	tóng	姓。
咚	dōng	拟声词，形容物体落下或敲击的声音。如：传来一阵**咚咚咚**的敲鼓声。
终	zhōng	a. 最后；末了。如：年**终**奖。b. 人死亡。如：寿**终**正寝、养老送**终**。c. 从开始到末了的。如：奋斗**终**生。d. 副词。终于；总归。如：**终**获成功。
还有与上述同类型的三级字：**峂** tóng **柊** zhōng		

下列形近字下面的相同部件是：**祭**

蔡	cài	a. 周代诸侯国名，在今河南省上蔡、新蔡一带。b. 大龟。如：蓍**蔡**（占卜用的东西）。
察	chá	仔细看；调查。如：考**察**、观**察**、督**察**、视**察**、**察**言观色。

下列形近字右边的相同部件是：**留**

馏	㊀liú ㊁liù	㊀加热使液体化成蒸气（从混合物中分离出来），然后再使其冷却凝成纯净的液体。如：蒸**馏**、分**馏**。 ㊁把凉了的熟食再蒸热。如：你等会儿起床后把馒头**馏**一**馏**再吃。
溜	㊀liū ㊁liù	㊀a. 滑行。如：**溜**冰。b. 偷偷地走开或进入。如：**溜**进教室、**溜**之大吉。c. 光滑；平滑。如：滑**溜**、光**溜**。d. 沿着；顺着。如：**溜**着墙走。e. 看。如：他朝室外**溜**了一眼。f. 副词。很；非常。如：**溜**圆、**溜**直。 ㊁a. 迅急的水流。如：急**溜**。b. 顺房檐滴下来的水。如：檐**溜**。c. 房檐上接雨水的水槽。如：水**溜**。d. 量词，用于成排或成行列的东西。如：一**溜**房屋。
榴	liú	石榴，落叶灌木，叶呈长圆形，花有钟状和筒状，多为红色，果实球形，内有很多种子，味酸而带甜，是常见水果，根、皮可入药。
熘	liū	一种烹饪方法，将食物煸炒后，再加上用醋、淀粉等调好的汁淋上去翻炒。如：醋**熘**白菜、**熘**肥肠。
镏	㊀liú ㊁liù	㊀组词"镏金"。把溶解于水银里的金子涂在器物表面，用来装饰器物。 ㊁组词"镏子"。戒指。如：金**镏**子。
还有与上述同类型的二级字：**骝** liú		

下列形近字的相关部分是：**乌**

乌	wū	a. 乌鸦，鸟名，羽毛黑色，嘴大而直。如：**乌**合（像乌鸦一样聚集）。b. 形容黑色。如：**乌**云、**乌**木。c. 文言代词，表示疑问。如：**乌**足道哉？
鸟	niǎo	脊椎动物的一类。卵生，体温恒定，全身有羽毛，有两个翅膀，一般会飞。种类很多，如鹰、燕、麻雀、喜鹊、乌鸦、鸡、鸭等。

凫	fú	a. 野鸭。鸟类，体形像家鸭而略小，能飞善游，多栖于湖泊中，以鱼虾贝类及植物的果实为食。b. 在水里游。如：**凫**水。
枭	xiāo	a. 鸮（我国古代对猫头鹰一类鸟的统称）。b. 强悍；勇猛。如：**枭**雄、**枭**将、**枭**骑。c. 魁首；首领。如：毒**枭**。
袅	niǎo	a. 组词"袅袅"。1. 烟雾上升的样子。2. 细长柔软的东西随风摆动的样子。3. 声音绵延不绝。b. 组词"袅娜"。1. 草木柔软细长的样子。2. 女子体态轻盈柔美的样子。

下列形近字右边的相同部件是：**乌**

坞	wù	a. 四周高而中间凹的地方。如：山**坞**。b. 防守用的小堡。如：筑**坞**（构筑防守城堡）。
呜	wū	拟声词，形容风声、汽笛声、哭声等。如："**呜**的一声长鸣，列车徐徐启动了"、他在那里**呜呜**地哭起来了、**呜呜**的北风刮个不停。
钨	wū	金属元素。符号 W，原子序数为 74，灰黑色，耐高温，硬度高且耐磨，可用于制合金、灯泡细丝等，应用于建筑、航空等领域。

下列形近字左边的相同部件是：**刍**

邹	zōu	周代诸侯国名，在今山东**邹**城一带。
皱	zhòu	a. 皮肤因松弛而出现较深的纹路；物体上的褶纹。如：**皱**纹、**皱**褶。b. 起皱纹；使有皱纹。如：衬衣**皱**了、吹**皱**一池春水、"眉头一**皱**，计上心来"。
雏	chú	幼小的（多指鸟类）；也指幼小的鸟。如：**雏**鸟、**雏**燕、**雏**鹰、**雏**鸡、育**雏**、孤**雏**腐鼠（孤独的幼鸟，腐烂的老鼠，比喻微不足道的人或物）。

下列形近字右边的相同部件是：刍

诌	zhōu	胡编乱造。如：信口胡**诌**、胡**诌**乱道、瞎**诌**。
㤘	zhòu	性情固执；不听别人劝说。如：性情太**㤘**、他这个人就是个**㤘**脾气。
绉	zhòu	有皱纹的丝织品。如：真丝双面**绉**、湖**绉**（浙江湖州出产的表面有明显皱纹的丝织品）。
还有与上述同类型的三级字：**㑇** zhòu **驺** zōu		

下列形近字右边的相同部件是：争

净	jìng	a. 清洁。如：洁**净**。b. 使干净。如：**净**面。c. 没有剩余。如：钱用**净**了。d. 纯；纯粹的。如：**净**利润。e. 副词。只；总是；全；都。如：**净**拣好听的说、在座的**净**是熟人。f. 传统戏剧五大行当之一。如：生旦**净**末丑。
诤	zhèng	直率地劝告，使人改正。如：**诤**言、谏**诤**、**诤**臣、**诤**友。
挣	㊀zhēng ㊁zhèng	㊀组词“挣扎”。形容用力支撑或摆脱。如：他**挣**扎着从病床上坐起来、拼命**挣**扎、垂死**挣**扎。 ㊁a. 用力摆脱束缚。如：他用力把绑缚在手上的绳子**挣**开了、**挣**脱枷锁。b. 用劳动换取。如：**挣**钱养家。
峥	zhēng	组词“峥嵘”。a. 形容山势高峻。如：**峥嵘**崔嵬（形容山势高而险）。b. 不平凡。如：**峥嵘**岁月。
狰	zhēng	组词“狰狞”。形容相貌凶恶可怕。如：面目**狰**狞、**狰**狞可畏。
琤	chēng	组词“琤琤”。拟声词，形容琴声、水流声或玉器碰击发出的声音等。如：琴声**琤琤**、溪水**琤琤**、水**琤琤**而响谷、玉佩**琤琤**。
睁	zhēng	张开（眼睛）。如：怒目圆**睁**、**睁**只眼闭只眼、**睁**眼说瞎话、风吹得眼睛都**睁**不开。
铮	zhēng	组词“铮铮”。a. 拟声词，形容金属等撞击的声音。如：**铮铮**悦耳、“刀剑相击，**铮铮**作响”。b. 形容坚贞、刚强。如：**铮铮**不屈、铁骨**铮铮**。
静	jìng	a. 没有声响；不出声。如：寂**静**、清**静**、安**静**、夜深人**静**。b. 不动；安定。如：平**静**、风平浪**静**。c. 使平静或安静。如：**静**心、请同学们**静**一**静**。
还有与上述同类型的三级字：**竫** jìng		

下列形近字右边的相同部件是：**急**

隐	yǐn	a. 藏匿；不显露。如：归**隐**山林、**隐**居、**隐**藏、**隐**患、**隐**瞒、**隐**身、**隐**形、**隐**姓埋名、若**隐**若现、**隐**蔽。b. 隐秘的事。如：难言之**隐**。
稳	wěn	a. 稳固；稳定。如：安**稳**、**稳**步发展、**稳**如泰山。b. 使稳定。如：先**稳**住局面。c. 稳重。如：**稳**健、沉**稳**。d. 稳妥；有把握。如：**稳**扎**稳**打、十拿九**稳**。
还有与上述同类型的三级字：**㤂** jí		

下列形近字右边的相同部件是：**包**

抱	bào	a. 用手臂围住。如：拥**抱**。b. 围拢；环绕。如：环山**抱**水。c. 心里存有。如：**抱**恨终身。d. 孵。如：**抱**窝。e. 量词，表示双臂合围的量。如：一**抱**稻草。
咆	páo	组词“咆哮”。a. 形容大吼大叫。如：**咆**哮公堂。b. 形容水奔腾轰鸣。如：黄河在**咆**哮。
饱	bǎo	a. 吃足了。如：温**饱**、酒足饭**饱**、**饱**暖思淫欲、**饱**汉不知饿汉饥。b. 充分；足足地。如：**饱**学、**饱**经风霜、**饱**满。c. 满足。如：一**饱**眼福。
泡	㊀pāo ㊁pào	㊀a. 鼓起而松软的东西。如：眼**泡**。b. 虚而松软。如：木板发**泡**。c. 小湖（用于地名）。如：莲花**泡**（位于黑龙江省）。d. 量词，用于屎或尿。如：一**泡**尿。 ㊁a. 液体内的气泡。如：肥皂**泡**、冒**泡**。b. 像泡的东西。如：肺**泡**、灯**泡**。c. 浸在液体里。如：浸**泡**、**泡**澡。d. 在某处消磨时光。如：成天**泡**在网吧。
孢	bāo	孢子，某些生物（多指低等动植物）的一种有繁殖或休眠作用的细胞，脱离亲本后能发育成一个新的个体。
胞	bāo	a. 包裹胎儿的胎盘和胎膜。如：双**胞**胎。b. 同父母所生的。如：一奶同**胞**、**胞**兄。c. 同一个国家或民族的。如：华侨同**胞**。
炮	㊀bāo ㊁páo ㊂pào	㊀a. 烘烤；烘焙。如：你把衣服放在炉子上**炮**一下，等会穿就暖和了。b. 在旺火上急炒。如：**炮**猪肚、**炮**羊肉。 ㊁a. 一种中药制法，把生药放在热铁锅里炒，使之焦黄爆裂，以便储藏等。如：依法**炮**制、**炮**姜、**炮**炼。b. 烧；烤。如：**炮**燔（烧烤）。 ㊂a. 武器的一类。如：**炮**弹、**炮**火连天、火箭**炮**、迫击**炮**、**炮**轰。b. 爆竹。如：鞭**炮**、烟花鞭**炮**、礼**炮**。
袍	páo	中式的长衣服。如：长**袍**、旗**袍**、棉**袍**。

跑	㊀páo ㊁pǎo	㊀兽类用脚刨地。如：**跑**槽（牲口刨槽根）。 ㊁a. 腿脚交替快速移动。如：赛**跑**。b. 离开了本来的位置。如：**跑**题、**跑**调。c. 逃走；溜走。如：逃**跑**。d. 泄露。如：**跑**气。e. 为目的而奔走。如：**跑**买卖。
龅	bāo	龅牙，突出唇外的牙齿，牙颌面畸形的一种，一般不会有严重的功能障碍，但影响美观。
鲍	bào	鲍鱼，单壳软体动物，螺形贝壳表面褐绿色，生活在海洋，肉可食用，壳可入药。
还有与上述同类型的二、三级字：**狍** páo **匏** páo **枹**㊀bāo ㊁fú		

下列形近字右边的相同部件是：**卬**

仰	yǎng	a. 脸向上。如：**仰**泳、**仰**面朝天、**仰**天长笑、**仰**望星空、人**仰**马翻、**仰**取俯拾。b. 敬慕；佩服。如：敬**仰**、久**仰**大名、**仰**慕。c. 依靠。如：**仰**仗。
抑	yì	向下压；压制。如：欲扬先**抑**、**抑**恶扬善、**抑**扬顿挫、压**抑**、**抑**制。

下列形近字右边的相同部件是：**色**

绝	jué	a. 断。如：络绎不**绝**。b. 穷尽。如：弹尽粮**绝**。c. 高超的。如：**绝**技。d. 没有出路的。如：**绝**境。e. 死亡。如：悲痛欲**绝**。f. 指绝句，诗的一种体裁。如：五言**绝**句。g. 副词。极；绝对。如：**绝**大多数、**绝**不可能。
艳	yàn	a. 色彩鲜明。如：鲜**艳**、**艳**丽、**艳**阳、争妍斗**艳**、百花争**艳**、**艳**如桃李。b. 关于情爱的。如：**艳**遇、**艳**福。
铯	sè	金属元素。符号 Cs，原子序数为 55，银白色，化学性质活泼，能与冷水发生剧烈反应，可用于制造光电管、原子钟、火箭推进器等。
还有与上述同类型的三级字：**艴**㊀bó ㊁fú		

下列形近字右边的相同部件是：**殳**

彀	gòu	a. 使劲张弓。b. 弓箭能射及的范围；比喻事物的范围；也比喻圈套或罗网。如：引君入**彀**、尽入**彀**中（尽数网罗，全部就范）。
毂	gǔ	a. 车轮中心的圆木，中间有孔可以插入车轴。b. 借指车轮或车。如：捧**毂**推轮、肩摩**毂**击（肩膀相互摩擦，车轮相互碰撞，形容行人车辆拥挤）。
榖	gǔ	即构树，落叶乔木，叶可做猪饲料，花淡绿色，韧皮纤维可用于造纸，根和种子均可入药。
还有与上述同类型的二级字：**縠** hú **觳** hú		

下列形近字右边的相同部件是：**勾**

沟	gōu	a. 流水的通道。如：明**沟**排水、水**沟**、**沟**渠。b. 人工挖掘的沟状防御工事。如：深**沟**高垒、壕**沟**。c. 像沟的东西。如：腹股**沟**。
构	gòu	a. 把各部分组合起来。如：**构**造。b. 结成(用于抽象的事物)。如：虚**构**、**构**想。c. 文艺作品。如：佳**构**。d. 构树，落叶乔木，也称为“榖”或“楮”。
购	gòu	买。如：采**购**、代**购**、**购**买、**购**置、**购**销两旺、**购**物中心、订**购**、收**购**、邮**购**、网**购**、选**购**、抢**购**一空、并**购**重组、控**购**、**购**票窗口。
钩	gōu	a. 钩子。如：鱼**钩**、挂**钩**。b. 像钩子的。如：鹰**钩**鼻。c. 用钩子或钩状物悬挂、探取等。如：把掉入井里的水桶**钩**上来。d. 用带钩的针编织；也指用针缝合衣边。如：**钩**毛衣、**钩**贴边。e. 汉字的笔形。f. 指钩形符号，形状是“√”。

丶（点）

下列形近字上面的相同部件是：亠

变	biàn	a. 和原来的不同。如：改**变**、千**变**万化。b. 变成。如：沙漠**变**良田。c. 使改变。如：**变**废为宝。d. 可改变的。如：**变**数。e. 突发的非常事件。如：政**变**。
峦	luán	小而尖的山，相连的山；泛指山峰。如：峰**峦**、山**峦**起伏、重**峦**叠嶂。
弯	wān	a. 曲折不直；使曲折不直。如：**弯**曲、**弯**腰、树枝被雪压**弯**了。b. 曲折不直的地方。如：臂**弯**、山路十八**弯**。c. 拉（弓）。如：**弯**弓射大雕。
孪	luán	同一胎出生的。如：**孪**生兄弟。
栾	luán	栾树，落叶乔木，喜光耐寒，叶子含有鞣质，花黄色，叶子和花可制作染料，果实椭圆形，种子可榨油，也可做庭园观赏树。
恋	liàn	a. 恋爱。如：热**恋**、初**恋**情人、失**恋**、移情别**恋**。b. 想念不忘；不想分开。如：**恋恋**不舍、思**恋**、依**恋**、**恋**家、眷**恋**。
鸾	luán	传说凤凰一类的鸟。如：**鸾**鸟、**鸾**飞凤舞、**鸾**凤和鸣（鸾鸟凤凰相互应和鸣叫，比喻夫妻和谐）。
蛮	mán	a. 粗野；不通情理。如：胡搅**蛮**缠、野**蛮**。b. 鲁莽；强悍。如：**蛮**劲、一味**蛮**干。c. 古代称南方的民族。如：南**蛮**入侵。d. 副词，很。如：味道**蛮**好。
还有与上述同类型的二级字：**娈** luán **挛** luán **脔** luán **銮** luán		

亭	tíng	a. 有顶无墙的建筑物。如：醉翁**亭**、**亭**台楼阁、凉**亭**。b. 比较简单的小房子。如：报刊**亭**。c. 适中。如：**亭**匀。d. 正。如：**亭**午。
亮	liàng	a. 光线。如：地下室一点儿**亮**都没有。b. 有光。如：明**亮**。c. 发光。如：灯**亮**着。d. 清楚；明朗。如：心明眼**亮**。e. 显露。如：**亮**相。f. 声音响。如：洪**亮**。
亳	bó	用于地名。如：**亳**州（安徽省辖地级市）。（注意区别“亳毫”）

毫	háo	a. 细长而尖的毛。如：明察秋**毫**。b. 毛笔。如：挥**毫**泼墨。c. 量词，1厘合10毫。d. 极少；一点点。如：**毫**不利己、**毫**无保留。（注意区别"毫亳"）
豪	háo	a. 有杰出才能的人。如：英雄**豪**杰。b. 有钱有势的人。如：富**豪**。c. 强横。如：巧取**豪**夺。d. 气魄大；直爽痛快。如：**豪**情壮志。e. 华丽。如：**豪**宅。
还有与上述同类型的一级字：**膏**㊀gāo ㊁gào		

下列形近字下面的相同部件是：**言**

誉	yù	a. 名声；名誉。特指好的名声。如：声**誉**、信**誉**、荣**誉**、沽名钓**誉**、**誉**满全球。b. 称赞。如：赞**誉**、称**誉**、**誉**不绝口、毁**誉**参半。
誊	téng	照原稿抄写。如：**誊**写、**誊**清、**誊**录。

下列形近字右边的相同部件是：**言**

信	xìn	a. 书信；函件。如：写**信**。b. 消息。如：报**信**。c. 不怀疑；不欺骗。如：相**信**。d. 崇奉。如：**信**仰。e. 随意。如：**信**手拈来。f. 信石，即砒霜。如：红**信**。
唁	yàn	a. 对遭遇丧事表示慰问。如：吊**唁**、门**唁**（登门吊**唁**）。b. 指表示慰问的。如：**唁**电、**唁**函。
还有与上述同类型的二级字：**狺** yín		

下列形近字右边的相同部件是：**主**

住	zhù	a. 长期居留或短暂歇息。如：家**住**上海、**住**一晚。b. 停；止。如：**住**手。c. 用作动词的补语。如：把**住**方向（表示稳定）、当时他就愣**住**了（表示停顿或静止）、经不**住**表扬（表示力量够得上或够不上）。（注意区别"住往"）
拄	zhǔ	用手扶着拐杖等使身体保持平衡。如：迎面走来一个**拄**着拐杖的老大爷。（注意区别"拄柱"）
往	wǎng	a. 去；到。如：勇往直前、**往**返、来**往**。b. 过去；从前。如：**往**日、陈年**往**事、继**往**开来。c. 介词，向（某处去）。如：人**往**高处走、水**往**低处流。（注意区别"往住"）
注	zhù	a. 灌进去。如：**注**入。b. 目光等集中。如：**注**视、全神贯**注**。c. 赌注。如：投**注**、下**注**。d. 用文字解释。如：**注**解。e. 解释字句的文字。如：脚**注**。f. 记载；登记。如：**注**册。g. 量词，用于交易等。如：两**注**买卖。
驻	zhù	a. 停止或停留。如：**驻**足不前、青春永**驻**。b. 军队等住在履行职务的地方；机关等设置在某地。如：**驻**兵、**驻**扎、**驻**守、**驻**军、屯**驻**、**驻**京办事处。

柱	zhù	a. 柱子。如：偷梁换**柱**、石**柱**、支**柱**、顶梁**柱**、钢筋混凝土**柱**。b. 像柱子的东西。如：脊**柱**、冰**柱**、水**柱**、三棱**柱**。(注意区别"柱拄")
炷	zhù	a. 灯芯。如：灯**炷**。b. 燃；烧。如：**炷**香。c. 量词，用于点燃的香。如：你有一**炷**香的时间去完成任务。
蛀	zhù	a. 指蛀虫，能啃食书籍、树木、衣服等的小虫。b. 虫子咬坏物体。如：**蛀**蚀、木头被虫**蛀**了。
还有与上述同类型的三级字：**砫** zhù		

下列形近字右边的相同部件是：**弯**

塆	wān	山沟里的小块平地。
湾	wān	a. 河流弯曲的地方。如：河**湾**、水**湾**。b. 海洋向陆地伸入的地方。如：海**湾**、港**湾**、杭州**湾**。c. 指停泊。如：把船**湾**在避风的地方。

下列形近字上面的相同部件是：**丬夕**

奖	jiǎng	a. 为了鼓励或表扬而给予的荣誉或财物等。如：一等**奖**、获**奖**、兑**奖**、**奖**项、中**奖**。b. 称赞；表扬；勉励。如：**奖**罚分明、嘉**奖**、**奖**励。
桨	jiǎng	a. 划船的用具。如：船**桨**、**桨**板。b. 飞机、船等运动机械上的一种装置。如：螺旋**桨**。
浆	㊀jiāng ㊁jiàng	㊀a. 比较浓的液体。如：糖**浆**、豆**浆**、岩**浆**、仙液琼**浆**、箪食壶**浆**。b. 用米汤等浸润衣服等物。如：**浆**洗。 ㊁组词"浆糊"。用面粉等制成的有黏性的糊状物。如：这次做手工作品需要剪刀、直尺、**浆**糊等材料和工具。
还有与上述同类型的一级字：**酱** jiàng		

下列形近字右边的相同部件是：**卞**

抃	biàn	鼓掌；拍手。如：**抃**手(鼓掌欢庆)、**抃**舞(边鼓掌边跳舞)。
汴	biàn	河南开封的别称。如：暖风熏得游人醉，直把杭州作**汴**州。
忭	biàn	欢喜；高兴。如：**忭**欣(欢喜的样子)、**忭**跃(欢欣鼓舞)、**忭**舞(高兴得手舞足蹈)。

下列形近字右边的相同部件是：**京**

凉	㊀liáng ㊁liàng	㊀a. 温度低。如：**凉**开水、**凉**爽、**凉**风、阴**凉**、大树底下好乘**凉**。b. 冷清；没生机。如：凄**凉**、苍**凉**。c. 比喻灰心或失望。如：心**凉**了半截。 ㊁把热的东西先放一会儿，使温度降低。如：刚煲的汤还很烫，先**凉**一会儿再喝。
谅	liàng	a. 原谅；宽恕。如：**谅**解、还望体**谅**、敬请见**谅**。b. 料想。如：**谅**必如此、**谅**他不敢乱来。
掠	lüè	a. 夺取。如：**掠**夺、掳**掠**、劫**掠**、烧杀抢**掠**。b. 轻轻擦过；拂过。如：浮光**掠**影、清风**掠**面、燕子从水面一**掠**而过。(注意区别"掠椋")
惊	jīng	a. 受到刺激而精神紧张。如：处变不**惊**、胆战心**惊**、**惊**慌。b. 惊动。如：打草**惊**蛇。c. 骡、马等因害怕而不受控制。如：马受**惊**了。
琼	qióng	a. 美玉。如：**琼**瑶。b. 比喻美好的。如：**琼**浆仙液、**琼**楼玉宇。c. 海南省的别称。如：**琼**剧。
晾	liàng	a. 把衣服等物体放在阳光下或通风透气的地方使干。如：**晾**晒、**晾**衣服、自然**晾**干。b. 搁置；冷落。如：不能把客人**晾**在一边不管。
鲸	jīng	鱼名，俗称鲸鱼，哺乳动物，外形像鱼，胎生，用肺呼吸，生活在海洋中。最大的长达 30 多米，是目前地球上最大的动物。
还有与上述同类型的二、三级字：**椋** liáng(注意区别"椋掠")**黥** qíng **倞**㊀liàng ㊁jìng **猄** jīng **弶** jiàng **综** liáng **辌** liáng		

下列形近字右边的相同部件是：**襄**

壤	rǎng	a. 泥土；松软的土。如：土**壤**、红**壤**、沃**壤**千里、山有朽**壤**而自崩。b. 地；地域；地区。如：穷乡僻**壤**、天**壤**之别。
攘	rǎng	a. 抢夺；侵犯。如：**攘**夺。b. 排斥；排除。如：**攘**除、内修外**攘**、**攘**外安内。c. 窃取。如：**攘**取、**攘**窃。d. 纷乱。如：熙熙**攘攘**。
嚷	㊀rāng ㊁rǎng	㊀组词"嚷嚷"。a. 吵闹。如：自习室里禁止大声**嚷嚷**。b. 声张。如：这事得保密，别到处瞎**嚷嚷**。 ㊁a. 喊叫。如：大**嚷**大叫。b. 吵闹。如：事已经出了，现在**嚷**也没用。c. 责备；训斥。如：我妈又会为这事**嚷**我了。
禳	ráng	向鬼神祈祷消除灾祸(多指迷信的人)。如：求福**禳**灾、**禳**祷。
镶	xiāng	把物体嵌进去；在物体外围加边。如：金**镶**玉嵌、**镶**牙、**镶**边、冠顶**镶**了一颗宝石。
穰	ráng	a. 稻、麦等庄稼脱粒后剩下的茎秆。如：**穰**草。b. 丰；盛。如：人稠物**穰**、**穰**浩(众多)、**穰穰**满家(形容五谷丰收)。
还有与上述同类型的三级字：**骧** xiāng **儴** ráng **瀼**㊀ráng ㊁ràng **纕** xiāng **瓖** xiāng		

下列形近字下面的相同部件是：**高**

蒿	hāo	草本植物，种类多（如青蒿），大多有特殊气味，有的可入药（如艾蒿），有的可食用（如茼蒿）。
嵩	sōng	a. 嵩山，我国五岳之一，位于河南省。b. 高。如：**嵩**峦（高耸的峰峦）。
篙	gāo	撑船等用的器具，用竹竿或杉木等材料做成。如：竹**篙**、杉**篙**。
还有与上述同类型的三级字：**翯** hè		

下列形近字右边的相同部件是：**高**

搞	gǎo	a. 做；弄；办。如：难**搞**、**搞**卫生、**搞**活动、**搞**破坏、事情**搞**砸了。b. 设法获得；弄。如：**搞**些投资商来赞助这个活动。（注意区别"搞槁"）
槁	gǎo	枯干。如：枯**槁**、形如**槁**木、**槁**落（干枯凋落）。（注意区别"槁搞"）
犒	kào	用酒食或财物慰劳。如：**犒**劳、**犒**赏三军、**犒**师。
镐	㊀gǎo ㊁hào	㊀一种刨土用的工具，两头都可用，中间接长柄。如：十字**镐**、鹤嘴**镐**。 ㊁镐京，西周的都城，位置在今陕西省西安市，因此又用来指代西安。
稿	gǎo	a. 谷类植物的茎秆。如：**稿**荐（用稻草等编织成的垫子）。b. 指稿子。如：书**稿**、草**稿**、**稿**费、底**稿**、初**稿**、原**稿**、征**稿**、样**稿**、审**稿**、脱**稿**演讲。
还有与上述同类型的二、三级字：**缟** gǎo **熇** hè		

下列形近字右边的相同部件是：**亭**

停	tíng	a. 止住；中止。如：**停**止、**停**产、**停**电、暂**停**营业。b. 逗留。如：短暂**停**留。c. 停泊；停放。如：靠边**停**车、**停**机坪。d. 妥当。如：**停**当。
婷	tíng	组词"婷婷"。也作"亭亭"。形容女子姿态或花木美好。如：袅袅**婷婷**、**婷婷**玉立。
还有与上述同类型的三级字：**渟** tíng		

下列形近字右边的相同部件是：**豪**

壕	háo	a. 沟。如：**壕**沟、堑**壕**、掘**壕**、战**壕**、防空**壕**。b. 护城河。如：城**壕**。
嚎	háo	大声叫或哭喊。如：哀**嚎**、**嚎**叫、干**嚎**、鬼哭狼**嚎**、**嚎**天动地、**嚎**啕大哭（也作"号啕大哭"）。
濠	háo	濠河。a. 护城河，在江苏省南通市。b. 水名，发源于安徽省凤阳县凤阳山北麓，于镇东注入淮河。

下列形近字左边的相同部件是：**享**

郭	guō	a. 外城，古代城墙以外围着的大墙。如：城**郭**、**郭**门。b. 东西的外框或外壳。如：耳**郭**。
敦	dūn	a. 忠厚；诚恳。如：**敦**厚、**敦**聘、**敦**请。b. 督促。如：**敦**促。
孰	shú	代词。a. 表示询问或反问，相当于"谁""什么"等。如：人非圣贤，孰能无过。b. 表示选择，相当于"哪个"。如：**孰**胜**孰**负，尚难预料。
鹑	chún	a. 鸟名。体形像小鸡，头小尾凸，羽毛赤褐色。这种鸟不善飞，肉和卵可食用。b. 比喻破烂的衣服。如：**鹑**衣、悬**鹑**百结。
还有与上述同类型的三级字：**亸** duǒ		

下列形近字右边的相同部件是：**享**

谆	zhūn	恳切；诚恳（多叠用）。如：**谆谆**教导、海尔**谆谆**、**谆谆**善诱、**谆谆**告诫、**谆**嘱（谆谆嘱咐）。
淳	chún	朴实；厚道。如：民风**淳**朴、还**淳**返朴（回复到人本来的淳厚、朴实的状态或本性）。
惇	dūn	敦厚；诚实。如：**惇**厚、**惇**谨（惇厚谨慎）、**惇**笃（惇厚笃实）、**惇**朴（仁厚朴实）。
椁	guǒ	古代套在棺材外面的大棺材。如：石**椁**（石制的外棺）、外**椁**、棺**椁**、棺殡**椁**葬。
还有与上述同类型的一、三级字：**醇** chún **崞** guō **绰** zhǔn **焞** tūn **錞** ㊀chún ㊁duì		

下列形近字右边的相同部件是：**敦**

墩	dūn	a. 土堆。如：土**墩**。b. 厚而粗的石块、木头等。如：树**墩**、**墩**台、门**墩**、石**墩**、桥**墩**。c. 量词，用于丛生或几棵合在一起的植物。如：一**墩**秧苗。
礅	dūn	厚而粗大的石块或石柱。如：桥**礅**、石**礅**。
镦	㈠duì ㈡dūn	㈠同“镎(duì)”。矛、戟柄末的平底金属套。如：鋈**镦**(给矛的长柄下端用平底金属套装饰)。 ㈡用锤击、加压等外力作用使加工的坯料变短变粗。如：冷**镦**(常温条件下进行)、热**镦**(加热后进行)。
蹾	dūn	猛地往下放。如：这箱子里全是易碎品，注意别往地上**蹾**。

还有与上述同类型的二级字：**暾** tūn

下列形近字上面的相同部件是：**孰**

塾	shú	旧时民间私人设立的教学场所。如：村**塾**、私**塾**、**塾**师、家**塾**。
熟	shú	a. 食物烧煮到可以吃的程度。如：**熟**食、**熟**菜。b. 植物的果实长到可以收获的程度。如：成**熟**、瓜**熟**蒂落。c. 加工过的。如：**熟**铁、**熟**漆。d. 经常接触的。如：**熟**人、**熟**悉。e. 有经验的。如：**熟**手、纯**熟**。f. 程度深。如：**熟**睡。

下列形近字右边的相同部件是：**巿**（注意不是“**市**”）

柿	shì	落叶乔木，种类多(如大红柿)，叶子椭圆形，花黄白色，球形果实称为柿子，橙黄色或红色，营养价值高，可食用，果、叶等可入药。
铈	shì	金属元素。符号 Ce，原子序数为 58，镧系元素之一，银白色，化学性质活泼，在空气中易被氧化，可用于制合金、催化剂、环保涂料等。

下列形近字右边的相同部件是：**禀**

凛	lǐn	a. 寒冷。如：**凛**栗、寒风**凛**冽。b. 严肃；严厉。如：威风**凛凛**、正气**凛**然、**凛**若冰霜(形容态度严肃)。
檩	lǐn	架在屋架或山墙上，用来承托和稳定椽子或屋面板的横木。如：房**檩**、脊**檩**。

还有与上述同类型的三级字：**懔** lǐn

下列形近字右边的相同部件是：亶

擅	shàn	a. 自作主张（多指超越权限）。如：**擅**离职守、**擅**做主张、**擅**自出兵。b. 独断专行。如：**擅**权、专**擅**。c. 长于；善于。如：**擅**长画山水、不**擅**辞令。（注意区别"擅檀"）
澶	chán	用于古地名。如：**澶**渊（在今河南省濮阳市西）。
檀	tán	乔木，种类多（如青檀），有的种类有香气可制作香料（如檀香），有的种类木质坚硬可制乐器、家具等（如紫檀）。（注意区别"檀擅"）
膻	shān	像羊肉的气味。如：**膻**味、腥**膻**、不吃羊肉空惹一身**膻**。
还有与上述同类型的二、三级字：**嬗** shàn **饘** zhān **亶** tǎn **鳣** zhān		

下列形近字左上的相同部件是：广

糜	㊀méi ㊁mí	㊀糜子，草本植物，也叫穄子，与黍同类的谷类作物。 ㊁a. 粥。如：贱妾与君共哺**糜**。b. 烂。如：**糜**烂。c. 浪费。如：劳师**糜**饷。
麋	mí	麋鹿，哺乳动物，又称"四不像"（因其头像马，身像驴，角像鹿，蹄像牛，故称），颈部长，略似骆驼，性温顺，以青草、树叶等为食物。

廊	láng	屋檐下的过道或有顶子的过道。如：**廊**檐、走**廊**、画**廊**、长**廊**。
廓	kuò	a. 空旷。如：**廓**落、寥**廓**。b. 清除。如：**廓**清、**廓**除。c. 物体的外缘。如：耳**廓**、轮**廓**。d. 开拓；扩大。

下列形近字右边的相同部件是：广

圹	kuàng	a. 墓穴。如：冢**圹**、**圹**穴、打**圹**、**圹**兆（墓穴的范围）。b. 旷野。如：**圹**埌（原野空旷的样子）。（注意不读 táng，不是"塘"的简体字）
扩	kuò	放大；加大；张大。如：**扩**音器、**扩**军备战、**扩**大范围、**扩**充、**扩**展、**扩**建厂房、**扩**招、污染**扩**散、向外**扩**张、**扩**容。
犷	guǎng	粗野。如：粗**犷**、**犷**勇（粗犷勇猛）、**犷**悍（粗野强悍）。

旷	kuàng	a. 宽广；宽阔。如：空**旷**、地**旷**人稀、平川**旷**野。b. 心境开阔。如：心**旷**神怡、胸襟**旷**达。c. 耽误；荒废。如：逃学**旷**课、**旷**日费时、**旷**工。
矿	kuàng	a. 矿物，蕴藏在地下的自然资源。如：煤**矿**、油**矿**、铀**矿**、铁**矿**、**矿**藏丰富、**矿**床。b. 开采矿物的场所。如：**矿**井、下**矿**、露天**矿**。
还有与上述同类型的三级字：**纩** kuàng		

下列形近字右边的相同部件是：**庄**

桩	zhuāng	a. 一端或全部埋在地里的柱状物。如：树**桩**、木**桩**、拴马**桩**、梅花**桩**、灌注**桩**。b. 量词，用于事件、心愿等。如：一**桩**买卖、了却一**桩**心愿。
赃	zāng	赃款或赃物。如：捉贼捉**赃**、贪**赃**枉法、坐地分**赃**、栽**赃**陷害、人**赃**并获、**赃**银、追**赃**、销**赃**、退**赃**。
脏	㊀zāng ㊁zàng	㊀不干净。如：**脏**活累活、不说**脏**话、**脏**衣服、肮**脏**、**脏**水、**脏**污不堪。 ㊁身体内部器官的总称。如：五**脏**六腑（五脏：心、肝、脾、肺、肾；六腑：胃、大肠、小肠、三焦、膀胱、胆）。

下列形近字左上的相同部件是：**广**

度	㊀dù ㊁duó	㊀a. 计算长度的器具。如：**度**量衡。b. 事物所达到的程度。如：浓**度**、高**度**。c. 能容纳承受的量。如：气**度**、过**度**。d. 法则。如：尺**度**。e. 所考虑的。如：置之**度**外。f. 过。如：**度**日如年。g. 量词，用于角度、温度、经纬度等。 ㊁推测；计算；估计。如：审时**度**势、**度**德量力、以小人之心**度**君子之腹。
席	xí	a. 用芦苇、竹篾等编成的片状物。如：草**席**、凉**席**。b. 座位。如：座无虚**席**。c. 成桌的饭菜。如：宴**席**、酒**席**。d. 量词，用于谈话和酒席等。
庹	tuǒ	量词。成人两臂左右伸直时两手之间的长度为一庹，大约 5 市尺左右。如：这块地有 3 **庹**长，2 **庹**宽。
还有与上述同类型的一级字：**庶** shù		

下列形近字右边的相同部件是：**度**

渡	dù	a. 通过水面等；从这一岸到那一岸。如：**渡**船、引**渡**、**渡**河、**渡**江。b. 渡口；过河的地方。多用于地名。如：津**渡**、风陵**渡**（在山西运城市）。
镀	dù	用物理、电解或其他化学方法使一种金属均匀地附着在别的金属或物体的表面。如：电**镀**、**镀**金。
踱	duó	慢慢地走：**踱**来**踱**去、**踱**步。

下列形近字左上的相同部件是：**麻**

摩	㊀mā ㊁mó	㊀组词"摩挲"。手掌轻轻按着一下一下移动。 ㊁a. 摩擦。如：**摩**拳擦掌。b. 抚摸。如：按**摩**。c. 接近接触。如：**摩**天大楼。d. 探求；研究。如：观**摩**、揣**摩**。e. 物质量的单位"摩尔"的简称。
麾	huī	a. 指挥。如：**麾**军前进。b. 古代指挥军队用的旗子。如：**麾**下、旌**麾**。
磨	㊀mó ㊁mò	㊀a. 消失。如：**磨**灭。b. 耗时间。如：**磨**洋工。c. 纠缠。如：这孩子真**磨**人。d. 使难受。如：折**磨**。e. 摩擦。如：**磨**刀、**磨**损。f. 遇到困难挫折。如：**磨**难。 ㊁a. 碾碎东西的工具。如：石**磨**。b. 用磨把东西碾碎。如：**磨**面、**磨**豆子。
糜	㊀méi ㊁mí	㊀糜子，草本植物，也叫穄子，与黍同类的谷类作物。 ㊁a. 粥。如：贱妾与君共哺**糜**。b. 烂。如：**糜**烂。c. 浪费。如：劳师**糜**饷。
靡	㊀mí ㊁mǐ	㊀浪费。如：奢**靡**、侈**靡**、**靡**费。 ㊁倒下。如：风**靡**、所向披**靡**。
魔	mó	a. 宗教或神话传说中指迷惑人、害人性命的鬼怪，也比喻邪恶的人或势力。如：**魔**鬼、**魔**王、妖**魔**鬼怪。b. 神奇；奇异。如：**魔**法、**魔**术、**魔**杖。
还有与上述同类型的二级字：**麼** mó **縻** mí		

下列形近字右边的相同部件是：**店**

掂	diān	用手托着东西估计其重量。如：**掂**掇、你**掂**一**掂**这袋零食有多重。
惦	diàn	心里想着；记挂着。如：**惦**记、**惦**念。
踮	diǎn	抬起脚跟，用脚尖着地站着。如：他**踮**起脚去摘树上的果子。

下列形近字右边的相同部件是：**夜**

掖	㊀yē ㊁yè	㊀塞进（衣袋或夹缝里）。如：藏着**掖**着、**掖**在兜里、从门缝里**掖**进去。 ㊁用手搀扶别人的胳膊，比喻扶助或提拔。如：奖**掖**（奖励提拔）、扶**掖**。
液	yè	液体，物质的三大形态之一，没有确定的形状，是流动的。如：唾**液**、新鲜血**液**、毒**液**、粘**液**、输**液**、溶**液**、**液**压计、**液**化气、汁**液**、乳**液**、尿**液**。
腋	yè	腋窝；也指跟腋类似的部分。如：**腋**毛、**腋**臭、**腋**芽、祸生肘**腋**、雉头狐**腋**、集**腋**成裘、"千金之裘，非一狐之**腋**"。

下列形近字右边的相同部件是：**府**

俯	fǔ	a. 低头；脸向下。跟“仰”相对。如：**俯**首、**俯**冲、**俯**卧撑。b. 敬辞。用于称对方对自己的动作行为。如：**俯**察、**俯**念、**俯**允。
腑	fǔ	中医将大肠、小肠、胆、胃、膀胱和三焦称为六腑。

下列形近字左上的相同部件是：**雁**

膺	yīng	a. 胸。如：抚**膺**长叹、义愤填**膺**。b. 接受，承当。如：**膺**选（当选）、**膺**赏、**膺**受、荣**膺**。c. 讨伐，打击。如：**膺**惩。
鹰	yīng	鸟名，鸟类的一科，猛禽类，嘴钩曲，趾有钩爪，十分锐利，捕食小兽和其他鸟类，猎人可驯养帮助打猎。种类很多，常见的有苍鹰、雀鹰等。

下列形近字下面的相同部件是：**文**

旻	mín	a. 天；天空。如：茫茫大地，悠悠高**旻**。b. 秋天。如：萧条晚秋景，**旻**云承景斜。
雯	wén	具有花色纹样的云。如：**雯**华（五彩祥云）。
斐	fěi	有文采的样子。如：文采**斐**然、**斐**然成章。
还有与上述同类型的二级字：**芠** wén		

下列形近字右边的相同部件是：**文**

坟	fén	埋葬死人筑起的土堆。如：**坟**墓、**坟**地、祖**坟**、清明上**坟**、**坟**场、**坟**堆、**坟**冢、**坟**头长草、刨**坟**、迁**坟**。
汶	wèn	a. 大汶河，水名，发源于山东省旋崮山北麓沂源县境内，汇入黄河。b. 用于地名。如：**汶**川县（位于四川省阿坝藏族自治州）。
纹	㊀wén ㊁wèn	㊀丝织物的花纹；泛指物体上的纹路。如：**纹**理、条**纹**、指**纹**、掌**纹**、斜**纹**、水**纹**、波**纹**、斑**纹**、皱**纹**、抬头**纹**、鱼尾**纹**、裂**纹**。 ㊁同“璺”。陶瓷等器具上的裂痕。如：这花瓶上有道**纹**。
蚊	wén	蚊子，昆虫，种类多，幼虫称为“孑孓”，成虫身体细长，有翅能飞，多为夜行性，口器为刺吸式，吸食植物汁液和动物血液，能传播疟疾等疾病。
还有与上述同类型的三级字：**驳** wén **玟**㊀mín ㊁wén **炆** wén		

下列形近字右边的相同部件是：**廉**

濂	lián	濂江，水名，发源于江西省，汇入贡江。
镰	lián	镰刀，割庄稼、草等的农具。如：开**镰**（开始用**镰**刀收割）、挂**镰**（收割工作结束）。
蠊	lián	组词“蜚蠊”。即蟑螂。

下列形近字右边的相同部件是：**齐**

挤	jǐ	a. 集中或紧挨在一起。如：**挤**成一团、交通拥**挤**。b. 在拥挤的环境中推。如：**挤**进会场。c. 用压力使从孔隙中出来。如：**挤**牙膏。d. 排斥。如：排**挤**。
济	㊀jǐ ㊁jì	㊀a. 用于地名。如：**济**南市（山东省的省会城市）。b. 组词“济济”。形容众多。如：**济济**一堂、人才**济济**。 ㊁a. 渡；过河。如：同舟共**济**。b. 帮助；救助。如：救**济**、扶危**济**困、劫富**济**贫。c. 补益；对事情有益。如：刚柔相**济**、无**济**于事。
脐	qí	a. 肚脐，在人体的腹部，由胎儿出生后与母体断开的脐带脱落凹陷而成。b. 螃蟹腹部的甲壳，母蟹呈圆形的称团脐，公蟹呈尖形的称尖脐。
蛴	qí	组词“蛴螬”。金龟子的幼虫，圆柱状，头部褐色，身体白色，多为植食性，危害作物根、茎等，是地下害虫，可入药。
跻	jī	登；上升。如：**跻**升、**跻**登（攀登）、**跻**身文坛、这项新技术**跻**于世界前列。
还有与上述同类型的二、三级字：**侪** chái **鲚** jì **隮** jī		

下列形近字左边的相同部件是：**交**

郊	jiāo	城市周围的地区。如：**郊**区、**郊**外、**郊**游、西**郊**、近**郊**。
效	xiào	a. 效果；功用。如：**效**能、高**效**、特**效**、行之有**效**。b. 模仿。如：仿**效**、东施**效**颦、上行下**效**。c. 献出；替别人尽力。如：**效**忠、**效**力、愿**效**犬马之劳。
还有与上述同类型的三级字：**鵁** jiāo		

下列形近字右边的相同部件是：**交**

佼	jiǎo	a. 美好。如：**佼**好。b. 组词“佼佼”。形容超出一般的。如：**佼佼**者、庸中**佼佼**(常人中比较突出的)。
咬	yǎo	a. 上下牙齿对着用力。如：**咬**紧牙关、**咬**一口。b. 比喻紧跟不放。如：比分**咬**得很紧。c. 钳子、齿轮等夹住或卡住。d. 受审训时牵扯不相关的人。如：乱**咬**好人。e. 读字音。如：**咬**字很准。f.(狗)叫。如：鸡鸣狗**咬**。
狡	jiǎo	奸猾；诡诈。如：**狡**猾、**狡**诈、奸**狡**、**狡**辩、**狡**黠、**狡**兔三窟(狡猾的兔子有三个藏身的洞穴，比喻隐蔽的地方多)。
饺	jiǎo	饺子，一种传统特色面食，常包成半圆形且里面有馅。如：水**饺**、蒸**饺**、煎**饺**、**饺**子馆、出门**饺**子回家面。
姣	jiāo	形容容貌体态美好。如：**姣**丽、**姣**美、姿容**姣**好。
绞	jiǎo	a. 拧；扭紧。如：**绞**毛巾。b. 把两股及两股以上条状物扭在一起。如：**绞**绳子。c. 用绳子勒。如：**绞**刑、**绞**杀。d. 量词，用于纱、毛线等。如：两**绞**毛线。
校	㊀jiào ㊁xiào	㊀a. 核对；订正。如：**校**对、**校**验、**校**准。b. 比较；较量。如：比武**校**场。 ㊁a. 学校。如：母**校**、**校**园、**校**风、技**校**、分**校**、党**校**、**校**训、驾**校**、军**校**、全**校**同学、高等院**校**。b. 军衔名，在将之下，尉之上。如：上**校**、少**校**。
较	jiào	a. 比；相比。如：比**较**、**较**量。b. 计较。如：锱铢必**较**(对锱和铢这样微小的量都要计较)。c. 明显。如：**较**然不同。d. 副词，表示具有一定程度。如：**较**好。
胶	jiāo	a. 某些有黏性的物质。如：强力**胶**、万能**胶**、固体**胶**。b. 指橡胶。如：**胶**鞋。c. 像胶有黏性的。如：**胶**泥。d. 用胶粘住。如：**胶**柱鼓瑟。
铰	jiǎo	a. 用剪刀剪。如：**铰**窗花。b. 铰刀；也指用铰刀切削。如：**铰**孔。c. 铰链，用来连接两个部分的装置或零件，可转动。如：**铰**接。
皎	jiǎo	洁白；明亮。如：**皎**洁、风清月**皎**。
蛟	jiāo	蛟龙，传说中一种能兴风作浪、使洪水泛滥的龙。如：擒虎拿**蛟**、“猛虎归山，**蛟**龙入海”。
跤	jiāo	跟头。如：摔**跤**、跌了一**跤**。

还有与上述同类型的二、三级字：**鲛** jiāo **峧** jiāo **洨** xiáo **恔**㊀jiǎo ㊁xiào

下列形近字下面的相同部件是：**卒**

萃	cuì	汇集；也指汇集在一起的人或物。如：**萃**聚、荟**萃**、出类拔**萃**（超出同类）。
翠	cuì	a. 青绿色。如：**翠**绿、**翠**竹、青**翠**、苍**翠**。b. 翡翠；绿色的玉。如：**翠**花、**翠**钿、珠**翠**。c. 指翠鸟，又叫鱼狗，羽毛青绿色，尾巴短小，捕食小鱼。
还有与上述同类型的三级字：**窣** sū **崒** zú		

下列形近字右边的相同部件是：**卒**

捽	zuó	揪；抓。如：**捽**着不放、小孩**捽**住妈妈的衣服、**捽**头发。
猝	cù	突然。如：**猝**死、**猝**发、**猝**然倒地、**猝**不及防。
淬	cuì	淬火，把金属等工件加热到一定温度，然后放入水等冷却剂中使其快速冷却，从而提高其强度和硬度。
悴	cuì	组词“憔悴”。形容瘦弱无力、气色不好的样子。如：日渐憔**悴**、面容憔**悴**、憔**悴**不堪。
碎	suì	a. 完整的东西破成零片零块。如：破**碎**、摔**碎**。b. 使破裂；使变碎。如：**碎**尸万段、**碎**纸机。c. 不完整的。如：**碎**屑。d. 说话唠叨。如：嘴太**碎**。
粹	cuì	a. 纯；不杂。如：纯**粹**、**粹**白之裘。b. 精华。如：精**粹**、国**粹**（一个国家固有文化中的精华）。
醉	zuì	a. 饮酒过量导致神志不清。如：**醉**醺醺、酩酊大**醉**、烂**醉**如泥。b. 沉迷；酷爱。如：如痴如**醉**、陶**醉**、沉**醉**。c. 用酒泡制的。如：**醉**蟹、**醉**枣。
还有与上述同类型的二级字：**谇** suì **啐** cuì		

下列形近字右边的相同部件是：**㐫**

恼	nǎo	a. 愤怒；生气。如：气**恼**、**恼**火、**恼**羞成怒、不要惹**恼**了他。b. 烦闷；苦闷。如：烦**恼**、苦**恼**、懊**恼**。
脑	nǎo	a. 人和脊椎动物中枢神经系统的主要部分，在颅腔内。主管运动、思维、感觉等。b. 脑筋；思考和记忆的能力。如：**脑**力劳动。c. 像脑的东西。如：豆腐**脑**。
还有与上述同类型的三级字：**垴** nǎo		

下列形近字下面的相同部件是：**离**

蓠	lí	组词“江蓠”。藻类植物，藻体线状圆柱形，生长在海湾浅水中。
篱	lí	篱笆，用竹、芦苇、树枝等编成的起遮拦或防护作用的设施。如：竹**篱**茅舍。

下列形近字右边的相同部件是：**离**

漓	lí	a. 组词“淋漓”。形容液体湿淋淋地往下滴的样子；也形容畅快的样子。如：大汗淋**漓**、酣畅淋**漓**。b. 漓江，水名，发源于广西壮族自治区兴安县猫儿山的东北面的老山界南侧，至梧州汇入西江。
缡	lí	古代妇女的佩巾。如：帨**缡**（佩巾，古代女子出嫁时的装饰）、结**缡**（母为临嫁的女子系结佩巾）。
璃	lí	a. 组词“玻璃”。一种脆而硬的无机材料，主要成分是硅酸盐，也指某些像玻璃的塑料（如有机玻璃）。b. 琉璃，用铝和钠的硅酸盐化合物烧制而成的釉料。
还有与上述同类型的二、三级字：**螭** chī **摛** chī **醨** lí		

下列形近字右边的相同部件是：**衮**

滚	gǔn	a. 翻转着移动。如：**滚**动、**滚**雪球。b. 水流翻腾；如：波浪**滚滚**。c. 指液体沸腾。如：**滚**水、把水烧**滚**泡茶。d. 走开；离开。如：**滚**开、**滚**蛋。
磙	gǔn	a. 磙子，用石头等材料做的圆柱形的碾轧器具。如：石**磙**。b. 用磙子碾压。如：**磙**地、**磙**路面。

下列形近字右边的相同部件是：**亢**

伉	kàng	a. 对等；相称（指夫妻间）。如：**伉**俪（指夫妻）。b. 正直；刚直。如：**伉**直（刚强正直）、**伉**健（刚强健壮）。
坑	kēng	a. 洼下去的地方。如：泥**坑**。b. 地洞；地道。如：矿**坑**。c. 坑害。如：**坑**蒙拐骗。d. 活埋。如：**坑**杀、焚书**坑**儒（秦始皇焚烧书籍、活埋儒士）。
抗	kàng	a. 抵御；抵挡。如：**抗**日战争、反**抗**、负隅顽**抗**、**抗**灾救险。b. 拒绝；不接受。如：违**抗**、**抗**命。c. 匹敌；相当。如：分庭**抗**礼。（注意区别“抗杭”）
吭	㊀háng ㊁kēng	㊀喉咙；嗓子。如：引**吭**高歌、舒**吭**一鸣（放开嗓子一声鸣叫）。 ㊁出声；说话。如：不敢**吭**声、一声不**吭**、你有什么需要就**吭**一声。
沆	hàng	组词“沆瀣”。夜间的水汽、露水。如：**沆**瀣一气（多用来比喻臭味相投的人勾结在一起）。

杭	háng	浙江杭州的简称。如：**杭**剧、沪**杭**铁路、京**杭**大运河、“上有天堂，下有苏**杭**”。（注意区别“杭抗”）
肮	āng	组词“肮脏”。a. 脏；不干净。如：**肮**脏不堪、房间里太**肮**脏了。b. 比喻卑鄙、丑陋。如：**肮**脏的交易、思想**肮**脏。
炕	kàng	a. 用土坯或砖砌成的睡觉用的下面可烧火取暖的长方台（多见于我国北方）。如：上**炕**、铺**炕**、热**炕**头。b. 烤。如：把湿衣服拿来**炕**一**炕**。
航	háng	船或飞行器行驶。如：**航**海、出**航**、**航**速、**航**行、导**航**、保驾护**航**、停**航**、巡**航**导弹、**航**空、宇**航**员、**航**天飞机、**航**线、远**航**舰队。
还有与上述同类型的三级字：**钪** kàng		

下列形近字右边的相同部件是：**唐**

塘	táng	a. 堤岸。如：河**塘**。b. 浴池。如：澡**塘**。c. 水池。如：池**塘**、生物**塘**（靠藻类等处理污水的自然或人工塘）、鱼**塘**。d. 室内生火用的小坑。如：火**塘**。
搪	táng	a. 抵挡。如：**搪**饥、**搪**寒、**搪**不住风雨。b. 敷衍；应付。如：**搪**塞、推**搪**。c. 均匀地涂上泥或涂料。如：**搪**瓷、**搪**玻璃、**搪**炉子。
溏	táng	糊状的；不凝结半流动的。如：**溏**稀、**溏**心鸡蛋（鸡蛋经煮过或腌制过后，蛋黄呈糊状半流动状态）、**溏**便（医学上指较稀的大便）。
糖	táng	a. 一类有机化合物，分为单糖、双糖和多糖。如：蔗**糖**、葡萄**糖**。b. 从甘蔗等原料中提取的甜的东西。如：白**糖**、冰**糖**。c. 糖果。如：奶**糖**。
还有与上述同类型的二、三级字：**瑭** táng **螗** táng		

下列形近字右边的相同部件是：**康**

慷	kāng	组词“慷慨”。a. 充满正气；情绪激昂。如：**慷**慨激昂、**慷**慨陈词。b. 大方；不怜惜。如：**慷**慨解囊、他为人很**慷**慨。
糠	kāng	a. 从稻、麦、谷子等籽实上脱下来的皮或壳。如：糟**糠**、米**糠**。b.（萝卜等）失去水分而内部空虚，质地变松。如：萝卜**糠**了。
还有与上述同类型的三级字：**墉** kāng **鱇** kāng		

下列形近字右边的相同部件是：**庸**

墉	yōng	城墙；高墙。如：**墉**垣、**墉**基（城墙的根基）、**墉**屋（垣墙与房舍）、“谁谓鼠无牙，何以穿我**墉**？”（谁说老鼠无牙齿呀？它凭什么能咬穿我的墙壁啊）。
慵	yōng	困倦；懒散。如：**慵**困、**慵**懒、**慵**馋（好吃懒做）。

镛	yōng	大钟，古代一种打击乐器。
鳙	yōng	鱼名，头部肥大，俗称“胖头鱼”，下颌稍向上倾斜，背面暗黑色，腹部灰白，鳞细密，生活在淡水中，以浮游动物为食，是我国重要的养殖鱼类。

下列形近字左上的相同部件是：**鹿**

麇	㊀jūn ㊁qún	㊀古书上指獐子。如：**麇**窜(像獐子一样惊慌逃窜)、**麇**包(用白茅包的死獐子)。 ㊁成群。如：诸事**麇**集、**麇**至(成群而来)。
麋	mí	麋鹿，哺乳动物，又称“四不像”(因其头像马，身像驴，角像鹿，蹄像牛，故称)，颈部长，略似骆驼，性温顺，以青草、树叶等为食物。

下列形近字右边的相同部件是：**鹿**

漉	lù	a. 过滤。如：**漉**油、**漉**酒、**漉**网。b. 液体往下渗。如：渗**漉**。
辘	lù	组词“辘轳”。a. 安在井上拉动绳索汲水的工具。b. 机械上的绞盘。

下列形近字的相关部分是：**衣**

哀	āi	a. 悲痛；悲伤。如：悲**哀**、**哀**伤、寄托**哀**思、**哀**鸣、苦苦**哀**求、喜怒**哀**乐、节**哀**顺变。b. 悼念。如：默**哀**三分钟。c. 怜悯；同情。如：**哀**其不幸。
衰	㊀cuī ㊁shuāi	㊀a. 等次；等级。如：等**衰**。b. 同“缞”。用粗麻布制成的丧服。 ㊁由强变弱；减退。如：记忆力**衰**退、日渐**衰**老、年老体**衰**、由盛转**衰**、兴**衰**荣辱、肾功能**衰**竭、身体**衰**弱、**衰**亡、**衰**落。
衷	zhōng	内心。如：由**衷**感激、言不由**衷**、**衷**心拥护、和**衷**共济、无动于**衷**、不改初**衷**、倾吐**衷**肠、互诉**衷**情。

下列形近字右边的相同部件是：**衣**

依	yī	a. 靠着；傍着。如：**依**偎。b. 倚仗；依赖。如：孤苦无**依**、相**依**为命。c. 顺从。如：**依**从、百**依**百顺。d. 介词，按照。如：**依**葫芦画瓢。
铱	yī	金属元素。符号 Ir，原子序数为 77，属于铂系金属，银白色，熔点、沸点高，硬度高，抗腐蚀性强，化学性质稳定，可用于制钢笔尖、科学仪器等。
还有与上述同类型的三级字：**铱** xī		

下列形近字上面的相同部件是：**次**

咨	zī	商议；询问。如：技术**咨**询、**咨**问（**咨**询请教）、**咨**访（**咨**询访问）。
瓷	cí	用高岭土等烧成的一种材料或器物，质硬而脆。如：宋**瓷**、**瓷**器、**瓷**砖、**瓷**瓶、陶**瓷**、青花**瓷**、**瓷**碗。
姿	zī	a. 容貌；面貌。如：**姿**容、天**姿**国色。b. 身体呈现的样子；形态。如：**姿**势、英**姿**飒爽、身**姿**、千**姿**百态、摇曳多**姿**、雄**姿**英发。
资	zī	a. 钱财；财物。如：**资**产。b. 提供；供给。如：**资**助、以**资**鼓励。c. 智力。如：天**资**聪颖。d. 资格；资历。如：论**资**排辈。e. 材料；素材。如：**资**料。
恣	zì	a. 放纵；没有拘束。如：**恣**意妄为、纵情**恣**欲、**恣**行无忌、暴戾**恣**睢。b. 舒服；自在。如：**恣**得很、睡得真**恣**。
盗	dào	a. 偷窃。如：**盗**墓、偷**盗**、掩耳**盗**铃、欺世**盗**名、鸡鸣狗**盗**、监守自**盗**。b. 偷窃或抢劫财物的人。如：**盗**贼、江洋大**盗**、海**盗**、开门揖**盗**。
还有与上述同类型的三级字：**粢** zī		

下列形近字上面的相同部件是：**立**

竞	jìng	比赛；互相争胜。如：公平**竞**争、体育**竞**赛、**竞**选县长、**竞**走、**竞**技。
竟	jìng	a. 完结；终了。如：未**竟**之业。b. 整个；从头到尾。如：**竟**年（整年）、**竟**夜长谈。c. 居然。如：**竟**然、**竟**敢。d. 终于。如：有志者事**竟**成。

下列形近字下面的相同部件是：**立**

竖	shù	a. 跟地平面或水平面垂直的。如：**竖**井、重力**竖**直向下。b. 直立。如：**竖**起大拇指。c. 上下或前后方向的。如：**竖**着写。d. 汉字的一种笔形。
笠	lì	斗笠，用竹篾等材料编制成的可遮阳挡雨的帽子。如：烟蓑雨**笠**、芒鞋竹**笠**、孤舟蓑**笠**翁（在一只小船上有一个披着蓑衣、戴着斗笠的老翁）。
翌	yì	次于当天、当年的。如：**翌**日、**翌**年。
还有与上述同类型的三级字：**昱** yù		

下列形近字右边的相同部件是：**立**

位	wèi	a. 所在的地方。如：定**位**、**位**置。b. 地位；职位。如：身居高**位**。c. 皇位；王位。如：在**位**期间、篡**位**。d. 一个数中每个数码占的位置。如：个**位**、十**位**。e. 量词，用于人、数（指数码的个数）等。如：两**位**朋友、三**位**数。
垃	lā	组词“垃圾”。a. 脏土或被弃掉的东西。如：生活**垃**圾、**垃**圾焚烧、**垃**圾箱、垃**圾**填埋。b. 比喻没用的或有害的。如：垃**圾**邮件、垃**圾**食品、垃**圾**信息。
拉	㊀lā ㊁lá	㊀a. 牵引。如：**拉**锯。b. 用车运。如：**拉**货。c. 使延长。如：**拉**伸。d. 使发声。如：**拉**二胡。e. 帮助。如：**拉**一把。f. 牵累。如：这事别**拉**上他。g. 排泄粪便。如：**拉**屎。h. 闲谈。如：**拉**家常。i. 组织。如：**拉**队伍。j. 拉拢。如：**拉**关系。 ㊁割开；划破；切断。如：**拉**块玻璃、皮包被**拉**了一个口子。
泣	qì	a. 无声或小声地哭。如：**泣**不成声、喜极而**泣**、掩面而**泣**、哭**泣**、抽**泣**。b. 眼泪。如：**泣**下如雨、**泣**下沾襟。
粒	lì	a. 小圆珠形或小碎块形的固体东西。如：玉米**粒**、饭**粒**、米**粒**、颗**粒**。b. 量词，用于粒状的东西。如：春种一**粒**粟、一**粒**子弹、一**粒**药丸。
还有与上述同类型的三级字：**砬** lá		

下列形近字右边的相同部件是：**辛**

梓	zǐ	a. 梓树，落叶乔木，树冠伞形，花黄白色，木材可制家具，树皮、果实等可入药。b. 用木头（如梓木）雕刻成印刷用的版。如：**梓**行（刻版印行）。
锌	xīn	金属元素。符号 Zn，原子序数为 30，蓝白色，化学性质活泼，可与硫酸、盐酸等发生反应，多用于电镀行业（如镀锌钢管），也可用于制电池、合金等。
辞	cí	a. 文体的一种。如：**辞**赋、楚**辞**。b. 言语；文词。如：**辞**藻。c. 告别。如：不**辞**而别。d. 解雇；辞职。如：**辞**退、请**辞**。e. 不接受；推托。如：义不容**辞**。
还有与上述同类型的三级字：**骍** xīng		

辨	biàn	区别；分析。如：真伪难**辨**、分**辨**、明**辨**是非、**辨**别、**辨**认、不**辨**菽粟（分不清豆子和小米，现用来形容缺乏实际生产知识）。
辩	biàn	说明是非或真假等；争论；论述理由。如：能言善**辩**、**辩**护、**辩**解、诡**辩**、百口莫**辩**、**辩**论赛、争**辩**、事实胜于雄**辩**、答**辩**、不容置**辩**。

辫	biàn	辫子；也指像辫子的东西。如：梳两个**辫**儿、马尾**辫**。
瓣	bàn	a. 花瓣。如：这朵花有六个**瓣**儿。b. 植物的种子、果实等可以分开的小块；瓜果的分瓤。如：蒜**瓣**、橘子**瓣**。c. 物体自然分开或破裂分成的部分。如：盘子摔成了好几**瓣**。d. 量词，用于花瓣、瓜果分块等。如：一**瓣**橘子。

下列形近字左边的相同部件是：**咅**

剖	pōu	a. 切开；破开。如：解**剖**、**剖**腹谢罪、纵**剖**面、**剖**视图、**剖**蚌求珠。b. 分辨；分析。如：**剖**析、**剖**白、**剖**明事理。
部	bù	a. 整体中的一份。如：内**部**、局**部**。b. 机关部门；企业单位。如：外交**部**、编辑**部**。c. 统辖；统率。如：**部**领。d. 军队；军队的领导机构或其所在地。如：率**部**突围、师**部**。e. 量词，用于书籍、车辆、影片等。如：一**部**影片。
还有与上述同类型的二级字：**瓿** bù		

下列形近字右边的相同部件是：**咅**

倍	bèi	a. 某数的几倍等于用该数乘以几。如：3 的 4 **倍**是 12。b. 加倍；成倍。如：翻**倍**、身价**倍**增、事半功**倍**。c. 更加；格外。如：**倍**感亲切、每逢佳节**倍**思亲。
陪	péi	随同；在旁边作伴。如：**陪**伴、**陪**读、**陪**葬品、**陪**嫁、失**陪**、奉**陪**、**陪**审团、**陪**练、**陪**同、舍命**陪**君子、**陪**你逛街。
培	péi	a. 为保护植物或墙、堤等，在其根基处堆土。如：栽**培**、**培**土。b. 教育和训练。如：技术**培**训、**培**养人才、委**培**、**培**育。
掊	㊀póu ㊁pǒu	㊀a. 搜刮；聚敛。如：**掊**聚、**掊**敛。b. 用手扒土；挖掘。 ㊁打击；抨击。如：**掊**击。
涪	fú	涪江，水名，发源于四川省，流至重庆市合川区汇入嘉陵江。
赔	péi	a. 补偿损失。如：**赔**偿、索**赔**、保险理**赔**、割地**赔**款。b. 道歉或认错。如：**赔**笑、**赔**礼道歉、**赔**不是。c. 做买卖亏损。如：**赔**了老本。
焙	bèi	用微火烘烤。如：烘**焙**、**焙**茶、**焙**药、**焙**花椒、**焙**干研碎。
碚	bèi	用于地名。如：北**碚**区（位于重庆市）。
还有与上述同类型的二、三级字：**醅** pēi **棓** bèi **锫** péi **踣** bó		

下列形近字上面的相同部件是：**音**

章	zhāng	a. 歌曲诗文的段落。如：**章**节、顺理成**章**。b. 条目，规程。如：**章**程、党**章**。c. 条理。如：杂乱无**章**。d. 戳记。如：图**章**、盖**章**。e. 佩戴在身上的标志。如：袖**章**、领**章**、徽**章**。f. 奏本。如：奏**章**、本**章**。
竟	jìng	a. 完结；终了。如：未**竟**之业。b. 整个；从头到尾。如：**竟**年（整年）、**竟**夜长谈。c. 居然。如：**竟**然、**竟**敢。d. 终于。如：有志者事**竟**成。
意	yì	a. 心思；意思。如：**意**见、**意**义、**意**念、注**意**、同**意**。b. 心愿，愿望。如：**意**愿、愿**意**、**意**向、**意**图、好**意**。c. 人或事物流露的情态。如：春**意**、诗**意**、惬**意**、情**意**、**意**境。d. 料想，猜想。如：**意**料之中、**意**外事故。

下列形近字左边的相同部件是：**音**

歆	xīn	a. 羡慕；喜爱。如：**歆**羡、**歆**慕。b. 鬼神享受供奉的祭品的香气；引申为享用。如：**歆**享（神灵享受供物）。
韵	yùn	a. 好听的声音。如：松声竹**韵**、林籁泉**韵**、琴**韵**悠扬。b. 韵母。如：音**韵**、押**韵**。c. 情趣；风度。如：**韵**味、风**韵**。
韶	sháo	a. 美；美好。如：**韶**光、**韶**华（指青年时代）。b. 古代乐曲名。

下列形近字右边的相同部件是：**音**

谙	ān	熟悉。如：**谙**熟、**谙**知、**谙**练（熟知）、深**谙**事理、不**谙**世故、饱**谙**经史。
喑	yīn	a. 嗓子哑；不能发声。如：**喑**哑。b. 沉默不语；（动物）不鸣叫。如：**喑**默、万马齐**喑**（千万匹马都沉寂无声，比喻人们都沉默不语，形容局面沉闷）。（注意区别"喑暗"）
愔	yīn	组词"愔愔"。a. 安闲和悦的样子。如：琴丝**愔愔**。b. 寂静无声的样子。如：万籁静**愔愔**。
暗	àn	a. 不亮；光线不足。如：黑**暗**、阴**暗**、天昏地**暗**。b. 愚昧；糊涂。如：偏听则**暗**。c. 秘密的；不公开地。如：**暗**杀、**暗**访、**暗**度陈仓、心中**暗**喜。（注意区别"暗喑"）
还有与上述同类型的一级字：**黯** àn		

下列形近字右边的相同部件是：**章**

障	zhàng	a. 阻隔；遮掩。如：**障**碍、以一篑**障**江河（用一筐土去堵塞大河的泛滥，比喻所用力量微薄，无济于事）。b. 用作遮蔽的东西。如：屏**障**、设置路**障**。

嶂	zhàng	指像屏障的山峰。如：千峰百**嶂**、层峦叠**嶂**。
幛	zhàng	幛子，多用作贺喜或吊唁礼物的绸布，常题有送礼人的词句。如：贺**幛**、挽**幛**、锦**幛**、寿**幛**、喜**幛**。
獐	zhāng	哺乳动物，又称河麂、牙獐，外形像鹿而无角，四肢细小发达善跳跃，尾短不明显，雄獐犬齿发达，体毛多呈棕黄色，以青草、嫩叶等为食。
漳	zhāng	漳河，水名。a. 发源于山西省，汇入卫河。b. 发源于湖北省，与沮河汇流为沮漳河，汇入长江。c. 发源于安徽省，汇入长江。
璋	zhāng	一种玉器，像半个圭。如：圭**璋**（两种贵重的玉制礼器，比喻气质高雅或高尚的品德）。
樟	zhāng	樟树，常绿乔木，喜光，不耐寒，叶子椭圆形，花黄绿色，球形果实绿色，全树有樟脑香气，可从枝叶中提取炼制樟脑丸，有防虫蛀等作用。
蟑	zhāng	蟑螂，昆虫，又称蜚蠊，种类多（如东方蟑螂），体扁平，触角长丝状，能发出臭味，昼伏夜出，常污染食物、咬坏衣物等，且能传播霍乱等疾病。
还有与上述同类型的三级字：**嫜** zhāng **暲** zhāng		

下列形近字右边的相同部件是：**童**

僮	㊀tóng ㊁zhuàng	㊀同“童”。旧指未成年的男仆。如：**僮**仆。 ㊁我国少数民族“壮族”的“壮”原作“僮”。
撞	zhuàng	a. 碰。如：碰**撞**。b. 击打。如：**撞**钟。c. 无意中遇到。如：刚好**撞**见了。d. 鲁莽地行动。如：横冲直**撞**。e. 试探。如：**撞**运气。（注意区别“撞橦”）
幢	㊀chuáng ㊁zhuàng	㊀a. 旗帜一类的东西。如：云**幢**（饰有云形图案的旗帜）。b. 佛教的经幢，将经文等写在绸布上的称为“经幢”，刻写在石柱上的称为“石幢”。 ㊁量词，用于房屋。如：一**幢**办公大楼。
潼	tóng	用于地名。如：**潼**关县（位于陕西省渭南市）。
憧	chōng	a. 组词“憧憬”。向往。如：满怀**憧**憬、**憧**憬未来。b. 组词“憧憧”。摇曳不定；也形容往来不绝。如：灯影**憧憧**、人影**憧憧**。
瞳	tóng	瞳孔，光线进入眼睛的通道，眼球的虹膜中心的小圆孔，瞳孔收缩（由瞳孔括约肌和瞳孔放大肌收缩引起）可调节进入瞳孔的光量。
还有与上述同类型的二、三级字：**疃** tuǎn **艟** chōng **噇** chuáng **橦** tóng **曈** tóng		

下列形近字右边的相同部件是：**竟**

境	jìng	a. 边界；疆界。如：大军压**境**、出入**境**、**境**外。b. 地方；区域。如：如入无人之**境**。c. 所处的环境或状况。如：处**境**、逆**境**、顺**境**、时过**境**迁。
镜	jìng	a. 镜子。如：铜**镜**、破**镜**重圆、**镜**花水月。b. 利用光学原理制造的眼镜等器具。如：望远**镜**、凸透**镜**、显微**镜**、老花**镜**、三棱**镜**。
还有与上述同类型的三级字：**獍** jìng		

下列形近字右边的相同部件是：**意**

噫	yī	a. 叹词，表示惊讶。如：**噫**！谁把客厅布置得这么漂亮。b. 文言叹词，表示悲痛或叹息。如：**噫**呜（表示感慨悲叹）。
臆	yì	a. 胸。如：胸**臆**。b. 主观地；无客观根据的。如：**臆**想、**臆**测、**臆**度、主观**臆**断、凭空**臆**造。
还有与上述同类型的三级字：**缢** yì **镱** yì		

下列形近字右边的相同部件是：**妾**

接	jiē	a. 连成一体。如：连**接**、**接**轨。b. 继续。如：再**接**再厉。c. 顶替。如：**接**班。d. 靠近；触碰。如：**接**触。e. 收取；承受。如：**接**收。f. 相迎。如：**接**送。
唼	shà	组词"唼喋"。拟声词，形容鱼或水鸟吃食的声音。如：每当人们往鱼池里撒鱼饵时，就能听到阵阵**唼**喋声。

下列形近字右边的相同部件是：**商**

谪	zhé	a. 谴责；责罚。如：众口交**谪**。b. 封建时代特指被降职贬官。如：**谪**戍、迁**谪**、贬**谪**、**谪**居、"庆历四年春，滕子京**谪**守巴陵郡"（出自《岳阳楼记》）。
摘	zhāi	a. 采；取下。如：采**摘**、**摘**花、**摘**取、手可**摘**星辰。b. 选取。如：**摘**录、**摘**抄、论文**摘**要。c. 临时借。如：**摘**借无门、东**摘**西借。
嘀	dí	组词"嘀咕"。a. 小声说；私下说。如：背地里**嘀**咕、你俩**嘀**咕什么呢？b. 心中不安；犹疑不定。如：心里直犯**嘀**咕。
滴	dī	a. 液体一点一点落下。如：**滴**水成冰。b. 使液体一点一点落下。如：**滴**眼药水。c. 一点一点落下的液体。如：汗**滴**。d. 量词，用于滴下的液体。如：一**滴**泪。

嫡	dí	a. 封建宗法制度中指正妻及正妻生的儿子。如：**嫡**嗣、**嫡**出、**嫡**庶、**嫡**长子。b. 家族中血统最近的。如：**嫡**亲姐姐。c. 正宗的；正统的。如：**嫡**系、**嫡**传。
镝	㊀dī ㊁dí	㊀金属元素。符号 Dy，原子序数为 66，镧系元素之一，银白色，熔点、沸点高，化学性质活泼，易被氧化，用于制催化剂、合金、发光材料等。 ㊁弓箭箭头，也指箭。如：金**镝**、锋**镝**、骨为矢**镝**。
还有与上述同类型的三级字：**蹢**㊀dí ㊁zhí		

下列形近字右边的相同部件是：**啇**

墒	shāng	田地土壤里适合种子发芽、植物生长的湿度。如：保**墒**、失**墒**、验**墒**、**墒**情（土壤湿度情况）。
熵	shāng	科学技术上泛指某些物质系统状态的一种量度或者某些物质系统状态可能出现的程度。

下列形近字右边的相同部件是：**帝**

谛	dì	a. 仔细（听或看）。如：屏息**谛**听、凝神**谛**视。b. 意义；道理。如：真**谛**。
啼	tí	a. 哭；出声地哭。如：**啼**哭、儿**啼**、悲**啼**、**啼**笑皆非。b.（鸟兽）叫。如：虎啸猿**啼**、**啼**鸣、杜鹃**啼**血、月落乌**啼**（形容天色将明而未明时的景象）。
缔	dì	a. 结合；订立。如：**缔**结同盟、**缔**约、**缔**交。b. 建立；构筑。如：**缔**造。
碲	dì	非金属元素。符号 Te，原子序数为 52，灰色粉末或银白色晶体，有一定毒性，传热和导电性能良好，是很好的半导体材料，可用于制合金、催化剂等。
蹄	tí	牛、马等动物长在趾端的角质保护物，也指这些动物有角质保护物的脚。如：猪**蹄**、马失前**蹄**、马不停**蹄**。
还有与上述同类型的三级字：**媂** dì **珶** dì **禘** dì		

下列形近字右边的相同部件是：**旁**

傍	bàng	a. 靠；靠近。如：依山**傍**水。b. 临近（多指时间）。如：**傍**晚、**傍**晌（临近正午的时候）。
谤	bàng	a. 恶意攻击别人。如：诽**谤**、止**谤**莫如自修。b. 公开指责。如：**谤**议、妄**谤**前辈、**谤**讥于市朝（在众人集聚的公共场所指责议论我的过失）。

滂	pāng	组词"滂沱"。a. 形容雨下得很大的样子。如:大雨**滂**沱。b. 形容哭得厉害,泪如雨下的样子。如:涕泗**滂**沱(哭得很厉害,眼泪鼻涕像下雨一样)。
榜	bǎng	张贴出来的文告或名单。如:**榜**上有名、光荣**榜**、发**榜**、落**榜**、荣登**榜**首、张**榜**招贤、排行**榜**。(注意区别"榜搒")
膀	㊀bǎng ㊁pāng ㊂páng	㊀a. 胳膊的上部靠肩的部分。如:**膀**大腰粗、左**膀**右臂、肩**膀**。b. 鸟类等的翅膀。 ㊁浮肿。如:脸有些**膀**。 ㊂组词"膀胱"。俗称"尿脬""尿泡",储存尿的器官,囊状,有收缩性。
磅	㊀bàng ㊁páng	㊀a. 英美制质量或重量单位,1 磅约合 453.6 克。b. 磅秤(秤的一种,也称台秤);也指用磅秤称量。如:地**磅**、过**磅**称重量、**磅**体重。 ㊁组词"磅礴"。a. 形容气势盛大。如:气势**磅**礴。b. 扩展;充满。如:忠义之气,**磅**礴宇内。
耪	pǎng	用锄翻松土地。如:玉米收割完后得把地**耪**一遍。
螃	páng	组词"螃蟹"。节肢动物,种类多(如梭子蟹),全身有甲壳,靠鳃呼吸,有五对足,横着爬行,以小鱼小虾等为食。
还有与上述同类型的二、三级字:**镑** bàng **塝** bàng **搒**㊀bàng ㊁péng **鳑** páng		

下列形近字上面的相同部件是:**亡**

妄	wàng	胡乱;荒诞不合理。如:**妄**作主张、胡言**妄**语、肆意**妄**为、痴心**妄**想、轻举**妄**动、**妄**加猜疑、**妄**自尊大。
忘	wàng	忘记;遗漏。如:难**忘**、遗**忘**、备**忘**录、废寝**忘**食、永世不**忘**、**忘**恩负义、舍生**忘**死、喝水不**忘**挖井人、"前事不**忘**,后事之师"。

肓	huāng	心脏与横隔膜之间。如:病入膏**肓**(病情特别严重,无法医治,也比喻事态严重到不可挽回的地步)。
盲	máng	a. 瞎;看不见东西的。如:**盲**人。b. 不能辨别或分辨不清。如:色**盲**。c. 盲目地。如:**盲**从、**盲**干、**盲**动。d. 不识字或识字少。如:文**盲**。

嬴	yíng	姓。如:**嬴**政(即秦始皇,中国历史上第一个称皇帝的君主)。
赢	yíng	a. 获胜。如:这局棋你**赢**了、**赢**得了比赛。b. 获利;赚钱。如:**赢**利、双**赢**、互利共**赢**。
羸	léi	瘦弱。如:**羸**弱、**羸**骖(瘦弱的马)、瘦童**羸**马、瘠牛**羸**豚。
还有与上述同类型的三级字:**蠃** luǒ		

下列形近字右边的相同部件是：**亡**

忙	máng	a. 事情多；没空闲。如：繁**忙**、**忙**碌、**忙**中有序、**忙**里偷闲、三春不赶一秋**忙**。b. 急迫。如：不慌不**忙**、匆**忙**。c. 加紧做某事。如：他在**忙**着写报告。
牤	māng	牤牛，即公牛。
虻	méng	昆虫，种类多（如牛虻），体型像蝇，幼虫多为水生，身体灰黑色，有翅能飞，有的吸食植物的汁液，有的吸食动物的血液，可传染疾病。
还有与上述同类型的三级字：**杧** máng		

下列形近字右边的相同部件是：**方**

仿	fǎng	a. 效法；照样做。如：**仿**造、**仿**照、模**仿**、**仿**制品。b. 像；相似。如：年龄相**仿**、相貌相**仿**。c. 依照范本写的字。如：**仿**纸、他写了一张**仿**。（注意区别"仿彷"）
访	fǎng	a. 看望；探望。如：**访**亲问友、来**访**、拜**访**、**访**客。b. 向人询问调查；探寻。如：**访**寻、采**访**、密**访**、专**访**、微服私**访**、明察暗**访**。
防	fáng	a. 戒备；守备；警戒。如：国**防**、**防**御、以**防**万一、暗箭难**防**、**防**洪排涝、**防**微杜渐、猝不及**防**、**防**范于未然。b. 堤坝；挡水的建筑物。如：堤**防**。
坊	㊀fāng ㊁fáng	㊀a. 里巷（多用于街巷的名称）。如：街**坊**邻居、白纸**坊**（位于北京市）。b. 牌坊，为表彰功勋、忠孝节义等所立的建筑物。如：忠爱**坊**、贞节牌**坊**。㊁作坊，某些手工业生产或加工的场所，一般比较简陋。如：染**坊**、磨**坊**。
彷	páng	组词"彷徨"。走来走去，犹豫不决。如：**彷**徨不定、**彷**徨歧途。（注意区别"彷仿"）
妨	fáng	阻碍；损害。如：**妨**碍公务、**妨**害治安、不**妨**事。
纺	fǎng	a. 把丝、棉等制成纱或线。如：**纺**织、**纺**纱、耕**纺**（耕田纺织）。b. 一种稀疏而轻薄的丝织品。如：**纺**绸、杭**纺**、电力**纺**。
肪	fáng	组词"脂肪"。一类有机化合物，由甘油和脂肪酸化合而成的三酰甘油酯，存在于动植物体内，是生物体的储能物质之一，也是食用油的主要成分。
钫	fāng	a. 金属元素。符号 Fr，原子序数为 87，自然界含量极少，化学性质不稳定，有放射性。b. 古代一种盛酒容器，方口大腹。

舫	fǎng	船；特指游船。如：客**舫**、游**舫**、画**舫**（装饰华美的、游玩观赏用的船）。
魴	fáng	鱼名，身形像鳊鱼，体高侧扁，银灰色，背部隆起，生活在淡水中。
还有与上述同类型的二、三级字：**枋** fāng **昉** fǎng **牥** fāng **祊** bēng **蚄** fāng		

下列形近字下面的相同部件是：**族**

蔟	cù	蚕蔟，用麦秸、稻草等做成的东西，供蚕在上面吐丝做茧。
簇	cù	a. 聚集；也指聚集成团或成堆的东西。如：**簇**拥、花团锦**簇**。b. 很；极。如：**簇**新。c. 量词，用于聚集成团或成堆的东西。如：一**簇**鲜花、几**簇**灌木。

下列形近字右边的相同部件是：**族**

嗾	sǒu	a. 拟声词，指使狗时发出的声音。b. 教唆；指示。如：**嗾**使。
镞	zú	箭头。如：箭**镞**、矢**镞**。

下列形近字右边的相同部件是：**斿**

游	yóu	a. 不固定；流动。如：**游**移、散兵**游**勇。b. 在水中行动。如：**游**泳、畅**游**长江。c. 闲逛；慢慢行走。如：旅**游**、**游**山玩水。d. 与人交往。如：交**游**。e. 玩耍。如：**游**戏、**游**乐场。f. 江河的一段。如：上**游**、中**游**、下**游**。
蝣	yóu	组词“蜉蝣”。昆虫，体软弱，触角短。幼虫生活在水中1—6年，成虫有两对翅，常在水面飞行。成虫生存期短，交尾产卵后即死。

下列形近字右边的相同部件是：**旋**

漩	xuán	水流回旋形成的圆窝。如：**漩**涡（也作“旋涡”）。
璇	xuán	一种美玉。
还有与上述同类型的三级字：**暶** xuán		

下列形近字左边的相同部件是：**亥**

刻	kè	a. 雕刻。如：**刻**章、**刻**字。b. 时间，15 分钟为一刻。如：下午三点一**刻**。c. 形容短时间。如：顷**刻**间。d. 不厚道。如：尖酸**刻**薄。e. 程度深。如：**刻**苦。
劾	hé	检举揭发别人的罪状。如：参**劾**、弹**劾**、奏**劾**。
颏	㊀kē ㊁ké	㊀下巴，脸的最下部分，也称“下巴颏儿”。如：**颏**颐（下巴和腮帮子）。 ㊁组词“红点颏”。鸟名，又称红喉歌鸲，雄鸟喉部羽毛红色，迁徙性鸟，秋末到南方越冬，主要以昆虫为食，叫声悦耳动听，是名贵笼鸟。

下列形近字右边的相同部件是：**亥**

该	gāi	a. 应当。如：应**该**、罪**该**万死。b. 表示推测应当如此。如：这会他**该**到家了。c. 轮到。如：**该**你上场了。d. 欠。如：**该**他 10 块钱。e. 感叹句中加强语气。如：您要能出席**该**多好啊！f. 代词，代前面提到的人或物。如：**该**生品学兼优。
陔	gāi	a. 台阶；层次。b. 近台阶的地方。c. 田埂。如：南**陔**（南边的田埂）。
垓	gāi	垓下，古地名，在今安徽省固镇县。
咳	㊀hāi ㊁ké	㊀叹词。a. 叹息。如：**咳**声叹气。b. 表示后悔或惋惜。如：**咳**！我怎么就没想到呢。c. 表示提醒注意或招呼人。如：**咳**，注意往来的车辆。 ㊁咳嗽。如：化痰止**咳**、干**咳**、**咳**血、连**咳**带喘。
孩	hái	幼童；引申为子女。如：小**孩**、**孩**子、男**孩**、女**孩**、**孩**提、三尺**孩**童、河里**孩**儿岸上娘（比喻亲眼看见自己的亲人受苦而无法搭救的痛苦）。
骇	hài	惊吓；震惊。如：**骇**人惊闻、惊世**骇**俗、惊涛**骇**浪、**骇**然不知所措。
核	㊀hé ㊁hú	㊀a. 果实中坚硬并包含果仁的部分。如：樱桃**核**。b. 像核的东西。如：细胞**核**。c. 指原子核、核能等。如：**核**反应堆。d. 对照；参考。如：**核**对、复**核**。 ㊁义同“核（hé a. b.）”，用于某些口语环境。如：杏**核**儿、冰**核**儿。
赅	gāi	a. 完备；齐全。如：言简意**赅**、**赅**备。b. 兼有；包括。如：举一**赅**百。
还有与上述同类型的二、三级字：**骸** hái **晐** gāi **胲** hǎi		

下列形近字右边的相同部件是：**育**

堉	yù	肥沃的土地。
唷	yō	叹词。a. 表示惊讶或疑问。如：**唷**，几年没见，都这么高了。b. 组词“哼唷”。拟声词，集体劳动场所齐声发出有节奏的呼喊声。
还有与上述同类型的三级字：**淯** yù		

下列形近字右边的相同部件是：**攵**

撤	chè	a. 免除；除去。如：**撤**任、**撤**职。b. 后退；收回。如：**撤**资、**撤**诉、**撤**回、**撤**离、**撤**兵、**撤**退、后**撤**。
澈	chè	水清。如：清**澈**见底。
辙	zhé	a. 车轮压的痕迹。如：车**辙**、重蹈覆**辙**。b. 车行的一定路线。如：改弦易**辙**。c. 诗词等所押的韵。如：合**辙**押韵。d. 办法；主意。如：没**辙**了。
还有与上述同类型的三级字：**瞮** chè		

下列形近字右边的相同部件是：**㐬**

流	liú	a. 液体移动。如：**流**泪。b. 像水那样流。如：**流**通。c. 流动的东西。如：河**流**、物**流**。d. 传下来。如：**流**芳百世。e. 趋向坏的方面。如：放任自**流**。f. 类别；等级。如：三教九**流**、一**流**产品。g. 旧时的一种刑罚。如：**流**放。
琉	liú	组词“琉璃”。一种用铝和钠的硅酸盐化合物在上千摄氏度条件下烧成的釉料，颜色多样，光彩夺目。如：**琉**璃瓦。
梳	shū	梳子；也指用梳子整理头发等。如：木**梳**、牛角**梳**、**梳**理、**梳**妆台、**梳**头、**梳**辫子、**梳**洗打扮。
硫	liú	非金属元素。符号 S，原子序数为 16，淡黄色固体，可溶于二硫化碳，易燃，化学性质活泼，可用于制硫酸、杀虫剂、火药等。
疏	shū	a. 使通畅。如：**疏**通。b. 间距或空隙大。如：稀**疏**。c. 分散。如：**疏**散。d. 不熟悉。如：生**疏**。e. 薄弱。如：才**疏**学浅。f. 粗心。如：**疏**忽。g. 关系远；不亲近。如：**疏**远、亲**疏**。h. 分条说明的文字。如：奏**疏**。i. 阐释。如：注**疏**。
巯	qiú	组词“巯基”。一种一价官能团，化学式为—SH，又称氢硫基，具有一定气味，易被氧化，含有巯基的有机物有苯硫酚、乙硫醇等。
还有与上述同类型的二、三级字：**毓** yù **锍** liǔ		

下列形近字右边的相同部件是：**充**

统	tǒng	a. 人或事物的连续关系。如：正**统**、血**统**、系**统**。b. 总括；总起来。如：**统**计、**统**称。c. 总领；管辖。如：**统**率、**统**帅、**统**领、**统**治、**统**兵十万。
铳	chòng	a. 一种管形火器，可发射弹丸。如：鸟**铳**、火**铳**。b. 金属制的打眼器具。如：**铳**子（也作“冲子”）。c. 用铳子打眼。
还有与上述同类型的三级字：**浺** chōng **珫** chōng		

下列形近字右边的相同部件是：**玄**

弦	xián	a. 弓上的绳状物。如：箭在**弦**上。b. 乐器上发声的线。如：拨**弦**、琴**弦**。c. 不等腰直角三角形的斜边。d. 钟表等的发条。如：上**弦**。e. 连接圆周上两点的线段。
炫	xuàn	a.（强光）照耀。如：光彩**炫**目。b. 夸耀。如：**炫**耀、**炫**富、**炫**示、**炫**弄、自媒自**炫**、**炫**玉贾石、**炫**奇争胜、自**炫**其能。
眩	xuàn	a. 眼睛昏花看不清楚。如：**眩**晕、耳鸣目**眩**。b. 迷惑；迷乱。如：**眩**视惑听、**眩**于名利。
舷	xián	船、飞机等的左右两侧。如：船**舷**、**舷**窗、左**舷**、右**舷**。
还有与上述同类型的二、三级字：**泫** xuàn **铉** xuàn **伭** xián **驋** xuán **玹**㊀xián ㊁xuán ㊂xuàn **昡** xuàn		

下列形近字右边的相同部件是：**率**

摔	shuāi	a. 用力扔。如：他把碗**摔**在地上。b. 从高处落下。如：他从楼上**摔**下来了。c. 因落下而破损。如：杯子**摔**坏了。d. 跌倒。如：**摔**跤、**摔**跟头。
蟀	shuài	组词“蟋蟀”。昆虫，身体黑褐色。触角长，善跳跃，尾部有一对须。

下列形近字外围的相同部件是：**门**

闭	bì	a. 关上；合拢。如：关**闭**、封**闭**、夜不**闭**户、**闭**口不言。b. 堵塞。如：**闭**塞、**闭**关自守。c. 停止；结束。如：**闭**市、**闭**馆、**闭**会期间。
闲	xián	a. 无事可做。如：**闲**人、游手好**闲**。b. 空闲的时候。如：农**闲**、忙里偷**闲**。c. 放在一边没有使用。如：**闲**置。d. 正事或正题以外的。如：**闲**谈、管**闲**事。

问	wèn	a. 请人解答。如：**问**答、**问**一件事。b. 追究；审讯。如：**问**口供。c. 慰问。如：**问**候。d. 干预；管理。如：过**问**。e. 介词，向。如：**问**他借钱。
间	㊀jiān ㊁jiàn	㊀a. 中间。如：区**间**、课**间**。b. 房间。如：车**间**、卫生**间**。c. 一定的空间或时间。如：田**间**、晚**间**。d. 量词，用于房屋。如：一**间**厨房、三**间**正屋。 ㊁a. 空隙。如：**间**隙。b. 隔开。如：**间**断。c. 挑拨。如：离**间**。d. 除去(多余的苗)。如：**间**苗。

下列形近字右边的相同部件是：**门**

们	㊀mén ㊁men	㊀a. 图们江，水名，发源于中朝边境的长白山，在俄朝边界处注入日本海。b. 地名。如：图**们**市(吉林省延边朝鲜族自治州县级市)。 ㊁常加在名词或代词等后面，用来表示复数等。如：工人**们**、你**们**、他**们**、我**们**、科学家**们**、同胞**们**、同学**们**、老师**们**。
扪	mén	按；摸。如：**扪**心自问、**扪**足(以手摸足)、**扪**膝(摸膝)、**扪**诊(用手指轻压体表的一种物理诊断方法)。
还有与上述同类型的三级字：**钔** mén		

下列形近字右边的相同部件是：**阑**

澜	lán	大波浪。如：推波助**澜**、波**澜**壮阔、波**澜**不惊、巨**澜**、力挽狂**澜**、"观水有术，必观其**澜**"(观看水有一定的方法，一定要观看它壮阔的波澜)。
斓	lán	组词"斑斓"。形容色彩绚丽的样子。如：色彩斑**斓**、五彩斑**斓**。
镧	lán	金属元素。符号 La，原子序数为 57，稀土元素之一，银灰色，化学性质活泼，在空气中易被氧化，可用于制电池、光学玻璃、催化剂等。
还有与上述同类型的二、三级字：**谰** lán **襕** lán		

下列形近字右边的相同部件是：**间**

涧	jiàn	夹在两山之间的水沟。如：山**涧**、溪**涧**、**涧**谷(溪涧山谷)、高山深**涧**。
锏	㊀jiǎn ㊁jiàn	㊀古代的一种兵器，长条形像鞭，无刃有四棱，锏端无尖，下端有柄，多为双锏合用。如：三鞭换两**锏**。 ㊁车轴上的铁条，可以减少轴与毂之间的摩擦并保护车轴。如：膏**锏**(给车轴的铁条上油使润滑)。
裥	jiǎn	衣服上的褶子。如：百**裥**裙、褶**裥**(装饰用的褶子或叠缝)。

下列形近字右边的相同部件是：兰

拦	lán	a. 遮挡；阻止；不让通过。如：**拦**截、阻**拦**、**拦**击敌人、**拦**路抢劫、**拦**住了去路、**拦**水大坝。b. 当；正对着。如：**拦**腰斩断。（注意区别“拦栏”）
栏	lán	a. 栏杆。如：木**栏**、石**栏**、栅**栏**、凭**栏**远眺。b. 养家畜的圈。如：猪**栏**、牛**栏**。c. 报刊等划分的版面或专门的部位。如：专栏、每页分三**栏**、广告**栏**。d. 表格中区分项目的格子。如：签名**栏**。e. 专供张贴布告等的地方。如：宣传**栏**。（注意区别“栏拦”）
烂	làn	a. 因过熟、水分过多等而变得松软。如：**烂**熟、**烂**泥。b. 东西腐烂或破坏了的。如：**烂**苹果。c. 头绪乱的。如：**烂**摊子。d. 形容程度深。如：**烂**醉。

下列形近字右边的相同部件是：羊

详	xiáng	a. 详细；完备。如：**详**情、周**详**、**详**谈、**详**略得当。b. 清楚。如：年代不**详**、内容不**详**。c. 说明；细说。如：内**详**。d. 从容。如：安**详**、举止**详**雅。
佯	yáng	假装。如：**佯**装、**佯**攻、**佯**讶（假装吃惊）、**佯**输诈败、假热**佯**亲、**佯**为不知、**佯佯**不睬（假装不理睬）。
咩	miē	拟声词，形容羊叫的声音。如：羊群在吃草，不时地发出**咩咩**的叫声。
徉	yáng	组词“徜徉”。也作“倘佯”。悠闲自在地走动；也指陶醉于某事物中。如：徜**徉**在湖畔、徜**徉**在历史长河中。
洋	yáng	a. 海洋。如：太平**洋**、漂**洋**过海。b. 盛大；丰富。如：**洋**溢。c. 外国或外国的。如：**洋**为中用。d. 现代化的。如：土**洋**结合。e. 洋钱；银元。如：大**洋**。
样	yàng	a. 样子。如：模**样**、原**样**。b. 事物的种类。各种各样。c. 作为标准或代表的东西。如：**样**本、榜**样**。d. 量词，用于事物的种类。如：两**样**点心。
烊	㊀yáng ㊁yàng	㊀a. 熔化金属。如：**烊**铜。b. 溶化。如：糖**烊**了。 ㊁组词“打烊”。商店等营业场所晚上关门停止营业。如：那家蛋糕店每天晚上十点打**烊**。
祥	xiáng	a. 吉利；吉利的预兆。如：吉**祥**、**祥**云、**祥**瑞、遇难成**祥**、不**祥**之兆。b. 和善。如：慈**祥**。
牂	zāng	a. 母羊。b. 牂牁。古地名，在今贵州省黄平县。
蛘	yáng	蛘子（米象的俗称），米谷中的一种小黑甲虫，啮食谷粒等，危害稻米、玉米、小麦等，是贮藏谷物的害虫之一。

群	qún	a. 聚集在一起的人或物。如：人**群**、羊**群**、建筑**群**。b. 成群的；众多的。如：**群**岛、博览**群**书。c. 量词，用于成群的人或物。如：一**群**孩子、一**群**废物。
鲜	㊀xiān ㊁xiǎn	㊀a. 新鲜的。如：**鲜**榨果汁、**鲜**花。b. 滋味美好。如：味道**鲜**美。c. 美味的食物。如：尝**鲜**。d. 色彩明亮。如：**鲜**艳。e. 指鱼虾等水产食物。如：海**鲜**。㊁少。如：**鲜**为人知、寡廉**鲜**耻、屡见不**鲜**、**鲜**有、**鲜**见。
还有与上述同类型的三级字：**垟** yáng		

下列形近字右边的相同部件是：**善**

缮	shàn	a. 修补；修理；整治。如：修**缮**、**缮**治（修补；整治）、**缮**葺（修理房屋、墙垣等）、整甲**缮**兵（整顿甲胄，修理兵器）。b. 抄写；誊写。如：**缮**录、**缮**写。
膳	shàn	饭食。如：御**膳**、早**膳**、晚**膳**、丰**膳**、用**膳**、进**膳**、**膳**费、平衡**膳**食、**膳**部员外郎（古代专管膳食的官）、供给**膳**宿、避殿损**膳**。
蟮	shàn	组词“蛐蟮”。也作“曲蟮”，即蚯蚓。
鳝	shàn	鳝鱼，通常指黄鳝，身体细长像蛇，尾尖细，黄褐色有斑点，体表无鳞有黏液，常生活在淤泥质水底层，多在夜间摄食，是经济性食用鱼类。
还有与上述同类型的三级字：**墡** shàn		

下列形近字左上的相同部件是：**⺶**

差	㊀chā ㊁chà ㊂chāi ㊃cī	㊀a. 不同；不同之点。如：**差**别、**差**异、**差**价、反**差**、时**差**。b. 大致还可以。如：**差**强人意。c. 错误。如：**差**错、偏**差**。d. **差**数，减法运算的得数。 ㊁a. 错。如：说**差**了。b. 不相当；不相合。如：**差**得远、**差**不多。c. 缺；欠。如：还**差**一个人、**差**很多。d. 不够标准。如：成绩**差**、质量**差**。 ㊂a. 派遣去做事。如：**差**事、出**差**。b. 旧时称被派遣的人。如：**差**役。 ㊃组词“参差”。长短、大小、高低等不齐整。如：参**差**不齐。
羞	xiū	a. 耻辱；感到耻辱。如：**羞**耻、**羞**愧。b. 难为情；害臊。如：害**羞**、怕**羞**、**羞**答答。c. 使难为情；使感到害臊。如：**羞**辱、闭月**羞**花、用手指**羞**她。

下列形近字右边的相同部件是：**差**

搓	cuō	用手掌来回的摩擦或揉擦。如：**搓**麻绳、揉**搓**、**搓**手取暖、**搓**洗衣服。（注意区别“搓槎”）
嗟	jiē	a. 叹息。如：**嗟**叹、恍惊起而长**嗟**。b. 文言叹词（多带有侮辱性）。如：**嗟**，来食！好汉不吃**嗟**来食。

槎	chá	a. 木筏。如：乘**槎**、巨**槎**浮于西海、浮**槎**（乘筏泛游）。b. 农作物收割后余留在地上的茎和根；可以用作柴火的细小树木。（注意区别“槎搓”）
磋	cuō	a. 把象牙磨成器物；泛指将骨头等磨成器物。如：切**磋**、**磋**琢、**磋**磨。b. 商量；讨论。如：**磋**商。
蹉	cuō	组词“蹉跎”。虚度光阴，浪费时间却毫无作为（多含悔恨惋惜之意）。如：**蹉**跎岁月、**蹉**跎时日。
还有与上述同类型的二、三级字：**嵯** cuó **溠** zhà **瑳** cuō **鹾** cuó		

下列形近字右边的相同部件是：**半**

伴	bàn	a. 同伴。如：**伴**侣、结**伴**同行、同**伴**、伙**伴**。b. 陪同；随同。如：**伴**郎、**伴**娘、**伴**读、陪**伴**、**伴**唱、**伴**君如伴虎、**伴**其一生。
拌	bàn	a. 搅和；使混合。如：**拌**草料、**拌**和、药剂**拌**种、糖**拌**西红柿、混凝土搅**拌**机。b. 争吵。如：**拌**嘴。（注意区别“拌柈”）
泮	pàn	a. 分散；冰雪融解。如：**泮**冻、冰**泮**、**泮**涣（融解；分散）。b. 古代作为学宫的宫殿，也称泮宫。如：**泮**池（学宫前的水池）。
绊	bàn	行走时被某些东西挡住或缠住，比喻束缚或牵制。如：**绊**脚石、牵**绊**、羁**绊**、**绊**马索、磕磕**绊绊**。
柈	bàn	柈子，大块的木柴。（注意区别“柈拌”）
胖	㊀pán ㊁pàng	㊀安泰舒适。如：心宽体**胖**。 ㊁脂肪多（与“瘦”相对）。如：**胖**墩儿、肥**胖**、白白**胖胖**、矮矮**胖胖**、打肿脸皮充**胖**子、一口不能吃成个**胖**子。
畔	pàn	a. 田地的界限。如：田**畔**、耕者让**畔**。b. 边；侧。如：耳**畔**、河**畔**、溪**畔**、江**畔**、湖**畔**、沉舟侧**畔**千帆过。
衅	xìn	a. 古代祭祀时用牲畜的血涂器物的缝隙。如：**衅**鼓（以血涂鼓行祭）、**衅**钟（以血涂钟行祭）。b. 缝隙；争端。如：**衅**会（有衅可乘的时机）、挑**衅**。
还有与上述同类型的二、三级字：**袢** pàn **靽** bàn		

下列形近字上面的相同部件是：**⺷**

美	měi	a. 漂亮；使漂亮。如：**美**丽、秀**美**、**美**容**美**发。b. 好事。如：成人之美。c. 称赞。如：**美**称、**美**言。d. 好；满意。如：**美**满。e. 得意。如：**美**滋滋的。
姜	jiāng	草本植物。地下茎黄色，辣味，可做调味用，也可入药。如：生**姜**、嫩**姜**。

下列形近字左边的相同部件是:**龹**

判	pàn	a. 分开;分辨。如:**判**别、**判**断、**判**明是非。b. 裁定;评定。如:裁**判**、评**判**。c. 法院断案。如:审**判**、**判**刑、**判**决。d. 有明显的区别。如:**判**若两人。
叛	pàn	背离(自己一方),投靠敌方或对方。如:**叛**逃、**叛**逆、**叛**变、平**叛**、**叛**徒、反**叛**、众**叛**亲离。

下列形近字右边的相同部件是:**并**

饼	bǐng	a. 一种面制食品,形状多样。如:**饼**干、烧**饼**、月**饼**、杏仁**饼**、桂花**饼**、烙**饼**、酥油**饼**、画**饼**充饥。b. 像饼的东西。如:柿**饼**、铁**饼**。
拼	pīn	a. 合在一起;连合。如:**拼**接、**拼**凑、**拼**装、东**拼**西凑。b. 不顾一切地干;豁出去。如:**拼**杀、**拼**命、殊死**拼**搏。(注意区别"拼栟")
姘	pīn	非夫妻关系的男女同居并发生性行为。如:**姘**居、**姘**头、**姘**夫、**姘**妇。
骈	pián	并列成双的;对偶的。如:**骈**文、**骈**句、**骈**体、**骈**俪。
栟	㊀bēn ㊁bīng	㊀用于地名。如:**栟**茶镇(位于江苏省如东县)。 ㊁组词"栟榈"。古书上指"棕榈"。(注意区别"栟拼")
胼	pián	组词"胼胝"。手或脚因长期劳动等原因而磨出了老茧,也称为"胼手胝足"。
还有与上述同类型的三级字:**帡** píng **洴** píng		

下列形近字右边的相同部件是:**关**

朕	zhèn	a. 我;我的。自从秦始皇起专用作皇帝的自称。如:**朕**为一国之君,心系天下百姓。b. 预兆;征兆。如:**朕**兆。
联	lián	a. 连接;联合。如:**联**结、**联**盟、蝉**联**、**联**系、**联**络、**联**席会议。b. 对联。如:上**联**、下**联**、春**联**、挽**联**。

下列形近字右边的相同部件是:**郑**

掷	zhì	扔;投;抛。如:抛**掷**、投**掷**、孤注一**掷**、**掷**地有声、千金一**掷**。
踯	zhí	组词"踯躅"。徘徊不进。如:**踯**躅街头、**踯**躅不前。

下列形近字右边的相同部件是：**卷**

倦	juàn	a. 疲乏。如：困**倦**、疲**倦**不堪、**倦**怠无力、面带**倦**容、**倦**飞（疲于飞行）、**倦**鸟知还。b. 厌烦；懈怠。如：诲人不**倦**、厌**倦**、**倦**世、孜孜不**倦**。
绻	quǎn	组词"缱绻"。形容感情深厚，难舍难分。如：缠绵缱**绻**、情意缱**绻**、两情缱**绻**。
锩	juǎn	刀、剑等的刃卷曲。如：柔则**锩**，坚则折。
蜷	quán	肢体弯曲。如：**蜷**缩、**蜷**卧、**蜷**曲、**蜷**伏、**蜷**作一团。
还有与上述同类型的三级字：**婘** quán **棬** quān		

下列形近字右边的相同部件是：**並**

椪	pèng	组词"椪柑"。常绿乔木，花白色，果实扁圆形耐贮藏，果皮橙红色易剥，果肉味甜多汁。
碰	pèng	a. 撞击。如：**碰**壁、**碰**杯、弹性**碰**撞。b. 相遇；遇到。如：**碰**面、**碰**到困难、瞎猫**碰**上死耗子、不是冤家不**碰**头。c. 试探。如：**碰**运气。
还有与上述同类型的三级字：**湴** bàn		

下列形近字右边的相同部件是：**米**

咪	㊀mī ㊁mǐ	㊀拟声词，形容猫叫声（多叠用）。如：小猫一边伸懒腰，一边**咪咪**地叫着。 ㊁组词"咪唑"。有机化合物。分子式是 $C_3H_4N_2$。棱柱状结晶，可用于制药。
脒	mǐ	一类有机化合物，含氮，最简单的脒是甲脒（分子式是 CH_4N_2），有的脒有毒，脒类化合物可用于医药、农药等行业。
眯	㊀mī ㊁mí	㊀a. 眼皮微微合拢（没完全闭上）。如：笑**眯眯**、笑**眯**了眼、**眯**着眼睛看。b. 短时间睡眠。如：他趁着中午的休息时间**眯**了一会儿。 ㊁尘埃等进入眼中，使眼睛一时不能睁开。如：蒙尘而**眯**、沙子**眯**了眼睛。
还有与上述同类型的三级字：**洣** mǐ		

下列形近字右边的相同部件是：**粦**

嶙	lín	组词"嶙峋"。a. 形容山石等峻峭、高耸突兀。如：峰峦**嶙**峋。b. 形容人消瘦。如：瘦骨**嶙**峋。c. 形容人气节高尚。如：气节**嶙**峋。
辚	lín	组词"辚辚"。拟声词，古人形容车行走时发出的声音。如：车**辚辚**，马萧萧。

膦	lìn	磷化氢分子中的氢原子被烃基取代后所形成的一类有机化合物，可分为一级膦、二级膦和三级膦三类，可用于制除草剂等。
磷	lín	非金属元素。符号 P，原子序数为 15，常见的有白磷（也称为黄磷，有毒）和红磷（无毒），着火点低，易燃，白磷可制烟雾弹等，红磷可制火柴等。
鳞	lín	a. 某些动物（如鱼类）身体表面的薄片状组织，具有保护等作用。如：鱼**鳞**。b. 像鱼鳞的。如：遍体**鳞**伤、**鳞**波（像鱼鳞一样的波纹）。
麟	lín	组词“麒麟”。a. 传说中的神兽，古人以为仁兽，象征祥瑞。b. 比喻才能杰出的人。如：此吾家麒**麟**（以麒麟比喻优秀子弟）。
还有与上述同类型的二、三级字：**璘** lín **潾** lín **骥** lín **瞵** lín **辚** lín		

下列形近字右边的相同部件是：**迷**

谜	mí	a. 影射事物或文字的供人猜测的隐语。如：**谜**语、猜**谜**、灯**谜**、哑**谜**、**谜**底。b. 比喻还没有弄明白或难以理解的事物。如：**谜**团、这事至今还是一个**谜**。
醚	mí	有机化合物的一类。由一个氧原子与二个烃基连接而成。如甲醚、乙醚等。乙醚是医学上常用的麻醉药物。

下列形近字下面的相同部件是：**娄**

蒌	lóu	蒌蒿，草本植物，可见于山坡、路边等处，茎直立，叶线状披针形，花淡黄色，根茎肥大可食用，植株有清香气味，全草可入药。
篓	lǒu	篓子，用竹篾、荆条等编织成的盛东西的器具。如：小背**篓**、废纸**篓**。
还有与上述同类型的三级字：**窭** jù		

下列形近字右边的相同部件是：**娄**

偻	㊀lóu ㊁lǚ	㊀组词“佝偻”。a. 形容脊背向前弯曲。如：身形佝**偻**。b. 一种病，即佝偻病，多见于小儿，缺乏维生素 D 等导致代谢异常，出现发育迟缓等症状。 ㊁a. 脊背弯曲。如：脊**偻**、伛**偻**（常用来形容驼背）、**偻**俯（弯下身子）、**偻**行（曲背而行）。b. 迅速。如：不能**偻**指（不能迅速指出来）。
搂	㊀lōu ㊁lǒu	㊀a. 用手或工具把东西聚拢。如：把柴草**搂**到一起。b. 搜刮钱财。如：他利用职务之便大肆**搂**钱。c. 朝自己方向拨。如：军事训练得学**搂**扳机射击。 ㊁a. 双臂合抱。如：**搂**在怀里。b. 量词，用于双臂合抱的东西。如：一**搂**柴火。（注意区别“搂楼”）

喽	㊀lóu ㊁lou	㊀组词“喽啰”。也作“喽罗”，旧时用来称强盗、匪贼等头目的部下，现多用来比喻追随恶人的人。 ㊁助词，相当于“啦”或“了”。如：明天就放假**喽**！下雪**喽**！
溇	lóu	溇水，水名，发源于湖北省恩施州鹤峰县，于湖南省慈利县城汇入澧水。
嵝	lǒu	组词“岣嵝”。山峰名，衡山七十二峰的主峰，在湖南省衡阳县，也用来代指衡山。
缕	lǚ	a. 线；泛指线状物。如：不绝如**缕**、千丝万**缕**。b. 一条一条地。如：条分**缕**析。c. 量词，用于条状的东西。如：一**缕**头发、一**缕**青烟。
楼	lóu	a. 楼房。如：教学**楼**、办公**楼**。b. 某些建筑物上加盖的房子。如：钟**楼**。c. 用于某些场所的名称。如：茶**楼**、戏**楼**。d. 楼房的一层。如：会议室在五**楼**。（注意区别“搂楼”）
瞜	lōu	看（多用于口语）。如：这是什么东西，让我**瞜**一**瞜**。
镂	lòu	雕刻。如：**镂**刻、**镂**空、金石可**镂**、**镂**冰（在冰上雕刻）、**镂**花（雕刻花纹）、彤**镂**（涂红色漆和雕刻花纹）。
褛	lǚ	组词“褴褛”。形容衣服破烂，十分凌乱。如：衣衫褴**褛**、筚路褴**褛**（筚路：柴车。驾着柴车，穿着破烂的衣服，形容创业的艰辛）。
耧	lóu	一种用于开沟并播种的农具，前面多用牲口（如牛）牵引，后面由人扶持掌控，一次可种一垄或多垄，同时完成开沟、下种、覆土等作业。
蝼	lóu	组词“蝼蛄”。又名“蝲蝲蛄”，节肢动物，体狭长，触角短，尾须长，前足粗壮，善于挖洞，喜食蔬菜根、茎，为害虫。
髅	lóu	组词“骷髅”。没有皮肉、毛发的全副死人骨骼或头骨；泛指尸骨。
还有与上述同类型的三级字：**蒌** lóu **膢**㊀lóu ㊁lǘ		

下列形近字上面的相同部件是：**酋**

尊	zūn	a. 地位或辈分高。如：**尊**长、**尊**卑、**尊**贵、**尊**严。b. 敬重。如：**尊**敬、自**尊**、**尊**重。c. 敬辞，称与对方有关的人或事物。如：**尊**府、**尊**姓、**尊**驾。d. 量词，用于神佛塑像或大炮等。如：一**尊**菩萨、三**尊**大炮。e. 旧同“樽”。
奠	diàn	a. 用祭品向死者致祭以表敬意。如：祭**奠**、**奠**酒、**奠**仪。b. 稳固地安置；使稳固。如：**奠**都、**奠**基、**奠**定。

下列形近字右边的相同部件是：**尊**

撙	zǔn	节省。如：**撙**衣节食、**撙**用、**撙**度（节约用度）。（注意区别“撙樽”）
樽	zūn	古代的盛酒器具。如：**樽**前月下、莫使金**樽**空对月（不要让这金杯无酒空对明月）、有酒盈**樽**、**樽**中酒不空。（注意区别“樽撙”）
蹲	㊀cún ㊁dūn	㊀脚或腿猛然着地，而导致受伤。如：他从上面摔下来**蹲**了腿。 ㊁a. 两腿尽量弯曲，臀部向下但不接触其他东西。如：**蹲**下、**蹲**在地上。b. 比喻待在某处或闲居。如：**蹲**守、整天**蹲**在家里。
还有与上述同类型的二、三级字：**鳟** zūn **僔** zǔn **噂** zǔn **嶟** zūn **镈** zūn		

下列形近字右边的相同部件是：**益**

谥	shì	古代帝王、大臣等死后，朝廷、亲友等依其生前事迹所给予的称号。如：**谥**号、追**谥**、官**谥**、私**谥**。
隘	ài	a. 险要的地方。如：**隘**口、关**隘**、险**隘**、守**隘**、斩关夺**隘**。b. 狭窄。如：**隘**巷、狭**隘**、路**隘**林深。
嗌	㊀ài ㊁yì	㊀咽喉被食物等塞住。如：**嗌**不能言。 ㊁咽喉。如：**嗌**不容粒。
溢	yì	a. 充满而流出来。如：水满则**溢**、**溢**流管。b. 流露；显露。如：外**溢**、才华横**溢**、**溢**于言表。c. 过度；超过。如：**溢**言虚美、**溢**出此数。
缢	yì	吊死或勒死。如：**缢**杀、**缢**死、绞**缢**、自**缢**身亡。
螠	yì	无脊椎动物，种类有单环刺螠等，身体呈圆筒状，头端有扁平的突出物，称为吻，生活在浅海底层泥沙中。
还有与上述同类型的二级字：**镒** yì		

下列形近字右边的相同部件是：**遂**

隧	suì	在地下、山中等处开凿出来的通道。如：**隧**道。
燧	suì	a. 古代取火的工具。如：金**燧**（用金属制成的工具）、木**燧**（木制的工具）。b. 古代边境报警点燃的烽火。如：烽**燧**（白天燃烟称为烽，夜晚放火称为燧）。
还有与上述同类型的三级字：**璲** suì **檖** suì **鐩** suì **穟** suì **襚** suì		

下列形近字右边的相同部件是：**兼**

谦	qiān	虚心；不自满。如：**谦**恭仁厚、**谦**虚谨慎、**谦**逊、**谦**辞、**谦**让、**谦**称、**谦**卑、自**谦**、**谦谦**君子、“满招损，**谦**受益”（自满招致损失，谦虚得到益处）。
搛	jiān	用筷子夹。如：**搛**菜、他把自己碗里的肉**搛**给了儿子。
慊	㊀qiàn ㊁qiè	㊀不满；怨恨。如：**慊**恨、**慊慊**于心、**慊**苦（遗憾，怨苦）。 ㊁满足；满意。如：**慊**意、**慊**足、意犹未**慊**。
嫌	xián	a. 嫌疑。如：避**嫌**、涉**嫌**。b. 厌恶；不满意。如：招人**嫌**、**嫌**弃、**嫌**贫爱富、子不**嫌**母丑。c. 怨恨。如：冰释前**嫌**、产生**嫌**隙。
赚	㊀zhuàn ㊁zuàn	㊀a. 获得利润；也指获得的利润。如：稳**赚**不赔、净**赚**、有**赚**头。b. 占便宜。如：他这次可**赚**了。c. 挣。如：**赚**不了几个钱。 ㊁欺骗。如：**赚**人。
还有与上述同类型的二、三级字：**缣** jiān **磏**㊀lián ㊁qiān **鹣** jiān		

下列形近字右边的相同部件是：**朔**

搠	shuò	扎；刺；戳（多见于早期白话）。如：**搠**蟹、往后腰连**搠**几刀。
嗍	suō	吮吸；用唇舌裹食。如：孩子一生下来就会**嗍**奶头。（注意不读 shuō）
溯	sù	a. 逆着水流的方向走：**溯**江而上、推本**溯**源、穷源**溯**流（探究事物发生的根源，寻找其发展的经过）。b. 回顾；往上推求。如：回**溯**、追**溯**、上**溯**。

下列形近字右边的相同部件是：**兹**

嗞	zī	拟声词。形容水喷射或火药引子燃烧等的声音；也用来形容小鸟等动物的叫声（多叠用）。如：燃烧的导火索发出**嗞嗞**的响声。
嵫	zī	组词“崦嵫”。a. 山名，见于《山海经》。b. 传说中日落的地方。如：日薄崦**嵫**（比喻人到暮年或事物快到尽头了）。
滋	zī	a. 生长；长出；引起。如：细菌**滋**生、**滋**长、**滋**扰。b. 增益；加多。如：**滋**补、**滋**养。c. 味道。如：**滋**味。d. 湿润。如：**滋**润。e. 喷射。如：往外**滋**水。
磁	cí	磁性，物质能吸引铁、镍、钴等金属的性质。如：**磁**铁、**磁**场、电**磁**、**磁**疗。
糍	cí	用蒸熟的糯米做成的食品。如：**糍**粑、**糍**团、**糍**饭。
还有与上述同类型的三级字：**镃** zī		

下列形近字右边的相同部件是：**单**

掸	㊀dǎn ㊁shàn	㊀用掸子等物体轻轻地扫或拂。如：**掸**衣裳、把身上的雪**掸**干净了再进房间。 ㊁我国史书上对傣族的一种称呼。
惮	dàn	怕；畏惧。如：不**惮**、肆无忌**惮**(恣意妄行，毫无顾忌)。
弹	㊀dàn ㊁tán	㊀a. 可以用弹力发射出去的小丸。如：**弹**珠、**弹**丸。b. 炮弹；子弹。如：**弹**壳、炸**弹**、氢**弹**、导**弹**、原子**弹**、真枪实**弹**、手榴**弹**、枪林**弹**雨。 ㊁a. 用手指弹击。如：**弹**冠相庆。b. 弹奏。如：**弹**吉他、**弹**琵琶、**弹**古筝。c. 用弹力等发射。如：**弹**射。d. 抨击；检举。如：**弹**劾。
婵	chán	组词"婵娟"。a. 形容姿态优雅。如：体态**婵**娟。b. 指月亮。如：夜夜**婵**娟在柳梢、千里共**婵**娟(不管相隔多远，都可以一起看到皎洁的月亮)。
殚	dān	用尽；竭尽。如：**殚**力(竭尽全力)、**殚**虑(竭尽智虑)、**殚**精竭虑(形容用尽精力、费尽心思)。
禅	㊀chán ㊁shàn	㊀a. 佛教指静坐沉思。如：参**禅**、坐**禅**。b. 指与佛教有关的。如：**禅**院、**禅**杖、**禅**师、**禅**房、**禅**堂。 ㊁帝王让位给别人。如：**禅**让、**禅**位、受**禅**。
蝉	chán	节肢动物，种类多(如黑翅蝉)，俗称知了，口器为刺吸式，吸食植物汁液等，有两对膜翅，触角短，呈须状，雄蝉的鸣声特别响亮，雌蝉不能发声。
还有与上述同类型的二、三级字：**觯** zhì **僤** dàn **埠** shàn **啴**㊀chǎn㊁tān **燀** chǎn **磾** dī **亸** duǒ		

下列形近字右边的相同部件是：**兑**

说	㊀shuì ㊁shuō ㊂yuè	㊀用话劝别人，使其接受自己的意见。如：**说**客、游**说**。 ㊁a. 讲。如：**说**话、胡**说**八道。b. 言论；主张。如：著书立**说**。c. 解释。如：**说**明、解**说**。d. 介绍；说合。如：**说**媒。e. 责怪。如：又被**说**了一顿。 ㊂古通"悦"。如：学而时习之，不亦**说**乎(学到了并适时实践练习，不是一件令人愉悦的事吗?)。
悦	yuè	高兴；愉快；也指使愉快。如：喜**悦**、心情愉**悦**、**悦**耳动听、和颜**悦**色、赏心**悦**目、心**悦**诚服、取**悦**于人。
脱	tuō	a. 毛发等掉下。如：**脱**发、**脱**皮。b. 取下。如：**脱**帽致敬、**脱**鞋子。c. 离开；脱离。如：摆**脱**、**脱**缰之马。d. 漏掉(文字)。如：这段文字里**脱**了几个字。
锐	ruì	a. 锋利；尖。如：锋**锐**、**锐**利、尖**锐**。b. 锐气。如：养精蓄**锐**、**锐**意进取、**锐**不可当。c. 感觉灵敏。如：敏**锐**。d. 急剧。如：**锐**减。

税	shuì	国家向纳税人征收的货币或实物。如：**税**收、**税**率、增值**税**、地**税**、偷**税**、漏**税**、交**税**、补**税**、**税**务、苛捐杂**税**、进口**税**、关**税**。
蜕	tuì	a. 蛇等某些动物脱皮；也指蛇等某些动物脱下的皮。如：**蜕**皮、蛇**蜕**。b. 指鸟类换毛(脱旧毛长新毛)。如：最近鸡开始**蜕**毛了。
还有与上述同类型的二、三级字：**棁** zhuō **帨** shuì		

下列形近字上面的相同部件是：**敝**

弊	bì	a. 欺诈、蒙骗的行为。如：作**弊**、徇私舞**弊**。b. 弊病；害处。如：权衡利**弊**、百**弊**丛生、兴利除**弊**。
憋	biē	a. 闷；不舒畅。如：**憋**气、**憋**闷、心里**憋**得慌。b. 强忍着。如：水下**憋**气、他正**憋**着一肚子的话。
瞥	piē	很快地看了一下。如：他朝窗外**瞥**了一眼。
蹩	bié	脚腕子或手腕子扭伤。如：不小心**蹩**了脚。
鳖	biē	爬行动物，俗称“王八”，水陆两栖，外形似龟，躯体近似圆形，四肢粗短有力，头颈和四肢可以伸缩，用肺呼吸，以鱼虾等为食。

下列形近字右边的相同部件是：**曾**

僧	sēng	出家修行的男人。如：**僧**侣、**僧**人、高**僧**、扫地**僧**、苦行**僧**、削发为**僧**、**僧**多粥少。
增	zēng	增加；加多。如：有**增**无减、为国**增**光、企业**增**产、与日俱**增**、**增**大、**增**多、**增**长、身价倍**增**、日**增**月益、**增**值税。
噌	cēng	拟声词。形容快速行动的声音；也形容短促的摩擦声等。如：小鸟**噌**的一声从窗台上飞走了、“**噌**的一声，只见他把火柴划着了”。
憎	zēng	厌恶；痛恨。如：**憎**恶、**憎**称、爱**憎**分明、面目可**憎**、“鹰化为鸠，犹**憎**其眼”(比喻外表虽然有所改变，但改变不了其凶恶的本性)。
赠	zèng	无偿地送给。如：**赠**送、**赠**与、敬**赠**、互**赠**、捐**赠**、**赠**品、**赠**礼、临别**赠**言、红粉**赠**佳人、“**赠**人玫瑰，手有余香”(比喻付出了也会使自己快乐)。
蹭	cèng	a. 摩擦。如：他摔了一跤，膝盖**蹭**破了皮。b. 因接触而沾上。如：他不小心**蹭**了一身油渍。c. 借机占便宜或揩油。如：**蹭**吃**蹭**喝。d. 拖延。如：磨**蹭**。
还有与上述同类型的二、三级字：**缯** zēng **嶒** céng **矰** zēng		

下列形近字下面的相同部件是：**火**

灸	jiǔ	中医的一种治疗方法。用艾叶烧灼或熏烤身体的某一部位。如：针**灸**。
炙	zhì	a. 烤。如：**炙**烤、**炙**手可热。b. 烤熟的肉。如：残羹冷**炙**、脍**炙**人口（比喻文学作品受人欢迎）。c. 中药制法。如：炮**炙**、酒**炙**、蜜**炙**。
炎	yán	a. 天气很热。如：**炎**热。b. 炎症，身体的某部位发生红、肿、热、痛、痒等现象。如：发**炎**、肝**炎**、消**炎**。c. 比喻权势。如：趋**炎**附势。d. 炎帝，即神农氏。

下列形近字右边的相同部件是：**火**

伙	huǒ	a. 同伴；伙计。如：同**伙**。b. 合伙；结伴。如：**伙**同。c. 由同伴组成的集体。如：入**伙**。d. 伙食。如：搭**伙**。e. 量词，用于人群。如：分成两**伙**人。
狄	dí	我国古代对北方少数民族的统称。如：北**狄**、蛮夷戎**狄**。
秋	qiū	a. 秋季。如：**秋**风、春种**秋**收。b. 庄稼成熟的时期。如：麦**秋**。c. 一年的时间。如：千**秋**大业、“一日不见，如隔三**秋**”。d. 指某个时期。如：多事之**秋**。
耿	gěng	a. 光明。如：**耿**晶晶（明亮闪光的样子）。b. 正直。如：**耿**直、**耿**介之士（指正直的人）。
还有与上述同类型的三级字：**钬** huǒ		

下列形近字左边的相同部件是：**炎**

剡	㊀shàn ㊁yǎn	㊀用于水名。如：**剡**溪（在浙江省境内）。 ㊁a. 削尖。如：**剡**木为楫。b. 尖；锐利。如：**剡**耜（锋利的耒耜）、**剡**棘（尖利的刺）。
郯	tán	用于地名。如：**郯**城县（位于山东省临沂市）。
还有与上述同类型的三级字：**欻**㊀chuā ㊁xū		

下列形近字右边的相同部件是：**炎**

谈	tán	说话或对话；也指说的话或言论。如：面**谈**、**谈**天说地、无稽之**谈**、附耳密**谈**、言**谈**举止、高**谈**阔论、促膝长**谈**、娓娓而**谈**、奇**谈**、**谈**古论今。
啖	dàn	a. 吃或给人吃；喂；养。如：日**啖**荔枝三百颗、以肉**啖**虎、**啖**以肉食。b. 用利益引诱人。如：以利**啖**之、**啖**以重金。

淡	dàn	a. 含盐分少。如：**淡**而无味。b. 稀薄。如：风轻云**淡**。c. 不浓；浅。如：**淡**绿。d. 不热心。如：冷**淡**。e. 营业不景气。如：**淡**季。f. 无关紧要。如：平**淡**。
赕	dǎn	用物品奉献（佛）。如：**赕**佛（敬佛祭祀，以求消灾赐福）。
还有与上述同类型的二、三级字：**琰** yǎn **倓** tán **掞**㊀shàn ㊁yàn **惔** tán **棪** yǎn **睒** shǎn **锬** tán		

下列形近字右边的相同部件是：**义**

仪	yí	a. 容貌；举止。如：**仪**表堂堂、**仪**态、威**仪**。b. 礼节；仪式。如：**仪**仗队、礼**仪**。c. 礼物。如：贺**仪**。d. 仪器。如：经纬**仪**。e. 倾心。如：心**仪**已久。
议	yì	a. 意见；言论。如：异**议**、提**议**、建**议**、力排众**议**。b. 讨论；商量。如：街谈巷**议**、争**议**、**议**价、商**议**。c. 评论；批评。如：评**议**、无可非**议**。
蚁	yǐ	指蚂蚁，种类很多（如大头蚁等），一般体型较小。如：白**蚁**、**蚁**群、雄**蚁**、蝼**蚁**、蝇趋**蚁**附、“千里之堤，溃于**蚁**穴”（比喻小事不慎将酿成大祸）。
还有与上述同类型的三级字：**舣** yǐ		

下列形近字右边的相同部件是：**弟**

涕	tì	a. 眼泪。如：痛哭流**涕**、**涕**零如雨、**涕**泗横流、感激**涕**零。b. 鼻涕。如：**涕**泪交下。
悌	tì	敬爱兄长。如：孝**悌**。
娣	dì	a. 古代姐姐称妹妹。b. 古代兄妻称弟妻为娣。如：**娣**妇、**娣**姒（丈夫的兄妻为姒，丈夫的弟妻为娣）。
绨	㊀tì ㊁tí	㊀一种比绸子厚的丝织品，经线和纬线分别用丝和绵制成的，表面较粗糙。 ㊁厚实而光滑的丝织品。如：**绨**袍。
梯	tī	a. 登高或上楼用的器具。如：人字**梯**、楼**梯**、自动扶**梯**、电**梯**、云**梯**。b. 像梯子的。如：**梯**队、**梯**田。
锑	tī	金属元素。符号 Sb，原子序数为 51，银白色有光泽，有毒，可溶于浓硫酸和王水，可用于制造合金材料、红外探测器材料和焊接剂等。
还有与上述同类型的二、三级字：**睇** dì **䏲** tī		

下列形近字右边的相同部件是：为

伪	wěi	a. 假；不真实的。如：真**伪**难辨、**伪**装、虚**伪**、**伪**证、**伪**造、**伪**科学、**伪**君子。b. 不合法的。如：**伪**满洲国、**伪**军、**伪**政府。
沩	wéi	沩水河，水名，发源于湖南省，汇入湘江。
妫	guī	妫水河，水名，发源于北京市，汇入永定河。
还有与上述同类型的三级字：**㧑** huī		

下列形近字左边的相同部件是：氵

汉	hàn	a. 朝代名。如：西**汉**、后**汉**。b. 汉水，水名。发源于陕西省，在湖北省武汉市汇入长江。c. 银河。如：河**汉**、气冲霄**汉**。d. 汉族，我国人口最多的民族。如：**汉**语、**汉**人。e. 指某类成年男子。如：好**汉**、醉**汉**、懒**汉**。
汊	chà	水流的分支；水流分岔的地方。如：河**汊**、**汊**流、**汊**港。

汔	qì	差不多；几乎。如：**汔**尽（竭尽）。
汽	qì	a. 液体或某些固体受热变成的气体。b. 特指水蒸气。如：**汽**船、**汽**笛、**汽**化。

汪	wāng	a. 聚集。如：眼里**汪**着泪。b. 水深而广。如：**汪**茫、**汪**洋大海。c. 量词。如：两**汪**热泪。d. 拟声词，形容狗叫的声音。如：黑狗**汪汪**乱叫。
注	zhù	a. 灌进去。如：**注**入。b. 目光等集中。如：**注**视、全神贯**注**。c. 赌注。如：投**注**、下**注**。d. 用文字解释。如：**注**解。e. 解释字句的文字。如：脚**注**。f. 记载；登记。如：**注**册。g. 量词，用于交易等。如：两**注**买卖。

沐	mù	a. 洗头。如：栉风**沐**雨（疾风梳头、大雨洗头发，后用以形容经常在外面奔波劳碌）。b. 泛指洗涤。如：**沐**浴（洗澡，也比喻受润泽）。
沭	shù	沭河，水名，发源于山东省沂水县沂山南麓，同沂河平行南流，过郯城县进入江苏省，在今宿迁市汇入泗水再入淮河。

汩	gǔ	组词"汩汩"。拟声词，形容水流动的声音。如：山泉**汩汩**流淌。
汨	mì	汨罗江，水名，发源于江西省修水县，流经湖南省岳阳市入洞庭湖。
泪	lèi	眼睛里流出来的液体。如：眼**泪**、**泪**水、流**泪**、以**泪**洗面、热**泪**盈眶、**泪**流满面、老**泪**纵横、不见棺材不落**泪**、男儿有**泪**不轻弹。

沦	lún	a. 沉没；陷落。如：沉**沦**、**沦**陷、**沦**为乞丐。b. 水上的波纹。
沧	cāng	暗绿色（指水）。如：**沧**海桑田（暗绿色的大海变成农田，农田变成大海，比喻人世间事物变化极大、极快）。

沪	hù	a. 沪渎，古水名，吴淞江下游近海处一段，在今上海市黄浦江下游。b. 上海市的别称。如：**沪**剧、京**沪**铁路、京**沪**航线。
泸	lú	用于地名。如：**泸**州市（四川省辖地级市）。

沽	gū	a. 买。如：**沽**酒市脯、径须**沽**取对君酌、**沽**名钓誉。b. 卖。如：待价而**沽**（等待高价才出卖，比喻有好的待遇、条件，才答应任职或做事）。c. 天津市的别称。
沾	zhān	a. 打湿；浸湿。如：露水**沾**衣。b. 接触而被附着上。如：**沾**染。c. 稍稍碰上或接触。如：滴酒不**沾**、十指不**沾**泥。d. 因有关系而得到好处。如：**沾**光。
洁	jié	a. 使清白；保持纯洁。如：**洁**身自好。b. 干净。如：**洁**白、**洁**癖。c. 清廉；作风正派。如：公正廉**洁**。d. 精炼。如：简**洁**。
活	huó	a. 工作或产品。如：手工**活**、细**活**。b. 有生命的。如：**活**人。c. 使生存。如：养家**活**口。d. 能变动的。如：**活**靶子、**活**结。e. 在活的状态下。如：生擒**活**捉。f. 生动。如：灵**活**。g. 副词。简直；逼真。如：**活**见鬼、**活**像。
浩	hào	a. 盛大；巨大。如：**浩**瀚、一场**浩**劫、烟波**浩**渺、**浩浩**荡荡、声势**浩**大。b. 多。如：**浩**博、**浩**如烟海。

洒	sǎ	a.(使液体)分散落下。如:**洒**水、**洒**泪、泼**洒**。b.指颗粒状的东西往下面散落。如:**洒**了一地的黄豆。
酒	jiǔ	用粮食、水果等发酵制成的含乙醇的饮料。如:谷**酒**、白**酒**、美**酒**飘香、**酒**醉饭饱、“开车不喝**酒**,喝**酒**不开车”。

浙	zhè	a.浙江,古水名,即今钱塘江,是浙江省的第一大河流。b.浙江省的简称。如:江**浙**地区、**浙**赣线。
淅	xī	组词“淅沥”。拟声词,细微的风声、雨声、落叶声等。如:秋风**淅**沥、细雨**淅**沥。
渐	㊀jiān ㊁jiàn	㊀a.浸。b.流入。如:东**渐**于海(河水东流入海,引申为向东方流传)。 ㊁副词,慢慢地。如:**渐**入佳境、**渐**变、日光**渐**暗、循序**渐**进。
澌	sī	a.解冻后流动的冰块。如:河水流**澌**(河水解冻,冰随水流)。b.雨雪声。如:隔树**澌澌**雨。c.副词,尽。如:**澌**灭。(注意区别“澌澌”)

涝	lào	a.雨水过多而积的水。如:防洪排**涝**。b.因雨水过多而被淹。如:城市内**涝**、洪**涝**灾害、十年九**涝**、南**涝**北旱。
滢	yíng	清澈。如:**滢**渟。
还有与上述同类型的三级字:**溁** yíng **濙** yíng		

混	㊀hún ㊁hùn	㊀同“浑”。a.水不清。如:**混**水摸鱼。b.不讲理。如:**混**蛋。 ㊁a.掺杂在一起。如:**混**为一谈、**混**合、**混**凝土。b.蒙混。如:鱼目**混**珠。c.苟且度过。如:鬼**混**、**混**饭吃。d.胡乱。如:**混**说、**混**乱。
湿	shī	a.沾了水或是含的水分多。如:潮**湿**、**湿**润、**湿**漉漉、相对**湿**度、绝对**湿**度、淋**湿**、浸**湿**、尿布**湿**。b.中医学名词。如:风**湿**痛、**湿**气过重。
温	wēn	a.温度。如:降**温**、体**温**。b.加热。如:**温**酒。c.复习。如:**温**故而知新。d.不冷不热。如:**温**室、**温**暖。e.性情柔和。如:**温**顺、**温**柔。f.中医指温热病。
渴	kě	a.口干想喝水。如:口**渴**、如饥似**渴**。b.比喻心情迫切。如:**渴**望、**渴**求。
溻	tā	出汗把衣服等给湿透了。如:**溻**湿、“他们正在进行激烈的篮球比赛,身上的运动服都**溻**了”“天太热,我的衣服都**溻**了”。
还有与上述同类型的二、三级字:**涅** niè **淏** hào **滉** huàng		

涓	juān	细小的流水。如：**涓涓**细流、**涓**埃、**涓**滴归公（比喻属于公家的财物，即使细微的东西都不占为私有，全部缴公）。
涡	㊀guō ㊁wō	㊀涡河，水名，发源于河南省，注入淮河。 ㊁水、气等流体旋转时中间形成的螺旋形；泛指涡状的。如：旋**涡**、**涡**流、**涡**轮、热气球卷入旋**涡**。
浥	yì	沾湿；润湿。如：渭城朝雨**浥**轻尘（早晨下的雨润湿了渭城地面的灰尘）。
渑	㊀miǎn ㊁shéng	㊀用于地名。如：**渑**池县（位于河南省三门峡市）。 ㊁渑水，古水名，位于今山东省境内。
还有与上述同类型的二、三级字：**浞** zhuó **涢** yún		

浮	fú	a. 漂。如：漂**浮**。b. 呈现。如：**浮**现。c. 可移动的。如：**浮**动。d. 超过。如：人**浮**于事。e. 不沉着。如：**浮**躁。f. 不切实。如：**浮**夸。g. 暂时的。如：**浮**计。
淫	yín	a. 不正当的男女关系。如：**淫**秽、饱暖思**淫**欲、**淫**荡。b. 心乱；迷惑。如：富贵不能**淫**。c. 放纵。如：骄奢**淫**逸。d. 过多；过甚。如：**淫**雨霏霏。
滔	tāo	弥漫；充满。如：波浪**滔**天。

浮	fú	a. 漂。如：漂**浮**。b. 呈现。如：**浮**现。c. 可移动的。如：**浮**动。d. 超过。如：人**浮**于事。e. 不沉着。如：**浮**躁。f. 不切实。如：**浮**夸。g. 暂时的。如：**浮**计。
淳	chún	朴实；厚道。如：民风**淳**朴、还**淳**返朴（回复到人本来的淳厚、朴实的状态或本性）。

润	rùn	a. 不干枯；使不干枯。如：湿**润**、**润**嗓子。b. 细腻光滑。如：红**润**、丰**润**。c. 修饰，使有文采。如：**润**色、**润**饰。d. 利益；好处。如：利**润**、分**润**。
涧	jiàn	夹在两山之间的水沟。如：山**涧**、溪**涧**、**涧**谷（溪涧山谷）、高山深**涧**。

淑	shū	善良；美好（多形容女子的品德）。如：贤**淑**、温**淑**、**淑**静、**淑**德、**淑**善、窈窕**淑**女。
溆	xù	a. 水边。多用于地名。如：**溆**浦县（位于湖南省西部的怀化市）。b. 溆水，水名，在湖南省西部，是沅江的支流。

浞	zhuó	淋；淋湿。如：窗台边书桌上的书全被雨**浞**湿了、这批产品被雨**浞**了后就加大了它的储存难度。
淀	diàn	a. 浅的湖泊（多用于地名）。如：白洋**淀**（主体位于河北，现为雄安新区发展的重要生态水体）。b. 液体里沉下的渣滓等。如：分级沉**淀**法、积**淀**、**淀**粉。
湜	shí	形容水清见底。

深	shēn	a. 上下或里外的距离。如：**深**度。b. 上下或里外距离大。如：**深**渊。c. 程度高。如：**深**刻、**深**奥、**深**信、**深**情。d. 颜色浓。如：**深**蓝。e. 时间长。如：**深**夜。
渫	xiè	除去污泥；疏通。如：井**渫**不食（井虽浚治，井水洁净清澈，但不被饮用，比喻洁身自持，却不为人所知）。
滦	luán	滦河，水名，发源于河北省，注入渤海。
澡	zǎo	沐浴全身。如：公共**澡**堂、搓**澡**、冲冷水**澡**、洗**澡**、洗**澡**盆、**澡**身浴德（洁净身心，使德行修养高洁）。
溧	lì	用于地名。如：**溧**阳市（位于江苏省常州市）。
还有与上述同类型的三级字：**滢** yíng		

溧	lì	用于地名。如：**溧**阳市（位于江苏省常州市）。
漂	㊀piāo ㊁piǎo ㊂piào	㊀浮在液体表面；顺风向或液体流向而移动。如：**漂**泊、**漂**流、**漂**洋过海。 ㊁a. 用水冲洗干净。如：**漂**洗。b. 用药剂等使褪色变白。如：**漂**白。 ㊂组词“漂亮”。美；好看；出色。如：她真**漂**亮！他写得一手好**漂**亮的字。
潭	tán	a. 深水池；深水坑。如：深**潭**、龙**潭**虎穴。b. 坑。如：烂泥**潭**。
还有与上述同类型的二级字：**湮**㊀yān ㊁yīn		

温	wēn	a. 温度。如：降温、体温。b. 加热。如：温酒。c. 复习。如：温故而知新。d. 不冷不热。如：温室、温暖。e. 性情柔和。如：温顺、温柔。f. 中医指温热病。
溘	kè	突然。如：溘然长逝(突然去世)。
滥	làn	a. 流水漫溢。如：河水泛滥。b. 不加选择；不加节制。如：宁缺毋滥、滥杀无辜、滥用职权、狂轰滥炸。c. 不合实际。如：滥竽充数、陈词滥调。
溢	yì	a. 充满而流出来。如：水满则溢、溢流管。b. 流露；显露。如：外溢、才华横溢、溢于言表。c. 过度；超过。如：溢言虚美、溢出此数。
还有与上述同类型的三级字：湓 pén		

湍	tuān	水流得急；也指急流的水。如：湍流、水流湍急、急湍、湍激、湍濑(石滩上的急流)。
濡	rú	a. 沾湿；润泽。如：相濡以沫、浸濡、濡笔、濡润、耳濡目染。b. 停留；迟滞。如：濡迹、濡迟。c. 容忍。如：濡忍。

溻	tā	出汗把衣服等给湿透了。如：溻湿、“他们正在进行激烈的篮球比赛，身上的运动服都溻了”“天太热，我的衣服都溻了”。
滃	㊀wēng ㊁wěng	㊀滃江，水名，发源于广东省，注入北江。 ㊁a. 形容云起。如：滃郁。b. 形容水盛。如：清泉滃然而出。

澉	gǎn	用于地名。如：澉浦镇(位于浙江省海盐县)。
澈	chè	水清。如：清澈见底。
激	jī	a. 水冲击而涌起或溅起。如：激起浪花。b. 感情冲动；使感情冲动。如：刺激、激励、激将法、慷慨激昂。c. 急剧的；强烈的。如：激战、激烈。
还有与上述同类型的二、三级字：潋 liàn 浟 yóu 澩 xiào 潵 sǎ 漖 jiào		

濯	zhuó	洗。如：濯缨弹冠(弹去帽子上的灰尘，比喻准备出仕)、濯清涟而不妖(经过清水的洗涤却不显得妖艳)。
灌	guàn	a. 浇。如：灌瓜之义、灌溉、漫灌、醍醐灌顶、喷灌。b. 注入液体；倒入。如：灌汤包、灌注、海水倒灌。c. 指录音。如：灌唱片。
还有与上述同类型的三级字：漼 cuǐ 灈 qú		

下列形近字左上角的相同部件是：氵

梁	liáng	a. 房梁。如：大**梁**、栋**梁**。b. 桥。如：桥**梁**、河**梁**。c. 器物上便于提携的弓形物。如：提**梁**儿。d. 中间高起的部分。如：鼻**梁**、脊梁。e. 朝代名。如：后**梁**。
粱	liáng	a. 谷子的优良品种的统称。b. 组词"高粱"。谷类作物，茎高，籽实可供食用，又可以酿酒。如：红高**粱**。

下列形近字下面的相同部件是：溥

薄	㊀báo ㊁bó ㊂bò	㊀a. 厚度小。如：**薄**片、被子很**薄**。b. 感情不深。如：待我不**薄**。c. 味道淡。如：酒味很**薄**。d. 不肥沃的。如：**薄**田（不肥沃的田地）。 ㊁a. 义同"薄（báo）"，用于合成词等。如：单**薄**。b. 轻微。如：微**薄**。c. 不庄重。如：轻**薄**。d. 轻视。如：鄙**薄**。e. 迫近。如：日**薄**西山。 ㊂薄荷，草本植物，花淡紫色，全株青气芳香，可入药。
簿	bù	本子；册籍。如：户口**簿**、账**簿**、意见**簿**、日记**簿**、生死**簿**、电话**簿**、考勤**簿**、留言**簿**、练习**簿**。

下列形近字右边的相同部件是：斗

抖	dǒu	a. 颤动；哆嗦。如：瑟瑟发**抖**。b. 振动；甩动。如：**抖**动翅膀。c. 振作；鼓起。如：**抖**起精神。d. 称人因得势、发财等而得意。如：以前他饭都吃不饱，现在发了点财，整个人都**抖**起来了。
科	kē	a. 生物分类系统的一级。如：豆**科**。b. 部门。如：财务**科**。c. 学术或专业的分类。如：理**科**。d. 法律条文。如：作奸犯**科**。e. 判定（刑罚）。如：**科**以罚金。f. 指古代的科举考试；考试的科目。如：登**科**。g. 旧戏曲脚本里的用语。如：饮酒**科**。
蚪	dǒu	组词"蝌蚪"。蛙等某些动物的幼体，生活在水中，以群居为主，体形呈椭圆形，无四肢，有长尾。
料	liào	a. 估计；猜想。如：预**料**。b. 处理；照管。如：照**料**。c. 材料；原料。如：木**料**。d. 喂牲口用的谷物。如：草**料**、饲**料**。e. 量词，中药配方全份称为一料。
斜	xié	不正，跟平面或平面沿边的直线既不平行也不垂直的。如：**斜**阳、**斜**坡、**斜**视、倾**斜**、歪**斜**、把纸裁**斜**了。
斟	zhēn	a. 往茶杯或酒杯等容器里倒；喝。如：**斟**酒、低唱浅**斟**、**斟**茶倒酒。b. 考虑；推敲。如：字**斟**句酌、再三**斟**酌。

还有与上述同类型的二、三级字：**斛** hú **钭**㊀dǒu ㊁tǒu **斠** jiào

下列形近字上面的相同部件是：沙

娑	suō	组词“婆娑”。a. 盘旋起舞的样子。如：婆**娑**起舞。b. 枝叶纷披的样子。如：树影婆**娑**。c. 眼泪下滴的样子。如：泪眼婆**娑**。
挲	㊀sa ㊁sha ㊂suō	㊀组词“摩挲”。用手轻轻按着并慢慢地移动。如：摩**挲**衣服、摩**挲**褶皱纸。 ㊁组词“挓挲”。张开；伸开。如：挓**挲**着手。 ㊂组词“摩挲”。用手抚摩。如：妈妈轻轻地摩**挲**着孩子的头。
裟	shā	组词“袈裟”。僧人披在身上的法衣，由许多长方形小布片拼缀缝制而成。
鲨	shā	鲨鱼，种类多（如大白鲨），生活在海洋，体型庞大，呈纺锤形，体侧有侧线，在水中游速快，鳞为盾状，性凶猛，以海洋动物为食。

下列形近字左边的相同部件是：忄

怡	yí	和悦；愉快。如：**怡**心、**怡**情、**怡**悦、**怡**然自乐、心旷神**怡**（心情愉快，精神舒畅）。
恬	tián	安静；安然；坦然。如：**恬**淡、**恬**静、**恬**然自足、文**恬**武嬉、**恬**不知耻。
恰	qià	a. 合适。如：**恰**当。b. 正好；刚刚。如：**恰**好、**恰恰**相反、**恰**到好处、**恰**巧碰到、**恰**如其分。
恪	kè	恭敬；谨慎。如：**恪**忠、**恪**守不渝、**恪**守职业道德、**恪**尽职守（谨慎认真地做好本职工作，细心、耐心地守住自己的职位）。
悟	wù	理解；领会；觉醒。如：恍然大**悟**、执迷不**悟**、顿**悟**、思想觉**悟**、**悟**性、幡然醒**悟**、领**悟**。
还有与上述同类型的二、三级字：**怙** hù **怊** chāo		

惯	guàn	a. 习以为常的；长期养成不易改变的。如：习**惯**、**惯**用伎俩。b. 纵容；放任。如：娇生**惯**养、“不能由着孩子胡来，不然会**惯**坏的”。
愤	fèn	因不满而激动、生气或发怒。如：**愤**怒、**愤**恨、义**愤**填膺。
愦	kuì	昏乱；糊涂。如：昏**愦**、警**愦**觉聋（指用语言文字等唤醒那些昏愦、耳聋之类的麻木的人）。

惴	zhuì	担心害怕的样子。如:**惴惴**不安、小恐**惴惴**、**惴**恐、惊**惴**、**惴**栗(惊恐战栗的样子)。
懦	nuò	软弱;胆小。如:**懦**弱无能、**懦**夫、怯**懦**。

下列形近字下面的相同部件是:灬

煦	xù	温暖。如:**煦**暖、**煦**日、温**煦**、春风和**煦**。
照	zhào	a. 照射。如:**照**耀。b. 对着镜子照。如:**照**镜子。c. 拍摄;相片。如:**照**相、结婚**照**。d. 凭证。如:执**照**。e. 比对。如:参**照**。f. 看护。如:**照**看。g. 告知。如:**照**会。h. 介词。如:**照**章办事、**照**西边跑。i. 副词。如:**照**抄、**照**搬。

煞	㊀shā ㊁shà	㊀a. 结束;停止。如:**煞**尾、**煞**笔。b. 束紧;勒紧。如:**煞**行李、**煞**一**煞**腰带。 ㊁a. 迷信指凶神,如:凶**煞**、凶神恶**煞**。b. 表示程度很深。如:**煞**费苦心。
熬	㊀āo ㊁áo	㊀把蔬菜、豆腐等放在水里用文火煮。如:**熬**白菜。 ㊁a. 长时间煮。如:**熬**粥、**熬**汤。b. 忍受;耐苦支撑。如:煎**熬**、**熬**夜、**熬**过了一段苦难的日子。

下列形近字上面的相同部件是:宀

宇	yǔ	a. 屋檐;泛指房屋。如:庙**宇**、琼楼玉**宇**。b. 上下四方;整个空间。如:**宇**宙、寰**宇**。c. 仪容;风度。如:眉**宇**、器**宇**轩昂。d. 年代地层单位的最高级。
字	zì	a. 文字。如:汉**字**、**字**形、**字**典。b. 书法作品。如:**字**画。c. 字体。如:草**字**、柳体**字**、美术**字**。d. 字音。如:吐**字**清楚。e. 人的名、号。如:名**字**、岳飞**字**鹏举。f. 字据。如:立**字**为凭。g. 指语词。如:**字**眼、用**字**恰当。

密	mì	a. 事物间距离近或间隙小。如:**密**度、**密**集。b. 感情好;关系近。如:亲**密**、**密**切。c. 精致。如:精**密**、缜**密**。d. 不公开的;不公开的事。如:**密**码、秘**密**。
蜜	mì	a. 蜂蜜;像蜂蜜的东西。如:酿**蜜**、糖**蜜**。b. 像蜂蜜那样甜的。如:**蜜**桔、**蜜**桃。c. 甜美;甜美的。如:口**蜜**腹剑、**蜜**月、甜言**蜜**语。

寒	hán	a. 冷（跟“暑”相对）。如：严**寒**、天**寒**地冻。b. 害怕；畏惧。如：心**寒**、胆**寒**。c. 贫困；穷苦。如：**寒**酸、**寒**舍（谦称自己的家门）。
塞	㊀sāi ㊁sài ㊂sè	㊀a. 堵；填。如：**塞**耳、**塞**车、箱子**塞**满了、闭目**塞**听（闭上眼睛不看，堵住耳朵不听，形容对外界事物不闻不问）。b. 用来堵住的东西。如：瓶**塞**、软木**塞**。 ㊁边界险要的地方。如：**塞**外、关**塞**、要**塞**、**塞**翁失马、**塞**北江南。 ㊂义同“塞（sāi）”。堵；填。如：堵**塞**、阻**塞**、茅**塞**顿开。
骞	qiān	高举或飞腾。多用于人名。如：张**骞**（汉朝人，丝绸之路的开拓者）。（注意区别“骞骞”）
寨	zhài	a. 防守用的栅栏。如：鹿**寨**（军事上的一种障碍物）。b. 旧时驻兵的营地。如：安营扎**寨**。c. 寨子；村子。如：山**寨**、压**寨**夫人。
赛	sài	a. 比较强弱、高低等。如：**赛**跑、比**赛**、**赛**车、竞**赛**、接力**赛**。b. 胜似；比得上。如：**赛**诸葛、萝卜**赛**梨。c. 旧时祭祀酬谢神灵。如：迎神**赛**会。
蹇	jiǎn	a. 跛；行走困难。如：**蹇**足、**蹇**步。b. 指劣马或跛驴。如：驽**蹇**之乘、策**蹇**赴前程。c. 迟钝；不顺利。如：**蹇**涩、前途多**蹇**。
还有与上述同类型的二、三级字：搴 qiān 褰 qiān 謇 jiǎn 骞 xiān（注意区别“骞骞”）		

下列形近字右边的相同部件是：宁

伫	zhù	长时间地站立。如：凝神**伫**立、**伫**候（肃立敬候）、**伫**听（凝神倾听）。
贮	zhù	储存；收藏。如：**贮**存、**贮**藏、**贮**木场、**贮**备粮食。
还有与上述同类型的三级字：诗 zhǔ 纻 zhù		

下列形近字左边的相同部件是：害

割	gē	a. 用刀截断；切下。如：收**割**、**割**草、**割**稻子。b. 分开；分割。如：**割**裂、**割**让、**割**地赔款。c. 舍弃；舍去。如：**割**舍、忍痛**割**爱。
豁	㊀huō ㊁huò	㊀a. 残缺；裂开。如：**豁**了个口子。b. 舍弃；狠心付出。如：**豁**出性命。 ㊁a. 开通；敞亮。如：**豁**达、**豁**然开朗。b. 免除。如：**豁**免。

下列形近字右边的相同部件是：**害**

嗐	hài	叹词，表示悔恨、惋惜等。如：**嗐**，不该把文件毁掉的。
辖	xiá	a. 古代车轴端孔内的车键，稳定车轮使不脱落。如：寸**辖**制轮。b. 管理。如：管**辖**、直**辖**市、**辖**制、**辖**区。
瞎	xiā	a. 眼睛看不见。如：耳聋眼**瞎**、**瞎**猫碰上死耗子。b. 副词。胡乱地；盲目地。如：**瞎**忙活、**瞎**闹、**瞎**指挥。c. 不饱满的。如：**瞎**高粱。

下列形近字右边的相同部件是：**宗**

淙	cóng	组词"淙淙"。拟声词，形容水流的声音。如：流水**淙淙**。
综	㊀zèng ㊁zōng	㊀织布机上的一种装置，使经线交错着上下分开以便梭子通过。 ㊁总合；聚在一起。如：错**综**复杂、**综**合楼、**综**上所述。
琮	cóng	古代一种祭祀（祭地）用的礼器，玉质筒状。如：以黄**琮**礼地。
棕	zōng	a. 棕榈，常绿乔木，树形优美，叶片近圆形，叶鞘为扇子型，其上长有棕毛，花黄绿色，棕毛可制绳索等，根可入药。b. 颜色像棕毛的。如：**棕**黄色。
粽	zòng	粽子，用粽叶等包裹糯米蒸制而成，可包成三角锥等形状，里面可添加红枣、豆沙等，我国有在端午节吃粽子的习俗。
踪	zōng	脚印；走过留下的痕迹。如：跟**踪**、行**踪**诡秘、无影无**踪**、寻**踪**觅迹、追**踪**、失**踪**、万径人**踪**灭。
还有与上述同类型的三级字：**倧** zōng **悰** cóng **腙** zōng		

下列形近字右边的相同部件是：**完**

院	yuàn	a. 院子。如：四合**院**、后**院**、庭**院**。b. 某些机关、场所等的名称。如：检察**院**、法**院**、敬老**院**、电影**院**。c. 指医院。如：住**院**。d. 指学院。如：大专**院**校。
浣	huàn	a. 洗。如：**浣**衣、**浣**纱、**浣**拭（洗涤擦拭）。b. 旧时将每月的三个十天分别称为上浣、中浣和下浣。
烷	wán	烷烃，一类有机化合物，只含有碳氢两种元素，且只有单键（无不饱和键），最简单的烷烃是甲烷。烷烃是重要的化工原料。
皖	wǎn	安徽省的别称。如：**皖**南事变、鄂豫**皖**革命根据地。
鲩	huàn	鲩鱼，即草鱼，略呈圆筒形，背部青灰，鱼鳞微黑色，喜居于水的中下层区域，常成群觅食，生长快，是四大家鱼之一。
还有与上述同类型的二、三级字：**垸** yuàn **脘** wǎn **绾** huán		

下列形近字右边的相同部件是：**宁**

拧	㊀níng ㊁nǐng ㊂nìng	㊀a. 握住物体的两端并且用力向相反的方向扭。如：**拧**毛巾。b. 用手指扭住皮肉用力转动。如：**拧**大腿。 ㊁a. 控制住物体的一部分然后向某个方向扭转。如：**拧**瓶盖。b. 因相反而错；颠倒。如：一字之差，意思满**拧**。c. 抵触。如：他们越说越**拧**。 ㊂倔强；不驯服。如：**拧**脾气。（注意区别"拧柠"）
咛	níng	组词"叮咛"。反复地嘱咐。如：再三叮**咛**、千叮**咛**万嘱咐。
狞	níng	（面目）凶恶（多用来形容坏人）。如：**狞**笑（凶恶地笑）、**狞**视（恶狠狠地看）、面目狰**狞**。
泞	nìng	烂泥。如：泥**泞**、路**泞**难行、**泞**滑（泥泞滑溜）。
柠	níng	组词"柠檬"。小乔木，耐阴不耐寒，花紫红色，果椭圆形，皮厚汁酸，富含多种维生素、柠檬酸等，有解暑开胃等功效，受孕妇喜爱，又称益母果。（注意区别"柠拧"）
还有与上述同类型的三级字：**聍** níng		

下列形近字右边的相同部件是：**定**

啶	dìng	组词"吡啶"。有机化合物，又称氮苯，分子式为 C_5H_5N，有恶臭，有毒，其蒸气遇火、热易燃烧爆炸，可用作溶剂、催化剂、缓蚀剂等。
淀	diàn	a. 浅的湖泊（多用于地名）。如：白洋**淀**（主体位于河北，现为雄安新区发展的重要生态水体）。b. 液体里沉下的渣滓等。如：分级沉**淀**法、积**淀**、**淀**粉。
绽	zhàn	衣服、皮肉等裂开，也指花蕾等的开放。如：破**绽**、皮开肉**绽**、**绽**放。
腚	dìng	屁股。如：小孩子光着**腚**睡觉。
锭	dìng	a. 纺纱机上绕线的机件。如：纱**锭**。b. 做成块状的金属等。如：药**锭**、金**锭**、钢**锭**。c. 量词，用于成锭的东西。如：一**锭**金子。
靛	diàn	a. 靛蓝，一种有机染料，微溶于水，可用于食品、印染等行业。b. 蓝色和紫色按一定比例混合而成的颜色。
还有与上述同类型的二、三级字：**碇** dìng **琔** diàn		

下列形近字右边的相同部件是：**宣**

渲	xuàn	先把墨或颜料涂在纸上，再涂抹使色彩浓淡适宜。如：**渲**染。
喧	xuān	声音大。如：大声**喧**哗、**喧**哗吵嚷、**喧**腾、**喧**扰、锣鼓**喧**天、**喧**嚣、**喧**闹、**喧**宾夺主、**喧**啸。（注意区别"喧暄"）
暄	xuān	a. 温暖。如：寒**暄**（嘘寒问暖，现多用于见面时问候或应酬等）、**暄**和（温暖和畅）。b. 松软；松散。如：馒头很**暄**、**暄**肿（松软胀肿）。（注意区别"暄喧"）
楦	xuàn	a. 做鞋用的模型，多用木做成。如：**楦**头、鞋**楦**。b. 填塞物体中空的部分使鼓起来。如：**楦**枕头。
煊	xuān	组词"煊赫"。形容名声大或声势很盛。如：**烜**赫一时、**煊**赫世家、名声**煊**赫。
还有与上述同类型的二、三级字：**瑄** xuān **愃** xuān **碹** xuàn		

下列形近字右边的相同部件是：**家**

嫁	jià	a. 女子结婚。如：女大当**嫁**、陪**嫁**、**嫁**娶、改**嫁**、出**嫁**、所**嫁**非人、**嫁**妆。b. 转移（罪名等）。如：**嫁**祸于人。
镓	jiā	金属元素。符号 Ga，原子序数为 31，银白色，在潮湿空气中易氧化，可与沸水发生剧烈反应，熔点低，沸点高，适合用塑料瓶储存，可用于制半导体等。
稼	jià	a. 种植（谷物）；泛指从事农业生产。如：宜**稼**于田、不**稼**不穑（不参加农业生产劳动）。b. 谷物。如：庄**稼**（jia）。

下列形近字下面的相同部件是：**官**

菅	jiān	草本植物，叶细长，根坚韧，可用来作炊帚、刷子等。如：草**菅**人命（把人的生命看得像野草一样轻贱，随意加以摧残）。
管	guǎn	a. 吹奏的乐器。如：**管**乐器。b. 圆筒形的东西。如：水**管**。c. 负责；管理。如：**管**账。d. 管教；约束。如：**管**束。e. 负责供给。如：**管**吃**管**住。f. 介词，相当于"向"。如：**管**他借点钱。g. 量词，用于细圆筒形的东西。如：一**管**毛笔。

下列形近字右边的相同部件是：**官**

倌	guān	a. 农村中专管饲养某些家畜的人。如：牛**倌**、羊**倌**。b. 旧时称在某些行业中服杂役的人。如：磨**倌**儿（磨面的人）、堂**倌**（茶馆等处的伙计）。
馆	guǎn	a. 招待宾客等的房屋。如：旅**馆**。b. 使馆。如：领事**馆**。c. 某些商店的名称。如：照相**馆**、咖啡**馆**。d. 开展文体等活动的场所。如：展览**馆**、图书**馆**。

绾	wǎn	把长条形的东西(如绳子)盘绕起来打成结。如:把头发**绾**起来。
棺	guān	棺材。如:盖**棺**定论、**棺**椁、石**棺**、桐**棺**(用桐木制作,以示薄葬)、**棺**木、**棺**衾(棺材和衾被)、水晶**棺**。
还有与上述同类型的二、三级字:**涫** guàn **琯** guǎn **婠** wān		

下列形近字右边的相同部件是:**宅**

诧	chà	惊讶;觉得奇怪。如:**诧**为奇事、甚感**诧**异、惊**诧**。
咤	zhà	生气时喊叫。如:叱**咤**(大声吆喝)。
姹	chà	美丽。如:**姹**紫嫣红。
还有与上述同类型的三级字:**侘** chà **挓** zhā **垞** chá		

下列形近字右边的相同部件是:**宾**

摈	bìn	抛弃;排除。如:**摈**弃、**摈**而不用、**摈**除杂念、**摈**斥异己、**摈**诸门外。(注意区别"摈槟")
滨	bīn	a. 水边;近水的地方。如:海**滨**、湘江之**滨**、渭**滨**垂钓、"雁归湖**滨**,鸡落草棚"。b. 靠近(水边)。如:**滨**河而居、**滨**海、**滨**江。
嫔	pín	古代皇宫里的女官。如:妃**嫔**、**嫔**妾。
缤	bīn	组词"缤纷"。形容繁盛的样子。如:落英**缤**纷(落花繁多且艳丽)、五彩**缤**纷(色彩纷繁艳丽)。
槟	㊀bīn ㊁bīng	㊀槟子,落叶乔木,有酸槟子和甜槟子两大品种,果实也叫槟子,熟的时候紫红色,近似苹果而稍小,略有点涩。 ㊁槟榔,常绿乔木,生长在热带、亚热带地区,喜高温、雨水充沛的环境,茎直立,果实卵球形,可以吃,也可以入药。(注意区别"槟摈")
殡	bìn	停棺待葬或把灵柩送到墓地去。如:出**殡**、**殡**葬(出殡和埋葬)、**殡**仪馆、**殡**车(出殡时运送灵柩的车)。
膑	bìn	义同"髌",用于人名。如:孙**膑**(战国时期的军事家,军事著作有《孙膑兵法》等)。
还有与上述同类型的二级字:**傧** bīn **镔** bīn **髌** bìn		

下列形近字右边的相同部件是：**空**

倥	kǒng	组词“倥偬”。a. 匆忙；急迫。如：行色**倥**偬、军务**倥**偬。b. 穷困；困苦窘迫。如：**倥**偬拮据。
控	kòng	a. 告发；告状。如：**控**告、指**控**。b. 掌握；节制。如：**控**制。c. 把容器口（或人的头）朝下，使其中的液体（或腹中水）流出来。如：**控**干瓶内的水。
崆	kōng	组词“崆峒”。a. 山名。如：**崆**峒山（位于甘肃省平凉市，是丝绸之路西出关中之要塞）。b. 岛名。如：**崆**峒岛（位于山东省烟台市芝罘区东北部海域）。
腔	qiāng	a. 身体（也指器物）中空的部分。如：盆**腔**、腹**腔**、炉**腔**。b. 说话的语气、语调；乐曲的调子。如：南**腔**北调、京**腔**、装**腔**作势、说话不要带官**腔**。
还有与上述同类型的三级字：**埪** kōng **硿**㊀kōng ㊁kòng		

下列形近字右边的相同部件是：**窜**

撺	cuān	a. 匆忙地做。如：临时现**撺**。b. 抛掷；扔。如：**撺**箱（告状人把状纸投入箱中）。c. 发怒。如：他一听到这结果就**撺**了。
镩	cuān	a. 一种凿冰的器具，头尖如锥。如：冰**镩**。b. 用冰镩凿冰。如：**镩**冰。
蹿	cuān	向上或向前跳；也指植物迅速向上长。如：上**蹿**下跳、一个箭步**蹿**出去、幼苗都**蹿**起来了。

下列形近字右边的相同部件是：**容**

溶	róng	在水或其他液体中化开。如：**溶**解、**溶**化、消**溶**、食盐可**溶**于水、**溶**剂、**溶**质、速**溶**饮料。
榕	róng	a. 榕树，常绿乔木，老树常有锈褐色气根，观赏价值高，生长速度快，可作园林景观树，也可作盆景。b. 福建省福州市的别称。如：**榕**城。
熔	róng	用高温加热固体物质到一定程度使转变为液态。如：**熔**化、**熔**点、**熔**断器、**熔**炼、**熔**于一炉、**熔**融、**熔**岩、**熔**体、易**熔**合金、**熔**盐。
还有与上述同类型的三级字：**瑢** róng **镕** róng		

下列形近字右边的相同部件是：**它**

佗	tuó	负荷。用于人名。如：华**佗**（东汉末年医学家，被称为“外科圣手”等，后人多用“华佗再世”来称医术高超的医师）。
陀	tuó	组词“陀螺”。一种玩具，上大下尖，可用木材、金属等制成，传统玩法是用鞭子抽，可使其在地上旋转而不倒。

坨	tuó	a. 成块或成堆的。如：冰**坨**、礁石**坨**。b. 面食煮熟后粘在一块。如：你再不抓紧时间，面条就**坨**了。c. 露天的盐堆。
沱	tuó	a. 可以停船的水湾（多用于地名）。如：牛角**沱**（位于重庆市渝中区）。b. 沱江，水名，发源于四川省，汇入长江。
驼	tuó	a. 骆驼。如：**驼**峰、**驼**绒、双峰**驼**、单峰**驼**、**驼**铃、**驼**色、**驼**队。b. 背脊弯曲。如：**驼**子、**驼**背羊髯（形容老头的形象）。
柁	㊀duò ㊁tuó	㊀同“舵”。船、飞机等控制方向的装置。如：**柁**手、掌**柁**。 ㊁房架前后两个柱子之间的大横梁。如：房**柁**。
砣	tuó	a. 秤锤。如：秤不离**砣**、秤**砣**虽小压千斤。b. 碾砣，碾盘上的石轮。c. 用砣子打磨玉器。如：他正在**砣**一个玉杯。
铊	㊀tā ㊁tuó	㊀金属元素。符号 Tl，原子序数为 81，银白色，自然环境中含量很低，易溶于硝酸，其化合物有毒，可用于制合金、杀虫剂、超导材料等。 ㊁同“砣”。秤砣；秤锤。
鸵	tuó	鸵鸟，最大的一种鸟类，喜爱结群，头小颈长，有翅不能飞，双腿有力善走，迅速奔跑时展开双翅以维持平衡，以植物果实等为食。
蛇	㊀shé ㊁yí	㊀爬行动物，种类多（如蝮蛇、响尾蛇），变温动物，身体圆而长，全身布满鳞片，无四肢，有的种类有毒，以鼠、蛙等为食。蛇是十二生肖之一。 ㊁组词“委蛇”。a. 敷衍；应付。如：虚与委**蛇**。b. 同“逶迤”。
跎	tuó	组词“蹉跎”。虚度光阴，浪费时间却毫无作为（多含悔恨惋惜之意）。如：蹉**跎**岁月、蹉**跎**时日。
舵	duò	控制船、飞机等行动方向的装置。如：升降**舵**、平衡**舵**、见风使**舵**、掌**舵**、方向**舵**、**舵**手、**舵**盘。

还有与上述同类型的二、三级字：**酡** tuó **鮀** tuó

下列形近字右边的相同部件是：**察**

擦	cā	a. 抹；揩拭。如：**擦**玻璃。b. 摩；搓。如：摩拳**擦**掌。c. 涂抹。如：**擦**胭脂。d. 挨近；贴近。如：**擦**肩而过。e. 把瓜、果等刨成丝。如：**擦**萝卜。
嚓	㊀cā ㊁chā	㊀拟声词，形容摩擦等发出的声音。如：**嚓**的一声，划火柴把蜡烛点着了。 ㊁组词“咔嚓”。拟声词，形容清脆的撞击声、断裂声等。如：咔**嚓**一声，树枝折断了。
镲	chǎ	一种打击乐器，由两个圆形的金属片（如铜片）组成，圆片中部向外凸起，互相撞击发声，声音清脆明亮，常与锣、鼓等联合演奏。

还有与上述同类型的三级字：**檫** chá

下列形近字右边的相同部件是：**宛**

惋	wǎn	对别人的不幸表示遗憾、同情。如：令人**惋**惜、**惋**叹。
婉	wǎn	a.（说话）温和含蓄。如：**婉**转悠扬、**婉**言相劝、委**婉**、**婉**辞（委婉的言辞，也指婉言谢绝）。b. 美好；柔顺。如：**婉**顺。
琬	wǎn	美玉。如：**琬**象（美玉与象牙）、**琬**圭（古代一种玉圭）、**琬**琰（琬圭与琰圭，泛指美玉，比喻美好的事物）。
腕	wàn	手前臂跟手掌连接的地方；小腿跟脚连接的地方。如：**腕**力、手**腕**、脚**腕**、割**腕**自杀、扼**腕**叹息。
碗	wǎn	a. 盛饮食等的器具。如：锅**碗**瓢盆、饭**碗**、茶**碗**、**碗**柜、洗**碗**机、大**碗**喝酒、吃着**碗**里看着锅里。b. 像碗的东西。如：轴**碗**儿。
蜿	wān	组词"蜿蜒"。弯曲地延伸的样子（多用来形容山、河、道等）。如：**蜿**蜒曲折、**蜿**蜒绵亘、**蜿**蜒盘旋。
豌	wān	豌豆，草本植物，喜温湿气候，小叶卵圆形，花多为白色和紫色，荚果长椭圆形，荚果内有绿色球形种子，嫩荚、种子均可食用，种子可入药。
还有与上述同类型的二、三级字：**畹** wǎn **椀** wǎn **涴**㊀wò ㊁yuān		

下列形近字右边的相同部件是：**安**

按	àn	a. 用手或手指压。如：**按**摩、**按**钮。b. 止住。如：**按**兵不动、**按**甲休兵。c. 依照。如：**按**劳分配、**按**时。d. 经考核研究后下论断。如：**按**语、编者**按**。（注意区别"按桉"）
桉	ān	桉树，常绿乔木，种类多（如柠檬桉），树干高且直，枝叶可提取桉油，根系发达，木材坚韧，可用于造纸、炼油等，也可入药。（注意区别"桉按"）
胺	àn	一类有机化合物，氨分子中的氢（一个或多个）被烃基取代而生成的产物，广泛存在于生物界，有些是生命所必需的，有些有致癌作用。
铵	ǎn	由氨衍生所得的一价复根，化学式为 NH_4^+，化学性质类似于金属离子，其盐类称为铵盐，可用于制氮肥等。
鞍	ān	放置在某些牲口（如马）背上，供人骑坐等用的器具。如：**鞍**马劳顿、见**鞍**思马、**鞍**前马后、西市买**鞍**鞯、一马不配两**鞍**、"**鞍**不离马，甲不离身"。
还有与上述同类型的三级字：**垵** ān **鮟** ān		

下列形近字右边的相同部件是：**良**

狼	láng	哺乳动物，种类多(如北极狼)，多喜群居，外形像狗，四肢修长，利于快速奔跑，鼻端突出，嗅觉灵敏，爪粗而钝，性凶猛，捕食动物。（注意区别“狼狠”）
浪	làng	a. 波浪。如：惊涛骇**浪**、风平**浪**静、无风不起**浪**、长江后**浪**推前**浪**。b. 像波浪起伏的东西。如：麦**浪**。c. 没有约束。如：**浪**费可耻、**浪**荡、放**浪**。
娘	niáng	a. 母亲。如：爹**娘**、孩子他**娘**。b. 称年长的妇女。如：王大**娘**。c. 称年轻妇女。如：伴**娘**、新**娘**、黄花姑**娘**。
琅	láng	a. 组词“**琅琅**”。拟声词。金石等相击的声音；响亮的读书声。如：玉音**琅琅**、**琅琅**书声。b. 组词“琅玕”。形容像珍珠的美石。
锒	láng	组词“锒铛”。a. 铁锁链或被铁链子锁着。如：**锒**铛入狱。b. 拟声词，形容金属撞击的声音。如：铁索**锒**铛。（注意区别“锒银”）
粮	liáng	a. 可以吃的谷类等。如：**粮**食、开仓放**粮**、五谷杂**粮**、寅吃卯**粮**、“兵马未动，**粮**草先行”。b. 我国 2006 年以前作为农业税的粮食。如：交公**粮**。
酿	niàng	a. 利用发酵制造醋等。如：**酿**酒、**酿**醋。b. 指酒。如：陈年佳**酿**、**酿**肆(酒坊)。c. 蜜蜂做蜜。如：**酿**蜜。d. 渐渐形成。如：**酿**成大祸。（注意不读 yàng）
踉	㊀liáng ㊁liàng	㊀组词“跳踉”。也作“跳梁”，跳跃。（注意区别“踉跟”） ㊁组词“踉跄”。走路不稳的样子。如：他一个**踉**跄，差一点儿摔倒了。

还有与上述同类型的三级字：**稂** láng **俍** liáng **埌** làng **悢** liàng **桹** láng **眼** làng **烺** lǎng

下列形近字左边的相同部件是：**良**

郎	㊀láng ㊁làng	㊀a. 女子称丈夫或情人。如：**郎**君、情**郎**。b. 称青年男女。如：新**郎**、妙龄女**郎**。c. 称从事某种职业的人。如：放牛**郎**。d. 敬称对方的儿子。如：令**郎**。 ㊁组词“屎壳郎”，蜣螂的俗称。一种以动物的尸体和粪尿为食的黑色昆虫。
朗	lǎng	a. 声音清晰、明亮。如：**朗**读、**朗**诵。b. 光线充足；明亮；明快。如：晴**朗**、明**朗**、爽**朗**、豁然开**朗**。

下列形近字右边的相同部件是：**郎**

啷	lāng	组词“当啷”。拟声词，形容器物碰撞的声音。如：铁锅掉在地上发出当**啷**一声响。
榔	láng	组词“榔头”。锤子，敲打用的工具。如：东一**榔**头，西一棒槌。
螂	láng	蟑螂，昆虫，又称蜚蠊，种类多（如东方蟑螂），体扁平，触角长丝状，能发出臭味，昼伏夜出，常污染食物、咬坏衣物等，且能传播霍乱等疾病。

下列形近字右边的相同部件是：**诸**

储	chǔ	a. 存放；积蓄。如：**储**备、**储**藏、**储**蓄、存**储**、**储**粮备荒。b. 古时准备做王位或皇位的继承人。如：王**储**、立**储**、**储**君。
槠	zhū	常绿乔木，花黄绿色，叶子革质，果实球形，褐色，木质坚硬，可做器具。

下列形近字右边的相同部件是：**户**

护	hù	a. 保护；保卫。如：**护**城河、爱**护**、守**护**、**护**卫队、保驾**护**航。b. 偏袒；包庇。如：官官相**护**、袒**护**、你不能一味地**护**着他。
沪	hù	a. 沪渎，古水名，吴淞江下游近海处一段，在今上海市黄浦江下游。b. 上海市的别称。如：**沪**剧、京**沪**铁路、京**沪**航线。（注意区别“沪泸”）
妒	dù	因为别人比自己强或好而忌恨。如：**妒**忌、**妒**贤嫉能、**妒**害（妒忌陷害）
驴	lǘ	哺乳动物，体型像马，毛色多为灰褐色，耳朵和脸较长，性情温驯，抵抗能力强，不易生病，可用作力畜运输物品、耕作和乘骑等。
炉	lú	炉子，种类很多，可用于取暖、冶炼等。如：**炉**灶、电磁**炉**、煤气**炉**、火**炉**、炼丹**炉**、锅**炉**、香**炉**、围**炉**取暖。
还有与上述同类型的三级字：**戽** hù		

下列形近字右边的相同部件是：**戾**

捩	liè	扭转。如：**捩**转、转**捩**点。
唳	lì	（鹤、雁等鸟类）鸣叫。如：孤雁悲**唳**、风声鹤**唳**。

下列形近字右边的相同部件是：**扁**

偏	piān	a. 不正；不在中间。如：**偏**离、**偏**东。b. 辅助的。如：**偏**将。c. 不公正；偏向某方。如：**偏**心、**偏**袒、**偏**见。d. 副词，偏偏。如：他**偏**要对着干。
编	biān	a. 编织。如：**编**草帽。b. 按一定的规则组织或排列。如：**编**号、**编**码。c. 对材料进行整理、加工。如：**编**辑、改**编**。d. 创作。如：**编**舞蹈。e. 捏造。如：胡**编**乱造。f. 著作或著作的一部分。如：上**编**。g. 编制。如：在**编**人员。
骗	piàn	a. 欺蒙。如：欺**骗**、诈**骗**、上当受**骗**、**骗**局、坑蒙拐**骗**。b. 用欺骗的手段得到。如：**骗**取同情心、**骗**贷。c. 侧身抬腿跨上。如：**骗**马。
煸	biān	把食材放在热油锅里炒。如：**煸**炒、干**煸**四季豆。
褊	biǎn	狭小；狭隘。如：**褊**小、**褊**狭。
蝙	biān	蝙蝠，哺乳动物，颈短，胸肉发达，有翼膜能飞，群居，多为昼伏夜出，利用超声波定位，以昆虫等为食。
蹁	pián	组词“蹁跹”。形容旋转跳舞的姿态。如：**蹁**跹起舞。
还有与上述同类型的二、三级字：**犏** piān **谝** piǎn **鳊** biān **塥** piǎn **碥** biǎn		

下列形近字右边的相同部件是：**扇**

骟	shàn	割掉马、牛、猪等牲畜的睾丸或卵巢。如：**骟**马、**骟**羊、**骟**猪。
煽	shān	a. 挑拨；鼓动（别人做不应该做的事）。如：**煽**惑、**煽**动、**煽**情。b. 同“扇风”的“扇”。

下列形近字下面的相同部件是：**军**

荤	hūn	a. 肉类食物（跟“素”相对）。如：**荤**腥、**荤**素搭配。b. 葱、蒜等有特殊气味的菜。如：五**荤**。c. 下流、低俗的。如：**荤**话、**荤**段子。
晕	㊀yūn ㊁yùn	㊀a. 昏迷；失去知觉。如：**晕**倒、**晕**过去了。b. 头脑不清醒。如：**晕**头转向。 ㊁a. 太阳或月亮周围的光圈。如：日**晕**。b. 头发昏，感觉天旋地转。如：**晕**车。
还有与上述同类型的二级字：**翚** huī		

下列形近字右边的相同部件是：**军**

诨	hùn	开玩笑；诙谐可笑的话。如：**诨**话（开玩笑的话）、插科打**诨**。
挥	huī	a. 舞动；摇动。如：**挥**手、**挥**舞。b. 抹去或甩掉。如：**挥**泪斩马谡、**挥**汗如雨。c. 散发；散出。如：**挥**霍无度、**挥**金如土、**挥**发。d. 指挥。如：**挥**师北伐。
浑	hún	a. 污浊。如：**浑**浊、**浑**水摸鱼。b. 糊涂；不明事理。如：**浑**话、**浑**人。c. 天然的。如：**浑**金璞玉、**浑**然天成。d. 全；满。如：**浑**身是胆、**浑**身解数。
恽	yùn	姓。
珲	㊀huī ㊁hún	㊀用于地名。如：瑷**珲**区（位于黑龙江省黑河市）。 ㊁用于地名。如：**珲**春市（位于吉林省延边朝鲜族自治州）。
辉	huī	照耀；也指闪耀的光彩。如：交相**辉**映、金碧**辉**煌、蓬荜生**辉**、光**辉**灿烂、与日月同**辉**。
还有与上述同类型的三级字：**晖** huī **裈** kūn		

下列形近字下面的相同部件是：**谒**

蔼	ǎi	和气；和善；态度好。如：和**蔼**可亲、**蔼**然仁者（对人和善的有仁德的人）。
霭	ǎi	云气；雾气。如：林**霭**（林中的云气）、春**霭**（春日的云气）、暮**霭**沉沉楚天阔、观云**霭**之苍茫。

下列形近字右边的相同部件是：**冥**

溟	míng	海。如：北**溟**有鱼、地势极而南**溟**深（南方的陆地已到尽头，大海深不可测）。
暝	míng	日落；天黑；黄昏。如：山**暝**行人断、**暝**色（暮色）、**暝**钟（傍晚的钟声）、天已**暝**。（注意区别"暝瞑"）
瞑	míng	a. 闭上眼睛。如：死不**瞑**目、迅电不及**瞑**目、**瞑**坐（闭目静坐）。b. 眼睛昏花。如：耳聋目**瞑**。（注意区别"暝瞑"）
螟	míng	螟虫，昆虫，种类多（如稻纵卷叶螟），有趋光性，危害水稻、甘蔗等作物的生长，并有产卵于作物植株上的习性。

下列形近字右边的相同部件是：**罙**

探	tàn	a. 伸手摸。如：**探**囊取物。b. 寻求。如：**探**索。c. 暗中查访。如：打**探**。d. 做侦探的人。如：密**探**。e. 看望。如：**探**视。f. 伸出（头或上身）。如：**探**头**探**脑。
深	shēn	a. 上下或里外的距离。如：**深**度。b. 上下或里外距离大。如：**深**渊。c. 程度高。如：**深**刻、**深**奥、**深**信、**深**情。d. 颜色浓。如：**深**蓝。e. 时间长。如：**深**夜。
琛	chēn	珍宝；宝物（现多用于人名）。如：**琛**宝、天**琛**（天然的宝物）。

下列形近字右边的相同部件是：**冘**

沈	㊀chén ㊁shěn	㊀同"沉"。a. 没入水中，跟"浮"相对。如：船**沈**了。b. 下落，陷入。如：地基下**沈**。c. 重；分量大。如：**沈**重。d. 程度深。如：**沈**思。 ㊁a. 汁。如：**沈**液（汁液）、墨**沈**未干、榆**沈**（榆皮的黏汁）。b. 沈阳市的简称。如：**沈**大铁路（**沈**阳至大连的铁路）、辽**沈**战役。
忱	chén	真诚的情义。如：满腔热**忱**、谢**忱**（感谢的心意）、贺**忱**（祝贺的诚意）、略表微**忱**。
枕	zhěn	a. 枕头，躺着时垫在头下面的东西。如：**枕**巾、**枕**席。b. 把头放在枕头或其他东西上。如：**枕**戈待旦、（海军战士）头**枕**着波涛。
眈	dān	组词"眈眈"。形容注视的样子。如：虎视**眈眈**、**眈眈**相向。
耽	dān	a. 拖延；延误。如：**耽**误时间、**耽**搁。b. 沉溺；入迷。如：**耽**乐（沉迷于享乐）、**耽**于酒色。
还有与上述同类型的三级字：**紞** dǎn		

下列形近字右边的相同部件是：**农**

侬	nóng	人称代词。a.〈方〉你。如：劝**侬**莫上北高峰。b. 我。如：人道横江好，**侬**道横江恶（人人都说横江好，但是我觉得横江地势险恶）。
哝	nóng	组词"哝哝"。小声说话。如：她在他耳边**哝哝**了好一会儿、唧唧**哝哝**。
浓	nóng	a. 含某种成分多。如：**浓**硫酸、**浓**烟、**浓**雾、**浓**茶、**浓**咖啡。b. 程度深；不淡薄；繁密。如：**浓**密、**浓**妆艳抹、兴趣正**浓**、**浓**眉大眼。
脓	nóng	某些炎症病变在伤口等处形成的黄白色汁液，含有死亡的细菌、白细胞等。如：化**脓**、**脓**包、"头顶长疮，脚跟流**脓**"（形容人的品德行为坏到了极点）。
还有与上述同类型的二、三级字：**秾** nóng **醲** nóng		

下列形近字下面的相同部件是:**必**

毖	bì	谨慎小心。如:惩前**毖**后(从以前的错误中吸取教训,以后小心,谨防重犯)。
瑟	sè	a. 一种拨弦乐器,形状像琴。如:琴**瑟**、鼓**瑟**。b. 组词"瑟瑟"。1. 拟声词。如:秋风**瑟瑟**、**瑟瑟**有声。2. 形容颤抖的样子。如:**瑟瑟**发抖。
还有与上述同类型的三级字:**宓**㊀fú ㊁mì **苾** bì		

下列形近字右边的相同部件是:**必**

泌	㊀bì ㊁mì	㊀用于地名。如:**泌**阳县(位于河南省驻马店市)。 ㊁分泌。如:**泌**尿系统、**泌**乳期。
铋	bì	金属元素。符号 Bi,原子序数为 83,银白色或粉红色,化学性质稳定,有微弱的放射性,可用于制造易熔合金(如电器保险丝)、核反应堆冷却剂等。
秘	㊀bì ㊁mì	㊀用于译音。如:**秘**鲁(南美洲国家)。 ㊁a. 不公开的。如:**秘**密、**秘**史、祖传**秘**方、**秘**而不宣。b. 闭塞不通。如:便**秘**。c. 稀有的;罕见的。如:**秘**籍(珍贵罕见的书籍)。d. 文秘;秘书。
还有与上述同类型的三级字:**佖** bì **咇** bì **珌** bì **祕** mì **馝** bì		

下列形近字下面的相同部件是:**心**

思	sī	a. 考虑;想。如:沉**思**、反**思**、左**思**右想。b. 想法。如:意**思**、心**思**、才**思**敏捷。c. 心情;心绪。如:相**思**、寄托哀**思**。d. 挂记。如:**思**念、朝**思**暮想。
恩	ēn	给予或得到的好处,深厚的情谊。如:**恩**爱、**恩**情、感**恩**戴德、**恩**断义绝。

怒	nù	a. 生气;气愤。如:愤**怒**、恼羞成**怒**、敢**怒**不敢言、**怒**不可遏、喜**怒**哀乐、**怒**形于色、勃然大**怒**、**怒**气冲冲。b. 气势盛。如:鲜花**怒**放、狂风**怒**吼。
恕	shù	a. 原谅;不计较或不追究。如:宽**恕**、不可饶**恕**、**恕**你无罪、**恕**己及人。b. 请对方不要计较(用于客套话)。如:**恕**难从命、**恕**我冒昧。

悠	yōu	a. 久;远。如:意味**悠**长、历史**悠**久。b. 闲适。如:**悠**闲、**悠**然自得。c. 来回摆动。如:秋千**悠**得老高。d. 稳住;控制。如:您老**悠**着点儿!
您	nín	人称代词。你;你们(多表尊敬或敬意)。如:**您**好! **您**慢走! 请**您**上楼。
还有与上述同类型的二级字:**恁** nèn		

惑	huò	a. 迷惑，不明白对与不对。如：疑**惑**、困**惑**、迷**惑**、智者不**惑**、大**惑**不解。b. 使迷乱；欺骗。如：**惑**乱、蛊**惑**、诱**惑**、**惑**乱人心、妖言**惑**众。
感	gǎn	a. 感觉。如：**感**知、倍**感**亲切。b. 使意识、情绪上起反应。如：**感**动、**感**化、**感**人肺腑。c. 受外界事物的影响而引起心理上的变化。如：读后**感**、自豪**感**、百**感**交集。d. 怀有谢意。如：**感**谢、**感**恩。e. 因接触光纤而起反应。如：**感**光。

下列形近字右边的相同部件是：**心**

吣	qìn	猫、狗等呕吐，比喻谩骂或骂人。如：**吣**食、满嘴胡**吣**。
沁	qìn	a. 渗入或透出。如：**沁**透、**沁**人心脾、**沁**绿（透出绿色）、手心里**沁**出了汗。b. 放入水里。如：把被单**沁**入水中。c. 头向下垂。如：别一直**沁**着头。
还有与上述同类型的三级字：**伈** xǐn		

下列形近字右边的相同部件是：**永**

咏	yǒng	a. 唱；抑扬顿挫地念。如：吟**咏**、歌**咏**、一**咏**三叹。b. 用诗词等来叙述、抒发情感等。如：**咏**史、**咏**雪、**咏**梅。
泳	yǒng	a. 在水里游动。如：游**泳**、蛙**泳**、自由**泳**、蝶**泳**、仰**泳**、冬**泳**。b. 在水里游动的。如：**泳**池、**泳**装、**泳**衣、**泳**裤。
脉	㊀mài ㊁mò	㊀a. 血管、血脉。如：肝动**脉**硬化、静**脉**注射、一**脉**相承。b. 脉搏。如：把**脉**、号**脉**。c. 像血管那样分布的东西。如：山**脉**、叶**脉**（叶片上分布的细管状构造）。 ㊁组词“脉脉”。用眼神等表达感情。如：含情**脉脉**。
还有与上述同类型的三级字：**栐** yǒng		

下列形近字左下的相同部件是：**辶**

迂	yū	a. 曲折；绕远。如：**迂**缓、**迂**曲、**迂**回前进。b. 拘泥保守、不合时宜。如：**迂**腐、**迂**论、**迂**见、**迂**阔、他的思想太**迂**。
迁	qiān	a. 变动、改变。如：变**迁**、见异思**迁**、时过境**迁**。b. 机关、住所等另换地点。如：**迁**都、**迁**徙、乔**迁**之喜。c. 组词“迁就”。改变自己的意见去迎合他人。

远	yuǎn	a. 跟“近”相对。距离长；时间间隔长。如：遥**远**、长**远**、永**远**。b. 不接近、不亲密。如：疏**远**、敬而**远**之。c. 相差的程度大。如：差得**远**、相去甚**远**。
运	yùn	a. 搬运；输送。如：**运**输、客**运**、春**运**。b. 移动。如：**运**行、**运**转、生命在于**运**动。c. 使用。如：**运**用、**运**筹帷幄。d. 迷信的人指运气。如：幸**运**、好**运**来。

㇕（折）

下列形近字右边的相同部件是：乙

亿	yì	数目字。a. 一万万或十个千万（古代也指十万）。如：我国有十几**亿**人口、这次的投资超过 1 个**亿**。b. 指很大的数目。如：**亿**万富翁。
忆	yì	a. 回想；想念。如：追**忆**、**忆**往昔峥嵘岁月稠、**忆**苦思甜、回**忆**、**忆**昔抚今。b. 记得。如：记**忆**犹新、形象记**忆**（将需要记忆的人或事物，特别是那些抽象难记的事物形象化，用直观形象的方法去记忆）。
钇	yǐ	金属元素。符号 Y，原子序数为 39，稀土元素之一，灰黑色，耐高温和耐腐蚀，有延展性，可用于制特种玻璃、核燃料的包壳材料、合金、催化剂等。

下列形近字右边的相同部件是：乚

扎	㊀zā ㊁zhā ㊂zhá	㊀a. 捆；束。如：包**扎**。b. 量词，用于捆的东西。如：一**扎**线。 ㊁a. 刺。如：**扎**手。b. 钻。如：**扎**堆、**扎**进人群。c. 驻扎。如：安营**扎**寨。 ㊂组词“挣扎”。勉强支撑。（注意区别“扎札”）
孔	kǒng	a. 洞；窟窿。如：针**孔**、**孔**洞、**孔**隙、穿**孔**、瞳**孔**、鼻**孔**、千疮百**孔**、无**孔**不入、钻**孔**灌注桩。b. 量词，用于洞窟。如：一**孔**土窑。
札	zhá	a. 古代写字用的木片。如：令尚书给笔**札**（让尚书发给了他书写的毛笔和木简）。b. 信件。如：手**札**、信**札**、书**札**、来**札**。（注意区别“札扎”）
轧	㊀gá ㊁yà ㊂zhá	㊀a. 指场面拥挤。b. 结交。如：**轧**朋友。c. 核对。如：**轧**账。 ㊁a. 碾压。如：**轧**棉花、滚筒**轧**路机。b. 排挤。如：暗中倾**轧**。 ㊂把钢坯压成一定形状的钢材。如：冷**轧**钢筋、**轧**钢厂。
礼	lǐ	a. 共同遵守的行为准则和相应仪式。如：典**礼**、婚**礼**。b. 指礼物。如：贺**礼**、送**礼**。c. 表示尊敬的态度或动作。如：敬**礼**。d. 以**礼**相待。如：**礼**贤下士。
乱	luàn	a. 战争；武装骚扰。如：平**乱**、战**乱**。b. 混淆。如：以假**乱**真。c. 没有秩序。如：慌**乱**。d. 任意；随便。如：**乱**涂**乱**画。e. 男女关系不正当。如：淫**乱**。
乳	rǔ	a. 分泌奶汁的器官。如：**乳**房。b. 乳汁；像乳汁的东西。如：**乳**臭未干、母**乳**、豆**乳**、腐**乳**。c. 孳生；生殖。如：孳**乳**。d. 幼小的。如：**乳**鸽、**乳**猪。
还有与上述同类型的二、三级字：**乩** jī **虬** qiú **钆** gá **癿** bié		

下列形近字的相关部件是：丁

刁	diāo	a. 狡猾；奸诈；无赖。如：**刁**棍（恶人）、**刁**民、**刁**蛮。b. 挑剔；难应付。如：眼**刁**、嘴**刁**、**刁**难（故意难为别人）。
刀	dāo	a. 古代兵器；用来切、割、斩、削、刺等的工具。如：菜**刀**、镰**刀**、**刀**枪入库。b. 形状像刀的东西。如：冰**刀**、瓦**刀**。c. 量词，用于纸张。100 张为 1 **刀**。
力	lì	a. 肌肉的效能。如：体**力**、臂**力**、身强**力**壮。b. 身体器官或其他事物的效能。如：能**力**、视**力**、药**力**。c. 尽力；努力。如：**力**求、**力**争、**力**挽狂澜。d. 改变物体运动状态的作用叫力。力的三个要素是：力的大小、方向和作用点。

下列形近字右边的相同部件是：彐

归	guī	a. 还给。如：物**归**原主。b. 返还。如：**归**队。c. 聚拢。如：**归**纳、**归**总、众望所**归**。d. 由；属于。如：这个公司**归**你管理。e. 珠算中的除法。如：九**归**。
扫	㊀sǎo ㊁sào	㊀a. 清除尘土、垃圾等。如：打**扫**、清**扫**。b. 消除。如：**扫**雷、**扫**兴。c. 快速掠过；迅速向左右移动。如：**扫**射、**扫**描、**扫**雷。d. 所有的。如：**扫**数归还。 ㊁一种用竹枝、粽叶等材料做成的扫地用具。如：**扫**把、**扫**帚。
妇	fù	a. 已婚女子。如：孕**妇**、主**妇**。b. 成年女性的称呼。如：农**妇**、**妇**联。c. 妻子。如：夫**妇**、夫唱**妇**随。d. 女性的通称。如：**妇**女、**妇**科、**妇**幼保健院。

下列形近字右边的相同部件是：聿

律	lǜ	a. 法则；规章。如：规**律**、严守纪**律**。b. 约束。如：严于**律**己。c. 旧诗的一种体裁。如：五言**律**诗。d. 古代把乐音分为六律和六吕，合称十二律。
津	jīn	a. 渡口。如：无人问**津**。b. 口液；唾液。如：生**津**止渴。c. 滋润；补贴。如：国家**津**贴。d. 天津的简称。如：京**津**塘高速公路。
肆	sì	a. 任意而行；不顾一切。如：**肆**意妄为、放**肆**、大**肆**厥辞、**肆**无忌惮。b. 店铺。如：酒**肆**、茶**肆**。c. “四”的大写。如：**肆**拾叁圆整。
肄	yì	学习，练习。如：**肄**习、**肄**业（没有达到毕业年限或程度而辍学）。
还有与上述同类型的三级字：**垏** lǜ **珒** jīn		

下列形近字右边的相同部件是：建

健	jiàn	a. 强壮；使强壮；身体好或有活力。如：**健**康、**健**壮、强身**健**体、**健**身房、**健**美运动、保**健**、运动**健**儿。b. 善于。如：**健**谈、**健**忘（容易忘记）。
犍	㊀jiān ㊁qián	㊀犍牛，阉割过的公牛。 ㊁用于地名。如：**犍**为（在四川省乐山市）。

腱	jiàn	肌腱，连接肌肉和骨骼的组织，和肌腹共同组成骨骼肌，色白坚韧，没有收缩能力（肌腹有收缩能力）。
键	jiàn	a. 机器上的零件，使轴和齿轮等固定。b. 插在门闩上的金属棍子。如：关**键**。c. 钢琴、计算机等物体上可以按动的部分。如：琴**键**、**键**盘。
踺	jiàn	踺子，体操运动等的一种翻身动作。
还有与上述同类型的三级字：**楗** jiàn		

下列形近字下面的相同部件是：**肃**

萧	xiāo	冷落；没有生机的样子。如：**萧**然、**萧**条（寂寞，冷落；经济停滞或萎缩）。
箫	xiāo	一种管乐器。古代的箫用多根竹管制成，也叫“排箫”。后世只用一根竹管做成，竖着吹，又叫“洞箫”。

下列形近字右边的相同部件是：**录**

渌	lù	渌水，水名，发源于江西省，流经湖南省株洲市汇入湘江。
绿	㊀lù ㊁lǜ	㊀义同“绿（lǜ）”，用于“绿林军、鸭绿江”等。 ㊁绿色，像青草茂盛时的颜色。如：**绿**色、**绿**油油、**绿**叶红花、桃红柳**绿**。
禄	lù	古代称官吏的俸给。如：功名利**禄**、福**禄**双全、无功不受**禄**、高官厚**禄**、俸**禄**、斗升之**禄**（形容微薄的薪俸）。
碌	㊀liù ㊁lù	㊀组词“碌碡”。一种农业用具，主体为石质圆柱体，可绕中心旋转滚动，两端用木框配合，可用人力或畜力来拉动碾压谷物等。 ㊁a. 繁忙。如：忙**碌**、劳**碌**。b. 平庸。如：**碌碌**无为。
还有与上述同类型的三级字：**逯** lù **騄** lù		

下列形近字右边的相同部件是：**隶**

埭	dài	坝。多用于地名。如：钟**埭**镇（位于浙江省平湖市 ）。
棣	dì	棣棠，落叶灌木，小枝绿色，常拱垂，叶三角状卵形或卵圆形，边缘有尖锐锯齿，花黄色，金花满树，观赏价值高，花和枝叶可入药。

下列形近字左边的相同部件是:**君**

郡	jùn	我国古代行政区划单位。秦朝以前比县小,从秦朝开始比县大。如:**郡**县制、**郡**守。
群	qún	a. 聚集在一起的人或物。如:人**群**、羊**群**、建筑**群**。b. 成群的;众多的。如:**群**岛、博览**群**书。c. 量词,用于成群的人或物。如:一**群**孩子。
还有与上述同类型的三级字:**頵** yūn		

下列形近字右边的相同部件是:**君**

捃	jùn	拾取;收集。如:**捃**拾、**捃**诬(搜罗材料加以诬陷)、**捃**刀(拾取麦穗的农具)。
裙	qún	a. 裙子。如:花**裙**、长**裙**、百褶**裙**、背带**裙**、石榴**裙**、超短**裙**、连衣**裙**、**裙**摆。b. 像裙子的东西。如:围**裙**。
还有与上述同类型的三级字:**珺** jùn **鲪** jūn		

下列形近字右边的相同部件是:**那**

挪	nuó	移动;转移。如:**挪**动、东**挪**西借、**挪**步、**挪**开、**挪**窝、**挪**用。
哪	㊀nǎ ㊁na ㊂né ㊃něi	㊀代词。a. 表示疑问,要求回答是明确的。如:你哪天入职的? b. 表示反问。如:不付出,**哪**有回报? c. 表示不确定的。如:**哪**天你来教一教我。 ㊁助词,前一字的韵尾是"n",致使"啊"的读音变成"哪(na)"。如:朋友们,努力加油干**哪**! ㊂见于人名。如:**哪**吒(神话中传说的人物)。 ㊃"哪(nǎ)"和"一"的合音。如:**哪**天和你一起去逛街吧。
娜	㊀nà ㊁nuó	㊀多用于女子的名字。 ㊁a. 组词"婀娜"。形容姿态轻盈柔美。如:婀**娜**多姿。b. 组词"袅娜"。形容草木枝条柔软细长,也形容女子姿态优美。如:娉婷袅**娜**。

下列形近字右边的相同部件是:**㑴**

侵	qīn	a. 进犯;侵犯。如:**侵**吞、**侵**占、**侵**权、大举入**侵**、百毒不**侵**、**侵**夺、**侵**略战争。b. 渐近。如:**侵**晨、**侵**晓。
浸	jìn	a. 泡在液体里;使渗透(渗入或渗出)。如:**浸**没、沉**浸**、**浸**润、**浸**泡、高压**浸**出。b. 逐渐。如:**浸**渐、**浸**染(逐渐感染)。
还有与上述同类型的二级字:**骎** qīn **祲** jìn **锓** qǐn		

下列形近字相关部分是：**艮**

艮	㊀gěn ㊁gèn	㊀ 食物又硬又韧而不松脆，不易咬动或嚼烂。如：**艮**萝卜。 ㊁八卦之一，代表山。
良	liáng	a. 好。如：**良**好、优**良**、**良**药苦口、**良**师益友。b. 善良的人。如：忠**良**、贤**良**、逼**良**为娼、除暴安**良**。c. 很。如：用心**良**苦、获益**良**多、沉思**良**久。

下列形近字上面的相同部件是：**艮**

垦	kěn	a. 用力翻土。如：**垦**田、**垦**地。b. 开辟荒土。如：开**垦**、**垦**荒、屯**垦**戍边。
恳	kěn	真诚；诚恳。如：**恳**求、**恳**切、**恳**托、**恳**谈。

下列形近字右边的相同部件是：**艮**

限	xiàn	a. 指定范围；指定的范围。如：**限**制、**限**期三天、**限**额交易、以三年为**限**、上**限**、下**限**。b. 门槛。如：户**限**为穿（门槛都踩破了，形容进出的人很多）。
艰	jiān	a. 困难。如：**艰**苦卓绝、**艰**难险阻、**艰**辛、任务**艰**巨、举步维**艰**（行走困难，行动不方便）。b. 深奥难懂。如：文字**艰**深。
很	hěn	副词，表示程度深。如：**很**好、**很**快、这座城池**很**坚固。
狠	hěn	a. 凶恶；残忍。如：**狠**毒、阴**狠**、心**狠**手辣。b. 下定决心。如：**狠**心离家出走。c. 严厉。如：**狠狠**地打击敌人。d. 全力；坚决。如：**狠**抓生产质量。（注意区别“狠狼”）
恨	hèn	a. 仇视；怨恨。如：痛**恨**、家仇国**恨**、深仇大**恨**、**恨**之入骨。b. 懊悔；遗憾；令人懊悔的事。如：抱**恨**终身、悔**恨**、遗**恨**、一失足成千古**恨**。
根	gēn	a. 植物根部。如：树**根**。b. 子孙后代。如：独**根**独苗。c. 事物的本源或基部。如：墙**根**。d. 依据。如：**根**据。e. 彻底地。如：**根**治。f. 代数方程的解。g. 带电的原子团。如：硝酸**根**。h. 量词，用于长条形的东西。如：一**根**绳子。
眼	yǎn	a. 眼睛。如：**眼**色。b. 孔洞；窟窿。如：泉**眼**、炮**眼**。c. 关键处。如：节骨**眼**。d. 戏曲中的节拍。如：有板有**眼**。e. 量词，用于井、洞等。如：一**眼**清泉。
银	yín	a. 金属元素。符号 Ag，原子序数为 47，是一种贵金属，白色有光泽，导热、导电性能很好，可用于制货币等。b. 货币。如：**银**行。c. 像银子的颜色。如：**银**发、**银**河。（注意区别“银锒”）

裉	kèn	衣服腋下的接缝部分。如：他一举手，咔的一声，衣服从**裉**处扯开了。
跟	gēn	a. 脚或鞋袜的后部。如：脚后**跟**、鞋后**跟**。b. 紧随在后面。如：**跟**从、紧**跟**不放。c. 介词。对；向。如：这事**跟**他说。d. 连词，和。如：他**跟**我都同意。（注意区别“跟踉”）
还有与上述同类型的二、三级字：**垠** yín **哏** gén **龈**㊀kěn㊁yín **詪** hěn **珢** yín **硍** yín		

下列形近字右边的相同部件是：**既**

溉	gài	浇灌。如：农业灌**溉**。
慨	kǎi	a. 情绪激昂；愤激。如：慷**慨**激昂、愤**慨**。b. 感叹；叹息。如：感**慨**万千、**慨**叹。c. 豪爽；大方。如：**慨**然相赠。
概	gài	a. 大略。如：**概**要。b. 气度；神态。如：英雄气**概**。c. 总括。如：以偏**概**全。d. 副词，一律。如：**概**不负责。e. 情况；景象。如：胜**概**（美丽的景色）。

下列形近字右边的相同部件是：**退**

腿	tuǐ	a. 人和动物用来支持躯体和行走的部分。如：鸡**腿**、胳膊拧不过大**腿**。b. 器物上像腿的部分。如：一张桌子四条**腿**。c. 指火腿。
煺	tuì	把已经宰杀了的猪、鸡等动物用开水烫，然后再去毛。如：**煺**毛。
褪	㊀tuì ㊁tùn	㊀a. 禽兽更换羽毛。如：鸡开始**褪**毛了。b. 颜色变淡或消失。如：这件衣服都已经**褪**色了。 ㊁a. 使穿着或套着的东西脱离。如：他用力一甩，把袖套**褪**下来了。b. 向内退缩而藏起来。如：外面冷，把手**褪**在袖子里。

下列形近字右边的相同部件是：**即**

唧	jī	a. 喷射（液体）。如：拿水枪**唧**水、**唧**筒。b. 组词“唧唧”。拟声词，小虫等的叫声（叠）。如：秋虫**唧唧**地悲鸣。
卿	qīng	a. 古代高级官名。如：**卿**相、三公九**卿**。b. 帝王对大臣的爱称。如：爱**卿**、准**卿**所奏。c. 古代夫妻间的爱称。如：**卿卿**我我（形容男女相爱，非常亲昵）。
鲫	jì	鱼名。身体侧扁，背脊隆起，头小，没有须，尾部较窄，与鲤鱼相似，生活在淡水中。如：**鲫**鱼、红**鲫**鱼。

下列形近字右边的相同部件是：卂

讯	xùn	a. 消息；音信。如：喜**讯**、通**讯**、电**讯**、快**讯**。b. 审问。如：**讯**问、审**讯**、传**讯**、刑**讯**。
汛	xùn	a. 江河定期的涨水现象。如：**汛**期、凌**汛**、防**汛**指挥部。b. 某些鱼类在一定时期成群出现在一定水域的现象。如：鱼**汛**。

下列形近字右边的相同部件是：叚

假	㊀jiǎ ㊁jià	㊀a. 不真实的。如：**假**牙、**假**肢、虚情**假**意、以**假**乱真。b. 有待验证的。如：**假**定、**假**设。c. 如果。如：**假**如。d. 借用；利用。如：**假**公济私。 ㊁按规定或经过批准暂时不工作或不学习的时间。如：寒**假**、暑**假**、节**假**日。
瑕	xiá	玉上面的斑点，比喻缺点。如：**瑕**疵、纯洁无**瑕**、**瑕**瑜互见、**瑕**不掩瑜、白璧无**瑕**（洁白的美玉上面没有一点儿小斑，比喻人或事物完美无缺）。
暇	xiá	空闲。如：目不**暇**接、应接不**暇**、闲**暇**、空**暇**时间、无**暇**自顾。
还有与上述同类型的三级字：**嘏**㊀gǔ ㊁jiǎ		

下列形近字右边的相同部件是：敢

澉	gǎn	用于地名。如：**澉**浦镇（位于浙江省海盐县）。
橄	gǎn	橄榄，常绿乔木，喜温暖，花白色，长圆形果实也称为橄榄，成熟时黄绿色，果实可食用、入药等，核可供雕刻用，种子可用来榨油。（注意区别“橄撖”）
瞰	kàn	从高处往下看；俯视。如：鸟**瞰**全景图、俯**瞰**全球。
还有与上述同类型的三级字：**撖** hàn（注意区别“撖橄”）		

下列形近字右边的相同部件是：司

伺	㊀cì ㊁sì	㊀组词“伺候”。a. 旧指侍奉或供人使唤。如：**伺**候老爷、在一旁**伺**候。b. 照料饮食起居。如：**伺**候病人。 ㊁守候；观察；探察。如：窥**伺**、黄雀**伺**蝉、**伺**隙进攻、**伺**机而动。
词	cí	a. 语言里可自由运用的最小单位。如：**词**根、同义**词**、双音节**词**。b. 话语；语句。如：**词**不达意、理屈**词**穷。c. 一种文学体裁。如：唐诗宋**词**。

饲	sì	喂养；喂养的。如：**饲**养员、鼻**饲**、割肉**饲**虎、**饲**蚕、**饲**料。
祠	cí	祭祀祖先、伟人或名士等用的建筑。如：屈原**祠**、乡贤**祠**、**祠**堂、宗**祠**、南阳医圣**祠**、武侯**祠**（祭祀三国时期蜀国丞相诸葛亮的地方）。
还有与上述同类型的二、三级字：**嗣** sì **峒** sī		

下列形近字的相关部件是：**尸**

尸	shī	a. 尸首，人死后的身体。如：**尸**体、**尸**横遍野。b. 空占职位不做事的。如：**尸**禄、**尸**位素餐。c. 古代祭祀时代表死者受祭的人。
户	hù	a. 一扇门，泛指门。如：夜不闭**户**。b. 住户。如：**户**主、农**户**。c. 门第。门当**户**对。d. 户头。如：开**户**、过**户**。e. 量词，用于家庭。如：50 **户**人家。

下列形近字左上的相同部件是：**尸**

屐	jī	木头鞋，多有齿；泛指鞋。如：木**屐**、**屐**齿之折（过门槛时没发觉屐齿都折断了，形容高兴喜悦之情）、谢公**屐**（诗人谢灵运游山穿的木**屐**）。
屣	xǐ	鞋。如：如弃敝**屣**（丢掉无用的东西，一点儿也不可惜）、倒**屣**相迎（没来得及穿好鞋，将鞋穿倒了就出来迎客，形容热情欢迎宾客）。
履	lǚ	a. 鞋。如：西装革**履**。b. 脚步。如：步**履**蹒跚。c. 踩在上面；走过。如：如**履**薄冰。d. 实行；践行。如：**履**约、**履**行义务。e. 到职。如：**履**任。
屦	jù	古代用麻葛制成的鞋；泛指鞋。如：麻**屦**。

下列形近字上面的相同部件是：**尉**

熨	㊀yù ㊁yùn	㊀组词“熨帖”。a. 用字、用词贴切、恰当，妥帖；b. 心情安宁、舒畅。 ㊁a. 烧热后用来烫平衣服的金属器具，称“熨斗”。b. 用烙铁、熨斗烫平。
慰	wèi	a. 使人心里安适。如：**慰**问、**慰**劳、安**慰**、劝**慰**、抚**慰**、**慰**唁（对死者家属表示同情和慰问的行为或语言）。 b. 心安。如：宽慰、欣慰。
还有与上述同类型的三级字：**蔚** wèi		

下列形近字右边的相同部件是：**矦**

侯	㊀hóu ㊁hòu	㊀a. 旧时泛指达官贵人。如：诸**侯**、**侯**门、王**侯**将相。b. 古代贵族五等爵位（公、侯、伯、子、男）的第二位。如：**侯**爵。 ㊁用于地名。如：**闽**侯（在福建省福州市）。
候	hòu	a. 时节。如：气**候**、**候**鸟。b. 等待。如：守**候**、**候**车、**候**补。c. 问安；看望。如：问**候**。d. 事情在变化着的情况。如：火**候**。e. 古代称五天为一候。

下列形近字右边的相同部件是：**展**

辗	zhǎn	组词“辗转”。a. 翻来覆去的样子。如：**辗**转难眠、**辗**转思念、**辗**转反侧、**辗**转伏枕。b. 经过许多的人或地方。如：**辗**转大半个中国、**辗**转相告。
碾	niǎn	a. 把东西轧碎或压平的器具。如：**碾**子、汽**碾**、水**碾**、石**碾**、羊足**碾**。b. 用碾子等滚压、去皮或捣碎。如：**碾**碎、**碾**药、**碾**压、**碾**米、**碾**成粉。
还有与上述同类型的二、三级字：**冁** chǎn **搌** zhǎn		

下列形近字右边的相同部件是：**居**

据	㊀jū ㊁jù	㊀组词“拮据”。形容手头紧；缺钱用。如：他还没找到事做，生活很**拮据**。 ㊁a. 占据。如：**据**为己有。b. 依靠；凭借。如：**据**险固守。c. 介词，依照。如：**据**实禀报、**据**我分析。d. 凭证。如：收**据**、真凭实**据**。（注意区别“据椐”）
椐	jū	古书上说的一种小树，可用来制作手杖。（注意区别“椐据”）
锯	㊀jù ㊁jū	㊀a. 用薄钢片制成的可以割开木头、金属等的器具，有许多尖齿。如：链**锯**、**锯**条、电**锯**、钢**锯**、环**锯**。b. 用锯子锯东西。如：**锯**木头。 ㊁同“锔”。用锔子（两脚钉）把破裂的陶器、瓷器或铁器等接合起来。
裾	jū	衣服的大襟，也指衣服的前后部分。如：前襟后**裾**、引**裾**（拉住衣襟）。
踞	jù	a. 蹲；坐。如：虎**踞**龙蟠（也作“虎踞龙盘”）。b. 占据；霸占。如：盘**踞**（也作“盘据”）、久**踞**山寨、雄**踞**一方。
还有与上述同类型的二、三级字：**倨** jù **琚** jū **崌** jū **腒** jū		

下列形近字右边的相同部件是：**屋**

握	wò	a. 用手攥住。如：**握**手言欢、**握**拳、**握**力、紧紧**握**住、**握**发吐哺（比喻为国家礼贤下士，殷切求才）。b. 掌管；控制。如：掌**握**、大权在**握**。
喔	wō	拟声词，形容公鸡叫的声音。如：我家的公鸡每天早上都**喔喔喔**地叫。

幄	wò	帐幕。如：运筹帷**幄**（在帷幕之中指挥、谋划，后泛指策划机构）。
渥	wò	a. 沾湿；沾润。如：**渥**润（润泽）。b. 优厚；浓厚；深重。如：**渥**恩（深厚的恩泽）、待遇优**渥**、**渥**绛（深红色）。
龌	wò	组词"龌龊"。a. 脏；不干净。如：他的衣服不是**龌**龊就是破。b. 品质恶劣；思想不纯正。如：**龌**龊邪佞之徒、思想**龌**龊、卑鄙**龌**龊。
还有与上述同类型的三级字：**偓** wò		

下列形近字右边的相同部件是：**犀**

墀	chí	台阶上面的空地，也指台阶。如：阶**墀**。
樨	xī	组词"木樨"。a. 桂花。b. 炒熟的鸡蛋或汤里的蛋花。如：木**樨**汤、木**樨**肉。

下列形近字上面的相同部件是：**辟**

劈	㊀pī ㊁pǐ	㊀a. 用刀、斧等破开。如：**劈**柴。b. 正对着；冲着。如：**劈**头盖脸。c. 雷电毁坏或击毙。如：被雷**劈**中了。d. 由两个斜面合成的简单机械。如：尖**劈**（如楔子）。 ㊁a. 把绳子等分开或拆散。如：麻烦你把绳子**劈**成两股。b. 撕扯或分离菜叶子等。如：**劈**白菜帮子。c. 手或脚叉开。如：**劈**叉。
壁	bì	a. 墙。如：凿**壁**借光、**壁**灯、面**壁**思过。b. 作用像墙的部分。如：细胞**壁**、井**壁**。c. 陡峭的山崖。如：悬崖峭**壁**、**壁**立千仞。d. 营垒。如：作**壁**上观。
嬖	bì	宠爱或宠幸；被宠爱或被宠幸；也指被宠爱的人。如：亲**嬖**（亲近宠爱）、**嬖**女（受宠爱的女子）、内**嬖**（受君主宠爱的人）。
臂	㊀bei ㊁bì	㊀组词"胳臂"。即胳膊，指肩膀以下手腕以上的部分。如：他牢牢地抓住我的胳**臂**，不肯放手。 ㊁胳膊。如：手**臂**、左**臂**、三头六**臂**、一**臂**之力、螳**臂**当车、振**臂**高呼。
擘	㊀bāi ㊁bò	㊀同"掰"。 ㊁a. 大拇指。如：**擘**指、巨**擘**（多用来比喻杰出的人物）。b. 分开；剖开。如：**擘**开、**擘**析（分析；剖析）。
璧	bì	一种环状玉器，中间有孔，可用作饰物、祭祀礼器等。如：和氏**璧**、完**璧**归赵、白**璧**无瑕、残圭断**璧**、珠联**璧**合（珍珠联串在一起，美玉结合在一块）。
譬	pì	比喻；打比方。如：**譬**如。
还有与上述同类型的二、三级字：**檗** bò **襞** bì **鐾** bèi **甓** pì		

下列形近字右边的相同部件是：**辟**

僻	pì	a. 偏僻。如：**僻**静、穷乡**僻**壤、**僻**陋(偏僻简陋)。b. 性情古怪。如：孤**僻**、乖**僻**。c. 不常见的。如：生**僻**字、**僻**典(生僻的典故)、冷**僻**。
噼	pī	形容拍打、爆炸等的声音。如：一阵**噼**里啪啦的鞭炮声、雨水打在窗户上**噼噼**啪啪作响。
还有与上述同类型的三级字：**澼** pì		

下列形近字右边的相同部件是：**刷**

唰	shuā	拟声词，物体迅速擦过去的声音。如：小鸟**唰**地飞上了树梢、窗帘**唰**地拉开了。
涮	shuàn	a. 略微洗洗；摇动着冲刷。如：**涮**毛巾、**涮**洗。b. 把肉片等食品放在滚水里烫一下马上取出来蘸作料吃。如：**涮**锅子、**涮**鱼片、**涮**羊肉。

下列形近字右边的相同部件是：**属**

嘱	zhǔ	告诫；托付。如：叮**嘱**、遗**嘱**、**嘱**咐、**嘱**托、以事相**嘱**、必遵医**嘱**。
瞩	zhǔ	注视；泛指看。如：**瞩**望、举世**瞩**目(全世界的人都注视着)、高瞻远**瞩**(站得高，看得远，比喻眼光远大)。

下列形近字右边的相同部件是：**夬**

决	jué	a. 水冲破堤岸。如：**决**堤。b. 破裂；断绝。如：感情**决**裂。c. 确定；拿定主意。如：犹豫不**决**。d. 执行死刑。如：执行枪**决**。e. 确定最后胜负。如：晋级**决**赛。f. 果断；坚定。如：坚**决**。g. 副词，一定。如：**决**不罢休。
诀	jué	a. 编成的顺口容易记忆的词句。如：乘法口**诀**。b. 高明的方法或窍门。如：秘**诀**、**诀**窍。c. 辞别。如：**诀**别(再无会期的离别；永别)。
块	kuài	a. 成块的东西。如：石**块**、把肉切成**块**。b. 量词。用于块状或片状的东西；用于货币。如：一**块**糖、一**块**大理石、50 **块**钱。
抉	jué	剔出；挑出。如：**抉**择。
快	kuài	a. 速度快。如：跑得**快**。b. 赶紧。如：尽**快**、**快**出发吧！c. 敏捷。如：手疾眼**快**。d. 锋利。如：菜刀很**快**。e. 直爽。如：爽**快**、心直口**快**。f. 高兴；舒服。如：大**快**人心、欢**快**。g. 副词。马上；将要。如：元旦**快**到了。

炔	quē	炔烃，有机化合物，为分子中含有碳碳三键的碳氢化合物的总称。是一种不饱和烃（可发生加氢反应等），易溶于有机溶剂，最简单的炔烃为乙炔。
袂	mèi	衣袖；袖口。如：张**袂**成阴（把袖子张开就能遮蔽太阳形成阴天，形容人多）、**袂**云汗雨、衣**袂**飘飘、联**袂**、**袂**接肩摩（衣袖相连，肩膀相触，形容人多）。
缺	quē	a. 缺乏；短少。如：**缺**水、**缺**粮、少吃**缺**穿。b. 残破；不完整。如：残**缺**、完美无**缺**。c. 该到的未到。如：**缺**席、**缺**勤。d. 空着的职位。如：遇**缺**即补。
还有与上述同类型的二、三级字：**玦** jué **觖** jué **駃** jué **砄** jué		

下列形近字右边的相同部件是：**尼**

呢	㊀ne ㊁ní	㊀助词。a. 表示疑问。如：该怎么办**呢**？b. 用于句中表停顿。如：不中意**呢**，就别买了。c. 表示确定语气。如：天还早着**呢**。d. 表示正在进行。如：他正休息**呢**。 ㊁呢子，一种毛织物，可用来制大衣等，不适合用水洗。如：纯毛**呢**绒。
泥	㊀ní ㊁nì	㊀a. 土和水混合成的东西。如：拖**泥**带水、**泥**巴、**泥**土、和稀**泥**、**泥**菩萨过河。b. 像泥的东西。如：橡皮**泥**、印**泥**、活性污**泥**、蒜**泥**。 ㊁a. 用泥等涂抹或封固。如：**泥**墙、**泥**缝。b. 死板；固执。如：**泥**守、拘**泥**。
妮	nī	女孩子。如：**妮**子。
昵	nì	亲近。如：**昵**称、亲**昵**。（注意区别"昵呢"）
铌	ní	金属元素。符号 Nb，原子序数为 41，灰白色，熔点和沸点高，能吸收气体（用作除气剂），可溶于氢氟酸，可用于制合金、医疗器械、超导体材料等。
还有与上述同类型的二、三级字：**坭** ní **怩** ní **伲**㊀ní㊁nì		

下列形近字右边的相同部件是：**尽**

浕	jìn	浕水，古水名，在湖北省枣阳市，今称沙河。
烬	jìn	物体燃烧后剩下的东西。如：灰**烬**、余**烬**复燃、**烬**骨（骨灰）。
还有与上述同类型的三级字：**赆** jìn		

下列形近字右边的相同部件是：孱

潺	chán	a. 组词“潺潺”。拟声词。水流声；雨水声。如：**潺潺**流水、帘外雨**潺潺**。 b. 组词“潺湲”。形容水缓慢流动的样子。如：溪水**潺**湲。
骣	chǎn	骑马不加鞍辔。如：**骣**骑。

下列形近字右边的相同部件是：屈

倔	㊀jué ㊁juè	㊀义同“倔(juè)”，仅仅用于“倔强”。如：他性格非常**倔**强。 ㊁言语耿直；态度生硬。如：他就是个**倔**脾气。
掘	jué	刨；挖。如：挖**掘**机、发**掘**、**掘**土、自**掘**坟墓、**掘**地为臼、临渴**掘**井、**掘**墓鞭尸、**掘**坑待虎。
崛	jué	高起；突起；兴起。如：峰峦**崛**立、**崛**地而起、为中华民族之**崛**起而读书（周恩来总理在少年时代立下的宏伟志向）。

下列形近字右边的相同部件是：局

焗	jú	a. 把食物放在密闭的容器中加热，利用蒸汽使食物变熟。如：盐**焗**鸡。 b. 焗油。如：把头发**焗**成红色。
锔	㊀jū ㊁jú	㊀用锔子（两脚钉）把破裂的器物接合起来。如：**锔**盆、**锔**锅、**锯**碗、**锔**水缸。 ㊁金属元素。符号 Cm，银白色，有放射性，由人工核反应获得。

下列形近字的相关部件是：己

己	jǐ	a. 代词，自己，对别人称本身。如：知**己**知彼、毫不利**己**、严于律**己**、各抒**己**见。b. 天干的第六位，用作顺序的第六，即甲、乙、丙、丁、戊、**己**。
已	yǐ	a. 停止；罢了。如：学不可以**已**、争论不**已**、死而后**已**。b. 副词，已经。如：**已**故、**已**婚、由来**已**久。c. 太；过。d. 过了一会儿。如：**已**然、**已**忽不见。
巳	sì	a. 地支的第六位，即子、丑、寅、卯、辰、**巳**。b. 巳时，旧式计时法指上午 9 点至 11 点。

下列形近字下面的相同部件是：己

芑	qǐ	a. 古书上说的一种良种谷子，茎白色。b. 古书上说的一种野菜，茎青白色。
岂	qǐ	副词，表示反问的语气，相当于“哪”“怎么”“难道”。如：**岂**敢、**岂**有此理、**岂**可小视、多一条路**岂**不更好？

下列形近字右边的相同部件是：**己**

记	jì	a. 记忆。如：铭**记**在心、牢**记**。b. 记录。如：登**记**、笔**记**。c. 记载事物的书册或文字。如：历史大事**记**。d. 记号；标志。如：印**记**。e. 生下来就有的斑。如：胎**记**。f. 量词，用于动作的次数。如：给他一**记**耳光。
妃	fēi	古代帝王的妾；也指王、侯等的妻。如：纳**妃**、贵**妃**、太子**妃**、**妃**嫔、王**妃**、"一骑红尘**妃**子笑，无人知是荔枝来"（杨贵妃喜欢吃荔枝，皇帝派人快马相运）。
纪	㊀jǐ ㊁jì	㊀姓。如：**纪**晓岚（清代政治家、文学家）。 ㊁a. 记载。如：**纪**元。b. 记年代的方式。如：21 世**纪**。c. 纪律；法度。如：遵**纪**守法。d. 年龄。如：年**纪**。e. 地质年代分期的第三级。如：侏罗**纪**。
杞	qǐ	组词"枸杞"。落叶灌木，种类多（如宁夏枸杞），喜冷凉气候，花淡紫色，红色浆果圆形或椭圆形，称为枸杞子，果实和根皮可入药。
配	pèi	a. 两性结合。如：婚**配**、交**配**。b. 指配偶。如：原**配**。c. 调配。如：匹**配**、搭**配**。d. 分派；安排。如：分**配**、**配**备资源。e. 流放。如：发**配**充军。f. 把缺少的补足。如：**配**钥匙。g. 衬托。如：**配**乐。h. 够得上。如：根本不**配**。
还有与上述同类型的二、三级字：**圮** pǐ（注意区别"圮圯"）**屺** qǐ **玘** qǐ **鱾** jǐ		

下列形近字右边的相同部件是：**巳**

圯	yí	桥。如：**圯**上老人、**圯**下兵法（传说张良尝从容步游下邳圯上，遇一老者，受《太公兵法》，亦称"圯上书""圯桥书"）。（注意区别"圯圮"）
汜	sì	汜水，水名，发源于河南省，注入黄河。
祀	sì	a. 祭祀祖先、神佛等，以示崇敬或得到保佑。如：**祀**天、**祀**孔、**祀**祖、**祀**灶（祭祀灶神）、**祀**社（祭祀土神）。b. 商朝特指年。如：十有三**祀**。

下列形近字右边的相同部件是：**民**

抿	mǐn	a. 刷；抹。如：他轻轻地**抿**了**抿**头发。b. 收敛；嘴巴、翅膀等稍稍合拢。如：**抿**着嘴笑、**抿**了**抿**翅膀。c. 略微喝一点儿（酒等）。如：**抿**了一小口酒。
岷	mín	a. 用于山名。如：**岷**山（位于四川、甘肃交界的地方）。b. 岷江，水名，发源于四川省，汇入长江。
氓	㊀máng ㊁méng	㊀组词"流氓"。a. 原指无业游民，现多指寻衅闹事、为非作歹的人。如：地痞流**氓**、流**氓**恶霸。b. 调戏、猥亵等恶劣行为。如：不准耍流**氓**！ ㊁古代称百姓（多指外来的没有田产的）。如：**氓**俗（民俗）、群**氓**（统治阶级对百姓的蔑称）、边**氓**（边民）、愚**氓**。

泯	mǐn	消灭；丧失。如：**泯**除杂念、难以**泯**灭、童心未**泯**、积愤不**泯**（久积的怨恨难以消除）、盛德不**泯**（盛大的德行永远不会泯灭，指大德者永世受人崇敬）。
眠	mián	a. 睡眠。如：安**眠**药、催**眠**曲、彻夜不**眠**、失**眠**。b. 某些动物在较长的一段时间内像睡眠那样不食不动。如：初**眠**、冬**眠**。
还有与上述同类型的二级字：**珉** mín		

下列形近字左右两边的相同部件是：**弓**

弼	bì	辅佐；也指担任辅佐的人。如：辅**弼**、**弼**士（辅佐的人）。
粥	zhōu	用大米、小米等食材煮成的半流质食品。如：白米**粥**、僧多**粥**少、腊八**粥**、皮蛋**粥**、莲子**粥**、瘦肉**粥**、绿豆**粥**、八宝**粥**。

下列形近字右边的相同部件是：**引**

吲	yǐn	组词“吲哚”。有机化合物，分子式 C_8H_7N。无色或淡黄色片状结晶。可用来制香料、染料和药物等。
蚓	yǐn	组词“蚯蚓”。环节动物，身体柔软，圆而长，环节上有刚毛。生活在土壤里，有疏松土壤的作用，有的可入药。
还有与上述同类型的三级字：**纼** zhèn **矧** shěn		

下列形近字右边的相同部件是：**强**

膙	jiǎng	膙子，即茧子，手、脚因长时间劳作、摩擦等而生的硬皮。如：几天农活使他细嫩的手磨起了好几个**膙**子。
镪	㊀qiāng ㊁qiǎng	㊀组词“镪水”。具有强酸性质的液体，即强酸的俗称，也指几种强酸的混合物。如：硫**镪**水（硫酸）、硝**镪**水。 ㊁古代称成串的钱，后泛指货币（如银子）。如：铜**镪**（成串的铜钱）、白**镪**（银子）、**镪**宝（银锭）、纸**镪**（纸币）。
襁	qiǎng	背婴儿用的宽带子、被子等。如：**襁**褓、**襁**杖（襁褓和藜杖）。
糨	jiàng	很浓或稠。如：**糨**稠（非常浓）、昨天的粥熬得太**糨**了。

下列形近字右边的相同部件是：**弗**

佛	㊀fó ㊁fú	㊀a. 佛陀的简称，也指对修行圆满的人的称呼。如：借花献**佛**、立地成**佛**。b. 指佛教。如：皈依**佛**门、**佛**经、**佛**寺、**佛**事（佛教的相关活动）。 ㊁组词“仿佛”。a. 像；类似；差不多。如：模样相仿**佛**、大桥仿**佛**一条巨龙。b. 副词。好像；似乎。如：他投入的时候仿**佛**不知道疲劳。
拂	fú	a. 掸去；轻轻擦过。如：春风**拂**面、**拂**拭、**拂**尘。b. 甩动；抖动。如：**拂**袖而去。c. 违背；不顺。如：**拂**心（违逆心意）、忠言**拂**耳。
狒	fèi	狒狒，哺乳动物，种类有阿拉伯狒狒等，主要分布于非洲，群居动物，外形像猴，体型粗壮，可爬到树上睡觉或觅食，以植物果实、鸟卵、昆虫等为食。
沸	fèi	沸腾；也指像沸腾一样喧闹等。如：**沸**点、**沸**水、人声鼎**沸**、**沸沸**扬扬、扬汤止**沸**、鱼游**沸**鼎、**沸**反盈天（声音像水开锅一样沸腾翻滚，充满了空间）。
怫	fú	忧愁或愤怒的样子。如：**怫**然而怒、**怫**然变色、**怫**郁（忧郁，心情不舒畅）。
还有与上述同类型的三级字：**绋** fú		

下列形近字右边的相同部件是：**巽**

撰	zhuàn	写作；著书。如：**撰**写、**撰**文、**撰**稿、编**撰**、杜**撰**、修**撰**、**撰**述、**撰**碑（撰写碑文）。
馔	zhuàn	饭食；饭菜。如：**馔**饮（饮食）、珍肴异**馔**（珍贵而奇特的食物）、珍馐美**馔**（美食）、钟鼓**馔**玉（鸣钟鼓，食珍馐）。
还有与上述同类型的三级字：**僎** zhuàn **噀** xùn		

下列形近字左边的相同部件是：**阝**

阮	ruǎn	弦乐器阮咸的简称，因西晋阮咸善弹一种拨弦乐器而得名。该乐器四弦十二柱，现在乐团中用的有高音阮、低音阮、大阮、中阮和小阮等。
际	jì	a. 交界或靠边的地方。如：天**际**、边**际**。b. 彼此之间。如：国**际**、人**际**。c. 中间。如：脑**际**、胸**际**。d. 时候。如：用人之**际**。e. 当；适逢其时。如：**际**会。

阵	zhèn	a. 军队作战时布置的局势。如：布**阵**、**阵**容。b. 战场。如：**阵**地、上**阵**。c. 指一段时间。如：**阵**雨、**阵**发性疾病。d. 量词。如：刮了一**阵**风。
陈	chén	a. 述说。如：**陈**述、慷慨**陈**词。b. 排列；摆设。如：**陈**设、**陈**列。c. 旧的；时间久的。如：新**陈**代谢、**陈**年往事。d. 朝代名，南朝之一。e. 周代诸侯国名。

下列形近字右边的相同部件是：阝

郄	qiè	姓。如：**郄**正（三国时蜀汉太守）。
郗	xī	姓。如：**郗**超（东晋官员、书法家）。

下列形近字右边的相同部件是：丩

叫	jiào	a. 人呼喊。如：大**叫**一声。b. 动物发出声音。如：鸡鸣狗**叫**。c. 召唤。快去**叫**人来。d. 称为。如：百姓**叫**他包青天。e. 使；令；让。如：他**叫**我去一趟。f. 介词，被。如：树叶**叫**风吹落了。
纠	jiū	a. 矫正。如：**纠**偏、**纠**正。b. 缠绕。如：**纠**缠、**纠**纷。c. 集合（多含贬义）。如：**纠**合、**纠**集。d. 督察。如：**纠**察。

下列形近字的相关部分是：了

子	㊀zǐ ㊁zi	㊀a. 儿子；古代指儿女。如：**子**女、**子**孙。b. 对人的称呼。如：女**子**、君**子**。c. 动物的卵。如：鱼**子**。d. 植物的种子。如：瓜**子**。e. 坚硬的小东西。如：石**子**。f. 幼小的。如：**子**鸡。g. 派生的。如：**子**公司。h. 地支第一位。如：**子**丑寅卯。i. 子时，旧式计时法指 23 点至次日凌晨 1 点。 ㊁用于词尾。如：椅**子**、胖**子**。
孑	jié	孤单；单独。如：**孑**遗、**孑**立、**孑**然一身。
孓	jué	组词“孑孓”。蚊子的幼虫。

下列形近字下面的相同部件是：子

李	lǐ	李子树，落叶灌木或小乔木。花白色，果实叫李子，成熟时黄色或紫红色，是常见的水果。
季	jì	a. 一年分为春、夏、秋、冬四个季度，每三个月为一季。b. 指农历每一季三个月中的最后一个月。如：**季**秋（秋季的最后一个月，即农历九月）。c. 兄弟排行按孟、仲、叔、季的次序，季是老四。d. 季节。如：**季**风、雨**季**、旺**季**。

下列形近字右边的相同部件是：**子**

仔	㊀zǎi ㊁zī ㊂zǐ	㊀a. 同“崽”。儿子。b. 指年轻的男子。如：靓**仔**、肥**仔**、打工**仔**。 ㊁组词“仔肩”。所担负的职务和责任。 ㊂a. 幼小的。如：**仔**鸡、**仔**猪。b. 组词“仔密”。衣服等质地紧密。如：袜子织得十分**仔**密。c. 组词“仔细”。当心；注意。如：路很滑，走路请**仔**细点儿。
好	㊀hǎo ㊁hào	㊀a. 优点多的。如：**好**人、**好**东西。b. 友爱。如：相**好**。c. 易于。如：**好**说、**好**办。d. 完成。如：准备**好**了。e. 赞许；应允。如：**好**，你去吧。f. 副词。很；甚。如：**好**快、**好**大的风。g. 健康；痊愈。如：安**好**、问**好**、病**好**了。 ㊁a. 喜爱；喜欢。如：**好**学、**好**客。b. 容易（发生某事）。如：**好**动、**好**哭。
籽	zǐ	某些植物的种子。如：棉**籽**、茶**籽**、油菜**籽**。
还有与上述同类型的三级字：**虸** zǐ **孖** zī **耔** zǐ		

下列形近字右边的相同部件是：**丑**

扭	niǔ	a. 掉转。如：**扭**头、**扭**过脸去。b. 握住物体的一部分，转动另一部分。如：**扭**断。c. 拧伤筋骨。如：**扭**了腰。d. 左右摇摆；不正。如：**扭**秧歌、歪歪**扭扭**。（注意区别“扭杻”）
妞	niū	女孩子。如：胖**妞**、小**妞**儿。
纽	niǔ	a. 纽扣。如：铜**纽**、衣**纽**。b. 某些器物上用来提起、系挂的东西。如：印**纽**、秤**纽**。c. 比喻事物的关键或中心环节。如：**纽**带、枢**纽**。
钮	niǔ	器物上起转动、开关或调节作用的部件。如：电**钮**、按**钮**、旋**钮**。
还有与上述同类型的二、三级字：**忸** niǔ **杻**㊀niǔ ㊁chǒu **衄** nǜ **狃** niǔ		

下列形近字右边的相同部件是：**阿**

啊	㊀ā ㊁á ㊂ǎ ㊃à ㊄a	㊀叹词，表示赞叹或惊异的语气。如：**啊**，你美呀！**啊**，下雪了。**啊**，你来啦！ ㊁叹词，表示疑问或反问的语气。如：**啊**，你说什么？**啊**，难道你没听见吗？ ㊂叹词，表示疑惑的语气。如：**啊**，这是怎么回事？ ㊃叹词。a. 表示应诺的语气（音较短）。如：**啊**，好吧！b. 表示醒悟。如：**啊**，我这才明白过来！c. 表示感叹（音较长）。如：**啊**，亲爱的祖国！ ㊄助词，在句末，表示惊叹的语气（常因前面字音不同而发生变音，可用不同的字来表示）。如：你好**啊**（哇）！真新鲜**啊**（哪）！

婀	ē	组词“婀娜”。轻柔美丽的样子。如：**婀**娜多姿、体态**婀**娜。
锕	ā	一种放射性金属元素，符号 Ac，原子序数是 89，属于锕系元素之一。

下列形近字右边的相同部件是：**孟**

猛	měng	a. 拼命地；尽情地。如：**猛**干、**猛**吃猛喝、**猛**打猛冲。b. 力量大；气势大。如：**猛**攻、**猛**烈、凶**猛**。c. 副词，突然。如：**猛**扑过去、**猛**一抬头。
锰	měng	金属元素。符号 Mn。灰白色，质硬而脆。多用来炼钢和制造合金。如：**锰**钢（用于工业）。
蜢	měng	组词“蚱蜢”。昆虫，外形像蝗虫，后肢长，善于跳跃，吃稻叶等，是农作物中的害虫。
还有与上述同类型的二级字：**艋** měng		

下列形近字左边的相同部件是：**眉**

郿	méi	郿县，地名，在陕西省宝鸡市。今作“眉县”。
鹛	méi	鸟名。尾巴长，羽毛多为棕褐色，叫声婉转好听。种类很多，如常见的有画鹛、红顶鹛等。

下列形近字右边的相同部件是：**眉**

嵋	méi	峨嵋，山名，在四川省乐山市。今作“峨眉”。
媚	mèi	a. 巴结；奉承；讨好。如：献**媚**、奴颜**媚**骨（形容卑躬屈膝、谄媚讨好的奴才相）。b. 可爱；美好。如：娇**媚**、妩**媚**、柔**媚**、春光明**媚**。
楣	méi	门框上边的横木。如：门**楣**。
还有与上述同类型的三级字：**湄** méi **瑂** méi **镅** méi		

下列形近字下面的相同部件是：**巴**

芭	bā	组词“芭蕉”。多年生草本植物。高大直立，叶子很长，长椭圆形，花白色。果实也叫芭蕉，跟香蕉相似，可以吃。
笆	bā	用竹片、树的枝条编成的片状物。如：荆**笆**、篱**笆**、竹**笆**、**笆**斗、**笆**篓。
还有与上述同类型的三级字：**岜** bā		

下列形近字右边的相同部件是：**巴**

把	㊀bǎ ㊁bà	㊀a. 掌握。如：**把**持。b. 握住。如：**把**舵。c. 看守。如：**把**门。d. 某些车的柄。如：车**把**。e. 小捆的东西。如：草**把**。f. 结拜的关系。如：**把**兄弟。g. 介词。如：**把**书拿来。h. 量词。如：一**把**菜刀。i. 助词，表示概数。如：百**把**里路、丈**把**深。 ㊁a. 物体上便于手拿的部位；柄。如：伞**把**、刀**把**、茶壶**把**。b. 花、叶子、果实的柄。如：花**把**儿、梨**把**儿。（注意区别“把杷”）
吧	㊀bā ㊁ba	㊀a. 具备特定功能或设施的场所。如：网**吧**、氧**吧**、酒**吧**。b. 同“叭”。拟声词。 ㊁助词，用在句末或句中。a. 表示可以、允许的语气。如：好**吧**，就这样。b. 表示推测、估计的语气。如：今天不会下雨**吧**？c. 表示命令的语气。如：快去**吧**！d. 用于停顿处。如：不去请**吧**，他就不来了。
杷	pá	组词“枇杷”。常绿乔木，叶子长椭圆形，花白色，果实淡黄色，外皮有细毛，可以吃。叶子和果实可入药。（注意区别“杷把”）
肥	féi	a. 肥料。如：氮**肥**、施**肥**。b. 土质含养分多。如：**肥**沃。c. 使肥沃。如：**肥**田。d. 脂肪多。如：**肥**肉、减**肥**。e. 收入多的。如：**肥**缺、**肥**差。f. 衣服鞋袜宽大。
钯	bǎ	金属元素。符号 Pd，原子序数为 46，银白色，质柔软延展性、可塑性好。用于制催化剂、印刷、电路、钟表合金等。
耙	㊀bà ㊁pá	㊀a. 用来弄碎土地、平整土地的工具。如：圆盘**耙**、钉齿**耙**。b. 用耙弄碎土地，使土地平整。如：**耙**地、**耙**田。 ㊁a. 用来平整土地或聚散谷物、柴草等的工具。一端有齿，柄长。如：**耙**子、竹**耙**。b. 用耙子平整土地或聚散谷物、柴草等。如：**耙**草、**耙**地。
粑	bā	饼类食品。如：糍**粑**、糯米**粑粑**。
靶	bǎ	射击或射箭用的目标。如：**靶**心、**靶**场、打**靶**。
还有与上述同类型的三级字：**蚆** bā **羓** bā **舥** pā **鲃** bā		

下列形近字右边的相同部件是：**蚩**

嗤	chī	讥笑。如：**嗤**笑、**嗤**之以鼻（用鼻子轻蔑地吭气）。
媸	chī	相貌丑陋，跟“妍”相对。如：不辨妍**媸**（不辨清美好与丑恶，致使好的品质也出现瑕疵）。
还有与上述同类型的三级字：**滍** zhì		

下列形近字右边的相同部件是：**出**

拙	zhuō	a. 不灵巧；笨。如：手**拙**、眼**拙**、**拙**劣、弄巧成**拙**。b. 谦辞，用于称自己的或与自己有关的。如：**拙**见、**拙**作、**拙**著。
咄	duō	组词"咄咄"。表示惊诧或感慨。如：**咄咄**逼人、**咄咄**怪事。
绌	chù	不够；不足。如：相形见**绌**、心余力**绌**、经费支**绌**。
础	chǔ	垫在房屋柱子底下的基石。如：基**础**、**础**石。
还有与上述同类型的二、三级字：**黜** chù **诎** qū **饳** duò **朏** fěi		

下列形近字右边的相同部件是：**也**

他	tā	a. 我、你以外的第三人称代词。如：**他**是我的同学。b. 另外的；别的。如：**他**人、**他**乡、别无**他**求。c. 用在动词和数量词之间，表示虚指。如：好好睡**他**一觉。
地	㊀de ㊁dì	㊀助词，附在某些状语后面。如：激动**地**呼喊、胜利**地**完成了任务。 ㊁a. 地球；地面；陆地。如：**地**震、扫**地**。b. 土地；领地。如：耕**地**、割**地**赔款。c. 地区；地点。如：本**地**、场**地**。d. 位置。如：**地**位。e. 思想。如：见**地**。f. 相对于"军队"或"中央"。如：军**地**两用、**地**税。g. 路程。如：五里**地**。
池	chí	a. 古时的护城河。如：城门失火，殃及**池**鱼。b. 水塘（多指人工挖的）。如：鱼**池**、游泳**池**。c. 像池子的地方。如：舞**池**、花**池**、便**池**。
她	tā	a. 指代自己和对方以外的某个女性。如：**她**是我妹妹。b. 指代某种值得尊敬和敬重的事物（如国家、国旗、故乡等）。如：五星红旗，**她**永远在我心中。
弛	chí	解除；放松；松懈。如：松**弛**、**弛**缓、**弛**禁、一张一**弛**。
驰	chí	a. 传播；传扬。如：**驰**誉、**驰**名。b.（车、马等）快跑。如：奔**驰**、风**驰**电掣。c. 向往。如：**驰**想、心**驰**神往（心神奔向所向往的事物，形容一心向往）。
还有与上述同类型的三级字：**酏** yǐ		

下列形近字右边的相同部件是：**𠬝**

报	bào	a. 回应；答复。如：回**报**、以德**报**怨。b. 告诉。如：**报**告、申**报**。c. 传送消息或言论的文字或信号。如：海**报**、电**报**。d. 报纸；某些刊物。如：日**报**、学**报**。
服	㊀fú ㊁fù	㊀a. 顺从；使顺从。如：口**服**心**服**、以理**服**人。b. 从事；承担。如：**服**务。c. 适应。如：水土不**服**。d. 吃（药）。如：用开水冲**服**。e. 衣服。如：**服**装。 ㊁量词，用于中药的汤剂。如：一**服**药。亦作"付"。
还有与上述同类型的二级字：**赧** nǎn		

下列形近字右边的相同部件是：**乃**

仍	réng	副词。依然；依旧；还。如：雨**仍**在下、“住进医院十多天了，病**仍**不见好”。
扔	rēng	a. 舍弃；丢弃；抛弃。如：请别乱**扔**垃圾、那件事早被他**扔**在脑后了。b. 投掷；抛。如：**扔**石子、**扔**手榴弹。
奶	nǎi	a. 乳房。如：**奶**头。b. 乳汁。如：牛**奶**、酸**奶**。c. 用自己的乳汁喂孩子。如：**奶**孩子。d. 指婴幼儿时期的。如：**奶**名（小名）、**奶**牙。e. 组词“奶奶”。对祖母、跟祖母同辈或年龄相近的妇女的称呼。

下列形近字右边的相同部件是：**刀**

切	㊀qiē ㊁qiè	㊀a. 用刀从上往下割。如：**切**除、**切**割、把瓜**切**开。b. 几何学指直线、圆或面等与圆、弧或球相交的（一个唯一的点）。如：**切**点、**切**线、两圆相**切**。㊁a. 符合。如：**切**合。b. 贴近。如：亲**切**。c. 急迫。如：迫**切**。d. 副词，务必。如：**切**记。e. 中医按脉以诊断病情。如：**切**脉。f. 反切，汉字传统的标音方法。
叨	㊀dāo ㊁tāo	㊀组词“唠叨”“叨叨”。没完没了地说；翻来覆去地说。如：你说了几遍，不要再唠**叨**了。 ㊁谦辞，表示自己受到（别人的好处）。如：**叨**扰、**叨**光、**叨**教。
初	chū	a. 第一的。如：**初**试、**初**伏、**初**出茅庐。b. 刚开始的。如：**初**夏、年**初**、**初**期。c. 原来的。如：**初**衷、和好如**初**。d. 最低的。如：**初**级、**初**中生。
还有与上述同类型的三级字：**忉** dāo **舠** dāo **鱽** dāo		

下列形近字下面的相同部件是：**女**

要	㊀yāo ㊁yào	㊀a. 求。如：**要**求。b. 强求；胁迫。如：**要**挟。 ㊁a. 重要。如：**要**闻。b. 重要的内容。如：会议纪**要**。c. 索取。如：我**要**这件衣服。d. 应该；必须。如：**要**遵守规则。e. 需要。如：**要**花两小时。f. 将要。如：天**要**下雨了。g. 连词，要是。如：你**要**不信就去看看。
耍	shuǎ	a. 玩；游戏。如：玩**耍**、嬉**耍**。b. 戏弄；捉弄。如：这次没想到被他**耍**了。c. 卖弄；表演；表现出来。如：**耍**花招、**耍**把戏、**耍**枪弄棒。

娑	suō	组词“婆娑”。a. 盘旋起舞的样子。如：婆**娑**起舞。b. 枝叶纷披的样子。如：树影婆**娑**。c. 眼泪下滴的样子。如：泪眼婆**娑**。
婆	pó	a. 丈夫的母亲。如：公**婆**、**婆**媳。b. 年老的妇女。如：老太**婆**、隔壁李**婆婆**。c. 从事某些活动的女性。如：媒**婆**、产**婆**、巫**婆**。d. 妻子。如：老**婆**。

下列形近字左边的相同部件是：**女**

姑	gū	a. 父亲的姐妹。如：**姑**妈、大**姑**。b. 丈夫的姐妹。如：**姑**嫂。c. 出家女子。如：尼**姑**。d. 泛指少女。如：**姑**娘。e. 副词，暂且。如：**姑**妄言之。
始	shǐ	a. 开头；起初；最初。如：开**始**、周而复**始**、自**始**至终、**始**料未及、"千里之行，**始**于足下"。b. 才。如：蜡炬成灰泪**始**干、千呼万唤**始**出来。
还有与上述同类型的三级字：**姞** jí **婀** è		

媛	㊀yuán ㊁yuàn	㊀组词"婵媛"。a. 交错相连。如：垂条婵**媛**。b. 形容女子姿态美好。 ㊁美女。如：妖童**媛**女（俊男美女）、贤**媛**、名**媛**。
嫒	ài	组词"令嫒"。也作"令爱"，敬称对方（听者）的女儿。

下列形近字右边的相同部件是：**女**

妆	zhuāng	a. 女子身上的装饰。如：化**妆**、红**妆**、浓**妆**淡抹。b. 用化妆品修饰、打扮。如：梳**妆**、**妆**饰。c. 女子出嫁时陪送的财物。如：嫁**妆**。
汝	rǔ	文言代词，你。如：**汝**等、**汝**将何往？
钕	nǚ	金属元素。符号 Nd，原子序数为 60，是稀土元素之一。化学性质活泼，在空气中易于氧化，通常储藏在盛煤油的密闭容器中。

下列形近字下面的相同部件是：**召**

苕	㊀sháo ㊁tiáo	㊀组词"红苕"。甘薯的别称，一年生或多年生草本植物。 ㊁a. 古书上指凌霄花。b. 组词"苕子"。一年生或二年生草本植物，茎细长，羽状复叶，花紫色，可作绿肥。亦称"野豌豆"。c. 指苇子的花。
笤	tiáo	组词"笤帚"。扫除尘土、垃圾等的用具。用去粒的高粱穗、黍子穗等材料做成。
还有与上述同类型的二级字：**髫** tiáo		

下列形近字左边的相同部件是：**召**

邵	shào	姓。
劭	shào	美好；高尚。如：年高德**劭**。

下列形近字右边的相同部件是:**召**

诏	zhào	a. 古时皇帝发布的命令。如:下**诏**、**诏**令、**诏**书、遗**诏**。b. 告诉;告诫(多指上对下)。如:**诏**示、**昭**告。
招	zhāo	a. 使人来。如:**招**生、**招**聘。b. 举手挥动。如:**招**手、**招**呼。c. 引来。如:树大**招**风。d. 引起。如:**招**人喜爱。e. 承认。如:**招**供。f. 武术动作。**招**数。
沼	zhǎo	a. 天然的水池。如:池**沼**、**沼**泽、湖**沼**。b. 组词"沼气"。有机物经微生物作用产生的可燃气体,主要成分是甲烷。
绍	shào	a. 引荐;使双方认识或发生联系。如:介**绍**。b. 指浙江绍兴。如:**绍**剧、**绍**酒。
昭	zhāo	a. 显著;明显。如:**昭**彰、**昭**示、**昭**然若揭。b. 显示;表明。如:**昭**雪、以**昭**信守。c. 组词"昭昭"。光明;明白。如:日月**昭昭**、使人**昭昭**。
貂	diāo	哺乳动物。身体细长,四肢短健,毛黄色或紫黑色。适于生活在寒冷气候,喜安静,多独居,以鱼类等为食。
韶	sháo	a. 美;美好。如:**韶**光、**韶**华(指青年时代)。b. 古代乐曲名。
还有与上述同类型的三级字:**怊** chāo **弨** chāo **玿** sháo **柖** sháo **轺** yáo **钊** zhāo **龆** tiáo		

下列形近字上面的相同部件是:**加**

驾	jià	a. 用牲口拉(车或农具)。如:并**驾**齐驱。b. 操纵;使开动。如:**驾**车、**驾**驶、代**驾**、**驾**机。c. 古代车乘的总称,借用为称对方的敬辞。如:千里命**驾**、劳**驾**。d. 特指帝王的车,借指帝王。如:御**驾**亲征、**驾**崩。
架	jià	a. 架子。如:书**架**、脚手**架**。b. 支承;搭。如:铺路**架**桥。c. 搀扶。如:他是被**架**回去的。d. 劫持。如:绑**架**。e. 互相殴打或争吵。如:打**架**。f. 承受;抵挡。如:招**架**不住。g. 量词,用于有支柱或有机械的物体。如:一**架**钢琴。
贺	hè	对喜事、好事或重大节日表示庆祝;表示祝贺的。如:庆**贺**、**贺**喜、**贺**年、**贺**年片、**贺**礼、**贺**电、**贺**词、**贺**卡、**贺**信。
袈	jiā	组词"袈裟"。僧人披在身上的法衣,先将布料剪成碎块,然后再拼缀缝制而成。

下列形近字下面的相同部件是：**加**

茄	㊀jiā ㊁qié	㊀用于译音。如：雪**茄**（一种较粗较长用烟叶卷成的卷烟）。 ㊁茄子，一年生草本植物。花紫色，果实球形或长圆形，是常见的蔬菜。
笳	jiā	胡笳，我国古代北方民族的一种乐器，形状与笛子相似。

下列形近字右边的相同部件是：**加**

伽	㊀gā ㊁jiā ㊂qié	㊀译音用字。如：**伽**马射线。 ㊁译音用字。如：**伽**利略（意大利数学家、物理学家、天文学家）。 ㊂译音用字。如：**伽**南香（即沉香，常绿乔木，木材有香气，可入药）。
咖	㊀gā ㊁kā	㊀组词“咖喱”。调味品，色黄，味香而辣。 ㊁组词“咖啡”。常绿灌木或小乔木，生长在热带，花白色，果实红色，种子可制饮料，这种饮料也叫“咖啡”。
珈	jiā	古代妇女戴的簪子两头的玉石。
枷	jiā	古时套在罪犯脖子上的木制刑具。如：**枷**锁、戴**枷**。
还有与上述同类型的二、三级字：**跏** jiā **迦** jiā		

下列形近字右边的相同部件是：**皮**

陂	㊀bēi ㊁pí ㊂pō	㊀a. 池塘。如：**陂**池、**陂**塘。b. 池塘的岸。c. 山坡。 ㊁用于地名。如：黄**陂**（在湖北省武汉市）。 ㊂组词“陂陀”。不平坦。
坡	pō	a. 地势倾斜的地方。如：山**坡**、滑**坡**、走下**坡**路。b. 倾斜。如：**坡**度（斜坡起止点的高度差与水平距离的比值）。
披	pī	a. 覆盖或搭在肩背上。如：**披**风、**披**肩、**披**挂上阵。b. 散开；打开。如：**披**露、**披**荆斩棘。c.（竹木等）裂开。如：竹竿**披**了、指甲**披**了。
彼	bǐ	代词。a. 跟“此”相对，表示远指。如：**彼**岸、由此及**彼**、此起**彼**伏。b. 指对方；他。如：知己知**彼**、**彼**退我进。
波	bō	a. 起伏不平的水面。如：**波**浪、**波**纹。b. 比喻事情意外的变化。如：风**波**、**波**折。c. 物理学指振动在介质中的传播过程，是能量传递的一种形式。如：声**波**。

玻	bō	组词"玻璃"。a.一种用石英砂、石灰石、纯碱等混合制成的质地脆而硬的透明物体。b.指某些像玻璃的塑料。如：**玻**璃丝、**玻**璃纸、有机**玻**璃。
破	pò	a.受损伤。如：**破**裂、**破**损。b.使分裂。如：爆**破**、**破**土动工。c.超出（限度）。如：**破**格、**破**纪录。d.打败。如：攻**破**。e.花费。如：**破**费。f.揭穿。如：**破**案。g.残缺的。如：**破**烂、**破**败。h.不好的；讨嫌的。如：**破**玩意儿。
铍	pí	金属元素。符号Be，原子序数为4，浅灰色，铍铝合金质轻而坚硬，有延展性。可用来制造飞机、火箭等精密仪器，还可用于核工业。
皱	zhòu	a.皮肤因松弛而出现较深的纹路；物体上的褶纹。如：**皱**纹、**皱**褶。b.起皱纹；使有皱纹。如：衬衣**皱**了、吹**皱**一池春水、"眉头一**皱**，计上心来"。
被	bèi	a.被子，睡觉时盖在身上保暖的东西。如：棉**被**。b.遮盖。如：**被**覆。c.遭受。如：**被**难、**被**屈喊冤。d.介词。如：**被**警察拦住了。e.助词。如：结论**被**推翻了。
皲	jūn	皮肤因寒冷或干燥而开裂。如：**皲**裂（亦作"龟裂"）。
跛	bǒ	腿脚有毛病，行走不平衡、不方便；瘸。如：**跛**子、**跛**脚、一颠一**跛**。
皴	cūn	a.皮肤因风吹或受冻而干裂。如：手**皴**了、**皴**裂。b.皮肤上积存的泥垢和脱落的表皮。如：一脖子**皴**。c.中国画的一种画法，涂出山石的纹理和阴阳向背。
还有与上述同类型的二、三级字：**帔** pèi **诐** bì **鲏** pí **鞁** bèi		

下列形近字右边的相同部件是：**𠃓**

场	㊀cháng ㊁chǎng	㊀a.集市。如：赶**场**。b.用来脱粒、晒粮食的平坦空地。如：麦**场**、**场**院。c.量词，多用于某些事情或行为的过程。如：一**场**山洪、害了一**场**大病。㊁a.较大的地方。如：会**场**、操**场**。b.特定的地方或范围。如：广**场**、机**场**。c.舞台赛场。如：出**场**、入**场**券。d.生产单位。如：农**场**、林**场**。e.物质相互作用的范围。如：引力**场**。f.量词。如：一**场**电影、一**场**球赛。
扬	yáng	a.向上抛洒。如：**扬**谷、**扬**场。b.在空中飘动。如：飞**扬**、飘**扬**。c.高举；升起。如：昂**扬**、**扬**鞭、**扬**手。d.传布、传播出去。如：表**扬**、发**扬**。e.容貌好。如：其貌不**扬**。f.指江苏扬州。如：**扬**剧。（注意区别"扬杨"）
汤	tāng	a.开水。如：落**汤**鸡。b.食物煮后的汁液。如：米**汤**、酸辣**汤**。c.中药加水煎出的药液。如：柴胡**汤**。d.温泉，多用于地名。如：小**汤**山（在北京）。

杨	yáng	杨树，落叶乔木，叶子卵形，种类很多。如：毛白**杨**、大叶**杨**、小叶**杨**。（注意区别“杨扬”）
肠	cháng	a. 人和脊椎动物的消化器官之一。一端接胃，一端通肛门。分为大肠和小肠。b. 情绪；心思。如：牵**肠**挂肚。c. 肠衣里放进食物做成的食品。如：腊**肠**。
砀	dàng	用于地名。如：**砀**山（在安徽省宿州市）。
畅	chàng	a. 没有阻碍。如：顺**畅**、流**畅**、**畅**通无阻。b. 尽情；痛快。如：**畅**谈、**畅**所欲言。
还有与上述同类型的三级字：**饧** xíng **旸** yáng **炀** yáng **玚** yáng **钖** yáng		

下列形近字右边的相同部件是：**刃**

仞	rèn	量词，古代长度单位，七尺（有的说八尺）为一仞。如：一片孤城万**仞**山（见唐朝王之涣的《凉州词》）。
纫	rèn	a. 把线穿进针孔。如：**纫**针、**纫**一根线。b. 用针缝缀。如：缝**纫**。
韧	rèn	柔软而结实，不易折断。如：**韧**带、**韧**性、柔**韧**、坚**韧**不拔。
轫	rèn	抵住车轮不使车轮转动的木头。如：新文学运动发**轫**（移开止住车轮的木头使车前进，比喻事业开始）于五四运动时期。
还有与上述同类型的三级字：**讱** rèn		

下列形近字右边的相同部件是：**办**

协	xié	a. 调和。如：**协**调、妥**协**。b. 共同。如：**协**商、**协**作、齐心**协**力。c. 辅助；帮助。如：**协**办、**协**理、**协**助。
胁	xié	a. 从腋下到腰的部位。如：两**胁**、**胁**下。b. 强迫；逼迫。如：威**胁**、**胁**持、**胁**从、**胁**制。c. 收敛。如：**胁**肩谄笑（谄媚人的丑态）。

下列形近字右边的相同部件是：**发**

拨	bō	a. 用手或棍棒等使移动。如：**拨**动、**拨**弄。b. 调配；分给。如：**拨**款、划**拨**、增**拨**。c. 量词，用于成批或成组的人或事物。如：又来了一**拨**学生。
泼	pō	a. 猛力使液体向外散开。如：**泼**冷水、瓢**泼**大雨。b. 不讲理；野蛮。如：撒**泼**、**泼**皮、**泼**妇。c.（做事）勇猛，有魄力。如：**泼**辣。
还有与上述同类型的二、三级字：**钹** pō **袯** bó **酦** pō		

下列形近字右边的相同部件是：又

仅	jǐn	副词。光；只。如：绝无**仅**有、**仅**供参考、这座楼房**仅**用半年时间就建成了。
双	shuāng	a. 两个。如：**双**手、举世无**双**。b. 偶数的。如：**双**号、**双**日、**双**数。c. 加倍的。如：**双**份、**双**料。d. 量词，用于成对的东西。如：一**双**筷子、一**双**眼睛。
叹	tàn	a. 因赞美而发出声音。如：赞**叹**、**叹**服、**叹**为观止。b. 吟咏。如：咏**叹**、一唱三**叹**。c. 叹气。如：感**叹**、长**叹**一声。
汉	hàn	a. 朝代名。如：西**汉**、后**汉**。b. 汉水，水名。发源于陕西省，在湖北省武汉市汇入长江。c. 银河。如：河**汉**、气冲霄**汉**。d. 汉族，我国人口最多的民族。如：**汉**语、**汉**人。e. 指某类成年男子。如：好**汉**、醉**汉**、懒**汉**。
奴	nú	a. 旧时受主人剥削、压迫和役使，没有人身自由的人。如：**奴**才、**奴**隶、农**奴**、家**奴**。b. 把人当作奴隶一样。如：**奴**役。
驭	yù	a. 驾驭（车马）。如：**驭**车、**驭**马。b. 统率；控制。如：以简**驭**繁、**驭**下无方。
权	quán	a. 权利。如：版**权**、使用**权**、选举**权**。b. 权力。如：职**权**、政**权**、主**权**。c. 有利的形势。如：主动**权**。d. 随机应变。如：**权**变、**权**术。e. 衡量；考虑。如：**权**衡、**权**其轻重。f. 副词。权且；姑且。如：**权**当一次演习。
取	qǔ	a. 拿。如：领**取**、窃**取**、杀鸡**取**卵。b. 招致；获得。如：**取**胜、**取**暖、争**取**。c. 采用；挑选。如：采**取**、**取**舍、选**取**、去粗**取**精、分文不**取**。
叔	shū	a. 父亲的弟弟或与父亲同辈中年级较小的男子。如：三**叔**、表**叔**。b. 丈夫的弟弟。如：**叔**嫂、小**叔**子。c. 兄弟排行中的第三个。如：伯、仲、**叔**、季。
叙	xù	a. 谈；说。如：**叙**家常、**叙**旧、**叙**谈。b. 记述。如：**叙**事、倒**叙**、插**叙**、夹**叙**夹议、平铺直**叙**。

下列形近字右边的相同部件是：⺡

译	yì	把一种语言文字（或符号、数码等）依照原义改变成另一种语言文字。如：破**译**、口**译**、同声翻**译**、意**译**、直**译**、英**译**汉、**译**文、**译**码器。
择	㊀zé ㊁zhái	㊀挑拣；挑选。如：饥不**择**食、选**择**、**择**优录取、良禽**择**木而栖、不**择**手段。 ㊁义同"择（zé）"，用于口语。如：**择**菜。
泽	zé	a. 低洼积水的地方。如：竭**泽**而渔。b. 恩惠。如：**泽**被后世。c. 金属等表面发出的光。如：色**泽**。d. 汗衣；内衣。如：同袍同**泽**。e. 湿润。如：润**泽**。

绎	yì	a. 理出头绪或线索。如:演**绎**推理(与"归纳推理"相对,是由一般到特殊的推理方法)。b. 连续不断。如:络**绎**不绝。
驿	yì	古代传递公文的人在途中休息、换马或住宿的地方。如:**驿**馆、**驿**站、"折花逢**驿**使,寄予陇头人"(正巧碰见驿使,折一枝梅花托他带给陇山的友人)。
铎	duó	大铃,古代的一种响器,像钟但比钟小,用于军旅或宣布政教法令。如:金**铎**、木**铎**、毁钟为**铎**(将钟改为铃,毁大物为小物,比喻愚蠢的行为)。
释	shì	a. 解说;说明。如:**释**义、解**释**。b. 消除;解除。如:冰**释**前嫌。c. 放开;放下。如:爱不**释**手、如**释**重负。d. 放走(被拘押等的人)。如:**释**放。
还有与上述同类型的二级字:**峄** yì **怿** yì		

下列形近字右边的相同部件是:**圣**

怪	guài	a. 传说中的妖魔之类。如:**怪**兽、妖魔鬼**怪**。b. 责备。如:**怪**罪。c. 奇异;不平常。如:稀奇古**怪**。d. 惊奇。如:大惊小**怪**。e. 很。如:**怪**可怜的。
柽	chēng	柽柳,乔木或灌木,叶披针形鲜绿色,枝细长,花淡红色,每年开两、三次,耐高温和严寒,可用于庭园观赏、造林固沙等,枝叶可入药。
蛏	chēng	蛏子,软体动物,长条贝壳两端钝圆,生活在浅海沙滩等处,掘穴栖居,以硅藻等为食,肉可食或入药,经济价值和药用价值高。

下列形近字左边的相同部件是:**𢀖**

刭	jǐng	用刀割脖子。如:自**刭**。
劲	㊀jìn ㊁jìng	㊀a. 力气。如:使**劲**。b. 效力。如:药**劲**。c. 精神。如:**劲**头、干**劲**。d. 样子;程度。如:高兴**劲**儿、冲**劲**儿。e. 趣味;兴致。如:这本书越看越来**劲**。 ㊁坚强有力。如:刚**劲**、苍**劲**、强**劲**、**劲**敌、**劲**旅、**劲**松。
颈	㊀gěng ㊁jǐng	㊀组词"脖颈儿"。脖子的后部。 ㊁a. 脖子,头与躯干相连接的部位。如:**颈**项、**颈**椎、长**颈**鹿。b. 器物上像颈的部位。如:瓶**颈**、曲**颈**甑。

下列形近字右边的相同部件是:**𢀖**

陉	xíng	山脉中断的地方;山口。如:赵与之**陉**,合军曲阳。
径	jìng	a. 小路;亦指道路或方法。如:途**径**、别开蹊**径**、捷**径**。b. 直径。如:管道内**径**、水管半**径**。c. 直接;直截了当。如:**径**直走来。

泾	jīng	泾河，水名，发源于宁夏，汇入渭河。如：**泾**渭分明（泾河水清，渭河水浑，两水汇合处界限分明，清浊不混，比喻界限清楚，是非分明）。
经	jīng	a. 纵向或南北向的线，跟“纬”相对。如：**经**纬。b. 经典。如：佛**经**。c. 持久不变。如：**经**常。d. 管理。如：**经**营。e. 经历。如：**经**验。f. 月经。如：痛**经**。
轻	qīng	a. 重量小。如：质**轻**。b. 数量少；程度浅。如：**轻**伤、年纪**轻**。c. 没负担。如：**轻**松。d. 不重要。如：人微言**轻**。e. 不庄重。如：**轻**浮。f. 用力小。如：**轻**拿。
胫	jìng	小腿。如：不**胫**而走、凫**胫**鹤膝（比喻事物各有长短）。
烃	tīng	碳氢化合物的简称，只由碳和氢两种元素组成。如：烷**烃**、烯**烃**、炔**烃**、饱和**烃**、不饱和**烃**、环**烃**、芳香**烃**。
还有与上述同类型的二、三级字：**羟** qiǎng **陉** xíng **硁** kēng		

下列形近字右下的相同部件是：**厶**

么	me	a. 用于词尾。如：怎**么**、什**么**、这**么**、那**么**。b. 助词，用于句中停顿处。如：不让你去**么**，你又偏要去。（注意：读 ma 时，义同“吗”；读 yāo 时，义同“幺”）
幺	yāo	a. 小；排行最小的。如：**幺**妹、**幺**儿、**幺**叔。b. 在某些场合把数字“1”读成幺。如：0127 读成“洞**幺**两拐”。

下列形近字右边的相同部件是：**厶**

弘	hóng	a. 广大；广博。如：恢**弘**。b. 使广大；发扬。如：**弘**扬。
私	sī	a. 个人；个人的事物。如：**私**有、公而忘**私**。b. 非国家或集体的。如：**私**事、**私**交、**私**生活。c. 只顾自己利益的。如：**私**心、自**私**。d. 不公开地。如：**私**访。e. 不合法的。如：**私**货、**私**盐。f. 擅自，不与人商量。如：**私**奔、**私**吞。

下列形近字左下的相同部件是：**廴**

廷	tíng	封建时代君主受朝问政的地方。如：朝**廷**、宫**廷**、**廷**杖（皇帝在朝堂或宫门对大臣予以杖责）、**廷**试（科举时代皇帝的殿试）、清**廷**（清朝中央政府）。
延	yán	a. 变长；伸展。如：**延**长、**延**续、蔓**延**、**延**年益寿。b. 展缓，推迟。如：**延**迟、**延**缓、**延**宕、**延**误。c. 引进，请。如：**延**纳、**延**师、**延**医。

下列形近字右边的相同部件是：**参**

掺	chān	混合，把一种东西加到另一种东西里。如：他往酒里**掺**了不少水、**掺**假、**掺**和、**掺**兑、**掺**杂、**掺**混。
渗	shèn	液体慢慢地透入或漏出。如：反**渗**透、截**渗**沟、防**渗**墙、电**渗**析、地下水入**渗**到了排水管道、清水池**渗**漏。
惨	cǎn	a. 使人难受。如：**惨**绝人寰、悲**惨**、**惨**不忍睹、凄**惨**。b. 凶恶；狠毒。如：**惨**无人道。c. 程度严重。如：**惨**败而归、损失**惨**重。
骖	cān	古代驾在车前两侧的马。如：**骖**服（车外侧两旁的称骖马，在中间驾车辕的称服马）、两**骖**、解**骖**推食（解下车旁的马换取食物送别人，比喻救人之急）。
碜	chěn	a. 东西里夹杂着沙子。如：这菜没洗干净，有点儿牙**碜**。b. 长得难看。如：寒**碜**、他长得磕**碜**还不爱打扮。
糁	㊀sǎn ㊁shēn	㊀煮熟的饭粒；米粒。如：厨乏聚蝇之**糁**。 ㊁谷类制成的小渣。如：高粱**糁**。
还有与上述同类型的二、三级字：**黪** cǎn **穇** cǎn **鲹** shēn		

下列形近字下面的相同部件是：**羽**

翁	wēng	a. 年老的男子。如：卖油**翁**、塞**翁**失马。b. 父亲。如：家祭无忘告乃**翁**（举行家祭时，别忘了把这好消息告诉你们的父亲。出自南宋陆游的《示儿》）。c. 丈夫的父亲或妻子的父亲。如：**翁**姑、**翁**婿。
翕	xī	a. 闭合；合拢；收敛。如：**翕**翼（合翼）、唇吻**翕**辟（嘴唇一张一合）、**翕**敛（收敛）。b. 合聚；和顺。如：兄弟既**翕**，和乐且湛。

下列形近字右边的相同部件是：**羽**

诩	xǔ	夸耀；夸张。如：自**诩**、夸**诩**。
栩	xǔ	组词"栩栩"。形容生动活泼的样子。如：**栩栩**如生（形容画作、雕塑中的艺术形象等生动逼真，就像活生生的一样）。
翎	líng	鸟类动物翅膀上或尾巴上又长又硬的羽毛。如：雁**翎**、鸡**翎**。
翊	yì	辅佐；帮助。如：**翊**赞、**翊**戴（辅佐拥戴）。
翔	xiáng	a.（鸟）盘旋地飞。如：飞**翔**、翱**翔**。b. 详细。如：**翔**实（详细而确实）。

翱	áo	展翅飞。如：**翱**翔、鸾**翱**凤翥。
翩	piān	形容动作轻快；轻快地飞舞；风流潇洒。如：**翩**然、蜂舞蝶**翩**、舞姿**翩翩**、风度**翩翩**、**翩**若惊鸿。
还有与上述同类型的三级字：**㺨** xǔ **翃** hóng **翷** lín **翸** rǎn **翧** tóng		

下列形近字右边的相同部件是：**翟**

擢	zhuó	a. 拔；抽。如：**擢**筋剥肤、**擢**发难数（形容罪行多得像头发一样难以数清）。b. 提拔；提升。如：迁**擢**、进**擢**、**擢**升、**擢**拔。
濯	zhuó	洗。如：**濯**缨弹冠（弹去帽子上的灰尘，比喻准备出仕）、**濯**足、**濯**清涟而不妖（经过清水的洗涤却不显得妖艳）。
曜	yào	a. 照耀。如：日出有**曜**。b. 日、月、星均称“曜”，日、月、火、水、木、金、土合称“七**曜**”，依次代表从星期日到星期六的七天。如：月**曜**日（星期一）、木**曜**日（星期四）。
耀	yào	a. 光线照射。如：光**耀**夺目、闪**耀**、照**耀**。b. 显扬；显示。如：**耀**武扬威、显**耀**、炫**耀**一下、夸**耀**。c. 光荣；使光荣。如：荣**耀**、光宗**耀**祖。
还有与上述同类型的三级字：**嬥** tiǎo		

下列形近字右边的相同部件是：**習**

熠	yì	光耀；鲜明。如：**熠**耀、**熠**烁、**熠熠**生辉、光彩**熠熠**。
褶	zhě	衣服、纸张等因折叠而形成的印痕；泛指折皱的部分。如：衣**褶**、满脸**褶**子、**褶**皱、百**褶**裙、这衣服有很多**褶**子。
还有与上述同类型的三级字：**嶍** xí **鳛** xí		

下列形近字左边的相同部件是：**翏**

戮	lù	杀。如：惨遭屠**戮**、杀**戮**、引颈受**戮**（伸长脖子等待被杀，不做任何抵抗）、明刑不**戮**（刑罚严明，因此犯法而被杀的人就减少了）。
鹨	liù	鸟名，种类很多（如田鹨等），体型小，喙薄而尖，翅端尖，常在农田、林间等空地活动，以某些植物种子、毛虫等昆虫为食。
还有与上述同类型的三级字：**勠** lù		

下列形近字右边的相同部件是：翏

谬	miù	a. 错误；差错。如：匡**谬**正俗、**谬**误百出、“差之毫厘，**谬**以千里”。b. 不合情理的；错误的。如：荒**谬**、大发**谬**论。
缪	㊀miào ㊁miù ㊂móu	㊀姓。 ㊁a. 纰**缪**（即错误）。b. 计量单位，1 **缪**为 1 微米，即 0.001 毫米。 ㊂组词“绸缪”。缠缚；引申为修缮；缠绵。如：未雨绸**缪**、情意绸**缪**。
镠	liú	成色好的金子。见于人名，如：钱**镠**（五代十国时期吴越国开国国王）。
醪	láo	汁渣混合的酒；也泛称酒。如：**醪**糟（江米酒）。
还有与上述同类型的三级字：**僇** lù **璆** liào **漻** liáo **嫪** lào **璆** qiú **嵺** liú **髎** liáo		

下列形近字下面的相同部件是：台

苔	㊀tāi ㊁tái	㊀舌苔。舌头上面的垢腻，观察其颜色有助于诊断病情。 ㊁隐花植物的一类，根、茎、叶的区别不明显，绿色，生长在阴湿的地方。
笞	chī	用鞭、杖或竹板打。如：鞭**笞**、**笞**打、**笞**杖。

下列形近字右边的相同部件是：台

冶	yě	a. 熔炼金属。如：**冶**金工业、**冶**炼技术、湿法**冶**金（在溶液中冶金的过程）。b. 过分的装饰打扮（多含贬义）。如：丰姿**冶**丽、妖**冶**、**冶**艳。（注意区别“冶治”）
抬	tái	a. 向上举或仰；提高。如：哄**抬**物价、**抬**头挺胸。b. 合力用手或肩搬运。如：八**抬**大轿、**抬**担架、你俩去把箱子**抬**进来。
饴	yí	用麦芽等制成的糖浆；泛指某些软质糖果。如：**饴**浆、甘之如**饴**、含**饴**弄孙（嘴里含着糖逗小孙子玩，比喻晚年享受天伦之乐）。
治	zhì	a. 管理；治理。如：**治**国、大禹**治**水。b. 惩办。如：**治**罪。c. 医治。如：**治**病。d. 消灭害虫。如：**治**蝗。e. 从事研究。如：**治**学。f. 社会安定。如：**治**安。（注意区别“冶治”）
怡	yí	和悦；愉快。如：**怡**心、**怡**情、**怡**悦、**怡**然自乐、心旷神**怡**（心情愉快，精神舒畅）。
始	shǐ	a. 开头；起初；最初。如：开**始**、周而复**始**、自**始**至终、**始**料未及、“千里之行，**始**于足下”。b. 才。如：蜡炬成灰泪**始**干、千呼万唤**始**出来。

骀	㊀dài ㊁tái	㊀组词“骀荡”。a. 使人心情舒畅。b. 放荡。 ㊁劣马；比喻庸才。如：驽**骀**（指劣马）、羸**骀**（瘦弱驽钝的马，比喻庸才）。
殆	dài	a. 困惑；危险。如：思而不学则**殆**、财多命**殆**、知止不**殆**、“知己知彼，百战不**殆**”。b. 大概；几乎。如：消耗**殆**尽。
贻	yí	a. 赠给。如：**贻**赠。b. 遗留。如：养虎**贻**患（喂养老虎，留下了祸害，比喻纵容敌人，自留后患。亦作“养虎遗患”）、**贻**人口实、**贻**笑大方。
胎	tāi	a. 人或某些动物母体内的幼体。如：**胎**儿。b. 事物的根源。如：包藏祸**胎**。c. 量词，用于怀孕或生育的次数。如：开放二**胎**。d. 衬在内部的东西。如：棉**胎**。e. 指轮胎。
跆	tái	组词“跆拳道”。体育运动，起源于朝鲜半岛，主要使用手及脚进行格斗或对抗，奥运会正式比赛项目之一。
鲐	tái	鱼名。身体呈纺锤形，头尖、口大、尾柄小，背部青色，有深蓝色的波状条纹，是洄游性鱼类，生活在海中。
还有与上述同类型的三级字：**诒** yí **眙** yí **佁** yǐ **咍** hāi **绐** dài		

下列形近字右边的相同部件是：**甬**

俑	yǒng	古代殡葬用的木制或陶制的偶人。如：始作**俑**者（第一个用俑殉葬的人，后泛指恶劣先例的创始者）、秦始皇陵兵马**俑**、陶**俑**。
诵	sòng	a. 感情饱满、有节奏地读。如：吟**诵**、习**诵**、朗**诵**比赛。b. 凭记忆念出。如：背**诵**、熟读成**诵**、过目成**诵**。c. 述说。如：传**诵**一时。
捅	tǒng	a. 戳；扎；刺。如：**捅**马蜂窝、一竿子**捅**到底。b. 碰；触动。如：这种纸张很薄，一**捅**即破。c. 戳穿；揭露。如：他把这事全**捅**了出去。（注意区别“捅桶”）
涌	㊀chōng ㊁yǒng	㊀河汊。多用于地名，如：霞**涌**村（位于广东省惠州市）。 ㊁a. 水冒出来。如：泪如泉**涌**、波涛汹**涌**。b. 像水冒出。如：风起云**涌**、**涌**现。
桶	tǒng	a. 盛水或其他东西的器具，多为圆筒形，深度较大。如：塑料**桶**、水**桶**、油**桶**、铁**桶**。b. 量词，用于桶装的东西。如：一**桶**水。（注意区别“桶捅”）
蛹	yǒng	完全变态发育的昆虫从幼虫过渡到成虫时的一种形态，有自由蛹、被蛹、围蛹三类，有些富含蛋白质，可以食用。如：蚕**蛹**、蝇**蛹**、**蛹**化。
踊	yǒng	a. 古代受过刖刑的人的鞋。如：**踊**贵屦贱（受刖刑者穿的鞋价钱比普通人穿的鞋还要贵，比喻社会现象不正常 ）。b. 往上跳。如：**踊**跃报名。
还有与上述同类型的三级字：**埇** yǒng **筩** tǒng **鲬** yǒng		

下列形近字右边的相同部件是：**牟**

哞	mōu	拟声词，牛叫的声音。如：几头牛在悠闲地吃着青草，时不时发出几声**哞哞**的叫声。
眸	móu	瞳孔；泛指眼睛。如：明**眸**皓齿（明亮的眼睛，洁白的牙齿，形容长相漂亮）、回**眸**一笑、凝**眸**远望。
还有与上述同类型的二、三级字：**侔** móu **蛑** móu		

下列形近字右边的相同部件是：**矣**

埃	āi	a. 灰尘。如：涓**埃**（细流与微尘，比喻微小的事物）、黄**埃**蔽日、尘**埃**落定。b. 公制长度单位，1 **埃**为 0.1 纳米（即 10^{-10} 米），常用来表示光波等微小波长。
挨	㊀āi ㊁ái	㊀a. 按顺序。如：**挨**个检查入场。b. 紧靠。如：我家**挨**着剧院。㊁a. 遭受。如：**挨**打。b. 困难地度过。如：**挨**日子。c. 拖延。如：**挨**时间。
唉	㊀āi ㊁ài	㊀叹词。a. 表示应答。如：**唉**，马上好了。b. 表示叹息。如：**唉**，又失败了。㊁表示伤感或惋惜。如：**唉**，好好的一个人怎么就突然病倒了呢？
还有与上述同类型的二、三级字：**俟**㊀sì ㊁qí **涘** sì		

下列形近字右边的相同部件是：**难**

摊	tān	a. 摆开；展开。如：**摊**开、**摊**牌。b. 分担。如：**摊**派、均**摊**。c. 遇到；碰上。如：**摊**上事了。d. 摆在路边等处的售货处。如：水果**摊**。e. 把糊状物倒在锅里做成薄片。如：**摊**煎饼。f. 量词，用于摊开的液体或糊状物。如：一**摊**水、一**摊**稀泥。
滩	tān	a. 河、海等近岸处淤积成的平地或水中的沙洲。如：**滩**涂、沙**滩**、海**滩**。b. 江河中水浅多石而水流很急的地方。如：暗礁险**滩**、急**滩**、浅**滩**。
还有与上述同类型的二级字：**傩** nuó		

下列形近字右边的相同部件是：**癸**

暌	kuí	隔开；分离。如：分**暌**、**暌**离、**暌**违逾十年，一会豁素诚（分别了十多年，相见就将内心积蓄的情意都抒发了出来）。（注意区别"睽睽"）
睽	kuí	a. 违背；不合。如：**睽**异（指意见不合）。b. 张大眼睛注视。如：众目**睽睽**。（注意区别"暌暌"）
还有与上述同类型的二、三级字：**揆** kuí **骙** kuí		

下列形近字右边的相同部件是:**登**

噔	dēng	拟声词,物体落地或撞击的声音。如:他好奇地穿上那双木屐,走起路来**噔噔噔**直响。
澄	㊀chéng ㊁dèng	㊀a. 水清而净。如:**澄**净、**澄**澈。b. 使清楚。如:把问题**澄**清。 ㊁使液体里的杂质沉淀。如:这井水有杂质,得**澄**清了再用。
橙	chéng	a. 常绿乔木,花白色,红黄色球形果实称为橙子,富含糖和维生素 C,汁多味甜,营养价值高,可入药。b. 红黄混合的颜色。如:**橙**色。
磴	dèng	a. 山路上的石台阶。如:青石**磴**道、道皆砌石为**磴**(道路都是石板砌成的石级。出自姚鼐《登泰山记》)。b. 台阶或楼梯的层数。如:这段台阶有近百**磴**。
瞪	dèng	睁大眼睛。如:吹胡子**瞪**眼睛、目**瞪**口呆、干**瞪**眼、我**瞪**了他一眼,示意他别再说下去了。
镫	dèng	挂在马鞍两旁的脚踏。如:马**镫**、截**镫**留鞭(截下脚镫,留下马鞭,表示挽留惜别)、执鞭随**镫**(手里拿着马鞭,站在马镫旁,比喻愿追随左右)。
蹬	㊀dēng ㊁dèng	㊀踩;踏;脚向脚底方向用力。如:用脚**蹬**、**蹬**三轮车。 ㊁组词"蹭蹬"。艰险难行;不得意;遭受挫折。
还有与上述同类型的二、三级字:**嶝** dèng **憕** chéng **璒** dēng		

下列形近字右边的相同部件是:**以**

似	㊀shì ㊁sì	㊀组词"似的"。跟某种情况或事物相似。如:柴草堆积得像山**似**的。 ㊁a. 好像;如同。如:光阴**似**箭、骄阳**似**火、如花**似**玉。b. 副词,似乎。如:**似**无必要、**似**曾相识。c. 介词,表示比较。如:生活一年胜**似**一年。
拟	nǐ	a. 打算;准备。如:**拟**于明年出国。b. 起草;设计。如:**拟**定章程、草**拟**方案。c. 假设。如:虚**拟**。d. 模仿;仿照。如:模**拟**训练、**拟**声、**拟**人。
姒	sì	a. 古代称丈夫的嫂子。如:**姒**娣(古代以丈夫的兄妻为姒,丈夫的弟妻为娣,即现代的"妯娌")。b. 古代对姐姐的称呼。

下列形近字右边的相同部件是:**夋**

俊	jùn	a. 才智出众的人。如:江夏八**俊**、**俊**杰、少年才**俊**。b. 容貌清秀美丽。如:英**俊**潇洒、**俊**俏、一**俊**遮百丑。
唆	suō	挑动或怂恿别人去做坏事。如:挑**唆**是非(搬弄是非,使别人不团结)、教**唆**、**唆**使、调**唆**。

峻	jùn	a. 山高而陡。如：崇山**峻**岭、山峦**峻**峭、山势险**峻**。b. 严厉；苛刻。如：行**峻**言厉（行为和言语都非常严厉）、严刑**峻**法。
浚	㊀jùn ㊁xùn	㊀疏通；挖深。如：**浚**其源泉、疏**浚**、**浚**泥船（即挖泥船）。 ㊁用于地名。如：**浚**县（位于河南省鹤壁市）。
悛	quān	悔改。如：**悛**容（悔改的表情）、**悛**心（悔改之心）、屡戒不**悛**（多次告诫，仍不悔改）、怙恶不**悛**（坚持作恶，不肯悔改）。
骏	jùn	好马；良马。如：昭陵六**骏**、八**骏**图、东市买**骏**马、燕昭市**骏**（郭隗以古代君王用千金买千里马为喻，劝说燕昭王招纳天下贤士）。
梭	suō	a. 织布时往返牵引纬线使与经纱交织的工具，像枣核，两头尖，中间粗。常比喻事物不断地来往。如：穿**梭**、日月如**梭**。b. 形状像梭的。如：**梭**镖。
睃	suō	看；常指斜着眼睛看。如：**睃**拉、**睃**望、斜**睃**、巡**睃**（环视，扫视）、"他漫不经心地抬起头，**睃**了清洁员一眼"。
竣	jùn	事情完毕；结束。如：**竣**工图、工程**竣**工验收、告**竣**（宣告完毕）、**竣**事、完**竣**。
羧	suō	化学名字用词。如：**羧**基（碳酸失去一个氢氧原子团剩下的正一价复基）、**羧**酸（由烃基和羧基相连构成的有机化合物）。
酸	suān	a. 水溶液中电离的阳离子全是氢离子的化合物。如：硫**酸**。b. 味道像醋的。如：**酸**甜。c. 悲伤。如：辛**酸**。d. 迂腐。如：穷**酸**。e. 微痛无力。如：腰**酸**背痛。
还有与上述同类型的二、三级字：**黢** qū **狻** suān **畯** jùn **焌**㊀jùn ㊁qū **晙** jùn		

下列形近字右边的相同部件是：**允**

吮	shǔn	聚拢嘴唇吸。如：**吮**吸、**吮**乳、**吮**嘬（用嘴吸）、**吮**疮（用嘴吸疮疽之毒）。
狁	yǔn	组词"猃狁"。古代族名，是匈奴的祖先。
还有与上述同类型的三级字：**沇** yǎn		

下列形近字右边的相同部件是：**叉**

汊	chà	水流的分支；水流分岔的地方。如：河**汊**、**汊**流、**汊**港。
杈	㊀chā ㊁chà	㊀一种用来挑柴草等的用具。 ㊁植物的分枝。如：树**杈**。

钗	chāi	古代妇女的一种首饰，借指妇女。如：金**钗**、银**钗**、金陵十二**钗**。
衩	㊀chǎ ㊁chà	㊀组词“裤衩”。指内裤或短裤。 ㊁衣服旁边或后背开口的地方。如：开**衩**的旗袍。

下列形近字右边的相同部件是：**蚤**

搔	sāo	挠；用手指甲轻刮。如：**搔**首弄姿、**搔**耳捶胸、隔靴**搔**痒（隔着靴子挠痒痒，比喻说话写文章没有抓住主题和要点，不中肯，不贴切）。
骚	sāo	a. 指《离骚》；泛指诗文。如：文人**骚**客、**骚**体。b. 动乱；不安定。如：**骚**动、满腹牢**骚**、**骚**扰。c. 举止轻佻；作风下流的。如：卖弄风**骚**、**骚**货。
还有与上述同类型的三级字：**溞** sāo		

下列形近字右边的相同部件是：**予**

抒	shū	发出；倾吐；表达。如：**抒**情散文、各**抒**己见、**抒**发情感、**抒**怀、直**抒**胸臆（毫不掩饰地抒发自己的思想感情）。（注意区别“抒杼”）
纾	shū	缓和；解除。如：**纾**缓、**纾**忧（解除忧患）、毁家**纾**难（不惜拿出自己所有家产，来解救国家危难）、**纾**祸（解除祸患）。
杼	zhù	织布机上的筘；也指梭。如：机**杼**（指织布机，也比喻诗文的组织构思）、断**杼**择邻（孟母用断纱和迁居来教育孟子要发奋学习，不要荒废学业）。（注意区别“杼抒”）
野	yě	a. 野外。如：**野**游。b. 不当政的地位。如：朝**野**。c. 界限。如：视**野**。d. 不是人工饲养或培植的。如：**野**兽。e. 蛮横。如：**野**蛮。f. 不受约束的。如：**野**性。
舒	shū	a. 展开；伸展。如：云卷云**舒**、**舒**眉展眼。b. 轻松；愉快。如：心情**舒**畅、**舒**服、**舒**坦、**舒**适。c. 缓慢；从容。如：**舒**缓一下情绪。
还有与上述同类型的二级字：**妤** yú		

下列形近字右边的相同部件是：**柔**

揉	róu	a. 用手来回擦或搓。如：**揉**眼睛。b. 使东西弯曲。如：矫**揉**造作（把弯的弄直，把直的弄弯，来制造器物，比喻过分做作）、**揉**木为耒（同“煣木为耒”）。c. 团弄。如：**揉**面。
猱	náo	a. 古书上说的一种猴。b. 泛指猿猴。如：**猱**搔虎痒（猴子替老虎搔痒，比喻暗箭伤人）、仰手接飞**猱**（抬手就能射中攀援如飞的猿猴，形容技术高超）。

糅	róu	混合;混杂;使混合。如:**糅**合、玉石杂**糅**(比喻好坏混杂)、瓦玉集**糅**(瓦和玉混杂在一起,多用来比喻好坏不分)。
蹂	róu	践踏;踩踏。如:**蹂**躏(践踏,比喻用暴力侵害、欺压、凌辱)。
还有与上述同类型的三级字:**鞣** róu **輮** róu		

下列形近字右边的相同部件是:**矞**

谲	jué	a.诡诈。如:狡**谲**、**谲**诈。b.奇异怪诞;变化多端。如:奇**谲**、怪**谲**。
橘	jú	常绿灌木或小乔木,叶子长卵圆形,开白色花。果实也叫橘,通称橘子,扁圆形,红黄色,果肉多汁,是常见的水果。果皮、种子、树叶等都可入药。(注意不能写成"桔")
还有与上述同类型的三级字:**潏** yù **燏** yù **鐍** jué		

下列形近字上面的相同部件是:**敄**

婺	wù	用于地名。如:**婺**源县(位于江西省上饶市)。
骛	wù	a.奔驰。如:星奔川**骛**(像流星飞驰,如江河涌流,形容迅速)。b.追求。如:心无旁**骛**(心无杂念,专心致志)、好高**骛**远(不切实际地追求过高的目标)。
瞀	mào	a.眼花;目眩。如:**瞀**眩(头晕眼花、迷糊看不清)。b.心绪紊乱。如:**瞀**乱(精神错乱)、闷**瞀**(心烦意乱)。c.愚昧。如:**瞀**儒(愚昧无知的儒生)。
鹜	wù	鸭子。如:刻鹄类**鹜**(画天鹅不成,但还像鸭子,比喻虽然不成功,但还是有收获)、趋之若**鹜**(像鸭子一样成群地跑过去)。
蝥	máo	组词"斑蝥"。昆虫,全身有绒毛,背部有棕黄色或黄色斑纹,胸部有3对足,成虫为植食性,多寄生在植物上,危害农作物,有毒有臭气,可入药。
还有与上述同类型的二级字:**鍪** móu		

下列形近字右边的相同部件是:**桑**

搡	sǎng	猛推;用力推。如:连推带**搡**、前推后**搡**、猛**搡**了一下老王。
嗓	sǎng	a.喉咙。如:**嗓**子发炎。b.发音器官的声带及发出的声音。如:大**嗓**门、提高**嗓**音。
还有与上述同类型的三级字:**磉** sǎng		

下列形近字右边的相同部件是：叕

掇	duō	a. 拾取；摘取。如：拾**掇**、**掇**撷（采摘；拾取）、“明明如月，何时可**掇**”。b. 用双手拿；用手端。
啜	㊀chuài ㊁chuò	㊀姓。如：**啜**佶（宋朝将领）。 ㊁a. 吃；饮。如：忘**啜**废枕。b. 哭泣时抽噎的样子。如：抽**啜**、**啜**泣。
缀	zhuì	a. 缝合。如：缝**缀**、补**缀**、针**缀**。b. 组合字句篇章；连接。如：连**缀**、**缀**字成文、前**缀**、后**缀**。c. 装饰。如：点**缀**。
辍	chuò	中止；停止。如：**辍**学、作**辍**无常、手不**辍**卷（书本不离手，形容勤奋好学）、日夜不**辍**、**辍**耕之陇上。
裰	duō	组词“直裰”。一种衣服，宋朝时期多为僧人穿着，明朝时期则在文人、士大夫中流行。
还有与上述同类型的三级字：**埾** duō **惙** chuò		

下列形近字左边的相同部件是：纟

绍	shào	a. 继承。如：**绍**承、**绍**袭、**绍**世。b. 引荐。如：介**绍**。c. 指浙江绍兴。如：杭**绍**台城际铁路、**绍**酒。
结	㊀jiē ㊁jié	㊀a. 植物长出。如：开花**结**果、今年的葡萄**结**得又多又大。b. 坚固；健壮。如：这小伙子真**结**实。 ㊁a. 用绳等缩成的疙瘩。如：蝴蝶**结**。b. 框架；构造。如：**结**构。c. 绾；编织。如：**结**网。d. 聚集。如：精诚团**结**、**结**晶。e. 了结。如：**结**案。
给	㊀gěi ㊁jǐ	㊀a. 交付。如：献**给**。b. 让。如：封了路不**给**过。c. 为。如：**给**他把脉。d. 向。如：**给**烈士鞠躬。e. 被。如：衣服**给**淋湿了。f. 助词。如：书**给**弄丢了。 ㊁a. 供应。如：高层建筑**给**水、自**给**自足、**给**予、地下水资源补**给**。b. 丰足；富裕。如：家**给**人足（百姓衣食充裕，生活富足）。
络	㊀lào ㊁luò	㊀义同“络(luò)”，用于口语。如：**络**子（a. 用线编织的网状袋。b. 用于绕纱的工具，多用竹、木等制成）。 ㊁a. 像网的东西。如：丝瓜**络**、经**络**、脉**络**、网**络**。b. 用网状物兜住或罩住。如：笼**络**。c. 缠绕。如：**络**纱。
还有与上述同类型的三级字：**绐** dài **绤** xì		

绶	shòu	古代用来系官印、栓佩玉的丝质带子，不同的颜色标志着不同的等级和不同的身份。如：**绶**带、印**绶**。
缓	huǎn	a. 慢。如：减**缓**、**缓**慢、行动迟**缓**。b. 延迟；推迟。如：暂**缓**执行、**缓**兵之计。c. 缓和；不紧张。如：**缓**解、**缓**冲、**缓**蚀剂。d. 恢复。如：**缓**过神来。

绥	suí	a. 安抚；安定。如：**绥**靖。b. 安好。如：顺颂台**绥**（多用于旧时书信，表示祝愿）。
缕	lǚ	a. 线；泛指线状物。如：不绝如**缕**、千丝万**缕**。b. 一条一条地。如：条分**缕**析。c. 量词，用于细丝状的东西。如：一**缕**青烟。
缨	yīng	a. 系在颔下的帽带。如：冠**缨**、帽**缨**、垂**缨**、涕流沾**缨**、濯**缨**洗耳、濯**缨**弹冠、振**缨**公朝。b. 像缨的东西。如：萝卜**缨**子。c. 绳索。如：长**缨**。

下列形近字的下面相同部件是：**马**

驽	nú	a. 驽马；劣马；跑不快的马。如：**驽**驾（劣马所驾的车）、“**驽**马十驾，功在不舍”。b. 比喻愚钝无能。如：**驽**散（愚钝懒散）、**驽**钝（才能低下）。
驾	jià	a. 用牲口拉车或农具。如：并**驾**齐驱。b. 操纵；使开动。如：**驾**车、**驾**驶、代**驾**、**驾**机。c. 古代车乘的总称，借用为称对方的敬辞。如：千里命**驾**、劳**驾**。d. 特指帝王的车，借指帝王。如：御**驾**亲征、**驾**崩。
骂	mà	a. 用粗野或带恶意的话侮辱人。如：指桑**骂**槐、谩**骂**、千古**骂**名、挨打受**骂**、破口大**骂**。b. 批评；斥责。如：他莫名其妙地被老板责**骂**了一顿。
笃	dǔ	a. 真实；一心一意。如：**笃**实、**笃**信、诚**笃**。b. 深厚；深切。如：情爱甚**笃**。c.（病）沉重。如：病**笃**、危**笃**。
骛	wù	a. 奔驰。如：星奔川**骛**（像流星飞驰，如江河涌流，形容迅速）。b. 追求。如：心无旁**骛**（心无杂念，专心致志）、好高**骛**远（追求过高、过于远大的目标）。
骜	ào	a. 骏马；千里马。如：骥**骜**。b. 马不温顺；比喻一个人傲慢，性情倔强，不服管教。如：放**骜**、桀**骜**不驯。
还有与上述同类型的二级字：**骘** zhì		

下列形近字右边的相同部件是：**马**

冯	㊀féng ㊁píng	㊀姓。 ㊁不用船而徒步过河。如：暴虎**冯**河（空手打虎，徒步过河，比喻冒险蛮干）。
吗	㊀má ㊁mǎ ㊂ma	㊀代词，什么。如：干**吗**呀？ ㊁组词“吗啡”。用鸦片制成的有机化合物，白色粉末，有麻醉、镇痛作用。 ㊂助词，表示疑问或者反问。如：你学会了**吗**？还要你来教我**吗**？

妈	mā	a. 母亲。如：**妈妈**。b. 称与母亲同一辈的或年长的女性。如：姑**妈**、姨**妈**、舅**妈**。c. 旧时称中老年女仆人。如：吴**妈**、王**妈**。
玛	mǎ	组词“玛瑙”。矿物名。质硬耐磨，颜色多样，有光泽，可做仪表、轴承、研钵、装饰品等。
码	mǎ	a. 代表数字的符号。如：号**码**、密**码**。b. 计算数目的用具。如：筹**码**、砝**码**。c. 堆叠；垒砌。如：把砖**码**起来。d. 量词，用于事情。如：这是两**码**事。
蚂	㊀mǎ ㊁mà	㊀a. 组词“蚂蚁”。昆虫，身体小而长，多为黑色或褐色，在地下做窝，成群穴居。b. 组词“蚂蟥”。“蛭”的俗称。 ㊁组词“蚂蚱”。即蝗虫。昆虫，后肢发达，经常成群飞翔，吃禾苗，是农业害虫。
还有与上述同类型的三级字：**犸** mǎ **杩** mà **祃** mà		

下列形近字右边的相同部件是：**彖**

喙	huì	a.（鸟兽的）嘴。如：鸟**喙**。b. 借指人的嘴。如：百**喙**莫辩、不容置**喙**、“千形一貌，百**喙**一声”（形容众口一词或文章模式划一）。
缘	yuán	a. 原因。如：无**缘**无故。b. 缘分。如：投**缘**、有**缘**千里来相会。c. 边。如：边**缘**。d. 沿着；顺着。如：**缘**木求鱼（爬到树上去找鱼，比喻办法不对头，不可能达到目的）。e. 因为。如：只**缘**身在此山中。
椽	chuán	放在檩上承托屋顶的木条。如：**椽**栋、束**椽**为柱（捆扎椽子当柱子用，比喻小材大用）、大笔如**椽**、采**椽**不斫（用柞木作**椽**且不加修整，比喻生活简朴）。（注意区别“椽掾”）
还有与上述同类型的二、三级字：**掾** yuàn（注意区别“掾椽”）**瑑** zhuàn **彖** xiǎn		

下列形近字右边的相同部件是：**贯**

掼	guàn	a. 扔；摞；摔。如：他把帽子往桌子上一**掼**。b. 跌倒；使跌倒。如：他猛地一下把对手**掼**倒了。
惯	guàn	a. 习以为常的；长期养成不易改变的。如：习**惯**、**惯**用伎俩。b. 纵容；放任。如：娇生**惯**养、“不能由着孩子胡来，不然会**惯**坏的”。

下列形近字的相关部分是：**母**

毋	wú	副词。不可以；不要。如：宁缺**毋**滥、稍安**毋**躁。
母	mǔ	a. 妈妈；娘。如：**母**亲、生**母**、养**母**。b. 对长辈女性的称呼。如：姑**母**、岳**母**。c. 雌性的。如：**母**鸡、**母**猪。d. 能产生出其他事物的。如：字**母**、**母**校、失败乃成功之**母**。e. 指配套的两件东西。如：螺**母**、子**母**扣。

下列形近字右边的相同部件是：**母**

拇	mǔ	手、脚的大指。如：竖起大**拇**指、**拇**趾、骈**拇**枝指（脚趾的大趾二趾合并在一起，大拇指旁多生出一根手指，比喻多余无用的或成累赘的东西）。
呣	㊀ḿ ㊁m̀	㊀叹词，表示疑问。如：**呣**，我的书放哪去了？ ㊁叹词，表示赞赏、答应等。如：**呣**，就按你说的办。
姆	mǔ	组词"保姆"。家政服务员，照管小孩、老人、病人或从事家务劳动的女工。
还有与上述同类型的三级字：**鉧** mǔ **踇** mǔ		

下列形近字右边的相同部件是：**幼**

坳	ào	山间的平地。如：山**坳**。
拗	㊀ǎo ㊁ào ㊂niù	㊀弯曲使折断。如：他把那根棍子**拗**断了。 ㊁不顺；不顺从。如：**拗**口。 ㊂固执；不驯服。如：执**拗**。
呦	yōu	叹词，表示惊讶。如：**呦**，居然在这里碰到你们了。
蚴	yòu	某些寄生虫的幼体。如：毛**蚴**。
靿	yào	靴子的筒；袜子的筒。如：高**靿**靴子。
黝	yǒu	黑色。如：**黝**黯、皮肤**黝**黑。

下列形近字右边的相同部件是：**甾**

淄	zī	淄河，水名，发源于山东省，汇入小清河。
缁	zī	黑；黑色。如：**缁**衣（黑色的衣服）、**缁**布、涅而不**缁**（用黑色去染也染不黑，比喻品格高尚）。
辎	zī	古代的一种车，外面罩有车篷，可用于载物等。如：**辎**车、**辎**骑（载着物资的车骑）。
锱	zī	a. 古代重量单位，六铢等于一锱，四锱等于一两。b. 比喻微小的数量。如：算尽**锱**铢、**锱**铢必较（对锱和铢这样微小的量都要计较）、**锱**铢不爽。
鲻	zī	鲻鱼，体型侧扁，略呈棒棰型，银灰色，全身覆盖圆鳞，喜欢栖息在沿海近岸等处，以藻类及小型动物等为食，肉可食用。

音序检字表

说明：本表单字按汉语拼音字母顺序排列；声母和韵母都相同的字，按声调(阴平、阳平、上声、去声、轻声)的顺序排列；读音相同的字按笔画数由少到多排列；笔画数相同的字按起笔笔形(横、竖、撇、点、折)的顺序排列；笔画数和起笔笔形相同的字，按第二笔笔形排列；以此类推。

H

M

后　记

汉字是中华文明传承和发展的重要载体，是从小学开始就必须认真学习的重要内容。我从事过多年的中小学教育和基层政府办公室文秘工作，非常清楚中小学生和文化水平不高的社会青年在学习和掌握形近汉字中的困难在哪里，往往因为一笔之差或偏旁不同而造成汉字使用的差错，有时还会闹出笑话。为此，我在工作之余，认真研读《新华字典》《现代汉语词典》等各种字典、词典，一直想把当语文教师、从事办公室文秘工作的经验和对字典、词典的研读结合起来，为方便人们准确地辨认、书写和使用汉字做点事情。退休后，终于有时间能把我这个想法变成现实，花了多年的时间和精力编写出这本《形近字辨别手册》，希望能为广大中小学生和社会青年快速查阅、准确书写和正确使用字形相近的汉字提供一个便捷的途径，也能供中小学语文教师和语言文字工作者参考。

在本书的编写过程中，中国社会科学院语言研究所、中国社会科学院辞书编纂研究中心的有关专家、学者给予了悉心的指导和热心的帮助，商务印书馆对本书的出版给予高度重视，安排编辑人员对书稿进行认真审读加工，提出修改建议，大大提高了本书的质量。在此一并表示衷心的感谢！

欢迎读者对本书中存在的问题多提宝贵意见(可发至电子邮箱：18665377995@126.com)。

作者

2021 年 1 月 10 日